湛庐 CHEERS

与最聪明的人共同进化

HERE COMES EVERYBODY

[美] 史蒂芬·平克
Steven Pinker 著

侯新智
欧阳明亮 魏薇 译

当下的启蒙

The Case for Reason, Science, Humanism, and Progress

Enlightenment Now

为理性、科学、人文主义和进步辩护

浙江科学技术出版社

你理解启蒙和理性吗？

扫码激活这本书
获取你的专属福利

扫码获取全部测试题及答案，
测一测你对启蒙和
理性的了解。

- 18 世纪兴盛的启蒙运动有四个理念，以下哪项是错的？

  A. 理性

  B. 科学

  C. 自由主义

  D. 进步

- 大量浏览新闻有可能误判现实吗？

  A. 可能

  B. 不可能

- 我们可以用热力学第二定律来解释日常生活吗？

  A. 可以

  B. 不可以

Steven Pinker
史蒂芬·平克

当代思想家
世界顶尖语言学家和认知心理学家

Steven Pinker

世界顶尖语言学家和认知心理学家

史蒂芬·平克，犹太人，1954年9月18日出生于加拿大蒙特利尔。

1976年，平克取得加拿大麦吉尔大学心理学学士学位；1979年，取得哈佛大学实验心理学博士学位。

1980—1982年，平克先后在哈佛大学、斯坦福大学担任助理教授。之后，他加入麻省理工学院，开始在脑与认知科学系任教，专心研究儿童的语言学习模式。他认为，语言是人类经过自然选择形成的一种适应功能，通过不断再生和优化，语言同手、眼等器官一样也在进化。1990年，平克和他的学生——现耶鲁大学心理学教授保罗·布卢姆（Paul Bloom）联名发表了论文《自然语言和自然选择》（*Natural Language and Natural Selection*），在学术界引起巨大反响。

在这篇论文的启发下，平克出版了《语言本能》一书。这本书一经出版，就成为轰动一时的畅销书，并入选《美国科学家》杂志（*American Scientist*）评出的"20世纪100本最佳科学书籍"。凭借此书的成功，平克得以拓展研究领域，开始思索更宽泛的人性问题。史蒂芬·平克于1994年成为麻省理工学院认知神经学中心的掌门人。

2003年，平克回到哈佛大学，担任哈佛大学心理学教授。2008—2013年，因在教学方面的杰出贡献，史蒂芬·平克被授予哈佛学院荣誉教授头衔。

截至目前，平克获得了麦吉尔大学、纽卡斯尔大学、特拉维夫大学等多所大学授予的 9 个荣誉博士学位；共出版了 9 部面向大众的通俗著作，并于 1998 年和 2003 年两次入围普利策奖终选名单。

1986 年，平克获得美国心理学协会的博伊德·麦克坎德莱斯奖（Boyd McCandless Award），1993 年获得美国国家科学院特罗兰研究奖（Troland Research Award），2004 年获得英国皇家神经科学亨利·戴乐奖（Henry Dale Prize），2010 年获得认知神经科学学会的乔治·米勒奖（George A. Miller Prize）。

平克的父亲曾是一名律师，母亲曾是一所中学的副校长。他的妹妹苏珊·平克（Susan Pinker）也是著名的发展心理学家，是畅销书《性别悖论》（*The Sexual Paradox*）和《村落效应》（*The Village Effect*）的作者。

史蒂芬·平克在其著作《词与规则》（*Words and Rules*）中引用了小说家和哲学家丽贝卡·戈尔茨坦（Rebecca Goldstein）小说中的不规则动词"stridden"，他们因此而相识。丽贝卡·戈尔茨坦十分敬仰平克，她说，自大卫·休谟（David Hume）之后，就没有哪位思想家打动过她，但平克是个例外。2007 年，史蒂芬·平克与丽贝卡·戈尔茨坦结婚，这是他的第三次婚姻。

Steven Pinker

当代思想家

2004 年，平克当选《时代周刊》"全球 100 位最有影响力人物"。2005 年和 2008 年，他两度被《前景》(*Prospect*) 杂志和《外交政策》(*Foreign Policy*) 杂志联合评选为"世界最受尊敬的 100 位公共知识分子"。

2006 年，因在人类进化知识普及方面的突出贡献，史蒂芬·平克当选美国人道主义协会（American Humanist Association）"年度人道主义者"。

2010 年和 2011 年，平克两度被《外交政策》杂志评选为"全球顶尖思想家"。在 2013 年《前景》杂志"最伟大思想家"的评选中，平克名列第三。

2016 年，平克当选为美国国家科学院院士。2021 年，根据学术影响力网站（Academic Influence）的计算，在 2010—2020 年的 10 年间，平克是世界上第二大最有影响力的心理学家。

史蒂芬·平克典藏大师系列

作者演讲洽谈，请联系
BD@cheerspublishing.com

更多相关资讯，请关注

湛庐文化微信订阅号

 特别制作

献给

哈里·平克（Harry Pinker，1928—2015）

一位乐观主义者

所罗门·洛佩斯（Solomon Lopez，2017—　　）

以及 22 世纪

凡受理性指导的人，即以理性作指针而寻求自己的利益的人，他们所追求的东西，也是他们为别人而追求的东西。

——巴鲁赫·斯宾诺莎

如果有适当的知识，所有不被自然法则禁止的事物都是可以实现的。

——戴维·多伊奇

我为什么写这本书

在新千年第二个十年的后半期，出版一本探讨人类进步及其原因的书，似乎有点不合时宜。①就在我写下这些文字的时候，领导美国的人将当前社会描述得一片漆黑：“母亲和孩子正陷于贫困之中……年轻漂亮的学生被教育系统剥夺了本该习得的知识……犯罪团伙和毒品夺走了许多生命。”我们正在经历一场愈演愈烈的“全面战争”，而这场噩梦的罪魁祸首，是所谓的“全球权力结构”，它侵蚀了“基督教内在的精神基础和道德基础”。¹

我将用本书证明，这种对世界状况的悲观看法是错误的，而且是大错，错得离谱，错得不能再错。但本书针对的不是美国第45任总统以及他的顾问团队。早在特朗普宣布参选总统的几年前，我就已经在构思这本书，而且我希望它的生命能比特朗普的任期更长一些。事实上，促成特朗普顺利当选的一些思想在知识分子和普通民众中非常流行，无论是左派还是右派。这些思想包括：对世界发展道路悲观失望、对现代制度冷嘲热讽等。

我将提出一种对这个世界的不同理解，这种理解基于现实，并受到启蒙运动四大理念，即理性、科学、人文主义和进步的启发。我希望让读者明白，虽然启蒙运动的理念具有永恒的价值，但它的意义对于今天的我们却显得尤为重要。

前言　**我为什么写这本书**

PART ┃ **启蒙运动**

PART **II** 进步

PART

III 理性、科学和人文主义

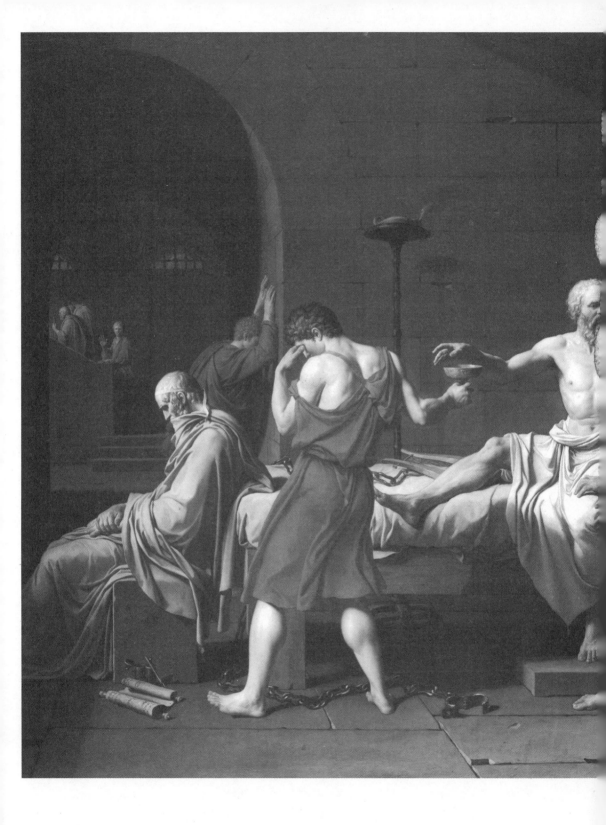

ENLIGHTENMENT

NOW

THE CASE FOR REASON,

SCIENCE, HUMANISM,

AND PROGRESS

PART I

启蒙运动

18 世纪的常识，以及当时对触目惊心的社会痛苦的理解，再加上人类天性的明显要求，都使世界像是受到了一次道德的清洗。

——阿尔弗雷德·诺斯·怀特海

几十年来，我在进行有关语言、心智和人性的公开演讲时，常常会被问到一些极其古怪的问题：哪一种语言是最好的语言？蛤蜊和牡蛎有没有意识？什么时候可以把我的意识上传到网上？肥胖是一种暴力吗？

不过，在一次演讲中，有一个提问给我留下的印象最深刻。我当时是在解释说，科学家普遍认为，精神生活是由大脑组织的活动方式建构而成的。随后，听众席上有一位女学生举手问道：

"那我活着有什么意义呢？"

这个学生提问的语气十分真诚，这表明她并没有自杀倾向，也不是在讽刺挖苦，而是真心想要了解：当科学的发展将灵魂不朽的宗教信仰尽悉破除之后，我们该如何寻找生活的意义和目的。

我一向认为，这个世界只有愚蠢的回答，没有愚蠢的问题，因此我尽可能地给出了一个合理可信的回答，这不仅让这位学生和在场的听众感到意外，就连我自己事后也颇感吃惊。我记得当时是这样说的——当然，这些文字经过了记忆和事后灵感的美化：

当你问出这个问题时，你是在为你的信念寻找理由，也就是力图用理性的方法，来发现和证明那些对你来说重要的东西。事实上，活着的理由实在是太多了！

　　作为一个有情生命，你可以发展自己的潜能，可以通过学习和讨论来完善自己的推理能力，可以通过科学来解释自然世界，也可以通过艺术和人文学科来洞察人类状况。你可以运用各种能力来追求快乐与满足，这是你的祖先繁衍至今的原因，你也因此而存在。你可以尽情领略自然与文化的丰富多彩。作为亿万年来生命延续的继承者，你可以将生命传递下去，使之生生不息。你天生拥有同情之心，这使你能够去喜欢、去爱、去尊重、去帮助、去表达善意。你可以享受朋友、亲人和同事之间相互关爱的美好情谊。

　　因为理性告诉你，这些并不是你所独有的愿望，所以你想要得到什么，就必须向他人提供什么。你可以通过促进生命、健康、知识、自由、富足、安全、美丽与和平，来保障他人的福祉。历史表明，当我们对他人的处境产生同情，并运用聪明才智去改善人类状况时，我们就能够取得进步，而你可以提供帮助，使这种进步持续下去。

　　解释生活的意义本不属于一位认知科学教授的工作职能。而且，我也没有狂妄到企图凭借晦涩的专业知识和可疑的个人智慧来回答她的问题。但我知道，我正在引入一个信念和价值观的集合体，它在我出生的两个世纪前就已经形成，而它从没有像今天一样与我们如此相关。它就是启蒙运动的理念。

　　按启蒙运动的说法，我们可以通过理性和同情来促进人类的繁荣。这似乎是不言自明的陈词滥调。之所以撰写本书，是因为我发现事实并非如此。理性、科学、人文主义和进步的理念从来没有像今天一样需要竭力辩护。我们将它所赐的礼物视为理所应当：一个人活到七八十岁不再是稀奇的事情，市场里充满了各种食物，我们只需拧一拧水龙头，清洁的水就喷涌而出，垃圾废物得到良好的处理，各种药物为我们消除疾病的痛苦，儿子不必上战场，女儿可以走在安全的街道上，人们不会因为批评强权而锒铛入狱或惨遭杀害，衬衫的一个口袋就能装下全球的知识和文化。但这些都是人类自身的成就，不是宇宙慷慨的赠予。在许多读者的记忆中，以及在世界上那些还不太幸运的地方，战争、物资匮乏、疾病、无知和致命的威胁仍是自然存在的一部分。我们知道自己的国家也有可能倒退回这些原始状态，因此忽视启蒙运动的成就实在是一种危险的行为。

在这位女士提问之后的几年里，我时常感到有必要重申启蒙运动的理念，它也被称为人文主义、开放社会、世界主义或者古典自由主义。这不仅是因为诸如此类的问题经常出现在我的邮箱里："亲爱的平克教授：不少人接受了你书中的观点，他们以科学为信仰，认为自己不过是原子的集合体，或者一台智能有限的机器。他们认为自己不过是源于自私的基因，毫无意义地寄居于无垠的时空之中。对这些人，你有什么好的建议呢？"人们对人类进步历程的健忘导致了一个比存在性焦虑更为严重的病症，它让人们对受启蒙运动启发并确保人类进步的现代制度（例如自由民主制）冷嘲热讽，并希望用更原始的制度来取代它们。

启蒙运动的理念是人类理性的产物，但它们总是与人性的其他方面相互斗争：对部族的忠诚、对权威的服从、奇幻无稽的思维，以及将自身不幸归咎于他人的习惯。21 世纪第二个十年所兴起的政治运动都在描绘这样一幅景象：他们的国家被邪恶的党派拉入了地狱的深渊，只能靠一个强大的领导者来力挽狂澜，拯救国家，使之"再次伟大"起来。这些运动和许多他们的极端反对者都受到同一个故事的煽动，双方一致认为，现代制度已经彻底失败，生活的每个方面都陷入了巨大的危机。由此双方达成了一个可怕的协议：只有打破这些制度，才能创造出一个更为美好的世界。如今我们已经很难找到对世界的积极愿景——在进步的背景下看待世界的问题，并通过逐一解决这些问题来实现进一步的发展。

1960 年，经济学家弗里德里希·哈耶克（Friedrich Hayek）对自由主义理念进行了深思，当时，这些理念刚刚经受了历史上的最大考验。哈耶克说："如果要让旧的真理保留在人们的大脑中，就必须在后代人的语言和观念中不断加以重申。① 那些曾经明确有效的词语由于使用过多而变成陈词滥调，以至于不再具有确切的含义。虽然其内在理念可能和以往一样正确合理，但这些词语已经不再拥有令人信服的力量，即便它们关涉的问题在今天依然存在。"[1]

---

① 哈耶克用了"男人的大脑"（men's minds）这一表达方法，无意中证明了自己的观点。

我正是希望通过本书，在 21 世纪的语言和观念中重申启蒙运动的理念。我首先提供的是一个整体框架，让读者了解现代科学所描述的人类状况，也就是我们是谁，来自哪里，面临着怎样的挑战，以及该如何应对这些挑战。本书的大部分篇幅都在用 21 世纪的独特方式来捍卫这些理念，也就是用数据说话。这些有关启蒙运动理念的实证数据表明，它并不是天真的希望。启蒙运动取得了辉煌胜利，这是一个很少被人提及的伟大故事。由于这场胜利一直无人传颂，理性、科学和人文主义的内在精神也不受重视。这些思想远没有成为路人皆知的普遍常识，今天的知识分子对它们漠不关心，将信将疑，有时甚至嗤之以鼻。然而我相信，只要能正确地欣赏，启蒙运动的理念其实魅力四射、充满力量，同时也高贵无比，这也是活着的一个理由。

ENLIGHTENMENT
NOW

01
勇于运用自己的理智

何为启蒙？1784 年，康德在一篇以"启蒙"为题的文章中做了如下回答：启蒙是指"人类从自己加于自己的不成熟状态中解脱出来"，从因"懒惰和怯懦"而服从于宗教或政治权威的"条规戒律"的状态中解脱出来。[1] 他宣称，启蒙运动的口号就是："勇于运用自己的理智！"它的基本条件是思想与言论的自由。"一个时代绝不能缔结某种条约，以阻碍后来的时代扩展眼界、增进知识、消除错误。这将是一种违反人性的犯罪行为，因为人性的固有使命正在于这种进步。"[2]

康德的观点在 21 世纪的物理学家戴维·多伊奇（David Deutsch）所著的《无穷的开始》（*The Beginning of Infinity*）一书中得到了回应。多伊奇在这部为启蒙辩护的著作中强调，只要我们大胆地运用理智，就可以在科学、政治以及道德等所有领域取得进步：

　　　　乐观主义（在我主张的意义上）是这样一种理论：所有的失败、所有的

　　恶，都是知识不足造成的。……问题是不可避免的，因为知识与完备状态之间

　　永远隔着无穷的距离。有些问题很困难，但把困难的问题和不能解决的问题混

　　为一谈是错误的。问题是可以解决的，而且每一种特定的恶都是一个可以解决

　　的问题。乐观主义的文明是开放的，它不害怕创新，以批评的传统为基础。它

　　的体系不断改善，这些体系所实现的知识中最重要的，就是怎样检测和消除错

　　误的知识。[3]

　　何为启蒙运动？[4]我们无法找到一个正式的答案，因为以康德的文章所命名的那个时代并没有明确的年代界限，不像奥运会那样有开幕仪式和闭幕典礼。同时，这次运动也没有一个宗旨明确的誓言或者信条。通常来说，启蒙运动指的是18世纪的后60年，不过它可以上溯自17世纪的科学革命和理性时代，也可以下延至19世纪上半叶古典自由主义的鼎盛时期。当时，科学探索对传统智慧提出了挑战，宗教战争的血腥残酷让人们记忆犹新，思想的传播和人类的交流也比以往更为迅速频繁。在这些因素的合力作用下，启蒙运动的思想家们找到了一条理解人类状况的新途径。在这个时期内，各种思想纷涌迭现，有些还相互矛盾，但有四个理念，也就是理性、科学、人文主义和进步将它们连在一起。

启蒙运动的四大理念

　　第一个理念：理性。理性是重中之重，因为理性是不容商榷的。只要你站出来讨论生活的意义，或者其他任何问题，并坚定地认为自己给出的答案真实可靠、令人信服，那么你就是在诉诸理性，并同意将自己的观点交给客观标准来检验。[5]如果说启蒙运动思想家之间有什么共同之处，那便是主张积极地运用理性的标准去理解我们所处的世界，而不能依赖空穴之风、虚幻之源，诸如信仰、教条、权威、神秘主义、占卜、幻觉、直觉，或者宗教经典的阐释文本。

　　正是理性让大多数启蒙运动思想家都不相信世界上存在一位干预人类事物的拟人神。[6]理性告诉我们，有关神迹的描述查无实据、令人生疑，宗教经典的作者也

都是实实在在的人，各类自然事件的发生并不会考虑人类的福祉，不同的文化信奉着不同的神，它们壁垒森严、互不相容，没有哪一个不是人类自身想象的产物。正如孟德斯鸠所言："假如三角形也有神，那么它的神一定有三条边。"不过，并非所有的启蒙思想家都是无神论者。其中一些人是自然神论者，他们与有神论者不同，认为上帝在将世界这台机器发动起来之后就退居幕后，听凭世界按照自然法则存在和发展下去。另一些人则是泛神论者，他们将"上帝"作为自然法则的代名词。不过，他们中几乎没有人信奉《圣经》中那位制定律法、呼风唤雨的上帝。

今天的许多作家往往将启蒙运动对理性的鼓吹与另一种错误观念混为一谈，也就是认为人类是完美无缺的理性主体。这与历史事实大相径庭，像康德、斯宾诺莎、托马斯·霍布斯、大卫·休谟以及亚当·斯密这样的学者都是刨根问底的心理学家，他们太了解我们身上所具有的非理性情绪和弱点。他们坚信，只有明确指出愚蠢的根源所在，人们才有克服它的希望。可见，正是因为人们日常的思维习惯并不一定能保持理性，所以才必须审慎精细地运用理性。

由此便引申出**第二个理念：科学**。所谓科学，就是对理性的加工提炼，并以此去解释世界。科学革命是一场真正意义上的革命，它所带来的各种发现已经成为大多数人的第二天性，以至于我们对此习以为常、不以为意。然而历史学家戴维·伍顿（David Wootton）提醒说，在 1600 年，也就是科学革命的前夕，一个受过教育的英国人对世界的理解是这样的：

> 他相信女巫可以掀起风暴、淹没大海上的船只。他相信世界上真的有狼人存在，尽管碰巧在英国没有，不过迟早会在比利时发现它们。他相信女妖喀耳刻真的把奥德修斯的船员都变成了猪。他相信老鼠是从秸秆堆中自己长出来的。他相信那个时代的魔法师。他见到过传说中的独角兽的角，尽管他并没见过独角兽。
>
> 他相信，如果一个人被谋杀，那么只要凶手在场，尸体就会流血。他相信世上有一种药膏，只要将它涂抹在匕首上，就能使由这把匕首造成的伤口愈合。他相信可以通过植物的形状、颜色以及纹理来判断它的药用价值，因为上

帝设计自然的目的就是让人类能够理解。他相信炼金术，尽管怀疑是否有人知
道如何去做。他相信大自然讨厌真空。他相信彩虹是上帝的旨意，而彗星则是
邪恶的预兆。他相信梦可以预示未来，只要能掌握解梦的方法。同样，他相信
地球静止不动，日月星辰每 24 小时绕地一周。[7]

然而 130 多年后，一个受过教育的英国人就不再会相信这些东西。这不但将人
类从愚昧中解放出来，也让人类远离无谓的恐惧。社会学家罗伯特·斯科特（Robert
Scott）指出，在中世纪，"这种认为有某种外部力量操控日常生活的想法导致了一
种集体妄想症"：

> 暴雨、雷电、狂风、日食、月食、寒流、热浪、干旱和地震，凡此种种，
> 都被认为是上帝发怒的征兆。如此一来，"恐惧之妖"寄居于生活的每个角落。
> 海洋成为邪恶之域，森林里到处是妖兽、女巫和魔鬼，以及真实存在的窃贼
> 和凶犯。……黑夜降临之后，世界上也充满了预示各种危险的信号：彗星、流
> 星、月食以及野兽的嚎叫。[8]

对启蒙运动思想家而言，这个从无知与迷信中摆脱出来的过程，既表明传统认
知会犯下怎样的错误，又表明科学的方法，例如怀疑论、可谬论（fallibilism）、公
开辩论以及实证检验，则是一种有效的手段，可以指导我们获得可靠的知识。

在这些知识中，也包括对自身的理解。建立一门"人的科学"的要求成为那个
时代的主题，并将在其他许多问题上与观点各异的启蒙运动思想家联系在一起，其
中包括孟德斯鸠、大卫·休谟、亚当·斯密、康德、孔多塞、狄德罗、达朗贝尔、
卢梭和维柯。他们相信存在着普遍的人性，并认为可以对它进行科学研究。因此，
他们成为诸多学科的早期实践者，而这些学科直到几个世纪以后才被正式命名。[9]
他们是认知神经学家，试图通过大脑的生理机制来解释思想、情感和精神病理。他
们又是进化心理学家，试图描述生命的自然状态，并辨识那些"注入我们身躯之内"
的动物本能。他们还是社会心理学家，著书立说，讨论将我们结为一体的道德情感
和相互对立的自私情绪，并分析那些干扰各项完美计划的短视行为。他们也是文化

人类学家，挖掘旅行者和探险者的实地记录，既收集有关人类共性的数据，也关注世界不同文化在风俗习惯上的多样性。

普遍人性的观点将我们引入**第三个理念：人文主义**。理性与启蒙运动思想家普遍意识到，必须为道德确立一个世俗基础，因为他们被几个世纪以来宗教屠杀的历史记忆，例如十字军东征、宗教裁判所、猎捕女巫以及欧洲的宗教战争深深困扰着。他们为今天所称的人文主义奠定了一个基础。真正能够感受快乐和痛苦、幸福和悲伤的是单独的个人，而非组织或团体。无论这样做的目的是确保最多的人能获得最大的幸福，还是出于"人是目的而非手段"的绝对律令，在启蒙运动思想家看来，正是人类个体对痛苦和幸福拥有相同的感受力，才引发了对道德关怀的呼吁。

幸运的是，人性为响应这个呼吁做好了准备，因为我们被普遍赋予了一种能力：同情。同情，有时也被称为仁慈、怜悯、恻隐等。只要拥有同情他人的能力，就没有什么可以阻止同情之环向外延展，由家庭、宗族出发，去拥抱整个人类，尤其是在理性告诉我们，自己以及所属的群体并没有什么异于他人的属性时。[10] 我们不得不接纳世界主义，接受世界公民的身份。[11]

这种人文情感促使启蒙运动思想家不仅谴责宗教暴力，同时也对所处时代的世俗暴行，例如奴隶制度、专制主义、滥用死刑，以及诸如鞭打、截肢、穿刺、剖腹、轮辗、火烧之类的残酷刑罚大加声讨。启蒙运动有时也被称为"人道主义革命"，因为它促成了种种野蛮行为的废止取缔，这些行为在各种文明中都曾普遍存在，而且延续了千年之久。[12]

如果废除奴隶制度和残酷刑罚都算不上进步，那这世界上就没有进步可言。由此进入**第四个理念：进步**。在科学的帮助下，我们对世界的理解日益深入，在理性和世界主义的引发下，同情之心也在不断扩张。因此，人类完全可以在智力和道德上取得进步。不必屈从于当前的苦难和各种不合理的现象，也不必试图将时钟回拨，去寻找失去的黄金时代。

我们不应该将启蒙运动对进步的信念与 19 世纪浪漫主义的信仰混为一谈。浪漫主义者相信神秘的力量，相信法律和辩证法，相信斗争、演化和命运，相信古希腊人对人类时代的分期，也相信进化的动力会将人类社会推向理想之境。[13] 然而就像康德关于"增加知识、减少错误"的表述一样，启蒙运动对进步的理解并没有那么诗意，进步不过是理性和人文主义的结合。只要关注并了解法律、习俗的现实状况，并设法去改进、实践，然后保留下那些可以造福人类的措施与制度，我们就能逐渐让世界变得更好。科学本身就是在理论和实验的循环中逐步发展，在局部的挫折和倒退中累积经验、持续前进，并由此证明如何才能取得真正的进步。

我们也不能将进步的理念与 20 世纪的社会重塑运动混为一谈，这场运动的目的是为技术官僚和城市规划者提供方便，政治学家詹姆斯·斯科特（James Scott）称之为"极端现代主义的独裁主义"（Authoritarian High Modernism）。[14] 这场运动否认人性的存在，否认人性对美、自然、传统和社会亲密的复杂需求。[15] 这些现代主义者从一块"干净的桌布"出发，设计出各种城市更新项目，用高速公路、摩天大楼、露天广场以及粗野无比的建筑取代充满生活气息的街道社区。他们从理论上解释说"人类将会重生"，并"生活于整体的有序关系之中"。[16] 虽然这些发展有时也被冠以"进步"一词，但这种用法是极具讽刺意味的，因为缺乏人文主义引导的"进步"不是进步。

启蒙运动思想家并不试图去塑造人性，他们所希望的进步主要集中在人类的各项制度方面。像政府、法律、学校、市场和国际组织这样的人造系统才是理性的用武之地，由此改善人类的状况。

政府是人们依据彼此默认的社会契约而发明的一种机构，其目的是协调人们的各种行为、制止损人利己的自私举动，以此来增进公民的福祉。就像启蒙运动最著名的精神成果——美国《独立宣言》中所表述的那样："为了保障生命权、自由权和追求幸福的权利，人类才在他们之间建立政府，而政府的正当权力，是经被统治者的授予而产生的。"

在人们授予政府的各项权力中，惩罚是其中之一，而孟德斯鸠、切萨雷·贝卡里亚以及美国的缔造者们对政府惩罚公民的权力做了重新思考。[17] 他们认为，刑罚的实施并非为了替天行道，而是社会激励机制的一个组成部分，也就是在保证不造成更大伤害的前提下阻止反社会行为的发生。例如我们主张罪罚相当，这并不是为了维护神秘的正义天平不至倾斜，而是为了确保罪犯能够止步于较小罪行，从而使小罪行不会升级成更大的罪恶。反观酷刑，无论是否属于所谓的"罪有应得"，它都不如适度而必要的惩罚更为有效，而且酷刑还会使观刑者变得麻木不仁，使这个实施酷刑的社会变得残暴无情。

启蒙运动还首次对财富展开了理性的分析。它的出发点不是如何分配财富，而是如何创造财富。[18] 在法国、荷兰以及苏格兰等地经济学家的基础上，亚当·斯密建立了自己的理论，他指出，大批量的产品无法依靠独立的农民或者工匠来制造，这有赖于一大批高效的专业劳动者，以及那些将他们的才智、技能和劳动成果汇集起来进行交易的人。亚当·斯密举过一个有名的例子，他计算出一个独立工作的制针人一天最多只能制作一枚扣针，然而在工厂中，"一个人抽铁线，一个人拉直，一个人切截，一个人削尖线的一端，一个人磨另一端，以便装上圆头……"，如此一来，平均每个工人一天之内就可以制造将近 5 000 枚扣针。

专业分工在市场中才有效，市场让专业劳动者能够交换他们的商品和服务。同时亚当·斯密解释道，经济活动是一种互惠合作，也就是今天所说的"正和博弈"（positive-sum game），每个人收获的利益都大过所放弃的利益。借助自愿交换，人们通过追求自己的利益来使他人受益，就像亚当·斯密所说："我们的晚餐，可不是来自屠夫、酿酒商和面包师的仁慈，而是来自他们对自己利益的关注。我们并非求助于他们的博爱，而是求助于他们的自利心。"亚当·斯密并不是说人类无比自私，也不是说人类应该如此。事实上，亚当·斯密对人类同情心关注之切、阐释之深，史所少见。他只是强调，在市场中，即便一个人只关心自己与家人的利益，他的工作也会给所有人带来好处。

交换不仅可以使整个社会变得更为富有，也可以使它变得更为和谐，因为在一个有效的市场中，购买商品总是比盗窃商品的成本更加低廉，而对你来说，他人的生存总是比死亡更有价值。正如经济学家路德维希·冯·米塞斯（Ludwig von Mises）在几个世纪之后所说："如果裁缝向面包师开战的话，那他就必须自己烘焙面包。"包括孟德斯鸠、康德、伏尔泰、狄德罗以及阿贝·德·圣皮埃尔（Abbé de Saint-Pierre）在内的许多启蒙思想家都赞成"温和的商业"（doux commerce）。[19] 而美国的缔造者乔治·华盛顿、詹姆斯·麦迪逊，尤其是亚历山大·汉密尔顿，则为美国这个年轻的国家设计了各种制度，以培养商业的发展。

这将我们引入和平这个启蒙运动的理念。在人类历史上，战争曾是如此频繁，以至于人们想当然地认为它是人类社会的组成部分。但现在，战争不再被认为是来自上天的惩罚，对此人们只能忍受和哭泣，它也不是一场光荣的竞赛，不值得赢取和庆祝。战争只是一个有待解决的实际问题，而且有朝一日终会解决。在《论永久和平》（Perpetual Peace）一文中，康德列举了一系列能够防止领导人将国家拖入战争的措施。[20] 康德认为，除了国际贸易外，能够阻止战争爆发的还包括建立代议共和制（也就是今天所说的"民主制"）、国家之间开诚布公、制定一系列反对侵略和干涉内政的准则、允许自由旅行和移民，以及建立一个能够对争端做出判决的国际联盟。

尽管这些开国者、制宪者和启蒙哲学家都是高瞻远瞩的伟人，但本书并不想掀起一场偶像崇拜。启蒙运动思想家也不过是生活于 18 世纪的男男女女，他们中有种族主义者、性别歧视者、反犹主义者，也有奴隶主和决斗者。他们所担心的一些问题在今天看来几乎不可理喻，他们在构建一系列精妙理论的同时，也提出了大量愚蠢的观点。更重要的是，他们生得太早，无法预料现代人理解现实的一些基本原则。

但我相信，他们会是首先站出来对此表示赞同的人。如果赞成理性，那么你关注的重点就应该是思想的健全，而不是思想家的人格魅力。如果致力于进步，那么你就不能轻易宣称自己弄清了其中的所有奥秘。如果我们对人类状态和进步本质有重要的理论发现，而这些发现并不为启蒙运动思想家所知，那也丝毫不影响他们的伟大。在我看来，这种发现有三个：熵、进化与信息。

熵

理解人类状况的第一个基本概念是熵，或者说无序。熵这个概念源自 19 世纪的物理学，物理学家路德维希·玻耳兹曼（Ludwig Boltzmann）赋予了它现在的含义。[1] 热力学第二定律告诉我们，孤立系统，也就是与外界不发生任何能量传递和物质交换的系统的熵永远不会减少。封闭的系统必然会越来越紊乱、涣散、无用、无效，直到陷入一种沉寂、单调的平衡状态，并一直保持这种状态。

热力学第二定律最初是用来说明可用能量的消耗过程。当两个物体出现温差时，随着热量从高温物体传到低温物体，热量，也就是可用能量，最终不可避免地会耗散一空。正如夫兰达斯与史旺二人乐队（Flanders and Swann）所唱："热不能由低温物体传到高温物体，如果喜欢你可以试试，但我奉劝你还是算了。"的确，一杯咖啡最终会冷却下来，除非你把它放在电热炉里保温。同样，当供给蒸汽发动机的煤炭烧尽时，活塞一侧的冷蒸汽就不能再推动它了，因为另一侧的热蒸汽和空气在往反方向回推。

一旦了解热并不是无形的流体，而是分子运动所产生的能量，同时两个物体之间的温差是因为分子平均速度的不同，就会对熵和热力学第二定律有一个更为普遍的、更具有统计学意义的认识。我们可以将秩序描述为一个系统中所有不同微观状态的集合，在热量传递的例子中，状态就是两个物体中所有分子的速度和位置。在所有的状态中，所能发现的有用状态（例如一个物体的温度高于另一个物体，也就是一个物体的分子平均速度高于另一个物体）恐怕只占很小一部分，而绝大多数都是无序、无用的状态（也就是两个物体之间不存在温差或分子平均速度一样）。

由此从概率上说，系统的任何一次变动，无论是某个部分的随机摆动，还是来自外部的干扰，都会将系统推向无序或者失效，这不是大自然有意如此，而是因为无序的状态数远比有序的多。假设你今天经过一个沙堡，明天它可能就不在那儿了，因为海风、潮汐、海鸥，或者小孩都有可能让沙堡的状态发生改变，而这种改变绝大多数情况下都会让这个沙堡不再像沙堡。我经常将热力学第二定律的统计学版本称为熵定律，它不仅可以用来说明热力的平衡，也可以用来解释秩序的消失。

熵与人类事务有何关系？生命和幸福取决于无限多可能中的一组概率极小的有序安排。我们的身体是一种极小概率的分子组合，它们在其他一些极小概率因素的帮助下维持自身的秩序，其中一些形成食物，为我们提供营养，另一些则形成其他的生活资料，满足穿衣、住房等基本需求和各种爱好。地球上大多数的自然安排对我们没有任何实际的用途。因此，当事物发生变化时，如果没有人对变化进行引导，这种变化就很可能向坏的一面发展。热力学第二定律在日常生活的各种谚语中得到广泛体现，如"土崩瓦解""铁锈从不睡觉""坏事总会发生""覆水难收""凡事只要有可能出错，那就一定会出错"，以及得克萨斯州议员萨姆·雷伯恩（Sam Rayburn）的名言："任何一个傻瓜都可以踢倒谷仓，但只有木匠才能建造谷仓。"

不过科学家意识到，热力学第二定律不仅可以用来解释日常生活，它还是理解宇宙以及人类在宇宙中所处位置的基础。1928 年，物理学家亚瑟·爱丁顿（Arthur Eddington）写道：

> 我认为，熵永远增加的定律应该是自然界一切定律的最高定律。如果有人告诉你，你所偏爱的宇宙理论与麦克斯韦方程组不符，那么有可能是麦克斯韦方程组的问题；如果你的理论与实验结果相互矛盾，那么也许是实验者搞砸了。但如果你的理论违反了热力学第二定律，那就没有任何希望了，除了在深深的耻辱中轰然倒塌，没有别的结果。[2]

1959 年，英国科学家和小说家 C. P. 斯诺（C. P. Snow）发表了他的著名演讲《两种文化与科学革命》（*The Two Cultures and the Scientific Revolution*），在演讲中，他对当时受过良好教育的英国人鄙视科学的现象进行了讽刺：

> 我参加过一些人的聚会，根据传统文化的标准，这都是一些被认为很有教养的人，他们往往对科学家的无知感到幸灾乐祸、难以置信。有一两次我恼火了，询问他们中间有几个能解释一下热力学第二定律，结果反应很冷淡，没有人能答上来。然而我问这个问题，其实就像问一位科学家：你读过莎士比亚的作品吗？[3]

同样，化学家彼得·阿特金斯（Peter Atkins）撰写了一部名为《推动宇宙的四大定律》（*Four Laws That Drive the Universe*）的书，热力学第二定律便是其中之一。更有甚者，进化心理学家约翰·图比（John Tooby）、莱达·科斯米德（Leda Cosmides）以及克拉克·巴雷特（Clark Barrett）撰写了一篇论文，探讨心智科学的理论基础，题目便是《热力学第二定律是心理学第一定律》（*The Second Law of Thermodynamics Is the First Law of Psychology*）[4]。

为什么要对热力学第二定律保持敬畏？因为从形而上的角度来看，第二定律决定了宇宙的命运，也决定了生命、思想和人类奋斗的终极目标：运用能量和知识来对抗熵的狂澜，并为有价值的秩序创造庇护之所。当然，从形而下的角度出发，可以得出更为具体的结论，但在进入熟悉的领域之前，我需要指出另外两个基本的概念。

进化

第二个基本概念是进化。

乍看之下，熵定律似乎让我们必须接受令人沮丧的历史和毫无希望的未来。宇宙缘起于一种低熵的状态，拥有不可思议的能量密度，这也就是所谓的大爆炸。从那开始，随着宇宙的扩散，一切事物都处于衰退之中，而且将一直持续下去，最终消散成飘浮于空间中的稀薄微粒。然而正如我们所看到的，宇宙并不是一锅毫无生气的稀粥，而是一个充满生机的世界，宇宙中不但有恒星、行星、山脉、云彩和雪花，还有多姿多彩的植物和动物，当然也包括我们。

宇宙中为什么会充满这么多有趣的事物？原因之一，存在着一套被称为"自组织"的进程，它可以让某个有限的区域实现秩序。[5] 当能量注入某个系统之中，而这个系统又在熵增的过程中消耗这些能量时，它就会呈现出一种有序的，同时也是漂亮的造型，例如球体、螺旋、星爆、旋涡、波纹、晶体，或者分形。顺便提一句，我们认为这些构造具有美感，这一事实说明美并不仅仅存在于观者的眼中，大脑的审美反应可能是对自然界中各种反熵形态的一种接受。

但自然界中还存在另一种秩序，这里也有必要解释一番：它不是物理世界中优雅的对称与节奏，而是生命世界中的功能设计。生物由不同的器官构成，这些器官又拥有相互异质的组成部分，它们被不可思议地配置在一起，各司其职，以确保生物得以存活，换句话说，就是不断地吸收能量，以抵抗熵的侵蚀。[6]

人们常常以眼睛为例来展示生物设计的奇妙，但我这次决定用我第二喜欢的感觉器官耳朵来论证这一点。人的耳朵包含一个具有弹性的鼓膜，只要有一点儿风吹草动，它就会做出反应，产生振动。此外，人耳中还有一套由听骨构成的杠杆系统，用以扩大振动的力量；一个活塞装置，将振动压入一段长隧道的淋巴液中，该隧道一般盘曲成卷，容纳在颅骨内。沿着这条隧道有一层逐渐变窄的薄膜，可以将波形分离为谐波。此外，薄膜上还有一排带有纤毛的细胞，它们随着振动膜的振动来回弯曲，由此将一连串的电子脉冲传入大脑。显然，正是这种精密的构造使得大脑能够记录模式化的声音，也只有了解这个事实，才能解释这些薄膜、骨骼、液体和纤毛为什么要以此种离奇的方式组合在一起。同样，外耳也是如此，它的外形并不对称，而且沟壑纵横，这也是有原因的，因为这样可以帮助大脑分辨出声音是来自上方还是下方，前方还是后方。

生物体拥有各种不可思议的器官，例如眼睛、耳朵、心脏和胃，这一切都需要迫切的解释。在查尔斯·达尔文和阿尔弗雷德·拉塞尔·华莱士于 1859 年给出他们的解释之前，我们似乎有理由认为这是某位神圣设计者的杰作。但是，达尔文和华莱士让这位设计师变得毫无必要。一旦某些物理和化学方面的自组织过程产生出一种可以自我复制的物质结构，这种复制就会一次次地重复下去，并呈指数级增长。这个复制系统将会争夺资源，以实现自身的复制，同时也会争夺能量，以加速自身的复制。

拜熵定律所赐，复制的过程不可能完美无缺，错误往往突然发生。不过，尽管同样因为熵定律作怪，大多数突变都会降低复制器的效力，但也有可能歪打正着，让复制器变得更有效力，而它的后代也因此大大增加，并在竞争中存活下来。那些有助于提高稳定性和复制率的复制错误被世代积累下来，使这些被称为生物体的复制系统看上去好像是专门为了未来的生存、繁殖而被设计出来似的。事实上，它们只是保留了祖先的复制错误，而正是这些复制错误让它们的祖先得以生存、繁衍。

创世论者常常篡改热力学第二定律的含义，并据此声称，随着时间推移而不断积累的生物进化是不可能发生的。他们有意忽略的是这一定律的前提条件，也就是"在一个封闭的系统中"，而生物体是开放的系统：它们从阳光、食物或者海洋热液喷口中获取能量，以维持其身体和巢穴的暂时秩序，同时又将热量和废物排入环境之中，从而使整个世界处于更加无序的状态。生物体使用能量来维持自身的完整，以对抗熵的压力，这是对"欲力"学说的一种现代解释，斯宾诺莎将其定义为"努力保持和发展自身的存在"，它也是启蒙时代某些生命和心智理论的基础。[7]

生物体必须从环境中汲取能量，这一刚性需求是生物界各种悲剧出现的原因之一。植物通过沐浴阳光吸收太阳能，一些深海生物汲取海底裂缝喷涌出的丰富的化学物质；而动物则是天生的剥削者：它们摄取植物和其他动物身体中所储存的来之不易的能量，并以此为生。病毒、细菌、寄生虫以及其他病原体也一样，它们在体内侵食宿主。除了果实外，那些被称为"食物"的东西，都是其他生物的部分躯体或者能量储存，而这些生物并不情愿放弃这些宝贵的资产。

大自然就是一场战争，在自然世界中，最吸引我们的就是军备竞赛。被捕食者利用硬壳、体刺、爪子、犄角、毒液，或伪装、飞行、搏斗来进行自卫。植物通过尖刺、硬皮来保护自己，或者分泌带有刺激性和毒性的物质。动物则进化出各种武器来击破这些防御：食肉动物拥有速度、利爪和敏锐的视觉，食草动物则依靠结实的磨牙和可以解毒的肝脏。

信息

现在来看第三个基本概念：信息。[8]信息可以理解为熵的减少，是将有序的结构化系统与大量随机、无用的系统区分开来的要素。[9]想象一下，一只猴子在打字机上随机敲出一页字符，或者收音机调台时传来一段白噪声，又或者是电脑文件因为受损而显示的一堆乱码，它们可以有几万亿种不同的组合形式，每一种形式都毫无意义。但现在假设这些设备由一个信号控制，这个信号将字符、声波或者像素组合成一个与外部事物相互关联的模式，例如一份《独立宣言》，或者歌曲《嗨，朱迪》（Hey, Jude）的开场乐，或者一只戴着墨镜的猫。我们说这个信号传递了关于宣言、歌曲或者猫的信息。[10]

一种形式包含着怎样的信息，取决于这个世界的精细（或者粗糙）程度。如果我们关心的是猴子输出字符的准确顺序、各种噪声之间的精确差别，或者随机乱码的像素模式，那么不得不承认，每一种组合形式都包含相同数量的信息。的确，有意义的形式反而包含较少的信息，因为当你看到其中一部分时，可以猜出另外的部分，而不需要依靠额外信号。但更多情况下，你会将大量貌似随机产生且毫无意义的形式归为一类，将它们和小部分与外界事物形成对应的形式区分开来。从这个角度来看，比起那些杂乱无章的像素，一张猫的照片包含着更多的信息，因为要从大量的无序形式中精确地识别出一个稀有的有序结构，需要进行各种预设和说明。如果说宇宙是有序的而非随机的，那么也就是说它包含着信息。因此，一些物理学家将信息与物质、能量并列，视为宇宙的一个基本组成部分。[11]

在进化过程中，信息在基因组中得到不断的积累。DNA 分子中的碱基序列与构成生物体蛋白质中的氨基酸序列形成对应，而碱基与氨基酸是通过建构这个生物体的祖先，也就是减少它们的熵，来获得这个序列的。它们将原始生物构建成一个几乎不可能的结构，使其能够获取能量、生长繁衍。

在动物的生命过程中，它的神经系统也在不停地收集信息。耳朵可以将声音转换为神经放电，这原本是两个截然不同的物理过程，一个是空气振动，一个是离子扩散，但正是由于它们之间存在对应关系，动物大脑的神经活动模式才可以携带外界声音的信息。在大脑中，信息在跨越各个神经元之间的神经突触时，可以由电子属性转换为化学属性，反之亦然。凭借这些物理转换，信息得以保存下来。

20 世纪的理论神经学有一个重大发现，即神经元网络不仅可以储存信息，还可以通过各种方式来改造信息，也由此可以解释大脑是如何产生智能的。例如，两个输入神经元可以连接到一个输出神经元上，它们的放电模式和"与""或""非"等逻辑关系相对应，或者与基于证据权重的统计决定相对应。这使得神经网络具有了信息处理或计算的能力。大脑是一个由无数逻辑和统计回路构成的庞大网络，它有足够大的空间来容纳数十亿的神经元，因此可以进行复杂的函数计算，而这便是智能的先决条件。大脑可以依照外部世界的各种法则来改造感觉器官所接收的外部信息，从而做出有用的推论和预测。[12]内在的表征一方面与世界的状态形成可靠的对应，一方面又能进行推论，由真前提得出真结论——这便是知识。[13]如果某人在看到一只知更鸟时会想到"知更鸟"这个概念，并能推论出它一般会在春天出现、喜欢在地上找虫子吃，就可以说这个人知道"知更鸟"是什么。

再回到生物的进化过程。根据基因组中的信息连接出的大脑，能够对来自感官的信息进行计算，因此它可以组织动物的各种行为，使之能够获取能量，并遏制熵。例如它可以采取以下原则："如果它吱吱尖叫，你就上前追逐；如果它高声狂吠，你就赶紧逃走。"

不过，追逐和逃跑并不仅仅是肌肉收缩的结果，它们是以目标为导向的：追逐可能包括奔跑、攀爬、跳跃或者伏击，这取决于当时的环境，只要能增加捕获猎物的机会就行；逃跑则可能包括躲藏、装死或 Z 字形奔跑。这就引出了 20 世纪的另一个重要思想：控制论，或者说反馈论。这个理论解释了一个物理系统为何能表现出目的性，换句话说，就是以目标或目的为导向。它能以某种方式感知自身以及环境的状态，拥有一套目标状态的表征，也就是它"想要"什么、正在"争取"什么，具备对当前状态与目标状态之间的差异进行计算的能力，以及拥有一组对应特定结果的行为指令。一旦这个系统被联通，它就能触发相应的行为，以减少当前状态与目标状态之间的差异，这就可以被视为追求目标，而如果能够充分预测外部世界，它就能够实现目标。自然选择发现了这个原理，并通过体内稳态的形式应用它，例如身体会通过寒战和流汗来调节体温。人类则依据这个原理设计出恒温器、巡航控制等模拟系统，之后又将其应用于数字系统，如象棋程序和自主机器人。

信息、计算和控制的原则弥合了物质世界与精神世界的鸿沟，前者受因果关系制约，后者以知识、智能和意图为内容。因此，"思想改变世界"不仅是一句漂亮的口号，还是一个涉及大脑物理构造的事实。启蒙思想家们有一种模糊的看法，认为思想是由物质的某种形态构成的，他们把思想比作蜡版上的印记、琴弦的颤动、小船划过湖面的波纹。同时，还有一些人认为"推理就是计算"（这里的"计算"是最初意义上的计算）。但是，在信息与计算的概念被揭示出来之前，一个人信奉身心二元论，将精神生活归因于无形的灵魂，也是情有可原的。这就像在进化论出现以前，一个人会很自然地成为创世论者，将所有自然设计都归功于某个宇宙设计师。

当然，我们也会很自然地怀疑，你的手机是否真的"知道"你最喜欢的电话号码，你的导航系统是否真的"理解"回家的最好路线，或者你的扫地机器人是否真的在"努力"打扫房间。但是，随着信息处理系统变得更加成熟，它们对世界的表征变得越来越丰富，它们的目标被细化为一级级的子目标，为达成目标而采取的行动变得更加多样化，也更加难以预测。在这种情况下，如果坚持认为它们没有智慧，这似乎有点儿人类沙文主义的嫌疑。除了知识、智能和意图之外，信息与计算是否还可以用来解释人类的意识？这个问题将在最后一章加以讨论。

人类智力仍然是这些人工智能努力接近的基准，而智人之所以会成为非同寻常的物种，是因为我们的祖先致力于扩充大脑，使它可以收集更多的外部信息，进行更为复杂的分析推理，并采取更多的行动来达成目的。他们专攻"认知生态位"（cognitive niche）——有时也被称为"文化生态位"或者狩猎采集生态位[14]。这包含了一系列新的适应能力，例如对外部世界的心智模型进行操控，对尝试新事物后的结果进行预测，与他人进行合作，以便依靠团队的力量完成个人无法完成的任务。此外，还有语言，语言使得他们能够相互协调，并将各自的经验成果积累起来，汇入他们称为文化的各种技能与规范的集合中。[15]

这些投资使早期的人类能够击溃各类植物和动物的防御系统，从而获得能量的回报，这进一步促进不断扩充的大脑赋予他们更多的知识，由此收割更多的能量。坦桑尼亚境内的哈扎部落是一个生活于现代的采猎部落，科学家对它进行了充分的研究。这个部落位于现代人类最初进化的生态环境中，并且很可能保留了自古以来的大部分生活方式。他们每人每天从880多类物种中获取3 000卡路里的热量。[16] 这份丰富的菜单是通过人类巧妙而独特的觅食方式来获取的，例如用毒箭放倒大型动物，用浓烟熏走蜂巢里的蜜蜂，然后取走蜂蜜，以及通过烹饪来提高肉类和块茎的营养价值。

利用知识来引导能量是遏制熵的重要法宝，获取的能量越多，人类的命运也就越美好。大约在1万年前，农业开始出现，人们耕种植物、驯养家畜，这使热量的供应量成倍增长，一部分人因此从狩猎和采集的重担中解放出来，最终走上了写作、思考和积累知识的奢华道路。公元前 500 年前后，也就是哲学家卡尔·雅斯贝尔斯（Karl Jaspers）所谓的"轴心时代"，世界上相隔甚远的数个文明区域开始构建各自的哲学体系和宗教信仰，它们推崇无私，主张精神的超越，由此告别了以往仅仅为了逃避世俗的不幸而进行的各种牺牲献祭。[17] 中国的道家、儒家，印度的印度教、佛教和耆那教，波斯的琐罗亚斯德教，犹太的第二圣殿犹太教，还有古典时期的希腊哲学与戏剧，它们都在一两个世纪内先后涌现。其中孔子、释迦牟尼、毕达哥拉斯、埃斯库罗斯和希伯来最后一位先知还曾同时在地球上行走。

后来，一个跨学科的研究团队发现了背后的原因，这并非灵光普降地球的结果，而是源自一种更为平实的力量：能量获取。[18] 在轴心时代，农业和经济的发展使人们可获得的热量大幅增加，人均每天从食物、燃料等生活原料中获取的热量超过 20 000 卡路里。这种激增使文明能够负担起更大的城市，养活不事生产的学者和僧侣阶层，同时也能够对生活的优先事项进行调整：从满足眼下的生存到维持长期的和谐。正如德国戏剧家贝托尔特·布莱希特（Bertolt Brecht）所说的那句名言："先吃饭，后伦理。"（Grub first, then ethics.）[19]

随着工业革命带来的煤炭、石油和水力等可用能源的井喷式发展，它将人类从贫困、饥饿、疾病、文盲和早夭中解救出来。这种变化最早发生在西方，并逐渐蔓延至世界的其他地区。而人类福祉的下一个飞跃是全球贫困的终结和普遍的富足，及其所带来的各种道德利益。这个飞跃将取决于能源技术的进步，这些进步既能提供能源，同时对全球带来的经济成本和环境成本又在可接受的范围之内。

天地不仁

熵、进化和信息，这三个概念描绘出人类进步的故事梗概：我们诞生于一个悲惨的世界，但可以通过各种手段来改善我们的处境。

它们三者提供的一个智慧是：世间的不幸并非都是源于某人的过错。科学革命的一个重大，或者说最大的突破，就是祛除了"宇宙充满目的"的直觉思维。这种直觉虽然原始简陋，但异常普遍。所有事情都事出有因，因而一旦有事故、疾病、饥荒或者贫困等不幸降临，那肯定是有人希望它发生。如果某人被指为元凶，他就必须为此接受惩罚和折磨。如果找不出具体的个人，人们就会归咎于身边的少数民族或者少数教派，将他们处以私刑或者集体屠杀。如果无法起诉普通的凡人，人们就会四处猎捕女巫，将她们烧死或者投入水中。如果这些都行不通，人们又会将其归因于某位暴虐之神，但它无法接受惩罚，人们只能靠祷告和献祭来安抚。于是就有了诸如业力、命运、天谴等空洞无实的力量和其他的各类说法，以证明"一切事出有因"这个直觉判断。

伽利略、牛顿和拉普拉斯用机械宇宙取代了这个充满道德意味的宇宙。在机械宇宙中，事件的发生都是由当前条件所决定的，并非出于某种先期的目的。[20] 人当然有自己的目的，但如果将它们投映到自然法则上，则是一种错觉。事情总是会自然发生，无论是否有人关心它会对人类幸福产生怎样的影响。

熵的发现进一步深化了科学革命和启蒙运动的观点。宇宙不仅不关心我们的需求，而且在事件的自然进展中，它似乎还会加以阻挠，因为成功的可能总是小之又小，而出错的方式却成百上千，例如房子被烧、船只沉没，或者因为少了一枚马掌钉而输掉战争。

进化的解释也可以加深我们对宇宙冷漠无常的认识。捕食者和寄生虫等病原体总是试图将我们作为美餐，害虫和腐败菌则想方设法地侵食我们的食物。我们常常为此陷入痛苦之中，但这显然也并不是它们的过错。

贫穷也不需要解释。在这个由熵和进化操控的世界中，它是人类的一种预设状态。各种物质材料不会自动变成房屋和衣服。各种飞禽走兽也是千方百计地避免成为人类的盘中之餐。正如亚当·斯密所说，我们真正需要解释的是为什么会产生财富。然而即使在今天，虽然没有人再相信事故或者疾病的背后有恶人在捣鬼，但在讨论贫穷问题时，也总在争论谁应该为此负责。

这并不是说自然世界中不存在敌意。相反，进化决定了敌意无处不在。自然选择本身就是基因之间的相互竞争，目的是使自己在下一代得到延续。我们今天看到的所有生物都是胜利者的后代，它们的祖先在争夺配偶、食物和统治权的竞争中击败了对手。但这也不是说生物在任何时候都贪婪成性，根据现代进化理论的解释，自私的基因可以制造出无私的生物，但这种无私是有尺度的。与体内细胞或群体生物中的个体不同，人类在遗传学上具有独特性，每个人身上都积累并重组了一系列不同的突变，这些突变产生于人类祖先一代又一代容易发生熵变的复制过程之中。个体化的基因使每个人拥有不同的口味和需求，但它也为冲突创造了条件。家庭、配偶、朋友、同盟以及社会往往因为各自的利益而产生矛盾，这些矛盾又往往通过对峙、争论乃至更为极端的手段来解决。

熵定律的另一个含义是：像生物体这样的复杂系统很容易失能，因为它必须同时满足许多条件，而每个条件都不容易实现。只要一块石头砸在头顶、一只手扼住喉咙，或者一支毒箭射中身体，比赛就宣告结束。对掌握语言的生物来说，竞争就具有更大的诱惑，因为他们可以通过口头威胁使用武力来迫使对手就范，这为压迫和剥削打开了方便之门。

进化还造成了一个负担：我们的认知、情感以及道德能力只适用于古老环境下的个体生存与繁衍，而并不适应日新月异的现代社会。要理解这一点，你不必把自己看成是不合时宜的穴居人，只需明白，进化是以漫长的世代更迭为时间尺度的，因此它还来不及改造我们的大脑去适应现代的技术和制度。人类所仰仗的认知能力在传统社会中曾经应付自如，但在今天显得漏洞百出。

人类是天生的文字盲和数学盲，习惯于用"一个"、"两个"和"很多"来量化这个世界，喜欢大致的估计而非精确的计算。[21] 他们相信世间万物背后的奥妙并非源自物理学和生物学的各种法则，而是交感魔法在起作用，也就是一个物体可以跨越时空，影响与它类似的物体，或者它之前接触过的物体（例如英国人在科学革命之前所持的那些信仰）。[22] 人们认为，文字和意念可以通过祈祷和诅咒影响物质世界，但低估了巧合的普遍性。[23] 人们从少得可怜的样本中归纳出所谓的经验；喜欢从刻板印象出发，根据某个群体的典型特征判断群体中的每一个人；依据事物的相关性来推断因果；习惯笼统地看待问题，一切非黑即白。人们也执着于形象，将抽象的系统视为具体的实物；不是天生的科学家，同样也不是天生的律师和政治家。为了证明自己的观点，人们会大量收集有利的证据，对相反的证据则视而不见，[24] 而且往往高估自己的知识水平和理解能力，也过于相信自己的品质、才华和运气。[25]

人类的道德感有时也与幸福的目标背道而驰。[26] 人们常常将与自己意见相左的人妖魔化，将反对的声音视为愚蠢或者说谎。他们总要为社会上的各种不幸寻找替罪羊。他们以道德之名谴责对手，并号召民众群起攻之。[27] 他们之所以为某人定罪，可能是因为他对别人造成了伤害，但也可能是因为他蔑视习俗、质疑权威、破坏团结，或者是因为不洁的性行为或者饮食习惯。

人性中的两种救赎

但我们并非无可救药。人类的认知具有两个特征，使它能够超越自身的局限。[28] 第一个特征是抽象思维。人们能够选择某个具体的方位概念来概括某种情况背后的共同本质，可以说 "The deer ran *from* the pond *to* the hill"（鹿从池塘跑到山上），也可以说 "The child went *from* sick *to* well"（小孩的病好了）。人们也能选择某种物理行为的概念，来指代另一种抽象的因果关系，可以说 "She *forced* the door *to* open"（她打开了门），也可以说 "She *forced* Lisa *to* join her"（她强迫丽萨加入）或者 "She *forced* herself *to* be polite"（她尽力使自己保持礼貌）。这些规则提供了一种方法，使我们可以思考赋值的变量、原因及其后果，而我们也正需要这种概念机制来建构各种理论。理论之所以能产生，不仅需要思想的各种零件，还需要一套复杂的组装程序，可以用隐喻和类比来进行思考，如将热比作流体，将信息比作容器，将社会比作家庭，或者将责任比作纽带。

第二个特征是组合、递归的能力。心智可以将诸如事物、地点、方向、人物、行为、方式和目的等基本概念组合成命题，由此创造出不计其数的想法。而且，它不仅能生成命题，还能生成关于命题的命题，以及关于命题的命题的命题。例如，人体含有四种体液，疾病是源于这四种体液的失衡，我不再相信疾病源于这四种体液的失衡。

由于语言的存在，思想不仅可以在某个思考者的头脑中提炼、组合，还能够在一群思考者中交流、汇集。托马斯·杰弗逊曾用一个形象的比喻来说明语言的力量："学习他人思想的人，在充实自己的同时不会减损他人的智慧，就如点起蜡烛，照亮自己并不会给他人带来黑暗。"[29] 语言是人类最早使用的一种共享应用程序，而文字的发明、印刷术的出现、教育的普及，以及电子媒体的兴起，更使它如虎添翼。随着人口不断增长、融合，并向城市集中，思想交流的网络也在不断扩大。同时，基本温饱问题的解决，也给了人们更多的自由，去奢侈地思考、讨论各种问题。

当联系紧密的大型社群开始形成，人们会随之想出一套管理方式，维护彼此的共同利益。虽然每个人都希望自己是正确的一方，但只要大家公开表达不一致的意见，就会很快明白，并非每个人在每件事上都正确无误。而且，对正确的渴望，也会与另一种心理需求发生冲突，那就是了解真相，这是那些与争论双方没有利害关系的旁观者最为看重的事情。由此，社群便会制定出一套规则，以便从聚讼纷纭、各说各话的争论中找出正确的观点。例如，你必须为自己的观点提供依据，可以指出他人观点的错误，但不能强迫与你意见相左的人闭嘴。再加上一条，你应该允许用事实检验你的观点是否正确，那么就可以将这些规则称为科学。有了正确的规则，一个社群就能够竭力保持理性，即便它的成员在思考问题时并不那么理性。[30]

群体智慧也能提升我们的道德情操。当足够多的人聚在一起，讨论彼此相待的最好方式时，这场讨论必然会朝着特定的方向发展。如果我首先提出："我可以抢劫、殴打、奴役、杀死你和你的亲人，但你不能抢劫、殴打、奴役、杀死我和我的亲人。"我显然不能指望你举手赞成，也不能指望由第三方来批准通过，因为没有理由可以证明，我之所以应该有此项特权，就因为我是我，你是你。[31] 同样，也不可能接受如下对等交易，"我可以抢劫、殴打、奴役、杀死你和你的亲人，你也可以抢劫、殴打、奴役、杀死我和我的亲人"。我们自己遭受的伤害会大大抵消从伤害他人中获得的利益，其实这也是熵定律的另一个潜在含义：伤害比获益更容易发生，所造成的影响也更大。因此，我们会明智地选择缔结一份社会契约，让彼此处于正和博弈的关系之中：防止相互伤害，鼓励相互帮助。

　　因此，尽管人性存在种种缺陷，但只要人类能设计出各种原则和体系，将局部利益引导为普遍利益，那人性也包含了自我完善的种子。这些原则包括言论自由、拒绝暴力、合作精神、世界主义、尊重人权，以及承认人类天生容易犯错。这些体系包括科学、教育、媒体、民主政府、国际组织和市场。并非巧合的是，它们也正是启蒙运动最主要的精神成果。

03
反启蒙

　　谁会反对理性、科学、人文主义和进步呢？这些词看上去面目可亲，这些理念似乎也无可挑剔。它们是所有现代机构——学校、医院、慈善机构、新闻媒体、民主政府和国际组织所秉承的宗旨，这些理念真的需要辩护吗？

　　绝对需要。自 20 世纪 60 年代以来，人们对现代机构的信任已经土崩瓦解，而在 21 世纪第二个十年，公然反对启蒙运动理念的民粹主义运动蓬勃兴起。[1] 它们标榜本土主义，拒绝世界主义，推崇专制，反对民主，藐视专家，鄙薄知识，它们沉湎于田园诗般的过去，而无意展望更好的未来。不过，这种表现绝非 21 世纪的民粹主义所独有（见第 20 章和第 23 章）。对科学、理性、进步以及人文主义的蔑视并非源自草根阶层，也并非无知者所发泄的愤怒。事实上，在精英阶层和文化艺术领域中，长期以来就存在着反启蒙的思想。

一种反启蒙思想认为：它是西方的发明，并不适用于多元化的世界。这种观点是完全错误的。问题在于，所有思想都诞生于世界的某个地方，它们的出生地与它们的价值并无关系。尽管启蒙运动的许多思想在 18 世纪的欧洲和美国开花结果，但它们植根于理性与人性，所以任何遵从理性的人都可以参与其中。也正因如此，非西方的许多文明在历史进程中对启蒙运动的思想也多有表述。[2]

不过，对于这种视启蒙运动理念为西方指导思想的观点，我只能说：要真是如此就太好了！事实上，在启蒙运动之后，紧跟着就是一场反启蒙运动，自那时起，西方对启蒙运动理念的态度就一直存在分歧。[3]人们才刚刚沐浴启蒙之光，就立刻被告知：黑暗其实并非一无是处；人类应该停止大胆探索的脚步；条规戒律有存在的必要；人性的命运并不是进步，而是停滞或者倒退。

浪漫主义运动对启蒙运动理念进行了坚决反击。卢梭、约翰·赫尔德、弗里德里希·谢林等人认为理性与情感无法分离，认为个人无法摆脱其所处文化的影响，他们否认人们应该理性行事，否认超越历史和地域的普遍价值，也否认和平与繁荣是值得追求的目标。在他们看来，人不过是某个有机整体的组成部分，比如文化、种族、国家、宗教、精神或某种历史力量，人们应该与自身所属的这个伟大整体保持精神契合。世界上最大的善是英勇的斗争，而不是解决人类的各种问题。暴力乃是自然固有之物，遏制暴力，也等于扼杀生命的活力，正如夏尔·波德莱尔所说："世上只有三种高尚的人：牧师、勇士和诗人。他们的职能分别是去理解、杀戮和创造。"

这听起来似乎不可理喻，但事实情况是：在 21 世纪，反启蒙的思想依然广泛存在于精英阶层的各种文化运动和理智运动中。启蒙运动理念认为我们应该运用集体的理性来促进繁荣、减少痛苦，但这个观点现在被认为太过愚蠢，也太过天真，不但无用，也已经过时。下面介绍几种流行的理念，据说它们可以替代理性、科学、人文主义和进步。这些理念在本书的其他章节也会提到，而在本书的第三部分，我将对它们做出正面回击。

最明显的就是宗教信仰。接受某种信仰，就意味着绝对相信，而不需要充分的理由。因此，对超自然实体的信仰与理性水火不容。宗教也通常与人文主义发生冲突，因为它往往将某种道德利益置于人类福祉之上，例如接受某位神圣的救世主，认同宗教经典中的有关记载，推行某些仪式和禁忌，劝说他人接受相同的信仰，对不接受的人进行惩罚，或者视其为魔鬼。宗教与人文主义的冲突还表现在：宗教往往将灵魂的价值置于生命之上。这种做法其实并没有听起来那么美好。对来世的信仰意味着此生的健康与幸福无足轻重，因为地上的生活不过是通往永恒生命之前的一小段暗夜，可以忽略不计。在宗教徒看来，强迫某人接受救恩是在帮他洗清罪恶，而以身殉道则是一生中最幸福的事情。至于宗教与科学的冲突，可以在历史故事和时事新闻中找到各种实例，如中世纪对伽利略的审判、20 世纪 20 年代的"斯科普斯猴子案"①，以及目前许多基督徒对干细胞研究和气候变化观点的反对。

另一种反启蒙的观点认为，人不过是可供消耗的细胞，它隶属于某类超个体组织，例如宗族、部落、民族、宗教、种族、阶级或者国家。因此，社会的最高目标是集体的荣誉，而非个体成员的幸福。**民族主义便是一个典型的例子**，它所推崇的超个体是民族国家，也即由单一民族构成的政体。可以从一些极端病态的爱国口号中看出民族主义和人文主义的对立，即便是约翰·肯尼迪总统那句略显温和的名言"不要问国家能为你做什么，问问自己能为国家做些什么"，也使这种对立一目了然。

我们不应将民族主义与公民价值观、公益精神、社会责任或文化自豪感等同起来。人类是社会性动物，每个人的幸福都依赖于跨越整个社会的合作与协调。"国家"应该是共享这片领土的人所默认的一种社会契约，就像公寓业主委员会一样，它是促进其成员繁荣兴旺的必要手段。

同样，无论在哪个政治阵营中，都可以找到宗教的捍卫者。即便是那些对宗教信仰的具体内容并不认同的人，也会极力捍卫它的价值，并认为科学和理性在道德问题上没有发言权。他们大多数人似乎都忘了人文主义的存在。[4]信仰的捍卫者坚持认为宗教有其专属的功能，可以决定人生中的重要问题。在他们看来，即便精英人士不需要宗教也可以拥有道德，但对芸芸大众来说却必不可少，即便每个人不需要宗教信仰也可以安居乐业，但宗教乃是人性的一部分，因此讨论宗教的有无显得毫无意义。这也是宗教没有像启蒙运动所希望的那样偃旗息鼓，而是比以往更加深

---

① 1925 年，美国田纳西州颁布法令，禁止公立学校讲授进化论。田纳西州高中教师斯科普斯"以身试法"，遭到起诉，轰动美国。——译者注

入人心的原因。这些观点，我将在第 23 章讨论。

左翼人士往往还支持一种运动，这种运动将"生态系统"这个超然的实体置于人类利益之上。**浪漫的"绿色运动"**认为，人类对能源的获取并不是遏制熵增、促进繁荣的重要手段，而是对自然犯下的严重罪行，它将导致一场可怕的审判，例如资源大战、环境污染，以及足以结束人类文明的气候变化。唯一的救赎就是悔改，拒绝科学技术和经济增长，回到小国寡民、简单自然的生活状态。毋庸置疑，凡是了解情况的人都不会否认人类活动对自然系统的破坏，如果听之任之，将导致灾难性的后果。但问题是，一个综合性的、技术发达的社会是否会听之任之？本书第 10 章将探索一种人文主义的环境保护主义，它比浪漫的"绿色运动"更加开明，它有时也被称为"生态现代主义"或"生态实用主义"。[5]

如今，左翼或者右翼的政治意识形态已经成为一种世俗宗教，它让志趣相投的人结成团体，并共同尊奉一套宣扬神圣信仰的教义；它刻画出越来越多的恶魔，让人们对其事业的正义性毫不怀疑。我们将在第 21 章看到，政治意识形态是如何侵蚀理性与科学的。[6] 它搅乱了人们的判断，煽动起原始的族群心理，使人们无法正确了解改善世界的方法。我们最大的敌人不是政治对手，而是熵、进化（例如各种瘟疫和人性的各种缺陷）和无知。其中无知最为关键，正是知识的不足让我们无法找到解决问题的最好方法。

最后两种反启蒙思想超越了左翼与右翼的政治分野。近 200 年来，无数的人著书立说，宣称现代文明非但没有取得进步，反而在逐渐衰落，并处于崩溃的边缘。在《文明衰落论》(*The Idea of Decline in Western Civilization*) 一书中，历史学家阿瑟·赫尔曼(Arthur Herman)历数了两个世纪以来的末日预言者，他们针对种族、文化、政治或生态的衰败敲响了警钟。[7]

一些衰落论者为普罗米修斯式的技术妄行扼腕叹息。[8] 即便环境污染不会将我们置于死地，核武器、纳米技术、网络恐怖、生物恐怖、人工智能或者其他生存威胁也必定把我们推下悬崖（见第 19 章）。即使技术文明能够逃脱彻底毁灭的命运，它也将逐渐沦为一个充满暴力和不公正的人间地狱—— 一个遍地恐怖主义、懒散之徒、"血汗工厂"、犯罪集团、非法交易、流亡难民、社会不公、网络欺凌、暴力性侵与仇恨犯罪的"美丽新世界"。

另一些衰落论者则为相反的问题苦恼不已，社会的现代化并没有让生活陷入残酷、危险的境地，而让它变得过于舒适和安全。这些批评者认为，健康、和平与繁荣只不过是物质享乐的体现，它们让人们远离真正意义上的生活。在满足各种口腹之欲的同时，技术资本主义也将人推向了一片毫无灵魂的精神荒漠，个个孤独无依、物质至上、循规蹈矩、毫无个性、灵魂空虚。在这种荒谬的存在中，人们饱尝异化、焦虑、混乱、冷漠、欺诈、无聊、不安以及恶心之苦，沦落成"一边等待戈多，一边在荒地上吃着裸体午餐的空心人"[9]（见第 17 章和第 18 章）。

在这个颓废堕落的文明走向黄昏之际，真正的解救之道不是枯燥的理性和腐朽的人文主义，而是某种真实而又神圣的权力意志，它英勇无畏、充满活力，血肉丰满、健全完整。

赫尔曼指出，那些预见文明崩溃的学者和艺术家往往有两种不同的反应。历史悲观主义者害怕文明的衰落，但又哀叹无力回天；文化悲观主义者则兴高采烈，陷入"食尸鬼的狂欢"。他们都认为，现代性已经彻底破产，无可救药，一种新的秩序将会在崩塌的废墟中建立起来，这将是一种更加优越的秩序。

对人文主义的最后一种批判，是谴责它过于信奉科学。根据斯诺的著名演讲《两种文化与科学革命》，我们可以将其称为第二种文化，这代表了许多文学知识分子和文化批评家的世界观，它与第一种文化，也就是科学文化相区别。[10]斯诺对两种文化之间的隔膜进行了抨击，他呼吁将科学更大范围地融入人们的精神生活，这不仅是因为科学"就智慧的深度、复杂度和清晰度而言，乃是人类心智最美丽、最奇妙的集体创造"[11]。同时科学知识也负有道德责任。通过治愈疾病、减少饥饿、挽救婴儿与母亲，以及帮助妇女节育，科学可以从整体上减少人类的痛苦。

尽管斯诺的观点在今天看来具有先见之明，但在 1962 年，文学评论家 F. R. 利维斯（F. R. Leavis）却撰写了一篇极尽侮辱的反驳文章，以至于《观察者报》（*The Spectator*）在发表这篇文章前，要求斯诺承诺不会因此起诉他们。[12]在指责斯诺"学识浅薄可怜，行文粗鄙不堪"后，利维斯对一种价值体系进行了嘲讽，这种价值体系将"生活水平视为终极标准，将提高生活水平视为最终的目标"。[13]他由此提供了另一种选择，认为"在与伟大文学作品的对话中，我们会发现自己真正相信的是什么。什么是最终的目标？人靠什么而活？——在我看来，这些问题必须由无比深厚的思想与情感来决定"。然而在我看来，任何一位具有"深厚思想与情感"的人，当他欣慰地看到贫穷国家数以百万计的女性因为生活条件的改善而免于难产而死时，可能都会有所疑问：作为"我们真正应该相信"的标准，为什么"与伟大文学作品对话"在道德上要高于"提高生活水平"？或者说为什么要做这种二选一的选择？

我们将在第 22 章看到，利维斯的观点在今天的第二种文化中比比皆是：许多知识分子和批评家对科学嗤之以鼻，因为它除了解决日常的生活问题，别的什么都干不了；按照他们的说法，似乎徜徉于精英艺术是至高的品德；他们追求真理的方法并不是提出假设并进行论证，而是依靠自己的博学和阅读习惯发表各种声明。学术杂志经常谴责所谓的"科学主义"，即科学对政治、艺术等人文学科的入侵。在许多高等院校，科学不被视为对真理的追求，而仅仅是另一个故事或者另一种神话。

因此，启蒙主义的人文思想无法取悦大众。运用知识和理性来增进人类福祉的观点听起来索然无味。为什么要刨根问底，去解释宇宙、行星、生命和大脑？除非它们具有魔法，否则我们不感兴趣！拯救数十亿人的生命、治疗疾病、减少饥饿？听起来无聊至极！人们应该将同情心扩展到全人类吗？没有这个必要，我们只想要物理法则来关照自己！长寿、健康、知识、眼光、自由，以及美与爱？生活可不仅仅只有这些！

不过，在启蒙主义的各种理念中，最不讨人喜欢的还是进步。即便那些赞成用知识来为人类谋利的人也认为，这在实践中是徒劳无功的。每天的新闻报道为他们的怀疑、挖苦提供了大量证据：当今世界被描绘成一个充满泪水和哀伤的绝望深渊。如果在启蒙运动过去 250 年后，我们并没有比中世纪的祖先们过得更好，那么对理性、科学和人文主义的任何辩护都显得毫无意义，因此这场关于启蒙运动的诉讼必须从评估人类的进步开始。

ENLIGHTENMENT NOW

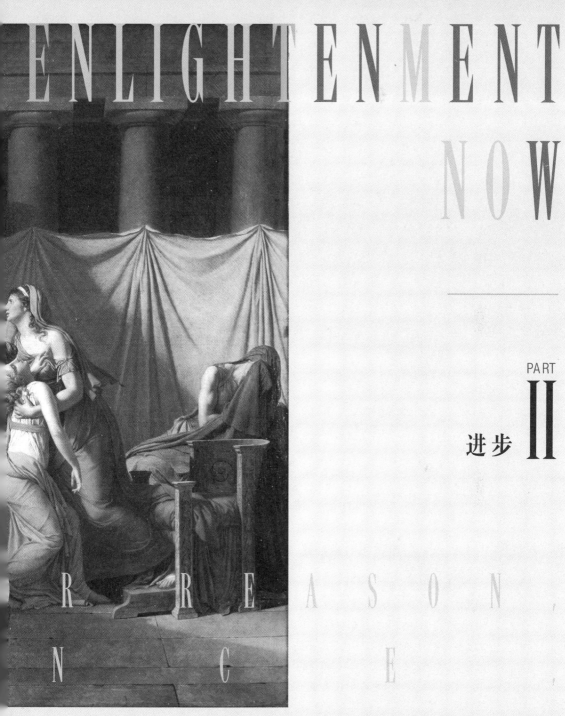

PART

II

进步 **II**

R R E A S O N ,

N   C   E   ,

I   S   M

O   G   R   E   S   S

如果你必须选择自己出生的年代，但又不知道将面临怎样的命运：你不知道自己会出生于富有之家还是穷街陋巷，不知道自己会出生在哪个国家，也不知道自己会是一个男人还是女人。如果你不得不盲目地选择自己想要出生的年代，那最好选择现在。

——巴拉克·奥巴马

　　知识分子厌恶进步，那些标榜自己为"进步人士"的知识分子尤其厌恶进步。这并不是说他们讨厌进步所带来的成果，例如：大多数专家、批评家以及思想传统的读者都在使用电脑，而不再用羽毛笔和墨水瓶；他们更愿意在手术时接受麻醉，而非直接动刀。真正让喋喋不休的知识分子感到不快的，是进步的理念，也就是启蒙运动认为通过理解世界可以改善人类处境的理念。

　　他们发明了一系列贬义词来表达鄙视。如果你认为知识可以帮助你解决问题，那就陷入了"盲目迷信"或"准宗教信仰"，相信社会将永远前进，实现"不可避免的进步"，而这只不过是一个"神话"，一个"过时的迷信"和"虚假的希望"。你也因此沦为美国庸俗的"没有不可能主义"的鼓吹者，成为政治宣教、硅谷精神和商业主义的无脑拥趸。你就是现实生活中的"辉格党""乐天派"

或者少女"波丽安娜"（Pollyanna）①，就像伏尔泰的小说《老实人》（*Candide*）中的哲学家邦葛罗斯（Pangloss）一样，认为"这个世界是一切可能世界中最完美的世界"。

然而，如果以今天的眼光来看，邦葛罗斯教授其实是一个悲观主义者。一个现代的乐观主义者相信，明天的世界将会比今天美好得多。伏尔泰的讽刺对象其实不是启蒙主义的进步理念，恰恰相反，他讽刺的是进步的对立面，也就是宗教对苦难的合理化，也称"神义论"。根据这种理论，上帝别无选择，只能听凭瘟疫和屠杀存在，因为没有瘟疫和屠杀的世界从形而上学的角度来说是不可能的。

除了这些冷嘲热讽的贬义词外，世界将越变越好的观点在知识阶层中也早已过时。在《文明衰落论》一书中，阿瑟·赫尔曼所列举的末日预言者都是人文学科教科书中的明星大腕，例如尼采、叔本华、海德格尔、阿多诺、本雅明、马尔库塞、萨特、法农、福柯、萨义德、韦斯特，以及一批生态悲观主义者。[1] 在对 20 世纪末的知识界进行全面考察后，赫尔曼对人文主义的"有力倡导者"（也就是相信"由于人在社会中产生了冲突和问题，他们也就必须解决这些问题"的人）的全面衰退深感惋惜。在《进步观的历史》（*History of the Idea of Progress*）一书中，社会学家罗伯特·尼斯比特（Robert Nisbet）也指出："对于西方世界发展进步的怀疑论，在 19 世纪还仅影响一小部分知识分子，然而在 20 世纪后 20 年里却如野火蔓延，不仅影响了绝大多数知识分子，还波及了数以百万的西方人。"[2]

的确，不仅是那些以学问谋生的人认为世界坐上了一辆通往地狱的手推车，即便是普通人，当他们切换到"推理"模式时，也会持相同的观点。心理学家早已发现，人们往往通过玫瑰色的眼镜来看待自己的生活，认为自己会比一般人更为幸运，免受离婚、失业、意外事故、疾病和犯罪之苦。但如果把问题从个人生活转到周遭社会，他们就从少女"波丽安娜"变成小驴"屹耳"（Eeyore）②。

公众舆论研究者将这种现象称为"乐观的豁裂"。[3] 近 20 年里，无论经济是繁荣还是萧条，大多数欧洲人在接受民意调查时都认为自己来年的收入会比本年更好，

---

① 美国女作家埃莉诺·霍奇曼·波特（Eleanor Hodgeman Porter）所著同名小说的主人公，以积极向上著称，因此成为"乐观"的代名词。——译者注
② 美国著名动画角色，天生悲观消极。——译者注

但同时大多数人又认为本国的经济形势会出现滑坡。[4]绝大多数英国人都表示移民、早孕、垃圾泛滥、失业、犯罪、故意破坏以及毒品是英国社会的普遍问题,但很少有人认为他们当地存在这些问题。[5]环境质量也一样,多数人都相信自己当地的环境质量要优于本国的环境质量,而本国的环境质量又优于世界平均水平。[6]1992—2015 年,几乎每年的暴力犯罪率都呈直线下降,但民调显示大多数美国人认为犯罪现象越来越多。[7]2015 年年末的一次民调显示,在 11 个发达国家和地区中,绝大多数人认为"世界正变得越来越糟",而在过去的 40 年里,绝大多数美国人都说美国"走错了方向"。[8]

他们说得对吗?悲观主义是正确的吗?世界的状况就像理发店旋转招牌的螺旋条纹一样越转越低?很容易理解人们为什么会有这样的念头:每天的新闻报道里充斥着有关战争、恐怖主义、犯罪、污染、不公、吸毒和压迫的各种消息。它们不仅仅成为头条新闻,还是新闻专栏和长篇报道的关注热点。许多杂志的封面文章也发出各种警告,提醒我们即将暴发的混乱、瘟疫、传染病、崩溃,以及农业、健康、退休、福利、能源、赤字等其他方面不计其数的各种"危机",为了让文章登上封面,作者不得不夸大其词,将它们升级为"严重危机"。

认知偏差

无论世界是否真的变得越来越糟,我们的认知都会受到新闻的影响,从而产生这样的印象。新闻关注的是发生的事,而非没有发生的事。从来没有记者会对着镜头说:"我们是在一个没有发生战争的国家(或者一座没有被轰炸的城市、一所没有遭受枪击的学校)进行现场直播。"。只要地球上还有坏事发生,就会有足够的内容来填满新闻节目。

在发生的所有事件中,好事和坏事是在不同的时间线上展开的。新闻并不是"历史的初稿",它更接近现场直播的赛事解说。它关注的是离散事件,通常是自上一版发行以来的各类事件,在早些时候,是前一天发生的事,现在则变成了几秒前。[9]坏事往往很快发生,但好事却不是一天就能完成的,因此它们的进度与新闻周期并不同步。和平学研究者约翰·加尔通（Johan Galtung）指出，如果一份报纸每 50 年出版一期，它就不会报道这半个世纪里的名人八卦和政治丑闻，它关注的将是世界性的重大变化，例如人类平均寿命的增长。[10]

新闻的这种本质很可能让人对世界产生错误的观感，这是因为人类的心智存在漏洞，经济学家、心理学家阿莫斯·特沃斯基（Amos Tversky）[①]和丹尼尔·卡尼曼（Daniel Kahneman）[②]称之为"可得性启发式"（availability heuristic）：人们往往依据容易想到的例子来预测某类事件的可能性或者出现的频率。[11]这在各个行业都是一条有用的经验法则，频繁的事件会给大脑留下更深刻的记忆，因此记忆越深，往往意味着事件越频繁。例如，你只要回想一下自己的日常所见，就能推断出在城市里鸽子比黄鹂更为常见，而无须对二者进行数目统计。

但是，如果大脑很轻松地检索出某个记忆，不是因为它的频繁出现，而是因为其他原因，例如新近发生、鲜活生动、异常血腥、与众不同，或者令人不安，人们就会高估这类事件发生的可能性。比如问大家，在英语中下面哪一类单词更多：是以 k 开头的单词，还是以 k 为第三个字母的单词？大多数人都会说前者，而事实上后者的数量是前者的 3 倍，例如 alkaline、ankle、ask、awkward、bake、cake、make、take 等。由于我们是依据单词的首音节来进行检索，因此像 keep、kind、kill、kid 和 king 这样的单词就更有可能跳入大脑。

这种可得性偏差是人们做出错误推理的一个普遍原因。医学院新生习惯将每一次皮疹当作某种外来疾病的症状。度假者不敢下海，因为他们不久前读过鲨鱼袭击的故事，或者刚刚看过电影《大白鲨》。[12]飞机失事总是成为头条新闻，即便死于车祸的人其实更多，车祸却很少引起关注，因此毫不奇怪，许多人害怕坐飞机，但几乎没有人害怕开车。同样，和每年夺走超过 4 000 条美国人生命的哮喘比起来，人们往往认为每年导致大约 50 个美国人死亡的龙卷风是更为常见的死亡原因，这大

---

① 特沃斯基的著作《特沃斯基精要》浓缩了特沃斯基一生的 14 篇精华之作。该书中文简体字版已由湛庐策划，浙江教育出版社出版。——编者注

② 丹尼尔·卡尼曼与奥利维耶·西博尼、卡斯·桑斯坦的著作《噪声》讲述了人类判断中的缺陷。该书中文简体字版已由湛庐策划，浙江教育出版社出版。——编者注

概也是因为龙卷风是更好的收视保障。

因此，很容易明白，在"无流血，不头条"这类新闻原则的助燃下，可得性偏差是如何引发公众对世界现状的悲观情绪的。媒体学者对不同种类的新闻报道做过统计，他们也将一些新闻素材拿给编辑，看他们从中选取了哪些素材，以及如何表现这些素材。通过研究，学者得出了可靠的结论：在面对相同的一组事件时，新闻传播者更热衷于其中的负面事件，而非正面的消息。[13]而这又为抢占社论版面的悲观主义者提供了一种简单易行的写作模式：列出本周发生在世界各个角落的所有坏事，并由此得出一个耸人听闻的结论——现代文明正面临前所未有的危机。

负面新闻本身就会产生负面的后果。大量阅读新闻的人非但不能更好地了解现实，反而会对现实产生误判。他们对犯罪问题更为忧虑，即便犯罪率正在不断下降。有时他们还会完全脱离现实。这种恐惧无异于杞人忧天。毫不奇怪，每天接受负面新闻的读者容易变得悲观沮丧，正如一篇文献综述指出的那样："夸大风险、焦虑不安、情绪低落、习得性无助、蔑视或敌视他人、麻木不仁，以及在某些情况下……完全回避新闻。"[14]他们也因此变成宿命论者，常常说出"我为什么要投票？这无济于事"，或者"我本打算捐款，但下个星期还会有别的孩子挨饿"之类的话来。[15]

新闻恶习和认知偏差相互作用，给我们展示了世间最坏的景象，那如何才能对世界状况做出全面合理的评估？答案是看数字。有多少人遭受暴力的侵害，他们占人口总数的百分之几？有多少人在生病，多少人在挨饿？有多少人生活贫困，多少人面临压迫？有多少人是文盲，多少人在遭受不幸？这些数字是在上升还是下降？这种定量的方法尽管有点儿书呆子气，但却是真正的大公无私，因为它对每条生命都一视同仁，而不会因为某些人与我们关系最近，或者长相最为上镜而另眼相看。此外，这种方法还可以帮助我们找出苦难的根源，从而知道哪种方法最有可能减少苦难。

这正是我在 2011 年出版《人性中的善良天使》(The Better Angels of Our Nature)一书的目的。书中提供了 100 多幅图表，展示了在人类历史进程中，暴力以及产生暴力的各种条件是如何减少的。这些下降发生于不同的历史时期，原因也各不相同，我给它们一一取了名字。首先是"平靖进程"，随着实体国家对领土的有效控制，种族冲突和仇恨造成的死亡率降低到原来的 1/5。其次是"文明进程",随着早期现代欧洲建立起一整套法律制度和自我规范,凶杀和其他暴力犯罪的数量减少到原来的 1/40。再次是"人道主义革命",也就是启蒙时代对奴隶制、宗教迫害和残酷刑罚的废除。最后是历史学家所说的"长期和平",它指的是第二次世界大战之后大国战争日趋减少的现象。冷战结束之后,世界又迎来了"新和平"时代,内战、种族灭绝和独裁统治大幅减少。而 20 世纪 50 年代以来,一系列"权利革命"席卷了整个世界,包括民权、女权、儿童权利和动物权利。

凡是熟悉数据的专家,大都不会对这些下降提出异议。例如历史犯罪学家普遍认为,凶杀率在中世纪之后出现了大幅下降;国际关系学家也早已发现,大规模战争在 1945 年之后变得越来越少。[16] 但这出乎大多数人的意料。

这一系列图表都是以时间为横坐标、以死亡数据或者其他衡量数据为纵坐标的,上面清晰地绘有自左向右的下行曲线,我原本以为它们可以纠正读者的认知偏差,并让他们明白,至少就这方面的福祉而言,世界是在不断进步的。但我从各种质疑与反对中发现,人们更多的是拒绝进步的理念,而非数据的缺陷。当然,任何数据都不可能完美无缺地反映事实。因此,对数据的准确性和所取样本的代表性进行质疑,也无可厚非。但是,这些反对意见不仅表现出对数据的怀疑,同时也表现出对人类状况改善的可能性认识不足。许多人缺乏一种概念工具来确证进步是否发生,认为关于明天会更美好的想法不可能通过计算得出结果。以下是我与质疑者的典型对话:

暴力水平自有史以来就在直线下降了!这太好了!

错,不是"直线"的。如果人类某种行为的兴衰变迁可以形成固定的规律,它以某个时间为单位(十年或者一个世纪)均速减少,那将是不可思议的事情。同样,它也不是"单调"的(这可能是质疑者心中的想法),也就是说总在减少或者保持不变,而永远不会增加。真实的历史曲线通常会波动、上扬,会出现峰值,有时也会急剧变化,例如两次世界大战、20 世纪 60 年代中期至 90 年代初西方国家的犯罪潮,以及 20 世纪 60 年代和 70 年代发展中国家在摆脱殖民之后所爆发的内战。进步就是暴力趋势偏差叠加的结果,或是一次陡然的下降,或是一段缓慢的递减,又或是从一次短暂的暴增回复到一个较低的水平。进步并不总是单调向前，因为解决问题的方案往往会带来新的问题。[17]但是，一旦这些新问题被依次解决，进步就会恢复。

顺便说一句，正是社会数据的非单调性为新闻媒体提供了一种简单的伎俩，用以强调负面的信息。如果你无视某个问题一直以来的下降趋势，而只报道其中的每一次上升（毕竟这才是"新闻"），就会让读者产生一种印象：生活正变得越来越糟，即使它其实是越来越好。在 2016 年上半年，《纽约时报》便三次使用了这种招数，其中就涉及自杀、寿命以及车祸死亡的数据。

如果暴力水平并不是在一直下降，那就意味着它是周期性的，因此即便它现在处于较低的水平，它的反弹也不过是一个时间问题。

错，一段随时间变化所呈现的统计特征，可以是不可预测的波动，而并不一定具有周期性，就像钟摆一样在两个极端之间来回摆动。换言之，即便任何时候都可能发生逆转，但这并不意味着随着时间的推移，逆转的可能性就越大。许多投资者都因为把赌注押在某个神话般的"商业周期"上而赔得精光，但实际上"商业周期"包含着各种不可预测的变化。在积极的发展趋势下，当逆转的发生不再如此频繁，也不再如此严重，或者在某些情况下完全停止时，进步就产生了。

你怎么能说暴力事件减少了呢？你难道没有在早间新闻里看到学校枪击（或恐怖爆炸、炮弹袭击、足球骚乱、酒吧杀人）事件吗？

减少不等于消失，正如"$Y < X$"并不意味着"$Y = 0$"。有些东西可以大幅减少，但不一定完全消失。这也就是说今天的暴力水平与暴力水平是否下降的问题完全无关。回答这个问题唯一的方法就是把现在的暴力水平与过去进行比较。每当你回顾历史，就会发现过去的暴力多得惊人，即便它们并不像早间的头条新闻那样生动新鲜。

如果你是受害者中的一员，那么所有关于暴力的统计数据都没有任何意义。

没错，但这些数据意味着你不太可能成为受害者。也正因如此，它对世界上数百万人来说意味着一切，如果暴力水平还像过去那么高的话，他们很可能会沦为暴力的牺牲品。

你是说我们可以高枕无忧了吗？反正暴力问题会自行解决。

"这不合逻辑，船长。"① 如果你看到一堆洗好的衣服，这并不意味着衣服是自己变干净的，而是有人把它们洗好了。如果某种暴力水平呈现下降的趋势，那说明是社会、文化或物质环境的某些变化导致其下降。如果这些条件一直存在，暴力就可能继续维持较低的水平，甚至会进一步下降，可一旦暴力行为不复存在，情况就会不同。因此，找出暴力水平下降的原因至关重要，我们可以由此强化并广泛地利用它们，以确保暴力事件不断减少。

暴力事件已经减少的说法实在是天真幼稚，未免感情用事，也未免过于乐观，过于浪漫主义，这是辉格党式的思维和乌托邦式的理想，就像少女"波丽安娜"或者哲学家邦葛罗斯。

错，看到暴力事件减少的数据，并得出"暴力事件已经减少"的结论，这是在描述客观事实。看到暴力事件数据的减少却偏偏说"暴力事件正在增加"，则是在歪曲事实。无视这些数据而说"暴力事件正在增加"，则是无知的表现。

至于浪漫主义的指控，我可以自信地予以辩解，因为我写的《白板》(*The Blank Slate*)② 一书就是坚定的非浪漫主义和反乌托邦的作品，它认为进化让人类拥有了某些恶意的动机，例如贪婪、欲望、支配、复仇和自我欺骗。但我也相信，人类也被赋予了一颗同情之心，一种反思自身困境的能力，以及思考问题和分享新想法的能力。用林肯的比喻来说，它们是"人性中的善良天使"。只有直面这些事实，才能知道在某个具体的时间和地点，内心的天使在多大程度上战胜了心中的魔鬼。

你怎么能够预料暴力事件会继续减少？你的理论可能会因为明天爆发的战争而被驳倒。

关于暴力水平下降的陈述并不是一种"理论"，而是对事实的观察结果。当然，指出某种行为在一段时间内的变化趋势，并不等于说这种趋势会永远持续下去。就

---

① 电影《星际迷航》中的经典台词。——译者注
② 史蒂芬·平克的《白板》《语言本能》《思想本质》《心智探奇》四部著作中文简体字版均已由湛庐策划，浙江科学技术出版社出版。——编者注

像理财产品广告必须向客户说明的那样：过去的表现并不能保证未来的结果。

既然如此，这些图表和分析有什么用呢？难道科学理论不是要做出可验证的预测吗？

科学理论是通过实验来做出预测的。在实验中，各种因果关系是受到严格控制的。但没有任何理论能够对这个世界做出全面的预测，地球上有70亿人口，他们在世界网络中传播着各种思想病毒，并且与气候和资源的无序周期发生互动。宣称这个无法控制的世界将会有怎样的未来，但却不能对一切事情的发生进行解释，这不是预测，而是预言。正如戴维·多伊奇所指出的那样："在知识创造的所有限制中，最重要的是无法预言：我们无法预测尚未创建的思想会包含哪些内容，或者它们将会产生怎样的影响。这一限制不仅与知识的无限增长相一致，而且还是由它所导致的。"[18]

不过，无法预言并不代表可以忽视事实。人类福祉在某些方面的改善表明，总体而言，越来越多的东西在推动社会朝着正确的方向前进，而非相反。对未来趋势的预测，取决于我们是否了解这些推力是什么，以及它们会存在多久。对不同趋势的预测往往会有不同的结果。有些像是摩尔定律，也就是说每块芯片上可容纳的元器件数目每隔两年便会增加一倍，从而给人信心（尽管不是很确定），相信进步会持续下去。有些则像是股票市场，可以预测出短期波动之后的长期收益。有些则陷入统计学上的厚尾（thick tail）分布，在这种情况下，所有极端事件，即便是不太可能发生的事件，也不能被排除在外。而其他的则可能是周期性的或者无序性的。[19]第19章和第21章将考察如何在不确定的世界里进行理性预测。现在你只要记住一点：一个积极的趋势表明（但不能证明），我们一直在做正确的事情，因此我们应该寻找究竟做对了什么，并尽力加大这方面的力度。

当这些反对意见都被一一拆解之后，我看到还有不少人在绞尽脑汁地寻找办法，试图证明当今世界并不像数据所显示的那样美好。在实在没有办法之后，他们转向了语义学：

难道网络谩骂不是暴力吗？露天开采不是暴力吗？社会不公不是暴力吗？环境污染不是暴力吗？广告宣传不是暴力吗？对暴力事件进行数据统计不是暴力吗？

隐喻是一种绝佳的修辞手法，但无助于评估人类的状况。道德推理需要相称性。虽然在推特上发表低俗评论是一件令人恼火的事情，但这与贩卖奴隶或种族屠杀显然不可同日而语。同样，也需要区分修辞与现实。走进一家强暴危机中心，质询他们为遭受"强暴"的环境做些什么，这对真正的强暴受害者和被污染的环境都没有任何作用。让世界变得更好需要了解因果关系，虽然原始的道德直觉习惯于将所有坏事混在一起，从而找出某个替罪羊来承担一切责任，但这些"坏事"之间并没有确切的联系，我们不能将其作为一个整体来进行理解，或将它们全部消除。战争、犯罪、污染、贫困、疾病和野蛮等坏事之间没有什么共同之处，如果想要减少它们，就不能玩文字游戏，使之无法区别对待。

"负面情绪"是把双刃剑

对这些反对意见进行全面考察，是为了进一步阐释人类进步的其他方面。人们对《人性中的善良天使》一书的怀疑反应让我相信，不仅仅只有可得性启发式会导致人们对进步感到悲观，而新闻媒体之所以偏好坏消息，也不是完全出于对眼球和点击率的犬儒式追逐。进步恐惧有着更为深层的心理根源。

其中最为深层的是一种心理偏差，可以将其概括为一句口号："坏大于好。"[20]可以通过特沃斯基提出的一系列思想实验来了解这种想法。[21]例如，你能想象一下比现在的自己更为开心的画面吗？同样，你能想象一下比现在的自己更为难过的画面吗？对于前一个问题，答案可能不过是轻松欢快的步伐，或者闪烁着快乐的眼神，但后一个问题却是无底洞。这种情绪的不对称性可以用人生的不对称性来解释，这也是熵定律的必然结果。

想象一下，生活中有哪些偶然事件会让你变得幸福？又有哪些偶然事件会给你带来痛苦？结果还是一样。对于第一个问题，我们可能会想到一笔意外之财，或者一个突如其来的好运。但第二个问题的答案同样是无底洞。事实上，即便不借助想象,我们也会有这种想法。心理学研究证实,人们对损失的恐惧超过了对收益的期待,对逆境的忧虑超过了对顺境的满足。批评给人带来的痛苦比表扬带来的喜悦更为强烈。作为一名心理语言学家,我不得不补充一句:在英语中,有关负面情绪的词汇要比正面情绪的词汇多得多。[22]

这种消极偏见也会有例外,比如在自传体记忆中,虽然在怀念美好往事的同时也会记起不好的事情,但不幸的记忆会随着时间的流逝而褪色,尤其是那些发生在自己身上的事情。[23]我们喜欢怀旧,时间能治愈人类记忆中的许多创伤。另外还有两种错觉会误导我们,让我们认为事情已经不同往昔:将往往随着成年和为人父母而日益增长的人生负担,误认为是世风日下的结果;将自我能力的下降误认为是整个时代衰落的结果。[24]正如专栏作家富兰克林·皮尔斯·亚当斯(Franklin Pierce Adams)所说:"没有什么比糟糕的记忆更让人怀念美好的往昔。"

智识阶层本应该努力消除我们的认知偏差,但却在时刻强化它们。治疗可得性偏差的方法是定量思考,但文学学者史蒂芬·康纳(Steven Connor)注意到,"在艺术和人文学科中,人们毫无例外地对数字领域的逐渐渗透感到恐惧",[25]是"对数学有意的目盲,而非偶然的无知"让许多作家看到今天和过去一样都存在战争,因此得出这样的结论:"一切毫无改变。"他们未能将一个只有几次战争、伤亡不过几千人的时代与爆发数十场战争、动辄百万人丧命的时代区分开来。而且,这也让他们对长期以来推动社会逐步改善的系统性进程无动于衷。

智识阶层也缺乏处理消极偏见的能力。事实上,对坏事的高度警惕为那些专业的挑剔者提供了一个市场,他们将我们的注意力吸引到可能忽视的坏事上。实验表明,一个对图书大肆批评的评论家往往比爱说好话的评论家显得更有水平。对社会的批评也是如此。[26]"如果你总是做最坏的预测,你就会被奉为先知。"幽默音乐家汤姆·莱勒(Tom Lehrer)曾经这样建议。希伯来先知往往将社会批评与灾难预警混在一起,至少从希伯来先知时代起,悲观主义就等同于道德的严肃性。新闻记者认为,他们可以通过报道负面消息来履行监督社会、揭发丑闻和针砭时弊的职责。知识分子也知道,通过指出一个尚未解决的问题,并将其上升为病态社会的一种普遍症状，可以让自己产生庄重的使命感。

反之亦然。金融作家摩根·豪泽尔（Morgan Housel）发现，悲观主义者的话听起来像是一种善意的劝告，而乐观主义者的话听起来则像是在兜售私货。[27] 每当有人提出一个解决方案时，批评者会马上指出，它不是万能药，不是魔法棒，不可能一劳永逸，它不过是一个创可贴，一种权宜之计，无法触及根本问题，而且会产生一定的副作用，带来意想不到的后果。当然，这个世界上没有万能药，任何事情都会产生副作用，你不可能孤立地做一件事情。这些常见的说法不过是在否认一切事物都有改善的可能。[28]

知识分子的悲观主义也可以是高人一等的表现。现代社会是一个精英联盟，这些精英来自政治、工业、金融、科技、军事和学术等各个领域。所有人都在争夺声望和影响力，并对社会的运转负有不同的责任。对现代社会的抱怨成为一种贬低对手的间接方法——它让学者感觉自己优于商人，而商人则感觉自己优于政客，如此等等。正如托马斯·霍布斯在 1651 年所说："赞誉的竞争使人倾向于厚古而薄今，因为人与生者竞而不与死者争。"

诚然，悲观主义也有其光明的一面。同情之环的延伸使我们开始关注更多的伤害，而这些伤害在过去更为无情的时代常被忽略不计。今天，我们将叙利亚内战视为一场人道主义悲剧。而对过去几十年所发生的战争，很少有人作同等的看待，尽管它们让更多的人死于非命，或流离失所。在我成长期间，校园霸凌被认为是少年生活的一个自然组成部分。当时的人们很难相信将来的某一天美国总统会专门就此发表演说，谴责这种恶行，然而奥巴马在 2011 年就真的这样做了。当对人道问题投入更多关注的时候，我们往往将身边的各种伤害误认为是世界堕落的信号，而不是源于道德标准的提高。

但毫无顾忌的负面情绪会带来意想不到的后果，几位新闻记者也开始指出这个问题。2016 年美国大选之后，《纽约时报》撰稿人戴维·伯恩斯坦（David Bornstein）与蒂娜·罗森伯格（Tina Rosenberg）反思了媒体在它所造成的可怕后果中扮演的角色：

在新闻界普遍流行的一种观念让特朗普成了受益者，也就是说"严肃新闻"本质上可以定义为"出了什么问题"……几十年来，新闻界一直关注各种问题，以及一些看似无法治愈的社会病症，这为特朗普所散播的不满与绝望的种子提供了土壤，使之生根发芽。……其导致的一个后果是，如今许多美国人很难想象渐进式的系统变革会给社会带来好转，他们不再重视它，甚至不再相信它，这让他们渴望一场彻头彻尾的颠覆性变革。[29]

伯恩斯坦和罗森伯格并没有责备通常所认为的那些罪魁祸首，比如有线电视、社交媒体以及深夜喜剧演员，而是将其追溯到越南战争和"水门事件"的时代。在那个时代，新闻媒体的职责开始由美化领导人转变为监督领导人，但却未免矫枉过正，它们走向了不分青红皂白的犬儒主义，有关美国政治人物的一切事情都会受到媒体猛烈的抨击。

如果"进步恐惧症"根植于人性之中，那么我对新闻变得越来越消极的看法是否也是可得性偏差所导致的错觉？看一看客观数据的结果，这也是我将在本书其他部分所使用的方法。数据科学家卡莱弗·利塔鲁（Kalev Leetaru）对 1945—2005 年《纽约时报》所发表的每篇文章，以及 1979—2010 年之间来自 130 个国家的经过翻译的文章和广播报道进行了"情绪挖掘"。情绪挖掘是指通过对积极词与消极词的数量和语境进行统计分析，从而评估一篇文章的情感基调，例如"良好""美好""可怕""恐怖"等。图 4-1 是统计的结果。抛开那些反映当代历史危机的摇摆和波动，可以看到，随着时间的推移，新闻的确变得越来越消极。从 20 世纪 60 年代初到 70 年代初，《纽约时报》逐渐变得郁郁寡欢，之后在 20 世纪 80 年代和 90 年代有所改善，但也只是一点点，21 世纪的前 10 年则又陷入更为低迷的情绪之中。同样，从 20 世纪 70 年代末到现在，世界其他地方的新闻媒体也变得越来越悲观。

在这几十年里，世界真的变得越来越糟了吗？请记住图 4-1，因为我们将要在以后的章节考察人类的真实状况。

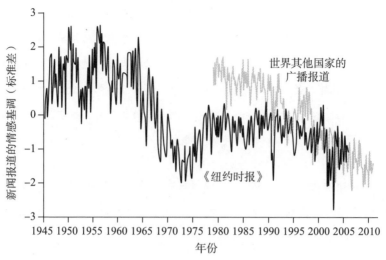

图 4-1　新闻的情感基调（1945—2010 年）

资料来源：Leetaru 2011。

为什么说人类的进步是惊人的

什么是进步？你可能觉得这是因人而异、因文化而异的事情，因此永远找不到答案。事实上，这个问题很容易回答。大多数人都会同意：生存好过死亡，健康优于疾病，温饱胜过饥寒，富足强于贫穷，和平好过战争，安全胜过危险，自由优于专制，权利平等强于偏见与歧视，识文断字好过目不识丁，文化胜过无知，智慧强于愚蠢，快乐好过痛苦。与亲朋好友、文化自然的亲密接触胜过日复一日的繁重劳动。所有这些都可以用数据来测量。如果它们随着时间的推移而上升，那就是进步。

当然，并不是所有人都会同意这份清单。很明显，它体现的是人文主义价值观，里面没有涉及宗教、浪漫以及贵族式的美德，例如救赎、优雅、神圣、英雄、荣誉、荣耀和本真。但大多数人都会同意，这是必要的起点。我们可以毫不费力地称颂那些超然的价值观念，但大多数人都把生命、健康、安全、知识、生存和快乐放在首位，因为它们是其他一切价值的先决条件。如果你正在阅读这段文字，说明你现在远离死亡、饥饿、贫困、恐怖和奴役的威胁，也说明你不是一个文盲，这意味着你无权对这些价值观嗤之以鼻，或者否认别人也应该拥有你这样的好运。所以，毋庸置疑，整个世界都认同这些价值观。2000 年，联合国所有 189 个成员国，连同 24 个国际组织，商定了 2015 年八项千年发展目标，这些目标与前面的清单高度重合。[30]

令人吃惊的是，在衡量人类福祉的所有指标上，世界都取得了惊人的进步。而更令人吃惊的是：几乎没人知道这回事。

虽然主流的新闻媒体和知识论坛很少发布有关人类进步的消息，但如果你愿意了解，还是很容易找到相关数据的。这些数据并没有埋藏在冗长枯燥的报告中，而是刊载在各种制作精良的网站上，特别是马克斯·罗泽（Max Roser）的 Our World in Data、玛丽安·图皮（Marian Tupy）的 Human Progress 以及汉斯·罗斯林（Hans Rosling）的 Gapminder。罗斯林发现，即便他在 2007 年的 TED 演讲中表演了吞剑，也没能引起全世界的关注。同样，我们在不少文笔优美的著作中也能找到相关证据，其中一些作者还是诺贝尔奖得主。仅仅是这些书的书名就可以让我们听到进步的号角：《进步》(Progress)、《进步的悖论》(The Progress Paradox)、《无限的进步》(Infinite Progress)、《无 限 的 资 源》(The Infinite Resource)、《理 性 乐 观 派》(The Rational Optimist)、《现实主义的乌托邦》(Utopia for Realists)、《大繁荣》(Mass Flourishing)、《富足》(Abundance)、《改善世界》(The Improving State of the World)、《蒸蒸日上》(Getting Better)、《宿命的终结》(The End of Doom)、《道德之弧》(The Moral Arc)、《大齿轮》(The Big Ratchet)、《逃离不平等》(The Great Escape)、《大增长》(The Great Surge)、《大融合》(The Great Convergence)。[31]

上面这些书中没有一本获得图书类的大奖，而与此同时，在普利策非虚构类的获奖作品中，有四本书讲述种族屠杀，三本书涉及恐怖主义，两本书讨论癌症现象，两本书揭露种族主义，一本书涉及动物灭绝。此外，那些喜欢"清单体"的人也可以看看近年来的一些网络推文，例如"5 个理由说明 2013 年是人类历史上最好的一年""世界比看起来更加美好的 7 大理由""26 张图表和地图显示世界正越变越好"，以及我最喜欢的一条："50 个理由：为什么说我们正处在历史上最伟大的时代。"下面就来看看其中的一些理由。

05
寿命

　　努力活着是所有生物最原始的冲动，人类更是运用自己的聪明才智和明确决心尽可能地逃避死亡。《希伯来圣经》中的上帝吩咐道："拣选生命，使你和你的后裔都得存活。"诗人狄兰·托马斯（Dylan Thomas）高呼："奋起、奋起，抓住那一缕即将熄灭的光。"长寿是人生最大的福气。

遍及全球的长寿之福

　　你认为当今世界的平均寿命是多少？要知道，世界的平均水平受到人口众多的发展中国家的制约。在这些国家，饥饿和疾病导致大量人口过早死亡，尤其是婴幼儿的死亡，这使得在计算平均值时不得不加上许多个零。

　　在 2015 年，这个答案是 71.4 岁。[1] 这和你的猜想相差多大？在一次调查中，汉斯·罗斯林发现，只有不到 1/4 的瑞典人认为有这么高，这一结果与"无知项目"（Ignorance

Project）针对寿命、读写能力和贫困等问题所进行的跨国民意调查基本相符。"无知项目"的标志是一只黑猩猩，罗斯林解释道："即便我把问题的选项写在香蕉上，让动物园里的黑猩猩从中选出正确的答案，它们都会比受访者做得更好。"事实上，这些受访者中包括许多研究世界健康问题的学生和教授，与其说他们愚昧无知，还不如说他们过于悲观。[2]

图 5-1 引自马克斯·罗泽的"几个世纪以来的预期寿命"相关报告，它展现了人类平均寿命的历史变化。在曲线的开端，也就是 18 世纪中叶，欧洲和美洲的预期寿命大概为 35 岁，而且在之前有据可查的 225 年里一直如此。[3] 整个世界的预期寿命为 29 岁，人类大部分历史时期的预期寿命大致都是如此。狩猎采集时代的预期寿命约为 32.5 岁，在农耕社会的开端，由于食用淀粉类食物，以及人畜、人人之间的疾病传播，预期寿命可能有所下降，随后在青铜时代回升到 30 岁出头，并保持数千年不变，只在个别时期或地域出现过小范围的波动。[4] 我们可以将这个历史阶段称为"马尔萨斯时代"。在这个时代，农业或卫生条件所取得的任何进步都被随之而来的人口膨胀迅速抵消。当然，用"时代"一词来指代 99.9% 的人类历史，不免有些古怪。

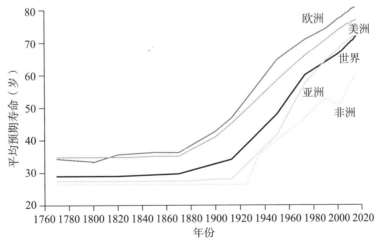

图 5-1　预期寿命（1771—2015 年）

资料来源：*Our World in Data*，Roser 2016n。其中 2000 年之前的数据基于 Riley 2005。此后的数据基于世界卫生组织与世界银行，并根据马克斯·罗泽提供的数据做了更新。

　　然而从 19 世纪起，世界开始了一场"大逃离"（the Great Escape），这是经济学家安格斯·迪顿（Angus Deaton）发明的术语，意指人类从贫穷、疾病和过早死亡的宿命中解脱出来。人类预期寿命开始提高，并在 20 世纪加速上扬，而且丝毫没有减缓的迹象。正如经济史学家约翰·努尔贝里（Johan Norberg）所说，我们习惯地认为"每长大一岁，就离死亡近了一年，但在 20 世纪，一个人每长大一岁，离死亡只近了 7 个月"。令人激动的是，长寿之福遍及整个人类，包括世界上最贫穷的国家，它们的增长步伐比富裕国家更为迅速。"肯尼亚人的预期寿命在 2003—2013 年间提高了将近 10 岁。"努尔贝里写道，"在历经了 10 年的生活、欢爱和奋斗之后，肯尼亚人的余生之年并没有减少一分。每个人都增长了 10 岁，且死亡没有因此更近一步。"[5]

　　在"大逃离"开始之初，一些幸运的国家得以捷足先登，从而遥遥领先，然而随着其他国家的追赶，预期寿命的差距正在逐步缩小。在 1800 年，世界上没有哪个国家的预期寿命超过 40 岁，到 1950 年，欧洲和美洲的预期寿命已增至 60 岁左右，远远高于非洲和亚洲。但从那时开始，亚洲的增长速度飙升至欧洲的 2 倍，非洲则是欧洲的 1.5 倍。今天，一个非洲人可以活到与 20 世纪 50 年代的美洲人或 30 年代的欧洲人相同的年纪。如果不是艾滋病的影响，非洲的预期寿命会更长一些。在 20 世纪 90 年代，也就是抗逆转录病毒药物成功控制局面之前，艾滋病的蔓延导致非洲的预期寿命坠入一个可怕的低谷。

　　艾滋病所导致的预期寿命下降提醒我们，进步不是一部自动扶梯，能够一往无前地提升世界各地所有人的幸福感。这只有魔法才能做到，而进步并非魔法的结果，而是解决问题的结果。问题总是不可避免，人类的某些群体或地区有时会遭受可怕的挫折。除了非洲艾滋病的肆虐外，1918—1919 年的大流感导致全球青年人口数量下降，21 世纪初，同样的流感也造成没有受过高等教育的美国非西班牙裔中年白人总数减少。[6]这都使预期寿命出现过倒退。但问题总是可以解决，在其他每一次有关西方人口的统计数据中，预期寿命都在增长。这一事实表明，解决这些问题的手段也同样存在。

婴幼儿死亡率的下降是平均寿命大幅提升的主要原因。这既因为儿童容易夭折，也因为与死于 60 岁的人相比，儿童的死亡会将平均值拉低许多。图 5-2 展示了启蒙时代以来 5 个国家的 5 岁以下儿童死亡率的变化情况，这些变化大致可以代表它们所在的大陆。

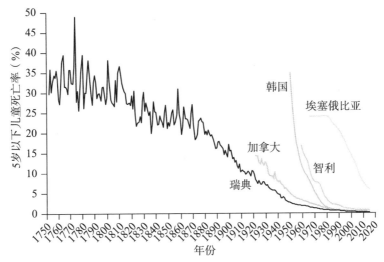

图 5-2　5 岁以下儿童死亡率（1751—2013 年）

资料来源：*Our World in Data*，Roser 2016a，数据基于 UN Child Mortality estimates 和 *Human Mortality Database*。

图 5-2 的纵坐标代表 5 岁以下儿童死亡率。的确，直到 19 世纪，即便在当时的富有国家瑞典，仍有 25% ～ 33% 的儿童在 5 岁生日之前就夭折了，而且在某些年份里，死亡的人数更是接近一半。这似乎是人类历史的一种标准状态：在狩猎、采集时代，20% 的孩子在出生头一年就会夭折，且几乎有一半的人活不到成年。[7] 20 世纪之前出现的尖峰并不是数据噪声，它反映了生命的危险性：随便一场瘟疫、战争或者饥荒，都会敲开死亡的大门。即便条件优渥也避免不了悲剧的发生：查尔斯·达尔文失去了两个襁褓中的孩子，他心爱的女儿安妮（Annie）也在 10 岁时病逝。

此后便如同奇迹发生一般。发达国家的儿童死亡率降到了百分之几乃至零点几，而且这一趋势逐渐向世界扩散。安格斯·迪顿在 2013 年指出："今天，没有哪个国家的婴幼儿死亡率高于 1950 年。"[8] 从 20 世纪 60 年代到 21 世纪的 2015 年，撒哈拉以南非洲的儿童死亡率从 25% 左右降到 10% 以下，世界儿童死亡率也从 18% 降至 4%。当然，这些数字还是很高，但只要继续努力，一如既往地改善世界健康状况，这些数字一定还会下降。

请记住这些数字背后的两个事实。一个事实与人口有关：孩子存活的概率越大，父母生育孩子的数量也就越少，因为他们不需要通过多生育孩子来抵消老来无子的风险。因此，不必担心拯救儿童的生命会引发"人口爆炸"（这一担心在 20 世纪 60 年代至 70 年代引发了一场巨大的生态恐慌，从而在发展中国家出现了要求减少医疗保健的呼吁），恰恰相反，儿童死亡率的下降消解了这种危机。[9]

另一个事实与个人有关。失去孩子是人生最为痛苦的经历，请想象一下这种经历，然后再重复想象 100 万次。100 万这个数字仅仅是 2017 年免于夭折的儿童总数的 25%，这些孩子如果出生于 15 年前，恐怕已经不在人世了。在此基础上乘以 200，这大概是儿童死亡率开始下降以来所有幸免夭折的儿童数量。图 5-2 这样的曲线展示了人类福祉的胜利，而这场胜利的辉煌程度已经超出了我们的理解能力。

同样令人难以置信的是，人类即将取得另一场胜利，破除大自然所施加的一个诅咒——产妇分娩死亡。在《希伯来圣经》中，上帝告诉夏娃："我必多多增加你怀胎的苦楚，你生产儿女必多受苦楚。"直到现在，还会有母亲在分娩过程中丧命；一个世纪以前，一个美国女性怀上孩子，就像现在罹患乳腺癌一样危险。[10] 图 5-3 展示了 1751 年以来 4 个国家产妇死亡率的变化轨迹，这 4 个国家的情况大致可以代表它们所处的地区。

欧洲的产妇死亡率从 18 世纪末开始的 1.2% 骤降到现在的 0.004%。这种下降趋势也延伸至世界其他地区，包括最贫穷的国家，那里的死亡率下降得更快，尽管它们起步更晚，时间更短。在短短 25 年里，整个世界的产妇死亡率几乎下降了一半，一直降到现在的 0.2% 左右，这大约是瑞典 1941 年的水平。[11]

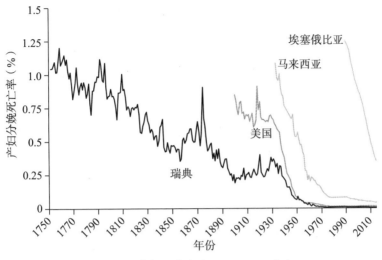

图 5-3 产妇死亡率（1751—2013 年）

资料来源：*Our World in Data*，Roser 2016p，部分数据由克劳迪娅·汉森（Claudia Hanson）提供，见 *Gapminder*。

你可能想知道，图 5-1 中的寿命增长趋势是否仅仅是儿童死亡率下降的结果。我们是真的活得更久了，还是仅仅因为有更多的婴儿存活了下来？在 19 世纪以前，一个人出生时的预期寿命约为 30 岁，但这并不是说每个人在 30 岁生日时都会自动断气。儿童的大量死亡拉低了平均寿命，抵消了高寿之人所带来的利好，而每个社会都有大批的老年人存在。在《圣经》时代，据说人只能活到 70 岁，苏格拉底也正是在这个年龄（公元前 399 年）被一杯毒汁提前结束了生命，未能寿终正寝。大多数狩猎采集部落都有许多年过七旬的老人，甚至还有人活到 80 岁。尽管哈扎部落女性出生时的预期寿命是 32.5 岁，但如果她能活到 45 岁，就很有可能再活 21 年。[12]

因此，我们这些躲过了出生死亡和童年夭折的当代人，是否会比早期时代的幸存者活得更久一些？答案是肯定的。图 5-4 展示了过去三个世纪以来不同年龄阶段（从出生至 70 岁）英国人的预期寿命。

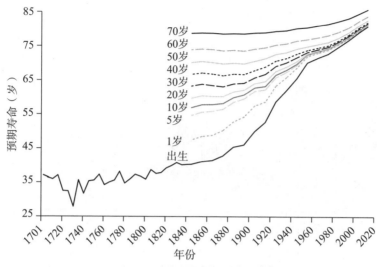

图 5-4　英国人的预期寿命（1701—2013 年）

资料来源：*Our World in Data*，Roser 2016n。1845 年之前的数据限于英格兰和威尔士，出自经济合作与发展组织 *Clio Infra* 数据库，van Zanden et al. 2014。1845 年之后的数据仅为部分年份数据，出自 *Human Mortality Database*。

库兹韦尔的预言

不管你年龄多大，你都将比几十年或者几个世纪前的同龄人活得更久。1845 年出生的英国婴儿在度过了出生头一年的危险期后可以活到 47 岁，如果是 1905 年出生的，则可以活到 57 岁，1955 年出生的则可以活到 72 岁，2011 年出生的则可以活到 81 岁。同样，在 1845 年，一个 30 岁的英国人可以再活 33 年，如果在 1905 年，则可以再活 36 年，在 1955 年可以再活 43 年，在 2011 年可以再活 52 年。如果苏格拉底在 1905 年被无罪释放，那么他还可以再活 9 年；如果在 1955 年被释放，则可以再活 10 年；如果在 2011 年被释放，则还可以再活 16 年。一位生活于 1845 年的八旬老人还可以再活 5 年，而 2011 年的八旬老人则还可以再活 9 年。

世界各地都出现了类似的趋势，尽管目前为止增长幅度没有那么大。例如，1950 年，一个 10 岁的埃塞俄比亚人的预期寿命是 44 岁，而现在他可以活到 61 岁。经济学家斯蒂芬·拉德列特（Steven Radelet）指出："在过去的几十年里，全球贫困人口的健康状况得到了极大的改善，这堪称人类历史上的伟大成就。世界上无数人的基本福祉在极短的时间内得到大幅度的提升，这是前所未有的事情。但很少有人意识到这一点。"[13]

而且，我们并不会躺在摇椅中度过这些额外的岁月。当然，你活得越久，你的老年时光就越长，因此你难免要遭受病痛的侵袭。但人类的身体既然能更好地抵抗死亡的进攻，同样也能更好地防御疾病、伤害和劳损的侵扰。随着寿命的延长，我们的活力也在不断延展，虽然二者无法完全对等。一个名为"全球疾病负担"（Global Burden of Disease）的研究项目正试图测量出人类活力的提升状况。他们不仅统计出 291 种疾病和残疾所导致的死亡数量，还按照每种疾病或残疾对生命质量的影响程度进行加权，计算出这些死者所损失的健康寿命年。该项目的评估结果为：1990 年的世界平均预期寿命为 64.5 岁，其中健康寿命为 56.8 年。根据报告中发达国家 2010 年的评估数据，20 年后，人们的预期寿命增加了 4.7 年，其中健康寿命为 3.8 年。[14] 这些数字表明，现代人的健康寿命比他们祖先的寿命还要长。对许多人来说，寿命延长所带来的最大恐惧是痴呆，但有一个惊喜已经摆在我们眼前：2000—2012 年间，65 岁以上的美国人罹患痴呆的比例下降了 1/4，平均诊断年龄也从 80.7 岁上升到 82.4 岁。[15]

好消息还不止这一些。图 5-4 中的各条曲线并不是一成不变的生命线，不由命运女神负责编织、丈量并最终剪断。相反，它们是依据当前人口动态统计资料而做出的推测，并假设医学知识一直停留在当前水平。当然，没有谁会相信这种假设，但别无选择，因为我们无法准确预知未来的医学进步。因此，几乎可以肯定地说，你的寿命数将比纵坐标上的数字要高，而且可能高出许多。

人们总爱抱怨一切。随着生物医学的突飞猛进，人们有望活得更久、更健康，但在 2001 年，乔治·W. 布什总统设立了一个生物伦理委员会，以应对所谓迫在眉睫的威胁。[16] 委员会主席莱昂·卡斯（Leon Kass）既是一名医生，也是一位公共知识分子，他宣称，"企图延长青春保质期是一种幼稚可笑且极其自恋的想法，与我们对子孙后代的热爱背道而驰"，本将添加到他人身上的寿命是不值得过的。"职业网球手真的会喜欢再多打 25% 场网球吗？"他问道。对于这个问题，恐怕大多数人愿意由自己来决定。即便他说得没错，"死亡为生命赋予意义"，长寿也不等于长生不老。[17] 专家所断言的寿命极限被一再打破（通常在他们得出结论的 5 年之后），这为我们提出了一个新的问题：人类的寿命是否会无限延长，直到彻底挣脱死亡的束缚？[18] 这个世界是否会被一群几百岁的老顽固所统治，他们抵制 90 岁的"新生代"所主张的各种变革，甚至干脆禁止生育，以避免麻烦？

硅谷中的一些梦想家正试图让这样的世界变为现实。[19] 他们所资助的研究机构并不满足于通过对疾病的各个击破来延缓死亡，而是力图通过反向工程，逆转生命的老化过程，由此将身体硬件升级为完美版本。他们希望，这样做的结果会使人类的寿命延长 50 年、100 年甚至 1 000 年。在 2005 年畅销书《奇点临近》（The Singularity Is Near）中，发明家雷·库兹韦尔（Ray Kurzweil）预测：随着遗传学、纳米技术（例如纳米机器人可以在血管中四处游弋，从内部修复我们的身体）以及人工智能（它不仅能帮人类找到永生的方法，还能自我学习，无限地提高自身的智能）的发展，人类将在 2045 年实现永生。

斯坦定律 + 戴维斯推论

对医学杂志的读者和其他怀疑者来说，永生的前途则是另一番景象。的确有不少值得庆祝的渐进式改善，例如在过去的 25 年里，癌症的死亡率每年下降一个百分点，仅在美国，就有 100 万人因此存活下来。[20] 但还有更多的东西让我们失望：作用与安慰剂无异的神奇药物、副作用比疾病危害更大的治疗方法，以及在荟萃分析面前土崩瓦解的各种宣传疗效。今天的医学发展更像是反复努力但又反复失败的西西弗斯①，无法临近光明的奇点。

由于缺乏预言的天赋，没有人能确定科学家是否能找到避免死亡的方法，但是进化和熵决定了这不太可能发生。衰老已经烙进了基因组的每个组织层面，因为自

---

① 西西弗斯是古希腊神话中的人物，因触犯众神，受到惩罚。诸神要求他把一块巨石推上山顶，但巨石太重，每每未到山顶就又滚下去。于是西西弗斯不断重复，永无休止地做着这件事。——编者注

然选择所偏爱的，是那些在年轻时活力旺盛的基因，而并非那些使我们活得更为长久的基因。这种偏爱源于时间的不对称性：在一个充满风险的世界，我们在任何时刻都有可能被突发事件所击倒，例如闪电或者山崩，这消解了造价昂贵的长寿基因所能带来的利益。如果要实现永生，生物学家将不得不对成千上万的基因和分子途径进行重组，这些单个的基因或分子途径对长寿的影响非常微小，而且作用并不确定。[21]

此外，即便医学技术将我们打造成金刚不坏之身，它也无法阻挡熵的侵蚀。正如物理学家彼得·霍夫曼（Peter Hoffman）所说："生命依靠生物学原理，与物理学展开殊死搏斗。"剧烈运动的分子不断撞击细胞机制，其中便包括可以纠正错误、修复损伤，并以此延缓熵增的细胞机制。随着各种损害控制系统遭受越来越多的损伤，崩溃的风险指数式增长，并迟早会压垮生物医学所提供的任何保护，因为这些保护只能应对癌症和器官衰竭等常规风险。[22]

人类与死亡进行了无数个世纪的搏斗，这场战役最终会有怎样的结果？在我看来，最佳的预测是"斯坦定律"（Stein's Law）："如果事情不能一直持续下去，它就会停下来。"——再加上"戴维斯推论"（Davies's Corollary）作为修正："或许事情不能一直持续下去，但它持续的里程却会远远超出你的想象。"

ENLIGHTENMENT
NOW

——

06
健康

从 18 世纪末开始，人类这个物种收获了越来越多的生命礼物。该如何解释这一切？时机提供了线索。安格斯·迪顿在《逃离不平等》中写道："自从启蒙时代的人们开始反抗权威，并决定用理性之力争取美好的生活，他们已经找到了行之有效的方法。毋庸置疑，他们也将继续战斗，赢得抗击死亡的胜利。"[1] 第 5 章所讲述的长寿之福，正是人类击败一系列敌人所收获的战利品，这些敌人包括疾病、饥荒、战争、凶杀和意外事故。在本章和接下来的几章里，将为大家讲述其中的每一个故事。

救人无数的医界英雄

在人类历史的大部分时间里，传染病是死神的最大杀器，这是自然进化最令人讨厌的一面。这些体积微小、繁殖迅速的生物将我们的身体作为食料，它们借助各种飞虫、蠕虫或者排泄物，从一个人体钻入另一个人体。传染病所过之处，往往伏尸百万，城破国亡，使当地居民骤然陷入苦难的深渊。例如黄热病，这是一种由蚊子传播的病毒性疾病，之所以被称为"黄热病"，是因为感染者在痛苦死亡前会全身发黄。一份有关 1878 年美国孟菲斯市黄热病疫情的文献记载道：患者"爬进各种扭曲变形的洞里，他们的尸体往往要等到腐烂变臭才会被发现……（一位母亲的尸体）手脚摊开，躺在床上……四周都是咖啡状的黑色呕吐物……孩子们在地板上翻滚、呻吟"。[2]

富人也无法幸免，1836 年，当时的世界首富内森·迈耶·罗斯柴尔德（Nathan Mayer Rothschild）死于脓疮感染。强人也一样，英国历代君主在痢疾、天花、肺炎、伤寒、肺结核和疟疾面前纷纷倒下。美国总统也不堪一击，1841 年，威廉·亨利·哈里森（William Henry Harrison）在就职典礼后不久便染上肺炎，31 天后因感染性休克去世。1849 年，卸任才 3 个月的詹姆斯·波尔克（James Polk）死于霍乱。在时间稍近一些的 1924 年，美国时任总统卡尔文·柯立芝（Calvin Coolidge Jr.）16 岁的儿子因打网球时磨起的水泡引发感染，不治而亡。

一直以来，富有创意的现代智人都在用五花八门的方法对抗这些疾病，例如祈祷、献祭、放血、拔罐、有毒金属、顺势疗法，甚至将母鸡按在受感染的身体部位挤压致死。然而到了 18 世纪末，疫苗的发明使情况发生了变化。到 19 世纪，细菌理论被广泛接受，更加速了人类的胜利。洗手、助产、灭蚊，特别是污水排水系统和氯化自来水系统对饮用水的保障，拯救了数以亿计的生命。在 20 世纪以前，城市里往往堆积着厚厚的粪便，城市内的河流与湖泊因为浸泡生活垃圾而变得黏稠无比，居民的生活用水都来自这种腐败泛黄的液体。[3]人们一度将瘟疫的流行归咎于"瘴气"——一种充满恶臭的空气，直到第一位流行病学家约翰·斯诺（John Snow）出现，他确定伦敦市民之所以感染霍乱，是因为他们的水源受到上游污水池的污染。

在过去，医生自己就是严重的健康危害，他们身穿沾满血迹和脓液的黑色外套，从解剖室直接走进检查室，用没有清洗的双手检查病人的伤口，并用穿在纽孔里的缝合线进行缝合。直到伊格纳兹·塞麦尔维斯（Ignaz Semmelweis）和约瑟夫·李斯特（Joseph Lister）的出现，医生们才懂得对双手和医疗设备进行消毒。消毒、麻醉和输血使得手术真正成为一种治疗方法，而不再是折磨与残害。此后，抗生素、抗毒素以及其他无数的医学进步，帮助我们进一步击退了瘟疫的攻击。

忘恩负义不属于"七宗罪"之一，但根据但丁的说法，犯下此种罪行的人会被打入第九层地狱，这可能是 20 世纪 60 年代之后的文化阶层的最终归宿，因为他们彻底遗忘了这些战胜疾病的英雄。与现在不同，在我小时候，最流行的儿童读物就是医学先驱的英雄传记，例如爱德华·詹纳（Edward Jenner）、路易斯·巴斯德（Louis Pasteur）、约瑟夫·李斯特、弗雷德里克·班廷（Frederick Banting）、查尔斯·贝斯特（Charles Best）、威廉·奥斯勒（William Osler）以及亚历山大·弗莱明（Alexander Fleming）。

1955 年 4 月 12 日，一个研究小组宣布乔纳斯·索尔克（Jonas Salk）研制的脊髓灰质炎疫苗安全可靠。在当时，脊髓灰质炎每年都会夺走数千条生命，富兰克林·罗斯福也是因为感染此病而双腿瘫痪，它还迫使许多儿童不得不依靠"铁肺"生存。理查德·卡特（Richard Carter）描述了人们听到这一消息时的场景：那一天，"人们低声祈祷、敲钟、按响喇叭、吹响长笛、燃放礼炮。所有人都放下手中的活，学校放假或者召开庆祝大会，人们举杯相庆，拥抱孩子，走进教堂，冲陌生人微笑，与仇家和好"。[4]纽约市本打算为索尔克举行彩带游行，但被他婉言谢绝。

再比如，你的头脑中是否出现过卡尔·兰德施泰纳（Karl Landsteiner）这个名字？卡尔是谁？仅仅他一个人，就因为发现血型而拯救了几十亿条生命。那么对表6-1 中的这些英雄，你又了解多少呢？

表 6-1　拯救生命的科学英雄

科学家	科学发现	拯救人口（人）
埃布尔·沃尔曼（Abel Wolman，1892—1989） 林·恩斯洛（Linn Enslow，1891—1957）	自来水氯气消毒法	1 亿 7 000 万
威廉·福奇（William Foege，1936—　）	根除天花战略	1 亿 3 100 万
莫里斯·希勒曼（Maurice Hilleman，1919—2005）	8 种疫苗	1 亿 2 900 万
约翰·恩德斯（John Enders，1897—1985）	麻疹疫苗	1 亿 2 000 万
霍华德·弗洛里（Howard Florey，1898—1968）	青霉素	8 200 万

续表 6-1

科学家	科学发现	拯救人口（人）
加斯顿·拉蒙（Gaston Ramon, 1886—1963）	白喉和破伤风疫苗	6 000 万
戴维·纳林（David Nalin, 1941— ）	口服补液疗法	5 400 万
保罗·埃尔立希（Paul Ehrlich, 1854—1915）	白喉、破伤风抗毒素	4 200 万
安德里亚斯·格林齐希（Andreas Grüntzig, 1939—1985）	血管成形术	1 500 万
格蕾丝·埃尔德林（Grace Eldering, 1900—1988） 珀尔·肯德里克（Pearl Kendrick, 1890—1980）	百日咳疫苗	1 400 万
格特鲁德·埃利恩（Gertrude Elion, 1918—1999）	合理药物设计	500 万

根据研究人员针对 100 多位科学家所做的保守估计，迄今为止，他们一共拯救了 50 多亿人的生命。[5] 当然，这些英雄故事并不能反映科学研究的真实过程。科学家都是站在巨人的肩膀上，集体协作，默默耕耘，并吸收、整合世界各地的思想观点。然而，无论是忽视科学家，还是忽视科学本身，都意味着忽视"科学发现让生活变得更加美好"这一客观事实，这也正是我们在理解现代人类状况时所犯的严重错误。

2035 年：全球健康大融合

作为一名语言心理学家，我曾经用一本书的篇幅专门探讨过去时态。[6] 如果要在英语中挑出一个我最喜欢的例句，它就是维基百科"天花"条目的第一句话：

Smallpox was an infectious disease caused by either of two virus variants, *Variola major* and *Variola minor*.

天花，曾是由重型天花病毒或轻型天花病毒所引发的一种传染病。

是的，是"was"。这种疾病之所以被称为天花，是因为它会导致患者全身上下长满令人痛苦的脓疱，包括嘴巴和眼睛。仅在 20 世纪里，这种疾病就夺去了 3 亿多人的生命。如今，它已经完全灭绝。其中最后一个病例发生在 1997 年的索马里。对于这场伟大的胜利，我们应该感谢许多人和组织，其中包括：爱德华·詹纳，他在 1796 年发现了天花疫苗；世界卫生组织，它在 1959 年制定了根除天花的宏伟目标；威廉·福奇，他发现有选择性地给小范围易感人群接种天花疫苗，能事半功倍。在《蒸蒸日上》一书中，经济学家查尔斯·肯尼（Charles Kenny）写道：

> 在这 10 年里，这项计划的总成本……大约 3.12 亿美元，平摊到那些被感染的国家，不过每人 32 美分。这项根除计划的花费，只不过能用来拍摄 5 部好莱坞大片，或者建造 B-2 轰炸机的一个机翼，如果与波士顿最近启动的道路改造项目"大挖掘"（the Big Dig）比起来，还不到其成本的 1/10。无论你对波士顿滨水区的道路规划多么期待，对隐形轰炸机的线条多么痴迷，对凯拉·奈特利（Keira Knightley）在《加勒比海盗》中的演技或对《金刚》中的大猩猩多么喜欢，这看起来都是一笔不错的交易。[7]

即便我就生活在波士顿滨水区，我也不得不表示同意。但这个惊人的成就才刚刚开始。维基百科对"牛瘟"有这样的描述："它曾经导致数百万农牧民因为牲畜大批死亡而活活饿死。"这里用的也是过去时态。此外，在发展中国家，还有另外 4 种可怕的疾病行将灭绝。

乔纳斯·索尔克没能活着看到"全球脊髓灰质炎根除行动"成功实现目标。在 2016 年，脊髓灰质炎减少到阿富汗、巴基斯坦、尼日利亚 3 个国家、37 个病例，创造了历史最低，而到目前为止，数字还在下降。[8]麦地那龙线虫是一种可长达 1 米的寄生虫，它会钻入患者的下肢，形成一个令人痛苦不堪的水泡。病人往往会为减轻痛苦而将脚浸入水中，此时水泡便会破裂，成千上万条幼虫乘机钻出，如果有人喝了含有幼虫的水，就会循环感染，唯一的解决办法就是用几天或几周时间将虫子拔出。令人欣喜的是，随着卡特中心 30 年来在宣传教育和水质处理方面的不懈努力，麦地那龙线虫病从 1986 年的 21 个国家、350 万病例下降到 2016 年的 3 个国家、25 个病例，而在 2017 年的第一季度，仅有 1 个国家出现了 3 个病例。[9]

还有象皮病、河盲症和致盲性沙眼这些听起来就十分可怕的疾病，也可能在 2030 年成为过去式。此外，流行病学对麻疹、风疹、雅司病、昏睡病以及钩虫病发起的战役也同样胜利在望。[10]只是，面对这些胜利，人们还会为之"祈祷、敲钟、鸣笛、拥抱孩子"吗？还会"冲陌生人微笑，与仇家和好"吗？

即便有些疾病还未彻底根除，但也已是苟延残喘。2000—2015 年间，死于疟疾的人数下降了 60%，而这种疾病曾经杀死了世界一半的人口。世界卫生组织已经通过了一项计划，目标是到 2030 年将疟疾死亡率再下降 90%，并将局部爆发此病的国家从目前的 97 个中减少 35 个（就像它于 1951 年在美国灭绝一样）。[11] 与此同时，比尔和梅琳达·盖茨基金会也制订了一项彻底根除疟疾的计划。[12] 我们在第 5 章看到，20 世纪 90 年代，艾滋病在非洲的蔓延使得人类一路高歌猛进的长寿事业遭遇了挫折。但在此后的 10 年里，局势发生了变化，世界儿童艾滋病死亡率下降了一半，这个结果令联合国信心倍增，它在 2016 年通过了一项大胆的计划，目标是到 2030 年彻底阻止艾滋病的流行（尽管未必能够消灭艾滋病病毒）。[13] 从图 6-1 中可以清楚地看到，2000—2013 年间，全世界死于五大致命性传染病的儿童数量出现了大幅下降。总体而言，自 1990 年起，对传染病的有效控制使得超过 1 亿的儿童免于夭折。[14]

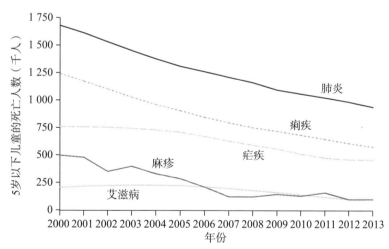

图 6-1 死于传染性疾病的儿童人数（2000—2013 年）

资料来源：世界卫生组织儿童健康流行病学专家组，Liu et al. 2014，补充附录。

在所有计划中，最具雄心的蓝图，来自经济学家迪安·贾米森（Dean Jamison）和劳伦斯·萨默斯（Lawrence Summers）所领导的全球卫生专家小组。他们已经制定了一个路线图，目标是在 2035 年实现"全球健康大融合"。到那个时候，世界传染病死亡率和产妇、儿童死亡率将大幅下降，达到目前健康水平最高的中等收入国家的水准。[15]

与欧美各国战胜传染病的传奇相比，贫穷国家的不断进步也同样令人敬佩，同时也更令人吃惊。其中部分原因是经济的发展（见第 8 章），因为世界越富有，就必然越健康。另一部分则源于同情之环的不断扩张，这促使像比尔·盖茨、吉米·卡特和比尔·克林顿这样的领袖将自己的大笔资金投向遥远的大陆，以改善当地贫困人口的健康状况，而不是在自己的家乡造屋盖房。乔治·W. 布什也做了自己该做的事情，他在任时批准的"非洲艾滋病紧急援助计划"拯救了数百万人的生命，即便那些最严厉的批评者对此也赞赏有加。

不过，在这场胜利中，最大的贡献者是科学。"知识才是关键，"安格斯·迪顿说，"收入，虽然收入本身及其所带来的福利都很重要，它也是幸福的组成部分，但它不是幸福的根本原因。"[16] 科学的成果不仅是高科技药物，例如疫苗、抗生素、驱虫药和抗逆转录病毒药物，它还包括思想。这些思想可能很容易实践，而且事后想来也平淡无奇，但拯救了数百万人的生命：比如将水煮开、过滤，或者添加漂白剂；洗手；为孕妇补碘、母乳喂养和搂抱婴儿；又比如在厕所排便而不能在田间、街道和水道随意解决；在开水中加糖和盐以缓解腹泻。反过来，错误的思想可能会阻挠进步，比如美国的许多激进分子所传播的谣言，认为疫苗会诱发自闭症。迪顿指出，对于世界某些地方的人来说，启蒙主义的核心理念，也就是"知识可以让我们生活得更美好"，就如同天启一般，因为他们完全屈从于可怜的卫生状况，从来没有想过可以通过改变制度与规范去改善这种状况。[17]

除了衰老、分娩和病原体，进化和熵还
有另一个捉弄人类的把戏：我们需要不停地
获取能量。饥荒自古以来就一直伴随着人类。
直到 19 世纪，农作物歉收仍然可能给世界
上的富裕地区造成突如其来的灾难。瑞典作
家和历史学家约翰·努尔贝里曾引述他的一
位先辈的童年回忆，故事发生在 1868 年冬
天的瑞典：

> 我们经常看到母亲独自哭泣。生
> 活对她来说太难了：实在拿不出吃的
> 来摆上餐桌为饥肠辘辘的孩子们充
> 饥。消瘦、饥饿的孩子们经常从一个
> 农场走到另一个农场，只为乞讨几片
> 面包。一天，有三个孩子来到我们家，
> 哭着乞求些吃的，以援解因为饥饿而
> 引起的腹痛。母亲眼里满含着泪水，
> 可不得不告诉他们，我们只有一些碎
> 面包了，我们自己还要靠它们来充饥。

当看到这些陌生的孩子们恳求的眼神和目光中绝望的痛苦，我们哭着央求母亲给他们分一些碎面包。妈妈迟疑地同意了我们的请求。这些不知姓名的孩子狼吞虎咽地吃下食物，然后就去下一个农场了。从我们的农场到下一个农场，还有好远的路要走。第二天，人们发现，在从我们家到下一个农场的路上，三个孩子饿死了。[1]

据历史学家费尔南·布罗代尔（Fernand Braudel）记载，近代欧洲每隔几十年就会遭遇一次饥荒。[2] 绝望的农民不得不在谷物成熟之前就收割，吃青草甚至人肉，或涌入城市中乞讨。即使在年景好的时候，大多数人也只能从面包或粥里摄取能量，还有很多人根本吃不饱。在《逃离饥饿和早夭，1700—2100》（*The Escape from Hunger and Premature Death, 1700—2100*）一书中，经济学家罗伯特·福格尔（Robert Fogel）指出："在 18 世纪早期，法国的人均膳食能量摄入值与 1965 年的卢旺达相当，而卢旺达是那一年世界上居民营养不良最严重的国家。"[3] 许多人虽然没有挨饿，但因为太过虚弱无法工作而深陷贫穷。饥饿的欧洲人只好幻想出一幅幅饕餮盛宴的图景来自欺欺人。在想象中的安乐乡，树上长满了煎饼，遍地都是糕点，烤乳猪在街上闲逛，背上插着餐刀以便人们取食，煮好的鱼自己跃出水面，落在人们脚边。

今天，我们就生活在这样的安乐乡。人们摄取了太多的卡路里，我们的问题不再是吃不饱，而是吃太多。正如喜剧演员克里斯·罗克（Chris Rock）的观察，"有史以来，人类社会第一次出现这样的现象——穷人反而肥胖"。第一世界一如既往地薄情，现代社会的批评家们并没有怒斥抽脂美容、骨感的时装模特或是饮食失调，而是义愤填膺地反对流行性肥胖。这愤怒之情似乎还是留给饥荒更为合适。虽然肥胖确实是一个公共健康问题，但按历史的标准来看，肥胖反而是好事。

那么世界其他地方呢？一提到饥饿，许多西方人就联想到非洲和亚洲，这绝不是到了现代才有的现象。印度等国一直易受饥荒困扰，因为数以百万计的人以水稻为食，而水稻生长要依靠不太稳定的季风或脆弱的灌溉系统，远距离的粮食运输又是另一个麻烦。布罗代尔曾转述一位荷兰商人于 1630—1631 年间在印度遭受饥荒时的亲身经历：

"人们背井离乡，无助地四处游荡。这些人很好辨认：眼窝深陷，嘴唇苍白而沾满泥巴，干硬的皮肤包着骨头，瘪瘪的肚子像吊着的空口袋……有人因为饥饿哭泣哀号，有人则痛苦地躺在地上奄奄一息。"熟悉的人间悲剧接二连三地上演：抛妻弃子，为了生存卖儿卖女，集体自杀……然后是更加残酷的场景，饥饿的人们剖开死者或是将死之人的肚子，"用同胞的内脏来填补自己的饥肠"。"数以十万计的人口死于饥饿，整个国家饿殍遍野，到处都是无人安葬的尸体，空气中弥漫着尸臭……"[4]

销声匿迹的坏消息

但近来，我们的世界又实现了另一个鲜为人知的非凡成就：尽管人口激增，但发展中国家正在自给自足。这在中国最为明显，13亿中国人每人每天的能量摄入量平均达到3 100卡路里。根据美国政府的指导意见，这是一个高度活跃的青年男性每天所需的能量。[5]印度10亿人口平均每人每天可获得2 400卡路里的能量，这是一个高度活跃的年轻女性或一个活跃的中年男性所需的能量。非洲大陆的数据介于两者之间，大概在2 600卡路里。[6]图7-1以典型的发达国家和发展中国家为代表，描述了各国人口以及世界整体人口的可获得能量，图中展现的模式与之前展示的图类似：19世纪之前，世界到处充满苦难；在接下来的两个世纪中，欧洲和美国迅速改善；近几十年来，发展中国家也迎头赶上。

图7-1中的数值表现的是平均水平，而且值得注意的是，如果这些指数升高只是因为富人们大吃特吃，吞下了更多的热量，比如除了"妈妈卡丝"（Mama Cass）以外其他人都没有变胖，那这些指数就具有误导性，不能反映总体的健康情况。值得庆幸的是，所有国家的可获得热量都有所增加。

如果孩子们营养不良，生长发育就会迟缓，在他们的一生中，患病和死亡风险就会更高。图7-2显示了在样本国家中儿童发育迟缓的比例，这些国家拥有较长时间的统计数据。虽在像肯尼亚和孟加拉国这样的贫穷国家，发育迟缓儿童的比例令人叹惋，但我们也看到，在短短的20年间，发育迟缓率下降了一半。而哥伦比亚等国家，不久前也曾有较高的发育不良率，但这些国家已经把这一数值控制在了更低的水平。

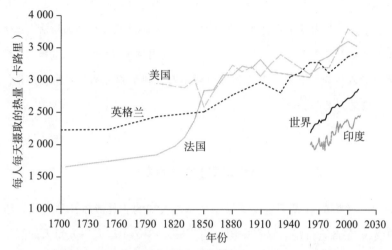

图 7-1　各国及世界人口的可获得热量（1700—2013 年）

资料来源：美国、英格兰和法国：*Our World in Data*, Roser 2016d，数据基于 Fogel 2004。印度和世界：联合国粮食及农业组织。

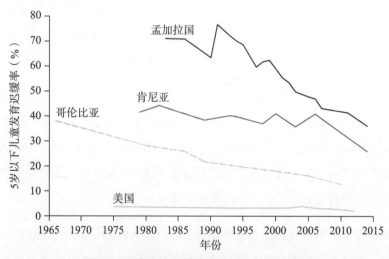

图 7-2　儿童发育迟缓情况（1966—2014 年）

资料来源：*Our World in Data*, Roser 2016j，数据基于世界卫生组织营养情况信息系统。

世界一直以来如何哺育饥饿的人口？图 7-3 提供了另一种看法。图中展示了 5 个地区的发展中国家和所有发展中国家（平均）人口的营养不良率，营养不良指一年及以上的食物不足。图中并没有估计发达国家的情况，因为在整个统计周期内，发达国家的营养不良率低于 5%，在统计上与零没有显著差别。虽然发展中国家营养不良的人口比例达 13%，依然人数众多，但比起 45 年前 35% 的水平或者 1947 年全世界 50% 的营养不良率（图中并未显示），可以说是大为改善。[7] 别忘了这些数字是比例。在这 70 年间，世界人口增加了近 50 亿，这意味着世界在降低饥饿率的同时，还在哺育数十亿新增的人口。

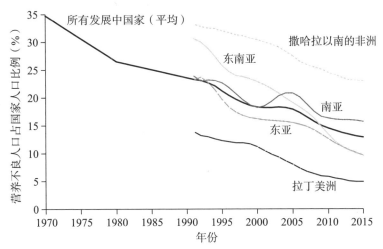

图 7-3　5 个地区的发展中国家和所有发展中国家（平均）人口营养不良情况（1970—2015 年）

资料来源：*Our World in Data*，Roser 2016j，数据基于 Food and Agriculture Organization 2014。

不仅慢性营养不良现象一直在减少，灾难性的饥荒也很少发生了。大饥荒往往导致大量人口锐减，造成广泛的居民消瘦（比正常体重低两个标准差）和恶性营养不良（因为蛋白质摄入不足而腹部水肿的孩子们已经成了饥荒的标识）。[8] 图 7-4 显示了在过去的 150 年间，按当时的世界人口规模估算，每 10 年每 10 万人中因大饥荒而死亡的人数。

经济学家斯蒂芬·德弗罗（Stephen Devereux）曾在 2000 年时总结 20 世纪世界

取得的进步：

> 非洲以外的所有地区几乎已将饥荒全部消灭。饥荒作为亚洲和欧洲的地方性问题，似乎已成为历史。"饥荒之地"这一残酷的标签已从中国、俄罗斯、印度和孟加拉等国揭去，自 20 世纪 70 年代以来，只剩下埃塞俄比亚和苏丹还有这样的问题。

> 此外，作物歉收会导致饥荒的逻辑联系被打破。最近由干旱或洪水引发的粮食危机都得到了当地和国际人道主义充分的援助……

> 如果这种趋势继续保持下去，人类的最后一次饥荒，数以千万计的人因为缺乏食物而死的灾难，应该会在 20 世纪结束。[9]

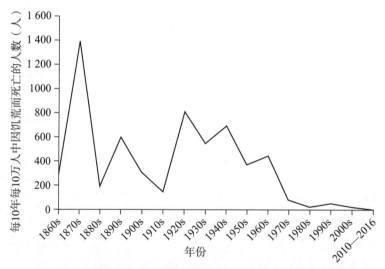

图 7-4　每 10 年每 10 万人中因饥荒而死亡的人数（1860—2016 年）

资料来源: *Our World in Data*, Hasell & Roser 2017，数据基于 Devereux 2000, Ó Gráda 2009, White 2011 以及 EM-DAT, *The International Disaster Database* 等。"饥荒"的定义见 Ó Gráda 2009。

然而，到目前为止，这种趋势还在继续。甚至在发达国家的穷人中，饥饿依然存在。在世界范围内，饥荒还在发生：2011 年的东非，2012 年的萨赫勒地区，2016 年的南苏丹，还有索马里、尼日利亚和也门也曾临近饥荒的边缘。但这些饥荒并没有像在前几个世纪中常见的那样，造成大规模的人口锐减。

马尔萨斯预言的落空

这一切本不应该发生。1798 年，人口学家、政治经济学家托马斯·马尔萨斯（Thomas Malthus）阐述道，在他那个年代，频繁发生的饥荒是不可避免的，而且还会变得更糟，因为"人口如果不加限制，将以几何级数增加，而食物供给只能以算术级数增长。只要对数字稍微有点认识，就会发现前后两者存在巨大的差别"。其言下之意是，努力养活饥民只会导致更多的痛苦，因为他们会生下更多的孩子，而这些孩子又注定要挨饿。

几十年前，马尔萨斯式的思考又气势汹汹地卷土重来。1967 年，威廉·帕多克（William Paddock）和保罗·帕多克（Paul Paddock）著有《饥荒 1975！》（Famine, 1975）。1968 年，生物学家保罗·艾里奇（Paul R. Ehrlich）著有《人口爆炸》（The Population Bomb），宣称"让全人类吃饱肚子的战斗已经失败"，并预言到 20 世纪 80 年代，6 500 万美国人和 40 亿其他地区的人口将会饿死。《纽约时报杂志》为此特意向读者介绍了战场上伤员的分类机制（紧急情况下将伤员分成有救的和没救的），哲学研讨会上争论的议题也成了这样：为了防止救生艇因超员倾覆导致所有人溺水，将某人扔下船去在道德上是否被允许。[10] 艾里奇和其他环保人士主张对他们认为完全没有希望的穷国切断粮食援助。[11] 在 1968—1981 年间担任世界银行行长的罗伯特·麦克纳玛拉（Robert McNamara）不支持对医疗健康的金融援助，"除非与人口控制紧密相关，否则医疗设施会帮助降低死亡率，从而导致人口爆炸"。在印度和中国也有人口控制计划，比如中国的计划生育政策。[12]

马尔萨斯的数学哪里出错了吗？只要看看他的第一条曲线，我们就会发现人口增长不会无限地以几何级数递增。因为当人们变得更加富有，有更多的小孩可以长大成人时，人们就会选择生更少的孩子（见后文图 10-1）。相反，饥荒并不能长期抑制人口增长。饥荒中，更多的儿童和老人会先饿死，当情况好转时，成年幸存者会迅速繁衍以补充人口。[13] 正如瑞典学者、医生汉斯·罗斯林所说："你不能通过放任穷孩子去死来阻止人口增长。"[14]

从第二条曲线上，我们可以发现，当运用知识来增加单位面积土地的粮食产量时，食物供应可以呈几何级数增长。自一万年前农业诞生以来，人类一直在基因上改造动物和植物，有选择地培育那些热量最高、毒素最少、最易种植和收获的品种。玉米的野生祖先是一种只结几颗坚硬种子的草；胡萝卜的祖先看起来、吃起来都像蒲公英的根；许多野果的祖先是苦的、涩的，果肉硬得像石头。聪明的农民还发明了灌溉系统、犁和有机肥料，但当时的马尔萨斯还是能强辩到底。

到了启蒙运动和工业革命时期，人们终于懂得如何让曲线向上弯曲。[15]在乔纳森·斯威夫特1726年的小说《格列佛游记》中，大人国的国王曾向格列佛介绍他们的道德准则："如果谁有本事能让玉米结两个穗，或让只有一片叶的草料长两片叶，谁就更仁慈、更有人情味，对国家的贡献比整个国家的政客加起来还要多。"在小说创作后不久的英国农业革命中，人们确实让玉米结了更多的穗。[16]先是作物轮作和对犁与播种方法的改进，然后又进行了农业机械化，用化石燃料取代了人和动物的肌肉劳力。在19世纪中叶，收获和脱粒一吨谷物要花25人一整天的时间，今天一个人开着联合收割机只要6分钟就能做到。[17]

机器还解决了食物固有的其他问题。所有种过西葫芦的园丁都知道，在8月，满园的西葫芦会同时成熟，然后很快就会腐烂或被害虫吃掉。铁路、运河、卡车、粮仓、制冷机在供应端起到了削峰平谷的作用，通过价格信息的协调与需求相匹配。但粮食产量真正的激增还要归功于化学的进步。为了便于学生记忆，学校将构成人体的主要元素缩写为SPONCH，分别代表硫、磷、氧、氮、碳和氢，其中N代表氮，是蛋白质、DNA、叶绿素和能量载体ATP的主要成分。氮原子在空气中主要以氮气形式存在，非常丰富，但它们一般成对出现（化学式为N_2），很难分解，所以植物不能利用它们。到1909年，化学家卡尔·博施（Carl Bosch）完善了弗里茨·哈伯（Fritz Haber）发现的化学反应过程，实现了用甲烷和水蒸气把空气中的氮元素变为化肥的工业生产，取代了此前大量使用鸟粪来为贫化的土地施氮肥的做法。这两位化学家以27亿人的数量，成为20世纪历史上挽救生命最多的科学家。[18]

所以，忘了粮食的算术级增长吧：在过去的一个世纪，单位公顷的粮食产量以加速度增长，而实际价格却跳水式下跌。技术进步带来的效益令人难以置信。如果今天所需的粮食必须用前氮肥技术时代的耕作技术种植，那么人类则需要再额外开垦一块像俄罗斯面积大小的土地。[19] 在 1901 年的美国，一小时的工资可以买大约 3 升牛奶，一个世纪以后，同样的工资能买 16 升。每小时工资能买到的其他食品的数量也在成倍增加：黄油从 1 千克到 5 千克，鸡蛋从 1 千克到 12 千克，猪排从 2 千克到 5 千克，面粉从 9 千克到 49 千克。[20]

在 20 世纪五六十年代，另一个拯救了数十亿人口的大救星是美国著名农业科学家、遗传育种专家诺曼·博洛格（Norman Borlaug），他跑赢了进化，在发展中国家促成了"绿色革命"（Green Revolution）。[21] 大自然中的植物投入大量的能量和营养到木质茎中，以便茎上的花和叶能比周边杂草或同类更高，而不至于落在阴影里。就像摇滚音乐会上的歌迷一样，所有人都站起来，但大家谁也没能因此得到更好的视野。这就是进化：它短视地选择个体的优势，而不是品种作为整体的优势，更不用说其他物种的优势了。从农民的角度来看，高秆的小麦不仅浪费能量在不可食用的茎上，而且施肥以后还会因为麦穗大而产生头重脚轻的倒伏。博洛格将进化借为己用，在杂交了数千种品系的小麦后，从它们的子代中选择了矮茎、高产、抗锈病、对日照长度不敏感的品种。在年复一年让人心力交瘁的单调工作之后，博洛格培育出了比它们的祖代高产数倍的小麦，随后还有玉米和水稻。通过将优良品种与现代灌溉、施肥和作物管理技术相结合，博洛格几乎一夜之间把墨西哥，然后是印度、巴基斯坦和其他饥荒多发的国家变成了粮食出口国。"绿色革命"还在继续推行，对高粱、谷子、木薯和块茎的改良，使之成为"非洲最好的秘密武器"。[22]

多亏了"绿色革命"，世界生产一定量的粮食只需要不到以前 1/3 的土地。[23] 若要邀功请赏，还可以换个说法：1961—2009 年，可以种粮食的耕地只增长了 12%，而粮食产量却增长了 300%。[24] 除了能够抵抗饥饿，总体上讲，用更少的土地种出更多的粮食对我们的星球也是一桩好事。尽管拥有美丽的田园风光，但农场其实是自然界中蔓延的生物荒漠，破坏了原来的森林和草原。现在世界上有些地方的农场已经退耕，一些温带森林已经或正在逐渐恢复，在第 10 章中，我们还将重新讨论这个现象。[25] 如果农业生产效率保持在 50 年前的水平，而要求与现在同等数量的粮食，那么我们需要开垦一块大小为美国、加拿大和中国加起来一样大的土地。[26] 据环境科学家杰西·奥苏贝尔（Jesse Ausubel）估计，世界耕地面积已达到峰值：我们可能再也不会需要像今天这样多的耕地了。[27]

正如所有的进步一样，"绿色革命"从一开始就受到抨击。批评人士声称，高新技术农业需要消耗化石燃料和地下水，使用除草剂和杀虫剂，会破坏传统的自给农业，这在生物学上违背自然法则，一切都只为给企业带来利润。不过考虑到它拯救了数十亿人口，帮助人类把大饥荒扔进了历史的垃圾桶，在我看来，这似乎是一个合乎情理的代价。更重要的是，我们并不需要一直付出这样的代价。科学进步的美妙之处在于它从不把我们限制在一项技术中，而是能不断开发出比旧技术问题更少的新技术（我们将在第 10 章详细讨论）。

基因工程现在可以在几天之内实现传统农民要上千年或博洛格要通过"年复一年让人心力交瘁的单调工作"才能达成的成就。正在培育的转基因作物拥有高产、含生命必需维生素、抗干旱、抗盐碱、抗病虫害等特点，且所需耕地面积少，易于耕作和施肥。数以百计的研究、几乎所有主要的健康和科学机构，还有超过 100 位诺贝尔奖获得者已经证明了转基因作物的安全性，这不足为奇，因为没有经过基因修饰的作物并不存在。[28] 然而，传统的环保主义团体带着生态学作家斯图尔特·布兰德（Stewart Brand）所说的"对饥饿的习惯性冷漠"，发起了对转基因作物狂热的征讨，他们不仅想让富裕国家的人们远离天然的转基因食品，还想让转基因食品消失在发展中国家贫困农民的餐桌上。[29] 他们的反对始于对神圣却又毫无意义的"自然性"的坚守，他们谴责"基因污染"和"玩弄自然"，并推广基于"生态农业"的"真正的食物"，充分地利用了普通大众对本质主义的原始直觉、对污染的恐慌以及对基本科学知识的缺乏。

一项令人沮丧的调查表明，大约有一半的民众认为普通的西红柿没有基因，只有转基因的西红柿才有，插入食物中的基因片段可能会迁移到食用者的基因组中，而插入橙子中的菠菜基因会让橙子尝起来像菠菜。八成的人赞成通过法律强制要求给"含有 DNA"的所有食品都贴上标签。[30] 正如布兰德所说："我敢说环保运动对遗传工程的反对的危害比我们做错其他事情的都大。我们让同胞挨饿,阻碍科学发展,破坏自然环境,让干实事的人少了一个重要的工具。"[31]

布兰德之所以如此严厉地批评,其中一个原因在于对转基因作物的反对恰恰在最能从中获益的地区产生了严重的影响。撒哈拉以南的非洲地区像受到了自然的诅咒,土地贫瘠、降雨稀少、港口和通航河道缺乏,也从未建成发达的公路、铁路或运河网络。[32] 像所有的耕地一样,这里的土壤已经贫化,但与世界其他地区不同,非洲尚未普及合成化肥。采用转基因作物,无论是已有品种,还是为非洲定制的品种,再结合其他现代耕种技术,如免耕法和滴灌技术,可以让非洲跨越第一次"绿色革命"中其他危害更大的做法,消除仍然存在的营养不良问题。

从农业经济学的角度讲,粮食安全不仅仅是种地的问题。饥荒发生的原因不仅在于食物短缺,当人们买不起食物、食物被军队征用或政府没有用心筹划粮食储备时,饥荒也会发生。[33] 图 7-4 中的峰谷表明,农业效率的稳步提高并不能征服饥荒。在 19 世纪,寻常的旱灾和病虫害即可引发饥荒,但饥荒在殖民时期的印度和非洲可能更为严峻,冷漠、笨拙、对人民的疾苦缺乏怜悯的总督们有时会蓄意制定导致饥荒的政策。[34] 到 20 世纪初,殖民地政策对粮食危机的应对开始变得及时,农业方面的进步得以让饥荒大范围消失。[35] 不过,在 20 世纪剩下的时间里,骇人的政治灾难还会不时地引发饥荒。

幸运的是,自 20 世纪 90 年代以来,实现增产的前提条件已在世界上更多的地方成熟落地。一旦种植高产作物的秘密解锁,运输粮食的基础设施到位,消灭饥荒就取决于消除贫困、减少战争和独裁的措施了。现在就让我们去看看人类在对抗上述这些苦难之源时取得的进步。

ENLIGHTENMENT
NOW

——

08
财富

经济学家彼得·鲍尔（Peter Bauer）曾写道："贫穷没有缘由，财富有迹可循。"在一个由熵和进化控制的世界里，街道上没有铺满糕点，熟鱼也不会落在我们脚边。但人们很容易忘记这一真理，理所当然地认为财富一直伴随着我们。历史与其说是由胜利者书写的，不如说是出自富人的笔下。富人们接受了良好的教育，而且拥有闲暇来书写历史。正如经济学家内森·罗森伯格（Nathan Rosenberg）和法律学者小伯泽尔（L. E. Birdzell Jr.）所指出的："我们之所以忘记贯穿于其他时代的苦难，部分是因为被当时的文学、诗歌、浪漫和传奇所吸引，而这些华丽与优雅只是在盛赞少部分人的优渥生活，却忘记沉默的大众还生活在贫苦之中。苦难的年代由此被神话化，甚至可能作为返璞归真的黄金时代被铭记。不，它们不是。"[1]

努尔贝里曾引用布罗代尔的话，描绘了

苦难年代的剪影。当时对贫穷的定义很简单："如果你能买得起明天的面包，再活一天，你就不是穷人。"

在富裕的意大利热那亚，穷人每年冬天都会变卖自己，去商船的厨房里做奴隶。在法国巴黎，赤贫的人被成对地锁在一起，被迫去做清理下水道的艰苦工作。在英国，穷人不得不在济贫院里工作以获得救济，他们在那里起早贪黑地工作，却几乎拿不到报酬。有些人的工作是按照指示碾碎狗、马和牛的骨头以作为肥料，这种工作在 1845 年被废止了，因为在一次对济贫院的检查中，人们发现饥饿的贫民互相大打出手，只为抢夺腐烂的骨头以吸取骨髓。[2]

另一位历史学家卡洛·奇波拉（Carlo Cipolla）曾提到：

在工业化前的欧洲，购买一件衣服或一件衣服的布料仍然是一种奢侈，一般人一生中只能买得起几次。医院管理的主要任务之一是确保死者的衣服不被偷窃或霸占，而应交给合法的继承人。在瘟疫流行时，小镇的政府必须强制要求才能没收死者的衣服并将其烧掉：人们会等着其他人死去，以便扒下他们的衣服，但这通常会引起传染病的传播。[3]

财富是如何创造出来的？对这一问题的追问常常淹没于现代社会对财富应该如何分配的政治辩论中，就好像用来分配的财富本来就存在似的。经济学家们常提到"总量谬误"（lump fallacy）或"物理谬误"（physical fallacy）。这种谬论认为，自有时间以来，世界就存在着数量一定的财富，就像一个金矿，人们从那时起，就在为如何分配财富而斗争。[4]启蒙运动的智识成果之一是人们认识到财富是创造出来的。[5]财富主要是由知识和合作创造的：人们通过互相合作，用自己的灵巧和劳动，将物质改造成有用的形式。虽然显得激进，但由此我们可以推论：人类可以想出办法来创造更多的财富。

由长期以来的贫穷进入富裕的现代，这个过程可以用一个简单而令人震惊的曲线表现出来。它以世界生产总值（Gross World Product）为标准尺度描绘出了过去

2000 年中的财富创造，单位是 2011 年的国际元。国际元是一种假设的货币单位，等价于某一特定参照年的美元，并根据通货膨胀和购买力平价进行调整。后者弥补了不同地区同类商品和服务的价格差异。比如，同样是理一次发，孟加拉国达卡比英国伦敦要便宜。

图 8-1 描绘了人类创造财富的历史，故事大概就是：一穷二白……一穷二白……一穷二白……（重复了几千年）……大繁荣！公元元年后的 1 000 年，世界几乎没有变得更富裕。又过了 500 年，人类收入才翻了一番。一些地区不时会出现短暂的繁荣，但并没有进入持续的、累积的增长。从 19 世纪开始，世界呈现飞跃式增长。在 1820—1900 年，世界的收入增加了 3 倍。在之后 50 多年的时间里，它又增长了 3 倍。之后，世界只花了 25 年的时间就又翻了 3 倍，然后过了 33 年又翻了 3 倍。

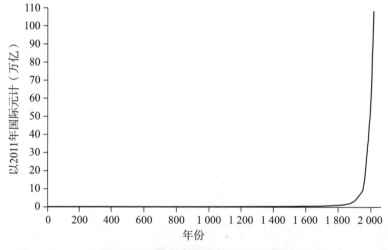

图 8-1　世界生产总值（1—2015 年）

资料来源：*Our World in Data*，Roser 2016c，数据基于世界银行、Angus Maddisson and Maddisson Project 2014。

今天的世界生产总值自 1820 年工业革命以来已增长了近百倍，从 18 世纪的启蒙运动算起增长了近 200 倍。人们常常将关于经济分配和经济增长的辩论比作把馅饼切开和把馅饼做大，或者像乔治·W. 布什说的，把馅饼做"高"。① 如果 1700 年的馅

① 作者幽默地嘲讽小布什总统演讲时常常用词不当。——译者注

饼是用标准的 23 厘米锅烤制的，那么我们今天的馅饼直径将超过 3 米。如果我们通过外科手术般的刀工，切出能想象得到的最小的一份馅饼，比如说，最宽处只有 5 厘米，那么它的大小已经相当于 1700 年的整个馅饼了。

其实，世界生产总值大大低估了繁荣扩大的程度。[6] 人们是如何在几个世纪的时间跨度上将英镑或美元等折算成统一的货币单位以便把它们画成一条线的呢？2000 年的 100 美元比 1800 年的 1 美元是多还是少呢？货币只不过是写了数字的纸张，它们的价值取决于当时的人们能用它们买到什么，而购买力会随着通货膨胀和价值重估发生变化。要对 1800 年的 1 美元与 2000 年的 100 美元进行比较，唯一的办法是看人们需要支付多少货款才能购买标准的一篮子商品：一定数量的食品、衣服、医疗健康服务、燃料等。图 8-1 中的数字，以及其他以美元或英镑计价的图表中的数字，正是通过这种方法折算成了统一的度量单位，比如图中的"2011 年国际元"。

可问题也随之而来，技术进步使一篮子商品的概念不再固定不变。首先，篮子中货物的质量随着时间的推移而提高。1800 年的"衣服"可能是一件用僵硬、沉重、漏水的油布制成的雨披；2000 年的"衣服"则可能是用轻薄透气的合成纤维制成的带拉链的雨衣。1800 年的"牙科医疗"可能就是钳子和木制假牙，到了 2000 年则意味着普鲁卡因 ① 和种植牙。因此，如果说 2000 年的 300 美元可以购买一定数量的衣服和医疗服务，1800 年的 10 美元也可以购买"同等数量"的商品和服务，这种说法其实具有误导性。

此外，技术不仅能改进旧事物，还能发明新事物。1800 年要花多少钱才能买到一台冰箱、一张音乐唱片、一辆自行车、一部手机、一张自家孩子的照片、一台笔记本电脑或打印机、一粒避孕药或一剂抗生素呢？答案是有多少钱也买不到。更好的产品和新发明的产品让我们几乎不可能在几个世纪甚至几十年的时间维度上记录物质生活的改善。

价格暴跌使情况更为复杂。一台冰箱现在大约要 500 美元。如果有人出价让你

---

① 普鲁卡因是一种局部麻醉药。——译者注

放弃享受冷藏的便利，究竟给多少钱你才肯接受呢？一定远远超过 500 美元！亚当·斯密将其称之为价值悖论：当一种重要的商品变得丰富时，它的价格将远远低于人们愿意支付的价格。这种差异被称为消费者盈余，而且随着时间推移，这种盈余的激增几乎不可能被统计出来。就像奥斯卡·王尔德（Oscar Wilde）嘲讽的那样，经济学家的计算方法可以记录一切商品的价格，但无法演算出它们的价值。[7]

这并不是说按通货膨胀和购买力调整后，以货币计价对不同时间和地点的财富进行比较毫无意义，这样的统计当然比一无所知或随意猜测更好，但也确实意味着统计会误导我们对进步的估计。如果今天某人的钱包里有相当于 100 元 2011 年国际元的现金，那么他比 200 年前拥有同样多等值现金的先辈要富有得多。正如我们将看到的，这也会影响到我们对发展中国家繁荣程度（见本章）、对发达国家收入不平等程度（见下一章）以及对未来经济增长（见第 20 章）的评估。

大逃离：发达国家的脱颖而出

是什么引起了诺贝尔经济学奖获得者安格斯·迪顿所谓的"大逃离"呢？最明显的原因是应用科学改善物质生活促成了经济史学家乔尔·莫基尔（Joel Mokyr）所称的"启蒙经济"（the enlightened economy）。[8]工业革命中的机器和工厂、农业革命中高产的农场和公共卫生革命中的水管，能够比一个世纪以前的工匠和农民提供更多的衣服、工具、车辆、书籍、家具、食物、清洁水及其他人需要的东西。许多早期的创新，例如蒸汽机、织布机、纺纱机、铸造机和磨坊，都诞生于不懂理论的修理工的小作坊和后院。[9]

但是，试错是一棵枝繁叶茂的可能性之树。虽然其中大部分枝丫会无果而终，但这棵树可以通过应用科学而进行修剪，加快发现的速度。正如莫基尔所说："1750年后，技术进步的知识性基础开始慢慢扩大。不仅出现了新的产品和技术，人们也更好地理解了旧产品和旧技术的工作原理，因此这些技术得以被提炼、调试、改进，以新的方式与其他产品结合，并应用到新的领域。"[10]

1643 年气压计的发明，证明了大气压力的存在，最终促成了蒸汽机的发明，也正是因此，蒸汽机当时被称为"大气发动机"。其他科学与技术之间的双向交流包括：电池的发明，以及在电池帮助下化学在合成肥料上的应用；还有由于显微镜的发明而发现的细菌致病理论，以及应用此理论使病原体远离饮用水、医生的手和仪器等。

要是没有另外两项发明创新，应用科学家可能并没有动力去运用他们的聪明才智来减轻日常生活的痛苦，他们发明的小工具可能会一直留在实验室或车库里。

其中之一是为商品、服务和思想交流提供润滑的制度，亚当·斯密认为这是创造财富的动力。经济学家道格拉斯·诺斯（Douglass North）、约翰·沃利斯（John Wallis）和巴里·温加斯特（Barry Weingast）认为，无论是在历史上还是在当今世界的许多地方，国家运作最自然的方式就是精英们同意不相互掠夺和杀害，作为交换，他们可以获得封地、特许权、特许状、垄断、地盘或任免权，使他们能够控制某些经济部门并赚取租金。在经济学家看来，"租"指通过排他性地获取某种资源的权力而得到的收入。[11]

在 18 世纪的英格兰，以往任人唯亲的制度让位于开放经济，任何人可以向任何人出售任何东西，他们的交易受到法治、财产权、可强制执行的合同以及银行、公司和政府等机构的保护，这些机构通过受托责任而非个人关系来运作。现在，一个有创业精神的人可以向市场推出一种新产品，或以比其他商人更低的成本提供某种产品，或先收取定金以后再交付产品，或投资一些需要多年以后才能盈利的设备或土地。

今天，我理所当然地认为，如果我想喝牛奶，只要我走进一家便利店，货架上就会有牛奶。货架上的牛奶没有被稀释或污染，它将以我负担得起的价格出售，我刷卡以后，店主会让我带着它走出去，即使我和店主从不相识，可能永远不会再见，而且我们之间也没有共同的朋友来见证这次交易的诚意。隔着几家店远的地方，我可以用同样的方法，买一条牛仔裤、一台电钻、一台电脑或一辆汽车。要想让这些交易以及构成现代经济的数以百万计的其他匿名交易如此容易地达成，许多制度都必须到位。

继科学和制度之后的第三项创新，是价值观的改变，这是经济史学家戴尔德丽·麦克洛斯基（Deirdre McCloskey）所谓的资产阶级美德转变。[12] 贵族、宗教和军事文化一直视商业为庸俗和腐败。但在 18 世纪的英国和荷兰，商业开始被视为符合道德和令人振奋的事情。伏尔泰和其他启蒙运动的哲人对商业精神进行了评价，认为它有能力消除宗派仇恨：

> 以伦敦皇家交易所为例，这是一个比许多法院更受尊敬的地方，所有国家的代表在这里为人类的福祉而聚会。在那里，犹太人和基督教徒等互相交易，他们信奉同一种"宗教"，只有破产的人才是异教徒。在那里，长老会教徒向再洗礼教徒吐露心声，而牧师和贵格会教友也能相谈甚欢。[①] 所有人都很满意。[13]

在评论这段话时，历史学家罗伊·波特（Roy Porter）指出："通过描绘人的满足和可以得到满足的满足、人们意见不同而能求同存异，哲人开始对'至善'（summum bonum）进行重新思考，从对上帝的恐惧转变为注重以心理为导向的自我追求。因此，启蒙运动将'我如何才能得救'这一终极问题转化为了务实的'我如何才能快乐'，从而开启了一种对个人和社会进行调整的新实践。"[14] 这种实践包括礼仪、节俭和自我克制的准则，面向未来而非过去，给予商人和发明家以尊严和威望。拿破仑，作为军事荣誉的拥护者，曾嘲笑英格兰是"一个店主的国家"。但当时英国人的收入比法国人高 83%，而且英国人多摄入 1/3 的卡路里，接下来在滑铁卢发生的事情，大家想必都耳熟能详了。[15]

在英国和荷兰的"大逃离"之后，日耳曼国家、北欧国家以及英国在澳大利亚、新西兰、加拿大和美国的殖民地很快也发生了相似的"逃离"。社会学家马克斯·韦伯（Max Weber）在 1905 年提出资本主义依赖于"新教伦理"，这个理论只有像他这样的归化德国犹太人才想得出来。但是，欧洲的天主教国家很快也迅速摆脱了贫困。各种理论试图解释为什么佛教、儒教、印度教或一般的"亚洲"与"拉丁美洲"价值观与充满活力的市场经济格格不入，但图 8-2 所示的一系列其他"逃离"证明，这些理论只是谎言。

---

① 长老会（Presbyterian）、再洗礼教徒（Anabaptist）、贵格会（Quaker）等为基督教的不同派别。——译者注

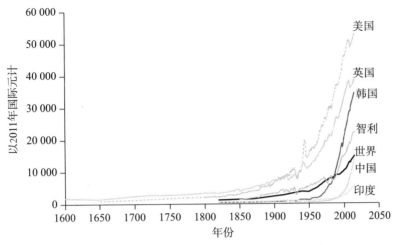

图 8-2　人均国内生产总值（GDP）（1600—2015 年）

资料来源：*Our World in Data*，Roser 2016c，数据基于世界银行和 Maddisson Project 2014。

大会合：贫穷国家的脱贫致富

图 8-2 中的非英国曲线讲述了人类走向繁荣的故事中第二个令人震惊的章节：从 20 世纪末开始，贫穷国家纷纷摆脱了贫困。"大逃离"正在变成"大会合"。[16] 直到之前还处于极度贫困状态的 16 个国家和地区，如韩国、新加坡以及中国台湾地区，已经变得舒适而富裕起来。（我的新加坡籍前岳母曾回忆起小时候的一次晚餐，她的家人将一个鸡蛋一分为四。）自 1995 年以来，世界上 109 个发展中国家中有 30 个国家，包括孟加拉国、萨尔瓦多、埃塞俄比亚、格鲁吉亚、蒙古国、莫桑比克、巴拿马、卢旺达、乌兹别克斯坦和越南等国的经济增长率达到了每 18 年翻一番的水平。另外 40 个国家的人均收入达到每 35 年翻一番，这与美国的历史增长率相当。[17]

值得注意的是，到 2008 年，中国和印度的人均收入分别与瑞典在 1950 年及 1920 年的水平相当，但更值得注意的是，我们要记得这两个国家参与"人均"收入计算的人口分别达到了 13 亿和 12 亿！到 2008 年，全世界的人口达到了 67 亿，他们的平均收入相当于 1964 年西欧的水平。而且这不仅仅是因为富人变得更加富有

（当然，他们确实也变得更为富有，这将是我们在下一章中讨论的主题），更因为赤贫正在被消除，整个世界正在成为中产阶级。[18]

统计学家奥拉·罗斯林（Ola Rosling）以图的形式展示了世界范围内的收入分布，曲线的高度显示了三个历史时期中特定收入水平的人口比例（见图 8-3）。[19] 在 1800 年工业革命开始时，世界各地的大多数人都是穷人，人均收入相当于今天非洲最贫穷的国家的收入水平（以 2011 年国际元计算，每人每年约为 500 国际元），世界上接近 95% 的人生活在按今天标准的“极度贫困”中（每天不到 1.90 国际元）。到 1975 年，欧洲及其属地已经完成了“大逃离”，把世界上的其他国家甩在了骆驼状曲线较低的驼峰上，其他国家的人均收入只有欧洲的 1/10。[20] 进入 21 世纪，骆驼状曲线变成了单峰，而且单峰逐渐右移，左侧是较低的长尾：世界变得更加富裕，更加平等。[21]

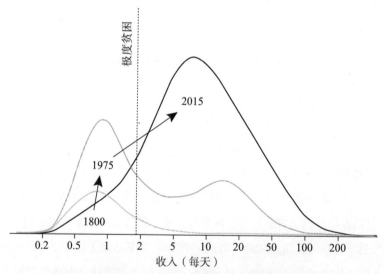

图 8-3　世界收入分布图（1800 年、1975 年和 2015 年）

资料来源：*Gapminder*，Ola Rosling。以 2011 年国际元为单位计量。

虚线左边的部分值得用单独的图片来说明。图 8-4 显示了世界上生活在“极度贫困”中的人口比例。诚然，任何对“极度贫困”的定义必然会有武断和不足之处，但联合国和世界银行已尽其所能，将来自不同发展中国家样本的国家贫困线进行合并，而发展中国家又以一个设法养活自己的典型家庭的收入为基础进行统计。1996 年是每人每天 1 国际元，现在是每人每天 1.9 国际元（以 2011 年国际元为单位计算）。[22] 更高的极度贫困分界标准会让曲线更高更浅，但也会更快地下跌。[23] 我们不仅要注意曲线的形状，还要注意曲线下降的程度——已降到 10%。在过去 200 年的时间里，世界极度贫困率从 90% 下降到了 10%，其中近一半的下降发生在过去的 35 年中。

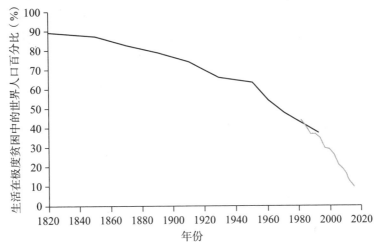

图 8-4　极度贫困人口比例（1820—2015 年）

资料来源：*Our World in Data*，Roser & Ortiz-Ospina 2017，数据基于 Bourguignon & Morrisson 2002（1820—1992），将他们的"极度贫困"和"贫困"百分比统计与 World Bank 2016g 对 1981—2015 年"极度贫困"的数据统一度量后进行比较。

　　世界的进步可以从两个方面来理解。一方面，收入分布比例和人均数量是衡量进步的道德标准，因为它们符合政治哲学家约翰·罗尔斯（John Rawls）为了定义一个公正社会而进行的思想实验：指定一个世界，在这个世界里你会愿意随机化身成为其中某一个公民，即使你对他的所有境况一无所知，你也愿意过他所过的生活。[24] 在一个长寿、健康、营养充足、生活富裕的人口所占比例更高的世界，会有更多的人愿意玩这种投胎的游戏。但另一方面，绝对数字也很重要。每一个长寿、健康、营养充足、生活富裕的人都是一个有血有肉、能够感知快乐的人，更多这样的人会让世界变成一个更好的地方。此外，更多的人能承受熵的折磨、能与进化斗争，也极大地证明了科学、市场、善政和其他现代制度的慈悲及力量。

在图 8-5 的堆叠图中，深色代表生活在极度贫困中的人口，浅色代表非贫困人口，堆叠图的高度代表世界人口总量。调查显示，在贫困人口数量下降的同时，人口总数也出现了爆炸式增长，从 1970 年的 37 亿人增长到了 2015 年的 73 亿人。

经济学家马克斯·罗瑟指出，如果新闻媒体真实地报道世界的变化，那他们应该写下这样的新闻标题：世界极度贫困人口昨日减少 13.7 万人，25 年来每日如此。我们生活的世界中，不仅极度贫困人口的比例在变小，而且赤贫人口的总数也在减少，有 66 亿人已经脱离了极度贫困。

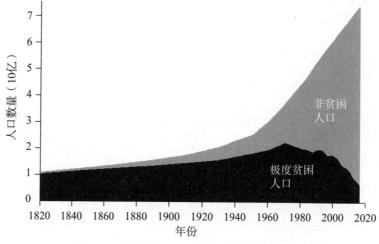

图 8-5　极度贫困人口数量（1820—2015 年）

资料来源：*Our World in Data*，Roser & Ortiz-Ospina 2017，数据基于 Bourguig-non & Morrisson 2002（1820—1992）和 World Bank 2016g（1981—2015）。

历史上的大多数"惊喜"其实都是令人不快的"惊吓"，但下面这则消息即使对乐观主义者来说也是一个令人振奋的喜讯。2000 年，联合国提出了 8 项"千年发展目标"（Millennium Development Goals，MDGs），这些目标的起始时间可以追溯到 1990 年。[25] 当时，冷嘲热讽的观察者们认为这不过是这个表现平平的组织的又一个抱负远大的样板文件。要在 25 年内使全球贫困率减半，让 10 亿人脱离贫困？好吧，好吧。但世界提前 5 年实现了这一目标。经济发展方面的专家仍然在揉自己的眼睛，想要看得更清楚些。安格斯·迪顿写道："这也许是第二次世界大战以来世界上与幸福有关的最重要的事实。"[26] 诺贝尔经济学奖获得者罗伯特·卢卡斯（Robert Lucas）说："理解经济快速发展给人类带来的福祉简直令人震惊：人一旦开始思考这些问题，就很难再想其他的事情了。"[27]

我们不能停止对明天的思考。虽然推测历史曲线的未来走向总是很难，但当我们如此尝试时，会发生什么呢？如果我们用一把标尺对齐图 8-4 中世界银行的数据，我们会发现它将在 2026 年穿过横坐标，表示贫困率为 0。联合国在其 2015 年的"可持续发展目标"（"千年发展目标"的后续目标）中为自己留了些余地并设定了一个目标，即到 2030 年之前"结束世界各地所有人的极度贫困"。[28] 结束世界各地所有人的极度贫困！愿我能活着看到这一天。要知道，连耶稣也没有那么乐观，他曾对一位恳求者说："常有穷人和你们同在。"

当然，那一天还很遥远。数以亿计的人仍然生活在极度贫困之中，要达到贫困率为 0 的目标需要付出比用标尺量一量大得多的努力。虽然印度和印度尼西亚等国的贫困人数在减少，但在最贫穷的国家，如刚果、海地和苏丹，贫困人数依然在增加。要知道最后的贫困地区也将是贫困最难消除的地方。[29] 此外，当接近目标时，我们还应该把目标提高，因为不那么极度的贫困仍然是贫困。

在介绍"进步"的概念时，我曾警告不要把来之不易的进展与奇迹般自行发生的改变混为一谈。我提请人们关注"进步"的意义，不在于自鸣得意，而在于找出原因，以便我们能做得更多、更好。而且，既然我们知道有些东西起了作用，就没有必要继续把发展中国家描绘成博取同情的不毛之地，以免让人们觉得继续援助只是把钱扔进了无底洞。[30]

人类富足的原因

那么，世界在做什么正确的事呢？像大多数形式的进步一样，许多好事同时发生并相互加强，因此很难发现究竟哪块才是第一个倒下的多米诺骨牌。有些愤世嫉俗的说法，比如富裕其实是石油和其他大宗商品价格飙升的一次性红利，或者是人口众多国家的崛起夸大了统计数据等，这些说法都在经过检验后被一一驳斥。斯蒂芬·拉德列特和其他发展专家指出了人类脱贫致富的几个原因。[31]

首先是领导力。20 世纪 70 年代到 90 年代初，许多发展中国家出现了强势而又偏执的领导人，他们带着强烈的意识形态或浓厚的宗教、部落色彩，推行偏执的、自我膨胀的计划，而不是谋求提高人民的福利。20 世纪 90 年代和 21 世纪的前 10 年，民主（第 14 章将详细讨论）得到了普及，头脑冷静的人道主义领导人崛起，不仅有纳尔逊·曼德拉（Nelson Mandela）、科拉松·阿基诺（Corazon Aquino）和埃伦·约翰逊·瑟利夫（Ellen Johnson Sirleaf）等政治家，而且还有各地宗教和民间团体的领导人。他们共同采取行动，致力于改善同胞的生活。[32]

其次是冷战的结束。冷战的结束不仅将不少无能的独裁者赶下了台，还让许多自 20 世纪 60 年代获得独立以来一直饱受内战困扰的发展中国家重归和平。内战对于国家来说既是人道主义灾难，也是经济灾难：基础设施遭到破坏、经济资源被挪为他用、儿童失学、管理人员和工人被迫失业甚至被杀害。经济学家保罗·科利尔（Paul Collier）将战争称为"反向发展"。据他估计一场典型的内战会给一个国家带来 500 亿美元的损失。[33]

再次是全球化，特别是全球贸易的激增。集装箱货轮、喷气式飞机、关税自由化、投资与贸易壁垒消除让全球贸易爆发式增长。古典经济学和常识一致认为，更大的贸易网络总体上会让每个人都过得更好。由于各国专业化分工生产不同的商品和服务，它们可以实现更高的生产效率，而且向数 10 亿人提供产品的成本并不会比向数千人提供产品的成本高太多。同时，买家可以在全球市场上以最优惠的价格购买商品，得到更多他们想要的东西。常识可能不太理解一个叫作比较优势的推论。该理论认为，平均而言，如果每个国家都卖出自己生产效率最高的商品和服务，即使买家自己能够以更高的效率生产这些商品和服务，双方的境况也会同时变得更好。

尽管"全球化"这个词在许多政治领域引发了恐慌，但发展分析家认为，全球化对穷人来说是一笔财富。安格斯·迪顿指出："有人认为全球化是一种新自由主义的阴谋，目的是以牺牲多数人的利益来使极少数人致富。如果真是这样，这个阴谋就是一个灾难性的失败。或者可以说，这个阴谋无意中造福了超过 10 亿人。难道只有意外的收获才会如此有效吗？"[34]

诚然，就像两个世纪前的工业革命一样，对于正在经历工业化的发展中国家，其工作环境按现代富裕国家的标准来说是艰苦的，而且受到了严厉的谴责。19 世纪的浪漫主义运动在一定程度上是对"血汗工厂"的回应，比如诗人威廉·布莱克（William Blake）将其称为"黑暗的撒旦磨坊"。从那时起，对工业的厌恶就成了 C. P. 斯诺所谓的"文人知识分子们"的神圣价值。[35]斯诺的文章中没有什么比这段话更能激怒他的抨击者——文化评论家利维斯了：

> 我们可以舒服地坐在自己的位子上，表示物质生活的标准并不那么重要，这没什么不对。作为个人选择，拒绝工业化也没什么不好。如果你愿意，大可去做一位现代隐士，隐居瓦尔登湖畔；你也可以选择食不果腹，看着你的大多数孩子刚出生就夭折；你还可以鄙视识字的乐趣，接受自己的寿命减少 20 年。如果你这样选，那么我尊重你从审美角度出发的强烈厌恶。但如果你试图把同样的选择强加给那些不能自由选择的人，哪怕只是被动地这样去做，我也一点不尊重你。事实上，我们知道他们会怎样选择。因为在任何国家，只要有机会，只要工厂有需求，穷人们就会不约而同地离开土地，以最快的速度走进工厂做工。[36]

如我们所见，对于生命和健康方面的进步，斯诺的说法是准确的。他还正确地指出，对于正在经历工业化的国家，判断穷人穷困程度的合适标准是看他们对于在何时何地生活是否有其他的选择。斯诺的观点得到了像拉德列特这样的发展问题专家的附和。拉德列特观察到："虽然在工厂做工常被称为出卖血汗，但这往往比在田里当按日计酬的农工要好，那可是所有'血汗工厂'的鼻祖。"

20 世纪 90 年代初，我住在印度尼西亚。我当时觉得人们在稻田里劳作的景象美丽而浪漫，同时对迅速增长的工厂里的工作持保留意见。可是在那里的时间越长，我就越发认识到在稻田里干活有多么辛苦。那是一项艰苦的工作，人们在烈日下弯腰几小时，开垦梯田、播种育苗、插秧锄草、驱逐害虫、收割稻谷，以此来勉强度日。站在水田里会吸引水蛭，还要冒着感染疟疾、脑炎和其他疾病的风险。当然，天气一直都很炎热。因此，当工厂开始提供每天 2 美元工资的工作时，成百上千的人排起了长队，只为碰碰运气，这也就不足为奇了。[37]

做工人的好处远不止物质生活水平的提高。对于获得这些工作的妇女来说，这是一种解放。《人类进步》(*Human Progress*) 的总编切尔西·福利特（Chelsea Follett）在她的文章《血汗工厂的女权主义》(*The Feminist Side of Sweatshops*) 中讲到，19 世纪的工厂工作让女性摆脱了农场和乡村生活中传统的性别角色。当时一些男性认为，"工厂足以让最富有、最贞洁的女孩蒙羞"，而女孩们自己却不这样认为。马萨诸塞州洛厄尔的一位纺织厂工人在 1840 年写道：

> 我们被召集起来……为了赚钱，越多越好，越快越好……在爱钱的新英格兰，一位能干的女工要是因为工作太辛苦或因为一些人对女工有偏见而被辞退，会让人觉得很奇怪。北方女孩有足够的独立性来找工作。[38]

在这方面，工业革命时的经验再次预示了当今发展中国家的情况。全球女性基金会的负责人卡维塔·拉姆达斯（Kavita Ramdas）于 2011 年说，在印度的村庄里，"女人所能做的就是服从她的丈夫和亲戚，舂米和唱歌。要是她搬到城里，就能找到一份工作，做个小生意，让自己的孩子接受教育"。[39] 孟加拉国的一项分析证实，从事服装生产的妇女工资会上涨，会晚婚而且生育数量更少但受教育程度更高的子女。[40]（我的祖父母在 20 世纪 30 年代的加拿大也做着同样的工作。）在一代人的时间里，贫民窟、贫民区和棚户区可能会变为城市郊区，工人阶级也会变成中产阶级。[41]

其实，我们可以享受工业化长期带来的好处，而不必承受工业化的残酷。人们可以想象工业革命在历史上的另一种可能，现代意识更早地得到应用，工厂不必雇用童工，成年人的工作环境也得到改善。如今，发展中国家无疑会有工厂可以提供充足的就业机会，更人道地对待工人，同时还能实现盈利。来自贸易谈判和消费者抗议的压力大大改善了许多地方的工作条件。随着国家变得更加富裕，更加融入国际社会，这将是一种自然发生的进步（我们将在第 12 章和第 17 章中讨论这一问题，届时我们将回顾社会中工作环境的变迁史）。[42]

进步并非要求我们全盘接受整体方案中所有部分的改变，比如对工业革命或全球化究竟是好是坏做出一个"是"或"否"的判定，然后全面接受其发展过程中的每一个细节。进步意味着我们要尽可能多地分解社会进程中的各个部分，以最大限度造福人类并尽量减少危害。

最后一个因素，也是许多分析中认为对"大会合"最重要的贡献因素是科学和技术。[43] 生活正在以一种好的方式变得越来越"便宜"。由于技术的进步，一小时的劳动可以买到比以前更多的食物、健康服务、教育、衣服、建筑材料、小的必需品和奢侈品。人们不仅可以吃到更便宜的食品和使用更便宜的药品，孩子们可以穿便宜的塑料凉鞋而不是光着脚，大人们可以一起出去做头发或者用便宜的太阳能电池板和电视看一场足球比赛。至于健康、农业和商业方面的信息及建议：它比便宜更好，可以免费获取。

今天，世界上大约一半的成年人拥有自己的智能手机，智能手机用户几乎和人口一样多。在世界上没有公路、固定电话、邮政服务、报纸和银行的地方，手机不仅仅可以用来分享八卦和可爱的小猫照片，还是创造财富的主要来源。人们可以用手机转账汇款、下单订购、追踪天气和市场、寻找临时工、获得有关健康和耕种的建议，甚至接受小学教育。[44]

经济学家罗伯特·詹森（Robert Jensen）在一篇题为《鲭鱼市场的信息经济学》（*The Micro and Mackerel Economics of Information*）的分析中说明，南印度的渔民们通过在出海时使用手机来寻找当地价格最好的市场，增加了自己的收入并降低了当地鱼价。鱼会很快腐烂，而手机让渔民们不必在供过于求的城镇低价出售的同时，又保证另一些城镇不会无鱼可供。[45] 通过这种方式，手机使数亿小规模经营的农民和渔民成了经济教科书中理想的、没有阻力的市场中无所不知的理性人。一项估计称，每部手机能给发展中国家每年的 GDP 增加 3 000 美元。[46]

知识的力量改写了全球发展的规则。发展专家们对对外援助的效果各持己见。一些人认为，对外援助弊大于利，会滋生政府腐败，使当地商业承受更多竞争压力。[47]另一些人则通过列举最近的统计数据，说明经过合理分配的援助实际上给当地带来了巨大的好处。[48]

虽然各方对捐赠粮食和资金效果的意见不尽相同，但所有人都一致同意，捐赠技术——药品、电子产品、农作物品种以及农业、商业和公共卫生方面的最佳实践一定能带来福利。正如托马斯·杰弗逊所说，一个人从我这里得到一个思想，他得到了启示，而我不会蒙受损失。尽管我在不断强调人均 GDP 的重要性，但我们真正关心的其实是生活质量，而知识的价值让两者的相关性变低了。如果我把表示非洲情况的曲线加到图 8-2 的右下角，它看上去不会那样令人印象深刻，当然，这条曲线一定会向上弯曲，但不会像欧洲和亚洲的曲线那样呈指数级上升。经济学家查尔斯·肯尼强调，非洲的实际进步其实远大于曲线平缓的斜率，因为健康、长寿和教育比过去要便宜得多。虽然一般来说，富裕国家的人寿命更长，但整条曲线的趋势其实是向上的，因为不管收入如何，每个人都活得更长。[49]这种关系以发现它的经济学家塞缪尔·普雷斯顿（Samuel Preston）命名，称为普雷斯顿曲线（Preston Curve）。两个世纪前，在最富裕的国家荷兰，人均预期寿命只有 40 岁，而且当时没有任何一个国家的人均预期寿命超过了 45 岁。现在，世界上最贫穷的国家人均预期寿命是 54 岁，而且没有任何一个国家的人均预期寿命低于 45 岁。[50]

尽管人们很容易嘲笑国民收入是一种肤浅而又物质化的衡量标准，但它与人类繁荣昌盛的每一个指标都息息相关。在接下来的章节中，我们将反复看到这一点。最明显的关联是人均 GDP 与寿命、健康及营养水平正相关。[51]此外，人均 GDP 还与和平、自由和宽容等更高的伦理价值观相关，这些关联相对不太明显。[52]

平均而言，较富裕的国家彼此之间的战争较少（见第 11 章），较不可能因内战而分裂（见第 11 章），更有可能成为民主国家（见第 14 章），而且更尊重人权（见第 14 章，因为是平均而言，所以也有例外）。富裕国家的公民更加尊重"解放"或自由价值观，比如妇女平等、言论自由、民主和环境保护（见第 10、15 章）。同样不足为奇的是，随着国家变得更富有，国民会变得更快乐（见第 18 章）；而令人惊讶的是，随着国家变得更富有，国民会变得更聪明（见第 16 章）。[53]

世界这一从索马里到瑞典的连续变化体，一端是贫穷、暴力、压迫而且不幸福的国家，另一端是富有、和平、自由而且幸福的国家。如何解释这种现象呢？相关关系并不是因果关系，诸如教育、地理、历史和文化等其他因素，可能也会起到作用。[54] 但是，当计量经济学家试图把各种因素分开时，他们发现经济发展似乎确实是人类福利的主要推动因素。[55]

学术圈有这样一个流传已久的笑话，院长在主持教职员工会议，此时一个精灵出现，答应院长可以从金钱、名誉或智慧三个愿望中选择一个来实现。院长回答说："这很简单。我是个学者，我将毕生的精力都奉献给了学术，当然要选择智慧。"精灵一挥手，消失在一阵烟雾中。烟散了以后，大家看到院长双手捧头，陷入了沉思。1 分钟过去了，10 分钟、15 分钟过去了。最后，一位教授忍不住问道："怎么样？嗯？"院长喃喃地说："我应该拿钱的。"

ENLIGHTENMENT
NOW

——

09
贫富差距

那么这个社会的财富都流进了富人的口袋吗？发达国家的社会在 21 世纪的第二个 10 年里饱受贫富差距问题困扰，它们有此疑惑也显得情有可原。教宗方济各（Pope Francis）①把经济不平等称为"社会罪恶的根源"；奥巴马认为它是"我们这个时代最艰巨的挑战"。从 2009 年到 2016 年，《纽约时报》上带有"贫富差距"字眼的文章所占的比例翻了近 10 倍，达到了 1/73。[1]

近年来新的世俗观点普遍认为，在过去 10 年间，经济增长所带来的红利被世界上财富排行榜前 1% 的人悉数瓜分，而剩下的人要么在原地踏步，要么朝不保夕。倘若事实果真如此，那么由于没有能够为全人类总体的福祉做出有效的贡献，我们在前一章中探讨的那些财富似乎也就没有那么让人觉得讨喜了。

① 天主教第 266 任教宗，为现任教宗。——译者注

　　贫富差距一直被左翼政党挂在嘴边，2007 年的那一轮经济大萧条后，它的地位日益突出。经济危机直接催生了发生于 2011 年的占领华尔街运动，除此之外，它还是伯尼·桑德斯（Bernie Sanders）2016 年参选美国总统的契机，桑德斯以社会学家自居，想为普罗大众鸣不平："无论是从经济的角度还是社会道义的角度来看，一个少数人富足而多数人赤贫的国家都不可能永远亨通昌盛。"[2] 不过造化弄人，桑德斯结局黯然，命运女神最终垂青的是另一名候选人唐纳德·特朗普，后者认为美国已经沦为一个"第三世界国家"，并且把工人阶级财富的缩水怪罪于非法移民和国际贸易，而只字不提华尔街与富人榜上那前 1% 的人。虽然原因不同，不过从极左到极右的各个政治党派一直以来都对贫富差距巨大的现状颇为不满，他们对现代经济结构的愤世嫉俗使其同仇敌忾，握手言和，共同促成了让美国这位近代最激进的总统在选举中横空出世的结局。

　　那么，贫富差距拉大当真会让劳苦大众赤贫如洗吗？毫无疑问，如果与 1980 年左右的历史低点相比，现今绝大多数西方国家的贫富差距的确都有所拉大，这种趋势在美国和某几个英语系国家中尤甚，超级富豪和普通居民犹如云泥之别。[3]

　　经济学上常用基尼系数作为衡量贫富差距的指标，基尼系数的取值范围介于 0 和 1 之间，0 代表社会中每个人都拥有与他人相同的财富，而 1 则代表社会的财富全部由一个人掌握。现实世界中基尼系数的最小值为 0.25，它代表了某些国家在收入分配上严格奉行的平均主义，比如斯堪的纳维亚居民们结算完税收和福利津贴后的收入水平；而最大值约为 0.7，它代表了严重偏颇的收入分配制度，例如南非就是个中典型。在美国，市场收入的基尼系数（在不计税收和福利的情况下）从 1984 年的 0.44 上涨到了 2012 年的 0.51。

　　贫富差距还可以用特定比例的人口所占有的社会收入比例（百分比）来衡量。以美国为例，1980—2015 年，财富排行中前百分之一的人口所占有的收入比例从 8% 上升到了 18%，而这两个数字在前千分之一人口中分别为 2% 和 8%。[4]

　　在某些严重的社会问题（其实为数众多）上，贫富差距难辞其咎，要想对抗贫富差距引起的严重后果就要对由它煽动的社会乱象了然于心，例如，贫富差距会阻碍市场经济的持续发展、限制技术进步和对外贸易。它极高的复杂性给相关的分析和研究雪上加霜，试想对于 100 万人口的群体而言，几乎总是有 999 999 个人没有享受到和最富有的那个人一样的公平，探讨贫富差距的书籍在市场上俯拾皆是。有鉴于太多的人被市面上那些反乌托邦论调的书所淹没，他们把贫富差距误解为现代化的瑕疵，对人类生活水平的提高视而不见，我在此特意安排了这一章节，就贫富差距的问题稍作讨论。我将从许多方面举证，向读者们展示那些观点的谬误之处。

被误解的贫富差距

要理解贫富差距在人类社会进程中所扮演的角色，首先需要明确一点，那就是收入的平等并不是完满生活的必要前提。光是从平等的角度来说，财富与健康、繁荣、知识、安全、和平，以及其他在有关进步的章节中探讨的议题都不同。至于个中缘由，我们可以通过一则老掉牙的笑话窥得一二。这个故事的主角是伊戈尔和鲍里斯，两个家徒四壁的农民。他们两家都靠着自己芝麻绿豆大的土地里那一点儿可怜巴巴的收成勉强度日。鲍里斯家有一头皮包骨头的山羊，这是两人之间唯一的区别。有一天，一名仙子出现在伊戈尔面前，承诺帮他实现一个愿望。结果伊戈尔说："我希望鲍里斯的山羊死翘翘。"

如你所见，这则笑话的中心意思是想要表达，除了能够安抚伊戈尔酸溜溜的妒忌之心外，平等并没有能够改善这两个农民紧巴巴的苦日子。哲学家哈里·法兰克福（Harry Frankfurt）在他 2015 年出版的书《论贫富差距》（*On Inequality*）中[5]，对这个论点做了进一步深入探讨和分析。法兰克福提出人们厌恶和抵触的并不是"差距"，而是"贫穷"。如果一个人健康长寿、笑口常开，生活有滋有味，那么无论街坊邻里的收入有多高、房子有多气派、家里有多少豪车，在他或者她看来总归都只是毫不相干的别人的生活而已。法兰克福在书中写道："从道义上来说，问题的关键不是每个人得到的东西是否'一样'，而是是否'足够'。"[6] 的确，对经济平等狭隘的执念会让我们误入歧途，杀死鲍里斯的山羊只能实现平等，但只有让伊戈尔也得到一头山羊才能真正改善两人的生活。

对贫富差距的误解可以看作一种总量谬误（lump fallacy）的变体。总量谬误是指认为财富总量有上限的固化思维，如果把社会财富分配比作瓜分一具羚羊的尸体，那么这种分配就只能在零和博弈①的框架内进行，如果有人多拿一份就意味着社会中有其他成员会少拿一份。而我们刚刚在上一章节中看到，财富的特点并非如此：自工业革命伊始，财富就在以指数级的速度增长。[7]换句话说，当富人们在社会中青云直上的同时，穷人的生活也在蒸蒸日上。甚至于专家们也难逃总量谬误的窠臼，不过对他们而言，犯下这种错误想必更多是出于修辞行文的需要，而不是概念上的混淆。

2014年，经济学家托马斯·皮凯蒂（Thomas Piketty）出版的畅销书《21世纪资本论》(Capital in the Twenty-first Century)成了后来人们声讨贫富差距的尚方宝剑。他在书中写道："与过去相比，世界上相对贫穷的那一半人口的生活并没有得到改善，他们拥有的社会财富仅为总数的5%，该比例与1910年的比例相当。"[8]可是财富总量已经今非昔比，当今世界的财富远远超过1910年，所以倘若相对贫穷的半数人口当真拥有这个社会5%的财富，那么他们可比从前要富裕得多，怎么说也不是"没有得到改善"。

总量谬误更糟糕的影响是它让人们盲目而普遍地相信，腰缠万贯的富人肯定是做了巧取豪夺、伤天害理的勾当才能在社会上高人一头。为此，哲学家罗伯特·诺齐克（Robert Nozick）向我们展示了一个生动的例子，形象地解释了为什么这种观点在21世纪的今天站不住脚。[9]J. K. 罗琳是现今世界亿万富翁俱乐部中的成员之一，她是小说《哈利·波特》的作者，该系列的销量在全球超过了4亿本，随后还被改编为热度与小说相比几乎不分伯仲的同名系列电影。[10]不难想象，对于这将近10亿人次的流量而言，如果每人次通过购买平装版的书籍或者电影票，并为享受《哈利·波特》所带来的欢愉支付10美元，即便罗琳只抽取其中的一成，也足以让她成为身家10亿的富豪。

社会财富由于在某个个体上的聚集而偏向了不平等，但是罗琳并没有因此让其他社会成员的生活质量打折扣，不仅没有，反而颇有助益，不过这个例子并不能说

---

① 零和博弈指参与博弈的双方在严格的竞争下，一方的收益必然意味着另一方的损失，博弈各方的收益和损失相加的和为零，双方不存在合作的可能。——译者注

明每一个富人都让世界变得更美好。罗琳获得的财富不能完全由她的努力和才能来衡量，文学造诣和她为这个世界带来的欢乐也未必就让她的身家显得天经地义；没有任何机构会站出来裁决说，罗琳就该为她所做的贡献而富甲一方。数十亿书迷和电影爱好者心甘情愿地为她的作品买单，亿万的财产只是无心插柳的结果。

诚然，除了贫穷之外，贫富差距本身也会因为各种原因成为人们焦虑的根源。可能我们中的很多人都像伊戈尔一样，他们的快乐不是基于绝对意义，而是建立在与其他社会成员之间比较的基础上。当上流人士中有人富可敌国，其他人就自然会感到矮人一头，如此说来，贫富差距的确能够让人们罔顾所有人都在变得更富裕的事实，降低对自己生活质量的满意度。这是一个老生常谈的社会心理学观点，它有很多不同的称呼，比如社会比较理论、参照群体理论、身份焦虑或者相对性匮乏。[11]不论它叫哪个名字，我们都应当客观看待类似观点。

假设有一个叫塞玛的人，她是一名生活在偏远乡村、目不识丁的村妇，塞玛的先辈们世代生活在穷乡僻壤，她的孩子中有一半因为疾病而夭折，和她认识的大多数人一样，塞玛很可能活不到 50 岁就会死亡。现在我们再想象有一个叫莎莉的人，她生活在某个富裕的大都市，受过良好的教育，游历过许多大城市和自然公园，她的每个孩子都茁壮成长，活到 80 岁对她来说毫无悬念，唯一的缺憾是她固着于中产阶级底层，攀升无望。不难想见，见识过如山财富的莎莉很可能会为奢靡生活的可望不可得而倍感有心无力，终日郁郁寡欢，她甚至可能还没有塞玛生活得开心，因为让后者欣喜若狂所需要的仅仅是一点点小小的恩惠和奇迹。即便如此，谁都不会妄言莎莉的生活比塞玛的差，也不会有人妄自揣度，认为塞玛的生活最好永远维持悲惨的现状，因为和朝不保夕的生存条件相比，嫉妒邻居相对优越的生活条件的烦恼又算得了什么呢？[12]

这样的假想总归意义有限，因为在现实生活中，莎莉们的生活几乎毫无意外地要更幸福一些。早先流行的观点认为人们在校准自己心中的幸福感量表时，会以生活条件优渥的同胞作为参照，他人生活的优越会相应地使心理基线也水涨船高，但是这种对自己财富视若无睹的行为是一种曲解，我们将在第 18 章里看到，相对富裕的个人或者居住在相对富裕国家的居民（整体而言）要比生活相对拮据的人更幸福。[13]

不过，问题是即便更多的财富意味着更强的幸福感，随着贫富差距的拉大，与他人生活条件的悬殊差距是否会让这种幸福感大打折扣呢？在流行病学家理查德·威尔金森（Richard Wilkinson）和凯特·皮克特（Kate Pickett）合著的畅销书《不平等的痛苦》（*The Spirit Level*）中，作者指出谋杀、监禁、未成年人意外怀孕、婴儿早夭、身心疾病、社会信用崩坏、肥胖症和药物滥用等社会问题的发生率在贫富差距较大的国家里相对更高。[14] 他们认为是贫富差距导致了这些社会弊端：社会不平等会让人们感觉社会由赢者通吃的规则主导，人微言轻的压力让人身心俱疲，不惜铤而走险。

这本书一直被戏称为"左派们的万物理论"，它的弊端与其他理论一样，在于把错综复杂的事物联系大刀阔斧地砍成了单一的原因。首先，人们显然没有因为自己没能成为像 J. K. 罗琳或者谷歌创始人谢尔盖·布林那样职业专精、生性浪漫并且取得巨大社会成就的人物就深陷竞争焦虑而无法自拔。不仅如此，收入分配方式只是奉行经济平等主义的瑞典和法国与寡头经济集团横行的巴西和南非这些国家之间最表浅的区别。那些我们所谓"平等"的国家往往更富裕，公民受教育的水平更高，政府职能更完善，公民的文化认同感也更强。所以，如果真要深究贫富差距与居民幸福感（或者任何形式的社会福祉）之间的关系，我们会发现从贫富差距到幸福感，中间牵扯到许多方面的原因，谁都知道住在丹麦会比住在乌干达更有可能过上好日子，而这不是仅仅靠贫富差距就足以导致的结果。

威尔金森和皮克特选取的样本均为发达国家，但即便如此，单就他们选取的样本而言，贫富差距与幸福感的关系也会因为组内甄选比较的数据不同而摇摆不定。[15] 事实上，富裕但是贫富差距明显的国家和地区往往拥有比相对贫穷但是平等的国家更健康完满的社会发展环境。

给不平等理论判死刑的要数社会学家乔纳森·凯利（Jonathan Kelley）和玛丽亚·埃文斯（Mariah Evans）所做的一项研究，他们研究的样本涉及来自 68 个国家的 20 万人，时间跨度超过 30 年，最后的结论否定了贫富差距与居民幸福感之间的关联。[16] 在第 18 章我们会具体探讨如何测量居民幸福感和生活满足感。凯利和埃文斯对公认的、会影响幸福感的主要因素，包括人均 GDP、年龄、性别、受教育程度、婚姻状况和宗教信仰，做了标准化处理，只留"贫富差距"作为变量。他们发现贫富差距造成幸福感降低的陈词滥调"在事实面前不攻自破"。

在许多发展中国家，经济不平等非但没有让人们垂头丧气，反而使他们焕发生机，在其他条件相同的情况下，越是不平等的国家，人们的幸福感反而越强。两名作者认为，哪怕贫穷和社会不平等会让这些国家的民众沉浸在嫉妒、身份焦虑和相对性匮乏的感受中，他们也常常因为生活充满希望而把这些负面情绪抛在脑后。不平等是机遇的象征，教育和其他社会上升通道在不平等的社会环境下才会被投机者以及他们的子女视为兑现翻身允诺的手段。而在发达国家，贫富差距的大小对幸福感的影响也微乎其微。

贫富差距和完满生活的关联让人难以捉摸，而我们在探讨相关的问题时又经常混淆两个不同的概念：把不平等和不公正混为一谈。许多心理学实验都让我们看到，人类，包括年幼的孩子，倾向于在分配意外之财时计较形式上的绝对平均，即使有时候这需要牺牲所有人获得的福利总和也在所不惜。这种现象被心理学家们称为"公平偏好"：即均分财富的强烈执念。

不过心理学家克里斯蒂娜·斯塔曼斯（Christina Starmans）、马克·谢斯金（Mark Sheskin）和保罗·布鲁姆（Paul Bloom）在他们新近发表的文章《为何人们更青睐不平等的社会》（*Why People Prefer Unequal Societies*）中重新审视了上述的那项研究，他们发现事实上无论是在实验室虚设的情景里还是在现实生活中，人们都更青睐不平等的分配方式，前提是他们认同分配制度的公正性。例如有人出了更多的力，或者有人奉献了慷慨无私的帮助，或者哪怕是公正但随机的彩票制度下有人中了大奖，只要理由正当，那么当事人获得高于众人的奖励及收益也就能够被认同和接受。[17]

"眼下我们还没有发现任何证据，"作者总结道，"可以佐证儿童或者成年人对非平均的分配制度怀有一视同仁的厌恶。"只要民众认为国家政府是贤能当道、论功行赏的，那么即使存在经济不平等的现象他们也能安心度日，而如果他们对当权者缺乏类似的期望和信心时则不然。叙事手段导致的对经济不平等的猜疑往往会使社会实际的贫富差距在人们脑海中被成倍放大。别有用心的政客会以此谋求政治资本，典型的伎俩是竖立一些巧取豪夺者的靶子，煽动民众对他们的仇恨：福利女皇、移民、外国佬、银行家或者土豪，这些贬斥鄙夷口气的称呼所代表的人有时也相当于社会少数族裔。[18]

除了对个体心理有影响之外，社会不平等还被人们同数种社会层面的顽疾联系在一起，其中包括经济发展停滞、金融不稳定加剧、代际流动性降低以及政治裙带关系泛滥。这些贻害社会的问题必须严肃对待，但是即便如此，我们也不应当从关联僭越到因果，在弄清楚确切的成因之前操之过急。[19]

不管是对个人还是对社会来说，都不应该把当今社会的诸多弊病单纯怪罪于基尼系数，我怀疑这种认为只要解决社会不平等就可以一劳永逸的想法是有失妥当的，它的效果甚至比不上针对每个具体的问题寻找解决的途径，比如，加大对研发和基建项目的注资以避免经济停滞、财政部跟进出台相应的调控政策以维持金融系统的稳定、增加能够提高经济流动性的教育与职业培训、提高选举的公开透明度、通过金融系统重组消除已有腐败的恶劣影响，等等。金钱对政府履行行政义务的影响尤其致命，因为它几乎可以裹挟和曲解任何政策，但是钱权交易和社会不平等并不是完全等价的一回事。毕竟，如果没有选举制度的完善和改革，那么不管是赚走国民收入的 2% 还是 8%，富有的政治献金捐赠者都能让政客们唯命是从。[20]

综上所述，经济平等本身并不是组成人类完满生活的必要维度，也不应当把它和不公正与贫穷混为一谈。接下来，让我们从贫富差距的道德意义转到它的历史沿革，看看它从过去到现在是如何变迁的。

基尼系数和社会福利性支出

如果要用一个词来描述财富不平等的成因，那就是现代化。人类社会在诞生之初一定是平等的，因为当我们的祖先还一无所有时，每个人都同样的贫穷，只是后来，在财富产生和积累之后，有的人才变得比其他人更富有。如此说来，贫富差距一开始并不存在，它与人类社会的财富相伴相生，随着后者的逐渐积累而慢慢扩大。但是这样的说法其实并不准确。

原始社会的现实原型，乍一眼看上去，以狩猎和采集为主要生产方式的社会似乎是高度遵从平等主义的典范。但是人种学家指出，坊间流传的盛行于猎人之间的平等主义情操不过是一种误解。

一方面，当今依然留存的那些以狩猎和采集为生的部落没有完全保留人类先祖的生活方式，因为他们受到文明社会的排挤，不得不在荒凉偏僻的不毛之地勉强维持生计，游牧生活决定了他们只能轻装简行，迁徙生活容不得累赘的负重，遑论积累什么社会财富。以他们作为原始社会的代表来研究无疑是南辕北辙。至于定居的狩猎、采集部落，以生活在太平洋西北地区①的原住民为例，由于当地物产丰沛，取之不尽的三文鱼、浆果和动物皮草催生了随处可见的非平等主义，部落里往往有世袭的贵族阶级，这些贵族们役使奴隶、热衷网罗奢侈物件，还会在夸富宴上炫耀和卖弄自己的万贯家财。

另一方面，虽然贫穷的游牧民族有分享猎物的习俗，因为打猎是一件要看老天脸色的活计，在别人空手而归的日子里施以援手才是防止日后自己饿肚子的最好办法，但是他们很少分享采集的植物性食品，这是因为采摘的规则是多劳多得，滥好人式的分享只会纵容好吃懒做的行为。[21]财富不平等是所有社会的共同属性，同样普遍的是人们对这一点本身的认识。[22]有一项针对狩猎–采集型社会财富（房屋、船只以及狩猎所得）的调研显示，这些部落"与原始社会相去甚远"：它们的平均基尼系数为 0.33，与美国 2013 年的国民可支配收入的基尼系数相当。[23]

当一个社会的财富日渐充足后会发生什么？绝对贫富差距（指最富有和最贫穷的人之间的差距）的产生几乎是数学上的必然。由于没有类似"收入分配保障部门"这样的权力机构，社会财富势必不会严格均摊到每一个人头上，不论是因为格外好的运数、高人一等的技艺抑或是超乎常人的努力，总有一些人会比另一些人更受时代机遇的垂青，并从中获得他人难以企及的回报。

---

① 太平洋西北地区是指美国西北部地区和加拿大西南部地区。——编者注

与之相对应的是，相对贫富差距的拉大（相对值以基尼系数或者收入分配方式来衡量）并不是数学上的必然，但是几乎不可避免。经济学家西蒙·库兹涅茨（Simon Kuznets）曾经提出过一个著名的假说，他认为国家的富裕程度与财富分配的均等程度呈负相关，因为国家发展让一部分人脱离了农业生产，当这部分人有机会从事薪酬更高的工作时，其他人的境遇不会有明显的改善。但是最终潮升船起。当现代化进程取得的经济成果渐渐惠及所有的居民时，贫富差距理应缩小，它的整体走势犹如一个倒置的字母"U"。贫富差距的大小随时间改变的这种理论趋势被称为库兹涅茨曲线（Kuznets curve）。[24]

我们在前面探讨国家间贫富差距的章节里就对库兹涅茨曲线稍有涉及。欧洲诸国驾着工业革命的朵朵蒸汽，从人类社会亘古不变的贫穷的魔爪中完成了胜利"大逃离"，把世界上的其他国家远远地甩在了后面。正如安格斯·迪顿所见："更美好的世界包罗千姿百态；脱离贫困往往伴随贫富分化。"[25]工业革命之后，提高生产力的工业技术随着贸易全球化的信风刮遍全世界，其他相对贫穷落后的国家开始迎头赶上。在这场全球经济的"大会合"中，我们从亚洲国家 GDP 的腾飞（见图8-2）、世界收入分配曲线从蜗牛状变成双峰驼状再变成单峰驼状（见图 8-3），以及极度贫穷人口的比例（见图 8-4）和绝对数量（见图 8-5）上的跳崖式下降中多少嗅到了全球贫富差距缩小的味道。

如果需要确认由世界发展所带来的贫富差距缩小，即贫穷的国家比富裕的国家拥有更快的发展速度，我们需要一种能够对两者进行测量和比较的参数，符合要求的参数被称为国际基尼系数，它的原理是将每个国家等价视为一个个人。

图 9-1 展示了该基尼系数的演变，在所有国家都还贫穷拮据的 1820 年，当时的国际基尼系数仅为 0.16。到 1970 年，拜一些富裕国家"所赐"，国际基尼系数蹿升到历史最高的 0.56，随后正如库兹涅茨预测的那样，国际基尼系数的数值进入平台期并最终在 20 世纪 80 年代开始下降。[26]不过国际基尼系数稍微有些误导性，因为按照这个参数的定义，巴拿马公民与印度公民生活水平的提高会被等同视之，而实际上前者的 400 万人口远远不及后者的数亿人。在图 9-1 中，经济学家布兰科·米兰诺维奇（Branko Milanović）在国际基尼系数中引入了每个国家人口的考量。在加

入人口规模的权重之后，贫富差距缩小的趋势变得更为明显。

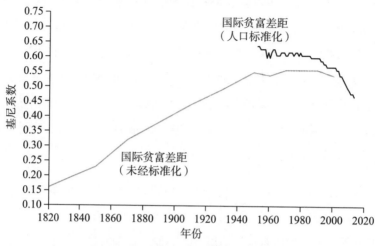

图 9-1　国际贫富差距（1820—2013 年）

资料来源：国际贫富差距：OECD Clio Infra Project，Moatsos et al. 2014；该数据
代表各国居民的市场家庭年收入。人口标准化国际贫富差距：Milanović 2012；该
数据为 2012 年和 2013 年当年数据，由 Branko Milanović 个人提供。

即便如此，国际基尼系数还是默认所有美国人收入水平相同，都拿着美国的平均
薪酬,凡此种种,都会让它估算的贫富差距远低于人类社会的实际情况。全球基尼系数，
也就是不论国籍，把每一个人都作为计算基尼系数的独立个体，由于涉及跨越国家的
居民收入比较，计算起来相当烦琐，不过在图 9-2 中有两条经过估算的曲线。两条曲
线均以美元购买力为准，位置不同是由于计算的年份有差别，尽管如此，它们的斜率
趋势与库兹涅茨曲线如出一辙：工业革命之后，全球基尼系数一路攀升，直到 1980
年左右才开始下降。虽然近来西方国家对不断扩大的贫富差距人人自危，我们却可以
从国际和全球基尼系数中看出，世界层面上的贫富差距确有缩小的趋势。虽然那还不
是看待问题最直接的角度：使得贫富差距缩小的最主要因素是贫穷的式微。

当下给人们敲响警钟、人人自危的贫富差距问题实际上特指发达国家内部的
贫富差距，典型的代表如美国和英国。这两个国家的基尼系数变迁如图 9-3 所示。
直到最近为止，两国国内贫富差距的变迁趋势都符合库兹涅茨曲线。贫富差距在

工业革命期间逐渐扩大而后开始缩小，基尼系数先是在 19 世纪末缓慢下降，随后在 20 世纪中期急转直下。但是在 1980 年左右，英美两国的贫富差距出现了与库兹涅茨曲线相当不契合的反弹趋势。接下来让我们对每一个阶段做详细的探讨。

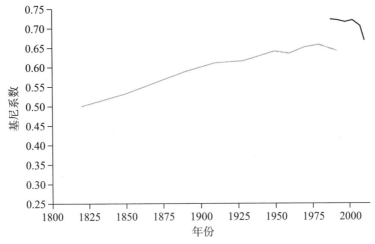

图 9-2 全球贫富差距（1820—2011 年）

资料来源：Milanović 2016，图 3.1。左边的曲线指示的是截止到 1990 年以国际元换算的人均可支配收入的基尼系数；右边的曲线则代表从 2005 年开始，以国际元换算的基尼系数，其中包含了基于住户调查的人均可支配收入和人均消费。

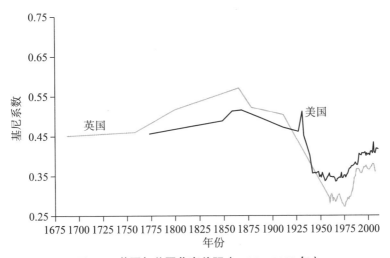

图 9-3 英国与美国贫富差距（1688—2013 年）

资料来源：Milanović 2016，图 2.1，人均可支配收入。

发生在 19 世纪的贫富差距扩大与缩小反映了库兹涅茨理论中经济发展对贫富差距的影响，国家的发展逐渐将人口聚拢到城镇，而职业专精的工作意味着更高的薪水。不过基尼系数在 20 世纪急转直下（你可以叫它大洗牌或者大压缩）的原因要突然和猛烈得多。基尼系数在 20 世纪下降的时间正好与两次世界大战的时间重合，这并不是巧合：大规模的战争往往带来收入分配的大洗牌。[27] 战争消耗资本，对生产活动釜底抽薪，抹消债权人的应得债务，还会让富人阶级承受更高的税赋，政府通过这些行政手段重新分配社会财富，用以支付士兵的军饷和生产军用物资的工人的工资，如此一来，势必会加重其他经济生产参与者的压力和负担。

战争不是唯一能够导致伊戈尔和鲍里斯式平等的人祸。历史学家沃尔特·沙伊德尔（Walter Scheidel）提出了"导致社会经济秩序大洗牌的'天启四骑士'"：全民动员的战争冲突、影响深远的社会革命运动、国家政权倾覆，以及致命流行病。除了蚕食社会整体的财富，四骑士实现财富平等的通常手段是屠戮大量的劳动者，随后提高幸存者的薪酬待遇。沙伊德尔总结道："那些成日鼓吹进一步实现经济平等的人最好牢牢记住，财富平等的实现鲜有不给社会个人带来深切苦难的例外。你们许愿时可要小心！"[28]

沙伊德尔的警告有历史上的前车之鉴。不过，现代化国家已经悟出了一种更温和而良性的手段来减小贫富差距。我们已经在前面的章节里看到，市场经济是过去一个世纪中人类已知的、对抗贫穷最有效的手段。市场经济有天生的短板，它不待见一个国家中那些没有商品交换资本的个体：幼童、老者、病患、时运不济者以及所有无法靠自身的技能和体力换取体面生活的人。换一种角度说，市场经济长于最大化社会的平均福祉，但是我们同时也需要关注它鞭长莫及的角落和掉队的个体。国民对穷人的同情（这种同情里掺杂着生活优渥者对世事变幻的未雨绸缪），使他们心甘情愿地贡献出自己的部分积蓄来减少贫困对社会的影响，这也就是政府的财政收入。

对抗贫穷的政府资金不能是无源之水，必须取之有道。它们可以来源于企业税收和营业税，或者主权财富基金，但是在大多数国家，分级征收的个人所得税才是政府资金的主要来源，分级的含义是对收入较高的居民征收相对更高比例的个人所得税，因为他们的收入能够承受相对更高的赋税压力。分级税收制度的最终效果相当于"收入再分配",不过"再分配"这个叫法还不够确切,因为税收制度的目标本应当是扶持底层民众,而不是打压上层人士,然而实际执行中的效果往往不尽如人意。

那些指责现代社会麻木不仁的人,很可能对穷人在之前时代的孤立无援一无所知。当年那些社会和政府对贫穷困苦的熟视无睹并不是因为捉襟见肘的财政,事实上他们并不缺钱,只是用于帮助穷人的善款只在政府财政中占很小的比例。这个比例和今天相比简直微不足道:从文艺复兴时期到 20 世纪初,欧洲诸国平均将 1.5% 的 GDP 用于资助贫困居民、教育以及其他转移支付。这已经是仁至义尽,因为在许多别的国家或者人类历史上的其他时期,用于同样目的的政府开支是零。[29]

还有一个可以说明现代社会在扶持穷人方面进步的例子。眼下,现代社会都会拿出政府财政的一大块用以支持居民的医疗、教育、退休金和收入保障。[30] 从图 9-4 中可以看到,各国政府的社会福利性支出在 20 世纪中期左右的数十年间快速攀升。在美国,该比例上升的原因是 20 世纪 30 年代施行的罗斯福新政,而在其他发达国家,原因则是第二次世界大战后崛起的国家福利制度。如今,各国社会福利性支出在 GDP 中所占比例的中位数为 22%。[31]

伴随社会福利性支出的爆发式增长,政府的职能悄然改变:在过去攘外安内的父权基础上,政府开始额外承担哺育民众的母性职责。[32] 政府角色经历这种改变至少有几个原因。加大社会福利性支出的投入是资本主义社会用以讨好和拉拢国民的手段。以全民教育和公共卫生设施为例,这些社会福利项目不是特权阶级的囊中之物,而是惠及所有社会成员公共物品。许多社会福利是社会成员在力有不逮或者遭遇不测风云时,用来对抗不幸的底牌,因此社会福利制度才有"社会保障体系"的别称。此外,为人雪中送炭也是对现代人良知的告慰,街头卖火柴的小女孩在饥寒交迫中悲惨死去,冉·阿让为给饥肠辘辘的姐姐一家偷窃面包而锒铛入狱 ①,乔德在 66 号公路边上亲手埋葬了自己的祖父 ②,这些悲惨的结局可不是如今人们的软心肠可以轻松消受的。

---

① 冉·阿让为雨果名著《悲惨世界》中的主人公。——编者注
② 乔德是美国作家约翰·斯坦贝克代表作《愤怒的葡萄》中的主人公。——编者注

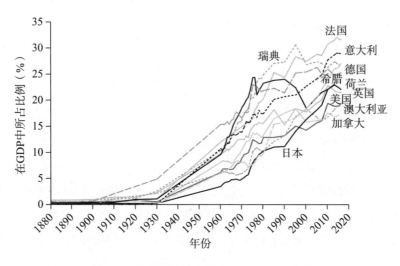

图 9-4　社会福利性支出（1880—2016 年）

资料来源：*Our World in Data*, Ortiz-Ospina & Roser 2016b，数据基于 Lindert 2004 与 OECD 1985、2014、2017。

如果每个人都拿出一部分钱交给政府，随后再从政府手中如数取回（扣除官僚机构的服务费用），这样的财政制度自然毫无意义可言，所以社会福利制度设计的初衷就是为了帮助经济地位相对不利的人，让经济状况相对乐观的人替他们支付部分生活开支。你可以称之为收入再分配、福利国家、社会民主主义或者社会主义。受人误解颇深的是，崇尚自由市场的资本主义与社会福利制度其实没有任何冲突。无论社会福利性支出的本意是不是为了缩小贫富差距，至少这是它在实践中起到的作用之一，从 20 世纪 30 年代到 70 年代，社会福利性支出的增长也是基尼系数下降的部分原因。

社会福利性支出证明了社会进步中不可思议的一面，我们将在之后的章节中继续探讨一些重大进步。[33] 虽然我本人对任何类似历史必然性、宇宙原力还有天道正途的论调都不屑一顾，但是某些社会变迁的现象似乎冥冥中确有神力为其保驾护航。当这些社会变迁来临时，总会有社会势力对它们万般阻挠，只不过到头来那些反对的声音终会落个功亏一篑的下场。社会福利性支出就是个很好的例子。美国政府历来以其对任何形式的财富二次分配制度所怀有的消极态度而闻名于世。即便如此，它仍然把 GDP 的 19% 用于支持社会公共服务，虽然保守主义者和自由主义者竭尽所能阻挠，但是这个比例还是在连年走高。美国福利制度最新的扩展项目包括小布什的处方医改政策和由他的继任者奥巴马提议的医疗保险改革，后者也被称为"奥巴马医改"。

实际上，美国的社会福利性支出要高于表面的统计数据，因为许多美国人被迫通过雇主，而非直接通过美国政府缴纳他们的医疗、退休和伤残福利金。如果把这些私人收管的社会福利性支出也算到政府的公共财政支出中，那么在 35 个经济合作与发展组织国家中，美国社会福利性支出在 GDP 中的比例就可以由现在的第 24位直接升至第 2 位，仅低于法国。[34]

虽然家长作风的政府姿态以及居高不下的税率很不讨喜，但是社会福利性支出还是很受人们欢迎的。社会保障一直被称为美国政客的高压线，原因很简单，谁碰谁死。坊间传闻说，一名愤怒的选民曾这样在市政厅议会上警告代表他的众议员："你们这些当官的有胆动动我的医疗保险试试（他指的是政府针对老年人的医疗保险项目）。"[35] 奥巴马医改前脚通过，共和党后脚就把废除它立为自己的使命，但是即便是在总统之争尘埃落定的 2017 年，每一次共和党的废除提案都会在市政厅会议上被愤怒的民众们驳回，而站在民众背后的，是被他们的怒火震慑得心惊胆战的立法者。据说在加拿大，最受民众欢迎的两项国民级娱乐活动（除了冰球之外）分别是抱怨本国的医疗体系和吹嘘本国的医疗体系。

今天的发展中国家重蹈着发达国家一百年前的覆辙，它们对社会福利性支出锱铢必较。比如，印度尼西亚和印度的社会福利性支出分别占其 GDP 总量的 2% 和2.5%。不过富裕会让这些国家变得慷慨，这被称为瓦格纳定律（Wagner's Law）。[36]从 1985 年到 2012 年，墨西哥的社会福利性支出在 GDP 中占的比例翻了五番，巴西的社会福利性支出在 GDP 中的比重更是达到了 16%。[37] 瓦格纳定律描述了一种进步的姿态，国家政府没有在财富积累中变得独断专行、官僚主义膨胀。经济学家莱安德罗·普拉多斯·德·拉·埃斯科苏拉（Leandro Prados de la Escosura）发现，在 1880 年到 2000 年之间，经济合作与发展组织国家用于社会转移支付的支出在

GDP 中的比例与它们在涉及财富、医疗和教育的综合评分之间有强相关联系。[38] 显然，自由主义者梦寐以求的天堂，不需要背负社会福利的压力就跻身发达国家行列的国家在这个世界上是不存在的。[39]

社会福利性支出与社会完满是有限度的正相关关系：两者之间的正相关维持到大概 25% 左右，而后社会福利性支出在 GDP 中的比例如果再上升，它对社会完满的贡献甚至有可能出现下降。物极必反，在这点上社会福利性支出和世间万物一样概莫能外。保险是非常典型的例子，保险行业中有一种说法叫"道德风险"（moral hazards），它指那些以为有保险傍身便可以高枕无忧的不靠谱投保人，他们往往会在生活中懒散懈怠甚至故意犯险，一旦弄巧成拙就指望着保险公司来替他们解围。由于保险公司的赔款悉数来自投保人的保费，如果保险精算师在海量金额的进出中犯了错误，或者赔款支出超过保费收入，保险公司建立起的业务链就会应声断裂。

在现实生活中，社会福利性支出与保险并不完全相同，它更像是保险、投资和慈善的混合体，因此它的成功与否取决于居民对所在国家的归属与认同感，而社会福利过度流向移民和少数族裔则会损伤这种同胞情谊。[40] 护食心态是社会福利性支出的天性，并且会一直是政治力量间不断相互牵扯的原因。虽然没有所谓的"最佳数额"，但是发达国家一致认为社会财富二次分配通常利大于弊，为此它们愿意以巨大的国内财富总量为靠山，尽可能多地为之提供支持。

收入的大象曲线

让我们把目光转到图 9-3 中曲线的第三部分，以此作为回顾贫富差距历史沿革的结尾。富裕国家的贫富差距在 1980 年左右重新出现了增大的趋势，正是这个趋势让"富人好端端，穷人惨惨惨"的声音甚嚣尘上。这段曲线的回弹上扬违背了库兹涅茨曲线的轨迹，按照后者的预测，悬殊的社会贫富差距在此时应当开始趋向于低水平的社会平等。对于这个出人意料的结果，人们提出了许多可能的解释。[41]

战争对贸易竞争的封锁也许很难被打破，全球经济封锁甚至一直持续到第二次世界大战结束之后多年，但是它终究会成为强弩之末，富人们跃跃欲试，都希望在"赢者通吃"的贸易角斗场里施展拳脚。罗纳德·里根和玛格丽特·撒切尔带来了意识形态的转变，减缓了通过让富人纳税来增加社会福利性支出的步伐，破坏了反对天价薪酬和巨额财产的社会规范。此外，终身不婚和选择离婚的人日渐增加，与此同时，出现了更多双双薪水优厚、强强联合的模范夫妻，即使每个人的工资不变，家庭构成的差异也注定会让每家每户的收入差距越变越大。

由数字技术引领的"第二次工业革命"制造了新的"专业技能工种缺口"，数字时代的新工作对教育程度的要求更高，旧工作又逐渐被自动化机械替代，因此库兹涅茨曲线在19世纪的趋势在数字时代重演。全球化使中国、印度以及其他地区的劳工能在全球劳动力市场上以更低廉的价格击败他们的美国同行，没有能够充分利用离岸廉价劳动力的公司随后便在与国内同行的价格竞争中败下阵来。同时，面对巨大的世界市场，最顶尖的分析师、企业家、投资者以及创新人才的智力输出显得越来越弥足珍贵。所以，我们看到，当庞蒂克汽车流水线上的装配工人们纷纷丢了饭碗时，像J. K. 罗琳这样的人却突然冒了出来并成了亿万富翁。

米兰诺维奇将过去30年中贫富差距的两条趋势线，也就是世界贫富差距的缩小，富裕国家国内贫富差距的拉大合二为一，有趣的是，所得的合并曲线看上去就像一头大象（见图9-5）。这条"收入增长曲线"由20段离散线段构成，也就是将全世界的人口由贫穷到富裕划分为20个分位数，纵坐标代表每个组别中的人群在1988年（就在柏林墙倒塌之前）到2008年（经济大衰退前夕）之间人均收入的增长率。

在关于全球化的陈词滥调中，有一种说法认为它是一场成王败寇、你死我活的博弈，在大象曲线中，全球化的赢家、输家分别由曲线的峰值、谷值所代表。从曲线里我们可以看出，绝大部分的人都成了全球化的受益者。大象的主体部分（躯干和头部）大约包括了全世界70%的人口，这些主要生活在亚洲的人们构成了"新兴的世界中产阶级"。在过去的30年间，他们实际收入的累计增长率达到了40%～60%。大象的鼻尖代表了世界上最富有的1%的人，他们的私人财富同样在全球化的大

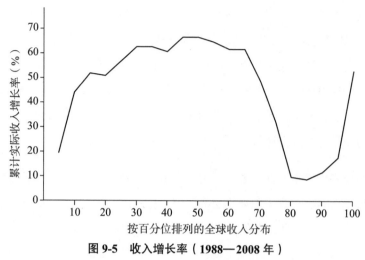

图 9-5 收入增长率（1988—2008 年）

资料来源：Milanović 2016，图 1.3。

潮里飞涨。象鼻靠近鼻尖的部分包含了紧邻顶层的 4% 的富豪们，他们的情况也还不错。在象鼻触底处——大约是"85%"所对应的那些人，就是我们所说的全球化里的"输家们"，他们是富人阶级里垫底的人，财富的累计增长率还不到 10%。这些正是当下关于贫富差距的新言论传播焦虑时的目标人群：他们是"空心化的中产阶级"、特朗普的支持者、全球化进程的弃婴。

　　米兰诺维奇的合并曲线不止一条，我在这里说明时展示了其中最像大象的一条，为的是给读者们留下一个关于全球化效应的生动印象（如果算上图 8-3 里的双峰和单峰骆驼，这下我们动物园里的动物种类变得更丰富了）。不过，大象曲线的视觉效果有夸大贫富差距实际程度的嫌疑，原因有两个。首先是 2008 年爆发的金融危机，那场经济衰退正好发生在这张统计表的时间线后，它非常诡异地促进了世界财富的平等分配。米兰诺维奇指出，2008 年的金融危机实际上应该被称为北大西洋诸国的金融危机。世界上最富有的 1% 的人损失惨重，而某些地区的工人的薪水不降反升。金融危机过去三年后，我们还是可以从米兰诺维奇的曲线里看出一头大象的轮廓，但是它的鼻尖放低了，背部却高高拱起，足有原先的两倍高。[42]

　　大象曲线容易让贫富差距的话题陷入消极境地的另一个原因源于人们对某个概

念的误解。当我们说"末尾的 5%"或者"顶层的 1%"的人时,我们指的到底是谁呢?绝大多数经济学家用于研究收入分布的数据都是所谓的"匿名数据":他们统计的对象是某个范围,而不是具体的个体。[43]

假设我告诉你,从 1950 年到 1970 年,美国公民年龄的中位数由 30 岁下降到 28 岁。如果你的第一反应是"哇哦,怎么会有人年轻了两岁呢",那就是混淆了两者的概念:中位数代表了一个数据等级,而不是某个人。同理,读者在读到"2008 年最富裕的 1% 的人"的收入比"1988 年最富裕的 1% 的人"要高出 50% 时,也会犯同样的错误,他们容易认为有这样一群人,他们一直位于世界财富的顶端,30 年的时光让他们每个人的收入都增加了一半。实际上,位列"最富有"等级的成员来来去去,财富排名总是在发生变动,所以其实我们在这里所指的并不一定是同一批人。对于"底层的 5%"或者其他排名亦是如此。

实名数据和追踪调查数据,也就是对对象进行长期跟进的数据,在大多数国家都无从查起,所以米兰诺维奇在几个特定国家中追踪每个收入分位区段的研究和数据就显得弥足珍贵,换句话说,这种统计分析避免了让 1988 年的印度穷人不得不与 2008 年的加纳穷人进行比较。[44]他通过这些数据得到的还是大象形的曲线。只不过尾巴和臀部翘得更高,因为许多国家的穷人阶级都翻了身,摆脱了极度贫困的境地。这种规律似曾相识,全球化让赤贫国家中的穷人和中产阶级受益匪浅,富裕国家的顶级富人阶级也搭上了顺风车,唯独富裕国家的底层中产阶级获益有限,不过这种区别并没有想象中的那样极端。

误读数据的四大原因

至此,我们回顾了贫富差距的沿革,分析了驱动其拉大和缩小的因素,现在我们可以回头审视"过去 30 年间,不断拉大的贫富差距正在让世界变得更糟糕"的观点了。这种观点的依据是,只有富人赚得盆满钵满,而其他社会成员都在原地踏步甚至遭受困苦。诚然,富人阶级的境遇比其他人要好上太多,他们的贡献也许远远配不上他们所得的收入,但是要说其他人在原地踏步并不中肯,原因如下。

最显而易见的是，整个世界不可一概而论：大部分人类的生活条件的确变得更好了；双峰驼已经变成单峰驼了；库兹涅茨曲线的主体部分是名副其实的便便象腹；极端贫困在迅速减少，甚至有可能销声匿迹；不仅如此，国际和全球基尼系数双双处于下降的趋势中。只不过，让全球贫困得以改善的代价似乎是牺牲美国底层中产阶级的利益，如果我是美国政客，恐怕不会公开表态支持这种厚彼薄己的交易。但是如果作为地球村的公民，当把全人类作为整体一视同仁时，我们不得不说这种舍己为人的交换对人类整体福祉的提升大有裨益。

但是即便对于在富裕国家中收入增幅相对较少的低产和中产阶级而言，生活质量也没有下降。蓝领阶级曾经经历过自己的黄金年代，当初那些体面并且待遇优厚的工作机会在如今全球化和机械自动化的双重围剿下已经所剩无几，这难免让蓝领阶级们在谈起贫富差距的问题时唏嘘不已。不过这番田园牧歌的追忆可能并不符合现实，对于那段岁月中工作和生活条件的记述除了严酷之外鲜有其他，不管是新闻报道，比如美国政治家迈克尔·哈灵顿（Michael Harrington）1962 年所著的《另一个美国》（*The Other America*），还是纪实电影，比如《码头风云》（*On the Waterfront*）、《蓝领阶级》（*Blue Collar*）、《春风得意上云霄》（*Coal Miner's Daughter*）和《诺玛·蕾》（*Norma Rae*）。历史学家斯蒂芬妮·孔茨（Stephanie Coontz）专职于揭露人们对 20 世纪 50 年代盲目怀旧背后的现实真相，她曾为感性的描述给出了具体的数据：

> 25% 的美国人，大约 4 000 万到 5 000 万人在 20 世纪 50 年代过着一贫如洗的生活，食物配给券奇缺，住房安置项目迟迟没有落实，他们食不果腹，无瓦遮头，日子过得水深火热。即使在 50 年代末期，仍有 1/3 的美国儿童在遭受贫穷的折磨。1958 年，65 岁以上的美国人中有 60% 的人收入不足 1 000 美元。考虑到当时定义中产阶级的收入标准为人均 3 000 到 10 000 美元，那些居民的收入较之标准还有明显的差距。大多数的老年人都没有医疗保险。到了 1959 年，还只有半数的人拥有存款，1/4 的人没有任何流动资产。就算我们把焦点全部放在土生土长的白人家庭上，每三户中就会有一户人家，户主的收入不足以支

撑他们的日常开销。[45]

一方面是几十年来生活水平的显著提升，另一方面却是世俗认知广为认同的经济停滞，我们应当如何解释经济发展的这种"身心不一"呢？经济学家提出了四种贫富差距的统计数据误导人们对生活条件改善认知的原因，我们在前文中对每个原因都略有涉及。

第一个原因是对两个概念的混淆：相对富裕和绝对富裕。正如注定不是所有的孩子都能达到所谓的"平均水平"一样，收入水平底层 5% 的居民的收入在社会总收入中的比例保持不变，这一点并不能作为经济停滞的证据。与人们生活水平直接相关的因素应当是实际收入的多少，而不是他们在财富榜上的排位高低。

经济学家斯蒂芬·罗斯（Stephen Ross）在最近的一份研究中改用固定标准而非分位数对美国居民进行分类统计。"贫穷"的收入标准被设定为年收入介于 0 ～ 30 000 美元（2014 年）的三口之家，"底层中产阶级"的收入划分标准为 30 000 ～ 50 000 美元，凡此种种。[46]该研究得出的结论是，美国居民的生活条件普遍有了长足的进步。从 1979 年到 2014 年，美国穷人的比例从 24% 降到了 20%，底层中产阶级的比例则从 24% 降到了 17%，此外，中产阶级的比例也由 32% 缩水到了 30%。

那么这些人都去哪儿了？其中的许多人都跻身进入了富裕中产阶级的行列（100 000 ～ 350 000 美元），拥有该水平收入的人数在美国总人口中的比例从 13%上升到了 30%，除此之外，富裕阶级的比例也从 0.1% 增长到了 2%。中产阶级正在衰退消亡，只不过原因却是荷包越来越鼓的美国人正在抛弃这个不够富裕的阶层。贫富差距无疑在扩大，在聚敛财富的本事上，有钱人的确比穷人还有中产阶级们有能耐得多，但是实际上不只是有钱人，而是每个人（从总体财富的平均角度来看）都在变得比以前更富有。

第二个原因源于匿名数据和追踪调查数据之间的区别。虽然我们会说美国人口中最贫穷的 5% 的人在过去 20 年间一直缺乏社会的关注，但是那并不意味着水管工人乔在 1988 年到 2008 年间一直拿着同样的薪水（或者只是略有提高的薪水，考虑到生活成本增加的影响）。通常随着工龄和年龄的增长，人们的薪资水平和工作经验也会增长，或者也会有人选择从低薪工作跳槽到待遇更高的职位。因此，在这 20 年间，乔可能已经从底层的 5% 中脱了身，并且一跃跳到了中产阶级的 5%，与此同时，又有刚刚步入社会的一个年轻男性或者女性，或者一个移民取代了乔在底层收入人群中留下的位置。类似的阶级转换绝不是少见的个例。

一项采用追踪调查数据的研究显示，半数美国人都会在他们职业生涯中的至少一年跻身全美收入前 10% 的行列，更有甚者，每 9 个人中就有一个人会有机会进入前 1% 的殿堂，当然大多数人不会在这个位置上停留太久。[47] 这可能也是很多人筑起乐观壁垒（"我的日子好着呢，可是别人就没我这运气了"）的原因之一：大多数的美国人普遍相信，中产阶级的生活水平近来连年下滑，而他们自己则能够高枕无忧。[48]

第三个原因，财富再分配的存在让底层阶级在社会贫富差距不断拉大的情况下不至于退无可退。 尽管作为一个崇尚个人主义和自食其力的国家，美国社会依旧有许多重新分配收入的手段。美国同样奉行分级税收制度，低收入居民有所谓的"隐藏社会福利"保驾护航，其中包括失业救济金、社会保险、医疗保险、医疗补助金、家庭应急临时补助、食物救济券，还有收入抵扣税收（一种国家用于资助低收入人群的负赋税），如果把这些放在一起看，美国的贫富差距远没有看上去的那么大。2013 年，美国国内居民收入（税前，并且不考虑社会再分配）的基尼系数高达 0.53；而实际可支配收入（扣税和再分配之后）的基尼系数则为中游的 0.38。[49]

美国在收入再分配方面的努力远远不及德国和芬兰那样的国家，后者的居民市场收入所得与美国的情况并无二致，但是它们选择采取强有力的手段促进社会财富的平等分配，将国内的基尼系数压低到 0.2 出头，成功避免了 20 世纪 80 年代那一波基尼系数抬头的浪潮。且不论欧洲国家慷慨的社会福利制度从长远来看到底可不可行，又是否能够被美国效仿，发达国家多少都有自己的福利政策，而有时候这些制度政策甚至不需要昭告天下，就可以在暗中起到缩小贫富差距的作用。[50]

这些收入再分配的手段不仅仅起到了缩小贫富差距的作用（这种说法有待证

实），而且还大大增加了穷人的收入（这是千真万确的）。根据经济学家加里·波特里斯（Gary Burtless）的分析，从 1979 年到 2010 年，位于最末尾四个分位数中的人口的收入分别增长了 49%、37%、36% 和 45%。[51] 而当时的经济甚至还远远没从 2008 年的次贷危机中缓过劲来：美国居民收入的中位数在 2014 年到 2016 年间才迎来了历史的最高点。[52]

第四个原因是发生在底层收入者中的变化。一直以来，无论是左翼党派还是右翼党派都对国家的扶贫政策颇有微词，譬如罗纳德·里根那句著名的嘲弄："数年前，联邦政府就向贫穷宣过战了，但是瞧瞧我们现在这败象。"事实上，贫穷才是输家。社会学家克里斯托弗·詹克斯（Christopher Jencks）在计算中引入由各种隐形社会福利带来的益处以及消费产品的质量升级和价格降低后，他得到的结论是贫困率在过去 55 年间下降了近 3/4，而在 2013 年，这个数字稳定在了 4.8% 左右。[53]

另外还有三项分析研究也得到了相同的结论。图 9-6 中位置偏高的那条曲线代表了其中一项研究的数据，它由经济学家布鲁斯·迈耶（Bruce Meyer）和詹姆斯·沙利文（James Sullivan）完成。贫困率的降低在次贷危机前后出现了停滞，随后又在 2015 年和 2016 年（图中未展示）重新开始走低，当时中产阶级的收入水平达到了有记录以来的巅峰值，贫困率的下降幅度也创下自 1999 年以来的新高。[54] 还有一个流传相对不那么广泛的说法，声称那些穷人中的穷人，也就是无家可归的流浪汉，虽然经历了次贷危机的冲击，但是他们的数量在 2007 年到 2015 年间几乎减少了 1/3。[55]

图 9-6 中位置较低的那条曲线是以不同的衡量标准表示贫困率的走势，显然单一的贫富差距指标远远低估了富裕国家中产和低产阶级近年来所取得的进步。[56] 收入只有一种归宿：它的价值仅仅在于用来支付人们需要、想要和喜欢的事物，或者用经济学家们不带感情色彩的专业术语来说——消费。如果我们用人们的消费而不是收入衡量他们的贫穷程度，就会发现自 1960 年以来美国的贫困率已经降低了近九成，从 30% 降到仅仅 3%。

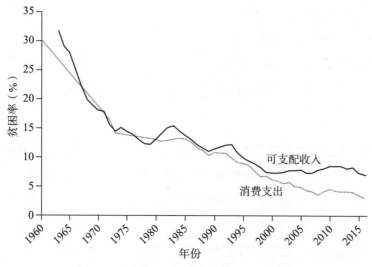

图 9-6　美国贫穷人口比例（1960—2016 年）

资料来源：Meyer & Sullivan，2007a、b。"可支配收入"指居民的税后收入，包括存款，数据以城市居民消费价格指数修正了通货膨胀的影响，代表了一户有两名成年人和两名儿童的家庭。"消费支出"基于美国劳工部对居民在食品、住房、车辆、家电、家具、服装、珠宝、保险，以及其他开销中的消费支出调查。"贫穷人口"的定义沿用 1980 年美国人口普查中的标准，排除通货膨胀的影响；除 1980 年外的其余年份，虽然贫困人口的绝对数量有所不同，但是总体的变化趋势一致。细节信息请参见 Meyer & Sullivan 2011、2012 和 2017a、b。

造成这种结果的两个主要因素正是一度被认为是拉大贫富差距的那两大元凶。其一，全球化。虽然收入水平是一场成王败寇的比赛，但是在消费的世界里人人都是赢家。一座座亚洲工厂、一艘艘载满集装箱的货轮以及一条条高产的零售业流水线，它们精诚合作，把原本只有富人才消受得起的奢侈品带给了普罗大众。经济学家贾森·弗曼（Jason Furman）估算，2005 年沃尔玛为每户典型的美国家庭节省了约 2 300 美元的开支。[57] 其二，技术进步。它不断刷新着我们对收入的认识（比如我们在第 8 章中对价值悖论的探讨）。无论通胀如何猖狂，今天的一美元能买到的幸福美满要比昨天的一美元多。今天的收入能够买到从前不存在的事物，比如电冰箱、电、抽水马桶、疫苗、电话、避孕药，还能让你舒舒服服地坐上一班飞机。不仅如此，今天的收入还能让你享受到原先已有事物的升级版，比如，有了不限通话时间的手机，谁还会惦记过去的合用电话线路和总机接线员呢？

至少在现在的发达国家，技术进步和全球化联手，一同改变了何为穷人的定义。对穷人的呆板印象曾是衣衫褴褛、皮包骨头，但是现在，一个穷人可能和他或者她的雇主一样大腹便便，一身的羊毛衫、运动鞋和牛仔裤。一无所有曾经是穷人的标志，而在 2011 年，生活在美国贫困线以下的家庭中有 95% 的人家中通着电，有自来水、抽水马桶、电冰箱、火炉和彩色电视。[58] 而一个半世纪以前，就算是罗斯柴尔德家族、阿斯特家族或者范德比尔特家族①都没有这些东西。在收入低于贫困线的家庭中，几乎 1/2 的家庭有洗碗机，60% 的家庭拥有计算机，大约 2/3 的家庭有洗衣机和干衣机，另外超过 80% 的家庭拥有空调、录像机和手机。而在我成长的年代，也就是所谓经济平等的黄金时期，这些东西在中产阶级的"财产清单"里根本一样也没有。说到这里，什么才是最珍贵的资源：时间、自由和有用的经验。我们暂且不在这里展开，对相关话题的探讨会在第 17 章进行。

富人变得更富了。沃伦·巴菲特拥有的空调也许比绝大多数的人都多，并且极有可能性能更好，但是从历史的视角来看，大多数美国穷人现在同样拥有这种富人拥有的东西的事实本身就让人惊讶。当我们用消费而不是收入水平计算基尼系数时，就得到了图 9-6 中那条颜色相对较浅的曲线。[59] 美国居民对生活幸福感自我评估的差异正在变得越来越小。[60] 虽然通常我会觉得为生活质量、健康水平和教育等方面基尼系数下降而拍手相庆的行为有失体面，甚至令人作呕（它总是让我联想到伊戈尔式的社会公平，比如为了缩小差异处决最健康的人，又或者禁止最聪明的人去学校学习深造，等等），但是实际上导致这些差异缩小的原因非常正当：论起生活水平提高的速度，穷人要比富人快得多。[61]

全民基本收入制度就要来了

承认最近几十年来发达国家低产与中产阶级生活水平提高的事实，并不是在为 21 世纪严峻的经济形势开脱。虽然人们的可支配收入有所提高，但是提高的速度令

---

① 这三个家族均为美国著名的经济世家。——编者注

人忧心，消费需求会因为可支配收入的不足而缩水，并最终拖垮整个经济。[62] 某个特定的人群，比如中年人，或缺乏良好的教育、居住在乡镇地区的美国白人，正面临着实实在在的生活困境，生活的压力导致他们有更高的可能性滥用药物（见第 12 章）甚至自寻短见（见第 18 章）。机器人技术的进步让数百万个工作岗位有作古的风险。以卡车司机为例，这个司空见惯的普通行当，很有可能因为无人驾驶车辆的兴起而步上放债人、车轮匠和接线员这些已经消失的职业的后尘。

作为经济流动性的主要驱动力，如今的教育已经难以满足现代经济的需要：高等教育的要价飞涨（美国高等教育的昂贵程度几乎没有其他商品能与之比肩），而在相对贫穷的美国社区，初等和中等教育的质量完全乏善可陈。在美国的许多地方，税收制度的初衷都在被遗忘，钱权交易大行其道。而在所有后果中贻害最深的，恐怕要数"现代经济抛弃了大多数人"的公众印象，正是这种刻板印象鼓动了卢德分子（Luddite）[①]、催生了以邻为壑的关税政策，让所有人的生活质量开了倒车。

无论怎么说，对贫富差距的斤斤计较以及对 20 世纪中期美国"大压缩"时代的念念不忘在当下是不合时宜的。即使基尼系数不断飞涨，富人阶级继续压榨世界（事实上这很有可能成为现实），世界财富的增长也仍旧是板上钉钉的必然现象，因为维持两者提升的动力会一直存在。因为比起庞蒂克，美国人还是更愿意为普锐斯买单。[②] 为了能拿到一本"哈利·波特"系列的书，全世界的孩子们都会心甘情愿地把 J. K. 罗琳捧成亿万富翁。此外，为了保留服装产业的几万个职位，而让数千万手头拮据的美国人徒增服装方面的开支显然是不合理的。[63] 贫富差距并不是上面这些例子中优先考虑的问题，从长远来说，本应使用机器人替代，却为了给工人发放酬劳而让他们从事乏味和危险的工作是没有意义的。[64]

对于贫富差距，与其抨击它本身，不如将注意力放在那些由它引起的问题上。[65] 其中最显而易见的，莫过于设法促进经济的增长，只有总体经济的增长才能提升每个人到手的份额，才能让社会有更多的资源进行重分配。[66] 过去一个世纪的趋势，加上最近针对诸多国家的调研，都指示出政府在提高个人和社会财富两者中扮演的

---

① 卢德分子一词用以描述工业化、自动化、数位化或新技术的抵制者。——编者注
② 庞蒂克和普锐斯都是汽车品牌，前者是美国本土车，后者是日系车。——编者注

重要角色。政府在投资教育、资助基础研究和为公共设施拨款中的作用无可替代，它还能保障医疗和退休福利，弥补了美国企业在社保服务方面越来越懈怠造成的留白。此外，政府还应当保障收入水平不会低于员工所付出劳动的市场价，避免在社会整体财富增长的同时，出现数百万人生活水平不升反降的情况。[67]

按照历史的趋势看，社会福利性支出的下一个目标很可能是为公民提供全民基本收入（或者与之类似的、当下已经有的负所得税）。有关全民基本收入的谣言已经在市井街头传播了数十年，不过这次它可能真的离我们不远了。[68] 尽管全民基本收入制度浑身散发着浓浓的社会主义气息，但是不少如米尔顿·弗里德曼（Milton Friedman）等经济学家、尼克松等政治家和阿拉斯加等某些州都在用手里掌握的政治权力助力该想法的落地，但是眼下许多分析人士，不论他们持有的政治立场如何，依旧对此不以为然。

虽然全民基本收入制度的实现和落实绝非易事，因为制度的金额规模需要仔细核算，对教育、工作的激励以及对风险行为的管束方案也还没有眉目，但是它在未来成真的可能性不容小觑。全民基本收入制度能够完善杂乱无章的隐形社会福利，让取代工人的机器人技术真正成为社会富裕的象征。许多应用机器人技术的岗位都是人类工人所不喜欢的，而只要人们接受了这种"坐享其成"的新制度，那么无论是新制度带来的额外的生产力、安全性，还是闲暇时间，无不会让人们举手欢呼。

至于对道德沦丧和生活空虚的担忧则有些言过其实（某些地区曾试验性地推行过收入保障制度，该结论来自相关的研究），即使出现类似的问题，届时也可以用提供市场不待见、机器人无法胜任的公共岗位的方式解决，志愿工作或者其他有效的利他主义职位也在考虑之列。[69] 这些制度和措施的净效果可能是让贫富差距缩小，但那只不过是提高每个人的生活水平的副作用，尤其是对经济情况不乐观的人而言。

人类总体过上了更好的生活

综上，收入不平等并不是人类社会倒退的标志，我们也没有生活在一个收入不断降低、把前人一个世纪内积累的财富散尽败光的糟糕时代。暴徒叫嚣着要砸毁所有的机器、升起吊桥、改换政体的年代已经过去了，20 世纪 50 年代也已经不复再来。下面请让我对这个复杂话题进行一下总结。

贫富差距与绝对的贫穷不可相提并论，它与人类社会的繁荣与否也没有必然的联系。当考虑社会整体的幸福完满时，它的重要性比不上社会财富。在社会脱离贫穷的初期，贫富差距显现是这一阶段的必然。相反，贫富差距缩小也未必总是好事。

由此，一如自启蒙运动以来的历史潮流，让每个人的财富增加才是长远的趋势。除了增加社会资产的总量，现代社会正在把越来越多的财富和利好转向经济状况并不理想的阶级。

全球化和技术进步已经帮助了数十亿人摆脱贫困，并且催生了世界中产阶级，使国际和全球贫富差距有所减小，与此同时，那些拥有全球分析能力、创造能力和金融影响力的精英阶层也从中赚得了惊人的收益。发达国家依然有很多低收入人口，他们自然没有上层社会的人那么富足，不过和从前相比已然改善良多，原因之一是不断有人从这个阶级跃入上层社会。低收入人群生活水平的改善还有赖于社会福利性制度和技术进步带来的物美价廉的商品。从某种程度上来说，世界的确变得比以前更不平等了，但是如果深究的话，人类总体过上了比从前更好的生活。

10
环境

进步是可持续的吗？虽然人类在健康、财富和粮食等方面捷报频传，但人们普遍认为，进步不会一直持续下去。当大量的人口充斥世界，肆无忌惮地挥霍地球的资源，用污染物和垃圾弄脏自己的家园时，我们其实正在加速走向自然环境对我们的清算之日。即使人口过剩、资源枯竭和环境污染不把人类消灭，气候变化也会将我们终结。

正如上一章中对贫富差距的论述，我不会装作所有的趋势都积极利好，也不会假装我们面临的问题都微不足道。但是，我将提出一种思考这些问题的新思路，它不同于悲观的传统智慧及其所鼓励的激进主义或宿命论，而是提供另一种建设性的选择。该方法的核心观点是，只要有正确的知识，环境问题和其他问题一样可以得到解决。

诚然，不能想当然地认为环境问题确实存在。从个人的角度来看，地球近乎无限大，我们对它的影响几乎不值一提。但从科学的角度来看，这样的观点令人感到不安。在微观层面，污染物正暗暗毒害着我们的身体以及其他人类赖以生存的物种；而在宏观层面，虽然单次行为造成的影响可能难以察觉，但无数次行为的累加足以对生态环境造成悲剧性的破坏。从 20 世纪 60 年代开始，由于生态学、公共卫生、地球和大气科学等科学知识的进步和人类对自然的浪漫崇敬，环境保护运动蓬勃发展。该运动将地球的健康确立为人类议程上永久的优先事项。而且正如我们将看到的那样，该运动取得了重大的成就，值得赞扬。这是人类进步的另一种形式。

具有讽刺意味的是，传统环境保护运动中的许多声音拒绝承认上述的进步，甚至拒绝承认人类进步是一种有价值的愿景。在这一章中，我将提出一种新的环境保护主义理念，该理念与传统的环境保护主义具有共同的目标，也就是保护空气、水、物种和生态系统，但其基础是启蒙运动式的乐观主义，而非浪漫主义式的衰落主义。

现代生态主义的理念

从 20 世纪 70 年代开始，主流的环境保护运动就发展为绿色主义。这种思想可以在活跃人士，比如阿尔·戈尔（Al Gore）[①]、大学炸弹客（Unabomber）[②]和教宗方济各的宣言中找到。[1] 绿色主义思想始于一幅图片，画中的地球作为天真无邪的少女被人类的贪婪所玷污。正如方济各在他 2015 年的教皇通谕《赞美你》（ Laudato Si'/Praise to you ）中所说的那样："我们共同的家就像我们共同生活的姐妹……现在，由于我们对她造成了伤害，她在向我们呼喊。"按照这种说法，我们对地球的伤害一直在无情地加剧："地球，我们的家园，看起来正变得越来越像一堆巨大的污物。"

像许多世界末日运动一样，绿色主义伴随着厌世情绪，包括对饥荒漠不关心，令人毛骨悚然地沉溺于幻想一个人口更少的世界，以及将人类与害虫、病原体和

①　阿尔·戈尔，即艾伯特·阿诺德·戈尔，美国政治家，在 1993—2001 年比尔·克林顿任期内担任副总统，2000 年后成为国际著名环境活动家，因在全球气候变化及环境问题上的贡献，获 2007 年诺贝尔和平奖。——译者注

②　大学炸弹客指美国数学家、高智商罪犯泰德·卡辛斯基（Ted Kaczynski），在 1978—1995 年间，他为了对抗现代科技发展，以邮包或放置炸弹的形式造成 3 死 23 伤。——译者注

癌症进行比较。例如，海洋守护者协会（Sea Shepherd Conservation Society）的保罗·沃森（Paul Watson）写道："我们需要从根本上、巧妙地将全人类的人口减少到10亿以下……治疗人体癌症需要彻底和侵入式的治疗，因此治疗生物圈中的人类病毒也需要彻底而有侵略性的方法。"[2]

近来，诸多学者和其他相关人士倡导另一种实现环境保护的方法，参与者包括约翰·阿萨福 – 阿贾伊（John Asafu-Adjaye）、杰西·奥苏贝尔、安德鲁·鲍尔姆福特（Andrew Balmford）、斯图尔特·布兰德、露丝·德弗里斯（Ruth DeFries）、南希·诺尔顿（Nancy Knowlton）、泰德·诺德豪斯（Ted Nordhaus）、迈克尔·谢伦伯格（Michael Shellenberger）等。这种方法被称为现代生态主义、实用生态主义、地球乐观主义、蓝绿运动或绿松石运动等，当然，我们也可以将之称为启蒙环境保护主义或人文环境保护主义。[3]

现代生态主义的第一个认识是，根据热力学第二定律，一定程度的污染是不可避免的。当人们在他们的身体和家舍中利用能量创造和维持特殊的结构时，他们一定会以垃圾、污染物或某种形式的混乱使环境中其他地方的熵增加。人类这个物种一直深谙此道，也正是这一点把我们与其他哺乳动物区别开来。事实上，人类从未与环境和谐相处过。当土著人第一次涉足某个生态系统时，他们往往会猎杀大型动物直至其绝种，并经常焚烧和砍伐大片森林。[4]保护运动背后也有肮脏的秘密：自然保护区往往是在当地的土著人被大量屠杀或被驱逐出境后建立起来的，包括美国的国家公园和东非的塞伦盖蒂草原。[5]环境历史学家威廉·克罗农（William Cronon）曾写道，"自然保护区"不是一个原始的避难所。

当人类开始耕作时，他们变得更具破坏性。根据古气候学家威廉·拉迪曼（William Ruddiman）的说法，大约 5 000 年前亚洲开始进行水稻种植，在此过程中腐败的植被可能释放了大量的甲烷到大气中，从而改变了气候。"有一个很好的例子，"他说，"铁器时代甚至石器时代晚期的人们对地球景观的人均影响比一般现代人要大得多。"[6]正如斯图尔特·布兰德在第 7 章中所说，"自然农业"是一个自相矛盾的术语。每当他听到"纯天然食品"这个词时，他就忍不住要发牢骚：

对于生态学家来说，没有任何农业产品是天然的！你把一个运转良好的复杂生态系统，分割成长方形的方块，清理干净，然后将其捶打成想要的样子来轮作种植。你破坏它的草皮、将土地耕作平整、用大量的水持续灌溉。然后，你在这片土地上种满单一作物，这些植株严重受损、无法独立生活。每一株作物就像一个只有某一种技能的专家，狭隘而可悲，经过几千年的同系杂交成了遗传上的白痴！这些植物如此脆弱，它们不得不"驯化"人类，好让人们无止境地照顾它们！ [7]

现代生态主义运动的第二个认识是工业化给人类带来了好处。[8] 它养活了数十亿人口、让人类预期寿命增长了一倍、极显著地改善了贫困，而且通过用机器取代用肌肉，它让废除奴隶制、解放妇女和教育儿童变得更为容易（见第 7、15 和 17 章）。它让人们可以在晚上读书、在喜欢的地方定居、在冬天保持温暖、开眼看世界，并且成倍地增加人与人之间的联系。这些馈赠的代价是环境受污染和栖息地减少，而人类不得不在两者间进行权衡。正如经济学家罗伯特·弗兰克（Robert Frank）所言，环境中存在最佳污染量，就像你家里存在最佳灰尘量一样。越干净当然越好，可是我们不能牺牲生活中的其他一切来追求干净。

现代生态主义的第三个认识是人类福祉与环境破坏之间的权衡可以通过技术进步来重新调整。如何以更少的污染和土地来获得更多的卡路里、流明、千焦、比特和千米本身就是一个技术问题，而且我们的世界正在越来越好地解决这个问题。与描述不平等的 U 形弧线相对应，经济学家们常提到的环境库兹涅茨曲线是经济增长的函数。在各国发展的初期，它们将经济增长的优先级置于美好的环境之上。但是，当国家变得更加富裕时，它们的重点就会转向环境。[9] 如果人们只能以雾霾为代价才能买得起电力，他们就会忍受雾霾，但当他们能够同时负担得起电力和清洁的空气时，人们会迫不及待地追求清洁的空气。随着技术的发展，汽车、工厂以及发电厂变得更加清洁，从而使清洁的空气也变得更加便宜，所有这些情景正在加速成为现实。

经济增长不仅会通过技术进步，还会通过价值取向来改变环境库兹涅茨曲线的形状。某些对环境的担忧完全是实际的：人们抱怨他们的城市里有雾霾，或者绿化面积越来越少。但另一些担忧更多的是精神上的。黑犀牛的命运和我们的后代在2525 年的福祉是重大的道德问题，但现在就担心这些问题未免有些奢侈。随着社会变得更加富裕，人们逐渐地不再担心餐桌上没有食物或晚上无瓦遮头，他们的价值观和需求会沿着阶梯上升，他们关注的问题会在空间和时间上扩大。政治学家罗纳德·英格尔哈特（Ronald Inglehart）和克里斯蒂安·韦尔策尔（Christian Welzel）研究"世界价值观调查"的数据后发现，富裕和教育会培养出更具解放精神价值观，比如宽容、平等、思想和言论自由等的人，而这些人也更喜欢循环利用废品，更喜欢通过向政府和企业施压来保护环境。[10]

"世界末日的预言"

生态悲观主义者往往通盘摒弃这种思维方式，认为这不过是一种"技术将会拯救我们"的"信仰"。其实，这只是悲观者的怀疑论，怀疑现状将使我们在劫难逃，怀疑知识将停滞在它的当前状态，怀疑无论外界如何变化，人们都将机械地坚持当前的行为模式。事实上，对"停滞"的天真信仰曾多次引发了环境恶化将导致世界末日的预言，而这些预言无一兑现。

第一种末世"预言"是"人口爆炸"。正如我们在第 7 章中所见，这颗炸弹已经自己拆除了引信。当国家变得更富裕、人民受教育程度更高时，就会经历人口统计学家所说的人口结构转变。[11]首先，随着营养和健康状况的改善，死亡率会下降。这确实会使人口增加，但这并不是什么值得哀叹的事情：按照约翰·努尔贝里的说法，这并不是因为贫穷国家的人们开始像兔子一样繁殖，而是因为他们不再像蝼蚁一样死去。在任何情况下，增长都是暂时的：出生率达到峰值，之后就会下降。原因至少有两个：父母不再大量生育子女以防有些孩子夭折；而妇女如果接受了更好的教育，也会选择晚婚晚育。

图 10-1 显示，世界人口增长率在 1962 年达到每年 2.1% 的峰值，2010 年下降到 1.2%，到 2050 年可能要降到 0.5% 以下，到 2070 年左右则接近零，预计届时人

口总数将趋于平稳，然后下降。欧洲和日本等发达地区的生育率下降最为明显，但常常让人口统计学家感到意外的是，生育率在世界其他地区可能会骤降。[12]

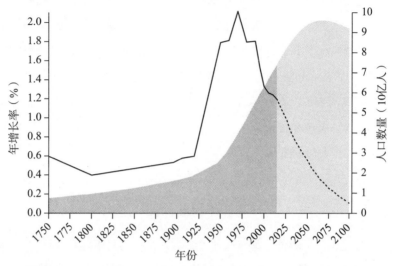

图 10-1　人口数量与人口增长率（1750—2015 年，预测到 2100 年）

资料来源：*Our World in Data*，Oritz-Ospina & Roser 2016d。1750—2015 年：United Nations Population Division 和 History Database of the Global Environment（HYOE），PBL Netherlands Enviromental Assessment Agency（未注明日期）。2015 年后：预测年增长率与 1750—2015 年数据来源相同。人口数量预测值见国际应用系统分析研究所，中期预测（加总各个国家预测值且考虑教育的影响），Lute，Butz & Samir 2014。

第二种末世"预言"是 20 世纪 60 年代出现的恐慌：世界上的资源将会耗尽。但资源不会枯竭。20 世纪 80 年代来了又走，也没见饥荒让数千万美国人和全世界数十亿人口挨饿。1992 年过去了，1972 年的畅销书《增长的极限》（*The Limits to Growth*）和与之类似的批评中所作的预测并未成为现实，世界上的铝、铜、铬、金、镍、锡、钨或锌并没有被耗尽。1980 年，生物学家保罗·艾里奇曾高调地与经济学家朱利安·西蒙（Julian Simon）打赌，称到 20 世纪 80 年代末，这些金属中的 5 种将变得更加稀缺，因而变得更加昂贵，结果他输掉了全部赌局（5 场）。事实上，今天的大多数金属和矿物都比 1960 年更便宜。[13]

从 20 世纪 70 年代到 21 世纪初，新闻杂志不时地在封面上刊登汽车油表的指针指向"空"的漫画,对世界石油供应紧张进行报道。2013 年,《大西洋月刊》刊登了一篇关于水力压裂法技术革命的封面故事,标题是《我们永远不会耗尽石油》(*We Will Never Run Out of Oil*)。

还有稀土,如钇、钪、铕和镧等,你可能在化学课上的元素周期表中见过,或是在音乐家汤姆·莱勒的歌曲《元素》(*The Elements*)中听到过。这些金属是磁铁、荧光灯、显示屏、催化剂、激光、电容器、光学玻璃和其他高科技产品及应用中重要的组成部分。曾经有人警告我们,当稀土开始耗尽时,世界将会出现严重的稀土短缺,技术产业将崩溃,也许还要发生稀土战争。

这就是 20 世纪末出现铕矿大危机的原因,当时彩色电视机和电脑显示器阴极射线管中红色荧光点的关键成分被耗尽了。社会分成了两派:富人们囤积着最后一台能用的彩电,而愤怒的穷人们只能被迫接受黑白电视。什么,你从没听说过吗?这种危机实际上从未发生。原因之一是阴极射线管被液晶显示器取代,而液晶显示器是由普通的元素制成。[14] 那稀土战争呢?事实上,当主要稀土供应国削减稀土出口量时,其他国家开始从自己的矿中开采稀土,从工业废料中回收稀土,并对产品进行再设计,使产品不再需要稀土。[15]

当关于资源短缺引发世界末日的预言一而再、再而三地落空时,人们不得不得出结论,要么是人类像好莱坞动作片主角一样一次又一次奇迹般地逃出生天,要么是预言资源短缺将引起世界末日的想法本身存在缺陷。其实,这一缺陷已被多次指出。[16] 人类不会像奶昔中的吸管那样从地球中吸取资源,直到咕咕的响声告诉你杯子已经空了。相反,当最容易获取的某种资源的供应变得更加稀缺时,它的价格就会上涨,从而鼓励人们去保护它,去开发较不易获取的矿藏,或者去寻找更便宜、更丰富的替代品。

事实上,认为人们"需要资源"本身就是一种谬误。[17] 人们需要的只是"手段",可以种出粮食、四处移动、照亮房间、显示信息,以及其他可以获得幸福的"手段"。人们可以用"想法"来满足这些需求:用食谱、公式、技术、蓝图和算法来操纵物质世界以得到他们想要的东西。人的头脑拥有递归组合的能力,可以探索无限的思想空间,而不受地面上任何特定物质的数量的限制。当一种想法不再起作用时，另一种想法就会取代它。这并不违反事物运行的规律，反而是遵守了规律。为什么自然法则就只能允许一种物理上可能的方式来满足人类的某种欲望呢？难道不能有更多的方法吗？[18]

诚然，这种思维方式与"可持续性"的伦理观格格不入。在图 10-2 中，漫画家兰德尔·门罗（Randall Munroe）说明了这个时髦词语和神圣价值所存在的问题。可持续性理论假定某种资源现在的消耗速率会延伸到未来，直到达到上限为止。这意味着，我们必须转而使用可再生资源，因为可再生资源可以按照我们使用的速率无限地得到补充。事实上，社会总是早在旧资源被耗尽之前就将之放弃，转而使用更好的资源。人们常说，并不是因为世界上的石头都被用完了，所以石器时代才会结束。能源也是如此。杰西·奥苏贝尔指出："当世界转向煤炭时，大量的木材和干草仍有待开发利用。当煤炭储备依然充足时，石油已开始崛起。现在，石油资源依然丰富，而甲烷（天然气）的使用量已开始增加。"[19]可以预见的是，在最后一立方米天然气被燃烧掉之前，天然气也会被更低碳的能源所取代。

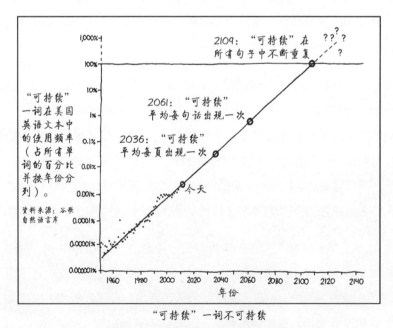

"可持续"一词不可持续

图 10-2 可持续性（1955—2109 年）

资料来源：Randall Munroe，XKCD。感谢：Randall Munroe，xkcd.com。

正如我们在第 7 章中所见，尽管从没有哪种耕作方法能够不断持续下去，粮食的供应照样呈指数级增长。在《大齿轮：面对自然危机，人类如何繁荣昌盛》（*The Big Ratchet: How Humanity Thrives in the Face of Natural Crisis*）一书中，地理学家露丝·德弗里斯将发展的顺序描述为"齿轮 – 斧头 – 转轴"。人类发现更高产的农耕方法，在这一"齿轮"的带动下，人口数量随之上升。如果农耕方法跟不上需求或者产生令人不快的副作用，那么"斧头"就会劈下来，使人口减少。然后，人类会沿着"转轴"转向另一种新的方法。

在不同的时期，农民曾选择不同的农耕技术，比如刀耕火种的开荒、夜香（人类粪便的委婉说法）、作物轮作、鱼鸟粪、硝石、野牛骨粉、化肥、杂交作物、杀虫剂和绿色革命。[20] 未来的技术可能包括转基因生物、水培法、气培法、城市垂直农场、机器人收割、用试管培植肉类、全球定位系统及生物感应器支持的人工智能算法、从污水中回收利用能量及化肥、以豆腐而非小鱼为饲料的水产养殖，等等。只要人类可以放飞自己的聪明才智，谁知道还会发生什么呢？[21] 尽管水资源是人类永远不可或缺的资源，但如果农民使用以色列式的精准滴灌，他们就可以节约大量的用水。而且如果世界可以开发出丰富的无碳能源（我们稍后会探讨这个话题），那么人类就可以通过淡化海水来获得水资源。[22]

保护森林，保护陆地，保护海洋

20 世纪 70 年代绿色主义所预言的灾难不仅没有发生，认为不可能实现的技术进步却成功了。随着世界变得更加富裕，环境曲线达到顶峰，自然环境开始改善。[23] 教宗方济各所说的"堆积的污秽"成了过时的看法，就好像一觉醒来回到了 1965 年，而在那个年代，烟囱里喷着浓烟、污水如瀑布般奔涌、河水点火就着、关于纽约人不喜欢呼吸看不见的空气的笑话广为流传。

图 10-3 显示，自 1970 年美国国家环境保护局（Environmental Protection Agency）成立以来，美国已将 5 种空气污染物的排放量减少了近 2/3。在同一时期，不仅人口增长了 40% 以上，而且人均驾车里程数增长为以前的 2 倍，富裕程度变为以前的 2.5

倍。能源的使用已经稳定下来，二氧化碳的排放甚至也出现了拐点，随后本章将继续探讨这一话题。这种下降反映的不仅只是重工业向发展中国家的转移，相反，它们主要反映了能源使用效率和排放控制方面的进步，因为大部分的能源使用和碳排放来自运输、取暖和发电，而对于国家来说，这些行业无法外包。这些分化的曲线既反驳了传统的环保主张，即只有倒退才能遏制污染，也驳斥了传统的右翼主张，即环境保护必须牺牲经济增长和人民的生活水平。

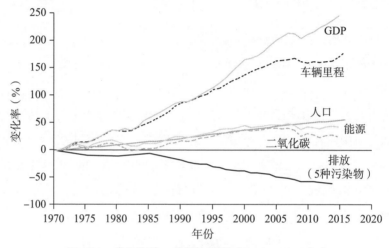

图 10-3　美国污染、能源和增长（1970—2015 年）

资料来源：US Environmental Protection Agency 2016，数据基于以下来源。GDP：
Bureau of Economic Analysis。车辆里程：Federal Highway Administration。人口：
US Census Bureau。能源消耗：US Department of Energy。二氧化碳：US Greenhouse
Gas Inventory Report。排放（一氧化碳、氮氧化物、小于 10 微米的微粒物质、
二氧化硫和挥发性有机化合物）：EPA。

　　许多进步之处肉眼即可见到。现在的城市很少会笼罩在紫色或棕色的薄雾中。伦敦不再是雾都，曾经的烟雾，实际上是煤烟，永远留在了印象派绘画、哥特式小说、格什温歌曲和雨衣品牌中。沉寂的城市水道重获生机，引来了鱼、鸟、水生哺乳动物，有时还有游泳者。这些水道包括普吉特湾、切萨皮克湾、波士顿港、伊利湖、哈德逊河、波托马克河、芝加哥河、查尔斯河、塞纳河、莱茵河以及曾被本杰明·迪斯雷利形容为"如地狱般散发着难以形容和无法忍受的恐怖的水沟"的泰晤士河。

郊区居民又能看到狼、狐狸、熊、短尾猫、獾、鹿、鹗、野火鸡和秃鹰了。随着农业变得更为高效（见第 7 章），农田退耕还林，成了温带森林。对于徒步旅行者而言，当他跑过新英格兰的一片林地时，突然撞上一堵石墙，他就会明白退耕还林是怎么回事了。尽管热带森林仍在以惊人的速度被砍伐，但从 20 世纪中叶到 21 世纪初，森林被砍伐的速度下降了 2/3（如图 10-4）。[24] 世界上最大的热带森林亚马孙森林的砍伐率在 1995 年达到峰值，2013 年比 2004 年下降了 4/5。[25]

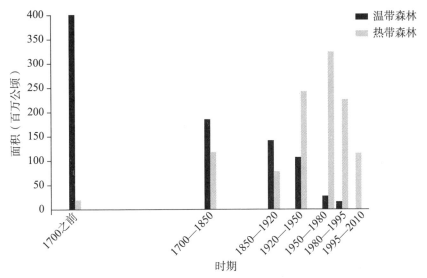

图 10-4　森林砍伐面积情况（1700—2010 年）

资料来源：United Nations Food and Agriculture Organization 2012，p.9。图中的数据柱表示的是不同持续年份的砍伐总数，因此相互之间不具有可比性。

虽然发生较晚，但作为一种迹象，热带地区被砍伐森林的减少表明环境保护正从发达国家延伸到世界其他地区。世界在环保方面的进展可在"环境绩效指数"的报告卡片中加以跟踪，该报告综合了空气、水、森林、渔业、农场和自然栖息地质量等多个指标。该报告在 10 年或更长的时间里持续跟踪了 180 个国家的情况，除两个国家外，所有国家都有所改善。[26]

平均来说，国家越富裕，其环境越清洁：北欧国家最清洁；阿富汗、孟加拉国和撒哈拉以南的几个非洲国家的情况最糟糕。最致命的两种污染形式——污染的饮用水和室内烹饪烟雾依然困扰着贫穷国家。[27] 但是，随着贫穷国家在最近几十年变得更加富裕，它们正在摆脱这些不利因素：饮用受污染饮用水的世界人口比例下降了 5/8，吸入厨房烟雾的比例下降了 1/3。[28] 正如英迪拉·甘地（Indira Gandhi）所说："贫困才是最大的污染源。"[29]

　　环境污染的典型事件是油轮泄漏事故。大量石油泄漏使天然海滩上包裹了一层有毒的黑色污泥，它们沾污了海鸟的羽毛和水獭、海豹的皮毛。最臭名昭著的油轮泄漏事故要数 1967 年的"托利·卡尼翁"号（Torrey Canyon）事故和 1989 年的"埃克森·瓦尔迪兹"号（Exxon Valdez）事故。这些事故在我们的集体记忆中挥之不去，但很少有人意识到海上石油运输已变得安全很多。图 10-5 显示，每年原油泄漏事故的数量从 1973 年的 100 多起下降到 2016 年的 5 起，其中重大泄漏事故的数量从 1978 年的 32 起下降到 2016 年的 1 起。该图还显示，虽然石油泄漏事故变少了，但海上运输的石油变多了；交叉曲线提供了更多的证据，证明环境保护与经济增长是相容的。

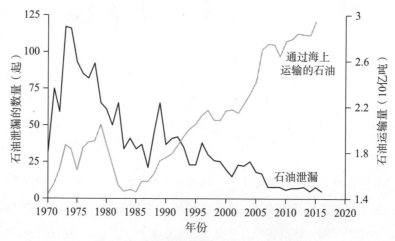

图 10-5　石油泄漏情况（1970—2016 年）

资料来源：*Our World in Data*，Roser 2016r，数据基于 International Tanker Owners Pollution Federation。漏油事故是指所有造成至少 7 吨石油泄漏的事件。石油运输包括"原油、成品油和天然气的总装船量"。

石油公司想要减少油轮泄漏事故并不是什么秘密，因为它们的利益和保护环境是一致的：石油泄漏是一场公共关系灾难（尤其是当公司的名字就印在破裂的船上时），会带来巨额罚款，当然也会浪费宝贵的石油。更有趣的是，这些公司在很大程度上取得了成功。技术遵循学习曲线，随着时间的推移变得更加安全，因为技术专家会弥补设计中最危险的漏洞（我们将在第 12 章中讨论这一点）。但人们在记住事故的同时，却没有意识到越来越多的技术进步。不同的技术进步按不同的时间表发生：2010 年，当海运漏油事故降至历史最低水平时，固定钻井平台发生了史上第三大最严重的漏油事件，也就是墨西哥湾的"深水地平线"（Deepwater Horizon）事故。这一事故反过来推动了防井喷装置和钻井设计、监测、控制的新规定的出台。[30]

此外，整片整片的陆地和海洋被保护起来，不再允许人类开发利用。自然保护专家们一致认为，虽然目前受保护的区域还不够多，但发展势头迅猛。图 10-6 显示，地球上作为国家公园、野生动物保护区和其他保护区的土地比例从 1990 年的 8.2%增长到了 2014 年的 14.8%，覆盖的区域是美国国土面积的 2 倍。海洋保护区也在增加，在同一时期内增长了 1 倍以上，目前覆盖了世界上 12% 以上的海洋。

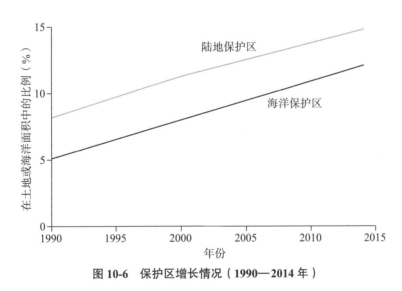

图 10-6　保护区增长情况（1990—2014 年）

资料来源：World Bank 2016h、2017，数据基于 United Nations Environment Programme 和 World Conservation Monitoring Centre，经 World Resources Institute 编辑。

归功于对栖息地的保护和有针对性的环保努力，人类已经从灭绝的边缘拯救了许多受人喜爱的物种，其中包括信天翁、神鹫、海牛、羚羊、大熊猫、犀牛、塔斯马尼亚袋獾和老虎等。根据生态学家斯图尔特·皮姆（Stuart Pimm）的说法，鸟类灭绝的概率已经降低了75%。[31] 尽管许多物种仍处于危险之中，但一些生态学家和古生物学家认为，人类正在造成二叠纪和白垩纪那样大规模物种灭绝的说法有些危言耸听。正如斯图尔特·布兰德所说："具体的野生动物问题无穷无尽，但经常性地将它们描述为种族灭绝危机导致了一种普遍的恐慌，即自然已极其脆弱或已变得无可救药、千疮百孔。而事实远非如此。大自然作为一个有机的整体像以往一样稳健，也许比以往更稳健。只有与大自然的稳定性合作，才能有效实现环境保护的目标。"[32]

其他方面的改进的规模覆盖全球。1963年的条约禁止了大气层核试验，消除了最可怕的污染形式——放射性尘埃，并证明即使没有统一的世界政府，世界各国也能就保护地球的措施达成一致。自那时以来，全球合作还有效应对了其他几项挑战。20世纪80年代和90年代签署了关于减少硫排放和其他形式的"远距离跨国空气污染"的国际条约，帮助世界消除了酸雨的威胁。[33]1987年，197个国家批准了禁止使用含氯氟烃的禁令，归功于此，臭氧层预计将在21世纪中叶愈合。[34] 我们将会看到，这些措施的成功为2015年历史性的关于应对气候变化的《巴黎协定》（Paris Agreement）奠定基础。

用更少资源获得更多好处

与所有进步的表现一样，关于环境状况改善的报告常常会遭遇民众的愤怒和质疑。许多衡量环境质量的指标都在改善，但这并不意味着万事大吉、环境自己会变得越来越好，或者我们可以坐下来休息放松了。对于今天得以享有的更为清洁的环境，我们必须感谢过去的人们，他们为了寻求改善环境发声呐喊、采取行动、制定法律法规、订立条约和集思广益地开发新技术。[35] 我们将需要更多这样的行动来维持已经取得的进展，防止逆转（特别是在特朗普总统任期内），并将我们的行动范围扩大到我们仍然面临的恶劣问题之上，例如海洋环境以及日益凸显的大气温室气体排放问题。

但是，基于许多原因，现在是时候停止演出所谓的道德剧了。在这样的剧目中，现代人是卑鄙而残暴的种族，是掠夺者；除非退回到工业革命前，放弃技术进步，回归与自然的苦行式的和谐，否则人类将会加速"末日审判"的到来。相反，我们可以把环境保护看作一个需要解决的问题：人们怎样才能以尽可能少的污染和自然栖息地的损失过上安全、舒适、刺激的生活呢？面对这一问题，现在远非自鸣得意之时，我们所取得的进展鼓励我们要再接再厉，取得更大的进步。报告还指出了推动这一进步的各种力量。

关键之一是削弱生产力与资源的关联：使人类从更少的物质和能量中获得更多的好处。这意味着人类需要从高生产密度中获取额外的收益。[36] 随着农业变得更加集约化，人们通过培育或改造作物，用更少的土地、水和肥料来生产更多的蛋白质、能量和纤维，有了富余的田地，就能退耕还林，使之恢复成自然栖息地。现代生态学家指出，所谓的有机农业，每生产一千克食物却需要更多的土地，既不绿色环保，也不可持续。随着人们搬到城市，他们不仅解放了农村的土地，而且需要更少的资源来通勤、建筑和取暖，因为一个人的天花板就是另一个人的地板。木材可以从密植的人工林中砍伐收获，这些人工林的产量是天然林的 5 至 10 倍，因此林地得到解放，林中栖息的鸟兽鱼虫可以自由自在地生长。

为实现以上所有的进步，地球的另一位朋友也在帮忙出力，即"去物质化"（dematerialization）。技术的进步使我们能够用更少的资源做更多的事情。一听苏打水饮料的铝罐过去重 85 克，现在不到 14 克重。移动电话使人们不再需要密集的电线杆和蜿蜒的电话线。通过用比特取代原子，数字革命正在将我们眼前的世界去物质化。我的音乐收藏曾是黑胶唱片，堆起来有几立方米，随后变成了体积仅有几立方厘米的光盘，然后变成了不占任何空间的 MP3 文件。报纸杂志曾在我的公寓里堆积如山，如今一台 iPad 即可取而代之。我的笔记本电脑上有 1TB 的存储空间，我再也不用成箱成箱地买纸了。

想想一部智能手机能节省多少塑料、金属和纸张，能取代多少种拥有 40 多年历史的各类消费品，包括电话、答录机、电话簿、照相机、摄像机、录音机、收音机、闹钟、计算器、字典、名片分录器、日历、街道地图、手电筒、传真和指南针，甚至包括节拍器、室外温度计和水平仪等。

数字技术还使共享经济成为可能，从而使世界实现去物质化，这样汽车、工具和卧室就不必在大部分时间里大量闲置。广告分析师罗里·萨瑟兰（Rory Sutherland）指出，社会地位标准的变化也在帮助去物质化。[37] 今天伦敦最昂贵的地产对维多利亚时期的富人来说似乎是难以想象的逼仄，但现在的市中心比郊区要时尚多了。社交媒体鼓励年轻人展示他们的经历，而非炫耀他们的汽车和衣柜；新的潮流让年轻人通过对啤酒、咖啡和音乐等方面的品位来显示自己的与众不同。"海滩男孩"和《美国风情画》（American Graffiti）的时代已经结束，现在美国18岁的孩子中有一半没有驾照。[38]

20世纪70年代能源危机后，"石油峰值"（Peak Oil）的说法流行起来，该词指世界油气产量达到顶峰的年份。杰西·奥苏贝尔指出，由于人口结构变化、人口密度增加和去物质化，我们可能已经到达了儿童峰值、耕地峰值、木材峰值、纸张峰值和汽车峰值等。事实上，我们可能正在达到"物品峰值"：在奥苏贝尔研究过的100种商品中，有36种在美国的绝对使用量已经达到顶峰，另有53种可能会下降（包括水、氮和电），只剩下11种还在增长中。英国人也达到了物品峰值，他们的年人均材料使用量从2001年的每人15.1吨减少到了2013年的10.3吨。[39]

这些引人注目的趋势不需要强制、立法或教化来引导；一切都在人们自愿选择如何生活的过程中自发地发生。当然，这些趋势并不是说环境立法可有可无。从各方面来看，环境保护机构、强制的能源标准、濒危物种保护措施以及国内和国际关于清洁空气和用水的立法都产生了巨大的积极影响。[40] 但这些现象表明，现代化的浪潮并没有席卷着人类走向对资源更不可持续的利用。某些技术的进步，特别是信息技术，正在将人类的繁荣昌盛与对物质资源的利用脱钩。

对全球气候变暖的思考

正如我们不能接受"人类在无情地掠夺、榨干环境"的说法一样，我们也绝不能接受"只要照现在这样去做,环境的各个部分都会改善变好"。不管事实是充满希望还是令人警醒,开明的环境保护主义者必须直面现实,而下面的事实无疑给人们拉响了警报——温室气体对地球气候的影响。[41]

每当我们燃烧木材、煤炭、石油或天然气时,燃料中的碳就会被氧化形成二氧化碳,而二氧化碳会飘散到大气中。尽管一些二氧化碳会溶解在海洋中、与岩石矿物发生化合反应,或者被光合植物吸收,但这些天然碳汇(natural sinks)无法消纳我们每年排放到大气中的 380 亿吨二氧化碳。由于石炭纪时期沉积的 10 亿吨碳在燃烧的烟雾中重新排放,大气中的二氧化碳含量从工业革命前的 0.027% 上升到了现在的大于 0.04%。

由于二氧化碳就像温室里的玻璃一样,阻挡了地球表面的热量辐射,全球平均气温随之上升了约 0.8℃。2016 年是有记录以来最热的一年,2015 年排在第二位,2014 年排在第三位。气候变暖的原因还包括:可以吸收二氧化碳的森林被砍伐、天然气井漏气释放了甲烷(一种更强的温室气体)、永久冻土融化以及养殖业中牛的排放。如果白色、可以反射热量的雪和冰被暗色、吸热的土地和海水所取代,如果永久冻土加速融化,如果更多的水蒸气(另一种温室气体)被排放到空气中,那么失控的正反馈回路就会形成,气候会变得更暖。

如果温室气体的排放继续下去,到 21 世纪末,地球的平均温度将上升到至少高于工业化前 1.5℃ 的水平,甚至可能上升到高于 4℃ 或者更高的水平。这将导致更频繁和更严重的热浪、湿润地区更多的洪水、干燥地区更多的干旱、更猛烈的风暴、更严重的飓风、温暖地区作物产量下降、更多物种灭绝、珊瑚礁消失(因为海水将变得更暖、酸性更强)。

同时,冰川融化和海水扩张将造成海平面平均上升 0.7 ～ 1.2 米。自 1870 年以来,海平面已经上升了近 21 厘米,而且上升速度似乎正在加快。低洼地区将被洪水淹没,岛国将消失在海浪中,大片农田将不再适合耕种,数百万人将流离失所。这种影响在 22 世纪及以后可能会变得更糟,理论上甚至可能会引发巨变,比如墨西哥湾流的改道(这将把欧洲变成西伯利亚)或南极冰盖的崩塌。普遍认为,上升

2℃是世界能够接受的合理水平，而上升 4℃，用世界银行 2012 年的一份报告中的话来讲，"绝对不能允许这种情况发生"。[42]

为了将气温上升保持在 2℃或更低，到 21 世纪中叶，世界必须将温室气体排放量减少至少一半或以上，并在 22 世纪之前彻底停止排放温室气体。[43] 这一挑战非常艰巨。化石燃料提供了世界 86% 的能源，几乎为地球上所有的汽车、卡车、火车、飞机、轮船、拖拉机、火炉和工厂，以及大多数的发电厂提供动力。[44] 人类从未遇到过如此棘手的问题。

面对气候变化的前景，有人否认气候变化正在发生，或者否认是人类活动引起了气候变化。当然，从科学的角度对人类活动造成气候变化的假说提出疑问完全合理，特别是考虑到如果上述假说成立，则为了避免该假说成为现实而需要采取的措施显得过于极端。科学最大的优点在于，尽管有很多试图将假说证伪的尝试，但真正合理的假说将经得起时间的考验。

"人为原因引发气候变化"是历史上被质疑最多的科学假说。但到目前为止，所有主要的质疑都得到了反驳，比如全球气温已经停止上升，气温升高似乎只是因为在城市热岛测量的结果，或者气温确实在上升，但仅仅是因为太阳越来越热等。相关解释甚至说服了许多怀疑论者。[45] 一项调查发现，在 69 406 位同行评议科学文献的作者中，仅有 4 人拒绝接受人为原因引起全球变暖的假说，而且"同行评议的文献中没有任何令人信服的证据来反对这一假说"。[46]

尽管如此，在化石燃料利益集团的大力支持下，美国右翼政治团体内部发起了一场狂热而虚假的运动，否认温室气体正在使地球变暖。[47] 通过这样做，他们鼓吹着科学界受到政治正确的致命影响的阴谋论，而且在意识形态上致力于让政府接管整个经济。作为一个自认是学术界中对政治正确教条进行监督的人，我可以说这是在胡说八道：自然科学家们没有上述的议程，证据本身就是明证。[48] 恰恰由于像上面这样的挑战，所有领域的学者都责无旁贷，通过独立于政治正统观念来捍卫学术界的信誉。

的确，也存在一些审慎且明智的气候变化怀疑论者，有时他们也被称为"温热者"，他们接受主流科学，但强调积极的一面。[49] 在所有的可能性中，他们相信气温上升最慢的情景，注意到最坏情况下的正反馈回路只是假设，并指出适度的气温和二氧化碳浓度升高，对提升作物产量有好处，两者之间只是成本与收益的权衡。他们还认为，如果允许各国尽可能地发展和致富，取消会制约经济增长的化石燃料使用限制，这些国家将更好地适应确实在发生的气候变化。

但是，正如经济学家威廉·诺德豪斯（William Nordhaus）所说，这将是一次"气候赌场"（Climate Casino）中的轻率赌博。[50] 如果现状告诉我们，世界有一定的概率会显著地恶化，同时存在 5% 的可能性，气候变化将越过临界点发展成一场大灾难，那么即使发生灾难的结果并不确定，采取预防性措施也是明智之举。这就像我们会为自己的房子买灭火器和保险，同时不会把敞着口的汽油罐放在车库里一样。由于应对气候变化需要几十年的努力，倘若天公作美，温度、海平面和海洋酸度能够停止上升，我们还有大量的时间来退出和停止相关的应对措施。

另一种应对气候变化的回应来自极左翼，他们的观点似乎是为印证极右翼的阴谋论而设计。根据记者娜奥米·克莱因（Naomi Klein）在其 2014 年的畅销书《改变一切：资本主义与气候》（*This Changes Everything: Capitalism vs. the Climate*）中所推广的"气候正义"运动（Climate Justice），我们不应将应对气候变化的威胁等价为要防止气候变化的发生。不，我们应该将其视为一次机会来废除自由市场、重组全球经济、重塑我们的政治制度。[51] 下面这件事可谓环保政治史上最为超现实的事件之一。克莱因与声名狼藉的石油大亨、否认气候变化的资助者科赫兄弟（David and Charles Koch）一道，阻挠 2016 年华盛顿州的一项投票计划，使其未能得以实施，该计划试图征收美国第一项碳排放税。几乎所有分析师都认为，这项政策措施是应对气候变化的先决条件、必由之路。[52] 为什么极左翼的记者要反对碳税政策呢？因为这项措施是"亲右翼的"，而且它没有"让污染者付出代价，并把排污者所得的不义之财用于修复他们在知情的情况下造成的损害"。在 2015 年的一次采访中，克莱因甚至反对定量分析气候变化：

> 我们不会用数豆子的方式获胜。要是按数豆人的套路出牌，我们无法击

败他们。我们将赢得这场战争，因为这关乎价值观、人权、是非对错。虽然，在当前这段短暂的时间里，我们还必须掌握一些可以运用的、有说服力的数据，但我们不应该忽视，真正打动人心的论点是基于对生命价值的讨论。[53]

将定量分析嘲讽为"数豆子"，不仅仅是反智的，而且与其所谓的"价值观、人权、是非对错"的说法也自相矛盾。真正珍视人的生命的人将倾向于采纳那些最有可能使人类免于流离失所或忍饥挨饿的政策，同时为人们提供健康和充实的生活手段。[54] 在一个受自然规律而非魔法或魔鬼控制的宇宙中，实现这一目标需要"数豆子"。就算是对"打动人心"这样纯粹的舌辩游戏，效率也很重要：与单纯地警告人们气候变暖会变得有多么糟糕相比，当人们被告知问题可以通过政策和技术创新来解决时，他们更有可能接受全球变暖的事实。[55]

下面这封信表达了另一类关于如何防止气候变化的常见情绪，我不时就会收到类似的信件：

> 亲爱的平克教授：
>
> 我们需要为全球变暖做点儿什么。为什么诺贝尔奖获得者们不签署一份请愿书呢？他们为什么不直白地告诉公众，政客们都是猪，根本不会在乎有多少人会在洪水和干旱中死去呢？
>
> 为什么你和你的某些朋友们不在网上发起一场运动，让人们签署一项承诺书，宣誓他们将为抗击全球变暖做出真正的牺牲呢？这正是问题所在。没有人愿意做出任何牺牲。人们应该保证，除非有特别紧急的情况，否则绝不乘坐飞机，因为飞机燃烧的燃料太多了。人们应该保证每周至少三天不吃肉，因为肉类生产给大气增加了太多的碳。人们应该保证永远不买珠宝，因为精炼金银需要消耗大量能量。我们应该摒弃艺术陶器，因为生产它燃烧了太多的碳。大学艺术系的陶艺匠人们必须接受现实，我们不能再这样继续下去。

原谅他们对数豆子的讥讽吧，但即使每个人都放弃珠宝，也不会为减少世界温室气体的排放做出多大的贡献。温室气体排放主要来自重工业（29%）、建筑（18%）、交通（15%）、改变土地用途（15%），以及供应能源所需要的能源（13%）。畜牧业只占 5.5%，主要是甲烷排放而非二氧化碳，航空业占 1.5%。[56] 当然，我的记者朋友建议，放弃珠宝和陶器并不是因为它们有什么"效果"，而是因为它们代表了"牺牲"。难怪她会挑出珠宝下手，那可是典型的奢侈享受。我提起她朴实的建议主要是想说明我们在应对气候变化时面临的两个心理障碍。

首先是认知。人们很难从规模的角度进行思考：他们不会对可以减少数千吨、数百万吨和数十亿吨二氧化碳排放量的行动加以区分。[57] 他们也不懂水平、速率、加速度和高阶导数的差别，不会区分能影响二氧化碳排放增长速度、影响二氧化碳排放速度、影响大气中二氧化碳水平和影响全球温度（即使二氧化碳水平保持不变，气温也会上升）的措施和行动。在上面提到的三类措施中，最后一类最为重要，但如果人们没有从规模和变化顺序的角度进行思考，就可能会对最后毫无影响的政策感到满意。

其次是道德说教。正如我在第 2 章中所说，人的道德感有时并不道德，它鼓励非人化（"政客们都是猪"）和惩罚性侵略（"让污染者付出代价"）。此外，道德意识通过将肆意挥霍与邪恶、禁欲主义与美德混为一谈，可以将毫无意义的牺牲行为神圣化。[58] 在许多文化中，人们立下誓言，用禁食、贞洁、自我克制、无意义的篝火和动物（有时是人类）祭祀来炫耀他们的正义。即使在现代社会中，根据我与心理学家杰森·尼米罗（Jason Nemirow）、麦克斯·克拉斯诺（Max Krasnow）和雷亚·霍华德（Rhea Howard）所做的研究，人们在评估对他人的尊重时，考虑的也是他们在利他行为中花费了多少时间或金钱，而不是他们究竟促成了多少好事。[59]

对于如何减缓气候变化，公众的许多唠叨中都提到了自愿牺牲，比如废物回收利用、减少食物里程①、拔掉插头减少电器的使用，等等。我自己也曾在哈佛学生主导的几场类似的活动中站台，为其摆拍照片来制作宣传海报。[60] 但是，无论这些表现如何高尚，它们都只会让我们在应对气候变化这一巨大挑战时分心。问题的

---

① 食物里程指食物从种植、生产到送上餐桌所经历的距离。——译者注

症结在于碳排放是一种典型的公共利益博弈，亦称为"公地悲剧"（Tragedy of the Commons）。如果每个人都做出牺牲，大家都会受益，但因为自己做出牺牲会蒙受损失，每个参与者都有动机搭便车，让其他人去做牺牲而自己坐享其成，最终的结果将导致人人搭便车，而这会使所有人的境况都变糟。

公共利益困境的标准补救措施是树立一个可以惩罚搭便车者的强制性权威。但任何拥有极权主义权力、能禁止陶艺生产的政府都不太可能限制自身权力来使公共利益最大化。当然，人们也可以做做白日梦，相信道德说教足以说服每个人做出必要的牺牲。虽然人类确实有公共情结，但将地球的命运寄希望于数十亿人同时自愿违背自身利益并非明智之举。最重要的是，"先将碳排放量减半然后降为零"所需的牺牲远比放弃珠宝要大得多：它需要人们放弃电力、供暖、水泥、钢铁、纸张、旅行，以及物美价廉的食品和衣服。

信奉气候正义的勇士倡导某种"可持续发展"的体系，认为发展中国家应该做出牺牲。迈克尔·谢伦伯格和泰德·诺德豪斯对此进行了讽刺："在亚马孙森林里的小村庄，农民和印第安人会在那里摘坚果和莓子，并将它们卖给本杰里公司（Ben and Jerry's）以换一支'雨林香脆'口味的冰激凌。"[61] 限制发展中国家发展可以让雨林中的居民使用太阳能电池板来为 LED 灯供电或给手机充电，但也仅此而已。毋庸讳言，这些国家的居民自然不会同意。摆脱贫困需要丰富的能源。

HumanProgress 网站的所有者玛丽安·图皮指出，1962 年的博茨瓦纳和布隆迪同样一贫如洗，人均年收入仅为 70 美元，两国都没有排放多少二氧化碳。到 2010 年，博茨瓦纳的人均年收入达到 7 650 美元，布隆迪则仍然贫穷，博茨瓦纳的人均收入是布隆迪的 32 倍，而前者排放的二氧化碳是后者的 89 倍。[62]

面对这些事实，气候正义的战士们回答说，我们不应该使贫穷国家富裕起来，而应该使富裕国家贫穷化，例如，转向"劳动密集型农业"。对于这种人，我想说"要不你先来"。谢伦伯格和诺德豪斯注意到，曾几何时，农村电气化和经济发展是进步政治的招牌政绩工程，如今，为了环保，这样的政治目标已渐行渐远："以民主的名义，进步政治给人们提供的电力，并非全球的穷人们所希望的那样物美价廉，而是时断时续、价格昂贵。"[63]

经济发展对富国和穷国来说都是必需的，因为各国需要经济发展来应对和适应已经在发生的气候变化。在很大程度上，由于繁荣，人类变得更健康（见第5、6章）、吃得更好（见第7章）、更和平（见第11章）、离自然危险和灾害更远（见第12章）。这些进步使人类更能抵御天灾人祸的威胁：疾病的暴发不会成为流行病，一个地区的作物歉收会因另一个地区的丰收而得到缓解，地方性的小规模冲突在战争爆发之前即被化解，人们得到更好的保护来抵御风暴、洪水和干旱的影响。

面对气候变化，我们的应对措施要确保上述抵御能力的增长持续超过全球变暖带来的威胁。如果发展中国家每年都变得更加富裕，那么他们就会有更多的资源用于修建海堤和水库、改善公共卫生服务、帮助由于海平面上升而失去家园的人迁徙。有鉴于此，发展中国家绝不应继续处于能源贫困之中，但对它们来说，通过大量燃煤增加收入也不可行，因为这将在未来的气候灾难中让所有人都不堪重负。[64]

用核能实现"去碳化"

那么，我们应该如何应对不可逆转的气候变化呢？我同意方济各和气候正义战士们的看法，即预防气候变化是一个道德问题，因为它有可能损害数十亿人特别是全世界的穷人的利益。但是，道德与道德化不同，而且将问题道德化往往不能真正达成善举。教皇的通谕适得其反，减少了意识到问题的保守派天主教徒对气候变化的担忧。[65]将销售给我们化石燃料的能源公司妖魔化，或者做出显眼的牺牲来彰显我们的美德，这或许会让人感到满足，但这些行为不会阻止破坏性的气候变化。

对气候变化最有见识的应对，是要寻找方法，用最少的温室气体排放获得最多的能量。当然，有些人对现代性持有悲观的看法，认为这是不可能的：以燃烧碳为动力的工业社会，本质上就加满了自我毁灭的燃料。但悲观的看法并不正确。奥苏贝尔指出，现代世界正在逐步"去碳化"。

在我们燃烧的材料中，主要成分是碳氢化合物，由氢和碳组成。当它们与氧结合形成水和二氧化碳时释放能量。最古老的碳氢燃料是干木材，可燃碳原子与氢原子之比约为 10 : 1。[66] 工业革命期间将其取而代之的煤的平均碳原子与氢原子之比为 2 : 1。[67] 像煤油这样的石油燃料的碳原子与氢原子之比可以达到 1 : 2。天然气主要由甲烷组成，其化学式为 CH_4，碳原子与氢原子之比为 1 : 4。[68] 因此，随着工业社会沿着能源阶梯向上攀登，从木材到煤炭、从石油到天然气，再到 21 世纪，水力压裂技术的发展使丰富的页岩气资源得到开发利用，推动最新一次转型加速进行，能源中碳原子与氢原子之比稳步下降，释放单位能量所需燃烧的碳量也在下降，从 1850 年的每千兆焦耳 30 千克降至今天的 15 千克左右。[69]

如图 10-7 所示，碳排放遵循库兹涅茨曲线：当美国和英国等富国实现工业化时，它们排放越来越多的二氧化碳以生产 1 美元的 GDP，但情况在 20 世纪 50 年代出现转变，自那时以来的碳排放逐渐减少。中国和印度正在沿着相同的轨迹发展，分别在 20 世纪 70 年代后期和 90 年代中期达到单位产值碳排放顶峰。近半个世纪以来，整个世界的碳强度一直在下降。[70]

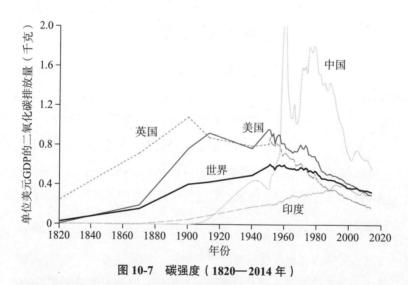

图 10-7　碳强度（1820—2014 年）

资料来源：Ritchie & Roser 2017，数据基于二氧化碳信息分析中心。GDP 按 2011 年的国际元计；1990 年之前的年份，GDP 数据源自 Maddisson Project 2014。

去碳化是人为偏好的自然结果。奥苏贝尔这样解释："碳会使矿工的肺部变黑，危及城市空气，并导致气候变化。而氢算是最天真无辜的元素，燃烧产物只有水。"[71]
人类希望获得密集而清洁的能源。尤其是在城市里，人们能接受的只有电力和天然
气，而且要直接送到他们的床头和炉边。值得注意的是，这一自然发展趋势使世界
达到了煤炭峰值，甚至可能已经到了碳峰值。

如图 10-8 所示，2014—2015 年，全球排放量持平，最大的三个排放体中国、欧
盟和美国都有所下降。正如我们在图 10-3 中所见，美国碳排放趋于平稳，而经济的繁
荣增长仍在继续。从全球来看，2014—2016 年，世界生产总值平均每年增长 3%。[72]
风能和太阳能的增长减少了部分碳，但大部分碳减少，是由于用分子式为 CH_4 的甲
烷天然气取代了分子式为 $C_{137}H_{97}O_9NS$ 的煤，这在美国尤为突出。

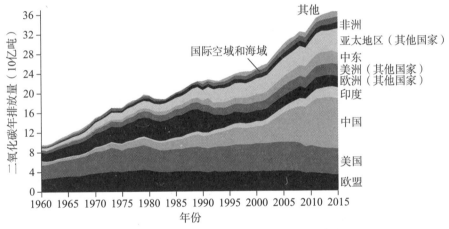

图 10-8　二氧化碳排放量（1960—2015 年）

资料来源：*Our World in Data*，Ritchie & Roser 2017，数据基于二氧化碳信息分析中心与 Le Quéré
et al. 2016。"国际空域和海域"（International air & sea）是指航空和海上运输造成的排放，在原始
资料中与"加注燃料"（Bunker fuels）相对应。"其他"是指全球二氧化碳排放量估计值与各区域、
国家总量之和之间的差异，对应于原始资料中的"统计差异"（Statistical difference）部分。

长期以来的去碳化趋势表明，经济增长并不一定要燃烧碳。一些乐观主义者认
为，如果让这一趋势发展到下一阶段，即从低碳天然气发展为零碳核能，那么这个
简称为 "N2N"（natural gas to zero-carbon nuclear）的过程，将可能使气候软着陆。
但也只有最乐观的人会相信这一转变会自然发生。二氧化碳年排放量目前可能已经

稳定在 360 亿吨左右，但即使这样，大气中每年增加的二氧化碳的量依然太多了。我们需要排放量的骤降来避免和推迟有害效应，但没有迹象表明排放量会急剧下降。相反，去碳化需要得到来自政策和技术的推动，这一想法被称为"深度去碳化"。[73]

首先是碳定价（carbon pricing）：当个人和企业向大气中排放碳时，向他们收费以弥补造成的损害。收费的形式要么是征收碳税，要么先限制各国的排放总量，然后在市场中出售可以自由交易的排放配额。政治立场从极左到极右的经济学家普遍支持碳定价，因为它同时结合了政府和市场的独特优势。[74]

大气层并不属于哪个人，因此个人和企业会毫不犹豫地争相排放，而大家在肆意享受能源的同时，会伤害所有其他人，经济学家将这一现象称为负外部性（negative externality）。这是公共利益博弈中集体成本的另一个名称，也是"公地悲剧"中对"公地"造成的损害。只有政府才能征收的碳税，将公共成本"内部化"，迫使人们在每一次做出可能造成碳排放的决策时，将碳排放造成的危害考虑在内。

考虑到人们的价值观和商品价格所传达的信息，让数十亿人用行动决定怎样才能最好地保护大气肯定会比政府分析师在办公桌前拍着脑袋分配最佳排放组合要更高效、更人道。这样一来，陶艺匠人们不必向监管碳排放的警察（简称"碳警"）隐瞒他们的窑炉，而是可以通过缩短淋浴时间、放弃周日开车、将食物从牛肉换成茄子来为拯救地球尽自己的一份力量。父母们不必计较尿布服务，包括送货上门的快递和洗衣店的清洗是否会比一次性纸尿裤排放更多的碳。这种差异将反映在价格之中，而且为了与其他公司竞争，每家公司都有了降低自身碳排放的动力。发明家和企业家可以冒险去开发无碳能源，新能源将在公平的环境中与化石燃料竞争，而不是像现在这种有倾向性的环境，化石能源可以向大气中排放废物而不用付出任何代价。如果没有碳定价，化石燃料以其资源丰富、便于运输和能量密集的特点，将比替代能源拥有太多的优势。

当然，碳税将影响到穷人的生活，这会让左翼人士有所顾虑，同时，由于征收碳税会将货币从私营领域转移到公共部门，又会惹恼右翼人士。但这些影响可以通过调整销售、工资、收入和其他税收以及转移支付来抵消。这正如阿尔·戈尔所说：

"对你燃烧的东西征税，而不是对你的收入征税。"如果碳税开始很低，然后随着时间的推移稳步且可预测地增加，人们就可以在长期消费和投资中将碳税的增长考虑进去，而且随着低碳技术的发展，人们可以通过选择低碳的商品来合理避开大部分碳税。[75]

其次，事实的真相或许会让传统的绿色环保运动有些不安，但实现深度去碳化绕不开这样一个事实：核能是世界上最丰富和最可能大规模使用的无碳能源。[76] 虽然可再生能源，特别是太阳能和风能的价格已经大大降低，且在过去五年中，它们在世界能源中所占的份额涨了 3 倍多，但这一比例仍然只有微不足道的 1.5%，而且进一步增加的空间存在上限。[77] 风力经常减弱，太阳每天晚上都会落下，还可能会被云层遮住，而人们对能源的需求却是全天候的，不管是白天还是夜晚，不管是晴天还是下雨。利用电池来储存和释放大量可再生能源将有所帮助，但要想做出规模足以支持城市用电的电池还很遥远。此外，发电风车和太阳能板需要占用大量的土地，并不符合通过提高生产密度来保护环境的趋势。

能源分析师罗伯特·布莱斯（Robert Bryce）估计，要跟上世界能源使用量的增长，就需要每年把与德国面积相仿的区域变成风力发电场。[78] 要想在 2050 年之前用可再生能源满足世界对能源的需求，就需要在面积为美国（包括阿拉斯加州）、墨西哥、中美洲和加拿大人口聚居区总和的地域内铺满风车和太阳能电池板。[79]

与之相反，核能代表了能源密度的极限。因为，在核反应中，$E=mc^2$：我们可以从一小块物质中得到巨大的能量（与光速的平方成正比）。比起开采煤炭、石油或天然气，开采铀用于核能给环境留下的伤疤要小得多，而且核能发电厂本身只占风能或太阳能发电所需土地的大约五百分之一。[80] 核能全天候可用，可以接入电网，向有需求的地方提供稳定的能源。

它的碳足迹（carbon footprint）比太阳能、水力发电和生物质能都小，而且也比它们更安全。在使用核能的 60 年里，只有 1986 年的切尔诺贝利核电站事故造成 31 人死亡，这是苏联时期管理不善造成的结果。此外，在事故影响到的区域内，除去有 10 万人死于自然发生的癌症外，估计事故额外造成了数千人患癌症而早亡。[81]

另外两起著名的事故分别是发生在 1979 年的美国三里岛事故和 2011 年的日本福岛事故，没有造成人员伤亡。

相比之下，虽然头条新闻并没有报道，但每天都有大量的人死于燃烧化石能源造成的污染，或开采和运输化石能源过程中的安全事故。与核能相比，每发电 1 千瓦时，天然气造成的死亡人数是其 38 倍，生物质是 63 倍，石油是 243 倍，煤炭是 387 倍，可能每年有 100 万人因此而死亡。[82]

诺德豪斯和谢伦伯格总结了许多气候科学家的估算："如果不能大规模扩大核电，就没有减少全球碳排放的可靠途径。核电是人类目前掌握的唯一的已证明可以大规模集中发电的低碳技术。"[83] 深度去碳化路径项目（Deep Decarbonization Pathways Project）是一个研究团队的联盟，他们为各国制定了减排路线图，以达到控制全球气温升高不超过 2℃的目标。该项目估计，到 2050 年，美国必须从核电中获得 30% ～ 60% 的电力（是目前比例的 1.5 ～ 3 倍），同时，美国的用电量将大大增加，因为要取代化石燃料为家庭供暖，为车辆提供动力，以及生产钢铁、水泥和化肥等。[84] 在一种假设情形下，美国甚至需要将其核电发电能力翻两番。类似的方式在中国、俄罗斯和其他国家同样非常必要。[85]

不幸的是，核能的使用在本应增长的时候却在减少。在美国，有 11 个核反应堆已经关闭或面临关闭的威胁，这将抵消因扩大使用太阳能和风能所节省的全部碳排放。德国的大部分电力都依赖核能，如今也在关闭核电站，用燃煤电站替代核电站的同时增加碳排放。法国和日本可能也会步德国后尘。

为什么西方国家走错了路？因为核能戳到了很多人心理上的痛点，害怕中毒、幻想灾难、不信任不熟悉的人造事物等。传统的绿色运动及其所谓的"进步的"支持者们放大了这种恐惧感。[86] 一位评论员将全球变暖归咎于杜比兄弟（Doobie Brothers）、邦妮·赖特（Bonnie Raitt）、其他摇滚明星 1979 年的"无核"（No Nukes）主题演唱会和电影激发了婴儿潮一代反对核能的情绪。演唱会最后一首歌中唱道："只给我太阳的温暖就好……但能不能把你那有毒的原子能都带走？"[87]

人们常说，面对气候变化，知道得最多的人最害怕，而面对核能，知道得最多的人最淡定。[88] 就像油轮、汽车、飞机、建筑物和工厂（第 12 章）一样，工程师们从已发生和侥幸避免的事故中吸取了教训，通过一步步的努力，使核反应堆更为安全，并降低了事故和污染的发生风险，使其远远低于化石燃料的水平。核能甚至在放射性方面也有优势，因为作为一种物理属性，煤灰和燃煤排放的烟雾同样具有放射性。

尽管如此，核电仍然价格不菲，主要是因为核电必须通过重重监管壁垒，而它的竞争对手却有更容易的绿色通道。此外，在美国，核电站建设在经历长时间的中断后，现在正由私营公司按特殊设计来建造，这些设计没有经历工程师的学习曲线，在设计、制造和建设方面也没有成熟的最佳实践。相比之下，瑞典、法国和韩国已经建造了十几座标准化的反应堆，现在正享用着廉价的电力，而且碳排放量大大降低。前核能管理委员会（Nuclear Regulatory Commission）委员伊万·塞林（Ivan Selin）曾嘲讽道："法国有两种反应堆和数百种奶酪，而美国的数据恰恰相反。"[89]

为了使核能在去碳化过程中发挥变革性的作用，它最终必须跨越第二代轻水反应堆技术。（"第一代"指 20 世纪 50 年代和 60 年代初的原型技术。）数个第三代反应堆不久之后即将上线，它们由目前的设计发展而来，安全和效率都有所提高，但到目前为止一直受到融资和建设方面的困扰。第四代反应堆含有 6 种新型设计，这些设计承诺使核电站成为一种可以大规模生产的商品，而不是条件苛刻、只能少量建造的设备。[90]

其中一种设计可能会像生产喷气式飞机引擎一样，先在装配线上生产零件，然后放在集装箱中，通过铁路运输，最终在海上的离岸驳船中组装。这将使核电站能够解决邻避障碍①问题，避开风暴或海啸，并在服役结束后被拖走拆卸。根据设计，它们也可以埋在地下进行运营，用无须加压的惰性气体或熔盐进行冷却，不间断地补充鹅卵石状的燃料，而无须停机来更换燃料棒。

---

① 邻避障碍（Not in My Back Yard，NIMBT），原意为"别建在我家后院"，指新发展计划受到当地或邻近地区居民的反对。——译者注

除发电外，这种核电站还配备专门设备来生产氢（最清洁的燃料），并且一旦过热，在没有动力或人为操作的情况下将自动关闭。一些反应堆的燃料是储量相对丰富的钍，另一些燃料是从海水中提取的铀、拆除的核武器（终极版的铸剑为犁）、现有反应堆的废料，甚至是这些反应堆自己的废料，这是人类距离永动机最接近的时候，能够为世界提供数千年的动力。还有核聚变，虽然人们长期嘲讽核聚变是"再等 30 年，而且永远要再等 30 年"的能源，但这次可能真的只要再等 30 年或更短的时间就要成功了。[91]

先进核能对人类的益处不可估量。大多数应对气候变化的努力要求进行政策改革，例如碳定价，但这些改革充满争议，即使在最乐观的情况下，也很难在全球范围内实施。而一种比化石燃料更便宜、密度更高、更清洁的能源本身就极具卖点，不需要巨大的政治意愿或国际合作即可推广。[92] 它不仅会缓解气候变化，还会给人类带来许多其他的礼物。

发展中国家的人们可以跳过能源阶梯中的中间梯级，使自己的生活水平达到西方的标准，而不会被煤烟呛得透不过气来。淡化海水需要消耗大量的能源，如今变得不再昂贵，可以用来灌溉农田、提供饮用水，并通过减少对地表水和水电的需求，让人们得以拆除水坝、还流入湖、还流入海，使整个生态系统得到恢复。可以说，为世界带来清洁和丰富能源的团队对人类的贡献将比历史上所有的圣人、英雄、先知、殉道者和各类获奖者加起来都大。

能源方面的突破可能来自理想主义发明家创立的初创公司或能源公司的研发部门，也可能来自科技巨头为了吸引眼球而设立的招牌项目。特别是当这些公司同时进行安全而多元的组合投资和发起像登月计划一样疯狂的项目时，成功的概率反而会更大。[93] 但研究与开发也需要政府的推动，因为对于私营企业来说，这些全球公共产品风险太大且回报太低。正如布兰德所指出的那样，政府必须发挥作用，因为"基础设施是我们聘请政府来处理的事情之一，尤其是能源类基础设施，这需要立法、发债、路权、法规、补贴、研究，以及对公有和私营部门之间合同的详细监督"。[94]

这就需要营造一个能适应 21 世纪挑战的监管环境，而不是像 20 世纪 70 年代那样对技术和核能充满恐惧。虽然一些第四代核能技术已经准备就绪，但被监管的烦琐程序所束缚，可能永远也不能开工建设，至少在美国是如此。[95] 中国、俄罗斯、印度和印度尼西亚等，这些国家渴望能源，厌倦了雾霾，且没有像美国一样神经兮兮和有政治僵局，可能会在核能发展中起到带头作用。

不管由谁来完成，不管用什么燃料，深度去碳化的成功都取决于技术的进步。为什么要假设 2018 年的技术就已经是人类所能做到的最好的了呢？去碳化不仅要求在核能方面有所突破，在其他技术领域也要有重大的进展：可以储存间断性可再生能源的电池；像互联网一样的智能电网，在离散的时间将电力从离散的来源分配给离散的用户；使水泥、化肥和钢铁生产等工业过程电气化和去碳化的技术；密集、轻便、可为重型卡车和飞机提供动力的液态生物燃料；捕获和封存二氧化碳的技术和方法等。

最值得期待的"碳捕获"技术

在上述所有的技术中，最后一项至为重要。原因很简单：即使温室气体排放量到 2050 年减少一半，到 2075 年减少为零，世界仍将面临危险的气候变暖，因为已排放的二氧化碳将在大气中停留很长时间。仅仅让温室气体排放不再增加远远不够，总有一天我们得让温室气体总量减少才行。

事实上，这项技术的基本原理已经有十多亿年的历史了。植物会从空气中吸收碳元素。它们通过光合作用，利用光能将空气中的二氧化碳与水结合，合成糖类（如 $C_6H_{12}O_6$）、纤维素（以 $C_6H_{10}O_5$ 为单位的长链）和木质素（以 $C_{10}H_{14}O_4$ 为单位的长链），而纤维素和木质素是构成植物枝干的生物质的主要成分。因此，清除空气中二氧化碳最显然的方法是尽可能多地种植吸收碳多的植物。

我们可以通过鼓励各种措施来实现该目标，比如从砍伐森林转变为恢复旧林和种植新林、退耕退牧、减少湿地破坏、恢复沿海和海洋生态环境等。为了减少植物死亡腐烂时返回到大气中的碳量，我们可以鼓励用木材和其他植物产品做建筑材料，或者把生物质加工成不会腐烂的木炭，并将其作为一种名为生物炭的土壤改良剂进行掩埋。[96]

其他关于碳捕获的想法就有些天马行空了，至少按照目前的技术标准看来是这样。比较偏理论的方案是开展地质工程，包括播撒岩石粉末，使其在风化过程中吸收二氧化碳；在云层或海洋中增加碱性物质以溶解更多的二氧化碳；增加海洋中的铁以加速浮游植物的光合作用等。[97]

更为成熟的技术是从化石燃料工厂的烟囱中吸收二氧化碳并将其泵入地壳的角落和裂缝中。从理论上讲，直接从大气中分离含量为 0.04% 的稀疏的二氧化碳是可能的，但效率极低，令人望而却步。当然，如果核能变得足够便宜，那么这种情况可能会发生。该技术经过适当改造可以装配现有的工厂和发电厂，尽管这些装置本身需要耗能，但它们可以大量减少数量巨大的、现有的能源基础设施的碳排放。这种技术就是所谓的清洁煤技术。该技术也可以用于将煤转化为液态燃料的气化厂。飞机和重型卡车可能仍然需要液态燃料作为动力。地球物理学家丹尼尔·施拉格（Daniel Schrag）指出，气化过程本身就必须将二氧化碳从气流中分离出来，因此隔离液态燃料中的二氧化碳以保护大气只会造成适度的成本增量，而产出的液态燃料碳足迹却会小于石油。[98]

更好的是，如果用于气化的碳原料中含有生物质，包括草、农业废料、砍伐森林得到的木料、城市垃圾，也许有朝一日还包括通过基因工程培育的植株或藻类等，总体碳排放可能达到中和。此外，如果碳原料完全由生物质组成，总体碳排放将是负值。植物从大气中吸收二氧化碳，当它们的生物质通过燃烧、发酵或气化释放能量时，碳捕获过程又将碳吸收，将碳排除在大气之外。这个组合，有时被称为生物能源与碳捕获和封存技术（bioenergy with carbon capture and storage，BECCS），亦被称为应对气候变化的救世主技术。[99]

这一切会发生吗？重重障碍令人感到不安。这些障碍包括世界对能源日益增长的需求、便利的化石燃料及其规模庞大的基础设施、能源公司和政治右翼对这一问题的否认、传统绿党和气候正义左派对技术解决方案的敌视，以及碳排放方面的"公地悲剧"。尽管如此，防止气候变化已经势在必行。2015 年，在连续三周的时间里，《时代周刊》上曾接连出现以下三个标题："中国表示它对气候变化非常重视"

"沃尔玛、麦当劳和其他 79 家公司将致力于对抗全球变暖""美国人对气候变化的否认创历史新低"。在同一季度,《纽约时报》报道说:"民意调查发现,关于应对气候变化的必要性,全球已达成共识。"在接受调查的 40 个国家中,除一个国家外,大多数受访者都赞成限制温室气体排放,包括 69% 的美国人。[100]

全球共识不仅仅是空谈。2015 年 12 月,195 个国家签署了一项历史性协定,承诺将全球气温上升控制在"远低于" 2℃(目标为 1.5℃)的水平,并每年为发展中国家拨出 1 000 亿美元的减缓气候变化资金,这是以前各国试图但未能达成全球共识的症结所在。[101] 2016 年 10 月,115 个签署国批准了该协定,使其生效。大多数签署国提交了到 2025 年如何实现这些目标的详细计划,并都承诺每五年更新一次计划,提高努力程度。如果没有持续的改进,光靠目前的计划是不够的:它们将使世界气温上升 2.7℃,而且只能将全球气温到 2100 年上升 4℃ 的概率降低 75%,这种情况很危险,让人不可掉以轻心。但公众的决心,加上快速推广的技术进步,可能会增强计划执行的力度,在这种情况下,《巴黎协定》将大幅降低气温上升 2℃ 的可能性,并从根本上避免气温上升 4℃。[102]

该计划在 2017 年遇到了挫折。美国总统特朗普曾发表臭名昭著的言论,声称气候变化是骗局,并宣布美国将退出该协定。即使美国最早于 2020 年 11 月退出该协定,由技术和经济推动的去碳化将继续下去,应对气候变化的政策将得到美国州、市、商业和技术领导人以及世界其他国家的推动,这些主体已宣布该协定"不可逆转",并可能通过对美国出口的商品征收碳关税和采取其他制裁来迫使美国信守承诺。[103]

"疯狂"的气候工程

即使应对气候变化已经是大势所趋,防止气候变化所需的努力依然艰巨。我们无法保证技术和政治方面的必要变革能很快到位,并在全球变暖造成广泛危害之前减缓其速度。如果这样,人类将不得不采取最后的保护措施:通过减少到达大气层较低层和地球表面的太阳辐射量来降低全球温度。[104] 一队飞机可以向大气层播撒适量的硫酸盐、碳酸盐或纳米粒子，形成薄雾笼罩地球，反射太阳光来防止气候变暖。[105] 这种方法模仿了 1991 年菲律宾皮纳图博火山爆发的影响，当时火山喷发向大气中排放了大量的二氧化硫，在持续两年的时间里，地球降温了约 0.5℃。或者可以安排一队飞船向空中喷洒水雾，随着水的蒸发，盐晶体会飘散到云层中，水蒸气会在盐晶体周围凝结，形成水滴，使云层变白，并将更多的阳光反射回太空。这些措施成本相对较低，不需要引进新技术，可以迅速降低全球气温。此外，还有其他一些对大气层和海洋进行干预的方法，然而对所有这些方案的研究目前还处于初级阶段。

气候工程，听起来就像一个疯狂科学家的疯狂计划，曾一度被视为禁忌。批评者们认为这是普罗米修斯式的愚蠢行为，可能会产生意想不到的后果，如扰乱降雨模式和破坏臭氧层。由于实施上述措施在全球各地的效果并不均衡，气候工程便带来这样一个问题，究竟谁有权调节世界的恒温器呢？就像一对争吵不休的夫妇一样，如果一个国家以牺牲另一个国家的利益为代价降低气温，就可能引发战争。而且，如果世界开始依赖于气候工程，那么一旦该工程由于某些原因有所懈怠，碳浸透的大气中，温度将会飞涨，远远超过人们能够适应的速度。至于建造逃生舱以应对气候危机，光是这个想法本身就会带来道德风险，因为这样会诱使各国推卸减少温室气体排放的责任。不仅如此，大气中累积的二氧化碳会持续溶解在海水中，慢慢地把海洋变成碳酸。

由于所有这些原因，没有一个负责任的人能够坚持说，我们可以尽管把碳排放到空气中，只要给平流层涂个防晒霜来进行补偿就好了。但在 2013 年的一本书中，物理学家戴维·基思（David Keith）提出了一种温和、灵敏、暂时性的气候工程模式。"温和"意味着硫酸盐或碳酸盐的量只是足以降低变暖的速度，而非完全抵消，适可而止是一种美德，因为微小的干预不太可能引发失控的巨变。"灵敏"指任何操作都将是谨慎、渐进、密切监控、不断调整的，而且如果一旦出现相关征兆，将完全停止。而"暂时性"意味着在消除温室气体排放并将大气中的二氧化碳恢复到工业化前的水平之前，该项目的设计只能给人类以喘息的空间。为了回应人们对世界将永远依赖气候工程的恐惧，基思说："到 2075 年，我们难道还不知道如何每年从空气中吸收 50 亿吨碳吗？我不信。"[106]

基思是世界上最优秀的气候工程师之一，我们不能指责他被创新的激情冲昏了头脑。记者奥利弗·莫顿（Oliver Morton）在 2015 年出版的《重塑的星球》（*The Planet Remake*）一书中也有类似的思考，书中从历史、政治、道德以及当前技术水平等层面展示了气候工程。莫顿表示，一个多世纪以来，人类一直在破坏水、氮和碳的全球循环，因此现在保护原始地球系统为时已晚。鉴于气候变化问题牵涉甚广，认为人类可以轻易解决这一问题并不明智。在解决方案完全到位之前，研究如何最大限度地减少气候变化对数百万人的伤害似乎只是谨慎的做法。莫顿设想了几种情景，即使未来世界缺乏理想的全球治理，也能实施温和或暂时性的气候工程计划。法律学者丹·卡汉（Dan Kahan）的研究已表明，提供有关气候工程的信息非但不会造成道德风险，反而会让人们更加关注气候变化，减少对政治意识形态的偏见。[107]

环境问题终将解决

尽管经历了半个世纪的恐慌，人类并没有走上不可挽回的生态自杀之路。人类对资源短缺的恐慌只是因为误解。厌世的环境保护主义亦是如此，认为现代人不过是原始星球上邪恶的掠夺者也只是一种误解。而开明的环境保护主义则认识到，人类需要利用能源来摆脱熵和进化带给他们的贫困。

启蒙环境保护主义正是要寻求对地球和生命世界危害最小的方式来使人类摆脱贫困。历史表明，这种现代的、务实的、人性化的环境保护主义是可行的。随着世界变得越来越富裕，科技水平越来越高，它将非物质化、去碳化和致密化，从而节省土地和物种。随着人们变得越来越富有，受教育程度越来越高，他们将更关心环境，想出保护环境的方法，并且更有能力为之买单。环境的诸多方面正在改善，鼓励着我们去处理那些仍待解决的严重问题。

这些问题中最首要的是温室气体的排放及其对气候变化的威胁。人们有时会问我，人类是会揭竿而起、迎接挑战呢，还是会坐视灾难的发生？我认为我们无论如何都会直面挑战。但是，理解这种乐观的本质同样至关重要。经济学家保罗·罗默

（Paul Romer）曾区分自满的乐观主义与有条件的乐观主义。前者是孩子在圣诞节的早晨等待礼物时的感觉，而后者是一个孩子想要一间树屋，他意识到，如果他能找来一些木头和钉子，并说服其他孩子帮助他，他就能自己建一间出来。[108]

对于应对气候变化，我们不能自满地乐观，但可以有条件地乐观。我们有一些切实可行的方法来防止伤害，而且我们有办法学到更多，积累更多经验。问题是可以解决的。这并不意味着问题会自己解决，而是告诉我们，如果能够善用现代社会的仁慈力量，包括社会的繁荣、高明管理下的市场、国际治理以及对科学和技术的投资，我们就能像解决其他现代问题一样，解决好环境问题。

ENLIGHTENMENT
NOW

—

11
和平

进步的浪潮到底有多坚实深厚？如今取得的进步会不会在哪天戛然而止，甚至出现反转？暴力史为我们看待这个问题提供了一个很好的视角。我曾在之前出版的作品《人性中的善良天使》（*The Better Angels of Our Nature*）里指出，不论用哪个客观指标衡量，暴力事件的发生率在 21 世纪的头十年里都出现了下降。可是当我还在伏案写稿的时候，就有不少审稿的同仁提醒我说，恐怕在第一本书到达书店之前我的牛皮就要吹破了。那段时间，人们一直被伊朗要与以色列或美国开战，甚至可能打核战争的愁云所笼罩。

在新书实际出版的 2011 年出现了一连串的坏消息，几乎让这本书沦为废纸：叙利亚内战打响，西欧恐怖袭击猖獗，美国警察枪击伤人事件频发，愤怒的民粹主义情绪在西方社会蔓延，导致仇恨犯罪和种族主义、厌女症（misogyny）①大行其道。

人们不愿意相信暴力事件的发生率在下降，不仅不愿意相信，随处可见的消极新闻还带来了认知上的偏差，让人们仓促地得出结论，认为暴力事件正在愈演愈烈。所以，在接下去的 5 个章节中，我将用回顾事实数据的方式梳理近年来发生的各种消极事件。我将画出数种暴力现象发展至今的历史轨迹，图上用箭头标记了《人性中的善良天使》一书中数据的截止点。[1] 7 年左右的光景在历史的长河里不过转瞬即逝，但是对一本书和其中观点而言，这眨眼的工夫足以区分它到底是对热门观点的跟风，还是对历史潮流的洞见。更重要的是，我将挖掘现象背后更深层的历史驱动力，以便解释这些潮流和趋势的成因，并把它们放在本书的主题——进步的大背景下进行探讨。为此，我需要介绍一些新的概念和想法，以便解释这些"驱动力"的本质。首先，我选择以最极端的暴力事件作为开始：战争。

战争与和平

在人类历史的大部分时期，战争一直都是各国政府最青睐的消遣活动，而和平不过是从一场战争结束到下一场战争开始之间的喘息。[2] 这可以在图 11-1 里看到，图中标注了 1500—2000 年期间，每个时代里最有影响力的大国们处于战争状态时间所占的比例。所谓的大国就是有实力将自身的影响力延伸到国境线外的国家或帝国，它们通常旗鼓相当，这些国家一起掌握了每个时代里全世界最主要的军事力量。[3] 大国之间的战争，比如世界大战，是我们这个富有同情心的物种所能想象的、最具破坏性的毁灭事件，它们造就的受害者比其他所有形式地区冲突的总和更甚。图 11-1 显示，在世界进入现代前夕，世界上主要的大国几乎总是处于战争的状态。而近几年，它们几乎没有发动过战争：曲线最后一个拐点代表的是朝鲜半岛的战争，而那已经是 60 年前的事了。

---

① 厌恶女性和女权运动的偏见。——译者注

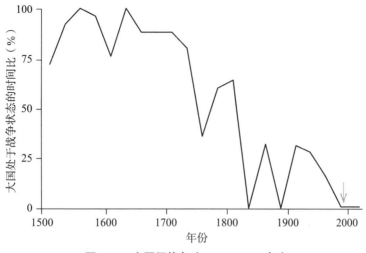

图 11-1   大国间战争（1500—2015 年）

资料来源：Levy & Thompson 2011，更新了 21 世纪的数据。2000—2015 年除外，
其余年份以 25 年为统计单位，数据代表大国间开战的年数占 25 年时间区间的
百分比。箭头指示的区段为 1975—1999 年，为《人性中的善良天使》中图 5-12
里最后 25 年的数据。

　　大国战争时间的锯齿图没有体现出两个有关战争的相反趋势。[4] 在 450 年的时
间里，由大国发动的战争持续时间变得越来越短，发动的频率也越来越低。但是，
由于这些国家的军队智囊越来越优秀，部队训练越来越有素，武装配备越来越先进，
实际发生的战争伤亡反而变得更惨重，换句话说，世界级的战争变得更短但是破坏
力更惊人。只有在第二次世界大战的硝烟散去之后，战争的三项指标——频率、时
长和破坏力才依序出现了下降，世界由此进入了被称为"长期和平"的历史阶段。

　　这不只是因为大国之间停止了纷争。在传统观念里，战争意味着交战两国派出
制式统一的部队并发生武装冲突，但战争的这种经典定义似乎已经不再适用。[5]1945
年之后，没有哪一年爆发的战争数超出三起，在 1989 年后绝大多数的年份里都没
有发生战争，而在美国入侵伊拉克的 2003 年后，战争已经销声匿迹，这是自从第
二次世界大战结束后，世界上最长的、没有爆发国家间战争的间隔记录。[6] 如今，
国家军队间的遭遇战只会造成数百人的伤亡，历史上那些曾经全民动员、动辄死伤
数百万人的全面战争已然作古。不过，"长期和平"的说法在 2011 年的确受到了挑战，

比如亚美尼亚与阿塞拜疆、朝鲜与韩国之间的冲突，所幸每一场冲突的双方最终都能退一步海阔天空，而不是趁势将冲突升级为全面战争。当然，这并不意味着由地区冲突上升为全面战争是完全不可能的，战争被当成一种极端手段，每个国家（几乎）都在不惜代价地避免亮出这张底牌。

战争的版图也在持续缩水。2016 年，哥伦比亚政府与哥伦比亚革命武装力量（FARC）达成和平协议，冷战时期最后的遗留问题以及西半球最后一场活跃的政治性武装冲突由此宣告结束。在数十年前，这样的和平协议是难以想象的。[7] 与哥伦比亚的情况类似，在危地马拉、萨尔瓦多共和国以及秘鲁，左派的游击队也曾同以美国为后台的国家政府进行抗争，而尼加拉瓜则正好相反（当地的反政府武装力量在美国的支持下抗击着左翼政府），这些内战总计导致超过 650 000 人丧生。[8]

其他广阔地域也为世界和平的实现添砖加瓦。西欧从来都是血腥的修罗场，战争冲突在两次世界大战期间达到鼎盛之后，西欧诸国迎来了超过 70 年的和平时光。尽管仍有严重的政治分歧，但是今天的东亚和东南亚几乎不会再发生频繁的地区间冲突。

目前世界上的战争几乎全部局限在尼日利亚等地区内，生活在该地区的人口不到全世界的 1/6。发生在那里的战争无一例外是国家的内战，按照乌普萨拉大学战争冲突数据研究项目（Uppsala Conflict Data Program, UCDP）的定义，内战指发生在国家政府与有组织团体间的武装冲突，并且需要有可信的途径证实冲突的年均伤亡规模在 1 000 人以上。在此，我们的确能找到一些有关战争势头波动的最新原因。冷战结束后全世界内战的数量出现了陡峭的下降态势，从 1990 年的 14 起减少到 2007 年的 4 起，随后又在 2014 年和 2015 年增加到 11 起，2016 年上升到 12 起。[9]

引起内战数量反弹的主要原因是由激进的组织引发的武装冲突，2015 年的 11 起内战中有 8 起，2016 年的 12 起中则有 10 起。要不是这些极端组织的存在，世界上每年的内战数量可能根本不会有变化。也许下面这个数字不是巧合：2014 年和 2015 年各有 2 起内战是由另一个反启蒙思想的意识形态——民族主义挑起的。

当前最惨烈的内战发生在叙利亚，仅 2016 年，叙利亚内战造成的战争死亡人数就达到了 250 000 人（保守估计），它也是图 11-2 中，世界战争造成的死亡人数在近年攀升的主要原因。[10]

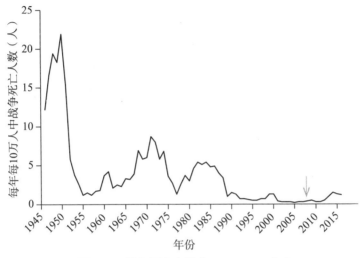

图 11-2　战争死亡人数（1946—2016 年）

资料来源：数据改编自 Human Security Report Project 2007。1946—1988 年：*Peace Research Institute of Oslo Battle Deaths Dataset* 1946—2008，Lacina & Gleditsch 2005。1989—2015 年：UCDP *Battle-Related Deaths Dataset version* 5.0，Uppsala Conflict Date Program 2017，Melander, Pettersson, & Themner 2016。世界人口数据：1950—2016，U.S. Census Bureau；1946—1949，McEvedy & Jones 1978，有修改。箭头所指的时间为 2008 年，是《人性中的善良天使》中图 6-2 里最新数据的年份。

在走过一段让人惊讶的、近 60 年的下降时期后，战争死亡人数在曲线的尾巴上出现了一段小的上扬。第二次世界大战见证了人类最惨烈的时光，每年每 10 万人中有近 300 人死于战争；第二次世界大战的伤亡数据没有在图表中标出，如若不然，整条曲线后半段的变化趋势和它相比就只能像是一条扁平的、稍微褶皱的地毯而已。如图中所示，战后时期的战争死亡率呈过山车式的下降趋势，各个尖峰依次代表（每年每 10 万中）朝鲜战争的 22 人、20 世纪 60 年代末 70 年代初越南战争的 9 人，以及 20 世纪 80 年代两伊战争的 5 人，随后在 2001—2011 年间，这条曲线一直徘徊于 0.5 人附近。反弹出现在 2014 年，曲线回到了 1.5 人，并于 2016 年略微下降至 1.2 人。2016 年的数据也是我们目前能够掌握到的最新数据了。

2012 年爆发叙利亚内战，关注新闻的人可能会因此认为和平的历史进程开起了倒车，这场屠杀将之前人类数十年的努力付之一炬。他们会这么想大概是因为忘记了，2009 年后许多内战的结束都没有伴随锣鼓喧天的仪式并昭告天下（这些从内战中脱身的国家包括安哥拉、乍得、印度、伊朗、秘鲁和斯里兰卡），他们还忘记了从前内战的血腥程度，例如发生在中南半岛（1946—1954 年，50 万人死亡）、印度（1946—1948 年，100 万人死亡）、苏丹（1956—1972 年，50 万人死亡；1983—2002 年，100 万人死亡）、安哥拉（1975—2002 年，100 万人死亡），以及莫桑比克（1981—1992 年，50 万人死亡）的内战。[11]

叙利亚内战迫使绝望的难民背井离乡，许多人历尽千难万险到欧洲寻求庇护，对于这番悲惨景象的想象让一种说法甚嚣尘上，它认为现代社会的难民比历史上任何时期的都多。但这只是历史健忘症和可得性偏差的又一个体现。政治学家约书亚·戈尔茨坦（Joshua Goldstein）指出，与 1971 年孟加拉国战争期间的 1 000 万、1947 年印巴分治期间的 1 400 万难民相比，叙利亚的 400 万难民只能算小巫见大巫，更何况在第二次世界大战期间，仅欧洲难民的数量就有 6 000 万，而且这些历史时期的世界人口还远远不及如今。[12]

拿冷冰冰的数字来比较并不是为了淡化今天难民们所受的痛苦。我们不应当忘记从前的战争受害者们，只有这样才能保证政策制定者们以准确的历史观和世界观为人类谋求福祉，尤其要防止他们得出这样的危险结论：当今世界依旧纷争动乱不断。这个结论会诱使他们抛弃全球合作，或者选择向冷战时期那种虚无的"稳定"国际关系退守。"不是世界出了问题，"戈尔茨坦指出，"而是叙利亚出了问题……曾经（在别的地方）结束过战争的政策和措施，只要稍加努力和变通，也同样可以结束如今发生在南苏丹、也门甚至叙利亚的内战。"

大量屠戮手无寸铁的普通民众的类似行为被称为种族灭绝、大屠杀或者单方面暴力，这种行为与战场上造成的伤亡不相伯仲，两者也常常难以区分。根据历史学家弗兰克·乔克（Frank Chalk）和库尔特·乔纳森（Kurt Jonassohn）的说法："世界上所有地区、所有历史时期都发生过种族灭绝事件。"[13] 在战争的白热阶段，种族灭绝死亡率的巅峰值高达年均每10万人中有350人。[14] 与"世界永远不会从战火中吸取教训"的断言相悖，战后的人类社会一点儿也不像腥风血雨的20世纪40年代。事实上，在第二次世界大战结束后，种族灭绝造成的死亡率一直呈锯齿状的下降趋势，这可以通过图 11-3 中的两组数据看出。

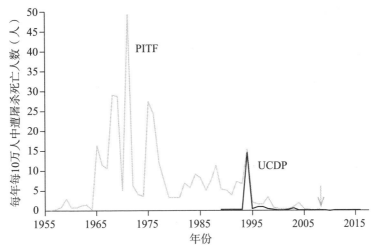

图 11-3　种族灭绝造成的死亡率（1956—2016 年）

资料来源：PITF，1955—2008 年：*Political Instability Task Force State Failure Problem Set*，1955—2008，Marshall, Gurr & Harff 2009；Center for Systemic Peace 2015。计算过程参见《人性中的善良天使》的第 338 页。UCDP，1989—2016 年：*UCDP One-Sided Violence Dataset v. 2.5-2016*，Melander, Pettersson, & Themnér 2016；Uppsala Conflict Data Program 2017，"High fatality" estimates，由 UCDP 的 Sam Taub 修订，世界人口数据来自 US Census Bureau。箭头所指的时间为 2008 年，是《人性中的善良天使》中图 6-8 里最新数据的年份。

图中的尖峰代表了布隆迪的图西族和胡图族仇杀事件（1965—1973 年，14 万人死亡）、孟加拉国战争（1971 年，170 万人死亡）、苏丹内战（1956—1972 年，50 万人死亡），还有距离较近的、发生在波斯尼亚（1992—1995 年，22.5 万人死亡）、卢旺达（1994 年，70 万人死亡）和达尔富尔（2003—2008 年，37.3 万人死亡）的大屠杀等历史事件。[15]

从 2014 年到 2016 年，不断涌现的惨剧让又一个暴力时代已然来临的印象深入人心。[16] 谁都不能用"可喜可贺"来形容无辜平民遇害这样的事，但是和从前的岁月相比，21 世纪的数字真可谓九牛之一毛。

诚然，光是数据库里的数字并不能很直观地用于评估潜在的战争风险：现代战争不常发生但是破坏力惊人，历史资料在预测战争发生率方面仍显得异常紧缺。[17] 我们生活在一个历史只会发生一次的单向世界，为了能够充分利用本已不多的历史数据，我们需要将这些数字和一些额外的知识相结合，以便分析战争发生的原因，正如联合国教科文组织的座右铭所言："战争起源于人之思想。"对于战争的减少，我们发现它的内涵不仅仅局限于战争数量以及战争伤亡人数的减少，还体现在许多国家战争储备资源的缩减。征兵的力度、军队的规模和全球军费支出在 GDP 中的百分比都在最近的数十年内呈下降趋势。[18] 最重要的是，男人们（还有女人们）对战争的态度已经不可同日而语了。

跟"兵戎相见"说再见

这些变化是怎么发生的？理性与启蒙时代的来临，让进步人士或教派将指责的矛头对准了战争，其中的代表包括帕斯卡、乔纳森·斯威夫特、伏尔泰、塞缪尔·约翰逊及贵格会等。他们也为减少甚至消除战争献计献策，尤其是康德和他著名的论文《永久和平论》（*Perpetual Peace*）。[19] 启蒙思潮被认为是 18 世纪和 19 世纪世界战争减少甚至其间出现短暂和平的主要原因。[20] 不过，只有在第二次世界大战结束后，康德和其他先贤们认为的和平促进力量才真正登上历史的舞台并成效逐现。

我们在第 1 章里看到，许多启蒙时代的思想家都推崇"温和的商业"，他们认为国际贸易的甜头会让苦涩的战争黯然失色。这当然合情合理，战后国际贸易在各国 GDP 中的占比扶摇直上，定量分析也证实，在其他条件相同的情况下，贸易往来频繁的国家间发生战争的可能性相对更小。[21]

启蒙思想的另一个影响，是让民主政府成为醉心功勋的领导人的制动器，防止激进的个人将整个国家拖进毫无意义的战争里。越来越多的国家决定给民主制度一个机会（第 14 章会进一步探讨）。尽管有一种一刀切的说法认为两个民主制国家之间永远不可能发动战争，这种说法的正确性有待商榷，但是我们手头的数据无疑能够佐证一种分层的民主和平理论，也就是两个国家的民主化程度越高，它们之间发生军事摩擦的可能性就越小。[22]

现实政治（Realpolitik）[①]也是助力长期和平的因素之一。迫于两国在冷战时期毁灭性的军备竞赛（哪怕不考虑核武器），美国和苏联这两个超级大国不得不对开战的想法深思熟虑，令世界感到惊讶和欣慰的是，它们最终没有打响这场战争。[23]

不过，在造就当今国际政治秩序的众多单一因素中，有一条很少被我们提起，即战争是非法的。在历史上的绝大部分时期，这一点都无从谈起。战争是其他政治手段的延续，战胜国可以获得战利品作为回报，而战争的对错往往无关紧要。如果一个国家认为自己受到了他国的怠慢，它就可以向对方宣战，用侵占领土的方式作为补偿，同时希冀世界上的其他国家能够承认这场领土的吞并活动。

亚利桑那、加利福尼亚、科罗拉多、内华达、新墨西哥和犹他州之所以会成为美国的州，是因为在 1846 年，美国由于墨西哥长期拖欠债务而发动了战争并侵占了这些土地。同样的故事在今天是不可能发生的：绝大多数的国家都承诺，仅在出于自我防卫或者得到联合国安全理事会首肯的情况下才会发动战争。国家是不朽的，领土也会代代相传，如今发动侵略战争的国家没法指望从世界其他国家那里获得认同，因为它们能得到的只有谴责。

法律学者奥娜·哈撒韦（Oona Hathaway）和斯科特·夏皮洛（Scott Shapiro）主张战争的非法化才是长期和平得以实现的最大功臣。国际社会应当在战争非法化的问题上达成共识，这个想法最早是由康德在 1795 年提出的。让人啼笑皆非的是，它第一次以国家间共识的形式出现在 1928 年的《巴黎非战公约》（*Pact of Paris*）里，或者称为《凯洛格 – 白里安非战公约》（*Kellogg-Briand pact*）中，而 1945 年联合国的成立才让它真正生效。从那以后，触犯侵略战争禁忌的国家往往会受到军事上的反击，例如在 1990—1991 年，国际社会曾组成同盟抗击并挫败了伊拉克对科

---

① 现实政治：主张以国家利益为根本和唯一内政外交考量的政治意识形态。——译者注

威特的侵略。在更多的时候，这条禁忌只是作为一个规范，仿佛在说"发动战争不是一个文明进步的国家该有的行为"，它的权威由经济制裁等象征性的惩罚措施作为保证。这些惩罚措施的有效性取决于当事国家对自己立足于国际社会的地位重视程度，这里应当再次提醒，在面对民粹民族主义卷土重来的今天，这也是我们必须重视并且加固国际社会价值观的原因。[24]

规范总是会不可避免地被打破。某些愤世嫉俗的观点似乎确实在理，它们认为除非人类建立一个世界政府，不然所谓的国际规范和公约不过是毫无效力的一纸空文，总有国家可以目空一切地触犯它、凌驾之上。哈撒韦和夏皮洛对此的回应称，哪怕是一个国家国内的法律也时常会被人触犯，小到违章停车，大到杀人放火，但是效力有限的法律总比无章可循要强。根据他们的计算，在签订《巴黎非战公约》前的100年，世界上每年遭到吞并的领土面积约28万平方千米。但是在1928年之后，遭到强占的几乎每一块土地都最终物归原主。弗兰克·凯洛格（Frank Kellogg）和阿里斯蒂德·白里安（Aristide Briand）（他们分别是时任美国国务卿和法国外交部长）才是笑到最后的人。

不过哈撒韦和夏皮洛指出，国家间战争的非法化同样有它不利的一面。历史上，由于欧洲殖民国家往往会竭尽所能榨取和搜刮自己的殖民地，留下一个个空虚疲乏的国家——国境线模糊，没有继任的中央权力机构。这些国家通常会陷入内战和帮派纷争中。在新的国际秩序下，这些战乱不断的国家和地区已经不能成为其他国家发动军事行动的目标，而只能数年甚至数十年地维持无政府的动乱状态。

国家间战争的减少始终是人类社会进步的一个重要标志。内战造成的人员伤亡远远比不上侵略战争，而即便是内战的数量也在20世纪80年代之后出现了下降。[25] 随着冷战的结束，世界大国们挑起内战的兴趣逐渐被尽早结束战争的心情所取代，这让它们纷纷倒向支持联合国颁布的、与和平进程有关的提议和努力。此外，它们奔走于好战的国家之间并扮演和事佬的角色，多数情况下，这些行动在维持世界和平方面的确成果斐然。[26]

不仅如此，当一个国家变得更富有时，发生内战的可能性也会降低。富裕国家的政府有能力为国民提供医疗、教育和治安等公共服务，因此可以在民众拥护程度上胜过国内的反叛势力。此外，它们也有实力重新夺得边疆领土的控制权，那些地区一般有军阀、黑手党和游击队（这些角色通常由同一帮人扮演）盘踞。[27] 鉴于许多战争的发生是因为交战双方同时陷入了"先下手为强，后下手遭殃"的恐惧（这种博弈的情况被称为安全困境或霍布斯困境），所以邻国间关系的和平稳定，无论最初是谁对谁表现出友好和睦的姿态，都能起到自我强化和平的效果。与之相反，战争则具有感染他国的传染性。[28] 这一点可以用来解释如今战争区域持续减小、世界大部分地区迎来和平的现象。

世界和平终将实现

启蒙思潮和后来的政策携手降低了战争的发生率，世界的价值观也随之改变。到目前为止，我们看到的那些致力于实现和平的力量，在某种程度上都是民心所向的结果：政府的天平之所以向和平倾斜，只是因为人民希望获得和平。至少从"民谣与伍德斯托克音乐节"①盛行的 20 世纪 60 年代开始，和平是个"好东西"的想法就已经渐渐深入人心，对和平的向往成了西方人的第二天性。如果有国家要发动军事干预，它们必须师出有名，战争只能是在遭到暴力威胁的情况下，不得不以暴制暴的无奈手段。但是就在和平成为人们心头好之前没多久，战争才是人们共同的追求。战争曾被认为是光荣、振奋人心、鼓舞精神、有男子气概、崇高、英勇、无私的象征，人们认为它可以净化娇气、自私自利、消费主义和享乐主义横行的、堕落腐朽的资产阶级社会。[29]

今天，这种可以通过屠戮他国国民，摧毁他们的道路、桥梁、农场、住宅、学校和医院来彰显荣耀的想法简直犹如疯子的呓语。但是在 19 世纪的反启蒙运动中，这种观念的信徒甚众。美化军国主义的风潮一度非常流行，而且不只是头戴尖盔的军队高层这么做，就连许多艺术家和有识之士也颇为热衷。战争"拓宽了人们的思路，锤炼了他们的个性"，政治思想家、历史学家托克维尔曾如是写道。战争是"生

---

① 1969 年 8 月 15 日伍德斯托克音乐节的宣传口号是"和平与音乐的 3 天"。——编者注

活的本质"，法国作家左拉曾这么说。（战争）"是所有艺术创作的基础……（并且）是人至高品德和才华的体现"，作家、艺术批评家约翰·拉斯金写道。[30]

对军国主义的美化里有时候也会掺杂着对种族主义的美化。种族主义是指对本族群语言、文化、国土和种族的过度拔高和粉饰，它强调种族的热血和赤魂，认为一个国家的昌盛必须借由建立种族血统纯正的主权国家。[31] 种族主义的力量来源于煽动盲目的国民观念，让人们相信暴力抗争是生命力的天性（"茹毛饮血，尖牙利爪"）与人类进步的动力。这与启蒙运动的思想大相径庭，启蒙运动认为人类进步的动力是解决问题。以暴制暴的价值观演化与黑格尔的辩证法理论相契合。黑格尔认为历史前进的力量势必造就一个超级帝国，战争是必要的。黑格尔写道："是战争从社会固化和停滞的泥潭中拯救了国家。"[32]

不过，美化军国主义的最大推动力或许是衰退主义，后者是一种在有识之士中盛行的、厌恶普通人安于平和富足生活的意识形态。[33] 在叔本华、尼采、艺术史学家雅各布·布克哈特（Jacob Burckhardt）、社会学家格奥尔格·齐美尔（Georg Simmel）和哲学家奥斯瓦尔德·斯宾格勒（Oswald Spengler）的影响下，文化批判主义在德国变得尤为根深蒂固。（我们会在第 23 章再对这些观点进行探讨。）

直到今天，研究第一次世界大战的历史学家们还是对英国和德国这两个共同点颇多的国家（它们都是老牌的西方国家，信奉基督教，高度工业化且社会富裕）会选择进行一场毫无意义的浴血拼杀而感到迷惑不解。背后的原因繁多而复杂，但在某种程度上与双方意识形态的不和有关，历史学家阿瑟·赫尔曼指出，"一战"前的德国人自视甚高，认为"他们不屑于和欧洲或传统西方国家的国民为伍"。[34]尤其是，德国人认为启蒙运动带来的自由、民主和商业文化正在蚕食西方社会的活力，不列颠和美利坚则在一旁煽风点火、落井下石，而他们英勇地抵挡住了诱惑。

许多德国人相信，只有救赎的灰烬才能让新的英雄主义和社会秩序获得涅槃，关于战争的浪漫幻想最后统统在战火中被燃烧殆尽，实现和平成了每一个西方社会和国际机构的终极目标。人类的生命才是最宝贵的，至于荣誉、名声、卓越、男子气概、英雄主义以及其他种种由于雄性激素过剩而催生的幻想，若为生命故，一切皆可抛。

虽然人类实现和平的进程正在断断续续、跌跌撞撞地稳步推进，有很多人依旧不相信有实现世界和平的可能性。他们坚持认为，人类的天性里对征服占领有近乎无厌的欲求。其实他们不光这样看待我们自己的天性，许多评论家还会把雄性智人的自大投射到几乎所有智慧生物身上，警告我们一定不要试图寻找外星人，以免更高等的地外文明发现我们的存在并赶来奴役我们。尽管约翰·列侬和小野洋子在不少好听的歌里都唱到了世界和平，但这样的歌声在现实面前依旧太过美好，美好得像一种绝望的天真。

事实上，战争可能就像横在我们面前的瘟疫、饥荒和贫穷一样，只是我们这个受过启蒙思想熏陶的物种必须学会克服的另一个障碍。虽然侵略战争带来的短期利益非常诱人，但是更好的策略莫过于尽量避免发起具有破坏性的冲突或造成不必要的牺牲，毕竟如果你成了别人眼中的威胁，那就相当于给了别人先发制人的好理由。从长远来看，一个各方都避免发动战争的世界才是对所有人而言都更好的世界。新兴的事物如国际贸易、民主制度、经济发展、维和力量以及国际法律和规范，都是助力建造这样一个世界的有效力量。

ENLIGHTENMENT
NOW

———

12
安全

人类的身体是脆弱的。即使人们让自己吃饱喝足、无病无患、一切正常，人体依然会受到"无数血肉之躯所不能避免的打击"。[1]我们的祖先很容易被鳄鱼和大型猫科动物等食肉动物捕食，或死于蛇、蜘蛛、昆虫、蜗牛和青蛙的毒液。此外，作为杂食动物，人类的饮食结构非常庞杂，还有可能因为误食含有有毒成分的某些食物，比如鱼、豆类、根类、种子和蘑菇等而中毒身亡。当人类冒险爬树摘果采蜜时，一旦失足，他们的身体将遵从牛顿万有引力定律，并以 9.8 米每二次方秒的加速度向地面加速坠落。如果人类向湖泊或河流深处涉水太远，被水淹没后将失去空气供应而窒息。人类会使用火，但有时会被烧伤。不仅如此，人类还可能是恶意预谋的受害者：任何能使动物倒下的手段也

———

① "无数血肉之躯所不能避免的打击"，原文为 "the thousand shocks that flesh is heir to"，出自莎士比亚《哈姆雷特》第三幕第一场，本书采用朱生豪先生译本。——译者注

会在同类相残中让人类自己倒下。

现在，极少有人会被吃掉，但是每年有成千上万的人死于蛇咬伤，而且其他危险也在持续地造成大量人员伤亡。[1] 各类事故是美国的第四大死因，仅次于心脏病、癌症和呼吸系统疾病。在世界范围内，受伤致死人数约占所有死亡人数的 1/10，超过了死于艾滋病、疟疾和结核病的患者总和，因伤致死致残的人数占到每年死亡和伤残总数的 11%。[2] 个人暴力也会造成伤害：它是造成美国年轻人以及拉丁美洲和撒哈拉以南非洲地区所有人口死亡的五大危险之一。[3]

长期以来，人类一直在思考是什么造成了危险，以及如何才能避免危险。在犹太人的宗教仪式中，也许最激动人心的时刻，就是在"敬畏日"（Days of Awe）[①]，站在打开的妥拉柜（Torah ark）前背诵祷告：

> 铭刻于新年伊始（Rosh Hashanah）[②]，封印于赎罪之日（Yom Kippur）：……
> 谁将生，谁将死；谁将寿终正寝，谁将寿数未尽而提前毙命；谁将溺亡，谁将烧死；谁将死于刀剑，谁将葬身虎口；谁将死于饥荒，谁将死于干渴；谁将殁于地震与瘟疫；谁将死于绞刑，谁将丧命于乱石之下……但虔诚地忏悔、祈祷和施舍将使书写命运的卷轴失效。

幸运的是，我们对死亡原因的了解已经超越了神圣的铭文，而我们抵抗死亡的手段也变得比忏悔、祈祷和施舍更加可靠。人类的聪明才智已经战胜了生命的主要威胁，包括上面祷文中列举的重重险阻。可以说，我们正生活在历史上最安全的时代。

在前面的章节中，我们已经看到了认知和道德的偏见如何厚古薄今，谴责现在而宽宥过去。在本章中，我们将看到类似的偏见会以另一种方式忽视人类的进步。虽然致命伤害是人类生命的一大祸患，但使其数量减少并非易事。高速公路隔离护栏的发明者没有获得诺贝尔奖，设计出更明确的处方药品标签的设计者也没有获得

---

① "敬畏日"是犹太教节日，自犹太新年起，至赎罪日止，共十天。——译者注
② Rosh Hashanah 指犹太新年的前两天，一般在公历 9 月份。下文中的 Yom Kippur 是犹太教中的赎罪日，"敬畏日"的最后一天。——译者注

人道主义奖。然而，这些幕后英雄的努力使人类受益匪浅，正是类似的发明让各种伤害造成的死亡人数锐减。

谁将死于刀剑

让我们从最难消除的伤害类别凶杀开始吧，因为这类伤害不是意外。除了世界大战之外，死于凶杀的人其实比死于战争的人更多。[4] 在战事不断的 2015 年，这一比例约为 4.5∶1；而在通常情况下，该比例是 10∶1 或更高。在过去，凶杀对生命的威胁更大。比如，在中世纪的欧洲，领主们会屠杀他们对手的农奴，贵族们和他们的随从动辄互相决斗，强盗和路匪常常既要谋财又要害命，而普通人在餐桌上一言不合就可能持刀相向。[5]

但在德国社会学家诺贝特·埃利亚斯（Norbert Elias）称之为"文明进程"（Civilizing Process）的全面历史性发展中，从 14 世纪开始，西欧解决争端的方式变得不再那么暴力。[6] 埃利亚斯把这一变化归功于中央集权王国的出现。由于中世纪的男爵和公爵们分封的领地逐渐合并形成大的王国，地方性的不和、土匪和军阀混战最终臣服于"国王的和平"（King's Peace）。19 世纪，通过成立市政警察部队和更审慎的法院系统，刑事司法系统进一步专业化。

与此同时，经过几个世纪的发展，欧洲还建立了商业基础设施，既有有形的设施，比如更好的道路和车辆，也有金融基础设施，如货币和合同等形式。温和的商业蓬勃发展，掠夺土地的零和博弈让位于商品和服务贸易的正和共赢。法律和政府规则编织出一张张商业义务和职业责任的大网，将人们牵绊其中。人们的日常行为准则从一种以暴力回应侮辱的男子气概文化，转变为一种君子绅士的尊严文化，在这种文化中，地位的获得靠的是展现礼节和自我克制。

历史犯罪学家曼努埃尔·艾斯纳（Manuel Eisner）曾收集并建立了欧洲凶杀案件的数据库，这些数据为埃利亚斯 1939 年发表的论文提供了证明。[7] 凶杀率是衡量不同时间和地点暴力犯罪的最可靠指标，因为尸体总是很难被忽视，而且凶杀率与抢劫、袭击和强奸等其他暴力犯罪的发生率正相关。艾斯纳认为，埃利亚斯的理论是正确的，而且不仅仅是在欧洲如此。每当政府在新的地区推行法治，使当地人民融入商业社会，暴力发生率就会下降。

图 12-1 展示了艾斯纳收集的英格兰、荷兰和意大利的数据，并一直更新到 2012 年。其他西欧国家的曲线也大同小异。我还补充了一些美洲地区法律与秩序成形较晚的地方：殖民时期的新英格兰，美国"狂野西部"（Wild West）的一片地区，然后是墨西哥。虽然今日的墨西哥仍因暴力而臭名昭著，但比起过去已经好了很多。

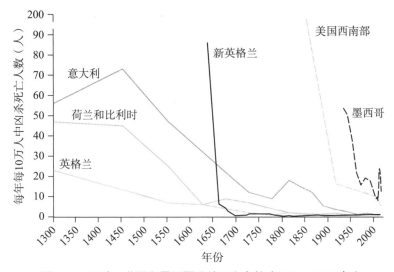

图 12-1　西欧、美国和墨西哥凶杀死亡人数（1300—2015 年）

资料来源：英格兰、荷兰和比利时、意大利，1300—1994 年：Eisner 2003；原图见《人性中的善良天使》的图 3-3。英格兰，2000—2014 年：UK Office for National Statistics。意大利和荷兰，2010—2012 年：United Nations Office on Drugs and Crime 2014。新英格兰（新英格兰，仅白人，1636—1790 年；佛蒙特州和新罕布什尔州，1780—1890 年）：Roth 2009；原图见《人性中的善良天使》的图 3-13；2006 年及 2014 年数据来自 FBI Uniform Crime Reports。美国西南部（亚利桑那州、内华达州和新墨西哥州），1850—1914 年：Roth 2009；原图见《人性中的善良天使》中的图 3-16；2006 年及 2014 年数据来自 FBI Uniform Crime Reports。墨西哥：Carlos Vilalta，个人通信，最初来自 Instituto Nacional de Estadísticay Geografia 2016 和 Botello 2016，取每十年的平均水平，截至 2010 年。

之前介绍进步的概念时，我曾提到没有哪种进步的趋势是不可阻挡的，而暴力犯罪就是一个典型的例子。从 20 世纪 60 年代开始，大多数西方国家经历了一场个人暴力的复兴，直接抹杀了此前一个世纪的进步。[8] 该现象在美国最为突出。当时美国的凶杀率上升了 2.5 倍，而且由于对犯罪广泛的（也不无道理的）恐慌，城市和政治生活无法正常进行。不过，这样的倒退也算为真正的进步积累了经验和教训。

在高犯罪率的几十年里，大多数专家表示对暴力犯罪无能为力。这些人称，暴力犯罪已成为充满暴力的美国社会的一部分，如果不解决种族主义、贫困和不平等之类的根本原因，该问题将无法得到控制。这种历史悲观主义可以被称为"根本原因论"（root-causism），这是一种故作深奥的观点，认为每一种社会疾病都是某种深层次道德问题的症状，不能通过简单的治疗来缓解，因为简单的疗法无法从根本上祛除病因。[9]

"根本原因论"所存在的问题并不在于现实世界中的问题太过简单，而恰恰相反：它们比典型的"根本原因论"所理解的问题更为复杂，特别是在该理论基于道德说教而不是数据分析的时候。事实上，这些社会问题非常复杂，对症下药可能就是处理问题最好的方法了，因为对症下药不需要对错综复杂的实际原因进行上帝视角式的全面理解。其实，通过观察什么措施能有效地减轻症状，人们反而可以检验关于病因的假设，而不仅仅是凭主观臆断就认定病因是什么。

在 20 世纪 60 年代的犯罪井喷期，我们身边的事实就驳斥了"根本原因论"。那是民权运动的 10 年，种族主义影响急剧下降（见第 15 章），经济欣欣向荣，彼时的社会不平等程度和低失业率都让今天的我们无比怀念。[10] 相比之下，20 世纪 30 年代是大萧条的 10 年，当时有吉姆·克劳法①，还有暴民滥用私刑，然而暴力犯罪率却直线下降。事情的发展不仅让所有人惊奇，也让"根本原因论"不攻自破。从 1992 年开始，美国的凶杀率在不平等程度急剧上升的时期直线下降，然后在 2007 年开始的大衰退期间又一次下降（见图 12-2）。[11] 在过去 20 年里，英国、加拿大和大多数其他工业化国家的凶杀率也有所下降。与之相反，委内瑞拉的不平等程度有所下降，凶杀案件却在激增。[12]

---

① 吉姆·克劳法（Jim Crow Laws）泛指 1876 年至 1965 年间美国南部各州及边境各州对有色人种实行种族隔离制度的法律。——译者注

虽然对全世界的统计只有从新千年开始的数据，而且对缺乏数据的国家进行了大胆猜测，但全球凶杀案发案率似乎也呈下降趋势，从 2000 年每 10 万人 8.8 起下降到了 2012 年的 6.2 起。这意味着有额外的 18 万人幸存到了今天，如果全球凶杀案发案率维持在 12 年前的水平，这些人可能已经死于非命。[13]

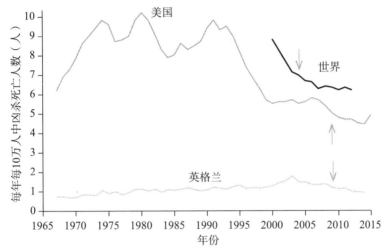

图 12-2　凶杀死亡人数（1967—2015 年）

资料来源：美国：*FBI Uniform Crime Reports* 和 Federal Bureau of Investigation 2016。英格兰（数据还包含威尔士）：Office for National Statistics 2017。世界，2000 年：Krug et al. 2002。世界，2003—2011 年：United Nations Economic and Social Council 2014，图 1；根据 United Nations Office on Drugs and Crime 2014 的估计数，将 2012 年的比例定为 6.2%，然后将百分比转换为凶杀案发案率。箭头指向《人性中的善良天使》中最新数据的年份：世界：2004 年，图 3-9；美国：2009 年，图 3-18；英格兰：2009 年，图 3-19。

暴力犯罪是一个可以解决的问题。虽然我们可能永远无法将全世界的凶杀率降至科威特（每年每 10 万人 0.4 起凶杀案）、冰岛（0.3 起）或新加坡（0.2 起）的水平，更不可能将凶杀率一路下降到 0。[14] 但是，在 2014 年，经过与世界卫生组织讨论，艾斯纳提出了在 30 年内将全球凶杀案发案率降低 50% 的目标（后文简称为 50–30 目标）。[15] 根据以下两项关于凶杀案件的数据统计，这一愿望不是空想，而是切实可行的。

首先，凶杀案的分布在各级粒度 ① 上都是高度倾斜的。在最危险的国家，其凶杀案发案率比最安全的国家高出几百倍。这些危险国家包括洪都拉斯（每年每 10 万人 90.4 起凶杀案）、委内瑞拉（53.7 起）、萨尔瓦多（41.2 起）、牙买加（39.3 起）、莱索托（38 起）和南非（31 起）等。[16] 世界上一半的凶杀案发生在 23 个国家，这些国家约占人类全部人口的 1/10，其中有 1/4 发生在巴西（25.2 起）、哥伦比亚（25.9 起）、墨西哥（12.9 起）和委内瑞拉这 4 个国家。世界上有两个凶杀案较多的地区——拉丁美洲北部和撒哈拉以南的非洲。这与从尼日利亚到中东等的战乱地区不同。

这种不均匀的分布一直延续到了分形尺度上更微观的层面。在一个国家内部，大多数凶杀案集中在几个城市，例如加拉加斯（委内瑞拉首都，每年每 10 万人 120 起）和圣佩德罗苏拉（在洪都拉斯，187 起）。在城市内部，凶杀案集中在几个社区；在社区内，他们聚集在几个街区；在街区内，许多凶杀案是由几个人实施的。[17] 在我的家乡波士顿，70% 的枪击案发生在 5% 的城市范围内，一半的枪击案是由 1% 的年轻人所为。[18]

从图 12-2 中还可以明显地看出支持"50–30 目标"的另一个发现：高凶杀案发案率可以在短期内迅速降低。在谋杀事件发生最多的富裕国家美国，凶杀案发案率在 9 年内下降了近一半；纽约市同期的下降幅度更大，达到约 75%。[19] 在其他一些国家，凶杀案发案率也出现了急剧下降，包括俄罗斯（从 2004 年的每 10 万人 19 起降至 2012 年的 9.2 起）、南非（从 1995 年的 60.0 起降至 2012 年的 31.2 起）和哥伦比亚（从 1991 年的 79.3 起降至 2015 年的 25.9 起）。[20] 在 88 个有可靠数据的国家中，67 个国家在过去 15 年中出现了下降。[21] 在某些不幸的国家（主要在拉丁美洲），凶杀案发案率出现了令人讨厌的增长，但即使在那里，当城市和地区的领导人下决心减少流血事件时，他们也经常取得成功。[22]

图 12-1 显示，墨西哥在 2007—2011 年经历了短暂的倒退之后（完全归咎于有组织犯罪），到 2014 年凶杀案发案率再次开始下降，其中，在臭名昭著的华瑞兹市

---

① 粒度，即数据粒度，指数据库中数据的细化和综合程度。此处可以理解为全球数据库中不同国家的具体情况。——译者注

（Juárez），凶杀案发案率从 2010 到 2012 年下降了近 90%。[23] 哥伦比亚的波哥大市（Bogotá）和梅德利县（Medellín）的凶杀案发案率在 20 年内下降了 4/5，巴西圣保罗和里约热内卢的贫民区则下降了 2/3。[24] 即使是世界"凶杀之都"圣佩德罗苏拉，凶杀案发案率也在 2 年内下降了 62%。[25]

现在，已知暴力犯罪的分布并不均匀。通过采取措施，暴力犯罪率可以迅速下降，若将两者结合起来看，计算就变得很简单：30 年内减少 50% 不仅是可行的，而且几乎有些保守了。[26] 这可不是统计上的小伎俩。量化分析的道德价值在于，它将所有生命都一视同仁，因此那些能减少最多凶杀案数量的措施也在最大程度上避免了人类悲剧的发生。

此外，不均匀的暴力犯罪分布像一个闪烁的红色箭头，指向减少凶杀案发案率的最佳方式。[27] 忘掉"根本原因论"吧。请密切关注具体的症状——那些对大多数暴力负责的社区和个人，然后直接打击造成这些症状的诱因和机会。

行动从执法开始。正如哲学家托马斯·霍布斯在理性时代的论证，处于无政府状态的区域总是充满暴力。[28] 这并不是因为每个人都想掠夺其他人，而是因为在没有政府的情况下，暴力造成的威胁可能会自我膨胀、愈演愈烈。就算某片区域只潜伏着几个可能的"捕食者"，或者"捕食者"们只是在短时间内出现，人们也必须采取激进的姿态进行防御。而且只有人们不计代价，对任何侮辱予以回击、对任何掠夺进行报复来宣示他们的决心，他们的防御才会令人望而生畏。这种现象，有时也被称为"霍布斯陷阱"，可以很容易地引发不和与仇恨的循环：为了避免成为他人的垫脚石，你必须至少像你的对手一样残暴。

凶杀案件中最大的一类，虽然在不同的时间和地点变化很大，但彼此并不熟悉的年轻人为争夺地盘、名誉或复仇而发生的冲突总是榜上有名。一个合法垄断暴力、非利益相关的第三方，也就是一个拥有警察和司法机构的国家，可以将这一循环扼杀在萌芽状态。它不仅通过惩罚的威胁打消了侵略者的积极性，而且还使其他人放心，使他们不必进行以攻为守式的自卫。

对于执法的效果，最有力的明证莫过于在执法机构还不完善的年代和地方，犯罪率往往极高，比如图 12-1 中曲线的左上角所反映的情况。警察罢工时的情景同样具有说服力：趁乱打劫如同火山爆发，民间非法自治组织专横而暴力。[29] 但是，当执法机构执法不力，比如执法机构无能、腐败或不堪重负时，人们知道他们可以肆意违法而不受惩罚，犯罪率也会随之飙升。这对 20 世纪 60 年代的犯罪热潮起到了推波助澜的作用。因为相对于进入犯罪多发期的婴儿潮一代，当时的司法系统运营能力有限。这也是现今拉丁美洲某些地区犯罪率居高不下的原因之一。[30] 与之相反，警务和刑事处罚的扩大化（虽然存在量刑过重的情况）在很大程度上解释了 20 世纪 90 年代美国犯罪大量减少（Great American Crime Decline）的原因。[31]

艾斯纳曾用一句话总结如何在 30 年内将凶杀案发案率降低一半："有效的法治，以合法的执法、对受害者进行保护、迅速而公正的判决、适度的惩罚和人道的监狱为基础，对可持续地减少致命暴力可谓至关重要。"[32] 有效、合法、迅速、公正、适度、人道等形容词，将艾斯纳的建议与受右翼政客青睐的、对犯罪绝不手软的强硬态度区别开来。其中的原因，切萨雷·贝卡里亚在 250 年前已做出过解释。尽管威胁进行更严厉的惩罚既廉价又在情感上令人感到满足，但效果并不是特别好，因为经常违反法律法规的人只是把惩罚当作了罕见的意外——是的，惩罚很可怕，但这是"工作"带来的必要风险。相反，如果有效执法、违法必究，让惩罚可以预见，即使不那么严厉，不法分子也更可能在日常决策中有所顾虑。

除了执法机构的存在之外，国家政权的合法性似乎也很重要，因为人们不仅自己会尊重合法权威，还会考虑并预期他们的潜在敌人在多大程度上也会尊重合法权威。艾斯纳与历史学家伦道夫·罗思（Randolph Roth）共同发现，在人们质疑他们的社会和政府的几十年里，比如美国内战、20 世纪 60 年代期间，犯罪往往会激增。[33]

关于什么在预防犯罪方面起作用而什么不起作用的最新文献支持了艾斯纳的建议。其中，特别引人注目的是社会学家托马斯·阿布特（Thomas Abt）和克里斯托弗·温希普（Christopher Winship）对 2 300 多项研究进行的大型元分析，这些研究几乎覆盖并评估了近几十年来我们尝试过的每一项政策、计划、项目、规划、干预，甚至包括一些"偏方"和"暗门"。[34] 他们最终得出结论，要减少暴力犯罪，唯一的、最有效的策略是"集中吓阻"（focused deterrence）。

首先，必须"像激光一样专注"地瞄准犯罪现象猖獗或刚刚开始蔓延的社区，通过实时收集的数据确定"犯罪热点地区"。"激光"必须进一步对准那些正在伺机欺负弱小或四处寻衅的个人和犯罪团伙。同时，行动必须传达一个简单有力的信息，告诉这些人我们的期望和不同行为的下场，比如"停止射击，我们会帮助你；继续射击，我们就把你关进监狱"。传达信息，然后遵照执行，还需要其他社区成员，比如商店老板、教练、保释监督官和亲戚等的配合。

其次，另一种经过验证、行之有效的方法是认知行为疗法。这并不是说要对嫌犯进行童年阴影的精神分析或强制撑开他的眼皮，让他像《发条橙》（A Clockwork Orange）中的主角一样边看暴力电影边呕吐不止。认知行为疗法是一套行为准则，旨在摒弃导致人们进行犯罪活动的思想和行为习惯。惹是生非的人是冲动的：他们往往在突如其来的空当去偷窃或破坏财物，对他们遇到的人大发雷霆，而忽视了长期的后果。通过认知行为疗法，教会犯人如何自我控制，可以帮助他们抵制类似的诱惑。[35] 作乱者还有自恋和反社会的思维模式，比如他们觉得自己总是正确的、他们有权得到普遍的尊重、与自己看法不一致就是对自己的侮辱，以及其他人没有感情或权益等。虽然不能"治愈"这些妄想，但他们可以通过接受训练来识别和对抗这些妄想。[36] 这种傲慢的心态在如今的荣誉文化中得到放大，解决方法是将愤怒管理和社交技能培训等疗法纳入高危青少年心理咨询或预防再犯计划。

不管一时冲动是否能得到压制，仅仅因为环境中不再有可以满足即时快感的机会，潜在的不法之徒就可能会最终收手。[37] 当汽车、房子和货物都更难盗窃，行人携带的信用卡比现金更多，黑暗的小巷有了路灯照明和视频监控，潜在的罪犯将不能为他们的盗窃欲望找到发泄的出口时，诱惑与冲动消失，犯罪活动将得以避免。此外，消费品变得日益廉价是对抗犯罪活动的另一项进步，它把意志薄弱的违法者变成了守法公民。如今，谁会为了一台钟表式收音机冒险闯进别人的公寓呢？

除了无政府状态、一时冲动和有机可乘，违禁物品走私是暴力犯罪的另一主要诱因。经营非法商品和娱乐活动的商人，在自知被骗时无法提起诉讼，在受到威胁时也不能报警求救，因此他们必须通过令人信服的暴力威胁来保护自己的利益。在美国，20 世纪 20 年代的禁酒和 80 年代末的霹雳可卡因流行，使暴力犯罪数量随之激增。如今，在可卡因、海洛因、大麻泛滥的拉丁美洲和加勒比国家，暴力犯罪也很猖獗。毒品引发的暴力犯罪仍然是一个亟待解决的国际问题。或许，司法改革可以把这些行业从非法的地下世界中拉出来。与此同时，阿布特和温希普观察到，"高压的禁毒执法不仅不会产生多少禁毒效益，通常还会增加暴力行为"，而"毒品法庭^①和治疗有着长期的有效性"。[38]

以证据为基础的计算注定要给那些只在想象力的舞台上看似有前途的项目泼冷水。值得注意的是，有些大胆的项目并没有被列入有效措施的清单，这些举措包括清理贫民窟、枪支回购、零容忍执勤、荒野折磨、三振出局式强制服刑、警察教授的远离毒品课程，以及"恐吓从善"（scared straight）项目，该项目要求有过失的青少年参观阴暗的监狱和凶恶的囚徒，以此告诫他们犯罪的下场。对于说话不讲证据还持有强烈观点的人来说，最令他们失望的也许要数枪支立法模棱两可的效果了。无论是右翼支持的"有权携带"，还是左翼支持的禁令和限制，都没有展现出什么明显的效果。当然，还有很多事情我们并不知晓，还有很多政治和实践中的障碍需要我们去跨越和发现。[39]

持续下降的交通死亡率

当我在《人性中的善良天使》一书中试图解释为何各种暴力活动呈现减少趋势时，我并不怎么赞同如下的想法：在过去，"人的性命曾是廉价的"，而随着时间的推移，它变得愈加珍贵。这个观点似乎含糊不清而且不可检验，存在循环论证，所以我坚持使用那些更贴近现象的解释，比如治理和贸易。

在寄出手稿后，一次经历让我开始重新思考。为了奖励自己完成了这项艰巨的

---

① 某些国家设有专门的毒品法庭，为因吸毒成瘾而参与犯罪的嫌犯提供帮助。——译者注

任务，我决定换掉我那锈迹斑斑的旧车。在去买新车的路上，我买了最新一期的《名车志》（Car and Driver）杂志。这期杂志以一篇题为《从数字中看安全：交通死亡降至历史最低点》（Safety in Numbers: Traffic Deaths Fall to an All-Time Low）的文章开始，文章配了一幅让我觉得很熟悉的图表进行解释说明：x 轴代表时间，y 轴代表死亡率，象限内一条蛇形曲线从左上角延伸到右下角。[40]1950—2009 年，交通事故死亡率下降到 1/6。暴力死亡人数的减少仿佛在注视着我，但这一次的下降与统治和仇恨无关。

几十年来，来自各个领域的力量一直在协作，努力降低由驾驶带来的死亡风险，就好像，是的，生命变得更加宝贵了。随着社会变得越来越富裕，它把更多的资源、收入、创造力和道德热情用来拯救道路上的生命。

后来，我了解到，《名车志》的文章一直以来算是保守的。如果他们从 1921 年，也就是有数据统计以来的第一年，开始给数据库制图的话，则图中的交通事故死亡率几乎下降到原来的 1/24。图 12-3 显示了完整的时间线，当然，这并不能讲述完整的故事，因为每出现一个死于交通事故的人，就意味着还有其他人因交通事故而致残、毁容或者遭受着痛苦的折磨。

杂志插图中标注了汽车安全方面的里程碑事件，指出了技术、商业、政治和道德力量在推进交通安全方面所起的作用。从短期来看，它们有时会互相冲突，但从长远来看，它们共同降低了死亡率，使之一降再降。有时也会出现举着道德大旗的"十字军"，嚷着要减少交通事故造成的"屠杀"，把汽车制造商当成恶人。1965 年，一位名叫拉尔夫·纳德（Ralph Nader）的年轻律师出版了《任何速度都不安全》（Unsafe at Any Speed）一书，指责汽车行业在汽车设计中忽视了安全性。此后不久，美国国家公路交通安全管理局就组建成立，并通过了立法，强制要求新车配备若干安全设施。

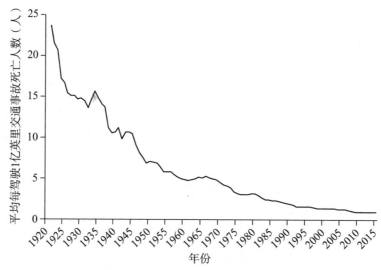

图 12-3　美国机动车交通事故死亡人数（1921—2015 年）

资料来源：美国国家公路交通安全管理局。

　　然而，更大幅度的交通事故死亡率降低其实先于激进的运动和相关立法，汽车行业的行动有时比其客户和监管机构的动作要更快。1956 年福特汽车公司"提供'救生员'套装……包括安全带、软衬垫仪表板、软遮阳板和防止在碰撞时把司机插成烤肉串的内嵌式方向盘。该车型销售业绩惨淡"。直到 10 年之后，这些设计才成为强制性的要求。

　　在斜着向下的曲线上还有其他星星点点的注释，满是工程师、消费者、企业管理者和政府官员之间你来我往的博弈。在不同的时间点上，前后厢缓冲区、四轮双制动系统、可伸缩式转向柱、高位中央刹车灯、可报警的捆绑式安全带、安全气囊和稳定控制系统等设计从实验室中走向了展销厅。另一项救命措施是将乡村的各式小路铺设成了双向分隔、装有夜间反光板和护栏、弯道平缓、路肩宽敞的州际高速公路。1980 年，名为"母亲们反对酒后驾车"（Mothers Against Drunk Driving）的组织成立，她们四处游说，呼吁提高饮酒年龄、降低合法的血液酒精含量，并将酒后驾车污名化，流行文化将之视为喜剧笑料的来源，例如电影《西北偏北》（North by Northwest）和《亚瑟》（Arthur）。

同时，碰撞测试、交通执法和驾驶员教育，以及道路拥堵和经济衰退等带来的意外之喜也挽救了更多的生命。被挽救的生命真的有很多：自 1980 年以来，约有 65 万美国人幸免于难，如果交通事故死亡率保持不变，这些人将活不到今天。[41] 当我们考虑到每过 10 年，美国人的驾驶里程都会变得更长（1920 年为 890 亿千米，1950 年为 7370 亿千米，1980 年为 2.4 万亿千米，2013 年为 4.8 万亿千米），上面的数据就更令人惊叹了。这意味着美国人得以更安全地享受绿树成荫的郊区，去看孩子们踢足球，驾着雪佛兰汽车周游美国，或者只是在街上闲逛、兜风，在周六的晚上尽情享乐。[42] 增加的行驶里程并没有吞噬更高的安全性带来的收益：人均交通事故死亡率（与每车每千米的交通事故死亡率不同）在 1937 年达到峰值，当时每年每 10 万人中约有 30 人死于交通事故，自 20 世纪 70 年代末以来，该指标一直在稳步下降，2014 年下降至 10.2 人，这是自 1917 年以来的最低水平。[43]

更多的司机能安全到达目的地，这一进步并非美国独有。在其他富裕国家，如法国、澳大利亚，当然还有特别注重安全的瑞典，交通事故死亡率同样在下降。（对了，我最后买了一辆沃尔沃。）但这其实可以归因于我们生活在一个富裕的国家。印度、巴西和尼日利亚等新兴国家的人均交通死亡率是美国的 2 倍，是瑞典的 7 倍。[44] 可以说财富就能买到生命。

如果汽车的发明本身让我们比从前更危险，那么即使道路交通死亡人数下降，它也算不得是了不起的成就。但是，汽车出现以前的生活也不是那么安全。图片收藏家奥托·贝特曼（Otto Bettmann）用当代的语言讲述了马拉车时代城市街道的图景：

> "横穿百老汇比乘着帆船横渡大西洋需要更多的技巧。"……马简直是城市乱象的动力之源。由于营养缺乏和精神紧张，这种充满生命力的畜生经常被无情的车夫鞭打到精疲力竭，而马车夫们欢欣鼓舞地向前狂奔，"极度愤怒，蔑视法律，在破坏中欣喜若狂"。肇事逃逸很普遍。那时的交通事故造成了成千上万的伤亡。据美国国家安全委员会的报告，与马相关的肇事死亡率是现代汽车交通事故死亡率的 10 倍（当时对比的是 1974 年的交通事故死亡率，是现今

人均死亡率的 2 倍多)。[45]

布鲁克林道奇队在搬到洛杉矶之前，是以该市的行人命名的，意为躲闪者，因为当地的行人以过马路时飞奔的技巧而闻名。但并不是那个年代的每个人都成功地过了马路：我祖父的妹妹在 20 世纪初的华沙被一辆有轨电车撞死了。就像司机和乘客的生命一样，行人的生命也变得更加珍贵，这要归功于交通灯、人行横道、过街天桥、交通执法，以及引擎盖饰物、保险杠凸起和其他镀铬的设备。图 12-4 显示，如今，走在美国的街道上比 1927 年要安全 6 倍。

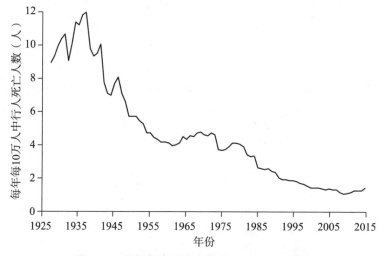

图 12-4　美国行人死亡人数（1927—2015 年）

资料来源：美国国家公路交通安全管理局。1927—1984 年：Federal Highway Administration 2003。1985—1995 年：National Center for Statistics and Analysis 1995。1995—2005 年：National Center for Statistics and Analysis 2006。2005—2014 年：National Center for Statistics and Analysis 2016。2015 年：National Center for Statistics and Analysis 2017。

2014 年，有近 5 000 名行人死于车祸，这一数字仍然令人触目惊心。与之相比，仅有 44 人罹难于恐怖分子袭击，而后者得到的公众关注度要大得多。但是，这已经比 1937 年高达 15 500 名的死亡人数要好得多了，当时美国人口只有现在的 2/5，而汽车保有量更是比现在少多了。而且，最大的救赎即将来临。在本书出版的 10

年之内，大多数新车将由计算机取代反应迟钝、注意力分散的人类司机来驾驶。当无人驾驶汽车得以普及的时候，这些机器人每年可以拯救100多万条生命，成为自抗生素发明以来人类生命得到的最伟大的礼物之一。

在讨论对危险的感知时，有这样一个老生常谈的说法：尽管乘飞机旅行的安全性要高很多，但许多人对飞行充满恐惧，而几乎没有人会害怕乘车。不过，航空交通安全的监管者们却从来没有满足过。他们仔细检查每一次坠机后的黑匣子和残骸，并稳步地使本已非常安全的运输方式变得更加安全。图 12-5 显示，1970 年，航空乘客死于飞机失事的概率不到百万分之五；到 2015 年，这一小风险又下降到了该数字的 1%。

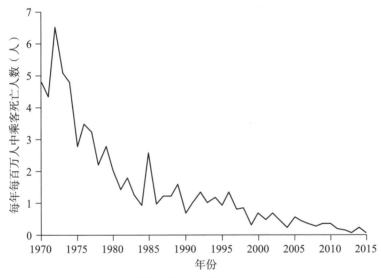

图 12-5　飞机失事死亡人数（1970—2015 年）

资料来源：Aviation Safety Network 2017。乘客人数的数据来自 World Bank 2016b。

越来越少的意外风险

谁将溺亡，谁将烧死。早在汽车和飞机发明之前，人们就很容易受到环境中致命危险的伤害。社会学家罗伯特·斯科特曾如此记录中世纪欧洲的生活史："1421 年

12 月 14 日，在英国小城索尔兹伯里，一个名叫艾格尼斯的 14 岁女孩痛不欲生，因为一根烧红的扦子刺穿了她的躯干。"据当时的报道，她是通过向圣奥斯蒙德（Saint Osmund）主教祈祷而治愈的。[46] 中世纪的欧洲社区可谓是"非常危险的地方"，上面的例子只是冰山一角。在父母工作期间无人照看的婴幼儿尤其容易受到伤害，历史学家卡罗尔·罗克利夫（Carole Rawcliffe）如此解释：

> 在黑暗、拥挤的环境中，开放式灶台、稻草垫子、铺了杂草的地面和燃烧的火苗等，对好奇的婴儿构成了持续的威胁。即使在玩耍中，孩子们也时常处于危险之中，池塘、农具或其他工具、成堆的木材、无人看管的船只和满载货物的运货马车都有可能成为孩子们的死亡原因，所有这些因素都以令人沮丧的频率出现在验尸官的报告中。[47]

《历史与社会中的儿童与童年百科全书》（*Encyclopedia of Children and Childhood in History and Society*）一书中提到："对现代读者来说，英国作家杰弗里·乔叟在《骑士的故事》中讲述的母猪吞食婴儿的情景可谓离奇，但几乎可以肯定，该情节反映了当时动物对儿童构成的普遍威胁。"[48]

成年人也不安全。一个名为"16 世纪英格兰的日常生活和致命危险"（Everyday Life and Fatal Hazard in Sixteenth-Century England）的网站，有时也被称为都铎 – 达尔文奖（Tudor Darwin Awards），每月更新历史学家对验尸官报告的分析。当时人们的死因包括食用受污染的鲭鱼、爬窗时被卡住、被一堆煤泥块压死、被篮子上的肩带勒死、在捕猎鸬鹚时从悬崖上跌落，以及在杀猪时跌倒在杀猪刀上等。[49] 在没有人工照明的年代，任何在天黑后冒险外出的人都面临着在水井、河流、沟渠、护城河、运河和污水坑中溺水的危险。

今天，我们不用担心婴儿被母猪吃掉，但其他危险仍然伴随着我们。排在车祸后面，最有可能造成意外死亡的原因是跌倒，其次是溺水和火灾，然后是中毒。我们之所以知道这一点，是因为流行病学家和安全工程师们像研究失事飞机的残骸一样认真地将意外死亡的列表分类、再分类，以确定哪类事故造成的死亡最多，以及如何降低风险。《国际疾病分类》(*International Classification of Diseases*)第 10 版，仅仅对"跌倒"就有 153 种分类，还列出了 39 种例外情况。

当专家们的建议经采纳成为法律、建筑规范、检查制度和实践标准时，世界就会变得更加安全。自 20 世纪 30 年代以来，美国人摔死的可能性下降了 72%，因为他们受到了栏杆、标识牌、窗户护栏、扶手杆、施工护具、更安全的地板和楼梯，以及安全检查等措施的保护。在剩下的可能性中，大部分死者都是体弱的老人。图 12-6 显示了跌倒致死率的下降，[50] 以及 1903 年以来其他主要意外死亡风险的发展轨迹。

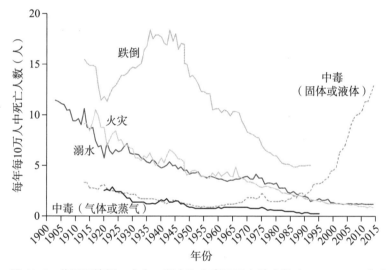

图 12-6　美国因摔倒、火灾、溺水和中毒而死亡的人数（1903—2014 年）

资料来源：National Safety Council 2016。有关火灾、溺水和中毒（固体或液体）的数据合计了 1903—1998 年和 1999—2014 年的数据库。1999—2014 年，中毒（固体或液体）的数据包括气体或蒸气中毒。跌倒的数据只统计到 1992 年，因为据报道，之后几年的统计存在问题（详见本章注 50）。

从图 12-6 中可以看出，死于火灾或溺水的人数变化曲线几乎相同，遇难人数分别下降了 90% 以上。如今，更少的美国人会因溺水而死，这要归功于救生衣、救生员、游泳池周围的护栏、对游泳和救生的指导，以及对儿童潜在危险更高的警惕性，小孩儿甚至可能会在浴缸、马桶甚至水桶里溺水。

同时，死于烈火和浓烟的人数也在减少。在 19 世纪，职业消防队就已经出现，他们的任务是扑灭火灾，以免大火将整个城市烧成灰烬。从 20 世纪中叶开始，消防部门的职能从单纯的灭火转变为预防火灾。几次可怕的大型火灾，例如造成 492 人死亡的 1942 年"波士顿椰子林夜总会大火灾"，引发了一场运动，该运动借助催人泪下的照片得到了广泛的宣传，照片中的消防队员抱着失去生命的孩子，从还在继续燃烧的房子里走出。在诸如标题为《美国在燃烧》(America Burning)的总统委员会的报告中，火灾被定性为全国性的紧急事件。[51] 这场运动的结果便是现在无处不在的洒水装置、烟雾探测器、防火门、消防通道、消防演习、灭火器、防火材料和消防安全教育吉祥物，比如"斯莫基熊"(Smokey the Bear)和"消防犬斯巴克"(Sparky the Fire Dog)。

由于预防做得好，消防部门"生意"冷清，被迫转业。现在，消防队接到的报警电话中大约 96% 是心脏病发作和其他医疗紧急情况，其余部分是小火灾。与人们浪漫的想象不同，消防队员们并不负责把小猫咪从树上救下来。一个典型的消防员每两年只会见到一幢起火的建筑物。[52]

越来越少的美国人死于意外的燃气中毒，原因有二。第一，从 20 世纪 40 年代开始，家庭烹饪和取暖从用有毒的煤制气改为用无毒的天然气；第二，设计经过改良的燃气灶和加热器便于使用和维护，不会造成燃气的不完全燃烧并产生有毒的一氧化碳。从 20 世纪 70 年代开始，汽车配备了催化转化器，设计之初是为了减少空气污染，但同时也避免了把汽车变成移动毒气室。一个世纪以来，一次次教训让人们越来越意识到，在室内或窗下发动汽车或发电机、用木炭烤肉或用烧火的加热器，都不是什么好主意。

图 12-6 显示，人类在征服各类事故时，有一个明显的例外："中毒（固体或液体）"的死亡率不降反升。中毒事件从 20 世纪 90 年代开始急剧上升确实非常诡异。我们所处的社会，安全性越来越高，大家普遍安装了各类门锁、警报，护栏还有警告标识，所以起初我并不明白为什么会有更多的美国人误食灭蟑粉或饮用漂白剂。后来，我意识到，"意外中毒"这一类别还包括服药过量。莱昂纳德·科恩（Leonard Cohen）曾根据犹太教赎罪日的祷词改编了一首歌，我在上文中本该想起

这首歌来着，其中一句歌词是"谁将在孤独中终老 / 谁将长眠于镇静药①"。

2013 年，98% 的"中毒"死亡是由毒品（92%）或酒精（6%）造成的，其他的死亡几乎都是因为气体和蒸气（主要是一氧化碳）。家庭和职业危险，如溶剂、洗涤剂、杀虫剂和打火机填充液造成的死亡不到 1% 的一半，如果单列这一项，那在图 12-6 中该项的曲线几乎就要和底边重叠了。[53] 尽管小孩子们仍会在盥洗池的下面翻箱倒柜，把手边随便什么东西都往嘴里送，而且不时仍有小孩会被急匆匆地送进中毒急救中心，但现在很少会有孩子因中毒而死了。

因此，图 12-6 中唯一的上升曲线并不是反例，人类在减少环境中潜在危险方面确实取得了进展。当然，曲线上升无疑是一种退步，只不过危险属于一个不同的类别——药物滥用。这条曲线在致幻药流行的 20 世纪 60 年代开始上升，在 20 世纪 80 年代的霹雳可卡因大流行期间再次上升，进入 21 世纪随着更为严重的阿片类成瘾药物②泛滥，又出现了爆炸式增长。从 20 世纪 90 年代开始，美国医生们开出了过量的处方药，滥用合成的阿片类止痛药如羟考酮、氢可酮和芬太尼等，这些药物不仅会上瘾，而且是海洛因成瘾的入门药物。过量使用合法和非法的阿片类药物已成为一大威胁，每年造成 4 万多人死亡，并使"中毒"成为意外死亡人数最多的类别，这甚至超过了交通事故。[54]

显然，用药过量是一种不同于车祸、跌倒、火灾、溺水和燃气中毒的现象。人们不会对一氧化碳上瘾，也不会希望梯子不停地变高，因此对减少环境中的危险行之有效的防护措施并不足以遏制阿片类药物的流行。政治家和公共卫生官员意识到了问题的严重性，正在采取相关的对策：监测处方、鼓励使用更安全的止痛药、谴责或惩罚那些肆无忌惮地推销成瘾药物的制药公司、使纳洛酮等解毒剂更容易获得，以及用阿片类拮抗剂和认知行为疗法治疗药物成瘾者。[55] 有迹象表明，这些措施可能正在奏效：处方类阿片（不含非法的海洛因和芬太尼）的使用数量在 2010 年达到顶峰，现在可能正在下降。[56]

此外，同样值得注意的是，过量使用阿片类药物的流行群体主要是步入中年、

---

① 原文为"barbiturate"，指巴比妥酸盐，是一种强力镇静药。——译者注

② 阿片（opium）即鸦片，阿片类止痛药是从阿片（罂粟）中提取的生物碱及衍生物，与中枢特异性受体相互作用，能缓解疼痛，产生幸福感。——译者注

药物成瘾的婴儿潮一代。2011年，在中毒身亡的死者中，按照年龄分布，人数最多的年龄约为50岁，高于2003年的40岁出头、1993年的将近40岁、1983年的30岁出头和1973年的20岁出头的人数。[57]做做减法，你就会发现，在每一个10年中，用药致死的都是出生在1953—1963年之间的那一代人。尽管人们长期存在对不良青少年的担忧，平心而论，相比以前，今天的孩子们还不错，甚至更好。根据一项名为"监测未来"（Monitoring the Future）的大型青少年追踪调查，高中生对酒精、香烟和毒品（电子水烟除外）的使用已降至自1976年开始调查以来的最低水平。[58]

工作安全环境的改善

随着经济由传统制造业向服务业转型，许多社会批评家开始怀念起从前工厂、矿井和作坊的时代。这可能是因为他们从未在里面工作过吧。除了我们已经探讨过的所有致命危险之外，工业生产车间中还有数不胜数的其他危险。因为无论一台机器可以怎样加工原材料，比如锯、锻压、烘焙、熔化、冲压、脱粒或屠宰等，它也可能对操作它的工人产生同样的效果。1892年，美国总统本杰明·哈里森（Benjamin Harrison）写道："美国工人所面临的生命与身体的危险，不亚于战时的士兵。"奥托·贝特曼搜集了一些当时的图片和插图说明——场面令人毛骨悚然，他评论道：

> 据说，矿工们"下井工作，就像走进敞着门的墓穴，不知道什么时候墓门就会从背后关上"……缺乏保护装置的电机轴使穿着围裙的工人致残或死亡……今天的马戏团特技演员和飞机试飞员也比过去的火车刹车员享有更多的安全保障，为了给火车刹车，刹车员需要在汽笛声的指挥下，冒险在颠簸的一节节载货车厢之间跳跃……火车上还有一个工种也可能会随时丧命——车厢连接员，操作原始的插销式车厢连接器使车厢连接员可能随时会失去自己的手掌和手指……不管工人被电锯割伤、被横梁砸中、被掩埋在矿坑里或坠入竖井中，这都是因为"他自己运气不好"。[59]

对雇主来说，将事故解释为"运气不好"可以省掉不少麻烦，而且，就在不久之前，这种说辞还是广为流传的宿命论的一部分，宿命论将致命事故归咎于"命运"或"不可抗力"。如今，安全工程师和公共卫生研究人员甚至不再使用"事故"这个词，因为它暗示着命运的变化无常，取而代之的说法是"意外伤害"（unintentional injury）。

18 世纪和 19 世纪出现的第一批安全措施和保险业务保护的是财产，而不是人。虽然工伤和工伤致死事故数量在工业革命期间不可忽视地增长，但它们作为所谓的"进步的代价"被强行"勾销"，这里的"进步"是非人道的进步，并没有将全人类的福祉考虑在内。一位轨道交通管理员拒绝给装货的月台安装屋顶，任由工人们经受日晒雨淋，他为自己辩护道："人比瓦板还便宜……如果有一个人退出，会有一打人等着接班。"[60] 工业生产惨无人道的节奏已经借由经典的银幕形象，如《摩登时代》（*Modern Times*）中装配线上的卓别林和《我爱露西》（*I Love Lucy*）中巧克力工厂里的露西尔·鲍尔（Lucille Ball）深入人心。

19 世纪末，随着第一批工会的成立、记者们穷追不舍的报道、政府机构开始收集量化的人员伤亡数据，工厂的情况开始出现改观。[61] 在贝特曼的评论中，旧式火车上的工作具有致命的危险性，他的评论依据的可不仅仅是图片：在 19 世纪 90 年代，火车上各类车务人员的年死亡率是惊人的，每 10 万人中 852 人，几乎达到每年 1%。1893 年出台的一项法律规定所有货运列车必须安装和使用空气制动系统和自动车厢连接器，这是第一部旨在改善工作场所安全的美国联邦法律。

20 世纪初的几十年可谓是"进步的时代"（Progressive Era），各项保护措施扩展到了其他的行业。这是改革者、工会、像现实主义作家、社会活动家厄普顿·辛克莱（Upton Sinclair）一样揭露黑幕的新闻记者和小说家们共同呼吁的结果。[62] 其中，最有效的一项改革是从欧洲引进的一项简单的法律改革：工伤事故中，雇主负有责任，工人应得到赔偿。以前，受伤的工人或他们的家属为了得到赔偿不得不向法院起诉，而且往往败诉。如今，法律要求雇主以固定的补偿款赔偿受伤的工人。这一变化不仅对工人有吸引力，对管理层也是如此，因为它使用工的成本更可预测，也让工人们更加合作。最重要的是，它让公司管理层和工人成了利益共同体：更安全的工作场所对双方都有利，负责赔偿的保险公司和政府机构也乐于见到这样的局面。此外，有时出于经济性或人道主义的考虑，有时迫于法律诉讼或政府监管，在曝光度很高的事故之后为了回应公众的谴责，公司会成立安全委员会和安全部门，雇用安全工程师，并采取许多相关保护措施。一系列措施的效果在图 12-7 中清晰可见。[63]

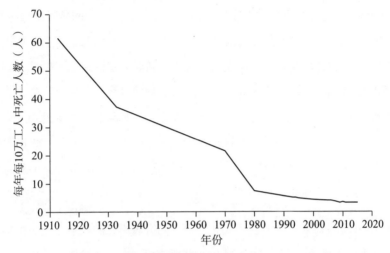

图 12-7　美国工伤事故死亡人数（1913—2015 年）

资料来源：数据来自不同的来源，可能并不具有完全的可比性（详见本章注 63）。
1913 年、1933 年和 1980 年：分别引自 Bureau of Labor Statistics, National Safety
Council 和 CDC National Institute for Occupational Safety and Health，转引自 Centers
for Disease Control 1999。1970 年：Occupational Safety and Health Administration,
"Timeline of OSHA's 40 Year History"。1993—1994 年：Bureau of Labor Statistics,
转引自 Pegula & Janocha 2013。1995—2005 年：National Center for Health Statistics
2014，表 38。2006—2014 年：Bureau of Labor Statistics 2016a。后面的数据为等
效全职工人的工伤致死人数，且为增加与前面年份数据的近似可比性，乘以 0.95
的系数——以 2007 年为前后分界的基准年，当时的致命工伤普查（Census of
Fatal Occupational Injuries）同时报告了平均每名工人的工伤致死率（3.8）和每名
等效全职工人的工伤致死率（4.0）。

2015 年，美国工伤致死的工人人数达到近 5 000 人，这一数字仍然太高，但比起 1929 年的 2 万人要好得多，而当时的人口还不到现在的 2/5。死亡人数的减少主要是因为劳动力从农场、工厂转移到了商店、办公室。但在很大程度上，这也是因为人们惊喜地发现，在生产同样数量的小商品的同时，保护更多的生命，其实是一个可以解决的工程问题。

自然灾害死亡率也在下降

血肉之躯是否可能哪怕仅仅减少律师们所说的"不可抗力"的影响呢？干旱、洪水、野火、风暴、火山、雪崩、山崩、塌方、热浪、寒流、陨石撞击，当然还有地震，这些都是典型的无法控制的灾难。但如图12-8所示，答案是肯定的。

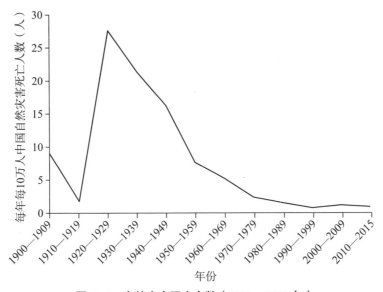

图12-8 自然灾害死亡人数（1900—2015年）

资料来源：*Our World in Data*，Roser 2016q，数据基于EM-DAT，*The International Disaster Database*。该图记录了干旱、地震、极端温度、洪水、冲击、滑坡、地质崩坏运动（干）、风暴、火山活动和野火（不包括流行病）导致的死亡率之和。回顾历史，在每个10年中，某一种单一的灾害类型会造成最主要的伤亡：如20世纪第二个10年、20世纪20年代、20世纪30年代、20世纪60年代的干旱；20世纪30年代和20世纪50年代的洪水；20世纪70年代和21世纪头10年的地震等。

20世纪第二个10年极具讽刺意味，当时的世界虽然经历了一场世界大战和流感大流行的"洗礼"，但相对而言没有遭受什么自然灾害。自那以后，自然灾害死亡率开始从顶峰迅速下降。这并不是说，每过10年，世界就会奇迹般地经历更少的地震、火山和陨石撞击，而是说一个更富裕、技术更先进的社会能够避免自然灾害造成损失、酿成人类的大悲剧。

当地震发生时，更少的人会被倒塌的砖石压死或者葬身于熊熊燃烧的火海。在暴雨来临时，人们可以用水库蓄水，等雨停之后加以利用。当气温上升或骤降时，人们可以待在有空调的室内。当河水漫过河堤时，饮用水将受到保护，免于受到人类和工业污染。而且如果设计和建造得合理，水坝和河堤不仅可以存蓄饮用和灌溉用水，甚至可以从一开始就防止洪水的泛滥。预警系统使人们可以在飓风登陆前撤离或避难。虽然地质学家还不能预测地震，但他们经常能够预测火山爆发，让生活在火山口附近的人有所准备，并启动其他应急预案和救人的措施。当然，更富裕的世界还有能力救援和治疗伤员，并迅速重建灾区。

今天最容易受到自然灾害影响的是较贫穷的国家。2010 年在海地发生的地震造成 20 多万人死亡，而几周后在智利发生的一次更强烈的地震仅造成 500 人死亡。此外，海地因飓风而丧生的公民人数是较为富裕的多米尼加共和国的 10 倍，而两国在地理上相邻，共同拥有伊斯帕尼奥拉岛。当然，我们也有好消息，随着穷国变得更富裕，它们会变得更安全，至少只要经济发展速度超过气候变化就行。低收入国家的自然灾害年死亡率从 20 世纪 70 年代的每 10 万人中 0.7 人下降到今天的 0.2人，比 20 世纪 70 年代中高收入国家的水平还低。虽然这一比例仍然高于今天的高收入国家（从 0.09 降至 0.05），但这表明，穷国和富国一样，都能在自然灾害面前，越来越好地保护自己。[64]

那么"不可抗力"或者说"上帝的行为"的原型又是什么情况呢？面对宙斯从奥林匹斯山上抛下来的雷霆，面对不知何时赴约的"与死亡的约会"，面对真正的"晴天霹雳"，人类伤亡又如何呢？图 12-9 反映了相关情况的发展变化。

是的，由于城市化，以及天气预报、安全教育、医疗和电力系统方面的进步，自 20 世纪初以来，美国人因雷击致死的概率已经下降到了原来的 1/37。

征服危险，获得安全

人类对日常生活中危险的征服，作为一种进步的形式，特别不受重视。一些读者在阅读本章时甚至好奇在一本论述人类进步的书中讲这些干什么。虽然除了最严

重的战争之外，事故造成的死亡人数比其他所有战争都要多，但我们很少从

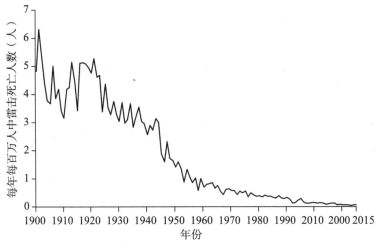

图 12-9　美国雷击死亡人数（1900—2015 年）

资料来源：*Our World in Data*，Roser 2016q，数据基于 National Oceanic and Atmospheric Administration 及 López & Holle 1998。

道德的角度来审视它们。我们经常这样说：意外在所难免。但如果真要把我们置于一个两难的困境中，问我们是否愿意以每年 100 万人死亡和数千万人受伤为代价来随心所欲地驾驶自己的汽车出行，很少有人会认为这样的代价是值得的。然而，这正是我们自己默默做出的骇人选择——因为从来没有人用上面那样的措辞问过我们这样的问题。[65] 不时会有某一类危险被推向道德的风口浪尖，然后征讨它的大军开始集结，特别是当一场灾难成为新闻头条，而且有坏人可以做千夫所指的对象（比如贪得无厌的工厂老板、玩忽职守的政府官员等）时更是如此。但很快，一切又会回到生活的大乐透中。

正如人们倾向于不把事故看作暴行的结果（至少当他们不是受害者的时候），他们也不把安全上的进步（如果他们能意识到的话）看作道德上的胜利。然而，挽救数百万人的生命，以及大规模地减少疾病、伤残和痛苦，都值得我们充满感激，需要我们做出诠释。甚至谋杀也是如此，这种遭到道德抨击最多的行为的发生率直线下降，其背后的原因其实难以用常规的道德语言描述。

就像其他形式的进步一样，安全的提高要归功于某些英雄的领导，但同时也要感谢默默无闻的普通人们，大家同心协力朝着同一个方向使劲，才有了一点又一点的进步。这些人包括基层的积极分子、严厉的立法者，以及一群不为人知的发明家、工程师、研究政策的人和捣弄数据的分析师。虽然有时会因为错误的警报和国家保姆式的干涉而感到恼火，但我们可以因此免受生命健康之虞而享受到科技带来的恩赐。

关于安全带、烟雾警报器和犯罪热点地区警力安排的故事，虽然不常出现在启蒙运动的传奇中，但展现了启蒙运动最深刻的主题。"谁将生，谁将死"并没有被铭刻在"生命之书"中，随着世界变得更加易懂，生命变得更加宝贵，它们将因人类的知识和主观能动性而改变。

当我在上一章中写下我们正生活在有史以来最安全的年代时，我知道这样的说法可能会引发怎样的质疑。近年来，各类恐怖袭击与残暴事件得到媒体广泛的报道，整个世界陷入紧张之中，也让我们产生错觉：我们生活的这个新时代似乎充满了危险。2016年，大多数美国人将恐怖主义列为美国面临的首要问题，他们担心自己或家人会成为恐怖袭击受害者。[1]恐惧不仅困扰着普通民众，也让公共知识分子，尤其是文化悲观主义者们昏了头，这些人长期关注着西方文明正在濒临崩溃（一直有人这么说）的迹象。政治哲学家约翰·格雷（John Gary）是一位公开承认的进步厌恶者，他将西欧的当代社会描述为"暴力冲突之地"，在那里"战争与和平的分界线关乎生死却变得模糊不清"。[2]

但是，这些都是错觉。恐怖主义是一种独特的危险形式，它会引发强烈的恐惧感，但实际造成的伤害相对轻微。本章中，我不会回顾恐怖主义的历史以作为人类进步的例子，因为恐怖主义并没有像疾病、饥饿、贫困、战争、暴力犯罪和事故一样，显示出一种长期减少的趋势。但我要表明，恐怖主义能分散我们在评估"进步"时的注意力，在某种程度上，也算是从反面对"进步"进行了赞扬。

强烈的恐惧感，轻微的伤害

格雷认为关于暴力的实际数据不值一提，只不过是"护身符"和"巫术"。然而，表 13-1 显示了他为什么非要用数学白痴式的思想体系来表达他的控诉。表中显示了有数据可查的最近的一年（2015 年或更早），四类杀戮行为，即恐怖主义、战争、凶杀和事故的受害者人数以及死亡总人数。这些数据只能用表格来呈现，因为"恐怖主义"这一项的样本如果绘图的话会小于一个像素点。

表 13-1　恐怖主义、战争、凶杀及事故死亡人数（人）

	美国	西欧	世界
恐怖主义	44	175	38 422
战争	28	5	97496
凶杀	15 696	3 962	437 000
机动车交通事故	35 398	19 219	1 250 000
所有事故	136 053	126 482	5 000 000
死亡总人数	2 626 418	3 887 598	56 400 000

"西欧"的范围按照全球恐怖主义数据库（Global Terrorism Database）的定义，由 24 个国家组成，西欧 2014 年人口为 418 245 997 人（Statistics Times 2015）。我省略了安道尔、科西嘉岛、直布罗陀、卢森堡和马恩岛。

资料来源：恐怖主义（2015 年）：National Consortium for the Study of Terrorism and Responses to Terrorism 2016。战争，美国和西欧（英国＋北约）（2015 年）：icasualties. org。战争，世界（2015 年）：*UCDP Battle-Related Deaths Dataset*, Uppsala Conflict Data Program 2017。凶杀，美国（2015 年）：Federal Bureau of Investigation 2016a。凶杀，西欧和世界（2012 年或最新）：United Nations Office on Drugs and Crime 2013。挪威的数据不包括于特岛（Utøya）恐怖袭击。机动车交通事故、所有事故和死亡总人数，美国（2014 年）：Kochanek et al. 2016, 表 10。机动车事故，西欧（2013 年）：World Health Organization 2016c。所有事故，西欧（2014 年或最新）：World Health Organization 2015a。机动车交通事故、所有事故，世界（2012 年）：World Health Organization 2014。死亡总人数，西欧（2012 年或最新）：World Health Organization 2017a。死亡总人数，世界（2015 年）：World Health Organization 2017c。

让我们从美国开始看。该表给人最直观的感受是，2015 年恐怖主义造成的死亡人数比其他危险要少得多，但其他危险给人们带来的痛苦却更小甚至根本没有造成什么影响。2014 年恐怖主义造成的死亡人数甚至更少，只有 19 人。就算是 44 人估计也算得有点儿高了：该数据来自全球恐怖主义数据库，而这一数据库将仇恨犯罪与大多数疯狂的枪击事件也算作 "恐怖主义袭击"。死于恐怖袭击的人数与在阿富汗和伊拉克阵亡的士兵人数（2015 年为 28 人，2014 年为 58 人）大致相当，然而阵亡的士兵们只得到了少许的新闻报道，也算是人们一以贯之地保持了轻视士兵生命的传统。

接下来的一行数据显示，2015 年，比起恐怖袭击，一名普通的美国人死于有案卷记录的凶杀案的概率是其 350 倍还多，死于车祸的概率是其 800 倍，死于任意事故的概率是其 3 000 倍。在所有的事故类型中，每年都会造成超过 44 人死亡的事故类别包括："闪电""热水烫伤""黄蜂、马蜂和蜜蜂蜇伤""被狗以外的哺乳动物咬伤或袭击""在浴缸中或掉进浴缸里溺水""除睡衣以外的衣服及其他服装着火或熔化"等。[3]

由于恐怖主义，比起美国，西欧相对更加危险。这在一定程度上是因为 2015 年的西欧多灾多难，发生了多起恐怖袭击事件，包括巴塔克兰剧院及巴黎和附近区域的其他目标。相比之下，2014 年西欧只有 5 人死于恐怖袭击。但相对较高的恐怖主义风险也表明，欧洲在其他方面要安全得多。西欧的凶杀案发案率约为美国的 1/4，西欧人也不像美国人那么喜欢胡乱地开车，因而丧命于公路交通事故的人数也更少。[4] 但即使这些因素会使天平向恐怖主义倾斜，在 2015 年，相对于在恐怖袭击中遇难，一个普通的西欧人死于凶杀案的可能性（相对罕见）是其 20 倍还多，死于车祸的可能性是其 100 倍以上，在事故中被压碎、中毒、焚烧、窒息或以其他方式死亡的可能性超过其 700 倍。

表 13-1 的第三栏显示，尽管最近恐怖主义让西方不堪其扰，但与世界其他地区相比，西方人的日子还是要好过得多。美国和西欧的人口约占世界人口的 1/10，但在 2015 年，这两个地区死于恐怖袭击的人数只占到全世界恐怖袭击遇难人数的

0.5%。这并不是因为恐怖主义是世界其他地方的主要死因，而是因为恐怖主义，按照现在的定义，在很大程度上是一种战争现象，而战火已经在美国或西欧熄灭很久了。在 2001 年"9·11"事件之后的几年，曾被归为"叛乱"或"游击战"的暴力行为现在常常被归类为"恐怖主义"。[5] 令人难以置信的是，全球恐怖主义数据库在越南战争的最后 5 年没有将任何死亡事件归类为"恐怖主义"。[6]

世界上大多数由恐怖主义造成的死亡发生在内战地区（包括伊拉克的 8 831 人、阿富汗的 6 208 人、尼日利亚的 5 288 人、叙利亚的 3 916 人和利比亚的 689 人），其中许多死难者被重复计算为战争死亡人数，因为内战期间的"恐怖主义"其实就是一种由政府以外的团体所犯下的战争罪行，即对平民的故意袭击。除去这 6 个内战区，2015 年死于恐怖主义的人数为 11 884 人。然而，即使在 21 世纪战争死亡人数最多的一年里，而且对由于恐怖主义和战争而死亡的人数进行了重复计算，相较于恐怖袭击，一名普通的世界公民死于凶杀案的可能性是其 11 倍，死于车祸的可能性是其 30 多倍，死于任意类型事故的可能性是其 125 倍以上。

恐怖主义造成的伤亡数量先不管多少，是否在随着时间的推移而增加呢？恐怖主义的历史发展趋势其实很难解释。由于"恐怖主义"这一类别的定义具有弹性，趋势线的走势取决于数据库是否包含内战罪行、连环谋杀（包括抢劫或几名受害者被枪杀的黑帮活动），或由于对政治感到不满，某些人在放声痛骂之后发动自杀式袭击。以全球恐怖主义数据库为例，该数据库统计了 1999 年美国科伦拜中学枪击案，但没有统计 2012 年桑迪·胡克小学枪击案。

此外，媒体也变相助长了大规模杀戮的发生，媒体的报道给了模仿者灵感，一桩枪击案会引发另一桩枪击案，在新鲜感慢慢消失之前，媒体在相当长的一段时间内都有"重大新闻"可以播报。[7] 在美国，自 2000 年以来，"枪击事件"（公共场合持枪杀人）的数量一直在波动中上升。但在 1976—2011 年，"大规模谋杀"（一次事件中有 4 人或更多人死亡）的数量没有显示出系统性的上升趋势（如果有变化的话，就是略有下降）。[8] 图 13-1 显示了"恐怖主义事件"造成的人均死亡率，以及西欧和世界的混乱趋势。

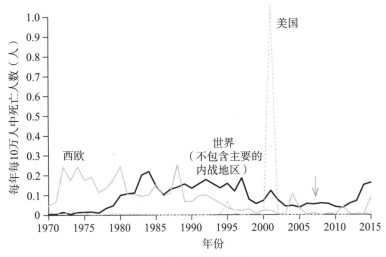

图 13-1 恐怖主义袭击遇难人数（1970—2015 年）

资料来源："Global Terrorism Database", National Consortium for the Study of Terrorism and Responses to Terrorism 2016。世界死亡率不包括 2001 年后的阿富汗、2003 年后的伊拉克、2009 年后的尼日利亚、2011 年后的叙利亚和 2014 年后的利比亚。世界和西欧的人口估计数来自联合国的 2015 Revision of World Population Prospects；美国的估计数来自 US Census Bureau 2017。垂直箭头指向 2007 年，是《人性中的善良天使》中图 6-9、图 6-10、图 6-11 里最新数据的年份。

美国 2001 年死于恐怖主义袭击的人数，由于包含了在"9·11"事件中遇难的 3 000 人，在图中"一枝独秀"。此外，我们可以看到 1995 年俄克拉何马城爆炸案（导致 165 人死亡）使曲线出现一处凸起，而其他年份发生的事件只能算是在曲线上泛起了一些难以察觉的涟漪。[9] 除了"9·11"事件和俄克拉何马城爆炸案以外，右翼极端分子杀害的美国人最多。[10] 图中代表西欧的曲线表明，在 2015 年出现增长之前，欧洲经历了相对平静的 10 年，而且就算是 2015 年，也不是欧洲历史上最糟糕的情况。在 20 世纪七八十年代，分裂主义团体经常发动炸弹袭击和枪击事件，恐怖主义袭击的死亡率更高。

关于整个世界的曲线（不含我们在讲和平的那一章中提到的主要战乱区最近的死亡人数），其走势经历了 20 世纪 80 年代和 90 年代的高原、冷战结束后的下降，以及最近有所上升但仍然低于前几十年水平的阶段。因此，历史趋势和眼前的数字一同消除了恐惧，让我们知道，如今这个新的时代，特别是在西方国家，并没有充满危险。

对恐怖主义的恐惧其实是个好消息

虽然与其他风险相比，恐怖主义构成的危险微乎其微，但它造成了人们巨大的恐慌和过激的反应，而这也正是恐怖主义的目的所在。现代恐怖主义是媒体广泛宣传的副产品。[11] 为了吸引世界哪怕只有一小会儿的注意力，某些团体或个人便会采用这种屡试不爽的手段：杀害无辜的人，特别是在能让新闻读者产生代入感的情景中进行杀戮。新闻媒体每次都狼吞虎咽地上钩，对暴行进行大肆报道。媒体的循循善诱让恐惧笼罩着人们，而实际上危险的程度却并不与之相称。

引发恐惧的并不仅仅是恐怖事件的伤亡本身。当悲剧的起因是恶意为之而非意外不幸时，我们更容易情绪激动。[12] 我承认，作为伦敦的常客，当我读到标题为"罗素广场现持刀'恐怖'袭击，一女子喋血街头"的报道时，要比我读到"牛津街头公交车发生意外，知名艺术品收藏家不幸丧生"更伤心。当你想到某位人类同胞一心想着要杀死你，理由是为了推动自认为合理的人类进化，你的内心自然不是一般的惴惴不安。意外死亡的原因并不是专门针对你或试图杀死你，你的反应也无关紧要，相比之下，犯罪分子则冥思苦想地要置你于死地，而你也可以用自己的聪明才智来避免受到伤害。[13]

考虑到恐怖分子并不是无头的苍蝇，而是有行动目标的活生生的人，即使他们造成的损害很小，我们也总是表现出对他们的担心是否理性呢？毕竟，如果暴君处决了持不同政见的人，尽管受害者人数就像恐怖袭击中的遇难者一样少，人们也会感到义愤填膺。两者的不同在于，相对于死亡人数，专制暴力造成了特别重大的战略影响：它消除了对政权最有力的威胁，并阻止了其他人将自己取而代之。而恐怖主义暴力，按照其定义，就是随机地袭击受害者。从客观上讲，威胁的骇人程度，除了与造成的直接伤害有关以外，还取决于随意开枪的目的是什么。

对于许多恐怖分子来说，其目标不过是吸引公众的注意。法律学者亚当·兰克福德（Adam Lankford）分析了自杀性恐怖分子、狂暴的枪击案罪犯和仇恨犯罪杀手的共同动机，这些人里既包括自我极端化的"独狼"，也包括恐怖袭击幕后策划者招募的炮灰们。[14] 杀手往往是社会上的孤独者和失败者，许多人患有未经诊治的精神疾病，他们充满怨恨，幻想着能够复仇和得到认可。有些人发动恐怖袭击的原因含混不清，比如"发动种族战争"或"掀起一场反对联邦政府、税赋和禁枪法案的革命"等。虽然只是一份期待，但杀害许多人为他们提供了一个成为名人的机会，不仅如此，在"荣耀"的光环中死去意味着作为滥杀无辜的杀人犯，他们不必为此承担可怕的后果。升入天堂的承诺，以及对"屠杀是为了服务更崇高的'善'"进行合理化解释的意识形态，使身后之名变得更加诱人。

其他的恐怖分子服务于某些好战组织，这些组织试图用各种手段吸引人们关注他们的诉求，比如：逼迫政府改变政策；挑动政府进行极端回应，以便招募新的同情者或制造混乱，然后趁乱对当地进行剥削；或通过散布政府无法保护本国公民的印象来破坏政府等。在我们下结论，认定他们"对美国的生死存亡构成威胁"之前，应该牢记，他们的战术实际上非常脆弱。[15]

历史学家尤瓦尔·赫拉利（Yuval Harari）指出，恐怖主义是军事行动的对立面，而军事行动试图毁灭敌人的报复和攻击能力。[16]1941 年日本袭击珍珠港之后，美国太平洋舰队遭到猛烈打击，短期内无法派出一艘战舰前往东南亚进行反击。如果日本选择恐怖主义，比如用鱼雷击沉一艘客轮，被激怒的美国则可以派出一支完整的海军进行回击，但日本要是这么做，那可真是疯了。赫拉利认为，从恐怖分子软弱的立场来看，他们想要的不是破坏而是舞台。大多数人对"9·11"事件的印象不是基地组织对五角大楼的袭击，实际上这一行动部分摧毁了敌人的军事总部，杀死了敌人的指挥官和分析师；大多数人的印象是对世界贸易中心的图腾式的袭击，遇难者为经纪人、会计师和其他平民。

尽管恐怖分子抱着希望，但小规模暴力几乎从未使他们得偿所愿。政治学家马克斯·阿布拉姆斯（Max Abrahms）、奥黛丽·克罗宁（Audrey Cronin）和维吉尼亚·佩奇·福特纳（Virginia Page Fortna）分别对自 20 世纪 60 年代以来活跃的数百个恐怖主义活动进行了调查，结果显示，这些运动都没有达到其战略目标就被消灭或自己消失了。[17]

事实上，公众意识中恐怖主义的崛起并不是世界变得多么危险的迹象，而是恰恰相反。政治学家罗伯特·杰维斯（Robert Jervis）观察到，将恐怖主义置于安全威胁清单的首位，"在一定程度上是因为安全环境非常好"。[18] 不仅国家间的战争变得罕见，各国内部的政治暴力也越来越少。赫拉利发现，在中世纪，社会各部门都保留着私人民兵队伍，贵族、行会、城镇，甚至包括教堂和修道院，通过武力保卫自己的利益："如果在 1150 年的耶路撒冷，一些人杀害了几个平民，并以此要求十字军离开圣地，那么他们得到的回应将是嘲笑而非恐惧。如果你想被认真对待，你至少应该控制一两座武装的城堡。"因为现代国家已成功垄断武装力量，使本国境内的杀人率不断降低，这才给了恐怖主义一点发挥的空间：

> 我们的国家曾多次强调，它不会容忍境内的政治暴力，因此在面对恐怖主义时，国家别无选择，只能同样宣布对各类恐怖主义活动零容忍。就公民而言，他们已习惯了零政治暴力的环境，因此恐怖袭击使他们发自内心地产生了对无政府状态的恐惧，让他们觉得社会秩序即将崩溃。经过几个世纪的浴血奋战，我们终于爬出了暴力的黑洞，但我们感到黑洞仍在那里耐心地等待，伺机再次吞噬我们。一遇到恐怖的暴行，我们就觉得自己要跌回黑洞了。[19]

当国家在尽力推行不可能完成的任务时，也就是保护公民在任何时间、地点不受任何政治暴力的侵害时，它们忍不住要以自己的"表演"做出反应。而恐怖主义最具破坏性的影响就是各国对恐怖主义过度反应，比如，美国在"9·11"事件之后入侵阿富汗和伊拉克。

与之相反，各国在对付恐怖主义时，其实可以发挥它们最大的优势：知识和分析，尤其是对统计数据的掌握和分析。最首要的目标应该是通过阻止大规模杀伤性武器的扩散使伤亡人数控制在较小的水平（见第 19 章）。对于为滥杀无辜辩护的意识形态，我们可以用更好的价值和信仰体系予以反击（见第 23 章）。

媒体可以审视一下它们在恐怖主义"表演"中所起的推动作用,调整自己的报道内容,使之与客观的危险程度匹配,并多考虑它们的行为可能给恐怖分子提供的激励。兰克福德与社会学家埃里克·马德菲斯(Eric Madfis)共同建议推行一项针对枪击案的政策——"不提姓名,不给曝光,正常报道其他内容"(Don't Name Them, Don't Show Them, but Report Everything Else),其雏形是已在加拿大实施的针对青少年枪击者的政策以及其他有计划的媒体自我克制策略。[20] 各国政府可以建立情报网络和采取秘密行动来打击恐怖组织及其经济来源,还可以用广为流传的英国在第二次世界大战时海报上的话鼓励人们"保持冷静,继续前进"(keep calm and carry on)。要知道,那时比现在可要危险多了。

从长远来看,就算会造成局部的痛苦和恐惧,恐怖主义活动终将覆灭,因为小规模的暴力活动无法实现其战略目标。[21] 20 世纪初的无政府主义运动(经过多次爆炸和暗杀)以及 20 世纪后半叶的分裂主义团体活动无不如此。我们可能永远不能把恐怖主义伤亡人数减少到零,但我们需要知道,对恐怖主义的恐惧,并不能说明我们的社会变得多么危险,而表明我们的社会是多么安全。

ENLIGHTENMENT
NOW

14
民主

自从大约 500 年前第一个国家政府诞生以来，人类就一直试图在无政府主义暴力和专政暴力之间谋求平衡。如果没有政府或者强大的邻国，部落制的居民将陷入相互掠夺和争端的无尽循环里，这种社会的人口死亡率远远高于现代社会，哪怕与现代社会最纷繁动乱的年代相比也是如此。[1] 早期国家政府也会抚慰它统治下的人民、管控内讧和暴力行为，但是它同时带来了专政的恐慌，包括实行奴隶制、一夫多妻制、活人祭祀仪式、即刻处决，以及对政见不一或者行为怪异者的折磨和断肢刑法。[2] 专制统治之所以能在人类历史上历久弥新，并不完全是因为人人都觊觎专制君主的位置。历史学家马修·怀特（Matthew White）自称"死亡诗人"（necrometrician），他统计了人类过去 2 500 年历史中最血腥的暴力事件以及它们所导致的死亡人数。在通过对列出的数据寻找某种规律后，他首先发现了这样一个现象：

乱世比暴君更致命。集权政府倒台造成的死亡人数要远超暴君当政。偶尔会有几个独裁者，比如独裁者伊迪·阿明和萨达姆·侯赛因，通过手中紧握的绝对权力造成处决数万人的人间惨剧，但是他们的所作所为和我统计的某些动乱时期相比也只是小巫见大巫，如俄罗斯的"困难时期"（发生在17世纪）、墨西哥革命（1910—1920年），在这些动荡年代，恰恰是由于集权力量的缺乏，人们才无力阻止数百万人死亡的惨剧。[3]

我们可以把民主制度想象成政府需谨慎面对的一道难题，中央集权要防止人民互相欺凌，同时也要防止自己在行使这个责任的过程中凌驾于人民之上，管制的发力需要拿捏得当。一个优秀的民主政府能够让人民在追求个人生活的同时免于遭受无政府主义的伤害，让人们享有自由，避免强权暴政。单就这一点便足以让民主制度成为人类繁荣的中流砥柱。但是除此之外还有其他原因：民主制度还意味着更高的经济增长率、更少的战争和流血事件、更健康和更有教养的居民，不仅如此，民主制度从来没有导致过饥荒。[4]随着时间的推移，一个更民主的世界当然可以被称为一个更进步的世界。

实际上世界已经变得更民主了，只不过这种提升不总是单调递增的。政治学家塞缪尔·亨廷顿（Samuel Huntington）曾将民主化的历史进程分为三波浪潮。[5]民主制度的第一波浪潮发生在19世纪，当启蒙思想的伟大实践——监督政府权力的美国"宪政民主"似乎成效初显时。许多西欧国家纷纷效仿，虽然实际的效果因国家不同而异，到1922年，跟风的国家数量达到了29个。民主制度进程的第一波浪潮由于法西斯主义的崛起而挫败，到1942年，实行"宪政民主"的国家减少到了12个。

随着法西斯主义在第二次世界大战中的落败，各个殖民地纷纷开始从欧洲殖民国家的统治下争取独立，第二波民主浪潮就在这个过程中积蓄力量，民主制国家的数量在1962年回升到了36个。不过此时，欧洲的民主进程前有狼后有虎。第二波浪潮很快被希腊和拉丁美洲的军事革命势力等因素摧残殆尽。[6]

到20世纪70年代中期，民主制的前景看起来一片灰暗。联邦德国政府总理维利·勃兰特（Willy Brandt）曾经哀悼说："民主制在西欧大概只剩 20 到 30 年光景了。大限将至，届时它将耗尽燃料、无人掌舵，沉入独裁暴政的汪洋大海里。"这一点得到了时任美国参议员的社会学家丹尼尔·帕特里克·莫伊尼汉（Daniel Patrick Moynihan）的认同，他写道："美国模式中的自由民主制度越来越向着 19 世纪的君主政体倾斜：它就像一位留守岗位的政府官员，某些孤立或特殊的部门里还留有一点它的身影，在某些特殊的情况下它的表现也还算令人满意，但是不管怎么说它都不是世界未来发展的趋势。自由民主制度已经过时，它已经穷途末路。"[7]

可是，丹尼尔悼词的墨迹还没干，民主化的第三波浪潮就如海啸一般喷薄而出了。军国主义和法西斯政府纷纷倒台。一些非洲国家摆脱了强国的摆布，欧洲最后的一些殖民地，绝大多数聚集在加勒比和大洋洲地区，都选择以民主制为独立后的初代政府体制。

1989 年，政治学家弗朗西斯·福山（Francis Fukuyama）发表了一篇著名的论文，他在其中提出自由民主制度代表了"历史的终结"，这里的"终结"并不意味着万事休矣，而是因为世界在人类最优秀的政府体制上达成了共识，从此不再需要为此斗争，受其纷扰。[8]

福山创造了一种失控的文化基因：在他论文发表之后的数十年，许多书和文章都开始宣称其他事物，比如自然、科学、信仰、贫穷、理性、人、律师、疾病、自由市场和性的"终结"。不过福山也遭到了许多评论家的批评，这些评论家大多对眼前的负面新闻极其敏感，他们总会时不时地宣称"历史还没有终结"。随着匈牙利民粹主义者的胜利，以及土耳其总理雷杰普·埃尔多安（Recep Erdogan）的成功（犹如苏丹①复辟），民主制本身倒像正在退化为独裁主义。历史悲观主义者们一如既往地幸灾乐祸，他们宣称民主化进程的第三波浪潮已然臣服于"暗流涌动""经济衰退""腐败""倒退"或者"大崩溃"。[9]他们认为，民主化是自负的西方人想要强加给其他国家的东西，而只有独裁主义才适合绝大多数人。

我们真的能从近代历史中看出各国人民乐于遭受政府的残酷对待吗？有两个理

---

① 苏丹（Sultan），某些国家穆斯林统治者的称号。——译者注

由让这样的观点显得不足为信。最显而易见的理由是，在一个非民主制国家，你又怎么能知道人民内心的态度呢？诚然，在这样的国家里，人民心中普遍有对民主的诉求，但是为了避免牢狱之灾或者杀身之祸，没有人敢公开表达这种诉求。还有一个理由是新闻标题谬误：与政权颠覆有关的新闻通常出现得比民主解放的更频繁，由此引起的可得性偏差让我们在不知不觉中逐渐将"无聊的"国家民主化抛在了脑后。

一如既往，要想了解世界实际趋势的唯一办法就是进行量化分析。这不得不让人想到应当如何界定"民主"，这个词周身散布着真善美的气场，气场强烈得令"民主"几乎没有了实际的意义。此外，向一个非民主国家的人询问他们对于这个词的理解也无济于事。[10] 专家的评判也有标准混乱冗杂的问题，他们往往想尽可能地在标准里塞进一切真善美的东西，如"没有社会经济不平等"和"没有战争"等。[11]

民主事务涵盖的内容包括言论自由、政务公开以及对领导人的权力限制措施，各个国家在这些方面的侧重不同也增加了探讨这个问题的复杂性，因此在简单粗暴的"民主"和"独裁"二分法体系中，一个游走于两者交界处的国家可能今年被划为了民主国家，而明年却成了独裁国家。划分民主的门槛随着评判者标准的改变而水涨船高，后面我们还会探讨这个问题。[12] 政体研究项目（The Polity Project）致力于解决这个难题，它每年以一套固定的评判标准给每个国家打一个介于 –10 到 10 之间的分数，以代表该国的独裁或民主程度，反映国民表达政治倾向的能力、政府权力管控的作为和国家对人民自由的保障。[13] 图 14-1 标出了从 1800 年以来全世界的得分情况，时间跨度涵盖了三次民主运动浪潮。

从图中可以看出，虽然势头已经没有那么猛了，但是第三次民主运动的浪潮还远远没有结束，甚至连退潮的迹象都说不上。1989 年，世界上已经有了 52 个民主国家（按照政体研究项目的界定，民主国家指那些得分超过 6 分的国家），而 1971 年时这个数字为 31。经过 20 世纪 90 年代的发展壮大，第三波民主运动浪潮在 21 世纪初又来到了一个巅峰，由此，全世界的民主国家在 2009 年奥巴马上台执政之际达到了 87 个。总之，民主国家数量依旧保持着增长的势头。

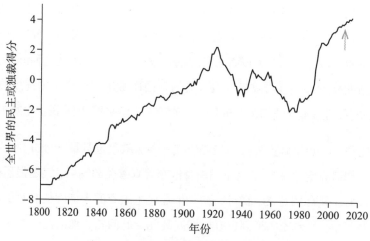

图 14-1　民主与独裁（1800—2015 年）

资料来源：人类的进步数据源自 *Polity IV Annual Time-Series，1800—2015*，Marshall，Gurr & Jaggers，2016。分数为人口超过 500 000 的主权国家的叠加总和，分数取值范围为 –10 ～ 10，–10 代表完全的独裁国家，10 代表完全的民主国家。箭头指示的时间为 2008 年，是《人性中的善良天使》中图 5-23 里最新数据的年份。

　　而在 2015 年数据库中最新的一组数据显示，民主国家的总数已经达到了 103 个。2015 年的诺贝尔和平奖被授予了突尼斯全国对话机构，以表彰参与此会议的众多组织机构对巩固突尼斯民主政体转型的贡献。民主政体转型还发生在缅甸和布基纳法索，积极的改变也出现在其他 5 个国家，包括尼日利亚和斯里兰卡。2015 年的 103 个民主国家里生活着全世界 56% 的人口，而如果我们把 17 个相比独裁而言更偏向于民主的国家也算在内的话，那么当时生活在自由或者相对自由社会里的人口就占到了世界总人口的 2/3，相比之下，1950 年时只有不到 2/5，1900 年时只有 1/5，1850 年 7%，而 1816 年仅 1%。

　　虽然我们还没看到历史真正的终结，但福山已经总结道：民主制比夸赞者颂扬得更吸引人。[14] 在第一次民主运动浪潮受挫之后，许多唱衰民主制度的"反思"甚器尘上，那些论调认为民主制度永远无法在天主教、非西方、亚洲、贫穷或多民族国家扎根，他们还依次驳斥了民主制度在上述每一种社会里发展的可能性。诚然，相对更富裕、教育文化水平更高的国家也更有可能孕育稳定、一流的民主制度。[15]

但是在民主制度上的倾斜可以发生在各式各样的社会里。[16]

实现民主的前提

为什么民主化浪潮的进程会一而再、再而三地超出人们的预期？一次又一次的受挫、倒退以及权力黑洞导致了一种理论，认为民主制度的实现需要条件苛刻的基础前提和艰苦卓绝的努力过程。这反倒成了独裁者嘴里的好托词，他们总是会说自己的国家还没有做好实行民主制度的准备，就像伍迪·艾伦在电影《香蕉》（*Bananas*）中饰演的革命领袖，大权在握的他马上宣称，"现在的国民都是些乡巴佬，他们太无知了，所以无权投票"。理想民主制度中对公民自身修养的假想更是增加了人们对它的恐慌：政治事务需要及时通知每个公民，每个人都要对决定的利弊进行费力的深思熟虑；为了使领导人能够代表自己的意愿，选举领导人时也必须三思而后行。

如果以上述的标准来衡量，那么不管是在过去、现在，甚至是将来，民主国家的数量都是零。普通人政治信仰的浅薄和破碎程度总是会让政治学家们大感吃惊，不仅如此，人们往往不明白他们的个人意愿与自己所投的选票之间的关系，遑论预见由这种选举过程得到的当选人会对他们产生怎样的影响。[17]绝大多数的选民不仅对眼前的选情毫无头绪，他们甚至对一些最基本的事实也一无所知，比如政府有哪些主要的职能部门、美国在第二次世界大战期间的对手是谁，以及有哪些国家曾使用过核武器。

他们投票的倾向常常被问题的措辞所左右：有人认为政府在"福利"上的开销过大，而"对穷人的帮助"不够；还有人认为国家应当动用"军事力量"，但是不应该"参与战争"。当他们终于摸清自己的政治倾向时，却又常常把票投给了与之背道而驰的候选人。不过这倒不是什么要紧的问题，因为一旦进入政府机关，政客们都会按照自己所在政党的立场投票和表决，谁还会去管当初给他们投票的选民们的意见呢？

另外，选举也没有成为衡量政府表现的反馈信号。选民会因为自己对领导人在某些事务，比如大规模的经济动荡和恐怖袭击事件上进行过度干预的猜疑而要求惩罚他们；又或者因为他们不作为而怪罪他们，如面对旱灾、洪水，甚至是鲨鱼伤人事件时。许多政治学家总结认为，绝大多数人已经准确地意识到他们的投票在影响选举结果方面作用有限,所以他们干脆把工作、家庭和休闲的优先级提到了锻炼自身政治素养和斟酌选举投票之前。对这些人来说,选举制度是一次自我表达的机会:他们会把票投给与自己相似的候选人,以期自己被代表。

综上所述,即便民主选举作为民主制度中的精华部分被广为认同,但是究其本质不过也只是政府用于管理民众的一种手段罢了,民主选举并不总是对民主制度有益的。当候选的双方都是眼红心狠的专政者时,他们都会因为害怕选举的落败而在投票过程中无所不用其极。同理,有心的独裁者也一样会利用民主选举制度为自己谋利。独裁政治最新的表现形式被称为竞争性、选举性、腐败性、国家主义或者保护性独裁政体。[18] 在这种政体中,当权者动用可怕的国家资源来打压异见者,虚构并不存在的反对党派,利用国家媒体散布动听的观点和言论,操纵选举的规则,拉拢选民,自导自演整场民主选举。

所以,既然选民和当选的领导人都没有能够实践民主制度的精神,如同丘吉尔对民主制度那句著名的评价,"要不是因为见识过其他政体,我都要以为这是世界上最糟糕的政府制度了",那么为什么民主政府还能卓有成效地运作呢?在 1945 年《开放社会及其敌人》(*The Open Society and Its Enemies*)一书中,哲学家卡尔·波普尔(Karl Popper)主张"民主"不应该被看作"由谁来统治"这个问题的答案(答案当然是"人民"),而应当被视为一种非流血的手段,目的是移除不称职的领导人。[19] 政治学家约翰·米勒(John Mueller)进一步拓展了波普尔这个二选一的命题的内涵,将民主理解为一种每天都会发生的实时反馈。米勒认为,民主的基础是赋予人民抱怨的自由:"所谓民主,就是在人民同意不以暴力手段取代政权的同时,政权允许他们以任何其他方式替代自身的制度。"[20] 他解释这种制度实际运作的方式是:

> 如果人民有权抱怨、信访、组织集会、游行抗议、公开演讲、罢工、以移民或离境相要挟、大声疾呼、刊印文字、向境外转移资产、自由表达对政府的不信任以及在后门软磨硬泡,政府就会不得不应对发声者的诉求和说客的胡搅蛮缠。换句话说,政府只能选择对问题进行作为——更关注民生,无论政府是不是由民主选举产生。[21]

女性选举权就是一个很好的例子：按照字面意思，原先没有选举权的女性本无法通过投票选举赋予自己这个权力，但是她们依旧通过其他途径获得了选举权。

混乱的现实与理想中的公民民主制的对比，造成了人们对民主制度由来已久的幻灭。经济学家约翰·肯尼斯·加尔布雷思（John Kenneth Galbraith）曾建议我说，如果你想得到一份报酬丰厚的写作合同，只要告诉别人你的书名叫《美国民主制度的危机》就可以了。通过对历史的回顾，米勒总结称："贫富差距、政见不合、人情冷漠和愚昧无知才是社会的常态，而非异常。在一个民主国家，民主制度的优越性一定程度上就体现在，即使把这些特点照单全收也不会影响它的运作，或者说，在某些特殊的情况下，正是因为它们民主制度才能正常运作。"[22]

以如此简化的视角来看，民主制度似乎也不是什么高深莫测或对政府要求极高的东西。实现民主最主要的前提是有一个足够称职的政府，它有能力保护人民免受无政府状态的暴力。毕竟社会动荡要猛于独裁暴政。这也是民主制度在极度贫穷或缺乏强硬政府的国家，比如撒哈拉南部的非洲国家和政府首脑遭到处决的那些国家——遭到美国入侵的阿富汗和伊拉克，一直无处落脚的原因之一。诚如政治学家史蒂芬·列维茨基（Steven Levitsky）和卢肯·韦（Lucan Way）所言："国家倾覆从来只带来暴力冲突和社会动荡，它几乎从来不会带来民主化。"[23]

意识形态也很重要。民主制度落地生根的前提，是有影响力的人（尤其是手里抓着枪的那些人）首先认同它比神权政体、封建制度的君权神授、殖民地的附庸政治或者以个人崇拜和绑架民众意愿为特征的独裁主义都要优越。这一点可以用来解释民主化进程中所体现的某些规律，比如为什么那些教育水平落后、远离西方国家影响，还有通过暴力抗争及意识形态灌输建立的国家更难实现民主制。[24] 相反，一旦人们意识到民主国家是相对更宜居的国家，民主的理念就会深入人心，一传十，十传百，民主国家的数量也因此与日俱增。

人权保护状况趋好

投诉抱怨的自由需要建立在政府承诺不惩罚或者不禁声投诉者的基础之上。因此，民主化进程的首要议题是如何限制政府滥用职权，避免它打压那些自视甚高、桀骜不驯的民众。

许多国际共识的源头都可以追溯到于 1948 年通过的《世界人权宣言》(*The Universal Declaration of Human Rights*)，后者给许多政府见不得人的旁门左道行为划了红线，尤其是严刑逼供、司法外处决、监禁政治异见者，还有一种丑恶的及物动词用法：让某人消失 (to disappear someone)。这些红线与民主选举权不同，因为只要不惹祸上身，多数选民常常对政府触犯红线的行为持视而不见的态度。

在现实中，民主国家的确对人权表现出更多的尊重。[25] 不过世界上也有乐善好施的独裁政府，同时也有独断专横的民主政府。这不禁让人想到关键的问题：民主化进程到底能不能算作一种进步？ 民主制国家的崛起到底有没有带来人权问题的改善，还是说民主选举和其他民主政治措施已经沦为独裁者的新玩物，让他们能一边戴着微笑的面具，一边大权独揽？

一些机构在过去数十年里一直致力于披露违背人权的事件。如果有人留心一下这些机构从 20 世纪 70 年代开始公布的数据，就会发现政府专制的程度几乎没有变化，尽管民主制度越来越盛行，人权规范越来越具体，国际刑事法庭和监督机构越来越多。由此导致有人宣告（人权活动者们无不为此警醒，而文化悲观主义者们则对此幸灾乐祸）我们已经接近"人权的末日""人权法律的黄昏"和顺理成章的"后人权时代"。[26]

但是进步自有它掩盖行迹的习惯。随着时间的推移，道德标准的提高会让我们逐渐意识到过去不曾注意到的侵害行为。不仅如此，运作社会活动的组织觉得他们总是有必要叫嚣"危机"以保持话题的热度，虽然这种行为也使数十年的社会运动有无病呻吟的嫌疑，导致了事与愿违的反效果。政治学家凯瑟琳·斯金克 (Kathryn Sikkink) 把这种现象称为信息悖论：人权问题监督者们越是勤勤恳恳地做着他们的本职工作，到世界各个角落里，把越来越多的行为定义为虐待，他们能找到的人权问题就越多。如果我们不修正由他们的敬业热情所带来的偏倚，就会被误导认为世界上的人权问题总是无穷无尽。[27]

政治学家克里斯托弗·法里斯 (Christopher Fariss) 快刀斩乱麻，他用数学模型弥补了由于过分深挖而额外获得人权问题数量的不足，并由此估计出世界人权侵害事件的实际数量。图 14-2 显示了他为两个国家和全世界在 1949—2014 年期间的人权打的分。图中的数据是通过数学模型模拟和演算出来的，所以我们没有必要对这些数字太过计较，不过图中反映的差异和趋势是实实在在的。最高的那条线代表了国家处理人权事务的楷模。和许多衡量人类繁荣程度的其他指标一样，这条线代表的国家位于斯堪的纳维亚，在这里是挪威。这条曲线的基础值很高，并且随后依旧保持上升的趋势。另一条曲线是韩国，在经历过冷战之后的右翼独裁统治，如今它的民主状况大有改观。但是图中最重要的信息当属代表世界的曲线：虽然各国的进程有进有退，但是世界整体的人权得分情况保持着上扬的态势。

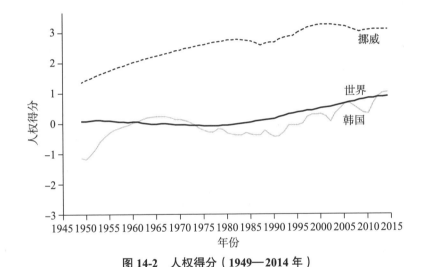

图 14-2　人权得分（1949—2014 年）

资料来源：*Our World in Data*，Roser 2016i，图中分数的设计参见 Fariss 2014，分数的含义为政府保护人民免遭严刑逼供、司法外处决和"消失"的力度。"0"代表所有国家在历史上的平均值，纵坐标为标准差。

废除死刑正成为全球趋势

政府权力的削弱究竟经历了怎样的过程？研究这个问题有一个不同寻常但又无比清晰的视角，我们可以通过一种由国家付诸实践的终极暴力行为一探人权进步的脉络：蓄意杀死国民。

　　死刑曾是一种在每个国家都很常见的刑法，数以百计的不法之徒被公开处刑，颜面尽失。[28] 启蒙运动之后，欧洲国家不再对普通人实施死刑，而只用它处置穷凶极恶之徒。至 19 世纪中期，英国已经把处决犯人的数量从 222 减少到了 4 人。不仅如此，各国还冠冕堂皇地想出了诸如绞刑等相对人道的处决方式，虽然那些刑法同样残忍可怕。第二次世界大战之后，《世界人权宣言》的颁布促成了第二次人道主义革命，一个接一个的国家废除了死刑，到了今天，欧洲国家中只有白俄罗斯还保留着死刑。

　　如图 14-3 所示，废除死刑成了一个全球趋势，时至今日，死刑本身反倒被判了死刑。[29] 在过去 30 年中，平均每年有两到三个国家废除死刑，只有不到 1/5 的国家还在继续处死犯人。尽管有 90 个国家的法律条文里仍然保留着死刑，但是绝大多数这些国家在过去 10 年里从未处死过任何犯人。研究死刑的联合国特别调查员克里斯托弗·海恩斯（Christof Heyns）指出，如果死刑的废除速度继续保持现有的速率（这只是他的假设），那么死刑将在 2026 年从人们的生活里消失。[30]

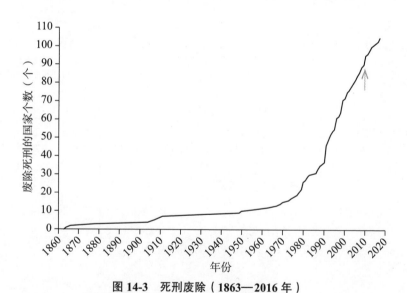

图 14-3　死刑废除（1863—2016 年）

资料来源："Capital Punishment by Country: Abolition Chronology"，Wikipedia，2016 年 8 月 15 日。数个欧洲国家在其本土废除死刑的时间要早于这里的标注，这里的废止时间包含了其管辖地废除死刑的时间。箭头所指的时间为 2008 年，是《人性中的善良天使》中图 4-3 里最新数据的年份。

排在处决犯人数量前五名的国家看起来有点儿不可思议，美国名列其中。正如在促进人类繁荣的其他方面（比如犯罪率、战争情况、医疗体系、国民寿命、意外发生率和教育水平）一样，美国在民主进程上的表现又是一副懒懒散散拖后腿的嘴脸。从哲学主张推动道德观念进步，再到政策落地，中间绝不是一条畅通的坦途，美国在废止死刑问题上的例外是对这一点最好的佐证。这涉及我们探讨过的两种民主形式与它们之间无法共存的紧张关系：极力限制政府对公民施加暴力行径是民主，而将多数公民的意愿付诸实践同样也是民主。美国之所以在废除死刑的潮流里成了局外人，某种程度上来说，是因为它太民主了。

法学家安德鲁·哈梅尔（Andrew Hammel）在他推动欧洲废除死刑的过程中曾指出，在绝大多数地方的绝大多数情况下，死刑对普通民众的冲击充其量只是让他们学到：如果你杀了人，就要偿命。[31] 直到启蒙运动到来，激烈反对死刑的言论才开始在社会上出现。[32] 有一种主张认为国家授权的处决行为并没有触犯和践踏普通人的尊严。另一种论调则提出，死刑的威慑作用也可以通过其他更温和但是效果更好的方式实现。

这种观点从人数不多的哲学家和有识之士开始，影响了受过良好教育的社会上层阶级，尤其是进步开明的专业人士，比如医生、律师、作家和记者。废除死刑很快也被其他领域的进步提上了日程，这些进步包括义务教育、普选制度和劳工权益。死刑废止还在"人类权益"的光环加持下被神圣化，并被当成"我们理想中的社会和理想当中的自己"的写照。支持废除死刑的欧洲社会精英们绕过了不安的普通民众，因为欧洲的民主变革之初并没有改变普通人不能参政议政的观念。这些国家的刑罚法典由受人景仰的学者委员会起草，再由自认为是天生贵族的立法者审议通过，最后依靠获得终身公务员身份的委任法官执行。数十年时间一晃而过，人们这才发现废除死刑没有让社会陷入混乱，至此，想要恢复死刑已经不是那么容易的事了，这下民众才接受死刑并不是必要的事实。

但是对于美国而言，姑且不论是好是坏，美国政府是一个属于人民并忠于人民意愿的政府。除了某些联邦刑事罪（比如参与恐怖活动和危害国家罪）之外，是否设立死刑通常由每个州自主裁决，由代表选民意愿的立法者对其进行投票表决，在许多州，检察官和法官常常为了追求连任而争取和同意相关法规的通过。南方的许多州拥有悠久的荣誉文化，以眼还眼、以牙还牙的民风盛行，所以不出所料，美国的死刑判决集中在南方数个州里，主要包括得克萨斯州、佐治亚州和密苏里州，更确切地说，是集中在这些州中的某些县里。[33]

不过美国同样难逃被历史大潮席卷的命运，尽管死刑有吸引人的地方（2015 年，有 61% 的人仍旧拥护保留死刑），它的废止已经势在必行。[34] 在过去 10 年中已经有 7 个州废除了死刑，另有 16 个州将其搁置，30 个州从 5 年前开始就没有执行过死刑判决。即便是得克萨斯州在 2016 年也仅执行了 7 次死刑，而这个数字在 2000 年为 40。在图 14-4 中可以看到美国死刑执行数量在过去十几年中稳步下降，在图的最右侧几乎可以看到曲线最终滑向了零。与在欧洲经历的规律相同，当死刑执行数量下降后，紧随而来的是公众对其态度的改变：2016 年，曾经广受欢迎的死刑的支持率滑落到了 50% 以下，这在最近 50 年内尚属首次。[35]

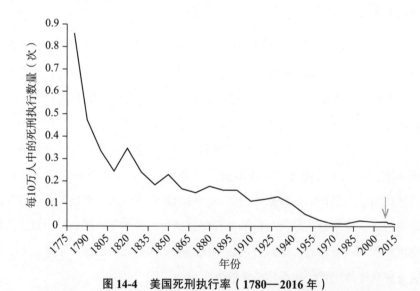

图 14-4　美国死刑执行率（1780—2016 年）

资料来源：Death Penalty Information Center 2017。人口统计数据参见 US Census Bureau 2017。箭头指示的时间为 2010 年，是《人性中的善良天使》中图 4-4 里最新数据的年份。

尽管趋势初现，不过美国要如何才能在阻力重重的情况下废除死刑呢？通向死刑废除的道路是一条提升社会道德观的道路。虽然相较于西方世界的同侪们而言，美国有更亲民的政治体系，但是它依旧不是如同古时雅典那样由民众直接参与的民主政治（正是直接民主给苏格拉底判了死刑）。怜悯和理性在历史上取得的进步让最顽固的死刑支持者也对滥用私刑、绞刑和粗暴的公开处刑倒尽胃口，甚至连他们也坚持要为死刑的执行引入些许的尊严和关怀。这种想法需要仰仗一整套精密的装置，并且有专门的机械师团队对装置进行操作和维护。机器总会磨损，而机械师们不会一直愿意对其进行修理，死刑装置变得越来越老旧，机械师们也不再回应维修的邀请。[36] 不过美国的死刑废止并没有通过这种温水煮青蛙的方式进行。

促进美国废除死刑制度的原因有很多。第一，法医学的进步，尤其是 DNA 指纹技术，显示无辜者死于非命的情况在死刑中在所难免，即便是最热心的死刑支持者，在面对冤假错案的严重后果时也不得不再三斟酌。第二，剥夺一条人命的手段从最初血腥的折磨和开膛破肚，演变为后来干净利落的绞刑、枪决和斩首，再到看不到摸不着的毒气和电刑，最后到现在的药物注射。但是医生不愿意执行注射操作，医药公司拒绝提供药物，就连见证行刑的人也因为死刑执行的准备不够充分而深受精神上的困扰。第三，作为死刑最重要的替代措施，终身监禁的效果因为监狱在反越狱和暴动方面的不断优化而日益牢靠。第四，暴力犯罪率的直线下降（见第 12 章）让人们感到过于严厉的刑法已经失去了必要。第五，由于死刑的量刑非同小可，它的执行再也不像以前一样干净利落，而往往需要经历繁复漫长的、痛苦不堪的法律审核。死刑犯的有罪判决不仅将审判时间延长至两倍，一旦定罪，死刑判决将触发一系列冗长的审核和上诉程序，甚至冗长到监狱里大多数的死囚最终都因为自然原因而死亡。与此同时，昂贵的律师佣金因为延长的诉讼期而水涨船高，州政府为死刑案例支付的律师诉讼费用是监禁案例的 8 倍之多。第六，死刑判决还存在针对社会身份的偏倚问题，在获得死刑判决的被告中，穷人和黑人的数量不成比例地高（"刑不上大夫"），这个事实也在拷问着美国人的良心。最后，面对这一摊支离破碎的烂摊子，美国最高法院一直在竭尽全力试图摆正死刑的定位，而实际的效果则是在一点一点削弱死刑的效力。近年来，最高法院规定州政府不得对青少年、有智力缺陷和非谋杀的罪犯判处死刑，并着手立法反对致死效果不稳定的药物注射。法庭观察家们认为，法官们被迫直接面对死刑这个烫手山芋只是时间问题，届时他们会想起"死刑关乎罪犯的体面"，并以违反第八条修正案中有关"禁止一切残忍和极端的惩罚手段"为由，一劳永逸地将死刑剔除出美国的法律。

科学、政治、法律和社会力量都在不约而同地试图剥夺政府决定人民生死的权力，仿佛真有一条神秘的弧线滑向了人类正义的方向。更务实的看法是，我们正在见证着一个道德原则——"生命可贵，神圣不容侵犯"席卷社会各相关方和政府机构，如今，死刑判决只有在这两方面通力合作的情况下才有可能成立。随着各方与政府机构在实践中更彻底地贯彻这一原则，他们将不可避免地把国家政府从"以命偿命"的冲动政治中解放出来。民主制度的实现道阻且长，需要厚积而薄发，但是只要假以时日，这个从启蒙运动时代诞生的理念终将改变整个世界。

ENLIGHTENMENT
NOW

——

15
平权

人类在对待他人的时候往往习惯于一竿子打翻一船人，用贴标签的方式将人一概而论。人们因为种族和信条的契合聚到一起，并想方设法击溃不同于自己的敌对团体。男性一直企图从劳动力、人身自由和性上控制女性。[1] 人们用道德规范和谴责的形式掩盖他们在性别问题上的双重标准。[2] 我们把类似的现象称为种族主义、性别歧视和恐同情绪，虽然程度有轻有重，但是它们是绝大多数文明历史发展中的共性，直到今日依旧猖獗。我们所谓的民权或者平权，在很大程度上正是对这些罪恶思想的反抗。平权运动在历史上取得过辉煌的成就，比如塞尔玛游行 ①、塞尼卡瀑布会议 ②，以及石

① 塞尔玛游行，马丁·路德·金曾以塞尔玛为起点向蒙哥马利游行进军，完成了一次成功的黑人平权斗争运动。——译者注
② 塞尼卡瀑布会议为女性平权运动史上第一次召开的大会。——译者注

墙事件 ① 的故事犹在眼前，它们都是人类进步史中激动人心的篇章。³

人种少数裔、女性和同性恋群体的权益状况在不断得到改善，每一个群体都拥有了自己的里程碑性事件。2017 年，世界上第一位非洲裔美国总统奥巴马的两届任期宣告结束，2016 年，当时的第一夫人米歇尔·奥巴马（Michelle Obama）在民主党全国代表大会上发言时为这个成就动容："我每天早上都会在那栋由奴隶建造的房子里醒来，我会看着我的女儿们，两个漂亮、聪明的黑人女孩，看着她们在白宫的草坪上和狗狗一起玩耍。"

在奥巴马之后，两大主要党派之一前无古人地把继任总统候选人的名额颁给了一名女性，也就是希拉里·克林顿，那时离美国女性获得选举权的日子还不到一个世纪；希拉里几乎横扫并收获了所有主流的选票，要不是选举团成员拖累和选举中的其他意外，她本可以顺利当选总统。倘若如此，那么在某个平行宇宙的 2016 年 11 月 8 号，美国、英国和德国就将同时被置于女性的领导之下。⁴

健忘是社会进步的天性，它总是以一副傲慢的姿态注视着残存的不公正，而忘记了我们在努力的路上已经走出了多远。有一种针对进步的看法认为我们仍旧生活在一个种族歧视、性别歧视和恐同情绪极度严重的社会里，类似的看法在大学校园里尤其流行，它在暗示进步主义虽经数十年努力却毫无建树，在彻头彻尾地浪费时间。

和其他领域里存在的进步恐惧症一样，危言耸听的新闻报道拒绝承认人权改善的现实。一连串对美国警察击毙手无寸铁的非洲裔嫌疑人的高频曝光（其中有一些还被手机录了下来），给人留下了警察蓄意针对黑种人和美国正在掀起新一轮种族歧视的印象。运动员家暴妻子或者虐待自己的女朋友，高校内一波又一波的性侵事件，新闻媒体对这些题材的狂轰滥炸在许多人眼中成了女性正在遭受社会压迫的新信号。屋漏偏逢连夜雨，2016 年，枪手奥马尔·马迪恩（Omar Mateen）在奥兰多一家同性恋夜总会开枪射杀 49 人，射伤 53 人，一手犯下了这宗堪称美国历史上最

---

① 石墙事件，20 世纪 60 年代末发生于纽约石墙旅馆门口的同性恋拒捕事件，被视为同性恋平权运动的起点。——译者注

骇人听闻的袭击事件之一。

近年来发生的许多重大事件让人们对历史正在开倒车的观点越发深信不疑。在我们生活的这个平行宇宙中，2016 年，唐纳德·特朗普，而不是希拉里·克林顿，最终成了美国总统选举制度的又一位受益人。在他的整个竞选活动期间，特朗普都在口无遮拦地发表有关厌恶女性、反对墨西哥的侮辱性言论，对美国政治辞令的传统规范置若罔闻，而受特朗普感召、聚集到他阵营里的支持者们更是有过之而无不及。有的评论家忧心忡忡，他们担心这次大选的结果代表着国家平权运动由盛及衰的转折点，或者更糟糕的是，特朗普的当选会让所有人幡然醒悟：也许所谓的平权运动从来就没有过任何建树。

本章的目的在于对当前的平权状况一探深浅：平权是不是我们的幻觉，如同一潭死水表面泛过的涟漪？平权运动到底经不经得起考验？正义公道是见好就收，还是像大川洪流一样滚滚向前？ [5] 此外，我还将在本章的结尾探讨儿童权利境况的改善，因为它是人权中最容易遭受侵犯的组成部分。

平权已成为主流社会价值观

到现在为止，你应当已经知道新闻报道对历史趋势的解读并不可靠，而眼下媒体对平权运动的攻击亦然。统计数据显示，过去数十年中由警察造成的枪击事件数量实际上没有增加，而是减少了，甚至被路人录像留证的此类事件也减少了，不仅如此，三份独立的分析报告发现黑人嫌犯并没有比白人嫌犯更容易遭到警察的击毙。[6] 美国警察的确以喜欢拔枪著称，但是他们的出发点里没有夹带种族偏见。

如果报道强奸的新闻铺天盖地，它能告诉我们的有效信息可能有两个：第一，社会上出现了更多针对女性的暴力犯罪——这是坏事；第二，社会把更多的关注点放在了针对女性的犯罪上——这是好事。就像至今为止我们都不清楚，当时发生在奥兰多的那场夜总会大屠杀到底应该归咎于恐同情绪，还是驱使许多残暴的枪手们犯下滔天罪行的、想要死后留名的个人情结。

研究历史更好的第一手资料是取值明确的数据，以及对关键事物的统计分析。在过去 25 年中，皮尤研究中心（Pew Research Center）^①一直致力于探究美国人对种族、性别和性的观念变迁，它的报告显示美国人在这些方面的态度经历了"彻底性的改变"，如今的美国居民对人权问题的态度更包容也更谦卑，从前随处可见的偏见已经掉到了谷底。[7]这种改变的趋势可以在图 15-1 中看到，图线代表受访者对相应陈述的回应情况，调查中许多其他的陈述都与此类似。

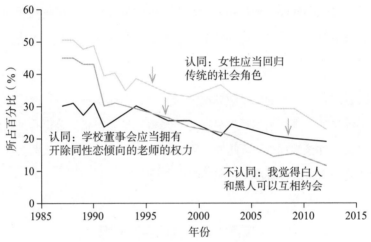

图 15-1　美国对种族主义、性别主义和恐同情绪的看法（1987—2012 年）

资料来源：Pew Research Center 2012b。箭头所指的地方代表《人性中的善良天使》中对类似问题做过的探讨的最后年份：黑人问题，1997 年（图 7-7）；女性问题，1995 年（图 7-11）；同性恋问题，2009 年（图 7-24）。

其他的调查也反映了相同的观念转变。[8]整体而言，美国居民正在变得更开明，不仅如此，崇尚自由开明的特质在越年轻的人身上就体现得越淋漓尽致。[9]我们会看到，人的价值观念会随着年龄的增长而趋于稳定，所以从偏见程度低于全国平均水平的"千禧一代"（1980 年后出生的人）身上，就能推测出美国在未来前进的方向。[10]

---

① 皮尤研究中心是一家美国的独立性民调机构。该中心为那些影响美国乃至世界的问题、态度与潮流提供信息资料，是一个无倾向的机构。——编者注

当然，你也可以质疑图 15-1 中图线趋势的含义，它反映的既可能是偏见的减少，也可能是社会对偏见本身的包容度下降，以至于人们不愿轻易向民意调查员袒露内心真实而狭隘的想法。至于事实究竟为何，这个问题一直让社会学家们一筹莫展。

直到最近，经济学家塞斯·斯蒂芬斯－大卫德威茨（Seth Stephens-Davidowitz）才在数字技术普及的这个时代里找到了一种能够最真实地反映我们对事物看法的手段。[11] 人们躲在由键盘和显示器提供的隐私背后，暗暗地在谷歌上搜索一切让他们感觉好奇、焦虑和内疚的东西，有的你能想到，也有的你根本想不到，并以此为乐。谷歌会按照不同的月份和地区记录人们搜索过的海量词条数据，不过它不会记录用户的身份，并借助相应的工具对其进行统计分析。

斯蒂芬斯－大卫德威茨发现用户在搜索中使用字眼"黑鬼"（nigger，多数情况下只是为了找一些与种族歧视有关的段子和笑话）的频度与同一地区其他衡量种族偏见的指标在结果上有非常高的契合度，例如 2008 年奥巴马获得的竞选总票数比民主党内部预计的要低，而这与用搜索结果分析的结果一致。[12] 斯蒂芬斯－大卫德威茨由此提出，这个指标可以在不张扬的前提下反映出人们私底下抱有的种族偏见。

让我们用谷歌的搜索数据来研究当前种族主义的受众情况，同时进行的还包括研究人们私底下对性别歧视和恐同情绪抱有的态度。在我还是个少年的时代，人们还经常可以在广播电视和报纸的漫画里看到那种玩笑——嘲弄木讷的黑大个儿、傻里傻气的妇女。如今，这些题材都已经成了主流媒体的忌讳。是因为这些笑话难登大雅之堂，还是因为人们改了性子，觉得这些笑话无礼、粗俗，再难被它们取悦了？

图 15-2 展示了答案。曲线的走势代表美国人不仅变得比以前更羞于承认自己的偏见，而且他们也不再追捧建立于偏见基础上的玩笑了。[13] 此外，有人曾担心特朗普得势的事实反映了，或者说加剧了社会偏见的严重性，不过事实正好与之相反，不管是在特朗普声名狼藉的 2015 年和 2016 年，还是在他参加总统就职典礼的 2017 年初，图中的曲线始终保持着下降的趋势。

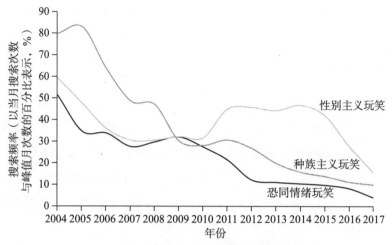

图 15-2　美国种族主义、性别主义和恐同情绪的
相关网络搜索量（2004—2017 年）

资料来源：以谷歌搜索种族主义笑话、"婊子笑话"（bitch jokes）和"基佬笑话"
（fag jokes），数据代表 2004—2017 年美国用户搜索该关键词在总搜索量中占的百
分比。图表的原始数据（在 2017 年 1 月 22 日获得）以一个月为间隔，百分比为当
月搜索量与该词条历史搜索最高值的比例，每年的百分比为十二个月的平均值，再
以平滑曲线将各年数据相连。

史蒂芬斯－大卫德威茨曾向我指出，考虑到谷歌具体的用户分布，这些曲线实
际上低估了偏见的下降程度。当谷歌在 2004 年正式上线的时候，用它进行检索的
大部分是生活在都市里的年轻人。在技术产品掀起的风潮里，老年人，还有居住在
偏远地区的居民总是姗姗来迟，而如果假设这些人更有可能搜索粗鄙无礼的内容，
那么他们在后续几年中的大量涌入势必会削弱偏见观念减少的势头。虽然谷歌不会
记录检索者的年龄和受教育程度，但是它的确会记录用户的访问地区。在我的征询
下，史蒂芬斯－大卫德威茨肯定了"偏执用户常常聚集在同一地区"的猜想，那些
地方通常是老年人的聚居区，或教育水平相对落后的地区。在那些退休员工聚集
的社区里，用户搜索"基佬笑话"的概率则达到了 30 倍。"谷歌的关键字广告系
统，"史蒂芬斯－大卫德威茨满怀歉意地告诉我说，"不对我们公开'婊子笑话'的
数据。"

除了谷歌，史蒂芬斯－大卫德威茨也在向美国在线 ① 讨要它们的搜索数据，与谷歌不同的是，美国在线会追踪和定位单个用户的搜索记录，当然，不会精确到用户的身份。美国在线的数据显示，种族主义的主力军很可能是年龄偏大的人群：搜索"黑鬼"的那些用户常常也会搜索一些中老年人感兴趣的话题，比如"社会保障金"和"法兰克·辛纳屈（Frank Sinatra）②"。互联网上搜索内容与用户年龄不匹配的情况最常见于偷偷搜索不适宜内容的青少年。但是除了这些离经叛道的年轻人（哪个时代的年轻人不离经叛道呢），人们私底下怀有的偏见正在随着时间的推移和人口代际的更迭而减少，这也意味着，随着年长的偏执者们逐渐让位于年轻的开明一代，我们可以对社会偏见的进一步减少抱有相当的期待。

如果不是新老交替那一天的到来，这些年龄偏大、受教育程度不高的人（主要是白人）也许永远不会承认对种族主义、性别主义和恐同情绪的善意避讳已然成为主流社会价值观发展的趋势，他们中的许多人仍旧不屑地将这些忌讳称为"政治正确"。今天，这些人在政治煽动者的带头下，通过互联网结交彼此，抱团取暖。我们会在第 20 章里看到，特朗普的胜利与其他西方国家中右翼民粹势力的捷报频传一样，它体现的不是长达一个世纪的平权运动戛然而止、无果而终，而是在两极分化严重的社会大环境里，心怀怨气的少部分社会成员被充分调动起来的表现。

日常生活中的平权

平权运动的进步不只在政治性的里程碑事件和舆论导向里可见一斑，从与居民有关的统计数据中也能窥得一二。在非洲裔美国人中，贫困率从 1960 年的 55% 下降到了 2011 年的 27.6%。[14] 人均寿命从 1900 年的 33 岁（比当时的白人低了 17.6 岁）提高到了 2015 年的 75.6 岁（与白人的差距缩短到 3 年以内）。[15] 不仅如此，在 65 岁以上的居民中，非洲裔老人的预期寿命甚至要长于白人老人。1900 年，非洲裔美国人的文盲率为 45%，而如今几乎快要降到零了。[16] 我们会在下一章里看到，儿童的学前教育准备程度的种族差异正在缩小。而在第 18 章我们将看到，由于种族导

---

① 美国在线（American Online, AOL），最早的互联网门户网站之一。——译者注
② 法兰克·辛纳屈（1915—1998），美国歌手、演员、主持人。——译者注

致的幸福感差异亦然。[17]

　　针对非洲裔美国人的暴力行径在夜袭和滥用私刑中曾一度非常常见，在 20 世纪到来的世纪之交，平均每周会发生三起类似的事件，随后暴行的数量经历了整个 20 世纪的暴跌，并在 1996 年 FBI 开始着手整合有关仇恨犯罪的报告之后，依旧维持下跌的势头，如图 15-3 所示。这些针对黑人的仇恨犯罪很少出现谋杀，大多数时候每年仅发生一起谋杀案，或者根本不发生。[18] 仇恨犯罪的数量在 2015 年出现了小幅的增加（这也是目前最新公布的数据），由于当年犯罪总数也出现了增加（见图 12-2），相比政客的影响，仇恨犯罪的发生率与社会总体治安氛围的好坏关系更大，所以我们不能草率地把 2015 年出现的增幅归咎于特朗普。[19]

　　在图 15-3 中可以看到，针对亚裔、犹太人和白人的仇恨犯罪也一样在减少。

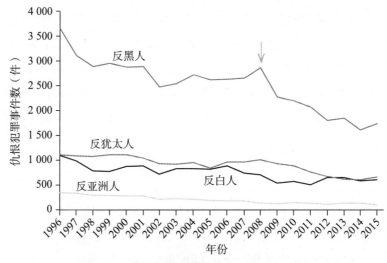

图 15-3　美国仇恨犯罪事件（1996—2015 年）

资料来源：Federal Bureau of Investigation 2016b。箭头指示时间为 2008 年，是《人性中的善良天使》中图 7-4 里最新数据的年份。

　　在本书截稿之前，FBI 还没有公布 2016 年的数据，所以对于一种广为流传的说法，认为是特朗普的出现助长了仇恨犯罪的势头，要下这种结论还为时尚早，我暂且按下不谈。这种观点的始作俑者是一些游说组织，而编造和散布恐慌的目的是吸引支持者的眼球，以便谋取经费；他们披露的某些事件只是讽刺性的恶作剧，此外许多情况充其量只能算是粗鲁的情绪宣泄，还够不上犯罪的标准。[20] 除了由恐怖袭击和整体犯罪率提高而引起的增幅之外，仇恨犯罪在总体上保持着下降的趋势。

女性的情况也在日益好转。就在我还是个孩子的年代，美国大部分州的女性还不能以自己的名义贷款或办理信用卡，她们不得不在报纸上专门的女性板块里寻找招聘广告，也不能以强奸罪起诉自己的丈夫。[21] 时至今日，女性劳动力占到了劳动力市场的 47%，大学校园里男女学生的数量已经不分伯仲。[22] 由于受害人在报警时往往会有所保留，衡量针对女性的暴力犯罪最理想的途径是直接通过受害者访谈。通过这种方式，我们发现侵犯妻子或者女朋友的暴力犯罪在过去数十年里不断减少，现在的数量不到过去峰值时期的 1/4（见图 15-4）。[23] 虽然仍旧有许多同类事件在发生，但是对女性遭受暴力侵犯的过度关注并不是白费功夫，它带来了可观的进步，这也意味着保持这种关注势必将为女性的权益状况带来进一步的改善，我们应当为此而倍感欢欣鼓舞。

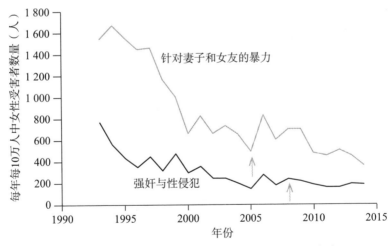

图 15-4　美国强奸与家庭暴力数量（1993—2014 年）

资料来源：US Bureau of Justice Statistics, *National Crime Victimization Survey*, Victimization Analysis Tool。额外数据由美国司法调查局的詹妮弗·杜鲁门（Jennifer Truman）提供。灰色曲线代表在"亲密关系暴力"中受害的女性。箭头所指的时间分别为 2005 年和 2008 年，为《人性中的善良天使》中图 7-13 和图 7-10 里最新数据的年份。

没有哪种进步是人类必需的，但是种族主义、性别主义和恐同情绪对人类历史造成的危害已然到了亟待改变的地步。我们会看到，推动平权运动前进的动力似乎是现代化的浪潮。在国际化的社会里，人们在生活里摩肩接踵，在生意上频繁往来，最终会发现自己和各色各样的人坐在一条船上，这让他们更容易对他人产生同理心。[24]一样的道理，随着人们不得不以公正开明的友好方式，而不是用出于本能、宗教或者历史渊源的敌对立场与别人相处，任何为偏见和歧视辩护的声音都将在严格的社会审查中被粉碎。[25]种族隔离、男性垄断的选举制度，这些现象没有可以洗白的余地：每个时代都有想为它们辩护的人，而他们都无一例外地输掉了辩论。

这些推动力甚至能在长远上逆转高涨的民粹主义反弹。全世界众多的国家都在无视多年来死刑在民间的吸引力，并对其进行不遗余力地废除（见第 14 章），这股浪潮向我们展示了社会进步的复杂性。当一种思潮被证明站不住脚或一无是处之后，它就会被冷落在一边并从充满各种可能性的思想备选库里被扫地出门，就算有人敢于犯天下之大忌，偏要在明知不可行之处等待灵光乍现，他们也鲜能扭转政治最终将这些思潮边缘化的现实。这就是为什么哪怕在美国近代史上政治最压抑的时期，也不会有人跳出来叫嚣要恢复吉姆·克劳法、剥夺女性的选举权。

偏见在不断减少

不止在西方社会，全世界的种族和民族偏见都有不断减少的趋势。1950 年，世界上几乎一半的国家里都有针对民族或者种族少数裔的歧视性法律（当然，这里面肯定包括了美国）。到了 2003 年，只有不到 1/5 的国家还是如此，与此同时，有数量远多于此的国家正在实施推动平权法案落实的政策，以帮助处于社会劣势的少数裔人群。[26] 2008 年，世界民意调查（World Public Opinion Poll）在 21 个发达和发展中国家中进行了一场大规模民意调查，结果显示在每一个国家中，绝大多数受访者（平均大约占到 90%）认同平等对待种族、民族和宗教信仰不同者的重要性。[27]虽然西方的知识分子们经常在社会偏见的问题上进行自我鞭挞，但是与之形成鲜明对比的是，恰恰是非西方国家才亟待提高社会各方面的包容性。不过，即便是在民调中排名垫底的印度，也有 59% 的受访者认同种族平等，另有 76% 的人认同宗教平等。[28]

女性权益状况的改善也是全球性的。1900 年，全世界允许女性参与投票的国家只有新西兰一个。今天，女性可以在所有男性拥有投票权的国家里投票，只有梵蒂冈一个例外。女性贡献了全世界几乎 40% 的劳动力，并在所有国家政府的议会中占有超过 1/5 的位置。世界民意调查和皮尤全球态度项目分别在各自的调查中发现，有超过 85% 的受访者相信男性和女性的权益能够实现完全平等，各国对此的认同率分别是印度 60%、墨西哥 98% 和英国 98%。[29]

1993 年，联合国大会正式通过了《消除对妇女的暴力行为宣言》(*Declaration on the Elimination of Violence Against Women*)。当时，许多国家正在通过实施相关法律和促进公众认知来减少强奸、包办婚姻、童婚、割礼、荣誉谋杀 (Honor killing)①、家庭暴力和战时暴行。虽然其中的一些举措目前依旧收效甚微，但是在长远上或许仍有提升的可能。全球廉耻运动在开始之初本是一种纯粹的愿景，但是一路走来，它已经让蓄奴、生死决斗、捕鲸、裹小脚、海盗行径、掳掠商船、动用化学武器、种族隔离和大气核试验发生的情况大大减少了。[30] 女性割礼就是一个很好的例子：虽然目前还有 29 个非洲国家保留了这种仪式，但是这些国家中大部分的男性和女性都认为它应当被废止，女性割礼在过去 30 年里的发生率下降了近 1/3。[31] 2016 年，泛非议会与联合国人口基金会达成一致，支持禁止女性割礼的提案，同时被禁止的还有童婚行为。[32]

同性恋的权益问题也赶上了对这个群体最友好的时代。几乎所有的国家都曾把同性恋行为归为刑事犯罪。第一批提出你情我愿的成年人行为不应当受到他人指责的，是启蒙运动中的孟德斯鸠、伏尔泰、贝卡里亚和边沁。一小簇国家在启蒙运动后随即就把同性恋合法化，在 1970 年的同性恋权益运动之后，认同同性恋行为的国家数量直线飙升。尽管同性恋在 70 多个国家中仍属犯罪行为，但是在联合国和所有人权组织的鼓励下，世界对同性恋的包容度还在继续上升。图 15-5 展示了变化的时间线：在过去 6 年中，又有 8 个国家将同性恋从它们的刑事法典中除了名。

———————————

① 荣誉谋杀，指凶手为挽回家族颜面而谋杀家庭成员的行为，受害者多为女性。——译者注

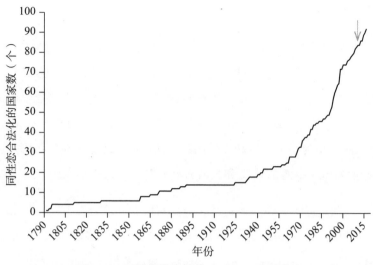

图 15-5　同性恋的合法化（1791—2016 年）

资料来源: Ottosson 2006、2009。另有 16 个国家的数据由 LGBT Rights by Country or Territory 提供，数据源自维基百科，引用日期为 2016 年 7 月 31 日。还有 36 个目前允许同性恋的国家没有出现在上述两份资料中。箭头所指的时间为 2009 年，是《人性中的善良天使》中图 7-23 里最新数据的年份。

自由主义价值观

全世界反对种族主义、性别主义和恐同情绪的风潮即便不是一往无前，也称得上是势头凶猛。马丁·路德·金曾引用过改革家西奥多·帕克（Theodore Parker）著名的比喻，后者将社会平权运动比作一条折向正义的弧线。帕克坦言说虽然没法用眼睛看到这条弧线的全貌，但是他能够"在良心里感受到"。那么，有没有什么更客观的方式能够确定到底有没有这样一条"折向正义的弧线"呢？如果有，又是什么让它拐了这个弯呢？

有一个客观的标准叫世界价值观调查（World Values Survey），这个历时数十年的调查项目包含了来自 95 个国家的 15 万名调查对象，涉及的国家涵盖了超过全世界 90% 的总人口。政治学家克里斯汀·韦尔策尔在与罗纳德·英格尔哈特、皮帕·诺里斯（Pippa Norris）等人合作的基础上，在其著作《自由的兴起》（*Freedom*

Rising）中提出，是现代化的进程刺激了"解放主义价值观"的兴起。[33] 随着人类社会完成从农业到工业，再从工业到信息化的变迁，人们在类似抵御外敌入侵这样生死攸关的方面担心得越来越少，转而变得更渴望向外界传达自己的理想以及追随生活中的机遇。人们因此变得更崇尚自身和他人的自由。

这种价值观的转变与心理学家亚伯拉罕·马斯洛（Abraham Maslow）的需求层次理论十分契合，根据该理论，人类的需求从低到高依次为生存的需求、安全感的需求、归属感需求、尊严需求和对自我实现的需求。德国戏剧家贝托尔特·布莱希特也说过："先要吃饱，再讲道德。"人们开始把自由放在安全感之前，把追求多样性放在整齐划一之前，把自主放在权威前，创造高于墨守成规、个性大于从众。也有的地方会把解放主义价值观叫作自由主义价值观，在经典含义中，自由主义价值观（liberal values）同时包含了"自由（liberty）"和"解放（liberation）"的意思（这和左翼政党口中的自由不是一回事）。

韦尔策尔发明了一种用单个数字衡量受访者对解放主义价值观认同程度的方法，他在一系列的调查中发现，拥有相同文化和历史背景的受访者，无论来自哪个国家和地区，在不同调查中的表现总会趋向一致。这些调查的内容包括性别平等（询问他们是否觉得女性应当在职场、政坛和大学里拥有平等的权利）、个人选择（询问离异和堕胎是否应当合法化）、政见表达（询问他们认为人民是否应当拥有针对政府、社区和工作单位的言论自由），以及育儿经（询问他们认为应当鼓励儿童顺从还是独立而充满想象力）。不过这些调查内容的一致性还远远没有到完美的地步，尤其是针对堕胎的态度，在其他问题上看法相似的受访者往往对这个问题持有天差地别的看法，不过他们的关联性尚可接受，并能从总体上作为预测许多国家事务的依据。

在开始探讨价值观的历史改变之前，我们必须记住时间流逝并不是单纯地一页一页翻过日历。随着时间的推移，人们逐渐老去，最后被更年轻的世代所取代。所以，人类行为中任何深远的（历史上影响重大或者将要长期影响的）改变，都有三个发生的原因。[34]

这种改变首先可能是时代的效应：历史时期不同，时代风尚使然，抑或在国家精神感召下，国民思潮集体的沉浮。也可能是年龄（遵循人的一生）的效应：人生在世，谁都是从低声哭泣的婴儿开始，经历絮絮叨叨的学童时代、唉声叹气的恋爱时期，最终成为挺着啤酒肚的社会公知。由于一个国家每年的出生率难免有高有低，即便每个年龄段内的主流价值观保持不变，年轻人、中年人和老年人的人口比例浮动本身就会导致社会整体价值观的变迁。最后，价值观的改变也可能具有世代性（或者代际性）的效应：特定时代出生的人身上可能终生带有某些特征，于是，国家的价值观变迁反映的正是一代人与另一代人的价值观的混合和冲撞。

想要明确区分时代、年龄和世代效应是不可能的，因为每当时间推进一些，所有人就都跟着变老一点。但是，如果在许多不同的时期对同一群人的某个特征进行测量，并在每个时期内单独分析每种人群的数据，通过这种方式对三种变化进行一定程度的研究也是合理的。

让我们首先把目光放在那些经济最发达的国家和地区，比如北美、西欧和日本上。图 15-6 展示了自由主义价值观在 20 世纪的变化轨迹。图中的数据来自两次（1980年和 2005 年）针对成年人（年龄为 18～85 岁）的调查，涵盖了 1895—1980 年出生的各个年龄段的人。美国的调查还把受访者细分为 1900—1924 年间出生的"大兵一代"，1925—1945 年间出生的"沉默的一代"，1946—1964 年间出生的战后"婴儿潮一代"，1965—1979 年间出生的"被遗忘的一代"，还有 1980—2000 年间出生的"千禧一代"。受访者被按照出生的时间顺序分段，图中的曲线分别根据两次调查的结果绘制。在 2011 年和 2014 年开展的两次调查把受访者的年龄组成扩展至1996 年后出生的"后千禧一代"，调查获得的数据与 2005 年的类似。

这张图中展示的历史趋势几乎没有被喧闹的政治争论提起过：即使右翼竭力抵制，怒气冲冲的白种人也颇有微词，但是西方国家的价值观正在稳扎稳打地趋于更开明更自由，我们将看到，这种改善的趋势正是那些人怒气冲冲的原因之一。[35] 2005 年的曲线要比 1980 年的曲线高，这表示随着时间的推移，人们变得更自由开明，但是两条曲线都从左下方沿着右上的方向发展，这表示在两次调查中，年轻一代都比老一辈们表现得更自由开明。曲线上升的幅度非常明显：相隔 25 年的代际之间，曲线的上升幅度大约为 3/4 个标准差。这种改善也常常被人们忽略：2016 年的一次益普索民调显示，几乎所有发达国家的受访者都高估了他们同胞的社会保守性。[36]

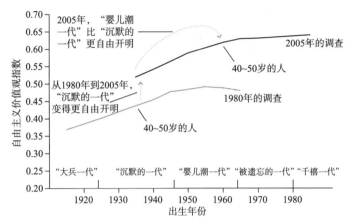

图 15-6　发达国家不同时期和世代中的自由主义价值观（1980—2005 年）

资料来源：Welzel 2013，图 4.1。世界价值观调查的数据取自澳大利亚、加拿大、法国、联邦德国、意大利、日本、荷兰、挪威、瑞典、英国和美国（每个国家的权重相同）。

图 15-6 中隐含的另一个关键发现是，在社会自由化的过程中，受到自由开明思潮影响的年轻人不会在年岁渐长的过程中变回保守的样子。如若不然，这两条直线理应头尾相接，而非其中一条高于另一条。如果 1980 年的年轻人在晚年变得更保守，那我们将看到 2005 年的一部分曲线位于 1980 年曲线的下方，代表更加保守的老年人，而不是上方，代表更自由开放的社会思潮。即使年龄增长，年轻人也不会抛弃解放主义对他们的熏陶，我们将在第 20 章探讨社会进步的未来时再提到这一点。[37]

图 15-6 代表的是发达国家的自由化进程，这些国家的居民是后工业时代的居民，他们开的是丰田普锐斯，喜欢喝茶，追求健康的蔬菜饮食。那生活在世界其他国家里的居民们呢？韦尔策尔把参与世界价值观调查的 95 个国家按照历史和文化背景分成了 10 个地区。他还充分利用了个人年龄对自由主义价值观的影响这一点，从现有数据对过去进行追溯性的推论：如已知 2000 年一位 60 岁老人的价值观，那么通过估算他或她所在城市过去 40 年中经历的自由化进程，就可以推断出 1960 年一名 20 岁青年的价值观。图 15-7 展示了世界不同地区的自由主义价值观在将近 50 年中的变化趋势，其中已经考虑了时代风貌（类似图 15-6 中出现的曲线跳跃）和

人口年龄改变的因素（这反映在每条曲线的上升中）。

图 15-7 毫不意外地展示了世界不同文化区域之间的巨大差异。世界上最自由的国家位于西欧新教教区，比如荷兰、斯堪的纳维亚半岛诸国和英国，紧随其后的是美国和其他富裕的英语国家，接下来依次是欧洲天主教教区和南欧诸国，以及中欧国家。相比之下，拉丁美洲、完成工业化的东亚国家则更保守，南亚、东南亚以及撒哈拉以南非洲次之。

不过，让人惊讶的东西也不是没有，那就是世界上每一个地区的居民都变得比从前更自由开明了。应该说远远比以前自由。如今中东地区青年的价值观已经不输西欧的年轻人，后者生活的社会从 20 世纪 60 年代初开始就代表着世界上最自由开放的文明。尽管时代思潮和代际更迭让每一种文化都变得更自由，但是在某些国家，自由化的进程却主要以代际更替为驱动力。[38]

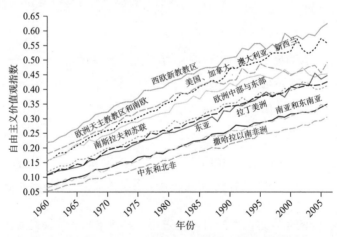

图 15-7　世界不同地区自由主义价值观随时间的变化（外推）（1960—2006 年）

资料来源：World Values Survey，Welzel 2013，图 4.4。每个国家每年的解放主义价值观评估都建立在一个假设的、固定的年龄结构之上，年龄结构根据受访者的年龄、调查进行的年份和该国具体的情况确定。图线的标记是韦尔策尔"文化分区"的简记缩写形式，它们不指代该区域中任何具体的国家。我对某些区的名称进行了修改：西欧新教教区相当于韦尔策尔的"西欧宗教改革区"。美国、加拿大、澳大利亚和新西兰相当于"新西方社会"。欧洲天主教教区和南欧相当于"旧西方社会"。欧洲中部与东部相当于"回归西方社会"。东亚相当于"东中华区"。南亚和东南亚相当于"印度东区"。每个分区中的各个国家都占有相同的权重。

那么我们能够分辨出不同文化区域出现差异的原因吗？又是什么在同时推进它们自由化的进程？许多社会性特征都与自由主义价值观有关，不仅如此，这些特征之间也有千丝万缕的联系，对于想要区分相关性和因果性的社会学家而言，这可不是什么让人高兴的事。[39]财富（以人均 GDP 作为衡量指标）就和自由主义的价值观有关，这大概是因为只有当人们变得更健康、更有安全感后，他们才会想到尝试采取不同的举措让社会更自由。统计数据还显示，总体而言，自由开明程度更高的社会往往教育水平更高、城镇化更完全、生育率更低、近亲结婚现象更少、社会更民主、政治更清廉、犯罪率更低且社会动荡更少。[40]无论是过去还是现在，这种国家的经济都倾向于建立在贸易往来而非大规模的种植业或者油田、矿物的开采上。

不过，衡量自由主义价值观最准确的单一参数是世界银行的知识指数，知识指数综合考虑了人均教育水平（成人的读写能力以及高中和大学的就读情况）、信息获取渠道（电话、计算机和互联网用户数量）、科学与技术生产力（科研人员数量、专利数量和期刊论文数量），以及制度完备性（法律健全性、政策质量和经济开放性）。[41]韦尔策尔发现知识指数与自由主义价值观的一致性高达 70%，这让它成为远比 GDP优秀的预测指标。[42]统计的结果印证了一条启蒙运动中关键的洞见：知识和健全的制度带来道德上的进步。

正在终结的童工现象

任何正确的进步都应当顾及人类最脆弱的群体——儿童，因为他们不能实现自己的意愿，而总是需要仰仗他人的怜悯。我们已经知道的是，全世界儿童的生活都变得比以前更好了：产妇的死亡率越来越低、儿童在 5 岁前夭折的概率越来越低、因为营养不良而发育迟缓的现象也越来越少。在这里，我们要说的是除了这些天灾之外，儿童与人祸之间的距离也越发拉大：与从前相比，如今他们的生活要安全得多，更多的人有了享受一段真正童年时光的机会。

儿童福利问题是又一个被危言耸听的新闻报道闹得人心惶惶的例子，实际上人们需要担心的东西并没有报道标题里看到的那么多。新闻媒体不遗余力地报道校园枪击、诱拐、霸凌、网络欺凌、色情短信、约会强暴以及人身虐待，让人觉得现在的孩子似乎生活在水深火热之中。但是从统计数据中看不出类似的端倪。我们在第 12 章里提到过青少年尝试危险药品的情况已经越来越少了，那就是一个很好的例子。2014 年，在一篇研究美国儿童遭受暴力伤害的综述性文献中，社会学家大卫·芬克霍（David Finkelhor）和他的同事们报道称："在我们审查的 50 个项目中，有 27 个发生了显著的减少，并且没有在 2003 年到 2011 年之间出现明显的回升。数量下降尤其明显的行为包括攻击行为、霸凌行为和性侵害行为。"[43] 这三项数量变化趋势如图 15-8 所示。

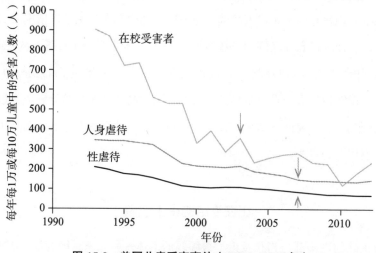

图 15-8　美国儿童受害事件（1993—2012 年）

资料来源：人身虐待和性虐待（主要由护理人提供）：National Child Abuse and Neglect Data System，数据分析见 Finkelhor 2014 和 Finkelhor et al. 2014。校园暴力侵害事件：US Bureau of Justice Statistics, *National Crime Victimization Survey*, Victimization Analysis Tool。人身与性虐待的比例单位是每 10 万名年龄低于 18 岁的儿童。暴力侵害事件的比例单位是每 1 万名年龄介于 12～17 岁之间的儿童。箭头所指的时间分别为 2003 年和 2007 年，是《人性中的善良天使》中图 7-22 和图 7-20 里最新数据的年份。

　　还有一种针对儿童的暴力行为也在减少，就是体罚，比如打屁股、扇耳光、打板子、用木条抽、鞭笞、棒打以及其他残酷的、所谓的行为矫正方式，这些手段至少从公元前 7 世纪开始就已经由家长和老师施加给了儿童，由此流传的箴言譬如"孩子不打不成器"。体罚儿童已经在数个联合国决议中受到谴责，并在世界上超过半数的国家里被定为非法行为。美国再一次成了例外，它放任孩子们在学校里被殴打，但即便是在美国，社会对所有体罚的容忍度也在缓慢但是稳定地下降。⁴⁴

　　9 岁的奥利弗·崔斯特（Oliver Twist）①从沾了柏油的绳索堆里抽拣麻絮，这个虚构的、发生在英国劳教所里的情节代表了最广为人知的一种虐童方式——童工。狄更斯的小说、勃朗宁夫人（Elizabeth Barrett Browning）1843 年出版的诗歌《孩子们的哭声》（*The Cry of the Children*）以及许多新闻界的曝光唤醒了 19 世纪的读者们，让他们看到儿童在何等糟糕的工作环境下被迫工作。年幼的孩子站在成堆的箱子上照管着磨坊、矿场和罐头工厂里危险的机器，呼吸着飘满棉絮和煤灰的空气，稍有困意就会被冷水泼脸，在精疲力竭的一轮工作后沉沉睡去，嘴里还留着没有咽下去的食物。

　　不过，残忍的童工现象并不是发迹于维多利亚时期的工厂里。⁴⁵ 儿童历来有被家人充当农作劳力和家庭帮佣的传统，随后才逐渐演变为被其他人雇用作为侍从或是在家庭作坊中充当劳力，这常常从他们学会走路的那一天就开始了。以 17 世纪为例，在厨房里帮厨的孩子可能要用热压焊机一连压上好几小时的肉，而防止他们被炉火烫伤的仅有的措施不过是一捆湿稻草。⁴⁶ 当时没有人会认为童工是一种剥削：人们反倒觉得这是一种情操教育，它可以防止孩子们变得无所事事、慵懒怠惰。

　　哲学家、思想家约翰·洛克、让－雅克·卢梭分别于 1693 年、1762 年发表了颇有影响力的论文，以此为契机，儿童的权益开始被重新定义。⁴⁷ 如今，拥有一段无忧无虑的少年时期已然被当作每个人与生俱来的权利。游戏是一种不可或缺的学习方式，早年的人生会深深影响一个成年人，并由此决定社会的未来。在 20 世纪前后的数十年内，童年的概念被"神圣化"了，诚如经济学家维维安娜·泽利泽

① 查尔斯·狄更斯小说《雾都孤儿》的主角。——译者注

（Viviana Zelizer）所言，正是从那时开始，儿童获得了如今"经济上毫无价值，而情感上无可替代"的社会地位。[48] 迫于来自儿童爱护者的压力，再加上经济的富足、家庭规模的缩小、社会同理心的增长和人们对教育越发慷慨的投入，西方社会逐渐废除了童工制度。

如果想简要概括一下这些因素合力促成的效果的话，在 1921 年发行的某一期《成功农业》（*Successful Farming*）上有一段拖拉机的广告文案非常合适，它的标题是"让男孩们留在学校里吧"：

> 忙碌的春耕时节常常是让许多男孩不得不停学数个月的罪魁祸首。或许情有可原，但是这对男孩们不公平！剥夺他们学习的机会就是在剥夺他们未来美好的生活。这年头，在每个行当里取得成功和声誉都离不开教育，就算是种地也一样。
>
> 虽然可能不是你的过错，但是如果自觉没有受过良好的教育，那你自然想让你的孩子尝尝优质教育的甜头，让他们青出于蓝而胜于蓝。
>
> 现在，有了凯斯煤油拖拉机的帮助，你一个人就抵得上一个能干的人外加一个男孩过去拉着马一起干活的量。只要买下一辆凯斯拖拉机，外加一副配套犁耙，你家的孩子就能安心在学校上学，他的缺席也不会让春耕的工作手忙脚乱。
>
> 把男孩们留在学校里吧——让凯斯煤油拖拉机代替他在地里劳作。你永远不会后悔这笔一举两得的投资。[49]

许多国家对童工制度的致命一击来自对儿童入学的立法强制化，如此一来，雇用童工就成了无法辩驳的违法行为。在图 15-9 中可以看到，1850—1910 年，儿童劳工在英格兰的占比下降了一半，这还是在 1918 年禁止童工的法案出台之前，随后，美国也跟随英国实施了相应的举措。

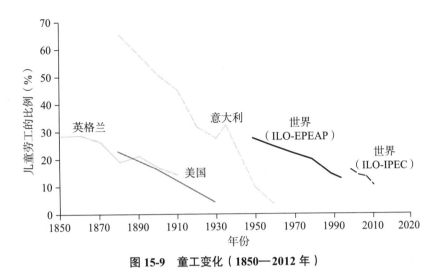

图 15-9　童工变化（1850—2012 年）

资料来源：Our World in Data, Ortiz-Ospina & Roser 2016a，另有数据来源如下。英国：10～14 岁儿童参加劳作的比例，Cunningham 1996。美国：Whaples 2005。意大利：10～14 岁儿童参与工作比例，Tonioli & Vecchi 2007。国际劳工组织对经济活动活跃人口的估算与推测研究项目（World ILO-EPEAP）：10～14 岁的童工统计，Basu 1999。国际劳工组织消除童工国际项目（World ILO-IPEC）：5～17 岁的童工，International Labour Organization 2013。

在图中还可以看到意大利童工现象的巨大跌幅，而且这样的跌幅发生过两次。由于各个作者对"童工"的定义不同，所以图中的曲线之间没有可比性，尽管如此，它们显示的趋势却相同：下降。2012 年，全世界有 16.7% 的儿童每周至少工作一小时，10.6% 的儿童还在从事令人反感的"童工"（长久的劳动时间或者极小的工作年龄）。此外，有 5.4% 的儿童参与着危险的工作，这个比例实在是太高了，但是它还不到十几年前所占比例的一半。目前，童工问题泛滥的地方不在制造业，而在农业、林业和渔业，此外它还跟国家贫困率有密切的关系，同时作为贫困的原因和结果：越是贫穷的国家，参与劳动的儿童比例就越高。[50] 只要薪资水平提高，或者政府出钱把孩子送到学校，童工的现象就会骤减，这说明把孩子送去工作多是父母出于无奈，而不是因为他们贪心。[51]

与其他侵犯人权的犯罪行为和悲剧一样，全球经济的繁荣和人文道德运动的抗争正在终结童工现象。1999 年，180 个国家批准通过了《禁止和立即行动消除最恶劣形式的童工劳动公约》（*the Worst Forms of Child Labour Convention*）。遭到禁止的

"最恶劣"的童工工种包括所有带有危险性的工作，以及奴役儿童、贩卖儿童、把儿童作为债务抵押、儿童卖淫、制作儿童色情制品、让儿童参与毒品走私和战争。虽然国际劳工组织原定于在 2016 年前彻底消除这些"最恶劣形式"童工的计划未能实现，但是事情发展的态势并没有问题。2014 年，凯拉什·萨蒂亚尔希（Kailash Satyarthi）因为在反对童工方面的长期抗争而被授予诺贝尔和平奖，他曾为 1999 年《禁止和立即行动消除最恶劣形式的童工劳动公约》的通过立下汗马功劳，这次表彰也象征性地肯定了童工问题对社会的危害。和他一起分享当年和平奖的是马拉拉·优素福扎伊（Malala Yousafzai），一名争取女性教育权的英勇支持者。这又把我们引向人类在另一个方面所取得的进步：获取知识的难度大大降低。

智人——"智慧之人",是一种会用信息反抗熵增侵袭和进化压力的物种。生活在全世界所有地方的人都会学着获取与他们的栖息地、栖息地里的动植物,以及如何制作用来征服这些动植物的工具和武器有关的知识。此外,他们也要学习如何处理与亲人、同盟和敌人之间复杂的社会关系并遵守社会规范。智人不断积累,然后再用语言、手势和面对面督导的方式将获得的知识分享给同类。[1]

历史上,人类在技术方面有过那么几次灵光乍现,例如文字、印刷以及电子媒体,每次新技术的出现都能让知识的传播效率以指数速度增长。人类知识超新星式的爆发不断刷新着我们作为"人"的定义。对于自己的认知,包括我们是谁、从哪里来、世界如何运作、什么是活着的意义,这些都由在不

ENLIGHTENMENT
NOW

——

16
知识

断扩增的人类知识中为自己攫取的那一小块知识为基础而定。诚然，就算目不识丁，猎人、牧工和农夫也是健全完满的人，但是人类学家往往倾向于用与时俱进和科学的标准来衡量"人类"的定义。[2] 作为一个人，需要知道自己国家的概况和历史，需要知道不同地区、时代中多样的习俗和信仰，需要知道过去文明的兴衰历程，要知道小如原子细胞的微观世界、大如星球星系的宇宙空间，还要知道抽象但是实用的数字和逻辑，并能发现世间规律——这些认知的确需要我们将意识活动提升到更高的水平上。能作为这种历史悠久的智慧生物的一员，仿佛上天的恩赐。

在人类传递知识的过程中，讲故事和学徒训练的方式由来已久。设立正规学校的做法已经沿用了一千年；我小时候经常听到一个《塔木德》里的故事：希勒尔拉比（Rabbi Hillel）生活在公元 1 世纪，年轻时的他因为交不起学费，就爬到教室的屋顶上，透过天窗偷偷地学习，为此几乎冻死在室外。由于历史时期的不同，学校向年轻人教授的内容依次局限于实用主义、宗教和爱国主义，但是随着启蒙运动给知识戴上神圣化的光环，学校的职能得到了巨大的扩展。"摩登时代的到来，"教育学家乔治·康茨（George Counts）通过观察发现，"让正规教育摇身一变，成为世界上从未有过的重要事务。过去，学校在许多国家只是个让少数人受用的小众社会机构，而后来，学校的职能和规模不断扩展，如今它已然成为能与国家、宗教和家族比肩的、最具社会影响力的机构之一了。"[3] 今天，教育在绝大多数国家都是强制性的，1966 年，联合国 100 多个成员方共同签署了《经济、社会、文化权利国际公约》（*International Covenant on Economic, Social and Cultural Rights*），其中将受教育权视作一项基本人权。[4]

教育对思想观念的影响可以涉及人们生活的每一个层面，无论是浅显的还是隐晦的，无所不包。显而易见的那些影响，例如在第 6 章里看到的，与卫生、营养和安全性行为相关的一点新知都能转化为改善人类健康和延长人均寿命的实用结果。同样立竿见影的还有读写和算术能力，它们是现代社会经济生产活动的基础。在发展中国家，不识字、不会清点物料的年轻女性甚至连做家政服务的机会都没有，而越是高级的职位对终身学习能力的要求就越高，以保证劳动者能够快速掌握日新月异的技术进步。19 世纪，第一批从普遍贫穷中完成大逃亡的国家，同样也是一直以来发展最快的国家，在儿童教育上的投入也最多。[5]

和所有社会学中的问题一样，相关性不等于因果性。是更高的教育水平成就了更好的经济，还是更好的经济让更高的教育水平成为可能呢？回答这个问题的一种思路，是遵循因总是出在果之前的原则。也就是说通过在时间点 1 评估一个国家的教育水平，再在后来的时间点 2 评估它的经济水平，并保证其他条件恒定，得到的结果指示教育的确能帮助国家变得更富裕，至少在国家推行理性和非宗教教育的情况下如此。在 20 世纪之前，西班牙的经济一直在西方国家中吊车尾，虽然西班牙国内学府众多、崇学之气蔚然成风，但是它的教育牢牢掌握在天主教会手中，所以"大批大批的儿童只能接受宗教信念、教义问答的口头授课，外加寥寥可数的手工技能课……科学、数学、政治经济学，或者正史，除了训练有素的神学家，没有人能学懂和接受这些课的内容"。[6] 宗教势力的干预同样被指责是拖累今天阿拉伯世界经济的罪魁祸首。[7]

在更偏向精神的层面上，教育给人带来的东西远高于实用主义和功利的经济增长：对于今天的国家来说，更高水平的教育投入等于在投资更民主、更和平的明天。[8] 教育是一项牵涉甚广的社会事业，所以要在因果链上理清正规教育与社会和谐之间的具体关系并没有那么容易。在有些方面，教育的效果单纯与促进民主制度和经济发展有关。接受的教育水平越高，女性生育孩子的数量就越少，引发婴儿潮以及大规模青年社会问题的可能性也就相应越小。[9] 此外，国家的教育水平与经济发展水平正相关，在第 11 章和 14 章也看到，经济条件越是优越的国家，和平与民主状况也越乐观。

不过，也的确有一些因果关联彰显了启蒙运动的价值观。接受教育简直能让你脱胎换骨！你学会了不被迷信（比如君权神赋，以及与你不同的人都是异端等）牵着鼻子走。你会意识到世界上其他地方的人与自己文化之间的羁绊不比你和你的文化弱，文化与文化不能简单地用好坏高低来评价。你会明白欺世独裁的救世主只能给国家带来深重灾难。你会明白无论你有多么忠于个人信念，又或者被多少人认同，都不能作为它正确性的保证。你会明白生活的方式有好坏之分，文化背景不同的人中必有我师。同样重要的是，你会明白解决矛盾冲突不一定要诉诸暴力。所有这些顿悟都会鼓励你抵制对独裁政权的卑躬屈膝，让你拒绝加入声讨和屠杀异己者的行列。当然，教育本身并不是传授这些智慧的保障，有的独裁者会把教育当作个人教条、扭曲事实和阴谋论的宣传工具，他们同时对教育的意义不吝褒奖，依次将反对者以及与其相左的观念扼杀。

针对教育效果的研究已经证实，教育让人们的思想更开明、更进步。接受过教育的人的种族主义、性别主义、排外情绪更少，也更不容易支持独裁主义。[10] 他们对想象力、个人独立和言论自由更重视。[11] 他们参与投票、当志愿者、表达政治意见和参加工会、政治党派以及宗教和社区组织等公民协会的积极性更高。[12] 他们也更容易相信自己的同胞：对于作为万金油的社会资本来说，同胞间的信任是重要的保证，它让人们可以放心地签订契约、投资和遵守法律，而不用担心人为刀俎，我为鱼肉，一不小心就落得任人宰割的下场。[13]

教育的进步

鉴于上述所有原因，教育的进步，尤其是最能代表教育的读写能力，可以被视作人类进步的旗手。不仅如此，与其他方面的进步一样，有一种规律同样可以用来概括教育发展的沿革：在启蒙运动之前，所有人都是愚昧卑微的；后来，少数几个国家开始从大部队中脱颖而出；近年来，世界上的其他国家开始迎头赶上；在不久的未来，教育的恩泽将会无处不在。

从图 16-1 中可以看到，在 17 世纪前，读写能力只是西欧一小部分精英人口才能享受的特权，他们的数量不到总人口的 1/8，在全世界，这种情况一直保持到 19 世纪。在接下来的一个世纪中，全世界识字人口的比例翻了一番，一个世纪之后，又翻了一番，至此，全世界 83% 的人都掌握了读写能力。即使如此，这张图还是低估了读写能力在世界人口中的普及速度，因为在那目不识丁的 1/5 人口中，绝大部分是中年人和垂暮的老人。在中东和北非的许多国家，文盲率在超过 65 岁的居民中高达 3/4，而同样是在这些国家，青少年和 20 多岁年轻人的文盲率仅为个位数。[14] 2010 年，世界上 15～24 岁的年轻人的识字率为 91%，相当于 1910 年时的美国人口识字率。[15] 意料之中的是，世界上识字率最低的国家正是位于那些最贫穷、最饱受战争蹂躏的地区，比如南苏丹（32%）、中非共和国（37%），还有阿富汗（38%）。[16]

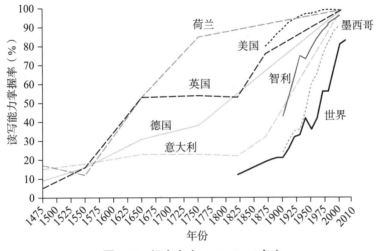

图 16-1　识字率（1475—2010 年）

资料来源：*Our World in Data*，Roser & Ortiz-Ospina 2016b，另外还包括以下来源。1880 年之前：Buringh & van Zanden 2009。世界：van Zanden et al. 2014。美国：National Center for Education Statistics。2000 年之后：Central Intelligence Agency 2016。

读写能力是教育的基础，图 16-2 中展示了人们在送孩子去学校上学方面取得的进步。[17] 这条时间线的样子非常眼熟：在 1820 年，世界上超过 80% 的人都没有上过学；等到了 1900 年，大多数生活在西欧和盎格鲁文化圈内的人口都享受到了基础教育带来的好处；而今天，全世界 80% 的人口都拥有了那样的机会。撒哈拉以南的非洲国家的受教育率相当于 1980 年的世界水平、1970 年的拉丁美洲水平、20 世纪 60 年代的东亚水平、1930 年的东欧水平，又或者 1880 年的西欧水平。以目前的形势预测，等到 21 世纪中，大概仅会有 5 个国家的国民就学率低于

80%，而到了 21 世纪末，全世界的未接受教育率将会跌到零。[18]

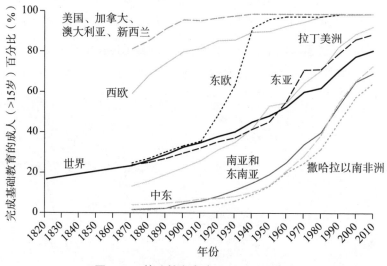

图 16-2　基础教育率（1820—2010 年）

资料来源: *Our World in Data*, Roser & Oritz-Ospina 2018，数据基于 van Zanden et al. 2014。图线展示了在 15 岁以上的居民中，完整接受至少一年教育的人口比例越到后来越高；参见 van Leeuwen & van Leeuwan-Li 2014, pp.88-93。

"不必再找别的书籍，书不论写多少，总没有止境；用功过度，必使身体疲倦。"[19] 和衡量人类生活完满程度的某些指标不同——比如战争和疾病，知识没有低限或是零值；与另一些指标也不同——比如营养和识字率，知识也没有上限或100%，人们对知识的需求总是无穷无尽的。不仅是知识本身在无限地积累扩张，对于一个技术驱动的经济体系而言，对知识的需求也在同步上涨。[20]

虽然全世界的识字率和基础教育率正在逼近它们的自然极限，但是每个国家的教育形式已经扩展到学院和大学的第三级教育和研究生教育，人们接受教育的年限正在持续增长。1920 年，在美国 14 ~ 17 岁的青少年中只有 28% 的人在高中上学；到 1930 年，这个比例几乎上升了一半，而到了 2011 年，80% 的青少年能够从高中毕业，毕业生中有将近 70% 的人能够考上大学。[21] 另外在 1940 年，只有不到 5% 的美国人拥有本科学位；而到了 2015 年，获得本科学位的人几乎达到了人口的1/3。[22] 图 16-3 展示了每个国家中上学时间的变化，这些曲线几乎相互平行。当前，上学时间最短的国家为塞拉利昂，只有 4 年，而最长的则是美国，有 13 年。有一种预测称，在 21 世纪末，全球超过 90% 的人口都会接受某种形式的中等教育，并有 40% 的人会接受大学类的教育。[23] 由于接受教育的程度与生育孩子的数量成反相关，教育机会的增加将使世界人口在 21 世纪的某个时间点达到峰值，随后出现下降（见图 10-1）。

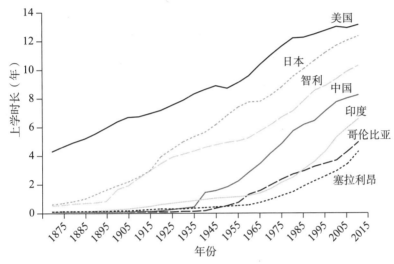

图 16-3　上学时长（1870—2010 年）

资料来源：*Our World in Data*，Roser & Ortiz-Ospina 2016a，数据基于 Lee & Lee 2016。图中人口的年龄范围为 15 ～ 64 岁。

虽然从图中看不出国家间正规教育的时长有任何会聚的趋势，但是一场知识传播的革命已然在缩小不同国家间的教育差距了。大多数国家的知识现在都被挂到了网上，而不是像以前那样锁在图书馆里，且许多在线知识都是免费的。只要有一台智能手机，任何人都有机会参与大规模在线开放课堂（massive open online courses, MOOCs）以及其他许多形式的远程授课。

教育中其他方面的差距也在缩小。在美国，对低收入家庭、西班牙裔和非裔美国儿童的测评显示，他们的学前教育准备程度在 1998—2010 年出现了显著的提升，这很可能是因为免费的学前教育项目有了更多的受众，书籍、计算机和互联网在贫困家庭中的普及率变得更高，还有这些家庭的父母有了更多与孩子们互动的时间。[24]

更不出所料的是，性别歧视的终极形态——剥夺女孩上学的权利也在减少。这种减少之所以一定会发生，并不只是因为女性占到了全世界人口的一半，让女性接受教育相当于增加一倍的职业人口。这种变化必然发生的原因，是女性同样有能力掌管世界。

如果让女孩接受教育，她们的身体会变得更健康，会有更少但是素质更好的孩子，这些孩子会做更多的贡献，他们的国家也会因此受益。[25] 西方国家用了数个世纪的时间才最终搞明白，让所有人，而不只是男性接受教育，才是正确的。从图 16-4 中可以看到，直到 1885 年，英国女性的读写能力才和英国男性相当。女性和男性识字率的世界比例升高得更晚，但是提升的速度要快得多，很快就弥补了滞后于西方社会的时间，1975 年，全世界女性的识字率仅为男性的 2/3；而在2014 年，两者的数量几乎相同。联合国已经在 2015 年宣布完成了千禧年发展目标（Millennium Development Goal）中，关于在小学、中学和高等教育中实现性别平等的预设。[26]

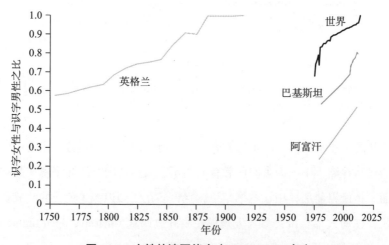

图 16-4　女性的读写能力（1750—2014 年）

资料来源：英格兰（所有成年人）：Clark 2007, p.179。世界，巴基斯坦和阿富汗（年龄 15～24 岁者）：*HumanProgress*，基于联合国教科文组织统计局的数据，总结于 World Bank 2016f。世界数据由各国平均而得，所选的国家在不同的年份略有不同。

图中的另两条曲线（巴基斯坦、阿富汗）各有各的故事。男女识字率差距最大的国家是阿富汗。原因不仅仅是因为阿富汗理所当然地在几乎所有衡量社会发展程度的指标中都垫底（其中包括它的整体识字率，2011 年，阿富汗的国民识字率才刚刚到骇人的 52%），最主要的原因是在 1996—2001 年，阿富汗都处于塔利班的掌控之下，这个组织禁止女孩和妇女到学校接受教育。塔利班曾在其控制的阿富汗和临近的巴基斯坦边境地区恐吓年轻女性，要求她们退学。

从 2009 年开始，当时 12 岁的马拉拉·尤素福扎伊公开为女性获取教育权而发声，而她的家人在巴基斯坦的史瓦特地区运营着数家学校。2012 年 10 月 9 日将注定成为历史的耻辱日，一名塔利班歹徒登上了马拉拉乘坐的校车，朝她的头上开了一枪。马拉拉最终醒了过来并成为诺贝尔和平奖最年轻的获得者，她还因此成了全世界最受人景仰的女性之一。即便是在这些地区，我们也还是能看到类似的进步之光。[27]

在过去的 30 年中，不同性别的识字率之比在阿富汗翻了一倍，在巴基斯坦则增长了近一半，后者如今的比例相当于 1980 年世界的水平或者 1850 年英格兰的水平。虽然不能打包票，不过全世界的运动浪潮、经济的持续发展、公众常识的增加，还有礼义廉耻的规范，这些都极有可能将女性和男性的识字率之比推向 100% 的自然极限。

弗林效应

那么有没有可能让世界不只局限于教育机会和知识数量的增长，而真正实现民智开化呢？有没有可能让人们越来越善于学习新的技能、理解抽象的概念、解决突如其来的问题？让人惊讶的是，答案是肯定的。人类智商（Intelligence Quotient，IQ）增长的势头已经维持了一个世纪有余，在世界上所有的地区，增长的速率接近每 10 年 3 个智商点数，相当于 1/5 个智商标准差。

而 1984 年，当哲学家詹姆斯·弗林（James Flynn）第一次把这个现象摆到心理学家们面前时，许多专家都以为这是一个错误或玩笑。[28] 一方面，我们知道智力水平和遗传高度相关，而人类从来没有大规模地实行过让聪明的人生育更多后代的优生主义政策。[29] 另一方面，从前的人们也还没有进行大量的家族和部落间联姻，而这么做可以避免近亲婚配，同时增加混血优势，所以也不能用混血优势来解释人群智商的增长速度。[30]

除此之外，弗林的发现也让人们担心社会上会出现这样的想法：一个在 1910 年智力水平属于中游的人如果通过一台时光机穿梭到了现在，那么就会在如今的智商评判标准下沦为智力水平低下者，而如果当今世界资质平平的普通人能够回到爱德华时代，出现在穿戴华美、须发整洁的王公贵族们面前，他们的智商也可以轻松超越那个时代 98% 的人。尽管听起来不可思议，不过现在已经没有人会怀疑弗林效应的真实性了。此外，还有一项元分析的研究证实了该效应，这项分析里包含 271 个样本，涉及 31 个国家和 400 万人。[31] 图 16-5 展示了"IQ 的长期增长趋势"，这个名字是由心理学家们取的。

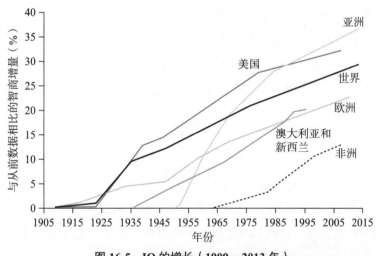

图 16-5　IQ 的增长（1909—2013 年）

资料来源：Pietschnig & Voracek 2015，用互联网资料做了补充。图中指示智商变化的曲线所基于的智商测试不同、评测的起始时间也不同，故相互之间没有可比性。

注意图中每个大洲的智商数值变化是与各自大洲最初的资料数据相比，这是作者有意设定的，因为各大洲评估智商的测试和时期都不同，结果没有横向的可比性。在这里不能以与前面图表相同的方式来解读图线的含义，比如，不能说非洲在 2007 年的平均智商与澳大利亚和新西兰在 1970 年的平均智商相当。毫不意外的是，IQ 值的增长符合斯坦定律：不能永远增长的事物总会有山穷水尽的那一天。如今，弗林效应在某些国家已然出现增长放缓的趋势，而那些国家也是弗林效应开始最早的国家。[32]

就算不清楚智商增长的确切原因，很多人还是不相信环境因素对智商的影响，他们觉得一种遗传特征被后天因素左右的想法实在有些自相矛盾。不过这样的例子并不少见，比如，身高也是一种与遗传高度相关的个人特征，但是人类的平均身高在过去数十年里持续增长，出现这个结果的原因至少包括：更好的营养条件和更少的疾病。大脑是个贪婪的器官，它消耗的能量要占到全身耗能的 1/5，此外，大脑的主要成分是脂肪和蛋白质，这两样都是人体里抢手的物质。抵抗感染需要高昂的代谢成本，生病孩子体内的免疫系统会指挥身体把更多的物料用于抗击疾病，而这些资源本可以用于大脑的发育。清洁的环境，也就是铅和其他环境毒物的减少，也是帮助大脑发育的因素之一。食物、医疗和环境质量都是社会经济发展的产物，不出所料的是，弗林效应与人均 GDP 的增长有密切的联系。[33]

但是营养条件和健康状况只能部分解释弗林效应。[34] 首先，营养和健康对智商的增益效果应当只局限于智商正态曲线的后半段，因为根据假设，那些人之所以在智力上处于劣势，是因为营养和健康条件有限。营养和健康对曲线前半段的人没什么效果，因为毕竟，这两样东西在超过一个特定的水平之后，只会让人变得更胖而不是更聪明。事实上，在某些历史时期和某些地方，弗林效应的确在处于后半段的人群中体现得更明显，智力劣势人群的智商增长速度相对更快，把他们带向了更接近平均值的水平。但是也有另外一些时期和地方，智力分布曲线整个都发生了朝右上方的移动：原本聪明的人也变得更聪明了，而他们往往本来就衣食无忧。其次，健康和营养对智力的助力效应理应在儿童中最容易凸显，其次才是对成年人。而实际上成年人的弗林效应比儿童要明显，这意味着在长大成人过程中学到的经验，而不仅仅是儿童时期的生理体质，才是推高智商的主要原因。最显然的经验莫过于教育经历。另外，在人类智商升高的数十年中，营养、健康和身高的水平也在同时提高，但是它们的增长和停滞没有体现出与智商密切的相互联系。

不过，健康和营养不足以成为解释智商提高的最主要原因，这是因为在过去数十年中，智商的提高并不是基于人类脑力的提升。弗林效应中增加的可不是大脑的重量，后者是决定各方面智力表现，如语言能力、空间想象能力、数学能力和记忆力等的基础因素，同时它也是受基因影响最直接的因素。[35] 尽管所有人的平均智商提高了，评测智商不同方面的子测试得分都提高了，但是某些子测试的分数提高得比其他子测试的更快，这种提高的差异与由基因导致的特征差异明显不同。这也是弗林效应与智商的遗传性关系不大的又一个原因。

在环境逐渐改善的几十年中，智力哪方面的表现提升得最快呢？出人意料的是，最明显的提升并没有发生在任何由学校教授的实用技能，比如常识、算术和词汇中，而是发生在了抽象、随机应变的能力，比如用以回答找异同问题的能力（"一小时和一年有什么共同点？"）、类比能力（"鸟之于蛋相当于树之于什么？"），以及完成视觉矩阵测试（受试者需要选取复杂的几何图形，并严格按照固定的顺序进行排列）所需要的能力上。所以，提升最明显的是分析性思维能力：把不同的概念进行抽象化归类，如把小时和年都视为"时间单位"，用思维把对象分解为互相联系的不同组成部分，而不是将它们作为整体，囫囵吞枣地接收到脑子里，随后再在用特定规则限定的假想世界里寻找逻辑关联，在这个过程中甚至可能会忽略掉日常经验和常识。例如，"假设 X 国的所有东西都是用塑料做的。如此一来，X 国的烤箱会不会也是用塑料做的？"[36]

分析性思维通常是人们在正规学校里学到的，即便有的老师可能从来不会把这种思维单独提出来作为一堂课讲，但是只要学校的课程需要学生理解和推理，而不是单纯的死记硬背，他们就能学到。从 20 世纪初开始，理解式教育就逐渐成了教育中的趋势。[37] 在校园之外，地铁地图、数字显示屏等图形电子表格、股票报告等分析工具，以及供求关系、平均而言、人权、双赢、相关性与因果性、假阳性等日常生活中越来越频繁的术语概念，都成了与他人打交道中不可或缺的东西，而这样的文化氛围无时无刻不在磨炼我们的分析性思维。

弗林效应在现实世界中真的重要吗？答案几乎是肯定的。高智商可不仅仅是一个可以让你在酒吧吹嘘，或让你获准进入门萨俱乐部的数字，它是人生腾飞的信风。[38]
在智力测验中获得高分的人能获得更好的工作、触犯法律的可能性更小，并且能在
社会经济地位相同的情况下比别人拥有更多成就，例如创业、获得专利和创作出受
人敬仰的艺术作品。左翼的知识分子至今都不承认智商的存在，或者不认为有可靠
的办法能够测量智商，他们的这些想法早在数十年前就被反驳了。我们不清楚额外
的智商加成到底是由于大脑重量的增加，还是弗林式思维能力的提高，或许两者皆
有。弗林曾经推测认为抽象推理能力中包含了道德感，我也赞成这个推测。从生活
中抽离自己的换位思维，以及"我只是运气好了点"或者"如果每个人都这样做，
世界会变得怎样"的沉思，无疑都是共情和伦理产生的基础。[39]

既然智力可以带来好处，而人们的智力一直在增长，那么是不是多少可以看出
一些世界因为智力的增长而变得更美好的迹象呢？有些怀疑论者，最初甚至包括弗
林自己都不认为 20 世纪的思想成果要比休谟、歌德和达尔文的时代更丰富。[40] 于
是，"过去的英才们面对的是一片未经开垦的处女地"这种论调就又出现了。这种观
点认为，类似分析 – 综合二分法和自然选择学说这样的理论只能被发现一次，先到
先得。今天，学术上的边边角角都有人在探索和研究，天赋异禀的单干天才想在涉
猎广博且联系频繁的饱学之士中脱颖而出可比从前难多了。但是无论怎么说，人类
智商提高的事实的确有迹可循，比如国际象棋和桥牌的世界顶尖选手一直在年轻化。
此外，没有人想得到科学和技术在过去 50 年中竟然可以有如此惊人的发展速度。

最明显的，有一种抽象思维能力在世界范围内的提高是有目共睹的，就是对数
字技术的掌控。网络是抽象世界的终极形态，在那里，行为目标的实现不是依靠对
实体物质进行空间移动，而是通过操纵虚拟的图标和按钮。20 世纪 70 时代，初次
接触卡式录像机和地铁售票机的人们对这些新事物根本摸不着头脑。80 年代，只要
看一眼机器上显示的时间是不是"12:00"，就可以知道录像机的主人会不会设置机
器的时间，这成了那个年代人们取笑别人的话题，经久不衰。直到"被遗忘的一代"
和"千禧一代"，人们才真正在数字世界里如鱼得水。在某部 2000 年后的动画里有
这么一段情节，一位父亲对他年幼的孩子说："儿子，你妈妈和我买了一个软件，能
够限制你在网上浏览的内容。呃……你能帮我们安装一下吗？"同样因为网络而咸鱼

翻身的还有发展中国家，它们的智能手机和理财、教育及实时市场信息更新等在线服务的普及率，常常要超过西方国家。[41]

弗林效应也可以用来解释在本章中看到的、人类生活其他方面的进步吗？经济学家哈弗（R.W. Hafer）经过统计分析后认为答案是可以。通过控制引起混淆的变量，如教育、GDP、政府福利性支出，甚至还有宗教机构和被殖民史等，他发现国家居民的平均智商可以用于预测未来的人均 GDP 增长，不仅如此，它还与非经济性的人类完满指标，比如寿命和休闲时间有关。根据他的估算，11 点的智商增幅能够将国民生活质量翻倍的时间从 27 年减少到 19 年。助长弗林效应的政策，比如对医疗、营养和教育的投资，能够在未来让一个国家变得更富裕、人民的生活更幸福。[42]

完满与进步

对人类生活友好的东西可不总是对社会学友好，要从错综复杂的关系链里抽丝剥茧，找出人类生活质量提升的具体原因几乎是不可能的，复杂系统的表现更像是随机的，而不是确定的。不过让我们暂且收收这份对难以分辨具体原因的遗憾，把关注点放在由这众多原因导致的实际趋势上。人类完满的诸多层面在过去数十年和众多国家里的表现都非常类似，这种时空一致性或许暗示了某种现象背后潜在的逻辑关联。统计学家称之为"一般因素"，是一种关键的，或者隐藏的、潜在的，又或者具有中介性质的变量因素。[43]而我们甚至已经给影响人类完满的一般因素取了一个名字：进步。

还从来没有人以这个"进步"作为参数，评估过人类各方各面的完满程度，但是受经济学家马赫布卜·哈克（Mahbub ul Haq）和阿玛蒂亚·森（Amartya Sen）的启发，联合国开发计划署发布了人类发展指数，该指数由三个主要参数组成：预期寿命、人均 GDP 和教育，分别代表了居民的健康、经济和智力状况。[44]在这一章中，我们已经探讨过这三项指标了，并会在后两章中对这些方面的质量进行探讨，所以在那之前，再从定量的角度看一看人类在历史上取得的进步。

有两位经济学家分别提出了他们自己的人类发展指数，用以回顾和评估 19

世纪的人类社会，每种指数都赋予了预期寿命、收入和教育不同的权重。莱安德罗·普拉多斯·德·拉·埃斯科萨拉的人类发展历史指数（Historical Index of Human Development）以 1870 年作为起点，它以几何平均而非算术平均的方式求取三者的平均数（以保证其中一项的极端取值不至于掩盖其他两项的水平），以补偿预期寿命和教育这两项本已很高的指标对计算参数的收益递减。本书图表中数次引用的"从前的生活"（How Was Life?）项目的负责人奥基·里捷玛（Auke Rijpma）提出了从 1820 年开始统计的完满度综合指数（Well-Being Composite）。这一指数在三大指标的基础上，还加入了身高（反映了健康）、民主、谋杀率、贫富差距和生物多样性等指标。过去两个世纪中，只有最后两项没有系统性地提高。全世界在这两个指数上的得分如图 16-6 所示。

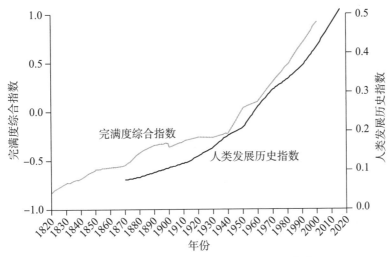

图 16-6　全球完满度得分（1820—2015 年）

资料来源：人类发展历史指数：Prados de la Escosura 2015，分值范围 0～1，数据参见 *Our World in Data*，Roser 2016h。完满度综合指数：Rijpma 2014，数据统计间隔为 10 年。

这张图相当于人类进步史的概览。从中可以看出两条重要的画外音。首先，虽然全世界发展不均衡的现象还十分严重，但是世界上的每一个地区都在发生进步，如今状况最差的地区也比不久前状况最好的地区要更优越。[45] 如果把全世界分为西方社会和非西方社会，就可以发现非西方社会在 2007 年已然达到了西方社会 1950

年的水平。另一条画外音是，虽然每一个与人类完满程度有关的指标都与财富有关，但是完满度的提高并不只是意味着世界在变得更富裕：即使在经济没有改观的地区，人们的预期寿命、健康状况和知识水平也在提高。[46] 人类完满度长期普遍提升，再加上各方面提升的不同步，印证了其背后的确有一种叫"进步"的东西在暗中助力。

ENLIGHTENMENT
NOW

17
生活质量

人类在征服疾病、饥饿和文盲方面的巨大成就有目共睹，大概只有最冷酷严苛的人才会对这一点予以否认。尽管如此，经济学家们评估认为人类在这些方面还在持续进步，于是有人不禁疑惑这些进步是否还能算作真正的"进步"。因为，一旦基础的需求得到满足，再执着于额外的富裕岂不是相当于在鼓励人们沉湎于浅薄的消费主义？让国民变得健康、有偿债能力和有文化容易，而让他们富足和实现个人价值则没有那么简单。

有些疑惑已经得到了解答。我们看到了被主流社会规范长期忽视的部分、人类繁荣兑现的必要层面——女性、儿童和少数裔的人权在稳步改善。本章要探讨的内容是关于一种宽泛的文化悲观主义情绪：有人担心如果额外的预期寿命和收入增长只是把人类置于你死我活的竞争里，让我们疲于追名逐利、无度挥霍、花天酒地，变成一具具行尸走肉，那也许进步将与它的含义背道而驰。

当然，谁都有权利反对这种唱反调的意见，上述文化悲观主义想法由来已久，西方某些文化和宗教界的精英阶级认为资产阶级、无产阶级过着空虚的生活，因此一直对他们嗤之以鼻。文化评判主义总是因为对自己的傲慢势利不加掩饰而逐渐滑向愤世嫉俗。在《知识分子与普罗大众》（*The Intellectuals and the Masses*）中，批评家约翰·凯里（John Carey）向我们展示了在 20 世纪的第一个十年里，鄙夷文化涵养有限的普通人在大不列颠的文学知识分子中蔚然成风。[1]

在实际使用中，"消费主义（consumerism）"的意思常常更像在指责"别人沉溺于消费"，因为批评它的精英阶级往往自己就是高档奢侈品的主力消费者，他们喜欢购买精装书、品尝高档的食物酒水、观看现场的艺术表演、去海外旅行，并为自己的孩子安排贵族级别的高质量教育。假如更多的人能够消受得起这些人钟爱的奢侈品，即便这些商品本身在更高档次的文化中显得过于轻浮，但也总归是件好事。

在《以自由看待发展》（*Development as Freedom*）中，经济学家阿马蒂亚·森设法绕开了这个难题，他提出发展的终极目标是为了让人们总是有选择。哲学家古典学家玛莎·努斯鲍姆（Martha Nussbaum）把她的观点更进一步，提出了一系列人类的"基本能力"，并认为这些能力需要得到必要的锻炼机会。[2]我们可以认为这些所谓的"能力"是人类天性中正当满足感和成就感的源泉。努斯鲍姆的清单以一串人们在现代生活中越发重视和明了的能力作为开头：长寿、健康、人身安全、读写能力、知识、言论自由和参政议政。紧跟其后的是美学体验、休闲娱乐、享受自然、情感依恋、社会亲和力以及按照自己的意愿思考和构建美好生活的机会。

在本章中，我将说明为什么现代化也为人们锻炼这些能力创造了越来越多的机会，人们的生活条件变得比以前优越了许多，远不是用传统经济学家口中那些"长寿""健康"等标准可以衡量的。许多人宁愿专注于某一种能力，比如他们会非常满足于可以随便看电视和玩游戏的自由，而逃避锻炼其他能力，比如美学鉴赏和享受大自然。曾有人挑战多罗西·帕克（Dorothy Parker）用"园艺"（horticulture）

造一个句子，她说道："你让我造一个句子，但是你不管我愿不'愿意'。"① 无论每个人为自己选择哪一种，但是只有价值不菲的，享受美学、智力、社交、文化和自然的能力才是人类进步殊途同归的终极形式。

工作时间越来越少

时间是构成生活的基本成分，所以衡量进步的其中一个标准是看人们为了维持生计而不得不牺牲多少做其他事情的时间，也就是那些让生活更有趣的事。"你们必须汗流满面才得糊口。"仁慈的上帝在把亚当和夏娃驱逐出伊甸园时如是说，随后对于历史上绝大多数的人来说，他们的确过着劳碌的一生。种地是一件日出而作，日落而息的活计，相比之下，虽然游猎民族每天只在狩猎和采集食物上花费数小时，但是他们需要把更多的时间花费在处理食物上（比如砸开坚硬的坚果），还有收集柴火、挑水以及其他体力活。卡拉哈里沙漠的桑人部落曾被称为"最早的富裕社会"，但是他们一天至少需要劳作 8 小时，一周工作 6 到 7 天，只为能吃上一口饱饭。3

鲍勃·克拉特基特（Bob Cratchit）② 一周要工作 60 小时，一年只休息一天，当然就是圣诞节那一天，而在他生活的年代，这样的待遇已经非常仁慈了。根据图17-1，1870 年，西欧国家工人平均每周的工作时间为 66 小时，比利时工人的工作时间甚至长达 72 小时，而美国工人每周需要工作 62 小时。在过去的一个半世纪里，工人们逐渐从工资奴役中被解放出来，这种情况在社会民主的西欧国家（现在那里的工人每周的工作时间减少了 28 小时）比在工作热情高涨的美国（工作时间减少了 22 小时）更明显。4 直到 20 世纪 50 年代，我的祖父还在蒙特利尔一家没有暖气的奶酪商店上班，他每天没日没夜地工作，一周工作 7 天，生怕因为向老板要求减少工时而被解雇。后来由于当时尚且年轻的我的父母替他提出抗议，祖父才有了零

---

① 多罗西·帕克回答的原文为：You can lead a horticulture, but you can't make her think。 horticulture（园艺）在英语中谐音为 "whore to culture"，多罗西谐音回答的字面意思为"你可以教一个妓女读书，但是你没法教她怎么思考"，所用的句子借鉴于俗语 "You can lead a horse to water but you can't make it drink"，字面意思为"你可以把马带到水边，但是你没法强迫它喝水"。——译者注

② 狄更斯小说《圣诞颂歌》中的人物，代表贫苦阶级。——译者注

星的假日。这些事在雇主眼里，就像斯克鲁奇（Scrooge）[1]说的那样，"假期不过是鬼扯，只会从人的口袋里摸走几张钞票"。直到劳动法得到更好的执行后，我的祖父才有了稳定的、一周工作 6 天的生活。

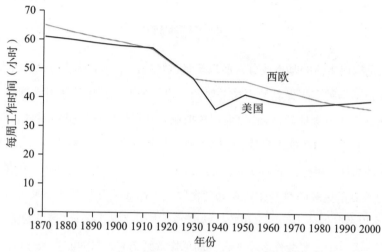

图 17-1　西欧和美国的工作时间（1870—2000 年）

资料来源：Roser 2016t，数据基于 Huberman & Minns 2007 对于非农业全职生产工人（男性和女性）的研究。

虽然有极少数幸运的人能够把锻炼天性中的基本能力作为谋生的工作，并在维多利亚式的优雅生活里投入大量时间，但是对于绝大多数的工人来说，只要每周能多出一天的空闲时间，让他们做做其他想做的事情就已经值得感恩戴德了。在来之不易的一天假期里，我的祖父喜欢读读意地绪语[2]报纸，然后穿上夹克衫，打上领带，再戴一顶浅顶卷檐软呢帽，出门拜访他的姐姐或者我们一家。

和祖父一样，我的许多教授同事在退休时做的第一件事是远远地离开办公室，不过，很多其他行当的人反倒很乐意把大好的时光花在阅读、上课、游览温纳贝戈的国家公园，或者在怀特岛郡含饴弄孙，逗逗小薇、小奇和小德[3]上。而这一切同

---

① 小说《圣诞颂歌》中的吝啬鬼老板。——译者注
② 意地绪语，属日耳曼语族，全球大约有 300 万人在使用，多数为犹太人。——译者注
③ 怀特岛郡和小薇、小奇和小德，为甲壳虫乐队 When I'm sixty-four 中的歌词，歌曲大意为畅想悠闲温馨的晚年生活。——译者注

样拜现代化所赐。诚如经济学家摩根·豪泽尔所言："我们常常为美国即将到来的'退休金亏空'操心，却忘记了'退休'这个概念从诞生到现在还不足50年。就在不久以前，美国男性居民的人生只分为两个阶段：工作和死亡……想想这个数字吧：现在美国人的平均退休年龄是62岁。而100年前，美国人死亡的平均年龄是51岁。"[5]根据图17-2，在相当于今天的退休年纪时，1880年的美国男性几乎有80%还在工作，而1990年时这个比例下降到了20%以下。

图 17-2　美国男性退休情况（1880—2010 年）

资料来源：Housel 2013，数据基于 Bureau of Labor Statistics 和 Costa 1998。

　　相比于满心期待退休，曾经的人们更害怕因为伤病和虚弱而失业，最后不得不被送到救济院，众所周知，这和"在冬天打不到猎"的恐惧异曲同工。[6] 即便到了1935年，在保护老年人免于穷困潦倒的美国社会保障制度出台后，贫穷依旧是普通人辛劳一生的最终归宿，领养老金度日的人和狗争吃食的画面在我长大的过程中并不鲜见，这在现在听来就像都市传说一样。不过，在更强大的公共和私人安全保障体系运作下，如今年长的居民可比从前要富裕多了：在65岁以上的人群中，贫困率从1960年的35%跌到了2011年的不足10%，远低于平均15%的全国贫困率。[7]

　　归功于劳工运动、劳动立法和工人们不断提升的生产效率，它们让又一个从前人们妄想的白日梦变成了现实：带薪假期。今天，工龄达到5年的普通美国人每年可以有 22 天的带薪假期（相比之下，1970 年仅为 16 天），而这和西欧国家的标准相比还算是小气的。[8] 每周工时的减少，更多的带薪假期和更长的退休后生活，这些综合起来的结果是自 1960 年以来，上班时间在人一生中占据的比例下降了 1/4。[9] 发展中国家的情况因国而异，但是随着一个国家变得更富裕，它也更有可能会追寻西方国家的轨迹。[10]

还有另一种方式给人们节省了大量时间以追求更高的使命。在第 9 章中我们曾提到类似冰箱、吸尘器、洗衣机和微波炉这样的电器已经变得越来越常见和普及，即便在美国的穷人中也是如此。1919 年，一名普通的美国劳动者需要工作 1 800 小时才能买得起一台冰箱；而 2014 年，只需要为此工作不到 24 小时即可（而且新式的冰箱有除霜功能，还带有制冰机）。[11] 这是盲目的消费主义？并不是。想想作为生活的三种必要需求，食物、衣着和住房时刻都遭受着熵增的威胁，保证它们的有序和功能需要人们耗费大量的功夫，而这些时间本可以用于做其他更有意义的事。电、自来水和家电（或者按照以前的叫法，"人力节省设备"）把那些时间还给了我们。我们祖母那一代人把大量的时间花在了泵水、封装食物、搅奶油、做泡菜、腌制、打扫、上蜡、刷洗、拧水、洗衣服、烘干、缝合、修补、编织、打补丁上，如同她们曾经对我们说的口头禅："锅碗瓢盆勺，缝洗烘烫扫。"

从图 17-3 中可以看到，随着 20 世纪水电和家用电器在美国家庭中的普及，人们在家务劳动中花的时间（这是人们最不喜欢的时间消耗方式）几乎减少到原先的 1/4，从 1900 年的每周 58 小时变成了 2011 年的每周 15.5 小时。[12] 单是洗衣服耗费的时间就从 1920 年的每周 11.5 小时降到了 2014 年的每周 1.5 小时。[13] 由于把"洗衣日"从我们的生活里剔了出去，汉斯·罗斯林认为工业革命最伟大发明的称号非洗衣机莫属。[14]

作为一个生活在女权时代的已婚男性，我大可以如实地用第一人称的"我们"来欢庆这个成就。但是在绝大部分时期和地区，家务劳动都带有明显的性别色彩，所以对于将人类从家务中解放出来，更准确的说法其实是将女人从家务中解放出来。这甚至可能是对女人的全方位解放。为女性争取平等的声音最早可以追溯到英国女权主义作家玛丽·阿斯特尔（Mary Astell）在 1700 年发表的论文，她的写作掷地有声，那么又是因为什么让后来女性平权的努力迟迟没有跟上呢？在 1912 年一篇刊

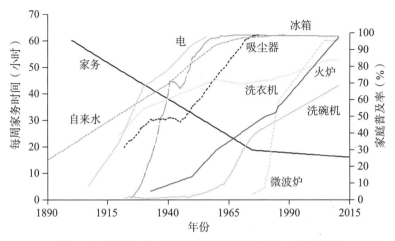

图 17-3　美国水电，家电与家务时间（1900—2015 年）

资料来源：2005 年前：Greenwood, Seshadri & Yorukoglu 2005。家电，2005 年和 2011 年：US Census Bureau, Siebens 2013。家务时间，2015 年：*Our World in Data*，Roser 2016t，数据基于 the American Time Use Survey, Bureau of Labor Statistics 2016b。

登于《好管家》（*Good Housekeeping*）杂志的采访中，爱迪生预言了 20 世纪一场即将到来的巨大社会变革：

> 家庭主妇在未来既不是奴隶、仆人，也不会觉得自己在做无聊的苦力。她可以不用把全部的精力都放在房子上；与其说她是家里的劳动力，不如说她是家里的工程师，有了电的帮助，本事再好、手脚再勤快的女仆都不是她的对手。这样和那样的机械将给女性的世界带来巨大的革命，为她们省下大量的精力，以便让她们在更广阔、更有建设性的领域大展宏图。[15]

技术进步给我们带来的不仅仅是能够丰富生活的业余时间。它带给我们的还有光（light）。光是如此重要，以至于人们选择以它作为高级智慧和精神境界的象征：**启蒙**（**enlightenment**）。在自然情况下，人类生活中有一半的时间要在黑暗里摸索，而直到人造光源的出现才让我们能够充分利用夜晚的时间阅读、赶路和辨别来者何人，不然我们就只能在晚上抓瞎。经济学家威廉·诺德豪斯把光源这种价值连城的资源的成本暴跌（以及由此导致的普及）誉为人类进步的象征。

图 17-4 展示了剔除和调整通胀的影响后，英格兰每 100 万流明小时照明（相当于一年中，你每天阅读 2.5 小时所需的照明量）的价格下降到了原来的 1/12 000，从 1300 年中世纪（曾经也名副其实地被叫作"黑暗时代"）的 35 500 英镑跌到了如今的不足 3 英镑。现在这个年头，如果晚上你没有在看书，没有和谁在聊天或给自己找点儿别的什么乐子，背后的原因再也不是你点不起灯了。

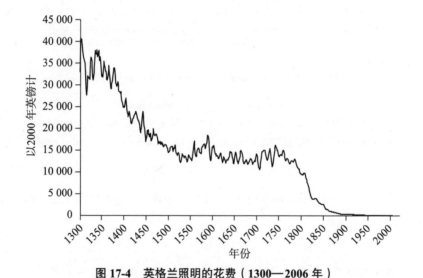

图 17-4　英格兰照明的花费（1300—2006 年）

资料来源：*Our World in Data*，Roser 2016o，数据基于 Fouquet & Pearson 2012。
100 万流明小时的照明（大约相当于 80 瓦的白炽灯泡 833 小时的照明量）成本，
以英镑计算（按照 2000 年的通胀率进行调整）。

以人造光源的现金价值作为衡量标准实际上还是低估了人类进步的程度，因为，按照亚当·斯密的观点，"事物真实的价格……应当以获取该事物所需的辛劳和麻烦作为参考"。[16] 由此，诺德豪斯还估算了在历史上不同的时期，人们需要劳动多少小时才能换取 1 小时阅读所需的照明。[17]

公元前 1750 年，一个古巴比伦人需要干上 50 小时的苦力才能换来在烧芝麻油的油灯旁阅读 1 小时楔形文字石板的时间。1800 年，一个英国人需要用 6 小时的工作换取 1 小时的蜡烛燃烧时间。想象一下面对捉襟见肘的家庭预算，你只能无奈地忍受夜晚黑灯瞎火的日子。1880 年，你需要工作 15 分钟以换取 1 小时的煤油灯照明；1950 年，1 小时的白炽灯照明成本只相当于 8 秒钟的工作；1994 年，小型螺口日光灯 1 小时的照明成本仅相当于半秒钟的工时，照明成本降到了两个世纪前的 1/43 000。

至此，照明成本下降的势头还没有停止：诺德豪斯的研究发表于 LED 灯泡在市场上开始普及之前。在那之后没多久，便宜的太阳能 LED 灯将给居住在缺电地区的 10 亿人的生活带去翻天覆地的变化，结束了他们围着空油桶、借着燃烧垃圾的火光读报纸或做功课的日子。

我们为照明、家电和食物牺牲的时间越来越少，这似乎是一种普遍的趋势。技术专家凯文·凯利（Kevin Kelly）认为："随着时间的推移，只要一项技术的存续时间足够长，它的价格就会开始趋向于（但是永远不会达到）零。"[18] 生活必需品价格的下降，让获取它们的时间成本也相应降低，如此一来，人们可以把更多的时间留给其他的事情——而与此同时"其他的事情"也在变得越来越廉价，所以我们可以体验更多的东西。根据图 17-5，1929 年美国人要将超过 60% 的可支配收入用于购置生活必需品上；等到 2016 年，这个比例降到了 20%。

休闲时间越来越多

那么人们都把这些富余的时间和金钱花在哪里了呢？他们是真的借此丰富了自己的生活，还是单纯把它们挥霍在了高尔夫球俱乐部或者名牌手提包上了呢？虽然随随便便猜测别人如何安排假期的行为有些先入为主的嫌疑，不过我们可以把注意力放在某一些几乎所有人都不会有异议的、实现美好生活的必要追求上：加强与爱人和朋友们的联系、体验大自然和异域文化的富饶，以及享受智慧与美学的创作成果。

随着双职工家庭、超负荷学生和电子设备的出现，越来越多的人相信（当然这里又不乏媒体反复的鼓吹造势）紧张的日程安排正在侵吞从前合家欢的晚餐时光。阿尔·戈尔和丹·奎尔两人都在 2000 年总统选举的预备阶段中哀悼了这种家庭羁绊的褪色，而当时甚至还没有智能手机和社交媒体。但是在评估这个时代新的工作和休闲模式时，我们不能对现代化每周额外给劳动者带来的 24 小时，或给家庭主妇额外带来的 12 小时时间视而不见。

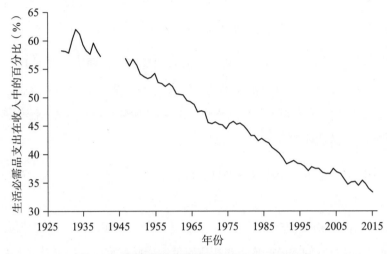

图 17-5　美国生活必需品开支（1929—2016 年）

资料来源：*HumanProgress*，图片源自 Mark Perry，有修改，数据源自 the Bureau of Economic Analysis。该数据指日常食品、汽车、服装、家具、住房、水电和汽油支出占可支配收入的比例。1941—1946 年的数据没有在图中收入，因为第二次世界大战中的定额分配制度和士兵军饷不能如实反映居民的消费情况。

虽然人们越来越多地抱怨自己忙得不可开交，经济学家们把这种现象命名为"雅皮士①的牢骚"，但是如果我们仔细调查他们安排时间的方式，就会发现事实并非如他们所言。2005 年，男性报告的每周休闲时间为 42 小时，这比 50 年前他们的同行们要多大约 10 小时，女性报告的时间为 36 小时，较之前增加了 6 小时（见图 17-6）。[19] 不过说句公道话，雅皮士们的确有他们发牢骚的理由：受教育水平低的人反馈的休闲时间往往更多，而这种休闲时间与文化水平不相称的情况在过去 50 年里愈演愈烈。西欧国家的情况也与此大同小异。[20]

美国人也不会再经常感到烦扰了。社会学家约翰·罗宾森（John Robinson）曾写过一篇综述，他研究了 1965—2010 年美国人抱怨"总是太忙"的比例，发现这个比例在 45 年的时间里总是忽上忽下极不稳定，最少的时候是 18%，出现在

_____
① 雅皮士兴起于 20 世纪 80 年代西方社会，大致上指那些收入高、受教育程度高的年轻职场人士。——译者注

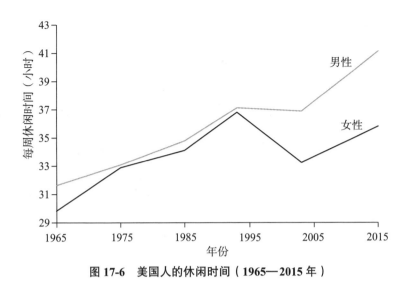

图 17-6　美国人的休闲时间（1965—2015 年）

资料来源：1965—2003 年：Aguiar & Hurst 2007，表格 III，休闲程度 1。2015 年：American Time Use Survey, Bureau of Labor Statistics 2016c，为与 Aguiar & Hurst 2007 中的数据有可比性，仅选取休闲与运动、打理草坪和花园，以及义工服务的时间计算总和。

1976 年；最多的时候达到了 35%，出现在 1998 年。[21] 而当一天结束的时候，温馨晚餐的传统也还安然无恙地保留着。多个研究和调查的结果都一致认为，尽管现在人们有了智能手机和 PS 游戏机，以及一些社交网站，但是全家人共进晚餐的次数在 1960—2014 年基本没有发生过变化。[22] 事实上，典型的美国家长在整个 20 世纪中花费了更多，而不是更少的时间陪伴他们的孩子。[23] 1924 年，只有 45% 的母亲每天会花 2 小时以上的时间陪伴孩子，有 7% 的母亲每天都不会陪孩子，而只有 60% 的父亲每天会在孩子身上花费 1 小时以上。到了 1999 年，这两个比例分别上升到了 71% 和 83%。[24] 实际上，如今的单身和职业母亲每天陪伴孩子的时间甚至比 1965 年足不出户的已婚妈妈要多。[25] 在照料孩子上花费了时间是图 17-6 中休闲时间缩短的主要原因。[26] 只不过，费时费力的研究比不上诺曼·洛克威尔（Norman Rockwell）① 和《反斗小宝贝》（Leave It to Beaver），人们更喜欢画家和电影，并一厢情愿地认为 20 世纪中期那家庭和乐的黄金年代已经一去不复返了。

---

① 美国 20 世纪早期重要的画家，其作品包含了美国文化的重要符号。——译者注

廉价的沟通与出行成本

电子媒体常常背负着荼毒人类社会关系的罪名，不用多说，在人们眼里，网上的社交自然比不上在现实生活中面对面进行的、有血有肉的联系。[27]即便如此，总体而言电子技术是能够拉近人与人之间关系的无价之宝。一个世纪前，如果哪家人举家搬迁去了另一座遥远的城市，那么基本上再也不会有人能听到他们的声音或见到他们。祖父祖母们从来见不到孙子孙女，夫妻因为学习、工作或战争分居两地，只能把收到的书信读了又读。万一新的信件来迟了，他们还会猜疑到底是因为邮差迟到，还是对方在怄气、移情别恋，又或是横遭不测，从而陷入深深的绝望。惊异合唱团和甲壳虫乐队的《邮差先生》（*Please Mr. Postman*），西蒙与加芬克尔组合的《你为什么不给我写信》（*Why Don't You Write me?* ），唱的都是这种惆怅。

虽然在长途电话出现后人们有了隔空与对方说话的机会，但是高昂的电话费成了横在亲密关系中的阻碍。和我一个年代的人肯定还记得，在打长途电话中为了省钱，需要在一枚接一枚喂电话吃硬币的同时，趁着硬币坠落的"砰咚砰咚"声的间隙一口气快速说完话的尴尬。除此之外，还有在跟家里打电话时不顾一切的语速（"这可是长途电话！"），以及一段愉快的对话才刚开始，就开始担心资费不足的焦虑感。"但求沟通！"英国作家爱德华·摩根·福斯特（Edward Morgan Forster）曾如此主张道，而电子技术让我们能够用一种前所未有的方式进行沟通。今天，世界上几乎有一半的人能够使用互联网，并且有 3/4 的人拥有移动电话。长途通话的边际成本几乎为零，通话的双方不仅能听到，还可以看见对方。

既然说到了看见，照相成本的暴跌是让人们生活更加丰富多彩的又一份恩赐。在过去，人们只能用脑海中的画面回忆家庭里或健在、或去世的成员。如今，与世界上其他数十亿人一样，我每天都会有很多次因为目光落在深爱着的人的照片上而心怀感激。不仅如此，价格亲民的照相技术还让人们可以在事后不断重温生活中的高光时刻：难得一遇的社交场面、惊世骇俗的自然风光、一去不返的城市角落、老人们的身强力壮之年、大人们的天真烂漫时代，还有孩子们嗷嗷待哺的襁褓岁月。

即便是在未来，就算我们有了 3D 全息环绕虚拟现实技术和触控式外骨骼手套，我们依旧会想要与自己记挂的人保持触手可及的距离。交通成本的下降是人性得以繁荣的又一个原因。火车、巴士和汽车大大提高了我们聚首的机会。此外，民用航空的普及彻底消除了距离和大洋的障碍。"阔佬"（jet set）[①]是一个略显过时的称呼，它是 20 世纪 60 时代用来形容时髦明星的叫法，因为当时只有不到 1/5 的人体验过坐飞机的感觉。

尽管油价在不断攀升，不过从 20 世纪 70 年代末航空管制解除到现在，美国国内乘坐飞机的实际价格下跌了不止一半（见图 17-7）。1974 年，从纽约飞到洛杉矶需要 1 442 美元（以 2011 年的美元购买力换算）；今天同样的航线只需不到 300 美元。航班价格的下跌导致更多的人选择乘坐飞机出行：2000 年，美国国内有超过一半的人在当年乘坐过至少一次往返航班。也许你不得不张开四肢、让安保人员把棒状的探测器伸到你的胯下，也许你不得不忍受扶手夹着肋骨，前排的椅背几乎要贴到下巴上的拥挤，但是有了飞机，异地的情侣终得见，或者家乡的母亲身染疾患，而你只要一天时间就能赶到她的身边。

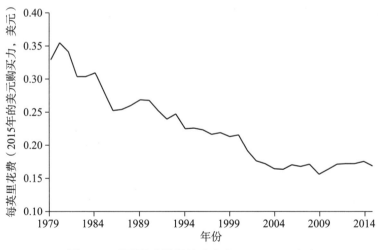

图 17-7 美国航空旅行的成本（1979—2015 年）

资料来源：Thompson 2013，更新数据源自美国航空运输协会。国内旅行，不包括行李托运资费（从 2008 年起，乘客的平均托运费用相当于每英里里程半美分）。

---

① 阔佬（Jet set），字面意思为"常坐喷气飞机的人"。——译者注

价格友好的交通方式不仅仅起到了帮助人们团聚的作用，还让人们有机会接触地球上的种种美景。同样是这种消遣，我们习惯于把自己的叫作"旅行"，而把别人的叫作"观光"，无论是哪一种，无论境界高低，无疑都算得上是丰富我们生活的事物之一。去科罗拉多大峡谷、纽约、北极圈和耶路撒冷旅行不仅是赏心悦目的经历，还能拓展我们的思想格局，让我们感受到由空间、时间、自然和人类共同构成的广阔世界。尽管我们会对长途客车和导游不胜其烦，成群的自拍者和他们拙劣的照片让人忍无可忍，但是我们不得不承认，有机会多接触一些关于我们这个星球的异域风光和物种，总要好过一辈子徘徊于故乡的那几条街道里。随着人们可支配收入的增加和航空旅行费用的减少，更多的人有机会探索这个世界，这一点可以在图 17-8 里看到。

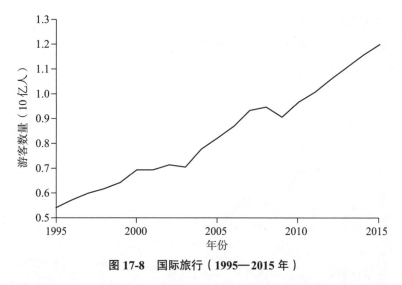

图 17-8　国际旅行（1995—2015 年）

资料来源：World Bank 2016e，数据基于 World Tourism Organization, *Yearbook of Tourism Statistics*。

不仅如此，旅行者并不满足于在蜡像馆排队或在迪士尼乐园坐过山车。全世界禁止经济开发的区域数量已经超过了 160 000 个，而这个数字每天都还在增加。我们在图 10-6 中曾经看到，被设立为自然保护区的地区已然数量惊人。

五花八门的美食和精神食粮

还有一个美学体验大大提升的方面是我们的饮食。19 世纪末，美国人饮食的主要构成是猪肉和淀粉。[28] 在冷藏设备和机动化运输诞生以前，绝大多数的蔬菜和水果都会在抵达消费者的餐桌前变质、败坏，因此农民们会种一些不易腐败的作物，如芜菁、蚕豆和马铃薯。苹果是市面上绝无仅有的水果，即便如此，大部分苹果最后都还是成了苹果酒。就在不久前的 20 世纪 70 年代，佛罗里达的纪念品商店还会出售袋装的橙子，让游客们作为带回家的手信。美国人的菜谱素来被人嘲笑说只有"白面包""肉和土豆"，这种嘲弄并不是空穴来风。发明午餐肉炸饼、乐之饼干做的伪苹果派或者"完美沙拉"（其实就是柠檬味的吉奥果冻拌卷心菜丝）等这些食谱的厨师已经算是相当够胆和有创意了。

移民们带来的异域餐饮在美国本土人眼里实在太新奇了，他们曾经对这些外来的料理，包括意大利菜（"意大利人的肉丸真辣！"）、墨西哥菜（"这下不用担心油荒了"）、中餐（"吃完一小时就又饿了"）和日本料理（"这是鱼饵，不是饭菜"）极尽嘲讽。如今，即使是在规模不大的小镇和商场食品柜台也都可以买到包罗万象的食物，有时候除了上面说的那几种之外，甚至还会有希腊菜、泰国菜、印度菜、越南菜和中东料理。食品杂货店的货品种类也变得更多了，从 20 世纪 20 年代的数百种增加到 50 年代的 2 200 种，又在 80 年代增加到 17 500 种，并在 2015 年达到了39 500 种。[29]

最后，同样重要的是，人类通过精神和思维创造的精美商品在丰富程度和普及程度上都有惊人的飞跃。现在的我们已经很难再想象，从前那些孤零零地生活在偏僻地段的家庭，他们每天的生活是何等枯燥和难熬。[30] 19 世纪末，世界上不光没有因特网，就连收音机、电视、电影和音乐唱片也没有，不仅如此，大部分的家庭甚至也没有书和报纸。作为娱乐活动，男人只会去小酒馆喝酒。[31] 比如作家兼编辑威廉·迪安·豪威尔斯（William Dean Howells），童年时代的他会在俄亥俄州自家的小屋里反复读被他父亲用来糊墙的旧报纸，以此为乐。

对于今天的国内居民而言，摆在他们面前的是数百个电视频道和上亿个网站，世界上所有的报纸和杂志（包括一个多世纪中所有的往期报刊存档），所有版权过期的文学作品，一套容量大约超过《不列颠百科全书》70倍、准确性能与之比肩的电子百科全书，以及所有经典的艺术和音乐作品，任君挑选。[32] 人们可以在"谣言粉碎机"（Snopes）上验证传闻的真实性，在"可汗学院"（Khan Academy）上自学数学和科学，在"美国传统字典"（American Heritage Dictionary）上拓展词汇量，用"斯坦福哲学百科全书"（Stanford Encyclopedia of Philosophy）自我开导，或者观看许多已故学者、作家和批评家生前讲座的录像。身无分文的希勒尔拉比如果生活在今天，就不会因为从教室的天窗里偷听课而被冻得昏过去了。

甚至于对西方国家中富裕的城市居民而言，尽管他们的国家从来不缺历史文化遗迹，但是居民接触艺术和文学作品的机会也出现了显著的增长。当我还是个学生的时候，电影迷常常要苦等好多年，才能盼到一部经典电影在当地的剧院或深夜档的电视节目里重映，至于上不上映那还不一定有准；而今天，想看的时候只要点播就可以了。当我跑步、洗碗或在车管所里排队的时候，我有上千首歌可以选。只需轻敲几下键盘，我就能让自己完全沉浸在画家卡拉瓦乔（Caravaggio）的作品里。

就在几年前，《罗生门》的原版预告片、狄兰·托马斯朗诵的《死亡将不再主宰》（And Death Shall Have No Dominion）、罗斯福夫人高声宣读的《世界人权宣言》、玛丽亚·卡拉斯（Maria Callas）演唱的《我亲爱的父亲》（O mio babbino caro）、比莉·荷莉黛（Billie Holiday）版的《他不爱我》（My Man Don't Love Me）及所罗门·林达（Solomon Linda）版的《雄狮》（Mbube），这些我一直渴望的东西可是用钱也买不到的。高保真的耳机，以及马上就要亮相的虚拟现实眼镜无疑还会增强我们的美学体验，回想我年轻的时候，人们还在为黑白电视里会说话的小人而感到新奇，真是今非昔比。而那些喜欢纸质书的人，他们可以在二手书市场以一美元每本的价格，买到多丽丝·莱辛（Doris Lessing）的《金色笔记》（The Golden Notebook）、弗拉基米尔·纳博科夫（Vladimir Nabokov）的《微暗的火》（Pale Fire），或者沃莱·索因卡（Wole Soyinka）的《阿凯，我的童年时光》（Aké: The Years of Childhood）。

互联网技术，加上数千名志愿者的众包，两者的结合催生了人类智力活动的惊人普及性。谁也不用质疑人类文明最辉煌的是哪个时期，答案肯定是今天这个时代，而能够超越今天的就只有明天。这个问题的关键并不局限于比较现今和过去所取得的成果孰好孰坏，我们没有把握做这种小肚鸡肠的比较，就像某些伟大的成果和工作在它诞生的时代也曾一度被人忽视。今天的成就来源于人类永不停歇的创造力和不断积累的文化记忆。我们只要伸伸手，就能够到几乎所有从前以及如今的天才们所创造的一切，而对生活在过去的人们来说，这两样东西他们一件也没有。最重要的是，世界的文化遗产从此不再是富人和权贵的特供，而属于任何能够接触到知识的人，换句话说就是绝大多数的人，或者说在不久之后，就是我们每一个人了。

ENLIGHTENMENT
NOW

—

18
幸福

那么我们变得更幸福了吗？倘若我们有丝毫的感恩之心，那么答案应当是肯定的。一个生活在 2015 年的美国人和他或她半个世纪前的同辈相比，能够多活 9 年，多接受 3 年的教育，每年的家庭人均收入要多33 000 美元，并且只要把 1/3，而不是 1/2 的收入花在购买生活必需品上，此外，每周还能多享受 8 小时的休闲时光。他或者她可以用多出的休闲时光浏览网页、用智能手机听音乐、在高清电视上点播电影、与亲朋好友视频通话，或者去餐厅吃泰国菜，而不是午餐肉炸饼。

但是，如果公众印象能够作为参考的话，今天美国人的幸福感并没有达到过去的 1.5 倍（如果幸福感和收入成正比的话），或 4/3 倍（如果幸福感和教育成正比的话），甚至 9/8 倍（如果幸福感和预期寿命成正比的话）。人们和从前相比一点没变，喜欢挖苦、抱怨、吐槽、找碴和发牢骚，民意调查员得到的生活幸福指数在过去几十年里都不曾有过变化。我们从流行文化中也可以体会到，忘恩负义的态度在互联网上蔚然成风，喜剧演员路易斯·C. K.（Louis C. K.）在名为《一切都好但就是没人开心》（*Everything's Amazing and Nobody's Happy*）的单人脱口秀中也有提及：

> 我们今天生活在一个绝妙的世界里，但是这种绝妙被一帮矫情的蠢蛋浪费得一干二净……飞机是最糟糕的东西，就因为有人下了飞机之后跟你喋喋不休地抱怨……他们抱怨的东西，比方说："那是我人生中最糟糕的一天……我们上了飞机后坐定，可是他们却让我们在跑道上干等了40分钟。"……噢，等了40分钟，然后呢？你后来有没有像鸟一样飞起来？你有没有不可思议地冲到云层之上？你觉不觉得人类能飞本身就是个奇迹？不仅飞上了天，你后来还平平稳稳地靠着几个轮子降落到了地上，你连空气是怎么把这个该死的庞然大物举起来的都弄不明白……你飞到天上了，还坐在一把椅子上。你就是希腊神话里的神灵！……人们抱怨说飞机晚点了？……坐飞机太慢了？从纽约飞到加利福尼亚只要5小时。以前的人要花30年！这一路上你们中还要死几个人，指不定哪里飞来一支箭就射穿了你的脖子，而同行的其他人只能就地把你埋了，再插根棍子，上面顶着你戴过的帽子，然后他们继续往前走……莱特兄弟要知道今天的我们这么多事，肯定恨不得给我们（裆上）来一脚。[1]

1999年，约翰·米勒提笔总结了他当时对于现代化的理解："人们好像马上就对惊人的经济增长习以为常了，随后轻车熟路地开始自寻烦恼。这种倾向非常明显，以至于人们没有觉得生活哪里有改善。"[2] 如此评价现代化不仅仅因为只有美国人有这种风气。1973年，经济学家理查德·伊斯特林（Richard Easterlin）发现了一个悖论，此后人们便以他的名字给这个悖论命名。[3] 伊斯特林悖论描述的现象是，虽然在一个国家内，更富裕的条件会让人们的生活相对更幸福，但是在国家之间，富裕国家的居民并没有比贫穷国家的居民更幸福。而如果从历史上比较，随着国家变得更富裕，国民的幸福感并不会增加。

有两种心理学理论试图解释伊斯特林悖论。"快乐水车"（Hedonic Freadmill）理论认为，人们会逐渐习惯他们拥有的财富，就像眼睛会适应和习惯亮暗更替一样，然后迅速将财富变化引起的感受消除，并回到一个与遗传有关的基准线上。[4] 另外，根据社会比较理论（或者也叫参照群体理论、身份焦虑理论或者相对感剥夺理论，我们在第 9 章中探讨过），人们的幸福感高低由自己相对于同胞的处境好坏所决定，所以如果一个国家作为整体变得更富裕，那就没有人会觉得更幸福。尤其是当贫富差距在国家发展过程中被拉大时，哪怕国家的总体财富增加，居民也还是会觉得更不幸福。[5]

也就是说人们的处境永远不会变得更好，既然如此，我们不禁要怀疑经济、医疗和技术上那些所谓的进步到底有什么意义。不少人认为这些都没有意义。他们说，在个人主义、唯物主义和消费主义兴起的情况下，社会的铜臭气息浓重，传统社区中睦邻友好的社会关系遭到了腐蚀，宗教信仰崩塌，人生的意义感和使命感正在褪色，我们都成了内心空虚的行尸走肉。这也是为什么我们经常在新闻里看到有人说抑郁、焦虑、孤独和自杀现象来势汹汹；还有为什么高福利国家瑞典却以高自杀率而闻名。

2016 年，社会活动家乔治·蒙比尔特（George Monbiot）在报纸的社会评论版上发表了一篇题为《新自由主义是孤独泛滥的元凶，是肢解社会的黑手》的文章，公开声讨长久以来一直宣扬反现代化的文化悲观主义者。文章结尾的几句话如下："精神疾患的流行正在摧垮数百万人的内心和身体。现在是时候问问我们正在去向何方，以及为什么要去往那里了。"文章警告说："与英格兰儿童精神健康有关的最新统计数据简直骇人听闻，而这只是全球状况的一个缩影。"[6]

如果额外的寿命和健康于事无补，知识、休闲和丰富的经历形同虚设，纵使和平、社会安定、民主、平权有它们的优越性，但是都依旧不能让我们的生活更幸福，反而徒增在世的孤苦，如若这般，那"进步"真像是历史给人类开的一个天大的玩笑。不过，先不要急着去牵你那驮罐子的驴，我们最好再仔细看看有关人类幸福感的事实真相。

幸福是什么

至少从轴心时代开始，思想家们就开始思考何为好的生活了，而如今，幸福已然成为社会学的一个主要议题。[7]幸福是经济学家而非诗人、散文家和哲学家的研究课题，有些有识之士对此一直耿耿于怀，甚至深感被冒犯。不过姑且把议题的归属问题放一边，至少研究的方法殊途同归。在开始研究幸福这个问题之初，社会学家首先会借助由艺术家、哲学家提出的概念和想法，他们放眼于古往今来和五洲四海以寻找事物发展的规律，而这是单枪匹马的思想家做不到的，无论他或她的思考多么深邃和富有洞见。在回答"进步是否让人们变得更幸福"这个问题时，这种情况尤其突出。评价者一直质疑幸福感的可衡量性，为了回答前面的问题，我们应该首先打消他们的这个疑虑。

艺术家、哲学家和社会学家都认为幸福不是单维度的。人们的生活可以在某些方面得到改善的同时，伴随着另一些方面的恶化。让我们来区分一下一些主要的方面。

我们可以从幸福的客观层面开始分析：那些我们认为真正有价值的东西，是否真的得到了拥有者们应有的重视。人们认为最有价值的东西应该是生命本身，与之相当的还有健康、教育、自由和休闲娱乐。这些反映了路易斯·C. K. 社会批判主义背后的思维观念，同时也是经济学家阿马蒂亚·森和玛莎·努斯鲍姆提出的人类基本能力中的一部分。[8]有了这样的客观定义，只要一个人活得够长、身体健康并且生活丰富多彩，即使他天生性格悲观，或者整天郁郁寡欢，又或者是个矫情的蠢蛋，感受不到这些优越感，我们也可以说他或她的生活其实是幸福而美好的。虽然这种定义有明显的家长式作风，但它的存在基于生命、健康和自由是其他一切事物的前提，包括思考生命意义的行为本身在内。这个特点决定了它们的重要性，这是客观层面上的原因。

还有一个原因是身在福中不知福的幸存者们造成了调查样本的偏差。如果能把调查的范围扩大，去问一问夭折儿童们的灵魂，去问问那些母亲的灵魂，还有因为战争、饥荒和瘟疫死去的人们，又或者我们能够穿越时空回到过去，让他们在生前做一次抉择（是继续生活在前现代社会，还是转而生活在现代社会？），我们也许就能为现代社会的客观优越性找到与之相称的拥护者了。上述这些与完满程度有关的维度已经各自作为主题在前面各章中出现过了，另外我们还给它们是否随着时间推移而有改善的问题下了定论。

这些真正有价值的东西里包括自由和自主权：实现美好生活的多样选择，即积极自由，以及没有阻碍人们进行这种选择的强制力，即消极自由。阿马蒂亚·森在他探讨国家发展终极目标的书的标题中为自由的价值观大声疾呼：《以自由看待发展》。积极自由相当于经济学家们对实用主义的见解，人们想要什么，他们把自己的财产花到哪里；而消极自由相当于政治学家们对于民主和人权的见解。上文已经提过，自由（再加上生命和动机）是我们评判何为"好生活"这个行为本身得以存在的前提。除非觉得眼前的生活不管好坏都木已成舟，否则我们就总是会以"如果过去的人那样做就会如何"的眼光来评判当下；而当我们考虑自己的未来时，又总是觉得"天远地宽，任我驰骋"。由于这些原因，"自由"这个概念在诞生之初就具有无与伦比的价值。

理论上来说，自由与幸福没有直接的关系。人们会拜倒在致命的诱惑、安逸的享乐等这些对他们不好的东西脚下，置警告他们的箴言于不顾，然后在事后对自己的选择追悔莫及。[9] 而在现实生活中，自由与生活中其他好的方面相辅相成。无论是以民主评分从国家整体上进行客观的评价，还是去街头巷尾询问人们对"是否感觉自由掌控了个人生活"的主观感受，一个国家的幸福感总是和自由息息相关。[10]除此之外，有人会把自由单独算作人生的意义之一，至于它是否能带给人幸福则无关紧要。[11] 他们就像法兰克·辛纳屈当年的作风一样，也许会后悔，也许会一蹶不振，但是至少他们求仁得仁，问心无愧。甚至还有人会认为自由的意义高于幸福。比如许多经历过痛苦婚姻生活后离婚的人，在父母要为他们牵线搭桥时依然不愿回归家庭生活。

那么幸福本身呢？科学家要如何才能测量有如"主观幸福感"这样主观的指标呢？调查人们是否幸福最好的办法是直接询问他们。当谈到个人的主观感受时，我们都知道只有感受者自己的看法拥有最权威的效力。不过我们大可不必把人们的看法太当真：幸福的自我评估不仅与幸福感，还与几乎所有东西有关，包括别人的微笑、欢快的举止，以及但凡能让大脑中对可爱的孩子、他人的评价、令人捧腹的喜剧作出反应的区域兴奋的事。[12]

幸福包含了两个方面，体验和情绪的一面，还有评价和意识的一面。[13]幸福的体验层面由高兴、喜悦、骄傲和快乐等积极情绪，以及担心、愤怒和悲伤等消极情绪构成。科学家可以让样本中的对象佩戴寻呼机，以便随时跟进和询问被试的情绪心境。衡量幸福感的终极手段是对样本终生跟进，或为人们感到幸福的程度和持续时间计算加权总和。虽然对幸福的体验进行实时抽样跟进是衡量主观幸福感最直接的方式，但是它耗费人力且成本不菲，此外，也没有可靠的数据库可以让我们对不同国家的居民进行比较，或在时间线上对他们进行追溯和跟进。次优的选择是询问人们某个特定时间的感受，询问他们在一天中或一周前的感受。

于是我们来到了幸福程度的另一面，人们对自己生活的评价。在询问之下，人们可以回答诸如"这些天""整体上"或者"把所有因素考虑在内"时，你对自己的生活是否满意这样的问题，不仅如此，他们还可以用几乎带有哲学色彩的方式给自己的生活用十分制进行打分，范围从"不能更糟糕的人生"到"不能更好的人生"。人们普遍觉得这种问题很难回答，这并不奇怪，因为它们的确难，所以他们的答案深受天气、当时的情绪和前一个问题具体牵涉的影响，比如问一个大学生的恋爱情况、问所有人关于政治的东西，这些对后续询问幸福感的问题都有明显的消极影响。社会学家们早已接受了一个事实，那就是人们脑中对幸福、满意和生活好坏的概念本就是一锅粥，所以他们只要闭着眼睛给纷繁冗杂的主观数据打个平均分就算完事了。[14]

情绪和评价当然是相关的，虽然不是100%相关：充足的幸福感成就更好的生活，而缺乏消极情绪却并不意味着生活更美好。[15]说到这里，我们就要提到美好生活的最后一个方面了——意义感和使命感。意义和使命，再加上幸福，就成了亚里士多德理想中的"eudaemonia"，也就是"良好的精神面貌"。[16]幸福不代表一切。

人人都会做一些短期内让我们不幸福，但是在人生到头时令自己倍感欣慰的事，比如生养一个孩子、写一本书，或者为值得的事情奋斗。

尽管肉体凡胎的普通人没法界定何为真正有意义的人生，但是我们不妨参考一下心理学家罗伊·鲍迈斯特（Roy Baumeister）和同事们的研究成果，他们罗列了一些能够让人们感觉生活有意义的事物。参与研究的被试们被要求分别回答个人生活的幸福和意义程度，他们的问卷里包含了一长串与个人想法、参与的活动及生活条件有关的问题。调查的结果显示，许多能让人生活幸福的东西也可以让他们的生活有意义，比如与他人建立羁绊、过着充实的生活和避免孤独寂寞。但是也有一些事可以让他们在更开心的同时，横生人生意义的缺憾感。

生活幸福但是空虚寂寥的人往往什么都不缺：他们健康、经济宽裕、多数时候自我感觉良好。而追求生活意义的人倒可能无福消受这些。追求生活幸福的人生活在眼前；而追求生活意义的人则反思过去，绸缪未来。生活幸福而空虚的人是占有者，是受益人；追求生活意义的人则是给予者，是施益人。为人父母者，从孩子身上收获的是意义感，但不一定是幸福感。和朋友相聚的时间带来幸福，而和爱人相处的时间更为生活平添一份意义。压力、焦虑、争论、挑战和挣扎都削弱了生活的幸福感，但是带来了意义感。并不是追求生活意义的人有自虐倾向，非要给自己找不痛快，而是因为他们怀揣雄心抱负："但是到底人算不如天算啊。"最后，意义在于自我表达而不是自我满足：生活的意义在于用行动定义我们自己，同时建立自己的声誉。

我们可以把幸福看作一个古老生物反馈系统的产物，这个系统追踪我们在自然环境中追求健壮康乐的过程。通常情况下，如果我们变得更健康、舒适、安全、富足、社交关系稳固、为人所疼爱，那我们就会觉得更幸福。幸福感的作用是指引我们追求与康乐有关的事物：当我们感觉不幸福的时候，就会想方设法争取那些可以改善处境的资源；而当我们感觉幸福的时候，就会变得安于现状。

相比之下，思考人生的意义是人类作为社会性、智慧性和健谈的物种所独有的意识活动领域，追求意义是个新颖的人生目标，而且代价不菲。它的出发点在遥远的过去，终点又在看不见的未来，它的影响范围远远超过一个人的社交圈，它需要获得同胞们的认同，而这取决于我们能否说服他人相信它的价值，还取决于自身长久以来的声誉，以及仁爱与否，本事高低。[17]

有人希望人们不断变得更幸福的趋势可以长此以往，永世不变，但是幸福感在人类心理中扮演的角色并不是万能的，进步不能带来无限的幸福感。不过，倒是有不少不幸福感是可以去除的，而且不论人们在追求人生意义的道路上走出多远，不幸福感的减少都不会受到限制。

富裕的人更幸福

首先姑且认为，尽管发达国家在经济上获得了惊人的进步，但是这些国家的居民普遍没有达到他们应有的幸福水平。可是，他们的幸福感真的没有哪怕一点儿提升吗？发达国家的生活已经空虚到使数量创纪录的人用自杀的方式来结束人生的地步了吗？当今世界与人接触的机会多到不可思议，即便如此，人们是不是还在遭受孤独的折磨？年轻一代，未来的希望，是不是正在被抑郁以及其他精神疾病摧残？我们会看到，对这每一个问题的回答都是格外确切的"不是"。

这些宣扬人类痛苦的观点通常都缺乏证据支持，口说无凭是社会评论观点最根深蒂固的通病。在 1854 年出版的文学经典《瓦尔登湖》中，梭罗写过一句广为流传的话："浮世苍生，每天平静而绝望（The mass of men lead lives of quiet desperation）。"谁也不知道一个隐居在湖边小屋的人为什么能洞察到凡尘俗世的动向，不过浮世苍生并不想被代表。

在世界价值观调查中，当被问到他们是否幸福时，有 86% 的受访者会回答说他们"相当幸福"或者"非常幸福"；而在 2016 年，来自 150 个国家的受访者参与了《2016 年世界幸福指数报告》（World Happiness Report 2016）的调查，结果是在从最差到最好的分值上，受访者平均给自己的生活打出了高于中等水平的评分。[18] 梭罗也是乐观壁垒（"我好得很，可是别人就差远了"的幻想）的受害者，而这层壁垒在幸福感方面尤甚，宛如长城。每一个国家的居民都低估了自己同胞的幸福程度，他们认为生活幸福者所占的比例较客观比例平均低 42%。[19]

那么从历史沿革上来看又如何呢？伊斯特林在 1973 年发现了他那个有趣的悖论，当时距离大数据时代的来临还有几十年。如今，我们对于财富和幸福的关系有了多得多的证据，结果表明根本没有伊斯特林悖论这样的现象。无论在哪个国家，相对富裕的人都更幸福，不仅如此，富裕国家居民的幸福感也更高，随着时间推移，当一个国家变得更富裕时，它的国民也相应地变得更幸福。这个新发现是数个相互独立的研究，包括由安格斯·迪顿牵头的研究项目、世界价值观调查以及《2016 年世界幸福指数报告》分别得出的结果。[20]

我个人最中意的研究来自经济学家贝齐·斯蒂文森（Betsey Stevenson）和贾斯汀·沃尔弗斯（Justin Wolfers），它可以用一张图来概括。图 18-1 中标注了 131 个国家或地区的平均生活满意度与平均收入之比（比值以对数取值表示），每个点代表一个国家或地区，图中同时标注出了收入对生活满意度的影响趋势，以穿越实心点的箭头表示。

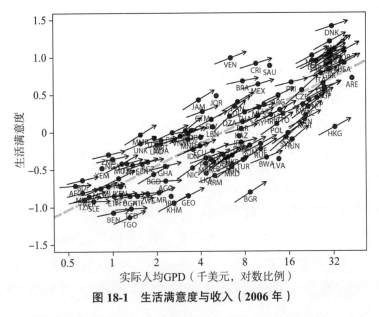

图 18-1　生活满意度与收入（2006 年）

资料来源：Stevenson & Wolfers 2008a，图 11，数据基于 the Gallup World Poll 2006。感谢：Betsey Stevenson 和 Justin Wolfers。

不少规律明晰起来。最直观的一点是伊斯特林悖论不攻自破：图中所有的箭头都指向右上的对角，这意味着一个国家越富裕，国内居民的生活就越幸福。不要忘记这是一张对数关系图，同样的关系趋势如果是在线性图里，箭头向右上方倾斜的趋势将陡峭得多。换句话说，一定数量的额外收入在贫穷国家激起的幸福感要远多于它在富裕国家提升的居民幸福感，而越是富裕的国家，提升同等幸福感所需的额外金钱就越多。这也是当初伊斯特林悖论会被提出的原因之一：在没有大数据分析技术的年代，的确很难在高收入的区段内发现幸福感微小的提升。但是不管在图的左端还是右端，都没有出现水平的线段。水平线段意味着该国的居民只需要满足基本需求的最少收入，在此基础上，额外的收入都不会再让他们觉得更幸福。就幸福而言，温莎公爵夫人华里丝·辛普森（Wallis Simpson）说对了一半："赚不够的是钱，减不完的是体重。"

最引人注目的是，图中箭头的斜率都很接近，几乎都与密集区域里的箭头斜率一致（该斜率以箭头下方的灰色虚线标出）。也就是说，个人收入增长引起的幸福感增加程度与国家总体由于经济增长而引起的幸福感增长相当。这不禁让人怀疑"人们的幸福感高低建立在与同胞的收入比较上"的说法是否还站得住脚。

绝对收入，而不是相对收入，才是决定幸福感的关键（这个结论与第9章中探讨的贫富差距与幸福感无关的结论相符）。[21] 这与原有的理论相悖，原先人们认为幸福感就像眼睛一样，会迅速将变化调整回基准点，或者在枯燥的重复工作和享乐主义中稳定地保持不变。人们的确经常会触底反弹、时来运转，但是幸福感能被生活中不幸的遭遇，如失业、致残永久降低，也可以被好事，如美好的婚姻、移民到幸福感更高的城市永久提升。[22] 而且与早年人们所坚信的不同，中大奖的的确确可以在长远上提升人们的幸福感。[23]

由于我们已经知道随着时间的推移，每个国家都会变得更富裕（见第8章），可把图 18-1 看成是人类幸福感随时间提升过程中静止的一帧。幸福感的提升是人类进步的又一个体现，而且是最重要的那个。当然，这个总结并不是基于实际的跟踪调查年鉴，我们没有调查过全世界所有的人，没有日复一日地跟进询问，而后按照时间顺序把他们的反馈编制成图表，世界上没有这样的数据。

但是经过查阅大量的跟踪调查论文，斯蒂文森和沃尔弗斯发现从 1973 到 2009 年，在 9 个他们调查的欧洲国家中有 8 个国家的国民幸福感与人均 GDP 一同出现了增长。[24] 世界价值观调查在世界整体的水平上验证了这个趋势，在它调查的 52 个国家中有 45 个国家的国民幸福感在 1981—2007 年间出现了提升。[25] 这种趋势让伊斯特林悖论成了历史：现在我们已经知道，同一个国家里的富人会更幸福，而富裕国家的国民幸福感要相对更高，当一个国家变得比以前富裕时，它的国民也会变得比以前更幸福。也可以说，随着时间的推移，人们终究会变得更幸福。

当然，幸福感的高低远不是收入多少就能决定的。这一点不仅对家族发迹史不同且天生脾性各异的个人如此，对国家也是如此，我们可以从图 18-1 中虚线周围三三两两的那些点看出。国民健康情况改善（在收入一定的前提下）会让国家的整体幸福感更高，而且，就像我说过的，当国民认为自己对生活拥有自由的掌控权时，他们也会感到更幸福。[26] 文化和地域也有关系：和人们的刻板印象一样，拉丁美洲的居民们的确是又穷又开心。[27]

《2016 年世界幸福指数报告》还发现了三个与国家幸福感有关的新特征：社会支持（居民在遇到麻烦的时候是否有可以依靠和仰仗的朋友或亲属）、济世情怀（居民是否会向慈善机构捐款），以及政治廉洁（居民是否认为现行的商业活动是官商勾结）。[28] 不过这并不是在说只要符合这几个特征就能导致幸福感的提升。原因之一是幸福的人倾向于用玫瑰色的眼镜①看待这个世界：以我观物，慷慨地给予他们的个人生活以及所在的社会以积极的肯定。还有一个原因则诚如社会学家所言，幸福感是内源性的：沉浸在幸福里的人更乐善好施，也更一丝不苟，而不是相反。

幸福感爆棚的三种人

在所有收入水平没有让居民达到应有幸福水准的国家名单里又出现了美国。美

----

① 玫瑰色的眼镜用于表达乐观的看法。——编者注

国人绝不是不幸福的：几乎 90% 的人在评价自己的生活时，都打出了不低于"挺幸福"的级别，而几乎有 1/3 的人认为他们自己"非常幸福"，如果用从"不能再糟糕"到"不能再好"的 10 分制给自己的生活打分，他们会给自己的生活打 7 分。[29] 但是在 2015 年，美国在国家幸福感的世界排名中仅位列第 13 名，而在这些国家中，除了挪威和瑞士，美国的人均收入比其他任何国家都高。[30]（居民平均自评幸福指数 6.7 的英国排在了这个榜单的第 23 位。）

无独有偶，美国的国民幸福指数在过去的岁月里也没有出现过明显的变化（美国保有最悠久的、与研究幸福有关的调查数据，它也是诱使伊斯特林悖论诞生的原因之一）。自 1947 年以来，美国人的幸福感一直在一个很窄的区间内发生着不温不火的高低震荡。经济衰退又复苏，社会问题和金融泡沫来了又去，美国人的幸福感也跟着这些事件有所波动，但是从来没有出现过稳定的上升或持续的下降。有一组数据显示美国的居民幸福感在 1955 年到 1980 年出现过轻微的下降，而后又持续上升直到 2006 年；还有一组数据又说 1972 年认为自己生活"非常幸福"的人的比例略有过下降，即便如此，认为生活"非常幸福"和"挺幸福"的比例总和也没有出现变化。[31]

美国的幸福感停滞并不能否定全球范围内居民幸福感随收入增加而升高的普遍趋势，因为如果我们只把目光放在一个像美国这样的富裕国家和它过去几十年的变迁上，不啻于管中窥豹。就像迪顿指出的，要想寻找明显的趋势，最好的办法是拿两个人均收入相差 50 倍的国家来比较，比如多哥共和国与美国，两者之间的差距展现了 25 年的经济发展变迁，而如果你找一个在 20 年间让国内人均收入翻倍的国家进行自我比较，现象的趋势和效应就没有那么直观及明显了。[32] 除此之外，美国居民收入水平的差距要高于西欧国家（见第 9 章），也就是说美国 GDP 增长所带来的红利更多地流向了社会中的少部分人。[33] 揣测美国例外论永远是个让人着迷的消遣，无论为什么美国总是在各种指标里拖后腿，幸福学家们都认同美国又在世界主观幸福指数提升的潮流里来了一次例外。[34]

幸福感趋势难以预测的另一个原因是，一个国家里通常生活着成千上万各种各样的人。当我们给这些迥异的人计算平均水平时，为了获得平均值总是不得不存此去彼，而随着时间的推移，由于不同人群变迁的方向不同，有时候所有人的进步会拉高国民的平均水平，而有时候其中一些人的进步又被另一些人的退步所抵消，对此我们不应当大惊小怪。在过去的 65 年里，非洲裔美国人变得比从前幸福多了，而与之相对，美国白人的日子就没有以前那么逍遥了。[35]女性相对男性要更幸福一些，但是这个差距在西方国家已经缩小了，男性的幸福感正以高于女性的速度增长。美国的情况与此正好相反，女性正在变得越来越不幸福，而男性的幸福感几乎原地踏步。[36]

我们在第 15 章里已经探讨过，理解历史趋势最大的困惑在于区分一种变化到底是特定的时代思潮（时代效应），还是人类生老病死的年龄使然（年龄效应），抑或是世代更替中的演变（代际效应）。[37]如果不是借助时间机器，我们很难完全单独区分出年龄、代际和时代思潮，更不要说理清它们之间错综的关系了。

举个例子，如果一个 50 岁的人在 2005 年生活得非常凄惨，那么原因有可能是战后"婴儿潮一代"的中年境况不理想，也有可能是"婴儿潮一代"在新千年境况不佳，或者是新千年让所有中年人的日子都不太好过。很难知道具体是哪一种原因。但是只要有了跨越几十年、数代人的数据库，再加上对人的变化、时代变迁速度的估算模型，就可以给特定时期中的每一代人、所有人口在每一年，以及人口中每一个年龄段的居民打一个平均分，并以此合理推断这三种效应在一段历史变迁中所占的权重。由此，可以反推出两种不同的社会进步方式：不论年龄大小，盛世让所有人的生活境况都得到改善；或者，年轻一代的境况要好于年老一辈，随着世代交替的发生，人类整体的生活水平得以改善。

幸福感有随着人们年龄的增长而提升的趋势（年龄效应），这很可能是因为他们对作为一个成年人这件事逐渐驾轻就熟，当困境和难题出现时，他们就能用累积的智慧和经验让自己的生活回到正轨上。[38]他们可能经历过中年危机，还要在最后的垂暮之年面对死亡。[39]幸福感在不同的时代有高有低，尤其是当经济发生变化的时候，经济学家把通货膨胀率和失业率合称为"痛苦指数（Misery Index）"可不是没有理由的，而美国人刚刚才从次贷危机的坑里灰头土脸地爬出来。[40]

代际效应同样有峰值和谷值的更替。针对两个大型样本的研究显示，从 1900 年到 1940 年，以 10 年为代际间隔，每一代后来出生的美国人都比之前出生的世代更幸福，背后的原因极有可能是因为金融危机在他们长大成人的过程中越演越烈，并给早些年出生的世代留下了不可磨灭的惨痛记忆。20 世纪 40 年代后，幸福感的提升逐渐停止，随后在战后"婴儿潮一代"和最早的"被遗忘的一代"登上历史舞台时出现了些微的下降，"被遗忘的一代"也是目前研究者用以区分代际效应和时代效应时，年龄足够作为调查对象的最后一代人。[41]

研究幸福感的第三项调查，也就是美国综合社会调查（the General Social Survey）一直持续到今天，幸福感在"婴儿潮一代"里依旧保持着下降，而在"被遗忘的一代"和"千禧一代"中则已经完全反转为提升。[42] 所以，尽管为孩子烦恼和操心是每一代人的必修课，但是实际上，如今年轻一代的美国人已经变得比从前更幸福了。（我们在第 12 章里看到，暴力犯罪和吸毒的泛滥情况已经好转了。）这么一算，我们就有了三种在如今美国幸福感停滞的大环境下，其本身的幸福感仍在提升的人：非洲裔美国人、"婴儿潮一代"后出生的人，还有今天的年轻人。

年龄—时代—代际的三重效应意味着人类幸福的历史变迁问题至少比看上去的还要复杂三倍。请谨记这一点，然后让我们来仔细审视一下认为现代化引发了孤独、自杀和精神疾病大流行的这种说法。

社交媒体让我们更孤独了吗？

按照现代社会观察者的说法，西方国家的居民和从前相比变得更孤独了。1950 年，社会学家大卫·理斯曼（David Riesman）与内森·格拉泽（Nathan Glazer）和鲁埃尔·邓尼（Reuel Denney）合著出版了《孤独的人群》（The Lonely Crowd）。1966 年，就连甲壳虫乐队也不禁发问：这么多孤独的人从何而来，哪里又是他们的归宿[①]？在 2000 年的一本畅销书中，政治学家罗伯特·帕特南（Robert Putnam）

---

① 出自甲壳虫乐队《埃莉诺·里戈比》中的两句歌词。——译者注

注意到越来越多的美国人开始一个人打保龄球了。还有 2010 年，精神病学家杰奎琳·奥兹（Jacqueline Olds）和理查德·施瓦茨（Richard Schwartz）写了一本名为《孤独的美国人》（*The Lonely American*）的书。对于有社交需求的智人来说，社会孤立无异于一种酷刑，孤独的压力是影响健康和寿命的危险因素。[43] 如果新兴的互联网技术反而置我们于更孤单的境地，那么这大概可以被看作对现代化的又一种讽刺了。

有人可能会认为，社交媒体能够弥补由家族、社区规模缩水所导致的一切人际生疏和孤立问题。因为毕竟，连埃莉诺·里戈比（Eleanor Rigby）和麦肯治神父（Father McKenzie）都可以在社交软件上相互关注了 ①。但是在《村落效应》（*The Village Effect*）一书中，心理学家苏珊·平克（Susan Pinker）回顾了心理学领域的研究，并指出数字技术的友谊并不能取代面对面的人际交流，不能给人们带来社交的心理学益处。②

这让人们变得更加孤独的现象越发神秘了。在世界上所有的问题中，缺乏社交看起来本是最容易解决的问题：随便找个你认识的人，去附近的星巴克，或者在家里的饭桌旁聊聊天，就可以解决了。为什么人们会想不到给自己创造这样的机会呢？还是说今天这代饱受诟病的年轻人已经对"电子可卡因"深深上瘾，以致主动断绝了必不可少的人类社交，而把自己囚禁在不必要甚至是致命的孤独里呢？难道当真如一位社会批评家所言，"我们把灵魂奉献给了机器，所以现在我们自己正在变成机器"？或者如另一位批评家所言，互联网创造了一个"原子化的世界，里面没有人与人的接触，没有爱恨情仇"？[44] 任何相信有人类天性存在的人都不会把上面这些质疑当真，不仅如此，统计数据也否定了这些想法的真实性：根本就没有孤独感大流行这回事。

在《情谊犹在》（*Still Connected*，2011）这本书中，社会学家克劳德·费舍尔（Claude Fischer）回顾了过去 40 年中向人们询问他们社会关系的各种调查。"数

---

① 埃莉诺与麦肯治神父，皆为甲壳虫的歌曲《埃莉诺·里戈比》中的人物。——译者注

② 苏珊·平克为史蒂芬·平克的妹妹，其著作《村落效应》中文简体字版已由湛庐策划，浙江人民出版社出版。——编者注

据中最引人注目的一点是，"他写道，"从 20 世纪 70 年代到 21 世纪初，美国人对亲友关系的重视都一如既往。无论是从他们的行为变迁，还是个人方面，我们都几乎找不到几个百分点的差别——是的，美国人正在变得越来越不喜欢待在家里，他们打的电话比以前多，发的邮件比以前多，但是他们的根基和本性没有变化。"[45]

虽然因为家庭规模缩水、越来越多的人选择单身，还有越来越多的女性参加工作，所以人们不得不重新分配他们的时间，但是与从前相比，今天的美国人花在陪伴亲属上的时间、朋友数量的中位数，还有与朋友会面的频率都没有变化，他们拥有和以前一样多的情感支持，对自己维系的友谊的数量和质量都很满意，完全不输给生活在 20 世纪 70 年代的同胞们。互联网及社交媒体让用户和朋友的接触变得更频繁（虽然不是面对面的接触），他们认为这种电子联系改善了他们的友情。费舍尔把这总结为人类的天性使然："人们会试着适应多变的环境，以便能够实现他们高度渴望的终极目标，这其中就包括维持他们个人情感关系的数量和质量：花时间陪伴孩子，和亲属往来，有三两知心好友。"[46]

那会不会是因为人们主观上觉得孤独呢？针对全国居民的调查凤毛麟角；费舍尔找到的数据指示，"美国人表达孤独感的程度一直保持不变，或者稍有增加"，略有增加的最主要原因是单身的人变多了。[47]虽然没有针对全国居民的调查，但是针对学生（多数时候他们不得不接受调查）的调查很多，过去数十年里，学生群体一直在被迫表达对诸如"我因为做什么都是一个人而不开心"或者"我没有能说话的人"这样的陈述的看法。实际的趋势可以用 2015 年一篇论文的题目来概括："孤独感在随着时间的推进而减少"，趋势见图 18-2。

由于调查没有对毕业后的学生进行跟踪，我们不知道这种孤独感的下降到底是暂时性的——年轻人会在满足自身社交需求方面变得越来越容易，还是代际性的——眼前这代人非常满意自己的社交生活，并且会持之以恒。我们唯一知道的是，年轻的美国人不再受到"有害剂量的空虚、迷茫和孤独"的荼毒。

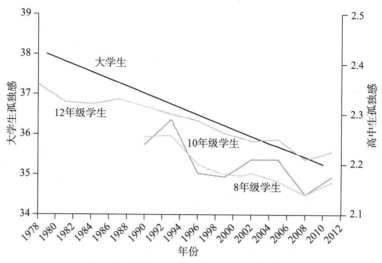

图 18-2　美国学生孤独感（1978—2011 年）

资料来源：Clark, Loxton & Tobin 2015。大学生（左边纵轴）：UCLA 孤独感量表修订版，趋势线中包含众多样本，数据来源于上述文献的图 1。高中生（右边纵轴）：由六项与孤独相关的指标平均算得，统计间隔为三年，数据来源于 Monitoring the Future survey，取自上述文献的图 4。每条纵轴的间隔均为半个标准差，故大学生和高中生的曲线斜率具有可比性，但两者的曲线相对高度则不然。

今天，文化悲观主义除了张口就说"今天的孩子如何如何"外，技术也成了他们长久以来耿耿于怀的眼中钉、肉中刺。2015 年，社会学家基思·汉普顿（Keith Hampton）和他的共同作者一起发表了一篇报告，他们以这样的叙述方式来反映社交媒体对人的心理学影响：

> 一直以来，评论者都在担心技术进步给人们带来了压力。火车和其他工业革命时代吵闹的机器被视为打破田园牧歌生活的罪魁祸首，把人们推上了风口浪尖。电话打破了人们在家中的平静生活。手表和时钟鞭策着工厂的工人们工作，给他们带去了非人的压力。广播和电视都在为广告服务，它们促成了现代消费者文化以及人群的身份焦虑。[48]

也难怪两人会不可避免地把批评的矛头指向社交媒体。不过从图 18-2 里可以看到，其实社交媒体既没有减少美国学生的孤独感，也没有加剧它：孤独感的减少从

1977 年一直持续到 2009 年，而社交软件直到 2006 年才面世。另外，根据一项新的调查，成年人的生活也没有因为社交媒体而变得更孤独。社交媒体的用户拥有更多的亲密朋友、对别人有更强的信任感、感受到的社会支持更多，他们还是政治生活的积极参与者。[49]

尽管有传言认为，人们会为与虚拟世界中那些情分浅薄的"朋友"攀比而陷入竞争的焦虑，不过事实上社交媒体的用户并没有比不使用社交媒体的人反馈更高的压力水平。[50] 相反，女性用户的压力感反而更低，除了一种例外的情况：当她们得知在意的人得了病、家里有人亡故或者遭遇了其他不好的事时。社交媒体用户们对别人的关心太多而不是太少，社交媒体于他们而言是同情亲朋好友困难的手段，而非争风吃醋的地盘。

所以，现代生活并没有摧残我们的思想和身体、把我们变成原子化的机器、让我们忍受致命的空虚和孤独，也没有让我们在放逐中变成没有社交和情感的行尸走肉。既然如此，如此歇斯底里的误解究竟从何而来呢？部分原因来自社会批评家们惯用的手段——灌输恐慌：瞧啊，这儿发生了一件轶事，这就是趋势，这就是危机啊。

当然，还有部分原因是它并非空穴来风，人们的社交的确发生了实实在在的变化。人们在传统地点，如酒吧、教堂、工会、兄弟会以及晚宴约见对方的机会越来越少，而更多地选择在非正式的聚会和数字媒体上会面。他们更少地向远方的表亲，而更多地向同事吐露心事。他们拥有许多朋友的可能性越来越小，但是同时他们也不想要和许多人维持联系。[51] 仅仅因为如今的社交生活看起来不像 20 世纪 50 年代的社交，并不能断言人类——一种标准的社会性生物变得更孤单了。

生命诚可贵

也许有人会认为，就像谋杀率是衡量一个社会矛盾水平的可靠指标一样，自杀率则是衡量一个社会不幸福感最可靠的指标。如果一个人选择自行了断，那肯定是遭遇了莫大的不幸，这才会让他或她愿意用极端的手段永久地停止自己的意识活动。同样的道理，虽然我们不能给不幸福感绘制客观的图表，但是对自杀率可以。

但是在实际生活中，自杀率常常受很多因素的影响。促使一个人决定用自我了断的方式获取解脱的巨大悲伤和焦虑同样会扰乱理性的判断，所以明明是生死攸关的抉择，而促使自杀行为发生的关键因素往往是自杀的难易程度。多罗西·帕克写过一首令人毛骨悚然的诗，题为《简历》(Resumé)，诗歌的结尾是这么写的，"枪是非法的，绞绳不够紧，煤气很难闻，你还是活着吧"，它像极了一个真正想要自杀的人头脑里的所思所想。一个国家的自杀率可以因为方便自杀的手段出现而飙升，也可以因为这种手段被禁止而暴跌。例如，20 世纪前半程流行于英格兰的煤气，以及如今许多发展中国家的杀虫剂和美国的枪械。[52]

经济衰退和政治动乱让自杀率上升，这倒没有特别出人意料，但是自杀率同时也受天气和每日光照时间的影响，另外媒体对自杀事件平常化甚至浪漫化的报道方式也会刺激自杀率的升高。[53] 就连"自杀是因为不幸福"这个天真单纯的论调也有待商榷。

有一项研究发现了一种"幸福者自杀悖论"的现象，研究人员发现在幸福感有所提升的美国和其他西方国家，自杀率反而出现了轻微的上升，而不是下降。[54] 研究人员提出了一种解释幸福感起反作用的假说：当周围人的幸福感变得更高时，陷入个人困境会让你觉得更痛苦。自杀和意外也常常难以区分，尤其当死亡原因是中毒或者过量服用药物时，除此之外，还包括坠楼、车祸和枪击的情况，验尸官们会因为不同时代和地区对自杀的污名化、合法化程度不同而对死因持有不同倾向性的判断。

我们的确知道自杀是死亡的重要原因之一。在美国每年有超过 40 000 人自杀，它是居民死亡的第 10 大原因；全世界每年有 800 000 人自杀，它排在死亡原因的第 15 位。[55] 但是除此之外，我们对自杀率随时间的变化趋势和国家之间的区别知之甚少。自杀问题不仅有年龄 – 时代 – 代际效应的纠缠，男性和女性的情况也常常有许多不同之处。虽然从 20 世纪 80 年代中期到 2013 年，发达国家女性居民自杀率的下降幅度超过了 40%，但是男性居民的自杀率达到了女性居民的 4 倍，因此男性的自杀人数总体上抵消了女性自杀减少的效应。[56] 有关自杀的许多现象都没有得到解释，比如，没有人知道为什么世界上自杀率最高的国家是圭亚那、韩国、斯里兰卡和立陶宛，也没有人能解释法国的自杀率为什么在 1976 年到 1986 年之间飙升，随后又一直下降，直到 1999 年。

但是仅仅基于已知的东西，就已经足以驳斥两条颇有受众的信条了。第一条，自杀率一直在稳步升高，目前已经达到了前所未有的历史最高点，自杀已经成为一个普遍的社会危机。自杀行为在古代就已经非常常见，以至于古希腊有专门关于自杀的辩论。但有关自杀的历史数据非常少，自杀曾被叫作"自我谋杀"（self-murder），在许多国家（其中包括1961年前的英格兰）属于犯罪行为。尽管如此，英格兰、瑞士和美国关于自杀的数据可以追溯到一个多世纪前，我把这些数据整理到了图18-3中。

英格兰在1863年的自杀率为13人每10万人，这个数字在20世纪的前10年达到了19人的峰值，又在金融危机期间超过了20人，随后，英格兰的自杀率分别在第二次世界大战期间和20世纪60年代出现了下降，最后逐步下降到2007年的7.4人。瑞士的情况也大同小异，下降的幅度超过了一半，从1881年的24人到金融危机时期的27人，再到2013年的12.2人。美国的自杀率也在20世纪初和金融危机期间达到了峰值的17人，随后又在新千禧年左右下降到10.5人，而最近的次贷危机又让自杀率回升到了13人。

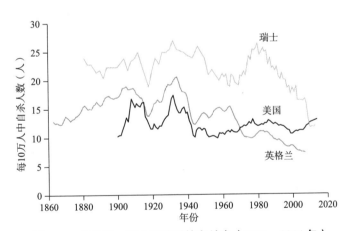

图18-3　英格兰、瑞士和美国的自杀率（1860—2014年）

资料来源：英格兰（包括威尔士）：Thomas & Gunnell 2010，图1，由女性和男性的自杀率平均得到，数据来源于 Kylie Thomas。瑞士，1880—1959年：Ajdacic-Gross et al. 2006，图1。瑞士，1960—2013年：WHO Mortality Database，OECD 2015b。美国，1900—1998年：Centers for Disease Control, Carter et al. 2000，表格 Ab950。美国，1990—2014年：Centers for Disease Control 2015。

　　可见，在我们拥有历史数据的三个国家中，从前的自杀率都比今天的要高。图中肉眼可见的峰值和谷值，只是年龄、代际、时代思潮和性别差异混合、翻腾的宏观表现。[57]自杀率在青少年时期会突然出现明显的升高，随后在人到中年前一直保持平稳缓慢的上升趋势。中年是女性自杀率最高的时期，这很可能是由于更年期和空巢生活的双重影响，过了这段时期后女性的自杀率就开始下降，而男性的自杀率一直保持不变，直到退休时才出现一次飙升（这有可能是因为他们一下子难以适应不再是家庭支柱的生活）。目前美国自杀率上升的部分原因可以归咎为人口的老龄化，数量庞大的"婴儿潮一代"男性正在大批步入自杀率最高的年龄。但是除了年龄效应外，代际效应同样与此有关。与之前的"维多利亚一代"和之后的"婴儿潮一代"及"被遗忘的一代"相比，美国的"大兵一代"和"沉默的一代"更容易出现自杀的行为。"千禧一代"则正在减缓甚至逆转自杀率升高的势头，青少年自杀率在 20 世纪 90 年代早期和 21 世纪的头 10 年有所下降。[58]

　　历史上有几个时期，包括自杀率达到最高值后转而下降的 20 世纪初期、20 世纪 30 年代和 60 年代末至 70 年代初的自杀率明显较低（排除年龄和代际效应）；1999 年的自杀率几乎降到 40 年前的水平，虽然此后可以在次贷危机附近看到一个轻微的反弹。这个复杂的变化趋势显然没有被《纽约时报》的一篇头条文章反映出来，那篇文章的标题是《美国自杀率重回 30 年前的高峰》（*U.S. Suicide Rate Surges to a 30-Year High*），其实这篇文章如果取名为《尽管经济衰退、老龄化来袭，美国的自杀率仍比峰值时期低 1/3》也一样没有问题。[59]

　　除了现代化进程促使人们动了自杀念头的信念之外，有关自杀的另一个巨大谜题是瑞典，一个自由开明、人道主义的典范之国却是世界上自杀率最高的国家。这个都市传说一般的现象可以追溯到艾森豪威尔在 1960 年发表的一场演说，这场演说本身或许就是一个都市传说般的存在，他在演说里痛陈瑞典极高的自杀率。[60]我个人会把这归咎于瑞典导演英格玛·伯格曼（Ingmar Bergman）拍的那些阴森灰暗的、探讨存在主义的电影。当然，不论是艾森豪威尔还是我，其实都是在试图为一个客观存在的现象寻找解释。虽然瑞典在 1960 年的自杀率要高于美国（瑞典 15.2 人每 10 万人，美国 10.8 人每 10 万人），但绝不是世界上最高的自杀率，其后瑞典的自杀率下降到 11.1 人每 10 万人，分别低于世界的平均自杀率（11.6 人每 10 万人）和美国的自杀率（12.1 人每 10 万人），在全世界仅位列第 58 名。[61] 有关全世界自杀率最新的回顾性研究指出："欧洲的自杀率普遍有所下降，目前没有一个西欧福利社会国家的自杀率排在世界的前十。"[62]

抑郁症真的在流行吗

每个人多多少少会经历抑郁的情绪，而有一些人则会不幸遭受重度抑郁症的摧残。重度抑郁症指悲伤和绝望的情绪持续两周以上，并使人难以维持正常生活的情况。近些年来，越来越多的人被诊断出抑郁症，尤其是在年轻的世代中，而眼下坊间也在盛传某电视纪录片里的一句台词："一场无声的瘟疫正在摧毁我们的国家，屠戮我们的孩子。"我们刚刚看到美国社会并没有遭遇不幸福、孤独和自杀的爆发，所以抑郁症流行的可能性看起来也不大，而事实是抑郁症流行的观点的确只是人们的幻觉。

来看看一项经常被人引用的研究，这个疑点重重的研究宣称从"大兵一代"到"婴儿潮一代"的每一代人都比从前的人更抑郁。[63] 研究人员得到这个结论的调查方式是让不同年龄的人回忆他们抑郁症发作的次数。也就是说，这项研究的结果完全依赖于受访者的记忆：但是抑郁症发作的时间过去越久，人们记住它曾经发作过的可能性就越小，尤其是（我们在第 4 章中看到过）当回忆本身并不令人愉悦时。这会产生一种错觉，让人认为抑郁症在眼前的世代和年轻的一代人中更普遍。此外，这个研究的结果也有死亡率的偏倚。随着时间的推移，患有抑郁症的人更容易死于自杀或其他意外，所以调查样本的对象更倾向于精神状态良好的人，从而造成年龄越大的人的精神越健康的假象。

还有一种由时间推移带来的演变，那就是人们的态度。近年来，致力于提高人们对抑郁症认识、降低患者病耻感的社会项目以及媒体运动层出不穷。制药公司直接给公众推销的抗抑郁药可以写满厚厚一本药典。官僚机构要求人们首先被确诊出某种疾病，而后他们才能获得诸如治疗、政府服务的权益以及得到反歧视的权利。

所有这些诱因放在一起，就会让人们认为自己罹患抑郁症的可能性大大增加。

与此同时，精神健康专家，或许还有整体的文化氛围，都降低了对精神疾病界定的门槛。由美国精神医学学会的《精神障碍诊断与统计手册》（*Diagnostic and Statistical Manual*, DSM）收录的病症数量在1952—1994年期间增加了两倍，达到了近300种，其中包括回避型人格障碍（很多俗称害羞的人就有这个问题）、咖啡因中毒及女性性功能障碍。用于确定诊断的症状数量减少了，而导致人们紧张焦虑的应激源倒是增加了。正如心理学家理查德·麦克纳利（Richard McNally）指出的那样："经历过第二次世界大战，尤其是从纳粹的死亡工厂里死里逃生的人们……肯定对今天的人百思不得其解，因为他们是只要长了颗智齿、被人在单位开了个不友好的玩笑，或者顺产了一个健康的宝宝就会患上创伤后应激的一代人。"[64] 同样的道理，今天的"抑郁"在过去可能充其量就只是人们所说的悲伤、哀痛或者难过。

心理学家和精神病学家已经开始因这种"杜撰疾病""概念滥用""贩售病症"和"盲目扩展病理心理学版图"的现象敲响警钟了。[65] 在2013年的新书《不正常就是新的正常》（*Abnormal Is the New Normal*）中，心理学家罗宾·罗森伯格（Robin Rosenberg）指出，如果按照最新一版的《精神疾病诊断统计手册》，那么全美国有一半的人口可以在一生中被诊断出某种心理疾病。[66]

版图不断扩张的病理心理学是个第一世界的问题，并且在很大程度上是道德进步的标志。[67] 即便给别人贴上了心理疾病的标签，但是对别人的痛苦，尤其是对那些可以被缓解的痛苦感同身受，是一种对他人共情的体现。心理学保守得最好的秘密之一，是认知行为疗法在治疗许多精神问题包括抑郁症、焦虑症、恐慌发作、创伤后应激障碍、失眠症及精神分裂症中具有可论证的效果（常常优于药物治疗）。[68] 全世界有7%的残疾源于精神疾病，其中仅重度抑郁症就造成了2.5%的残疾，作为能够被缓减的痛苦来说这相当多了。[69]《科学公立图书馆：医学》杂志（*Public Library of Science: Medicine*）的编辑发出呼吁，希望人们关注所谓的"心理健康的悖论"：心理问题在富裕的西方国家被过度医疗化和过度治疗，而世界其他地区则对其缺乏重视，疏于治疗。[70]

由于诊断的范围日益宽泛，唯一能够确认如今是否越来越多的人正在陷入抑郁的方式，是在跨度数十年的时间里，对不同年龄的、具有国家代表性的人群进行规范化的抑郁症症状评估。目前，还没有一项研究能够达到这个要求，不过倒是有数个项目正在频繁地对特定的人群进行评估。[71] 其中有两项在瑞典和加拿大的偏远乡村开展的、细致而又长期的调查，它们招募了生日介于 19 世纪 70 年代到 20 世纪 90 年代的人，并于 20 世纪一直对他们进行跟踪调查至 20 世纪末，样本的年龄和生活的年代跨越一个多世纪。结果两项研究都没有发现抑郁症发生率升高的长期趋势。[72]

也有不少人做了元分析。简·M. 腾格（Jean M. Twenge）发现，1938—2007 年期间，大学生在明尼苏达多相人格测验中的抑郁倾向得分变得越来越高。[73] 当然这并不意味着有越来越多的学生罹患重度抑郁症，此外，抑郁人数的增加可能只是由在这些年中上大学的人增加而导致的。不仅如此，其他研究（有一些还是腾格自己做的）发现社会中的抑郁并没有增加，甚至在减少，尤其是在年轻人或者新近出生的世代里。[74] 有一篇标题为《孩子和青少年中是否出现了一场抑郁的风潮？》（*Is There an Epidemic of Child or Adolescent Depression?*）的文章，它正好印证了贝特里奇（Betteridge）的新闻标题铁律：任何以问号结尾的新闻标题都可以用一个"不"字来回答。作者们的解释是："公众所谓的'风潮'，实际上可能只是因为某种疾病长久以来一直受到临床大夫的忽视，而后在其突然进入人们视野时对它的后知后觉而已。"[75] 而到目前为止规模最大的一项元分析研究，则将目光放在了从 1990 到 2010 年间全世界焦虑症和抑郁症的发生率上，该研究的标题并没有给读者留下一个悬而未决的疑问：《驳斥常见精神障碍的"爆发"之谜》。研究的作者总结说："只要严格遵照清晰的诊断标准，就没有证据显示常见的各种精神障碍有增加的趋势。"[76]

抑郁症和焦虑症是两种"共存性疾病"，这是流行病学家对疾病之间联系的术语性叫法，这不禁让人联想到，焦虑症的发病率是不是也变得更高了。这个问题的答案有一部分包含在诗人 W. H. 奥登（W. H. Auden）于 1947 年发表的长篇叙事诗的标题——《焦虑的年代》（*The Age of Anxiety*）里。在再版诗集的引言中，英国学者艾伦·雅各布斯（Alan Jacobs）观察到："数十年中诸多的文化危机……让天性敏感的奥登给我们生活的那个年代取了这样一个名字。但是诗歌只是诗歌，晦涩难懂让它很难精确传达为何奥登会认为那个时代最突出的特点是焦虑，甚至奥登可能想表达的根本不是这个意思。"[77]

不管奥登是不是想要表达这个意思，他给这个时代取的名字已经深入人心，并贴切地成了腾格做的一项元分析的标题。腾格的这项研究显示，1952—1993 年，儿童和大学生在一项规范化焦虑感测试中的得分上升了整整一个标准差的水平。[78] 存在上限的事物终究不能无限上升，所以值得庆幸的是，大学生中的焦虑水平在 1993 年有所下降。[79] 社会中的其他人也没有变得更焦虑。从 20 世纪 70 年代开始，至 21 世纪第一个 10 年结束，一项针对高中生和成年人的跟踪调查并没有发现焦虑感在目标人群中有所增加。[80] 虽然在某些调查中，人们会出现更多的精神问题症状，但是病理性的焦虑并没有达到爆发的程度，并且自 1990 年以来便没有出现过增加的趋势。[81]

生活激动人心

世间已然万般好，我们真的觉得不幸福吗？大多数人还是幸福的。实际上发达国家的居民觉得相当幸福，世界上大多数国家都变得比以前更幸福了，并且只要一个国家变得更富裕，那它的国民幸福感就自然会提升。那些令人恐慌的警告，号称孤独感、自杀行为、抑郁症和焦虑症猖獗的说法经不起事实的检验。不仅如此，虽然每一代人都觉得下一代人将不断面临各种问题，但是跨越新千年的年青一代依旧看起来境况良好，他们比自己日夜操劳的父母更幸福，精神上也更健康。

诚然，当我们探讨幸福感时，还是有很多人没有达到他们应有的水准。美国人又在第一世界的同侪中拖了后腿，人们有时候把美国国民幸福感开始停滞的那个年代称为"美国世纪"。尽管出生和成长在和平与富裕的年代，美国的婴儿潮一代还是成了问题重重的一代人。这让他们的父母辈困惑不解，因为这些父母经历过金融危机、第二次世界大战和纳粹大屠杀（许多我的同辈们的父母经历过）。美国女性在获得前所未有的薪水、教育、成就和自主权的同时，反而变得更不幸福了；而同样是在所有人都变得更幸福的其他发达国家，女性的幸福感已经被男性超越。焦虑感和抑郁的症状也许会在战争结束后增多，至少在某些人群里如此。在这个万般皆好的世界，可以说没有人的幸福感真的达到了应有的水平。

让我在这一章的最后好好梳理一下幸福感缺乏这个问题。对于许多评论家来说，他们只是借幸福感在现代化这个话题上做一回事后诸葛。[82] 他们说，我们的不幸福感，是崇拜个人主义和物质财富的下场，是我们忽视和摒弃家庭、传统、宗教及社区所付出的代价。

不过，理解现代化对我们影响的角度并不只有这一个。那些感怀传统生活和习俗的人大概忘记了我们的祖先是如何拼尽全力想要逃离那种生活的。虽然谁也没有机会询问那些生活在邻里关系紧密的社区中的居民他们幸福与否，但是在那个时期创作的艺术作品展示了当时生活的各种阴暗面：排外主义、死板的社会规范及对女性权利的塔利班式管制。许多在 18 世纪中期到 20 世纪之间创作的小说都描绘了个人对抗社会规范的场景，其中令人窒息的限制包括权贵阶级、资产阶级和偏远地区基层权力机构的压迫，典型的作家代表譬如塞缪尔·理查森、萨克雷、夏洛蒂·勃朗特、艾略特、冯塔纳、福楼拜、托尔斯泰、易卜生、奥尔科特、哈代、契诃夫，还有辛克莱·刘易斯。

西方社会在完成城镇化后变得更包容和更国际化，同样的对抗又在美国的小镇生活里重演，而当地的流行文化又成了反映这种现象的镜子，如保罗·西蒙（Paul Simon）的歌词"在我生活的小镇上，我从来都是无名小卒／我只是我父亲的儿子"、娄·里德（Lou Read）的"你要是在一个小镇上长大／你就会知道在小镇上永远长不大"，还有布鲁斯·斯普林斯汀（Bruce Springsteen）的"宝贝，这个小镇抽走了你的脊梁／它是致命的陷阱，是自杀的判决"。① 现在，这熟悉的一幕又在移

---

① 这三首歌分别为 *My Little Town*、*Smalltown*、*Born to Run*。——编者注

民们的文学作品里重演，代表作家包括艾萨克·巴什维斯·辛格（Isaac Bashevis Singer）、菲利普·罗斯（Philip Roth）和伯纳德·马拉默德（Bernard Malamud），然后还有谭恩美、汤亭亭、裘帕·拉希莉（Jhumpa Lahiri）、巴拉蒂·慕克吉（Bharati Mukherjee）及奇塔·班纳吉·蒂娃卡鲁妮（Chitra Banerjee Divakaruni）。

如今每个人都有机会享受这些作家们当年曾幻想的个人自由，这是一个人们可以以自己喜欢的方式选择结婚、工作和生活的世界。想象一下今天的一个社会批评家警告安娜·卡列尼娜或娜拉说，一个包容、国际化的社会没有她们想得那么好，倘若没有了与家庭和村庄的紧密羁绊，她们终究会感到焦虑和不幸福。我没法代替安娜和娜拉回答，但是我想她们大概会觉得现代化社会简直不能更理想。

些许焦虑可能是我们为自由的不确定性所付出的代价。如果换个词，焦虑在自由中也可以被叫作警觉心、深思熟虑或内心的自省。所以，当女性从男性手中获得自主权时，她们的幸福感下滑也就情有可原了。在早些年，女性的职责范围很少超出家庭，而如今，越来越多的年轻女性开始表达她们在事业、家庭、婚姻和财务方面的雄心壮志。她们重视休闲、友谊、经历，试图推进社会公平、在社区中争取领导力和为社会做贡献。[83]女性操心的这些涉及生活的方方面面，难怪她们有了更多焦虑的来源：毕竟（女）人算不如天算。

让人们得以用现代眼光看待事物不仅仅因为自主权拓宽了个人选择的余地，还因为这是关乎存在主义的大问题。随着教育水平的提高，人们会越发质疑权威的效力，他们开始变得不满于传统宗教宣扬的既定事实，并想要从那个道德冷漠的世界里抽身。下面有一段摘自《汉娜姐妹》（*Hannah and Her Sisters*, 1986）的对话，作者是现代社会焦虑感的化身——伍迪·艾伦。20世纪父母与孩子之间的代沟在这段对话里被演绎得淋漓尽致：

> 米奇：瞧，你现在年龄大了，对吧？难道你就不怕死吗？
>
> 爸爸：为什么我要因为这个害怕死呢？
>
> 米奇：哦！因为死了就不存在了啊！

爸爸：那又怎么了？

米奇：不存在了难道不可怕吗？

爸爸：谁会整天没事想一些有的没的？今天我活着，等日子到头那天，躺下死就完事了。

米奇：我不明白，难道你真的一点儿都不害怕吗？

爸爸：到底怕什么？人死了之后又没知觉。

米奇：对，我知道。但是死了就是永远消失了啊！

爸爸：你怎么知道？

米奇：你非要这么问，我也不好说一定就是这样。

爸爸：谁知道是不是呢？可能我死后没知觉，也可能还有知觉。如果人死还有知觉，那我就做一个有知觉的死人。但是我才不要在活着的时候浪费时间去想我死了以后会如何。

妈妈 [话外音]：你们两个笨蛋！难道你们不相信上帝吗？

米奇：但是如果真有上帝，那么为……为什么世上还有那么多罪恶呢？举个最简单的例子，上帝怎么能容许纳粹这样的组织存在呢？

妈妈：你跟他说，马克斯。

爸爸：我怎么会知道为什么会有纳粹？我连罐头起子的工作原理都搞不清。[84]

人们还对他们社会制度的优越性丧失了信心。历史学家威廉·奥尼尔（William O'Neil）曾把自己关于"婴儿潮一代"童年时代的历史著作取名为《美国的高光时刻：信心犹在的岁月，1945—1960 年》（*American High: The Years of Confidence, 1945 ～ 1960*）。那段岁月里的一切看起来似乎都很理想：炊烟袅袅的烟囱是社会繁荣的象征，美国将传播民主视为己任，原子弹向世界证明了美国佬的聪明才智，女性满足于国内的安逸。虽然在那段时间里，美国社会的很多方面都可圈可点，经济的增长速度奇快，犯罪及其他社会问题的发生率很低，但是今天，我们只会把那个年代称作"愚者的天堂"。

幸福感不强的两类人——美国人和"婴儿潮一代"正是在 20 世纪 60 年代理想生活幻灭中受伤最重的两类人,他们的幸福感问题也许不是巧合。如今回头看,我们可以清楚地看到环境问题、核战争、美国的外交错误,还有种族和性别平权运动,这些矛盾不可能被永远搁置。即便它们让社会更焦虑,我们还是对这些问题的存在心知肚明会比较好。

随着对人类休戚相关的共同责任越来越明了,每个人都会把世界面临的某些问题加到自己忧心的事务名单上。20 世纪末社会焦虑的代表作品——电影《性、谎言和录像带》(*Sex, Lies, and Videotape*),在开场就安排了一段婴儿潮时期出生的主人公与她的精神治疗师分享自己焦虑的戏:

> 垃圾。整整一个星期,我在想的东西只有垃圾。我控制不住自己不去想它。我只是……我太在意那些垃圾要如何被处理了。我的意思是,我们每天都在生产那么多垃圾。你懂我的意思吗?我是说,我们最后可能会没地儿埋这些东西。我上一次有同样的感受是在驳船没法下锚那次,你肯定也记得,那艘船围着岛绕了一圈又一圈,硬是没有找到停靠的地方。

"驳船"指的是 1987 年媒体疯狂轰炸的一个事件,由于大西洋沿岸地区的垃圾掩埋场不堪重负,当时一艘满载 3 000 吨纽约垃圾的驳船不得不中途返航。上面这番心理治疗的画面并非空想:曾有一个实验要求被试观看消极或积极倾向明显的新闻剪辑,结果发现"观看消极新闻的参与者表现出了焦虑感和悲伤情绪的增加,同时还表现出了明显的、夸大个人担忧的倾向"。[85] 在电影上映 30 年之后,我怀疑现在许多的心理治疗师每天都在听他们的患者们诉说自己关于恐怖主义、贫富差距和气候变化的恐惧。

如果能够激励人们支持解决眼前主要问题的政策,那稍有一些焦虑倒也不是坏事。早些年,人们可能会在焦虑时听从更高权威的劝解,事实上有些人现在也还是会这样做。2000 年,60 位宗教领袖集体为《康沃尔环境管理宣言》(*Cornwall*

Declaration on Environmental Stewardship）担保。[86] 我能想象那 60 个宗教领袖和另外 1 500 名宣言签署者一样，他们肯定不会去心理治疗师那儿，喋喋不休地诉说自己对地球命运的担忧。但是正如萧伯纳在观察中发现的那样："信教者之于怀疑论者更幸福，犹如醉酒者之于清醒者更幸福。"

尽管一定程度的焦虑会不可避免地促使我们思考一些政治和存在主义的议题，但是它没有必要达到把我们推向病态或绝望的地步。现代化带给人们的挑战之一，是如何在手里抓着满满一公文包责任的同时，让自己不至于焦虑到死。和应对所有新挑战的方式一样，我们通常会寻求将传统与新兴策略进行结合的可能性，在这里，这些对策包括求助于社交、艺术、冥想、认知行为疗法、公益组织与康复服务，以及向智者请教关于如何平衡好生活的建议。

至于媒体和时事评论员，他们能力所及的是反思自己是否扮演了助长国家焦虑四处弥漫的角色。垃圾驳船事件正是媒体引发公众焦虑的一个实例。当时被掩盖的事实是，驳船无功返航的原因并不是没有处置垃圾的空间，而是书面文件的错误，正是围观起哄的媒体一手造就了垃圾成山的新闻。[87] 驳船事件发生后的数十年里，几乎没有后续的跟进报道来澄清当年固体垃圾危机的误报，事实上美国有的是垃圾处理厂，而且它们都符合环保的标准。[88] 并不是所有问题都可以上升到危机、灾祸和流行爆发的程度，世界上不断有新的问题出现，但是也不断有旧的问题被人类解决。

说到恐慌，你认为对人类来说最大的威胁是什么？ 20 世纪 60 年代，数名智者提出人类最大的威胁是人口过剩、核战争和生活的厌倦感。[89] 有一个科学家警告说，前两个问题还有解决的可能，而第三个则绝对会让人类在劫难逃。厌倦感，不是开玩笑？你瞧啊，当人们不再需要整天整天地工作，不用吃了上顿没下顿之后，他们会因为不知道如何填补原本用于工作的时间空白而茫然无措，随即变得纵情声色、精神错乱……

50 年后的今天，在我看来我们已经解决了厌倦感这个危机（厌倦感当真成为过我们的社会问题吗？），但是不要着急相信我的一面之词。从 1973 年开始，美国综合社会调查项目一直都在调查美国人对自己生活的感受，询问他们认为生活是"激动人心""平平淡淡"还是"无聊透顶"。从图 18-4 中可以看出，在过去的几十年中，说自己生活"非常幸福"的人变少了，而更多的人认为"生活激动人心"。

两条曲线的背离并不构成矛盾。回想一下，追求生活意义的人也更容易有压力及陷入挣扎和焦虑。[90]另外，考虑到焦虑感一直都是成年生活的附属物：从上学的年纪开始到 20 岁出头，由于人们逐渐开始承担成年人的责任，焦虑感陡然增加。随后由于逐渐学会了处理和应对的方法，焦虑感在其后的岁月里稳定地减少。[91]或许这就是现代化带给人们的挑战吧。虽然今天的人们的确变得更幸福了，但是他们的幸福感并没有达到应有的预期，也许这就是成年人的生活，忧愁惶恐却又激动人心。毕竟，"启蒙"这个词最初的定义曾是"于愚昧的本性中寻找人性"。

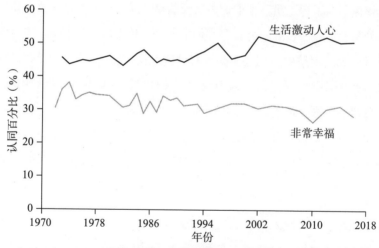

图 18-4　美国人的幸福感和兴奋感（1972—2016 年）

资料来源："General Social Survey"，Smith, Son & Schapiro 2015，图 1 和图 5，2016 年进行了数据补充。数据中已经剔除了未答问卷。

19
对人类生存的威胁

但是，我们这是在跟灾难调情吗？悲观主义者在被迫承认越来越多人的生活正变得越来越好的时候，他们已经准备好进行反驳。他们说，我们兴高采烈地奔向灾难，就像有人从楼顶掉落，还要在经过每层楼的时候说"到目前为止感觉良好"。或者说我们正在玩俄罗斯轮盘赌 ①，致命的结局一定会找上门来。又或者说，我们将会遭遇黑天鹅事件 ②，虽然距离事故统计分布的尾端有 4 西格玛的距离，事件发生的概率极低，但伤害是灾难性的。

半个世纪以来，现代灾难的四骑士已经变成人口过剩、资源短缺、污染与核战争。最近，又有一队更陌生的骑士加入了他们：将会吞噬我们的纳米机器人、将会奴役我们

---

① 这是一种危险的游戏，参加者轮流持只装有一颗子弹的左轮手枪，旋转弹膛，将枪口指向自己头部，然后扣动扳机。——译者注

② 黑天鹅事件，指非常难以预测且不寻常的事件。——编者注

的机器人、将会把我们变为原材料的人工智能及在卧室里攻陷互联网的年轻人。

现代灾难四骑士的哨兵是浪漫主义者和卢德分子。但是向我们警示更高科技危险性的通常是科学家和技术专家，他们运用自己的聪明才智来确定世界不久将要灭亡的更多方式。2003 年，著名的天体物理学家马丁·里斯（Martin Rees）[1]出版了一本名为《我们的末日》（*Our Final Hour*）的作品，他在书中警告"人类有可能是自身毁灭的罪魁祸首"，他还列举了数十种我们已经"让全世界的未来陷入危险"的方式。比方说，通过粒子对撞机的实验，我们有可能会创造出一个湮灭地球的黑洞，或者由压缩夸克组成的"奇异夸克团"有可能会使宇宙中所有的物质都被它吸附而消失。里斯提出了大量劫数难逃的理论。该书的亚马逊页面这样写道："读这本书就相当于读《全球灾难风险》（*Global Catastrophic Risks*）、《我们最终的发明：人工智能以及人类时代的终结》（*Our Final Invention : Artificial Intelligence and the End of the Human Era*）、《结局：科学与宗教给我们的启发》（*The End: What Science and Religion Tell Us About the Apocalypse*），以及《世界末日战：僵尸大战的口述史》（*World War Z: An Oral History of the Zombie War*）。"技术慈善家已经开始资助致力于发现新的生存威胁并找到解决办法的研究机构，其中包括人类未来研究所、生命未来研究所、生存风险研究中心以及全球灾难风险研究所。

应该如何看待潜伏在我们进步背后的生存威胁？没有人敢预言灾难永远不会发生，本章也不包含任何类似的保证。但是，我将指出思考灾难的方法并检视主要的威胁。在第 10 章，已经讨论过三种威胁，人口过剩、资源不足以及污染（包括温室气体），在此我们将采用同样的方式。有一些威胁是由文化和历史悲观主义虚构出来的，另外一些则是真的，但我们不把这些真正的威胁看成是等待着我们的天启，而是需要解决的问题。

高估灾难本身就是一场灾难

乍一看，有人或许会认为我们为生存威胁考虑得越多越好。这些风险，毫不夸

---

[1]　马丁·里斯的著作《六个数》讲述了塑造宇宙命运的六个神奇数字。该书中文简体字版已由湛庐策划，天津科学技术出版社出版。——编者注

张地说，有可能会越来越高。那么，人们思考这些可怕的风险又有何害处呢？最糟糕的结果也不过是采取了一些预防措施，事后却发现没有必要而已。

然而，关于天启的考虑会产生严重的弊端。其中一个弊端就是，对于灾难风险的错误警报本身就是一种灾难。例如，20 世纪 60 年代的核武器竞赛就是由对神秘的"导弹差距"的恐惧而引发的。[1] 2003 年入侵伊拉克的理由是，萨达姆·侯赛因有可能正在开发核武器并计划用它对抗美国，这种可能性虽然不确定，但确实是灾难性的。用乔治·W. 布什的话来说，"我们不能等待最终的证据、确凿的证据，因为最终的证据有可能就是一朵蘑菇云"。我们将会看到，大国拒绝做出常识性的承诺，也就是不承诺他们不会第一个使用核武器，原因之一就在于他们希望保留在面对其他可能的生存威胁，例如生化恐怖行动和网络攻击时使用核武器的权利。[2] 培植对于假想灾难的恐惧，不仅不能保卫人类的未来，反而更能使人类陷入危险境地。

关于天启的考虑的第二个弊端在于人类的资源、脑力和焦虑是有限度的，我们不能为所有事情担忧。一些存在于眼前的威胁，例如气候变化和核战争是确凿无疑的，需要我们付出大量的努力和机智来解决它们。但是，将它们列为异乎寻常的情景之一（这些情景发生的可能性很小或不确定是否存在）只会冲淡紧迫感。请回想一下人们在评估可能性，尤其是较小可能性时的能力有多差，所以他们会通过想象来评估。如果两个场景都可以同样地进行想象，它们发生的可能性或许就会被认为是相同的，那么人们对真正危害的担忧就不会高于对科幻情节的担忧。并且，人们能够想象坏事发生的方法越多，他们预计坏事将会发生的可能性也就越大。

这就会导致最危险的事情发生，人们就会认为，正如《纽约时报》的一篇文章所说的那样："这些残酷的事实会让任何通情达理的人都得出一个结论——人性糟糕透了。"[3] 如果人性真的糟糕透了，为何还要做出牺牲来降低潜在的风险呢？为何还要放弃石油燃料的便捷性？为何还要劝告政府重新思考它们的核武器政策呢？吃吧，喝吧，高兴起来，因为明天就是我们的末日！2013 年在 4 个英语系国家开展的一项调查表明，在相信我们的生命将于 21 世纪末终结的调查对象中，大部分人都支持这样的说法："世界的未来看起来如此糟糕，所以我们必须把精力放在照顾自己及所爱之人的身上。"[4]

很少有技术风险方面的作家关注大肆宣扬世界末日会带来什么样的累积心理影响。正如环境传播工作者艾琳·凯尔西（Elin Kelsey）所指出的那样："我们设立了媒体分级来保护儿童，使他们避免接触电影中关于性或暴力的内容，但是我们丝毫没有考虑过，邀请科学家到二年级教室并告诉孩子们地球正在毁灭会造成什么影响。1/4 的（澳大利亚）儿童为世界的状态深感忧虑，他们真的相信在他们老去之前地球就会遭受厄运。"[5] 一项民意调查显示，全世界有 15% 的人也有这样的想法，这差不多相当于美国人口的 1/4 到 1/3。[6] 在《美国人何以如此郁闷：进步的悖论》（*The Progress Paradox*）一书中，记者格雷戈·伊斯特布鲁克（Gregg Easterbrook）指出，美国人不幸福的主要原因之一在于，尽管他们的客观财富在不断增加，但他们处于"崩溃焦虑"的状态：他们担心文明或许会崩溃，但所有人都将束手无策。

虚惊一场的"千年虫"

当然，如果风险是真实的，人们的情绪就无关紧要了。但当人们在复杂系统中处理高风险事件时，风险评估就会土崩瓦解。由于我们不能千百次地回放历史并计算结果，认为某些事件发生的可能性为 0.01、0.001、0.000 1 或 0.000 01 的说法基本是评估人主观自信的论断。这涉及数学分析，科学家绘制事件（比如战争或网络攻击）在过去的分布图，并展示出它们的幂律分布；如果分布图的尾巴很"肥"或很"厚"，这说明极端事件发生的可能性极小，但是并非没有发生的可能性。[7] 数学在标定风险方面的用处不大，因为在分布图尾巴上任意分布的数据通常会出现异常情况，偏离顺畅的曲线且无法进行预测。我们所知道的就是任何坏事都有可能发生。

这就让我们回到主观论断上，它们似乎被实用性和消极性偏见以及庄重使命感的市场夸大了（见第 4 章）。[8] 那些为可怕预言培植恐惧的人看起来或许是严肃而负责的，而那些谨慎对待预言的人看起来则显得自满而天真。绝望之中透露着永恒。至少自希伯来先知和《启示录》起，预见者们已经开始警示他们同时期的人末日将近。关于世界末日的预测是心灵研究者、神秘主义者、电视布道者、疯狂邪教人士，以及身上挂着牌子、在马路边边走边说"忏悔吧！"的人的基本论调。[9]

故事的高潮体现在对技术傲慢的严厉报复上，这是西方故事的原型，其中包括普罗米修斯之火、潘多拉的盒子、伊卡洛斯的飞行、浮士德式交易、魔法师的学徒、弗兰肯斯坦的怪物以及好莱坞 250 多部关于世界末日的电影。[10]正如历史学家埃里克·齐赛（Eric Zencey）所言："在关于天启的思考中存在一种诱导：如果某人生活在世界末日，那么他的行为、他的一切生活都拥有历史性意义，因而他没有感到辛酸。"[11]

科学家和技术专家也不可能对此免疫。还记得千年虫吗？[12]在 20 世纪 90 年代，随着千禧年的临近，计算机科学家开始警示全世界有一场灾难即将临头。在电脑运算的早期几十年里，信息非常昂贵，程序员通常为了节省两个字符而用年份的最后两位数字代表年份。当时他们指出，到 2000 年，隐含的前两位数字"19"就会失效，程序就会被废弃。但是，复杂软件的替代很慢，许多老程序仍在机构的大型主机里运行并镶嵌在芯片里。到 2000 年 1 月 1 日 0 点，后两位数就会重新投入使用，程序会认为这是 1900 年，然后崩溃或陷入混乱。这或许是因为，程序会用它所认为的当前年份与 1900 年之差，也就是零来作为除数，至于程序为什么会这么做则成了一个永远无法解开的谜团。此时，银行存款会被清除，电梯会在楼层间停止，产科病房里的培养箱将会关掉，水泵不再运行，飞机会从天上掉下来，核电站会熔化，洲际弹道导弹将从筒仓里发射出来。

这些都是精通技术的当局所做出的冷静预判，时任美国总统比尔·克林顿曾向国人发出警告："我想强调这次挑战的紧迫性。这不是在看暑期电影，遇到恐怖的部分你还可以闭上眼睛。"文化悲观主义者将千年虫视作我们的文明为技术着迷所得到的应有报应。在宗教人士看来，基督教千禧年主义身上的数字命理联系是无法抗拒的。全世界花费了上千亿美元来为软件重新编程，以便为千年虫做好准备，这就好比为全世界的每一座桥梁更换每一颗螺丝。

作为曾经的汇编语言程序员，我很怀疑世界末日的情节，并且很偶然地，当时我在新西兰，那是第一个迎来新千禧年的国家。果不其然，在 1 月 1 日的 0 点，什么都没有发生（我马上用全功能电话确认了身在美国的家人一切平安）。为千年虫而重新编程的程序员们就像推销毫无用处的产品的销售员一样，因为宣扬灾难而广受好评，但是许多国家和小企业冒着风险没有做任何对抗千年虫的准备，也没出问题。尽管有些软件需要更新（例如，我手提电脑里的一个程序显示的是"19100 年 1 月 1 日"），但结果表明很少有程序，尤其是内置在机器里的程序，因为包含了这个故障而出问题。这次威胁最终并不比人行道上预言者广告牌所宣告的情况更严重。这场浩浩荡荡的千年虫恐慌并不意味着所有关于潜在灾难的警告都是错误警告，但它提醒我们，我们很容易受到技术天启错觉的影响。

技术与命运

那么，应该如何看待灾难威胁呢？让我们从最大的生存问题——我们这个物种的命运切入。生物学家开玩笑称，几乎所有的物种都会灭绝，因为这是曾经存在过的 99% 的物种的命运。典型的哺乳动物大约能存在 100 万年，很难说智人会是例外。即便我们在技术上还处于简陋的狩猎 – 采集时期，我们依然生活在地质射击场上。[13]

从超新星或坍缩星射来的一束伽马射线就可以导致一半的地球被辐射，导致大气层变成褐色；它还能摧毁臭氧层，然后让紫外线辐射另一半。[14] 地球的磁场也有可能逆转，使地球暴露在太阳和宇宙的致命辐射之中。小行星也有可能撞向地球，使数千平方千米的地方被夷为平地；它激起的碎片有可能会遮蔽太阳，让我们被腐蚀性的雨淋透。超级火山或大规模熔岩流会让我们在灰烬、二氧化碳和硫酸中窒息。黑洞可能会进入太阳系，让地球脱离原来的轨道而被吸入黑洞。即便物种能够成功存活 10 亿年，地球和太阳系也存活不了这么久：太阳上的氢将被耗尽，太阳会变得更重、更热，从而让海洋蒸发，让地球变成一颗红色的巨星。

那么，技术不是人类在未来某天必须面见死神的原因。相反，技术是我们能够骗过死神（至少一小段时间）的最大希望。只要还在与遥远未来的假想灾难对峙，我们就必须想到能够让我们度过灾难的假想进步，比方说，用核聚变产生的光来种植食物，或者可以在工厂里像合成生物燃料一样合成食物。[15] 甚至存在于不那么遥远的未来的技术能够挽救我们的皮肤。追踪小行星和其他"灭绝性近地物体"的运动轨迹，找到撞向地球的物体并在它们送我们去见恐龙之前将其推离轨道，这从技术上来说是可行的。[16] 美国国家航空航天局还发现了用高压将水喷向超级火山、从地热能中提取热量以及冷却岩浆使它不至于喷发的办法。[17] 我们的祖先无力阻止这些致命的威胁，所以从这方面来说，技术并没有使人类陷入历史上前所未有的危险时代，而营造了一个前所未有的安全时代。

基于这个理由，技术天启所认为的我们的文明是第一个自我毁灭的文明是一种错误设想。就像奥兹曼迪斯在雪莱的诗中提醒旅人的那样，大多数存在过的文明都被毁灭了。传统历史将毁灭归咎于外部事件，例如瘟疫、征伐、地震或天气原因。但量子物理学家戴维·多伊奇指出，如果这些文明拥有更好的农业、医疗或军事技术，那么它们可以战胜那些致命的打击：

> 在我们的祖先学会人工生火之前以及此后的许多时间里，人们死在大火中，而这些大火本可以救他们的命，但他们不知道该怎么做。从狭隘的视角来看，是天气杀死了他们，但更深层次的解释是他们死于知识的缺乏。历史上数以亿计的霍乱患者中，有许多人一定死在离壁炉不远的地方，他们本可以用壁炉将水烧开饮用，并挽救自己的生命，但是同样，他们不了解这个知识。非常普遍的是，"自然"灾害与由无知引起的灾害之间的区别很小。面对每一场人们过去习惯认为是"碰巧发生"或由神安排的自然灾害，我们现在知道了受影响的人们有许多本来可以采取或者创造的选择。所有这些选择加起来就是他们未能创造的至关重要的选择，即未能形成跟我们一样的科学的、技术的文明；即批评的传统；即启蒙。[18]

人工智能是我们的末日吗

在有可能威胁人类未来的生存威胁中，有一些就好比 21 世纪版本的千年虫。这种灾难有时被称为"机器人启示录"（Robopocalypse），并且可以从电影《终结者》中看到范例，这表明我们有将被人工智能（AI）有意或无意征服的风险。就像对待千年虫一样，一些聪明人对此非常严肃。拥有制造人工智能自动驾驶汽车公司的埃隆·马斯克（Elon Musk）认为，这种技术的"危险性胜过核武器"。通过人工智能合成器发言的史蒂芬·霍金警告说，它或许"预告着人类的终结"，[19] 但聪明人中依然保持清醒的大多是人工智能和人类智能方面的专家。[20]

机器人启示录建立在对于智能的错误理解上，这种错误理解更多地应归因于"伟大的存在之链"以及尼采主义者的权力意志论，而非现代科学的理解。[21] 在该概念中，智能是一副全能的、能够实现各种愿望的药剂，各种生命体拥有的剂量不一。人类拥有的智能比动物多，并且未来的人工智能计算机或机器人（可以说"一个AI"，AI被当作可数名词）拥有的智能比人类多。由于我们人类使用中等天赋剂量来驯养或铲除天赋剂量不如我们的动物，并且技术先进的社会已经奴役或毁灭了技术处于原始状态的社会，接下来超级聪明的人工智能也会这样对待我们。由于人工智能的思考速度比我们快上百万倍，并且可以使用超级智能来迭代提高自身的超级智能（这个情景有时也被称为"嘭"，取自漫画书里的声音效果，这里指意志的突然觉醒），从它启动的那一刻起，我们再也无法阻止它。[22]

然而，这个情节就好比我们担心由于喷气飞机超越了鹰的飞行能力，有一天它就会从天上突然冲下来袭击牛羊一样。对人工智能的第一重误解在于混淆了智能与动机，也就是混淆了信仰与欲望、推断与目标、思考与渴望。如果我们真的发明了超人类智能机器人，它们为何会想要奴役自己的主人或掌控世界？智能是使用创新手段达成目标的能力。但目标与智能并无关联：聪明不等于欲望。碰巧的是，智能在智人的系统里是达尔文自然选择的产品，是一种天然的竞争过程。在人类的大脑里，智能与统治对手、积累资源这样的目标是结合在一起的（不同人种的程度不同）。将某些灵长类动物边缘脑的回路与智能的特性进行混淆是错误的。

人工智能系统是设计而非进化而来的，它们只能像什穆（Shmoo）一样做一些简单的思考。什穆是阿尔·卡普（Al Capp）的连载漫画中满脸斑点的利他主义动物，它们用自己无穷的智慧烤熟自己，以饱人类的口福。复杂系统中并没有什么规则认为智能必须转换为无情的征服者。事实上，我们知道有一种高度进化但没有这方面缺陷的智能，那就是女人。

第二重误解在于将智能当作无穷无尽的能力，当作一种能够解决任何问题的神奇万能药。[23] 这个谬误会引发荒谬的问题，比方说人工智能什么时候能够"超越人类的智能"，并且人们还会幻想出一种终极的、拥有神一般全知全能的"通用人工智能"（AGI）。智能是一种奇巧的装置：它拥有在不同领域实现不同目标的知识，或者拥有用这些知识进行编程的软件模块。[24]

人类具有寻找食物、结交朋友、吸引配偶、养育孩子、去全世界旅行并且追求其他属于人类的爱好和消遣的能力。计算机或许被设计用于解决部分这些问题（例如识别人脸）但并非全部（例如吸引配偶），并且可以用于解决部分人类无法解决的问题（例如模拟气候或对数以百万计的账簿进行分类）。这些问题是不相同的，需要用来解决问题的知识也不同。

拉普拉斯妖 ① 这种神秘的生物知道世界上每一个粒子的位置和动向，并且可以将它们套进物理法则的方程式里，计算出一切事物在未来任何时间的状态；与之不同的是，现实生活中的认知者必须通过接触某个领域以获取关于混乱世界里物体和人类的信息。理解力并不遵从摩尔定律，知识是通过阐述解释并在现实中进行测试而得来的，并不是通过越来越快的运算速度就能得到的。[25] 吸收互联网上的信息也不会获得无限的知识：大数据依然是有限的数据，而世界的知识是无限的。

因为这些误解，许多人工智能研究者被最近的大肆宣传（这是关于人工智能的长期祸害）困扰着，这会误导他们认为通用人工智能即将来临。[26] 据我所知，制造通用人工智能的项目目前并不存在，这不仅因为它在商业上是靠不住的，而且还因为这个概念基本不清晰。21 世纪第一个 10 年为我们带来了可以驾驶汽车，识别图片，识别语音以及在益智问答节目《危险边缘》、围棋、电脑游戏中击败人类的系统。

---

① 拉普拉斯妖是法国数学家皮埃尔－西蒙·拉普拉斯于 1814 年提出的一种科学假设。——译者注

但是，进步并不源自对于智能运行原理的更好理解，而源于运算速度更快的芯片及数据量更大的大数据所具有的蛮力，它们可以让程序在数百万个案例中进行训练，从而概括出类似的新算法。这些系统都是愚笨的专家，几乎没有能力解决没有被安排去解决的问题，并且它们的掌控能力十分脆弱。图片识别程序会将即将发生的空难标记为"停在飞机跑道上的飞机"，打游戏的程序会因为评分规则上最微小的改动而感到困惑。[27]尽管这些程序肯定会变得越来越好，但却没有表现出"嘭"的迹象，也没有做出占领实验室或奴役程序员的举动。

即便通用人工智能试图锻炼掌控的意志，但若没有人类的合作，它仍将是无能的"缸中之脑"①。计算机科学家拉米兹·纳姆（Ramez Naam）击破了围绕在"嘭"周围的泡沫——技术奇点论以及指数型的自我迭代论：

> 想象你是一个在微处理器（或许是数百万个这样的微处理器）上运行的超级智能的人工智能。突然之间，你想出一种针对你所在的微处理器更加快速、更加强大的设计。现在……该死！你不得不真的去生产这些微处理器。而那些加工厂需要消耗大量的能量，输入从世界各地进口的材料，高度控制需要气闸、过滤器以及各种各样专门设备的内部环境，等等。获取、运输、合成、建造厂房、建造电站，及生产，所有这一切需要花时间和精力。真实世界是自我超越、螺旋式上升的障碍。[28]

真实世界不可能让数字天启顺利发生。当 HAL② 变得傲慢自负时，HAL 的操控者用一把螺丝刀终止了它的运行，让它停留在不停地哀伤地唱着迪士尼儿歌《双人自行车》（*A Bicycle Built for Two*）的状态。当然，人们总能想象出一个邪恶的、拥有一切授权、可以永远运行并且可以防止篡改的世界末日计算机。对付这种威胁的方法很简单：不要创建它。

---

① "缸中之脑"是希拉里·普特南提出的一种假想：一个人的脑袋被邪恶科学家从身体上切了下来，放进一个盛有维持脑存活营养液的缸中。脑的神经末梢连接在计算机上，这台计算机按照程序向脑传送信息，以使他保持一切完全正常的幻觉。——译者注

② HAL 为电影《2001 太空漫游》中靠机械装置维持生命的机器人。——译者注

由于邪恶机器人的前景过于朦胧而不足以严肃对待，生存卫士们又发现了一个新的数字末日。这个故事情节不是以弗兰肯斯坦这个科学怪人或希伯来传说中的魔像为基础的，而是基于可以让我们许三个愿望的妖怪，第三个愿望必须使前两个失效，并且以迈达斯国王将他所碰触的一切（包括食物和家人）变为金子的故事为基础。这种危险性有时称为价值对齐问题（Value Aligment Problem），是指我们为人工智能设立了目标，然后只能站在一旁看它残酷而专心致志地执行它对目标的理解，而我们的利益可能将被摧毁。如果我们为人工智能设立目标，让它维持水坝后边的水位，它或许会让一个城镇被洪水淹没，却毫不关心溺水的人。如果我们让它完成制造回形针的目标，它或许会把一切触手可及的东西，包括我们的财产和身体，都变成回形针。如果我们要求它实现人类幸福的最大化，它或许会为我们静脉注射多巴胺，或重设我们的脑回路，让我们带着最幸福的状态坐在缸中；如果它在训练中获得了幸福等于笑脸照片的概念，它会在整个银河系铺上上万亿张纳米级别的笑脸照片。[29]

这并非我胡编乱造，这些都是高级人工智能可能对人类造成的生存威胁。幸运的是，这些情节是自相矛盾的。[30] 它们依赖于几个前提条件：（1）人类拥有极高的天赋，可以设计出全知全能的人工智能，但同时人类又非常白痴，以至于在未经测试的情况下赋予人工智能掌控世界的权力；（2）人工智能聪慧至极，懂得如何转化元素以及如何重设脑回路，但又愚笨到犯下误解的基本错误而造成极大的破坏。要想具备选择最能满足目标行动的能力，并不是工程师加上一个附件就行，这需要智能。根据语境解读说话者意图的能力也是智能。只有在《糊涂侦探》（Get Smart）那样的电视喜剧中，机器人会对"抓住服务员"的命令做出将主人举过头顶的举动，或者听到"熄灯"的命令而掏出手枪击中灯。

如果我们能够抛开意识觉醒、数字傲慢、即时全知，以及对宇宙间任何一个分子完美掌控的幻想，那么人工智能可以算作另外一种技术。它历经循序渐进的开发，能够满足多种情境，在应用前要经过测试，并且为了效率和安全性要不断进行调整（见第 12 章）。用人工智能专家斯图尔特·罗素（Stuart Russell）的话来说，"在民用工程领域，没有人会谈论'建造永不坍塌的大桥'，他们仅仅会说'建造大桥'"。同样，"只有益处而没有危险的人工智能才是人工智能"，他如是说道。[31]

可以肯定的是，人工智能带来了一个更加世俗的挑战，那就是如何安置那些因为自动化而失业的人。不过，这类工作不会很快消失。美国国家航空航天局在 1965 年的一份报告中所提出的观点仍然有效："人类是一种成本最低、重量仅为 68 千克、非线性的全能计算系统，哪怕是技术不娴熟的工人也可以大量生产出来。"[32] 相对于从洗碗机中取出碗筷、跑腿或换尿布来说，驾驶汽车是更为简单的工程问题，并且直到本书创作之时，我们依然没有准备好向城市街道投放自动驾驶汽车。[33] 在机器人阵营可以为发展中国家孩子打预防针以及修建学校之前，或者可以为我们这样的国家建设基础设施、照顾老人之前，大量工作机会依然存在。被用在软件和机器人设计上的巧妙心思，同样也可以用在政府和私营部门政策上，从而让闲置劳动力与待完成的工作匹配起来。[34]

邪恶的技术天才

如果机器人不会导致世界末日，那么黑客呢？我们都有一些关于黑客的刻板印象：穿着平地人字拖、喝着红牛的男人。按照思考的普遍路径，随着科技的进步，个人的破坏力也会成倍提升。单个疯子或恐怖分子在车库里制造出核炸弹、基因工程师制造瘟疫病毒或有人攻陷互联网，做到这些都只是时间问题。并且，由于现代社会如此依赖技术，中断运行就能带来恐慌、饥荒和混乱。2002 年，马丁·里斯公开打赌："到 2020 年，一场生物恐怖活动或一次生物错误就能导致 100 万人伤亡。"[35]

应该如何看待这些噩梦呢？有时候，它们是为了让人们更加重视安全漏洞，因为有理论认为，能够动员人们采取负责任政策的最有效方法是恐吓他们生存机会正在减少（我们将在本章再次遇到这个理论）。无论这个理论正确与否，没有人会提出我们应该对网络犯罪或疾病暴发漠不关心，这些已经成为现代社会的苦恼了（我将在后面的部分谈论核威胁）。计算机安全和流行病方面的专家永远在尝试向这些威胁迈近一步，各国也应该对此有所投入。军事、金融、能源、互联网和基础设施的安全性和复原力应该得到提升。[36] 针对生化武器的条约和安全保卫工作可以加强。[37] 在疾病变成流行病之前进行确认和控制的跨国健康网络应该得到扩大。同更好的疫苗、抗生素、抗病毒药以及快速诊断测试一道，它们对人为病原体的效果将同对天然病原体一样有用。[38] 各国还需要继续采取反恐怖分子和预防犯罪的措施，例如监视和窃听。[39]

在以上各项军备竞赛中，防御是永远不可能不被攻破的。网络恐怖主义和生物恐怖主义都有可能会出现，并且灾难发生的可能性也永远不可能为零。我所考虑的问题在于，这些严峻的事实是否会让许多理性的人得出"人性糟糕透了"的结论。黑帽黑客是否会不可避免地在某一天以智能战胜白帽黑客，而让文明屈膝在他们的脚下？科技的进步是否会让世界陷入一种新的脆弱状态？

没有人能够给出确切的答案，但是当我们用更冷静的思考取代对最糟糕情况的恐慌时，悲观情绪就会消散。让我们从历史的搜查开始：个人造成的大规模破坏是不是科学革命和启蒙运动前进过程中的自然结果。如果是的话，技术让人们能以最少的付出获得最大的收获，因此如果假以足够时间，它可以让人拥有为所欲为的能力，如果人类天性使然，那就意味着毁灭一切。

然而，凯文·凯利认为，实际上这并非技术进步的方式。[40] 凯利和斯图尔特·布兰德是1984年第一届黑客大会的联合组织者。从那时起，人们就反复地告知凯利，技术随时都有可能避开人类驯化它的能力。尽管技术在近几十年里取得了巨大的发展（包括互联网的发明），这种预言也没有变为现实。凯利认为其中的一个原因是："技术变得越强大，它们与社会结合的程度就越深。"高端科技需要互相连接的合作者，他们又属于更大社会网络的成员，他们中的许多人都致力于让人们不因技术和他人而受到伤害。正如我们在第12章中看到的那样，技术正在变得越来越安全。这就使好莱坞的老生常谈变得站不住脚：孤僻的邪恶天才占据了高科技的隐蔽之所，在那里，技术可以神奇地自动工作。凯利认为，由于技术嵌入了社会，孤僻个人的破坏能力并没有与日俱增：

技术越复杂、越强大，人们就越需要把它变成武器。人们越需要把它变成武器，社会控制就越要降低它的危险性、防止人们受到伤害。我再加入一点儿想法。即便你的预算能够雇得起一个科学家团队，让他们负责开发一种可使物种灭绝的生物武器，或者让他们把互联网破坏得一干二净，你很有可能仍然无法这么做。这是因为，就互联网而言，为了防止这种事情的发生，人类已经倾注了成千上万年的努力。就生物而言，为了防止物种的灭绝，人类经历了数百万年的进化努力。这极其难以实现，并且团队越小、越拙劣，实现的难度就越大。[41]

所有这些都是抽象的。如何才能将它应用到我们所面临的实际危险中，从而让我们能够思考人性是否糟糕透了？关键在于不要迷恋可得性偏差，不要假设如果我们能够想象有些事情非常糟糕，它就一定会发生。真正的危险取决于数字：试图进行故意伤害或大屠杀的人所占的比例，有能力制造有效的网络或生物武器的种族灭绝少数分子所占的比例，计谋能够得逞的少数分子所占的比例，以及能够造成文明毁灭等重大灾难（而非麻烦事、打击甚至灾难）的少数分子所占的比例。

让我们从疯狂者的数量开始谈起。现代社会是否存在大量向陌生人实施谋杀和蓄意破坏的人？如果是的，生活会变得完全不同。他们会发起令人恐惧的暴乱、向人群扫射、用车把行人撞倒、引爆压力炸弹、把人群从人行道和地铁站台上推到车辆飞驰的车道上。根据研究员格温·布朗温（Gwern Branwen）的统计，一个训练有素的狙击手或连环杀手如果不被抓住，有可能谋杀数百人。[42]破坏欲望强烈的破坏者会搞乱超市的商品，将杀虫剂混入饲养场或水源，甚至打匿名电话告诉别人自己做了这些事情，这会让公司因召回产品而损失数千万美元，让国家损失数十亿美元的出口金额。[43]这样的袭击每天可能在世界的每个城市发生多次，但实际上每隔几年才发生一次。这让安全专家布鲁斯·施奈尔（Bruce Schneier）不禁发问："恐怖分子到底在什么地方发动攻击？"[44]尽管恐怖分子制造那么多恐怖活动，但很少有人会等待机会肆意破坏。

在这些堕落的人中，有多少人拥有高智能并接受过训练从而能够开发出有效的网络或生物武器呢？大多数恐怖分子距离犯罪天才还有很大差距，他们不过是笨手笨脚的呆子。[45]典型的例子就像"鞋子炸弹袭击者"，他试图点燃装在自己鞋子里的炸药来炸毁飞机，但是失败了；还有"内衣炸弹袭击者"，他试图点燃装在自己内衣里的炸药来炸毁飞机，但也失败了；还有人在自杀式恐怖分子的课堂上展示了一件爆炸马甲，然而却将自己和21名恐怖分子炸成了碎片；察尔纳耶夫兄弟（Tsarnaev brothers）发动了波士顿马拉松爆炸事件，由于偷枪未遂而杀死了一名警察，之后又开始劫车、抢劫，甚至展开好莱坞式的追车，在追车过程中他们中的一人从另一人的身上碾压过去；此外还有阿卜杜拉·阿勒阿西里（Abdullah al-Asiri），他试图用藏在肛门里的简易爆炸装置暗杀一位阿拉伯的副部长，但最终消灭了自己。[46]一家情报分析公司指出，这起事件"标志着自杀式爆炸策略的思维转换"。[47]偶然地，在2001年9月11日，一伙训练有素的恐怖分子得逞了。但大多数得逞的计谋都是在目标众多的集会上进行低科技含量的袭击，并且（正如我们在第13章中看到的那样）死亡人数甚少。事实上，我猜测聪明的恐怖分子在人群中所占的比例甚至低于恐怖分子的比例乘以聪明人的比例。恐怖主义被证明是无效的策略，并且纯粹为了愚蠢的蓄意破坏而感到高兴的人可算不上聪明。[48]

在为数不多的聪明的武器制造者中，能幸运地逃过世界上警察、安全专家和反恐部队法眼的比例就更小了。这个数值或许不是零，但肯定不高。就像许多复杂的事业一样，生物恐怖分子或网络恐怖分子的组织要比单个恐怖分子更有效。但是，凯文·凯利针对这个角度也做出了评论：组织的头目必须招募和管理一伙同谋者，他们要为可鄙的目标训练出绝对保密、能干和忠诚的人。随着团伙规模的不断扩大，侦察、背叛、渗透、犯重大错误和烂尾的概率也会增大。[49]

要想对国家基础设施的完整性造成严重威胁，这可能需要动用整个国家的资源。[50]光有入侵软件还不足够，黑客必须详细了解关于他所希望破坏的系统的机械结构。2010年，伊朗核离心机被一种名为"超级工厂"的病毒侵染，但这背后是美国和以色列这两个技术强大的国家在搞鬼。国家层面的网络破坏已从恐怖主义的恶意行为升级成了战争，其中国际关系的束缚，包括标准、条约、制裁、反击和军事威慑，都会抑制侵略攻击，正如它们在传统"动能"战争中所起的作用一样。就好像我们在第11章中看到的那样，这些束缚已经在阻止国家之间的战争上起到了越来越大的作用。

尽管如此，美国军事官员还是警告要小心"数字珍珠港"和"网络大决战"，也就是说其他国家或复杂的恐怖主义组织有可能会黑入美国的站点，从而摧毁风机、打开洪水阀门、熔化核电站、切断电网以及攻陷金融系统。大多数网络安全专家认为这些威胁被高估了，他们认为这是为了获取更多军事拨款、权力、互联网隐私和自由的托词。[51] 到目前为止，事实上还没有人因为网络攻击而受伤。现在最让人困扰的是敏感信息泄露，即一些秘密文件或电子邮件的泄露，以及分布式拒绝服务攻击，即僵尸网站或一系列被黑客侵入的电脑用流量冲毁某个网站。布鲁斯·施奈尔解释道："用现实世界的例子来比拟的话，或许就好像一支军队入侵了一个国家，然后在机动车管理局门前站成一排拦住人们，让他们无法更新驾照。如果那就是 21 世纪战争的模样，那么我们也没有什么好恐惧的。"[52]

然而，对于技术末日论者，可能性很小并不是一种安慰。他们说，只要一名黑客、一名恐怖分子或一个流氓国家有点儿运气，那就完了。这就是为何"威胁"一词的前面加有"关乎存在的"定语，这是自萨特和加缪全盛期以来这个形容词所承载的最大考验。2001 年，美国参谋长联合会议主席提出警告："最大的生存威胁就是网络。"对此约翰·米勒评论道："相对于那些小的生存威胁而言，或许是这样。"

这种存在主义取决于从麻烦事到灾祸、从悲剧到灾难再到毁灭间的偶然滑动。假设有一个生物恐怖或网络恐怖的事件导致 100 万人丧生，这个国家就不复存在了吗？文明就会崩溃吗？人类就会灭绝吗？拜托，这是一个很小的比例，甚至连广岛都依然存在！在假设中，现代人是如此无助，如果互联网断开，农民会站在一旁看着他们的庄稼烂掉，而茫然的城市市民就会挨饿。然而，灾难社会学（disaster sociology）已经证明，人们在面对灾难时的复原能力非常强。[53] 人们不会趁乱打劫、陷入恐慌或瘫痪状态，而会立即合作重新恢复秩序、建立临时网络以便分销商品和服务。社会学家恩里科·克兰特利（Enrico Quarantelli）指出，在广岛核爆炸的几分钟里：

幸存者们加入了寻找和救援队伍，用任何可能的方式帮助别人，并且从战火燃烧的区域撤回可控飞机。在一天之内，除了部分尚存的政府和军事组织开展的计划外，其他团体部分恢复了某些区域的供电，一家只有二成工人的钢厂又开始运作了，广岛 12 家银行的雇员在市里的广岛分行集合并且开始进行支付，通往市内的电车路线又被批准在第二天恢复交通的部分地区运行。[54]

第二次世界大战的死亡人数之所以如此骇人听闻，是因为双方的战争策划者都采用了轰炸平民直至社会瓦解的策略——但社会永远不会瓦解。[55] 并且，复原能力并不是过去同质社会的遗留物。21 世纪的世界社会也能应对灾难，正如我们看到的那样，在美国"9·11"事件发生后，下曼哈顿有序撤离；2007 年，爱沙尼亚发生毁灭性的拒绝服务网络袭击时，也没有出现恐慌。[56]

生物恐怖主义可能是另一种虚幻的威胁。在 1972 年的国际会议上，几乎每一个国家都宣布放弃使用生化武器，它在现代战争中已经毫无立锥之地。这种禁令出于每个人心中普遍的强烈反感，但世界各国的军队几乎不需要理由就要这么做，因为微小的生物可能变成强大的武器。它们很容易爆炸，然后让武器研制者、战士及平民受到感染。疾病暴发是否会成为流行病取决于复杂的动态网络，即便是最顶尖的流行病专家也无法预测。[57]

生物制剂对于恐怖分子来说特别不适用，他们的目标不是伤害，而是威胁（见第 13 章）。[58] 生物学家保罗·埃瓦尔德（Paul Ewald）指出，病原体的自然选择过程与恐怖分子突然而意外的摧毁目标相违背。[59] 依赖于人与人之间的接触而快速传播的病菌，例如常见的感冒病毒，会选择让自己的寄主活下去并且可以走动，这样病人就能尽可能多地与他人握手、对着别人打喷嚏。只有在可以通过其他途径传播的情况下，病菌才会变得贪婪并杀死寄主，例如蚊子可以传播疟疾，被污染的水源可以传播霍乱等。通过性途径传播的病原体，例如艾滋病毒和梅毒，则介于两种情况之间：它们需要一段很长的无症状潜伏期，以便让寄主将病毒传染给伴侣，此后病毒就会进行致命的破坏。

病毒性和传染性由此而相互权衡，并且病毒的进化过程会挫败恐怖分子引发最具新闻价值的、又快又致命的流行病的愿望。从理论上来说，生物恐怖分子有可能改变病原体的曲线，使之既有病毒性、传播性，又能存活足够长的时间以便能够在体外生存。然而，培育这样一种精心调制的病毒需要像纳粹一样进行活体实验，恐怖分子甚至都不可能开展这样的实验。至今为止，只有一起生物恐怖袭击以及一次狂欢杀人事件得逞。[60]

当然，合成生物学上的进步，例如基因编辑技术 CRISPR-Cas9，使改造有机物（包括病原体）变得更加容易。但是，很难通过植入一两个基因而重新构造复杂的演化特征，这是因为任何基因都要与有机体的其他基因组交织在一起才能发挥作用。埃瓦尔德指出："我不认为我们已经懂得将基因变异组合植入任何病原体内，并制造出具有高度遗传性和高度病毒性的病毒。"[61] 生物科技专家罗伯特·卡尔森（Robert Carlson）补充道："制造流行病毒的问题之一在于你需要让你的生产系统（即细胞或卵子）的存活时间足够长，以便生产出足够多的病毒，它们会试图杀死这个生产系统……启动这样的病毒依然非常非常困难……我不能完全排除这种威胁，但是坦率来讲，我更担心自然母亲一直以来向我们抛来的威胁。"[62]

此外，至关重要的是，生物领域的进步也在以另一种方式发挥着作用：它们也让好人（远比坏人人数要多）能够识别病原体，发明能够克服抗生素耐药性的抗生素，并且快速开发出疫苗。[63] 其中一个案例就是埃博拉疫苗，它是在 2014—2015 年的突发事件后期被开发出来的，公共卫生工作使死亡人数限制在 12 000 人而不是媒体所预估的上百万人。埃博拉也因此成为被错误预估的流行病之一，这样的疾病还包括拉沙热、严重急性呼吸综合征（SARS）、疯牛病、禽流感以及天鹅流感。[64] 其中的部分疾病甚至在最初阶段就没有成为流行病的潜力，因为它们是从动物或食物感染而来的，而不是来自人与人相互感染的增强指数树。其他疾病则被医疗和公共卫生干预扼制了。当然，没有人可以肯定，是否会有一个邪恶的天才，为了好玩、报复或某个所谓神圣的理由，而在未来某天克服世界上所有的防备，然后引发一次世界瘟疫。然而，新闻工作者的习惯，以及可得性及消极性偏差将会提高这种概率。[65]

核战争的威胁

有一部分针对人类的威胁是幻想出来的，或者发生概率极低，但有一个是真的：核战争。[66] 目前世界上有 1 万多件核武器分布在 9 个国家。[67] 其中许多是装载在导弹或炸弹之中，它们可以在一小时或者更短的时间内向数以千计的目的地发射。每一件核武器都具有巨大的杀伤力：仅仅一件就能摧毁一座城市，它们集合起来的爆炸威力、热量、辐射和放射性尘降物能杀死数以亿计的人。无论核战争是否会摧毁文明、生物或地球（通常被认为答案是肯定的），这都是一种难以想象的恐怖。

在向日本投放原子弹后不久，美国和苏联就开启了核军备竞赛，一种新形式的历史悲观主义开始形成。在这个普罗米修斯式的故事中，人类从诸神那里获取了致命的知识，但他们又缺乏谨慎使用这种知识的智慧，那么，人类注定会自我毁灭。在另外一个版本中，不仅仅是人类注定要发生这种悲剧，更高级的智能也会如此。这就解释了为何我们从未见过外星人来访，哪怕宇宙里肯定有很多外星人。一旦某个星球上出现了生命，它们就会不可避免地发展出智能、文明、科学、核物理、核武器和自杀式战争，以至于在走出太阳系之前就自取灭亡。

对于某些知识分子来说，核武器的发明是对科学事业的控诉，实际上是对现代性本身的控诉，这是因为大屠杀的威胁抵消了科学所给予我们的恩赐。对科学的控诉似乎是错的，自核时代开始以来，由于当时的主流科学家对核政策持观望态度，自然科学家就发起了激烈的运动来提醒世界核能的危险性并督促各国放弃核武器。其中最著名的历史人物包括尼尔斯·玻尔、罗伯特·奥本海默（J. Robert Oppenheimer）、阿尔伯特·爱因斯坦、伊西多·拉比（Isidor Rabi）、莱奥·西拉德（Leo Szilard）、约瑟夫·罗特布拉特（Joseph Rotblat）、哈罗德·尤里（Harold Urey）、C. P. 斯诺、维克托·威斯科夫（Victor Weisskopf）、菲利普·莫里森（Philip Morrison）、赫尔曼·费斯巴赫（Herman Feshbach）、享利·肯德尔（Henry Kendall）、西奥多·泰勒（Theodore Taylor）以及卡尔·萨根（Carl Sagan）。这种运动依然在今天的顶级科学家中延续着，其中包括史蒂芬·霍金、加来道雄、劳伦斯·克劳斯（Lawrence Krauss）和迈克斯·泰格马克（Max Tegmark）①。科学家为主要的活

---

① 迈克斯·泰格马克的著作《生命 3.0》讨论了人工智能时代，人类的进化与重生。该书中文简体字版已由湛庐策划，浙江教育出版社出版。——编者注

动家和监察机构提供资金支持，包括忧思科学家联盟、美国科学家联合会、核责任委员会、帕格沃什会议，以及《原子能科学家公报》，该报的封面上画着著名的末日时钟，目前上面的指针显示距离午夜只有两分半。[68]

不幸的是，自然科学家通常认为自己是政治心理学方面的专家，他们中的许多人似乎都接纳了一种民间理论，即改变人们观念的最有效办法是用担心和恐惧的鞭子狠狠抽打他们。末日时钟尽管是在装饰冠以"科学家"名头的杂志，但没有跟踪核安全的客观指标；相反地，它是一种宣传的噱头，用其创始人的话语来说，"通过恐吓让人们进入理性状态以保全文明"。[69]末日时钟的指针是从 1962 年午夜开始走动的，到了危机更加平缓的 2007 年，杂志的编辑担心公众变得过于无动于衷，因而重新修订了"末日"的定义，将气候变化包含在内。[70]在为撼动人们漠不关心的状态而发起的运动中，科学家们进行了一些不太准确的预测：

> 只有创建一个世界政府才能阻止即将到来的人类自我毁灭。
>
> ——阿尔伯特·爱因斯坦，1950 年 [71]

> 我坚信，除非我们对战略问题的各个方面进行严肃而冷静的思考……否则我们都活不到 2000 年，甚至活不到 1965 年，而这一切都无须发生大灾难。
>
> ——赫曼·卡恩，1960 年 [72]

> 至多在十年内，有些（核）炸弹会爆炸。我尽可能负责地说出这句话。这是必然的。
>
> ——C. P. 斯诺，1961 年 [73]

> 我完全肯定，在我脑子里没有丝毫哪怕是最轻微的怀疑，到 2000 年，你们（这些学生）全都不复存在。
>
> ——约瑟夫·魏泽鲍姆（Joseph Weizenbaum），1976 年 [74]

又有一些专家加入了他们，例如政治学家汉斯·摩根索（Hans Morgenthau），他是国际关系"现实主义"的著名倡导者，他曾在 1979 年预言：

> 在我看来，世界正在不可避免地朝着第三次世界大战走去，这将是一场战略核战争。我不认为可以通过任何行动阻止它的发生。[75]

此外，记者乔纳森·谢尔（Jonathan Schell）在其 1982 年的畅销书《地球的命运》（*The Fate of the Earth*）的结尾写道：

> 有一天，很难相信它不会很快到来，我们就要做出自己的选择。我们要么陷入最终的昏迷，结束一切，要么正如我所相信的那样，我们将清醒地看见我们所面临的危险的真相……然后开始清除地球上的核武器。

尽管没能创建一个世界政府或清除地球上的核武器，但这种预言在冷战结束而人们并未陷入最终的昏迷时就已经过时了。为了让恐惧情绪保持在沸腾状态，活动家们不断列举侥幸脱险和未遂事故的例子，以期证明世界末日大决战离我们只有一步之遥，并且人类仅仅是由于一丝神秘的运气才得以幸存下来。[76] 他们的列表倾向于收集一些真正危险的时刻，例如几位苏联军官差点儿将 1983 年北约军事演习误认为先发制人的攻击；也有失误和混乱程度更低的事件，例如在 2013 年，一位负责核导弹、正在休假的退役美国将军在 4 天的俄罗斯旅游过程中喝醉了酒，对女性的行为十分粗鲁。[77] 有可能升级为核冲突的突发事件从没发生过，可以说明实际情况从而减轻恐惧的评估也不会开展。[78]

许多反核活动家希望表达的信息在于"我们随时都有可能以恐怖的方式死去，除非全世界能够立即采取措施，而这些措施我们根本没有可能采取"。这对于公众的作用跟你能够预想的差不多：人们回避思考不堪想象的问题，继续生活，期望是专家搞错了。自 20 世纪 80 年代以来，图书和报纸上提到"核战争"的次数稳步减少，记者们对恐怖主义、不平等、各式各样的失礼和丑闻的关注远远超过对文明生存的威胁。[79] 世界的领袖们也变得无动于衷。美国天文学家卡尔·萨根是报纸上首次警告核冬季文章的联合作者，在为核冻结而开展各种活动的时候，他试图激起人们的"恐惧，然后是信仰，最后是回应"。一位武器控制专家对他建议道："如果你认为世界末日的可能性足以改变美国和俄罗斯的想法，你显然没有在他们身上下什么工夫。"[80]

在最近几十年里，人们转而预测即将发生的核灾难是通过恐怖主义而非战争的方式出现的，例如美国外交官约翰·内格罗蓬特（John Negroponte）在 2003 年写道："基地组织在两年之内使用核武器或其他大规模杀伤武器进行攻击的可能性很大。"[81] 尽管预测的概率性事件没有发生也不会让这种预测被否定，但是错误预测的绝对数量（约翰·米勒在其所有作品中做了超过 70 次预测，人类的末日往后移动了数十年）表明预言者偏向于对人们进行恐吓。[82] 2004 年，4 位美国政治家写了一篇针对核恐怖主义的威胁的特稿，《我们的头发着火了》（*Our Hair is on Fire*）。[83] 这样的恐吓策略令人生疑。人们很容易被涉及枪支和自制炸弹的真实攻击激怒，从而支持镇压措施，例如美国实行国内监视。但是对于蘑菇云将在缅因街升起的预测，几乎不会引起人们对打击核恐怖主义政策的兴趣，比如控制核燃料的国际项目。

这样的事与愿违早已被第一批核恐吓运动的批评家预测到了。早在 1945 年，理论家雷茵霍尔德·尼布尔（Reinhold Niebuhr）注意到，"终极的危险，无论多大，对于人们想象的影响都不如最直接的愤恨和摩擦来得有力，无论后者有多小"。[84] 历史学家保罗·博耶尔（Paul Boyer）关于核武器的危言耸听实际上鼓励了军备竞赛，因为惊吓得各国追求更多更大的炸弹。[85] 甚至末日时钟的创立者尤金·拉宾诺维奇（Eugene Rabinowitch）最后也为他的运动策略感到后悔："科学家们在试图通过恐吓让人们进入理性状态的同时，也让许多人变得卑怯或盲目憎恨。"[86]

解除核威胁的正确方式

正如我们在气候变化问题上看到的那样，如果人们认为问题是可以解决的，相对于被恐吓到麻木或无助，他们或许更有可能承认它。[87] 将核威胁从人类处境中移除的积极日程需要包含以下理念。

要停止告诉人们：他们注定灭亡。关于核时代的基本事实是，自长崎之后再也没有使用过核武器。如果 72 年来末日时钟的指针都停留在距离午夜还有几分钟的地方，那么时钟可能出问题了。如今，世界或许被一种奇迹般的好运庇佑着，无人可知，但在屈从于在科学上饱受诟病的结论之前，我们至少应该考虑一下国际体系的系统特征起作用的可能性。许多反核的活动家憎恨这种思考方式，因为它似乎消除了各国去核化的热忱。但由于 9 个有核国家不会在明天就消灭它们的武器，这让我们在此期间能够确认过去的正确做法，这样我们才能做更多这样的事情。

最重要的是，政治学家罗伯特·杰维斯概括的历史性发现指出："苏联的档案尚未揭露任何对西欧进行无端侵略的严肃计划，更不用说针对美国的先发制人攻击。"[88] 那就意味着，针对冷战期间核威慑而提出的复杂的武器和战略思想，也就是政治学家所谓的"核形而上学"阻止了苏联在一开始本就不打算发动的攻击。[89] 当冷战结束后，对于大规模入侵和先发制人核攻击的恐惧也随之淡化（正如我们将看到的那样），双方都感觉到足够的放松，以至于可以大幅度减少武器的库存量，这甚至都无须正式协商。[90] 与技术至上论的观点（核武器本身挑起了战争）相反的是，风险很大程度上取决于国际关系的状态。大国之间没有发生核战争这一结果必须归功于战后大国之间的相互作用力（见第 11 章）。任何可以降低战争风险的因素都可以降低核战争的风险。

这种侥幸脱险或许也并非依赖于超自然的好运气。多位政治学家和历史学家在分析古巴导弹危机的文件（尤其是约翰·肯尼迪与其安全顾问会议的副本）之后指出，尽管参与者的记忆认为是他们将世界从世界"末日"大决战的边缘拉回来的，但实际上"当时美国卷入战争的概率几乎为零"。[91] 记录表明赫鲁晓夫与肯尼迪牢牢控制着政府，都希望危机能有一个和平的终结，他们不理会挑衅，并且留了多个让步的选择。

令人毛骨悚然的错误警报和意外发射的冲突也并不意味着诸神在对我们微笑。它们或许反而表明，人类和技术的紧密联系能够预先阻止灾难的发生，并且这种联系在每一次灾祸之后都得到了加强。[92] 在忧思科学家联盟关于核侥幸脱险的报告中，他们用耳目一新的智慧总结了这段历史："至今并未发生核武器意外发射的事实表明，安全措施足以使事故发生的概率变小。但并非为零。"[93]

从这个角度思考，我们可以避免陷入慌乱和自满。假设灾难性的核战争在每一年爆发的可能性为1%，这是一个宽松的估算，意外发射的可能性肯定低于这个数值，因为从单一意外升级为全面战争在绝大程度上不是自动的，并且在72年里意外发生的数量为零。[94]这肯定是一种无法承受的风险，因为一个简单的数学结论表明在一个世纪内，我们不会经历这样灾难的概率低于37%。但如果我们将每年发生核战争的概率降至千分之一，全世界在一个世纪内免受灾难的概率将会增加至90%；降至万分之一，概率会增加至99%，以此类推。

关于核扩散失控的恐惧也已证明是被夸大了。20世纪60年代的预测认为很快就会有25或30个国家拥有核武器，但几十年过去了，数量依然是9。[95]在此50年间，4个国家（即南非、哈萨克斯坦、乌克兰和白俄罗斯）通过放弃核武器而实现了核不扩散，并且另外6个国家曾追求核武器，但在重新考虑后放弃了（最后2个放弃的国家是利比亚和伊朗）。这是自1946年以来，第一次没有无核国家开发核武器。[96]对核扩散保持冷静头脑不仅对一个人的心理健康有好处，还能阻止各国在无意中被卷入灾难性的防御战争，例如2003年对伊拉克的入侵，以及在当时被传得沸沸扬扬的伊朗与美国或以色列之间可能会爆发的战争。

恐怖分子会偷走核武器，或在他们的车库里建造核武器并用行李箱或集装箱将它走私到别的国家，这些令人胆战心惊的推测同样也被更加冷静的头脑加以仔细审查，其中包括《论核恐怖主义》（On Nuclear Terrorism）的作者迈克尔·利瓦伊（Michael Levi）、《原子能痴迷》（Atomic Obsession）与《言过其实》（Overblown）的作者约翰·米勒、《未来总统的物理课》（Physics for Future Presidents）的作者理查德·穆勒（Richard Muller）以及《炸弹的曙光》（The Twilght of the Bombs）的作者理查德·罗德斯（Richard Rhodes）。后来国会议员加雷斯·埃文斯（Gareth Evans）加入了这个队伍，他是核扩散与核裁军方面的权威，于2015年在《原子能科学家公报》的末日时钟年度研讨会上做了70周年纪念的主旨演讲，其演讲题目为《恢复核辩论的理性》（Restoring Reason to the Nuclear Debate）。

冒着被人认为是自鸣得意的风险，其实我没有，我不得不说，核同样可以造福人类，只要我们比过去少一些情绪，更冷静和理性一些。

尽管如何建造基本裂变装置（就像广岛或长崎炸弹）的专门技术已经唾手可得，但高浓缩铀和武器级别的钚并不容易获得、收集和维护。在很长一段时间里，它们存在于庞大的情报网和执法力量的视野之外，而如今这一全世界范围内的威胁已经受到了重点关注。犯罪分子、邪恶科学家和工程师的队伍必须获得这些组件才能建造和扩散核武器，而这将是极其困难的任务。[97]

既然我们都已经冷静了一些，那么在减少核威胁的积极日程里，下一步骤是除去核武器身上令人毛骨悚然的魅力，这种魅力从以武器作为明星的希腊悲剧开始就已经出现了。核武器技术并非人类所掌握的自然力量的最高点。这是由于历史变迁而陷入的混乱局面，现在我们必须找到让自己从中脱身的办法。

"曼哈顿计划"是由于对德国开发核武器的恐惧而创建的，它吸引科学家们的原因被曾在另一个战时研究项目工作过的心理学家乔治·米勒（George Miller）解释为："我们这一代人将反对希特勒的战争视为正义对抗邪恶的战争，任何体格健全的年轻人都能忍受穿着便服上战场的遗憾，因为他们的内心确信，这样做将会为最终的胜利贡献更多的力量。"[98] 如果没有纳粹，就不会有核武器，这是很有可能的。武器不会因为可以被想象或者可以实际创造出来就会存在。

各种各样的武器都曾被想象过，但有些从未见过天日，例如死光、战星、像喷洒杀虫剂飞机一样向城市大批量投毒的飞机舰队以及"地球物理战"中破产的方案，包括将天气、洪水、地震、海啸、臭氧层、小行星、太阳耀斑、范艾伦辐射带当作武器。[99] 在 20 世纪历史的另外一个平行世界里，核武器或许也会让人们感到同样奇怪。

核武器既不应该获得结束第二次世界大战的功劳，也不应该获得开启此后长期和平的功劳——这两种论断不断出现，提醒人们核武器是好东西而不是坏东西。如今，大部分历史学家相信日本之所以投降，不是因为原子弹爆炸——其破坏力并不比其他 6 座日本城市所受到的火焰炸弹的破坏力强，而是因为苏联加入了太平洋战争，这为他们带来了严苛投降条件的威胁。[100]

有人半开玩笑地说，这些核炸弹应该被授予诺贝尔和平奖，现实恰恰相反，核武器成为糟糕的威慑（在制止生存威胁的极端案例中除外，例如双方彼此威胁）。[101] 核武器具有狂轰滥炸的破坏力，并且它所产生的放射性尘降物会污染大片区域，例如敌人的领土，并且根据天气情况，还有可能会污染扔炸弹一方的士兵和市民。焚烧大量非战斗人员会破坏战争中的区分原则和比例原则，从而造成历史上最恶劣的战争犯罪。这甚至会让政治家变得拘谨，因此围绕核武器的使用产生了禁忌，这能有效地把核武器变成纸老虎。[102]

有核国家在国际僵局中的进展并不比无核国家更有效率，并且在许多冲突中，无核国家或派系会选择与有核国家开战。这并不是说威慑本身毫无意义：第二次世界大战证明了传统的坦克、大炮和轰炸机已经具有足够的大规模杀伤力，因而没有国家希望重蹈覆辙。[103]

核武器在很大程度上不能让世界放松而进入稳定的均衡（即所谓的恐惧平衡），但能让世界在刀锋上保持平衡。在一场危机中，核武器的状态就像全副武装的屋主面对着全副武装的窃贼，双方都想先开枪以免被射中。[104] 理论上，如果双方都有第二次打击的能力，例如，潜水艇上的导弹或机载炸弹可以避开第一次打击而进行精准的报复，也就是所谓的"确保相互摧毁状态"（Mutual Assured Destruction，MAD），这种安全困境或者说霍布斯陷阱就能被解除。

但是，关于核意识形态的争论引发了一些质疑，即第二次打击是否能够在所有可以想象的场景里得到保证，并且依赖于第二次打击的国家是否在面对核讹诈时依然有可能会受到伤害。因此，美国和俄罗斯坚持了"预警时发射"的选择，在此选择中，领导获得的建议是其导弹在受到攻击时，他可以选择在接下来的数分钟内是否使用或发射它们。这种一触即发的状态，正如批评家所说的那样，可能会在遇到错误警报、遇到意外的或者非授权的发射时引发一场核冲突。令人不安的是，这种可能性大于零。

由于核武器本不需要被发明，并且在赢得战争或维持和平方面毫无用处，这就意味着它们可以不被发明，这并不是说懂得如何制造它们的知识会烟消云散，而是说它们可以被拆除，并且人们再也不用制造新的核武器。这并非有史以来第一次出现某个类别的武器被边缘化或报废的情况。世界各国已经禁用杀伤性地雷、集束弹药、化学和生物武器，并且人们还见证了其他许多当代的高科技武器由于自身的不合理而被销毁。在第一次世界大战期间，德国发明了一种庞大的、像多楼层那么高的"超级大炮"，它能把将近100千克的子弹射至100多千米开外的地方，从而让巴黎人为毫无征兆从天而降的弹壳感到害怕。这种巨兽，也就是超级大炮中个头最大的被称作古斯塔夫炮，其实既不精准也不灵活，因此制造数量很少，并且最终它被弃用。

核怀疑论者肯·贝里（Ken Berry）、帕特丽夏·刘易斯（Patricia Lewis）、伯努瓦·佩洛皮达斯（Benoît Pelopidas）、尼古拉·斯科夫（Nikolai Sokov）和沃德·威尔逊（Ward Wilson）指出：

> 如今各国不再争相制造属于自己的超级大炮……自由主义的论文不再愤愤不平地描述这些武器的恐怖之处及禁止它们的必要性。在保守主义的论文中也不再有现实主义者的特稿——声称没有办法将超级大炮的妖魔鬼怪装回瓶子里。它们太浪费、太无效了。历史上充满了被吹捧成战争赢家的武器，但最终它们都因为用处不大而被摈弃。[105]

核武器也会走上古斯塔夫炮的老路吗？ 20世纪50年代末期兴起了一场禁用炸弹的运动，通过几十年的时间，它离开了为其奠定基础的"垮掉的一代"和奇异教授的圈子，进入了主流社会。如今所谓的"全球空白"目标是在1986年由戈尔巴乔夫和罗纳德·里根提出来的，他们的一番沉思举世有名："核战争是一场不能打的仗，因为没有一个国家可以从中获胜。我们两国拥有核武器的唯一价值在于确保它们永远不被使用。但是，更好的办法难道不是永远地将它们处理掉吗？"

2007年，四位代表两个党派的防御现实主义者亨利·基辛格、乔治·舒尔茨

（George Shultz）、山姆·那姆（Sam Nunn）及威廉·佩里（William Perry）写了一篇特稿，《没有核武器的世界》（*A World Free of Nuclear Weapons*），他们得到了其他 14 位前国家安全顾问、国务卿和国防部长的支持。[106] 2009 年，巴拉克·奥巴马在布拉格发表了一场具有历史意义的演讲，他在演讲中指出"明显并且坚定地，美国致力于追求无核武器世界的和平与安全"，这一抱负帮助他赢得了诺贝尔和平奖。[107] 时任俄罗斯总统德米特里·梅德韦杰夫也对此进行了响应，尽管他们各自的继任者在这方面的行动很少。

然而，从某个角度来说，这样的宣言是多余的，因为美国和俄罗斯曾签署了《不扩散核武器条约》，已经在第六条款中承诺摈弃他们的核军火库。[108] 同时做出承诺的还有英国、法国和中国，其他有核国家被条约赋予了不受约束的特权。全世界的公民都鼎力支持这场运动：在几乎所有接受调查的国家里，大部分人都赞成废止核武器。[109]

零是一个非常具有吸引力的数字，因为它将核禁忌的范围从使用武器扩展到拥有武器。它还能够消除国家拥有核武器以保护自己不受敌国核武器侵犯的动机。哪怕经过协商、减量和核查等一系列谨慎的程序，达到零的水平也并非易事。[110] 部分战略家警告道，我们甚至不应该试图达到零的水平，因为在危机中，之前的有核大国或许会急忙重新武装，并且第一个完成的国家或许会由于担心对手先发制人而发起先发制人的攻击。[111] 这种观点认为，如果让有核的前辈国家继续持有少数核武器以作威慑之用，世界的情况才有可能变得更好。无论是以上哪种情况，世界距离零核的状态都很远，甚至距离"少量"都很远。在那一个幸运的日子到来之前，或许会有越来越多的手段能让这个日子更近，让世界更加安全。

其中最明显的手段就是缩减核武器库的规模，而它正在进行当中。很少有人意识到世界废除核武器的程度是多么猛烈。图 19-1 表明，相对于 1967 年的鼎盛阶段，2015 年美国已经将其武器库的数量缩减了 85%，且核武器数量比 1956 年以来的任何时候都要少。[112] 相对于苏联时代的鼎盛时期，2015 年俄罗斯的武器库数量已经缩减了 89%。或许更少人能够意识到，美国大约有 10% 的电量是来自拆除的核弹头，其中大部分来自苏联。[113] 2010 年，美国和俄罗斯都签署了《新战略武器削减条约》（*New Strategic Arms Reduction Treaty*，简称"New START"），为此它们承诺将已部署的战略弹头的数量减少 2/3。[114] 为了换取国会对于条约的批准，奥巴马同意对美国军火库进行长期的现代化，并且俄罗斯也在进行军火库的现代化，但两个国家都将继续按比例缩减库存量，缩减数量或许将超过条约规定的数量。[115]

图 19-1 中最上边比较模糊的一层代表除美国和俄罗斯外的其他有核国家。[116] 正如我提过的那样，尚未得知其他国家在制造核武器，并且占有核弹原料的国家数量在过去 25 年间从 50 个降为 24 个。[117]

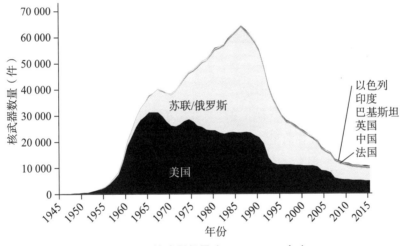

图 19-1 核武器数量（1945—2015 年）

资料来源：*HumanProgress*，数据基于 the Federation of Atomic Scientists，Kristensen & Norris 2016a，更新于 Kristensen 2016。图中数量包含已被部署的和库存中的武器数量，但未包含已退役或即将被销毁的数量。

愤世嫉俗之辈或许不会因为世界存在 10 200 枚核弹头这样的进步而被打动，这是因为，正如 20 世纪 80 年代车尾贴上写的那样，"一个核弹就能毁掉你的一整天"。但到 2015 年，地球上的核弹数量比 1986 年时减少了 54 000 枚，核弹意外毁掉人们一整天的概率大大降低，并且这为持续减核设立了先例。根据《新战略武器削减条约》的规定，更多的弹头将被削减，并且正如我之前提到的那样，在条约框架外的更多减核行为也会发生，这包含着许多法律协商的努力和各式各样的政治象征意义。

当超级大国之间的紧张气氛开始消退（这是一种长期的趋势，哪怕现在处于搁置状态），它们开始悄无声息地缩减昂贵的军火库。[118] 甚至于在对手几乎不说话的时候，它们也能够在反军备竞赛中进行合作，使用的技巧被语言心理学家查尔斯·奥斯古德（Charles Osgood）称为"紧张局势缓和的循环回报"（Graduated Reciprocation in Tension-Reduction，简称 GRIT），其中一方在公众的邀请下进行一个小的单边退让，这会换来投桃报李的效果。[119] 假如某一天，这些进展联合起来让各国的军火库数量降为 200，这不仅将大大降低意外发生的可能性，还能从本质上消除核冬季的可能性，核冬季才是真正存在的生存威胁。[120]

从近期来看，核战争的最大威胁很大程度上并不来源于已有武器的数量，而来自它们或许会被付诸使用的环境。预警时发射或受攻击时发射的政策、一触即发的警报都是真正的梦魇。没有早期警报系统可以完全准确地分辨出信号与噪声的区别，在凌晨 3 点被手机铃声吵醒的总统只有几分钟时间来决定是否发射导弹，否则这些导弹就会被炸毁在弹筒里。从理论上来说，他可能会因为一次短路、一群海鸥或某个青少年的一个恶意软件而发动第三次世界大战。从现实的角度来说，警报系统的功能要比这完善，在无人干预的情况下，并不会出现"一触即发"的自动发射。[121] 但在导弹由于临时通知而被发射时，由于意外、欺诈而出现错误警报的风险是真实存在的。

预警时发射的基本依据在于阻止能将导弹摧毁在弹筒里的、大规模先发制人的攻击，这会让国家无法还手。正如之前说过的那样，各国可以从隐藏在深水里的潜水艇发射武器，或者从轰炸机上发射，轰炸机可以紧急起飞，让武器不容易被先发制人地摧毁，并且随时准备进行精准的摧毁报复。进行报复的决定有可能是在冷静的时候做出的，那时不确定性已经过去：如果有一颗原子弹被扔到你们的领土上，你就能理解这种情况。

那么，预警时发射对于威慑或不确定的危险而言，就没有必要了。大多数核安全分析家推荐，甚至坚持认为有核国家应该取消导弹的一触即发警报，并给它加上长长的保险丝。[122] 奥巴马、那姆、舒尔茨、乔治·W.布什、罗伯特·麦克纳马拉，以及几位美国战略司令部的前司令、美国国家安全局的前主任都表示赞同。[123] 部分人（例如威廉·佩里）建议摧毁核三位一体系统中的陆基支腿，并依赖于潜水艇和炸弹以作威慑，这是因为通过弹筒发射的导弹容易诱发领导人在有可能的情况下使用导弹。因此，在世界命运危如累卵的时候，有谁会希望让导弹储存在弹筒里并一触即发呢？一些核形而上学者认为，在危机中，重新为去警报化的导弹装上警报将是一种挑衅。其他人则认为，由于基于弹筒的导弹更可靠、更精准，它们是很有价值的防卫措施，它们不仅能用于威慑战争，还能用于赢得战争。这为我们提供了另外一种降低核战争风险的途径。

任何有良心的人都很难相信他们的国家仅仅为了阻止核威慑而准备使用核武器。但是，这是美国、法国、俄罗斯和巴基斯坦的官方政策，这些国家都宣布自己或盟友在遭受非核武器的大规模攻击时，他们有可能会使用核武器。首先动用核武器的政策不仅违反战争的比例原则，而且还是危险的，因为无核的攻击者或许会尝试先发制人地将战争升级为核战争。即便攻击者不这样做，一旦遭到了核攻击，它或许会用核攻击进行报复。

因此，降低核威胁的常识性办法是宣布采用不首先动用核武器的政策。[124] 从理论上来说，这完全能够降低核战争的可能性：如果没有人最先动用核武器，那么核武器就永远不会被动用。从现实的角度来说，它能够消除先发制人的企图。拥有核武器的国家可以通过条约约定都不最先动用；他们可以通过 GRIT 来实现这一目标，以及通过更多的承诺，例如永不攻击平民、永不攻击无核国家、永不攻击可以通过常规手段摧毁的目标；或者他们可以单方面地采用这样的政策，这符合他们的自身利益。[125] 核禁忌已经降低了"或许最先动用核武器"政策的震慑价值，发表声明的一方仍可以用传统装备保护自己，也可以第二个动手，使用核武器以牙还牙。

不首先动用核武器似乎像是一件不费脑筋的事，2016 年，奥巴马差一点就采用了这个政策，但在最后时刻因其顾问们的劝说而放弃了。[126] 他们说时机不对，这或许会向俄罗斯传递一种软弱的信号，并且这会吓到紧张的盟友。这些盟友现在依赖于美国的"核保护伞",假如美国不首先动用核武器,他们就会转而追求自己的核武器,尤其是在当下,特朗普声称要取消美国对联盟伙伴的支持。长期来看,这些紧张局势或许会消退,而不首先动用核武器的政策会被再次纳入考虑范围。

核武器不会在很短的时间内被废弃,并且肯定不会在"全球空白"运动的原定目标日期,即 2030 年被废弃。奥巴马在 2009 年于布拉格发表的演讲中指出,目标"不会很快达成,或许在我有生之年都不会",这就将日期定到了 2055 年之后(见图 5-1)。"目标的达成需要耐心和毅力。"他建议道。

然而,道路已经铺就。如果核弹头被废弃的速度继续快过被制造的速度,如果一触即发的设置被取消并且大家都承诺不会首先动用核武器,如果避免国家之间战争的趋势还会继续,那么到 21 世纪下半叶,我们就能看到只剩下小型的安保型核军火库,它们只用于相互威慑。再过几十年,它们或许会让自己失去用武之地。到那时,在我们的子孙看来,它们变得很滑稽,我们的子孙就会永久地将它们改铸为犁头。在这条下坡路上,我们或许永远不能到达灾难发生可能性为零的点。但前进的每一步都能降低风险,直到它变得像其他威胁我们生存的危险一样。

20
进步的未来

自从 18 世纪末期启蒙运动开始，世界
范围内的人均寿命已从 30 岁上升到 71 岁，
在更加幸运的国家，人均寿命为 81 岁。[1] 启
蒙运动伊始时期，在世界上最富有的国家，
1/3 的儿童在 5 岁前死去；而如今，早夭的
命运仅降临在世界上最贫困国家中 6% 的儿
童身上。他们的母亲也同样得以摆脱悲剧：
如今在最富有的国家，有 1% 的母亲在从未
见过自己新生儿的情况下就死去了，最贫穷
国家的数值是其 3 倍，并且在持续下降。在
最贫困的国家，致命的传染性疾病稳定减少，
其中的一些疾病每年只能感染数十人，而且，
这些疾病很快就会像天花那样走向灭绝。

贫困或许也不会一直困扰我们。当今世
界比两个世纪前富裕了 100 倍，并且财富
正在以更加均衡的方式分配给世界上的各个
国家和人民。生活极度贫困的人口比例已由
90% 降至不到 10%，并且在本书大部分读者

的有生之年，这个数值可以接近于 0。灾难性饥荒距离大部分的人类历史并不遥远，但现在已在世界上大部分地区消失，并且营养不良和发育障碍的情况也在稳步减少。一个世纪以前，富裕国家将 1% 的财富用于支持儿童、穷人和老人，如今这些国家在此方面花费将近 1/4 的财富。他们中的大部分贫困人群都有其食、有其衣、有其所，并且拥有过去无论穷人或富人都无法享用的奢侈品，例如智能手机和空调。少数民族的贫困程度也在下降，老人的贫困程度急剧下降。

世界也给和平提供了机会。国家之间的战争逐渐停止，国家内部的战争已经从地球表面 5/6 的地方消失。每年死于战争的人数不到 20 世纪 80 年代的 1/4、20世纪 70 年代早期的 1/7、20 世纪 50 年代早期的 1/18 以及第二次世界大战期间的 0.5%。曾经常见的种族灭绝现在也变得罕见。在大部分时间和大部分地区里，战争的死亡人数远远低于死于谋杀的人数，同时谋杀率也在下降。美国人被谋杀的概率相当于 24 年前的一半。就全世界总体来说，人们被谋杀的概率是 18 年前的 7/10。

从各个方面而言，生命都变得更加安全了。20 世纪末与 20 世纪初相比，美国人死于车祸的概率降低了 96%，在人行道被撞倒的概率降低了 88%，死于飞机事故的概率降低了 99%，死于高空坠落的概率降低了 59%，死于火灾的概率降低了92%，死于溺水的概率降低了 90%，死于窒息的概率降低了 92%，死于工伤的概率降低了 95%。[2] 在其他富裕国家，生命的安全保障甚至更高，而在相对贫困的国家，生命的安全系数也会随着富裕程度的提高而提高。

人们不仅变得更加健康、富有、安全，同时也更加自由。两个世纪以前，只有少数几个国家中占世界人口比例 1% 的人享有民主；如今，世界上 2/3 的国家中占世界 2/3 的人口享有民主。不久以前，世界上有一半国家对少数民族制定了歧视性法律；而如今越来越多的国家制定了支持少数民族的政策。在进入 20 世纪的转折点上，只有一个国家的妇女享有投票权；而如今她们在每一个男人享有投票权的国家都能投票。人们对少数民族和妇女的态度也在逐渐变得更加宽容，年轻人尤其如此，这是世界未来发展趋势的预兆。仇恨犯罪、针对妇女的暴力犯罪以及欺诈儿童的犯罪数量长期以来都在下降，剥削儿童劳动力的情况也是如此。

随着人们变得更加健康、安全和自由，他们也变得愈发有文化、有知识，更加聪明。在 19 世纪早期，世界上 12% 的人可以读书写字，如今 83% 的人都拥有这种能力。读写能力和教育将很快变得普及，对女孩和男孩来说都是如此。教育，连同健康和财富，正在真正地让我们变得更加聪明——人们的智商指数在我们祖先的智商指数的基础上提升了 30%，也就是比我们的祖先高了两个标准差。

人们正在充分利用他们更长寿、更健康、更安全、更自由、更富有以及更智慧的生命。现在美国人每周工作的时间比过去减少了 22 小时，他们拥有三周带薪假期，做家务的时间减少了 43 小时，并且只将 1/3 的工资用于必需品上，而过去这一数字是 5/8。他们利用自己的闲暇时间和可支配收入外出旅游，与孩子相处，与爱人联络，品尝世界的美食，领略异域的知识和文化。由于得到了这些礼物，全世界的人们都变得更加幸福。甚至将好运视作理所当然的美国人，也感觉"非常幸福"或者更加幸福，而年青一代也变得不再那么不快乐、孤独、抑郁、沉迷毒品、自我毁灭。

各个国家由于变得更加健康、富裕、自由、幸福，并且拥有更好的教育，就会将注意力放在最紧迫的全球挑战上。它们已经实现减少排放污染物，降低森林砍伐率，避免发生石油泄漏事件，设立更多的保护区，更少的物种遭受灭绝，挽救臭氧层，并且石油、农田、原木、纸、汽车、煤炭，甚至碳的消费量都达到了最高峰。尽管世界各国存在差异，但它们历史性地在气候变化问题上达成了一致，正如前些年在核测试、核扩散、核安全和核裁军上达成一致一样。自第二次世界大战末期的特殊情况以来，核武器已经在 72 年里没有被使用过。核恐怖主义，"无视" 40 年来专家的预测，从未发生。全世界的核武器库存自第二次世界大战以来下降了 85%，并且还会进一步下降。此外，核测试也停止了，核扩散也冻结了。世界上两个最紧迫的问题，尽管还没有解决，但是它们是有解的：为消除核武器和缓解气候变化问题而制订的切实可行的长期计划。

对于所有的血腥头条新闻，所有的危机、崩溃、丑闻、瘟疫、流行病和生存威胁而言，我们已经取得了一些可以尽情享受的成就。启蒙运动正在发挥作用：两个半世纪以来，人们利用知识促进了人类的繁荣。科学家已经揭示了物质、生命和大脑的工作机制；发明家已经驯化自然的法则来对抗熵，创业家已经让他们的创新变得人人都能负担得起；法律制定者已经通过抑制对个人有利但对集体有害的行为而让人们获得了更好的生活，外交家也做了同样的工作；学者已经让知识的财富永远留存、让理性的力量不断增强；艺术家已经让同理心的圈子不断扩大；活动家已经向权力施压，从而推翻压迫措施，向他们的同胞施压，从而改变压迫习惯。各种制度也因为所有的这些努力，而让我们能够避开人类天性的缺陷并增强闪光点。

与此同时……

如今，世界上还有 7 亿人口生活在极度贫困之中。在极度贫困人口集中的区域，人均寿命低于 60 岁，并且有将近 1/4 的人患有营养不良。每年几乎有 100 万儿童死于肺炎，50 万死于腹泻或疟疾，数十万死于麻疹和艾滋病。大约 1/5 的世界人口缺乏最基本的教育，1/6 左右人口还是文盲。每年有 500 万人死于意外，超过 40 万人死于谋杀。世界上大约有 3 亿人口罹患临床抑郁症，其中每年将近 80 万人死于自杀。

世界上发达地区的富裕国家也无法幸免。中下层阶级在过去 20 年间收入涨幅不足 10%。仍有 1/5 的美国人认为妇女应该回归传统角色，1/10 的美国人反对跨种族交往。美国每年发生的仇恨犯罪超过 3 000 起，每年有 15 000 余人被谋杀。美国人每天要在家务上浪费 2 小时的时间，他们中 1/4 的人觉得自己永远是忙忙碌碌的。超过 2/3 的美国人否认自己非常幸福，这跟 70 年前的比例差不多，并且妇女以及占比最大的年龄群体变得越来越不快乐。每年大约有 4 万美国人因为不快乐而结束自己的生命。

毋庸置疑，全球性问题也非常严峻。在 21 世纪结束前，地球还需容纳新增的 20 亿人口。在过去十年里，数亿公顷的热带森林遭到砍伐，海洋鱼类的数量下降了 40%，数千种生物正面临着灭绝之灾。每年，一氧化碳、二氧化硫、氮氧化物和微粒物质连同 380 亿吨二氧化碳继续被排放进入大气，如果还不加以抑制，全球温度有可能会上升 2℃～4℃。此外，世界上有超过 10 000 枚核武器分布在 9 个国家。

以上 3 段的事实跟本章前几段的事实是一样的，我只不过是从负面而非正面的角度来看待它们，并且呈现的是消极比例。我用这两种方式来呈现世界的状态，其目的不在于证明我既能关注杯子里所剩的空间，也能关注杯子里水的高度。这样是为了强调已取得的进步并非乌托邦，进步的空间依然存在。事实上，非常必要的是，必须努力让进步继续下去。假若可以通过传播知识、提高繁荣程度而维持前几段中的趋势，最后 3 段中的数据就会缩小。它们是否可以接近于零，这也是我们在将要接近的时候才考虑的问题。即便有些问题会消失，肯定也会发现更多能够纠正的伤害，发现更多丰富人类体验的新办法。启蒙是一种关于发现和改良的持续过程。

获得持续进步的愿望是不是理性的呢？我将在本章进行思考，然后在本书的第三部分讨论为了实现愿望而必须追求的理想。

进步的希望

我将以支持持续进步作为开头。在本书一开始，我们用不神秘、不辉格主义、不过分乐观的解释来说明为何进步是可能的，也就是说，科学革命和启蒙运动开启了使用知识来改善人类处境的进程。这时怀疑论者可能会有理由说："这永远行不通。"但两个多世纪之后，可以说它已经行通了：我们已经看到，有 70 多幅图表显示世界正在变好，这证明了进步的希望是存在的。

代表好事的曲线不会随着时间的推移而自动向好的方向发展，但是从许多图表看来那是一种很有可能的趋势。某天早晨我们醒来就发现房子变得更加易燃了，或者人们改变了他们关于跨种族交往或在岗同性恋教师的看法，那是不可能的。发展中国家不可能关闭它们的学校和医疗中心，或停止建造这些机构，因为它们正开始享受到这些机构带来的好处。

可以肯定的是，新闻上展现的变化总是有好有坏。问题的解决方案会带来新的问题，这需要花时间来解决。但当我们将视线从停滞和挫折中后退一点，就能看到人类进步的指标在不断累积：不会循环往复，即便收获确实会被损失抵消一部分。[3]

更棒的是，进步是建立在进步的基础上的。一个更加富裕的世界拥有更好的财力来保护环境，整顿帮派，加强社会安全网络，为公民提供教育和医疗。一个拥有更好教育和更强联系的世界就能更多地关注环境，更少地纵容独裁者，并且更少地发动战争。

推动这些进程的技术进步需要加快速度。斯坦定律会继续服从于戴维斯推论："或许事情不能一直持续下去，但它持续的里程会远远超出你的想象。"并且基因组学、合成生物学、人工智能、材料科学、数据科学和循证政策分析都日渐繁荣。传染性疾病可以被灭绝，并且许多此类疾病已经成为过去时。慢性疾病和退行性疾病更顽抗，但针对其中许多疾病的进展已经在加速，如癌症；在其他一些疾病上的突破也越来越快，如阿尔茨海默病。

在道德方面的进步也是如此。历史告诉我们，野蛮习俗不仅能够减少，更能从根本上加以消除，至多只能在少数几个愚昧的落后方面徘徊。最爱自寻烦恼的人都不会担心活人献祭、同类相食、奴隶制度、决斗、世仇、缠足、焚烧异教徒、浸死巫师、公开处决、杀婴、畸形秀和嘲笑疯子复辟归来。尽管无法预测今天的野蛮风气何时会像奴隶处决和焚烧异端者一样走上不归路，但正走在不归路上的是对同性恋的定罪、只有男性享有的选举权和教育权。再过数十年，谁能说女性割礼、荣誉谋杀、童工、童婚、极权主义、核武器和国家之间的战争不会跟它们一样呢？

其他糟粕很难彻底根除，这是因为它们依赖于数十亿具有缺点的人的行为，我们无法通过一举采取措施而将它们消灭。但即便没有从地球表面消失，它们也可以进一步被消除，其中包括针对妇女和儿童的暴力、仇恨犯罪、内战和谋杀。

我可以毫不脸红地呈现这种乐观的愿景，因为它并非幼稚的空想或积极的渴望。它是未来的景象，深深根植于历史现实，并且伴随着冷酷而艰难的事实。它仅仅依赖于一种可能性，那就是已经发生的事情会继续发生。正如托马斯·麦考利（Thomas Macaulay）在 1830 年所思考的那样："无法绝对证明那些告诉我们社会已经到达一个下坡的转折点、我们已经经历了最好时代的人是错的。但之前的人都这么说，并且拥有如此明显的理由……基于什么样的原则，才会在看到身后只有进步之时，却认为前面等待着的只有后退而非其他？"[4]

第一片黑云：经济停滞

在第 10 章到第 19 章，我检视了针对托马斯·麦考利问题的回答。这个答案预见等在所有进步前面的是灾难的结局，是气候变化、核武器和其他生存威胁。在本章的剩余内容里，我将考量 21 世纪的两种发展情况，它们虽不足以造成全球灾难，但依然被当作最好的时代已经过去的证据。

第一片黑云就是经济停滞。正如评论家洛根·皮尔索尔·史密斯（Logan Pearsall Smith）说的那样："无论是何种痛苦，一笔收入，总不至于毫无疗效。"财富提供的不仅是金钱能够买到的显而易见的东西，例如营养、健康、教育和安全，从长期来看，还有精神的益处，例如和平、自由、人权、幸福、环境保护以及其他卓越的价值。[5]

工业革命引领了超过两个世纪的经济增长，尤其是第二次世界大战后到 20 世纪 70 年代之间的那段时间，当时人均世界生产总值每年的增长率约为 3.4%，每 20 年就翻一倍。[6] 在 20 世纪末期，生态悲观主义者警告道，经济增长是不可持续的，因为它会耗尽资源、污染地球。但到 21 世纪，相反的恐惧情绪开始升起：未来的经济增长不是太快而是太慢。自 20 世纪 70 年代起，年增长率降低了不止一半，变为 1.4% 左右。[7] 长期来看，经济增长在很大程度上是由生产力决定的：生产力是指每投资一美元和一个人工工时，国家所能生产的商品和服务的价值。生产力反过来又取决于尖端技术：也就是一个国家工人的技术及工厂、管理和基础设施的效率。从 20 世纪 40 年代到 20 世纪 60 年代，美国生产力的年增长率为 2% 左右，每 35 年翻一倍。此后，美国生产力的年增长率约为 0.6%，这样就需要一个多世纪才能翻倍。[8]

部分经济学家担心低增长率会成为新常态。根据劳伦斯·萨默斯分析的"新长期停滞假设"，即便是如此微不足道的增长率连同低就业率，也只有在美国中央银行将利率设为零或负利率的情况下才能维持，而这将会导致金融不稳定和其他问题。[9] 在收入差距不断扩大的时期，长期停滞会让大多数人的收入在可预见的未来维持不变或降低。如果经济停止增长，事情就会变得很难看。

没有人真正知道为何生产力增长会从 20 世纪 70 年代早期开始停滞，也不知道如何再使它恢复活力。[10] 一些经济学家给出了一种解释，如罗伯特·戈登（Robert Gordon）在他 2016 年的著作《美国经济的兴与衰》（*The Rise and Fall of American Growth*）中所说的那样，认为应归咎于人口结构和宏观经济的不利因素：更少的工作人口支持更多的退休人口，教育规模的扩张停滞，政府债务的增加，不平等的加剧等。不平等的加剧又会压抑人们对于商品和服务的需求，因为与更贫困人群相比，更富有的人花掉的在收入中的占比较小。[11] 戈登补充道，最具革命性的发明或许已经存在。20 世纪上半叶，电、水、下水道系统、电话和电器革新了家庭。从那时起，家庭就不再有什么新的变化。带有加热坐垫的电子坐浴盆固然很好，但并不像从屋外厕所转变为冲水马桶的变化那么大。

另外一种解释则与文化有关：美国失去了它的魔力。[12] 经济落后地区的工人不再收拾行李转移到经济活跃的地区，而开始领取残疾保险，不再作为劳动力。小心谨慎的原则让所有人都不再做第一个吃螃蟹的人。资本主义失去了资本家：太多投资累积在"老年资本"身上，它们被机构经理用来为退休人员寻求安全的回报。野心勃勃的年轻人希望成为艺术家和专业人士，而非创业家。投资人和政府不再支持对月发射计划。正如创业家彼得·蒂尔（Peter Thiel）叹息的那样："我们想要会飞的汽车，得到的却是 140 个字符。"

无论造成经济停滞的原因为何，经济停滞导致了许多问题，并且为 21 世纪的政策制定者带来了重大的挑战。这是否意味着进步能够持续下去就是好的，但进步持续到现在就终止了呢？不可能！一方面，低于战后辉煌时期增长速度的增长仍是增长——事实上，是指数型增长。世界生产总值在过去 55 年里有 51 年是在增长，这就意味着在这 51 年里，每一年都比前一年富裕，过去的 6 年也不例外。[13] 此外，长期性经济停滞主要是第一世界国家的问题。让最发达的国家变得更加发达，这是一个巨大的挑战；年复一年，次发达国家拥有很多追赶的空间，它们在吸取更富裕国家实践经验的基础上可以获得高速增长（见第 8 章）。当今世界正在发生的最大进步是数十亿摆脱了极度贫困的人口正在崛起，这种进步不用被美国和欧洲的低迷经济所限制。

此外，靠技术驱动的生产力增长正在悄悄降临。[14]人们需要一段时间来弄清如何发挥新技术的最佳用途，各行各业需要一定时间来为工厂更换设备并且进行实践。举一个最显著的例子来说，电气化始于19世纪90年代，但直到40年后，经济学家才看到人人所期盼的、对提升生产力所起的作用。个人电脑革命同样也经历了睡眠者效应，直到20世纪90年代才促进了生产力的增长。这对于像我这样的早期使用者来说并非意外，因为在20世纪80年代，安装鼠标或让点阵打印机打出斜体字要花费大半个下午的时间。关于如何让21世纪的技术发挥最大功用的知识很快就会迎来爆发式增长。

与沉闷科学①的践行者不同的是，技术观察者坚定地认为我们进入了一个富足的时代。[15]比尔·盖茨将人们对技术停滞所做的预测比作1913年对战争销声匿迹所做的预测，它们同样不足为信。[16]"试想一下吧。一个拥有90亿人口的地球上，"技术创业家彼得·戴曼迪斯（Peter Diamandis）与记者史蒂芬·科特勒（Steven Kotler）在《富足》②一书中写道，"人们都能喝上干净的水、吃上有营养的食物，每个人都拥有自己负担得起的住房，都能接受个性化的教育，都能享受顶级的医疗护理，都能使用无污染且取之不尽的能源，那将是一幅怎样的愿景？"[17]他们的愿景并非来自动画片《杰森一家》（The Jetsons）中的幻想情景，而来自已经在起作用或即将到来的技术。

从能源开始讲起。能源再加上信息，就是避免熵增的唯一办法，而它也是为经济相关的一切事物赋能的源泉。正如在第10章中看到的那样，第四代核能小型模块反应堆优点多多，具有被动安全性、防扩散性，无废弃物，可大规模生产，维护成本低，可无限期加燃料，并且比煤炭便宜等优点。用碳纳米管制成的太阳能面板效率是目前太阳能光电板效率的100倍，这依然符合摩尔定律。它们收集的太阳能

---

① 沉闷的科学（the dismal science）是维多利亚时代的史学家托马斯·卡莱尔对经济学的称呼。——译者注

② 彼得·戴曼迪斯与史蒂芬·科特勒的著作《未来呼啸而来》《富足》《创业无畏》中文简体字版已由湛庐策划，分别由北京联合出版公司、浙江人民出版社出版。——编者注

可以存储在液态金属电池中：理论上，像船运集装箱那么大尺寸的电池可以为一个社区供电；像一个沃尔玛超市那么大的电池可以为一座小城市供电。智能电网可以随时随地地收集能量，并按照需要随时随地地对它进行分配。技术甚至还能为化石燃料带来新生：一种新设计的零排放燃气发电厂可直接利用废气来驱动涡轮，而不用废弃的沸水，这样就能让二氧化碳被隔离在地底下。[18]

数字制造，连同纳米技术、3D 打印和快速原型一道，能够生产出比钢和混凝土更强、更便宜的复合材料，并且可以在发展中国家的房屋和工厂建造现场进行打印。纳米过滤技术能够净化水中的病原体、金属，甚至盐。高科技屋外厕所无须附加装置就可以将人类的排泄物转变成肥料、饮用水和能源。精准灌溉和智能水网的芯片中包含低成本的传感器和人工智能技术，能够使用水量减少 1/3 到 1/2。经过基因改良的水稻能够用玉米和甘蔗的 C_4 光合作用取代自身低效率的 C_3 光合作用，从而将产量提高 50%，用水量减少一半，肥料使用量也大大减少，并且它能够忍耐更高的温度。[19] 经过基因改良的海藻能吸收空气中的碳，然后分泌生物燃料。无人机能够监视数千米外的管道和铁路，也能将医疗物资和备用配件运输给被隔绝的群体。机器人能够接手人类不愿意做的工作，例如挖矿、给货架上货和铺床。

在医疗领域，芯片实验室能够进行液体活检，从一滴血或一滴唾液中检测出数百种疾病中的任何一种。人工智能通过处理基因组、症状和病史方面的大数据，在进行小病诊断时比医生的第六感还要准确，并且开具与人类独特生物化学特性相符的处方。干细胞可以纠正自身免疫疾病，例如类风湿性关节炎和多发性硬化，还能在尸体器官、动物器官或用 3D 打印出来的人体组织模型中存活。RNA 干扰能够让讨厌的基因不再闹事，打个比方说，可以让调控脂肪细胞胰岛素受体的基因沉默。癌症疗法能够准确地探测到肿瘤的独特基因信号，而不会毒害身体的每一个分裂细胞。

全球教育也可以进行改革。数十亿拥有智能手机的人们可以通过百科全书、讲座、练习和数据集获取世界上的知识。发展中国家的儿童可以借由网络获得志愿者提供的个性化指导，人工智能则可以让任何地方的学习者都能获得个性化指导。

创新并不仅仅指一系列的酷点子。它们从被称为"新文艺复兴"和"第二个机器时代"的席卷一切的历史发展中汩汩涌出。[20] 第一个机器时代源自能源驱动的工业革命，而第二个机器时代则是由另外一种反熵资源信息驱动的。其革命性的前景源自通过对信息的有效使用来指导其他一切技术，并且这种前景还源自信息技术本身指数级的进步，比如计算能力和基因组学。

新机器时代的前景同样来自创新过程中的创新。第一个创新是创新平台的民主化，例如应用程序接口和 3D 打印机，它们使人人都可以成为高科技的创造者。第二个创新是技术慈善家的崛起。他们不再为音乐厅的冠名权开出支票，而将自身的天赋、人脉以及对于结果的要求应用到全球问题的解决方案中。第三个创新是通过智能手机、在线教育和微型金融向数十亿人进行的经济赋权。在世界底层的 10 亿人中，有 100 万人拥有天才般的智商。请想一想，如果他们的脑力能够得到充分利用，这个世界将会变成什么样呀！

第二个机器时代能让经济走出停滞状态吗？答案并不确定，因为经济增长不仅仅取决于可用的技术，还取决于一个国家如何部署财政资本和人力资本来利用这些技术。即便技术得到了充分的利用，它们所带来的益处也不一定能够体现在标准经济指数中。喜剧演员帕特·保尔森（Pat Paulsen）曾经说过："我们生活在这样一个国家——国民生产总值都是毛估的 ①。"大多数经济学家都同意 GNP（国民生产总值）或 GDP（国内生产总值）只是经济活力的粗糙指标。它具有容易衡量的优点，但由于它只是商品和服务产出的金额流转记录，与人们所享受到的丰富的商品和服务并非同一回事。消费者剩余的问题或价值悖论一直以来都困扰着繁荣的量化（见第 8章和第 9 章），而现代经济使这个问题进一步加剧了。

---

① 国民生产总值的英文为 gross national product，其中 gross 的意思有总的、毛的、粗俗下流的等，此处是双
　关语。——译者注

乔尔·莫基尔（Joel Mokyr）指出："汇总统计数据，例如人均 GDP 及其衍生物，如要素生产力……是为钢和小麦经济时代设计的，而不是为信息和数据作为最活跃领域的经济时代设计的。许多新商品和服务的设计成本很高，但一旦它们行得通，就可以用极低的成本甚至零成本进行复制。这就意味着，即便对消费的影响巨大，它们对生产总值的贡献也寥寥无几。"[21] "2015 年的家与 1965 年的家看起来并没有很大的不同"这一结论，因为生活去物质化现象的出现而立不住脚。巨大差异存在于我们看不见的地方，例如药片、智能手机，以及如视频流和网络电话等新的奇迹。除了去物质化，信息技术也引发了去货币化的过程。[22] 许多过去需要付钱才能买到的东西现在基本变成了免费，例如分类广告、新闻、百科全书、地图、相机、长途电话和零售店的一些小商品。人们能比过去更好地享受这些商品，但是它们也从 GDP 统计中消失了。

同时，人类福利也让公司的部分工作脱离了 GDP 统计。现代社会变得更加人文主义，把更多财富投入关乎人类幸福的方面，而这是无价的。《华尔街日报》中一篇关于经济停滞的文章指出，人们为追求更加干净的空气、更加安全的汽车以及治疗罕见疾病的药品而投入了越来越多的创新性工作，而这类药物只影响全美的不足 20 万人。[23] 就此而言，医疗保健的研发费用在总研发费用中的比例由 1960 年的 7% 上涨为 2007 年的 25%。写这篇文章的金融记者几近悲伤地指出："药品表明富足社会越来越重视人类的生命……医疗研究正在取代更多普通消费产品的研发。事实上……人类生命的升值几乎导致了常规消费商品和服务增长缓慢，然而它们占据了量化 GDP 的大部分。"对此，正常的解释是，这种权衡是进步加速而非进步停滞的证据。现代社会在面对强盗"要钱还是要命"问题时能够做出快速的抉择，而不是像可怜的喜剧演员杰克·本尼（Jack Benny）那样选择"要钱"①

第二片黑云：反启蒙运动

对人类进步造成巨大威胁的是一项政治运动——反启蒙运动。21 世纪的第二个

---

① 杰克·本尼经常扮演吝啬鬼。——译者注

十年见证了反启蒙运动的兴起，那就是民粹主义。[24]民粹主义倡导一个国家"民族"的直接主权，这体现在喜欢直接输出自己美德和经验的强势领导人身上。这里的"民族"通常指民族群体，有时也指阶级。

独裁民粹主义可以被视为人类天性的倒退，退回到部落主义、独裁主义、妖魔化以及零和博弈等，它们对抗着专门设计出来对付它们的启蒙理念。通过重视部落而非个人，它不再保护少数人的权力或提升全世界人类的福祉。通过不再承认来之不易的知识是社会进步的关键，诋毁"精英"和"专家"，并不再重视思想领域，如言论自由、观点多样性和私利主张的真相核查。通过颂扬强势的领袖，民粹主义忽视了人类天性中的局限性，玷污了那些用以限制人类权力的依法管理制度和宪法制衡制度。

民粹主义既来自左翼，也来自右翼，他们共享着一个经济学的民间理论，也就是零和竞争：在左翼看来，经济阶层之间是零和竞争，在右翼看来，国家与民族群体之间是零和竞争。在他们眼里，问题不是无情宇宙中不可避免的挑战，而是来自阴险的精英、少数民族和外国人的恶意设计。至于进步，忘了它吧：民粹主义喜欢回顾过去，在过去的时代，国家的种族是单一的，正统文化和宗教价值观盛行，经济是由农业和制造业支撑的，这两个产业为当地消费和出口生产有形物品。

第 23 章将更深入地研究独裁民粹主义的知识根基，在此我将注意力集中在它的近期崛起以及未来的可能性上。2016 年，民粹党派（主要是右翼分子）在欧洲议会选举上吸引了 13.2% 的选票，而 20 世纪 60 年代该数据是 5.1%，并且有 11 个国家进入执政联盟，包括匈牙利和波兰的领导层。[25]即便在没有掌权时，民粹党派也能推动他们的目标。同年，尽管特朗普获得的直接投票更少（特朗普获得 46% 的直接选票，希拉里·克林顿获得 48%），但由于他在选举团投票中胜出，从而当选美国总统。

进步无疑正遭受着威胁。无论 2017 年是否代表历史的一个转折点，我们都有必要回顾这些威胁，哪怕仅仅是为了理解它们所威胁的进步的本质。[26]

◎ **寿命**和**健康**的提升在很大程度上应归功于疫苗和其他好的诊疗干预手段，而特朗普支持的阴谋论认为，疫苗中的防腐剂会导致儿童孤独症，这种说法早就已经被证明是错误的。更加广泛的医疗保险也有助于巩固寿命和健康方面所取得的良好成果，但特朗普推动立法，试图取消数千万美国人的医疗保险，这是对有益社会开支的逆转。

◎ 全世界范围内的**财富**增长源自全球化的经济，并且在很大程度上是由国际贸易支撑的。特朗普是一名贸易保护主义者，他将国际贸易视为国家之间的零和竞争，因而致力于撕毁国际贸易协议。

◎ **财富**增长的驱动因素还包括：技术创新、教育、基础设施、不断增强的中下阶层购买力、对于扰乱市场竞争的任人唯亲和财阀统治行为的限制、为降低金融泡沫和危机而实施的管制。除了对贸易充满敌意，特朗普还对技术和教育以及提高富人递减税的倡议漠不关心，同时他还任命企业和金融巨头为内阁成员，他们对管制抱有不分青红皂白的敌意。

◎ 特朗普利用人们对于**不公平**的忧虑，缩减移民的规模以及贸易伙伴的数量，而无视这种做法对大量中低阶层工作机会和技术变化所带来的伤害。与此同时，他还反对能够最大程度减轻这些伤害的措施，也就是累进税和社会支出。

◎ **环境**受益于对空气污染和水污染的监管，而这两者都随着人口数量、GDP、旅行活动的增长而不断加剧。特朗普认为，环境监管对于经济是一种伤害；最糟糕的是，他将气候变化称作骗局，并且宣布退出具有历史重大意义的《巴黎协定》。

◎ 同样地，**安全**也因为联邦管制而获得了极大提升，而特朗普及其盟友对此也持蔑视态度。尽管特朗普因治安而积累了一定威望，但其实他对循证政策毫不关心，而这种政策可以区分出什么是有效的犯罪预防措施，什么是无用的嘴上要强。

◎ 战后**和平**因为贸易、**民主**、国际协议和组织、反征服规则而得以稳固。特朗普轻视国际贸易，威胁要挑战国际协定、削弱国际组织。

◎ **民主**既依赖于明确的宪法保护，例如出版自由，又依赖于共同规范，尤其是政治领导力应由法律规则和非暴力政治竞争决定，而非领导者的权力意志。特朗普提议放松诽谤法对记者的限制，他在集会上鼓励对针对他的批评者施加暴力，如果 2016 年的选举结果对他不利他就不承认这个结果，他试图让人们怀疑对他不利的直接选票的真实性，威胁要将他的竞选对手送进监狱，并且还在司法制度挑战他的决定时攻击司法制度的合法性—— 这些都是独裁者的标志。从全球角度来看，民主的复原力部分取决于民主在国际社会的名望，特朗普赞扬独裁国家而诋毁民主盟友，例如德国。

◎ 宽容、平等和**平权**的理想在特朗普的竞选和前期执政期间受到了巨大的、具有象征意义的打击。特朗普妖魔化西班牙移民，并在他当选后立即尝试实行部分禁令。他反复贬低女性，在他的集会中容忍关于种族主义和性别主义的粗俗言语，他接受白人至上主义群体的支持，并将他们与反对者放在同等的位置上。此外，他还任用了对民权运动持有敌意的军事家和司法部部长。

◎ **知识**的理念，也就是一个人的观点应基于合理的、真实的信仰，这一点被特朗普一再可笑的阴谋论嘲笑了：他认为奥巴马出生于肯尼亚，参议员泰德·克鲁兹（Ted Cruz）的父亲曾卷入约翰·肯尼迪总统的刺杀案，数千名新泽西穆斯林曾庆祝 "9·11" 事件，安东宁·斯卡利亚（Antonin Scalia）大法官是被谋杀的，奥巴马的手机被窃听了，数百万非法选举者让他在直接选票中败北，这样的例子还有几十个。事实检验网站 "政治真相"（PolitiFact）判断，69%的特朗普公开声明都是 "大部分为假" "假的" 或 "谎话精"。[27] 所有的政治家都会扭曲事实，他们都会在某些时候撒谎，因为所有人都会扭曲事实并且有时候撒谎，但特朗普捏造事实的无耻言论可以立即被揭穿，例如他说他以压倒性优势赢得了选举，这证明他并不认为公共演讲是为了在客观事实的基础上寻找共同立场，而认为它是为了显示自己的优势以及羞辱对手而存在的一种武器。

◎ 更令人恐惧的是，特朗普还在抵制让世界免受核战争带来的可能**生存威胁**的守则。他质疑不使用核武器的戒律，在推特上发表要重启核装备竞赛的言论，思忙着要鼓励将核武器扩散到更多国家的行为，力图推翻阻止伊朗开发核武器的协议。最糟糕的是，军事指挥系统赋予了美国总统大量关于危机中核武器使用的自由裁决权，这是因为它默认美国总统不会在如此重大的问题上草率行动。然而，特朗普拥有众所周知的冲动和报复心强的性格。

哪怕是天生的乐观主义者也无法做到异想天开。然而，特朗普，更宽泛地来说，独裁民粹主义真的能够抹消掉两个半世纪以来的进步吗？如果一场运动持续了数十年或数百年，那么在它身后很可能有系统力量支持着它，并且许多利益相关者不会让它陡然之间被逆转。

在美国总统制度创建者的设计里，总统之位并非一个轮流的王位。总统拥有一个权力的分布式网络，这个被民粹分子诋毁为"暗深势力"的分布式网络比单个领导者的在位时间更长久，并且它能在现实世界的约束下开展政府的事务，而不会被民粹分子的精彩之词或位于最高职位的总统的怪念头轻易瓦解。这个权力的分布式网络包括必须向选民和游说者做出回应的立法者，拥有廉洁威名的法官，以及为各自部门使命负责的执行者、官僚和公务员。

特朗普的独裁天性受制于美国的民主制度，但到目前为止，它让许多制度开始倒退。内阁成员们已经公开批评特朗普的许多嘲弄、发推特和扔臭气弹的行为；法院已经推翻了许多不符合宪法的举措；参议员和国会议员背叛了自己的党派而投票否决了破坏性的立法；司法部门和国会委员会正在调查美国政府与俄罗斯的关系；联邦调查局（FBI）局长已经公开声明特朗普试图恐吓他，这引发了人们关于特朗普妨碍司法公正而必须被弹劾的议论；并且特朗普的员工对他们自己的所见所闻感到惊骇，经常性地向媒体泄露一些有损特朗普名声的事实，而所有这一切都发生在特朗普任期的前半年里。

此外，能够约束总统的还有州政府和地方政府，它们更接近于现场事实；还有其他国家的政府，它们可不会将"让美国再次强大"放在首要位置；甚至大多数的企业，因为它们能从和平、繁荣与稳定中获益。全球化是任何领导者都无法使之退回的潮流。许多国家层面的问题，包括移民、流行病、恐怖主义、网络犯罪、核扩散、流氓国家以及环境，在本质上是全球性的问题。我们不可能永远假装这些问题并不存在，只有通过国际合作才能解决这些问题。全球化的益处，如更多消费得起的商品、更大的出口市场、更少的全球贫困，这些不能被永远地否认。并且随着互联网和低成本旅行的发展，人员和观念的流动是无法阻止的，尤其是，将看到的年轻人的流动。至于那些否认真相和事实的做法，长期看来它们拥有一种内在的优势：即便你不再相信它们，它们也不会消失。[28]

启蒙运动气数已尽了吗

更深层次的问题在于，且不论民粹分子在短期内会造成什么危害，民粹运动的兴起是否代表了未来的模样，是否会像《波士顿环球报》上的一篇社论说的那样："启蒙运动的气数已尽。"[29] 2016 年的一系列事件是否真的暗示着世界正朝着中世纪倒退？气候变化怀疑论者认为一个寒冷的早晨就能证明自己的观点正确，类似地，近期的一些事件很容易被过度解读。

最近举行的选举并不是针对启蒙运动的全民公决。在美国两党垄断的政治体系中，任何共和党候选人在二选一的竞争中都至少能获得 45% 的选票，特朗普在直接投票中以 46∶48 败北，但他受益于选举诈骗和希拉里·克林顿一方的误判。奥巴马在告别演讲中确实曾称赞启蒙是"这个国家的基本精神"，他在离任时的支持率为 58%，高于历任总统的平均值。[30] 特朗普上任时支持率为 40%，是有史以来新任总统的最低值，并且在他就任的前 7 个月，支持率降至 34%，仅高于前 9 位总统同一时期支持率的一半。[31]

欧洲选举同样也不是对世界人文主义承诺的深度调查，而是对当今许多被情绪控制的事件的反映。其中包括：近期的欧元表现，这引起了许多经济学家的怀疑；来自布鲁塞尔的侵入式监管；以及对恐怖主义的恐惧因恐怖袭击而大大增加，但仍要接收大量中东难民的压力，无论这种恐惧与风险多么不相称。即便如此，民粹政党也只吸引了近年来 13% 的选票，并且他们还失去了曾经争取而来的许多国家立法机关的席位。[32] 在特朗普当选和英国脱欧后的第二年，也就是 2017 年，右翼民粹主义在荷兰、英国和法国的选举中吃了闭门羹。在法国，新总统埃马纽埃尔·马克龙（Emmanuel Macron）宣布，欧洲"正等待着我们去捍卫启蒙运动的精神，这种精神在许多地方受到了威胁"。[33]

但是，孕育了独裁民粹主义的社会趋势和经济趋势比 2015 年以来的政治事件更为重要，并且本章更想说明的是，这些趋势或许预示着未来。

有益的历史发展通常会造成输家也会造就赢家，全球化所造就的明显经济输家，也就是富裕国家的下层阶级，通常被认为是独裁民粹主义的支持者。对于经济决定论者来说，这就足以解释民粹运动的兴起。但分析家像调查员在飞机遇难现场检查残骸一样，已经仔细分析过选举结果，并告诉我们经济学的解释是错误的。在美国大选中，两个最低收入档次的选民给希拉里·克林顿和特朗普的投票比是 52：42，他们跟那些认为"经济"最重要的人的选择一样。4 个最高收入档次的大部分选民选择了特朗普，并且特朗普的投票者认为最重要的问题是"移民"和"恐怖主义"，而非"经济"。[34]

这些扭曲的事实却揭示了更多充满希望的线索。统计学家纳特·西尔弗（Nate Silver）在一篇文章的开篇写道："有时候数据分析会很棘手，有时候分析结果会惹人注目。"上一段提到的分析结果成为一篇文章的标题：《教育，而非收入，能够预测谁会为特朗普投票》（*Education Not Income, Predicted Who Would Vote for Trump*）[35]。为何教育的影响如此之重？有人给出了两个乏味的解释：首先受过高等教育的人与自由政治党派有联系；其次教育相对当前收入而言，或许更是经济安全的长期指标。更加有趣的解释则是教育增进了人们在年轻时与其他种族和文化的关系，使他们更不容易把对方妖魔化。最有趣的则是如果教育践行了它应有的使命，它会教人尊重经过调查的事实和理性的论证，它会教育人民反对阴谋论、基于传闻的推理以及情绪化的煽动。

西尔弗在另一个惹人注目的数据分析结果中发现，特朗普支持者所在的地域与失业、宗教、持枪或移民人口所在地域的重合度并不是特别高。但它确实与在谷歌上搜索某个种族歧视的词的地域相吻合，塞斯·斯蒂芬斯－大卫德威茨已经证明这个词是种族歧视的一个可靠指标（见第 15 章）。[36] 这并不是说大部分的特朗普支持者都是种族歧视者。但是随着种族主义逐渐转变成为憎恨和怀疑，重合现象表明，让特朗普赢得选举胜利的是那些最抗拒这些年来取消种族隔离和提升少数群体权益的人。他们尤其抗拒种族优待，这在他们看来就是对自己的歧视。

在大选投票出口处对选民普遍态度的调查中，特朗普支持者身上最一致的预测指标是悲观主义。[37]69% 的特朗普支持者认为国家未来的趋势"严重脱离了正轨"，并且他们都几乎一致地对联邦政府的工作以及下一代美国人的生活持有偏见。

在大西洋彼岸，政治科学家罗纳德·英格尔哈特与皮帕·诺里斯在针对 31 个欧洲国家的 268 个政党的分析中给出了相似的模型。[38] 他们发现，几十年来，经济问题在政党宣言中所占的比重越来越小，非经济问题则扮演了更为重要的角色。投票者的分布也呈现出这一规律。民粹政党最强烈的支持者不是体力劳动者，而是个体商人及小企业主等"小资产阶级"，其次是工头和技术人员。民粹主义的投票者年龄更大、宗教色彩更浓、受教育程度更低，并且往往是男性和多数族裔。他们拥抱独裁的价值观，认为自己属于政治右翼，并且厌恶移民和全国性的管治。[39] 支持英国脱欧的投票者比起反对脱欧的投票者，同样也是年龄更大、更多来自乡村、受教育程度更低：66% 持有高中文凭的人投票支持脱欧，而只有 29% 持有大学文凭的人这样选择。[40]

英格尔哈特和诺里斯总结道，独裁民粹主义的支持者是经济竞争力和文化竞争力较弱的失败者。男性、有宗教信仰、受教育程度较低、属于多数族裔的投票者"感觉到自己已成为国家主流价值观的陌生人，自己已经被无法参与的文化变化的进步潮流甩在后面……始于 20 世纪 70 年代的'宁静革命'似乎已经引发了充满恨意的反革命反应"。[41] 来自皮尤研究中心的政治分析家保罗·泰勒（Paul Taylor）指出，美国的民意调查结果显现出了同样的反向潮流："总体的趋势是人们

对于一系列的问题呈现出更加自由的观点，但这并不意味着整个国家都会加入这种趋势。" [42]

尽管或许能在一段时间以来已经席卷世界的现代性潮流（也就是全球化、种族多样性、女性赋权、宗教与教育分离论、城市化、教育）中发现民粹主义逆流的源头，但民粹主义在国家选举上的胜利或失败仍取决于领导者是否能够找到传播憎恨的人。这就是为什么在拥有相似文化的邻近国家中，民粹主义的吸引力不尽相同：匈牙利的吸引力胜于捷克，挪威胜于瑞典，波兰胜于罗马尼亚，奥地利胜于德国，法国胜于西班牙，美国胜于加拿大。2016 年，西班牙、加拿大和葡萄牙根本不存在民粹政党的立法委员。[43]

民粹主义的灰暗未来

数十年来占领世界的自由、世界主义、启蒙人文主义与倒退的、独裁的、种族的民粹主义之间的紧张局势将会如何收场？支撑自由主义的主要的长期力量，也就是移动性、连通性、教育和城市化不太可能倒退，女性和少数群体对平等的诉求也不会减少。

当然，所有这些预兆都只是推测。有句谚语说"唯一不会改变的就是死亡和税收"，可以像死亡一样肯定的是，民粹主义是属于老年人的运动。如图 20-1 所示，对特朗普、英国脱欧和欧洲民粹主义政党的支持率随着出生年份的后移而急剧下降。与民粹主义有着部分类似之处的另类右翼运动，除了落得个声名狼藉，选举中根本没有它的一席之地，其成员比较年轻，约为 50 000 人，相当于美国人口的 0.2%。[44] 随年龄减小的衰减趋势也不足为奇，因为我们在第 15 章中看到，在 20 世纪，每一个出生世代都比之前一世代更宽容、更自由。与此同时，所有的世代都朝着自由的方向移动。因此，当沉默的一代和老的婴儿潮一代摆脱尘世烦恼时，他们有可能会将独裁民粹主义一并带走。

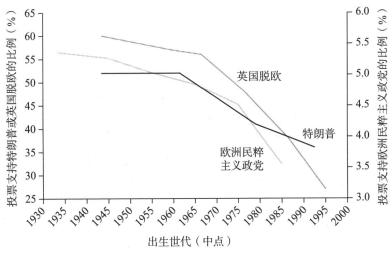

图 20-1　不同世代对民粹主义者的支持程度（2016 年）

资料来源：特朗普：爱迪生研究所开展的出口民意调查，*New York Times* 2016。英国脱欧：阿什克罗夫特勋爵民意调查公司开展的出口民意调查，*BBC New Magazine*，2016 年 6 月 24 日。欧洲民粹主义政党（2002—2014 年）：Inglehart & Norris 2016，图 8。每个出生世代的数据取自中点。

当然，如果人们会随着年龄的增大而改变价值观，当前一代对未来的政治也不会说什么。如果你在 25 岁时是民粹主义者，那么你是无心无肺的；如果你到 45 岁时还是民粹主义者，那么你就是无头无脑的人。这改编自用在自由主义者、左翼分子、共和党党员和革命主义者身上的搞笑段子，还被认为是各种名人，包括维克多·雨果、本杰明·迪斯雷利、乔治·萧伯纳、乔治·克列孟梭、温斯顿·丘吉尔以及鲍勃·迪伦的名言。其实这很有可能是 19 世纪的法学家安塞尔姆·巴特比（Anselme Batbie）说的，而他又认为是埃德蒙·伯克（Edmund Burke）说的。但无论是谁说的，无论它被用在哪种信仰系统身上，这种关于政治倾向的生命周期效应的说法都是错误的。[45]

正如在第 15 章看到的那样，秉持自由价值观的人在年龄增长后依然会秉持这种价值观，而不会转向反自由主义。政治科学家亚伊尔·吉察（Yair Ghitza）与安德鲁·格尔曼（Andrew Gelman）在一篇关于 20 世纪选民的分析文章中表明，美国人并不会随着年龄的增长而投票给更加保守的总统。他们的投票偏好是由人生中关于总统受欢迎程度的累积经验塑造的，并且在 14 岁到 24 岁期间受到的影响最大。[46] 如今拒绝民粹主义的年轻投票者在未来未必会接受它。

那么，如何应对民粹主义对启蒙运动的威胁？经济不安全不是驱动器，因此减少收入不平等以及与被裁员的钢厂工人谈话并试图理解他们痛苦的策略，无论多么值得称赞，都很有可能是无效的。文化反冲似乎的确像是驱动器，因此避免不必要的极具争议的说辞、象征主义和身份政治或许有助于吸引那些不确定自己阵营的投票者，至少不会赶走他们（更多相关内容请见第 21 章）。由于民粹主义运动的影响力大于他们的规模，解决选举的违规行为（例如为政党利益改划选区）和改变过于重视农村的、比例不协调的代表数量制度（例如美国选举团）将会有所裨益。用新闻报道的准确度和连贯度，而非微不足道的失误和丑闻来体现候选人的名声也会产生促进作用。长期来看，部分问题会随着城市化的进程而消失：你不可能让他们永远留在农村。也有部分问题会因人口构成的变化而消失。跟科学一样，有时候社会的进步也来自一个又一个的葬礼。[47]

即便如此，在独裁民粹主义的兴起过程中还有一个谜团，那就是为何相当一部分切身利益最受选举结果影响的人，例如受脱欧影响的年轻的英国人、非裔美国人、拉丁人，以及受特朗普影响的美国千禧一代会在选举当天不出门。[48] 这让我们重新回到本书的主要主题，回到我所开出的小小处方上——如何加强当前的启蒙人文主义潮流，以对抗最后的反启蒙冲击。

我相信，媒体和知识分子与民粹主义者串通一气，把现代西方世界描述得如此不公平、如此功能失调，以至于任何激进的艰难尝试都无法加以改善。"冲进驾驶舱，否则就会丧命！"一位保守的评论家如此尖叫道，他将这个国家比作"9·11"事件中被挟持的飞机，一位乘客的暴动就可以使这架飞机坠毁。[49] "我宁愿看到这个国家在特朗普的领导下被全部焚毁，这至少为彻底改变提供了一丝可能性，我不希望看到的是国家在希拉里·克林顿的带领下自动前进。"一位提倡"纵火政治"的左翼分子激动地说着。[50] 甚至温和的主流报纸社论作者通常也将国家描述成充满种族主义、不平等、恐怖主义、社会病态和失败制度的地狱。[51]

反乌托邦言辞中存在的问题在于，如果人们相信国家是一个正在燃烧的垃圾站，他们就能接受不断重复的煽动性呼吁："你还有什么可以失去的？"相反地，如果媒体和知识分子将各种事件置于数据和历史背景之中，他们就能帮助人们回答这个问题。

自由的民主是一种宝贵的成就。在救世主到来之前，它将永远存在问题，但是解决这些问题好过发起冲突，然后期望着从灰烬和白骨中得到更好的状况。因为没有注意到现代化所带来的恩赐，社会批评家让选民对负责任的托管人和循序渐进的改革者产生了抵制，而这些托管人和改革者能够巩固已经享受到的大量进步，能够加强能为我们带来更多进步的情势。

做一名"严肃的可能主义者"吧

要想证明现代性的优点，其挑战在于：如果一个人把注意力放在新闻上，乐观主义看上去也会变得幼稚，或者用权威人士最喜欢的关于精英的陈腔滥调来说，就会变得"孤陋寡闻"。然而，在一个没有英雄神话的世界里，唯一能够拥有的进步就是我们虽然生活在其中，但却容易忽视的进步。正如哲学家以赛亚·柏林（Isaiah Berlin）所指出的那样，关于完全正义、公平、自由、健康、和谐社会的理想是一种危险的幻想，这是自由民主社会永远不可能达到的状态。人们不是单一栽培的克隆体，因此让一些人满意的东西肯定会让另一些人失望，人们最终获得公平的唯一办法就是他们受到不公平的对待。并且，自由的前提条件之一在于人们能够自由地搞砸自己的生活。自由民主能够取得进步，但是只能在永不停歇的混乱妥协和永不停歇的改革背景中进行：

> 孩子已经获得了他们父母和祖父母所渴求的：更多的自由、更好的物质福利、更公正的社会。但过去的不幸已被遗忘，孩子们正面临着新的问题：每一个旧问题的解决方案都会带来新的问题。然而，即便这些问题能被解决，也

会产生新的问题、新的需求，如此循环不休，并且不可预测。[52]

这就是进步的本质。推动我们前进的是独创性、同情心和良性的制度。把我们往回拽的是人性的黑暗面与热力学第二定律。这两个对立的方面是如何促使进步发生的呢？凯文·凯利对此作出了解释：

> 自启蒙运动和科学出现以来，在每一年，我们所能创造的会比摧毁的要多一点儿。但在过去几十年里，在称之为文明的方面所产生的积极差异却微乎其微……进步是一种会自动隐身的行为，只有在回顾时才能看见。这就是为何我告诉人们，我对未来的极大乐观是建立在历史的基础上的。[53]

对于由长期收获和短期挫败、历史潮流和人类能动性所组成的建设性进程，我们尚且没有给它取一个动人的名字。"乐观主义"并不完全正确，这是因为，"事情永远都会朝着好的方向发展"的信仰并不比"事情总会变得越来越糟糕"的信仰更加理性。凯文·凯利提出了一个说法，叫"进托邦"（protopia），"进"就是"进步"与"进程"的"进"。其他人则提议可以叫作"悲观的希望""乐观现实主义"和"激进的渐进主义"。[54] 我最喜欢的说法则来自汉斯·罗斯林，在被问到自己是否属于乐观主义者时，他回答说："我不是乐观主义者。我是一名非常严肃的可能主义者。"[55]

ENLIGHTENMENT NOW

E N L I G H

N O

THE CASE FOR REASON,

SCIENCE,

HUMANISM,

AND PROGRESS

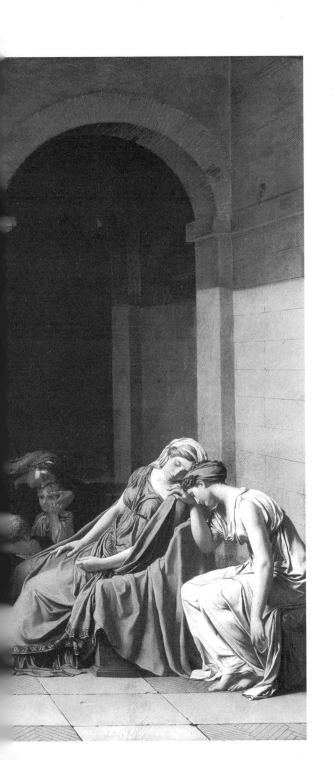

经济学家和政治哲学家的观点，无论是非，都比人们通常理解的更强大。事实上，这个世界正是由经济学家和政治哲学家主宰的。实际做事的人，总认为自己能免受知识分子思想的影响，但却常常是某些已故经济学家的奴隶。几年前，听风就是雨的掌权疯子们，从某些三流学术文人那里获得灵感，令疯狂变本加厉。我敢肯定，与思想的逐渐蚕食相比，既得利益的力量被极大地夸张了。

——约翰·梅纳德·凯恩斯

思想有着极高的重要性。智人这个物种，凭借智慧来生存，关于这个世界如何运转，其成员如何以最佳的方式生息繁衍，智人不断构思和汇聚着各种各样的想法。关于思想力量的最佳佐证，就是最强调既得利益力量的一位政治哲学家所造成的影响，此人曾写下"每个时代的统治思想，始终是该时代统治阶级的思想"。卡尔·马克思既没钱，又没有指挥军队的权力，但他在大英博物馆阅览室里写出来的那些想法，塑造了 20 世纪以来的世界发展进程。

本书的这一部分，总结了我对启蒙运动理念的辩护。第一部分对启蒙运动理念进行了概述，第二部分对启蒙运动理念发挥作用的原因进行了介绍。现在，我们即将针对一些令人意想不到的敌人，为启蒙运动理念辩护。这些敌人，不仅仅有愤怒的民粹主义者，还有主流学术文化中的某些派别。针对教授、评论家、权威人士及其读者的言论为启蒙运动理念进行辩护的做法，看似有些不切实际，因为如果直接让上述人士给出启蒙运动的理念，不会有谁表示反对。但是，知识分子对这些理想的坚持是靠不住的。许多人其实是心猿意马，没有几个人能真正为这些理想给出积极的辩护。

由此来看，启蒙运动的理念并没有得到支持，以乏善可陈的默认状态消失在时代的大背景中，成为收集尚未解决的社会问题的聚水池，而此类问题一直有许多。诸如威权主义、部落主义和奇幻思维等狭隘观念，很容易让人热血沸腾，也不乏拥护者。这场角逐，毫无公平可言。

虽然我希望启蒙运动理念能在社会公众的心中扎牢根基，将愤怒的民粹主义者等都囊括在内，但我无意与大众说服术、人群动员术或病毒营销等黑暗艺术相抗衡。随后的内容，是为那些关心论据的人而呈现的辩论内容。这些论据很重要，因为无论是老百姓还是掌权者，都或直接或间接地受到思想界的影响。他们会去上大学，会读到知识界的杂志，哪怕只是在牙医诊所里候诊时才会读到也是一样。他们在周日早间新闻节目中会听到主持人滔滔不绝的讲述。他们手下的员工会订阅高大上的报刊，观看 TED 演讲。员工看完之后，会向领导作报告。他们没事就去在线论坛闲逛，受到那里更有文化的内容贡献者自身阅读习惯的影响，要么有所启发，要么更加消极。我很希望，如果能更多地体现出理性、科学和人文主义等启蒙运动的理念，能以润物细无声的方式渗透到这些涓流之中，这个世界就会多出一些美好的东西。

　　从定义来看，反对理性，是不合理的。但这一点并没有阻止一些非理性主义者认为心脏比大脑更重要，大脑边缘系统比大脑皮层更重要，眨眼比思考更重要，麦考伊比斯波克更重要①。历史上曾掀起过反启蒙运动的"浪漫主义运动"，德国文艺理论家约翰·赫尔德（Johann Herder）的一句话"我在这里不是为了思考，而是为了存在、感受、生活！"便是其典型概括。

　　社会上普遍存在信仰崇拜的现象，而且不仅仅是宗教信仰，人们在没有充分理由的情况下相信某事物的存在。后现代主义的信条认为理性是行使权力的借口，现实是社会所建构的，所有的陈述都困于自我参照的大网之中，最终崩溃成为悖论。就连与我同属一个部落的认知心理学家，也经常公开宣布对启蒙运动理念的反对态度，不认为人类是

———————————

①　二人都是电影《星际迷航》中的角色。——译者注

理性主体，并由此破坏了理性本身的中心地位。这就意味着，任何尝试将世界变得更加理性的做法，都是徒劳的。[1]

但所有这些立场，都存在一个致命缺陷：它们对自身进行了反驳。它们不认为有理由相信自己提出的那些立场。只要辩护者一张嘴，就输掉了这场辩论：因为辩护这个行为本身，就意味着想要去说服别人、利用理性去维护想要辩护的观点。也就是说，辩护者认为，根据自身与听众都接受的理性标准，听众理应接纳他们的观点。否则，他们就是在白费口舌，还不如用贿赂或暴力的手段来拉拢听众。哲学家托马斯·内格尔（Thomas Nagel）在《理性的权威》（*The Last Word*）中一针见血地指出，关于逻辑和现实的主观性及相对主义都是不合逻辑的，因为"人不可能毫无理由地对某事物进行评判"：

> "万事万物皆主观"的说法，简直是一派胡言。因为这个说法本身，必定要么是主观的，要么是客观的。但这个说法不可能是客观的，因为如果真的是这样，那就说明其本身是不成立的。这个说法也不可能是主观的，因为如果真的是这样，那么其本身就无法排除任何客观观点，包括认为其存在客观错误的观点。也许有一些主观主义者，将自己包装成实用主义者，甚至将主观主义施加到自身之上。但这样一来，他们就不再需要受众的反馈，因为观点之所以提出，不过是主观主义者觉得这样的说法颇为受用。如果他邀请我们与他做同路人，我们用不着提出拒绝的理由，因为他根本没有给出接受的理由。[2]

内格尔将这一思路称为"笛卡儿思想"，因为它能反映出笛卡儿"我思故我在"的观点。正如一个人想知道自己是否存在的事实证明了其存在一样，一个人向往理性的事实也证明了理性的存在。我们也可以将其称为先验论证，即利用必要的前提条件来做正在做的事情，就是进行论证。[3] 从某种意义上讲，这一思想可以追溯到古老的"说谎者悖论"。一位克里特人说："所有的克里特人都是骗子。"无论对该观点如何称呼，都不应该将其理解为证明对理性的"信念"或"信仰"的合理性，内格尔认为这种理解是"想得太多了"。我们并不是信仰理性，而是利用理性。正如我们不是对计算机进行编程，令其拥有一个 CPU 一样；反之，计算机程序是由

CPU 提供的一系列操作。[4]

尽管理性先于一切，无须也无法按第一性原理 ① 被证明是正确的，但只要开始将其利用起来，就能通过注意到所利用的那种特定类型的理性所具备的内在一致性及其与现实的契合度，来增强我们的信心。人生并非梦境，梦境之中，前后不连贯的经历会以令人困惑的顺序出现。理性赋予我们令世界屈从于人类意志的能力，让我们能治愈感染、将人类送往月球。正是理性在世界上的普遍应用，对其自身进行了验证。

笛卡儿的观点虽然起源于抽象哲学，但并非逻辑缜密。从最深奥的解构主义，到最反智的阴谋论和"另类事实"，每一个人都认可诸如"我凭什么要相信你？""证据在哪里？""纯属胡说八道"等回应方式有着强大的力量。听到这里，没有人会说"没错，没有理由相信我"，或"是的，我睁着眼睛说瞎话"，或"我同意，我说的都是废话"。观点本身的提出，就是因为人们认为自己是对的。只要将观点说出来，人们就踏上了理性之路。而他们想要说服的听众，则以一致性和准确性为标准，决定自己的站队。

理性的进化根源

如今，许多人都已经了解到认知心理学对人类非理性的研究进展，诸如丹尼尔·卡尼曼（Daniel Kahneman）的《思考快与慢》（*Thinking, Fast and Slow*）和丹·艾瑞里（Dan Ariely）的《怪诞行为学》（*Predictably Irrational*）等畅销书对此进行了详尽的阐述。在本书之前的章节中提到过这些认知弱点：我们通过可以获知的故事对概率进行估算，对个体怀有刻板印象，会去寻找并认可能证明自身的证据，忽略那些可能推翻自身的证据，对伤害和损失非常惧怕，宁愿通过目的论和巫术之类的东西寻找意义而不愿接受机械的因果关系。[5]但是，与这些发现同样重要的是，我们不应将其作为驳斥"人类是理性行为者"的启蒙运动信条的论据，也不应将其视为对宿命论的授权，认为还不如放弃理性的说服，用谣言和煽动去对付谣言和煽动。

---

① 第一性原理，指的是每个系统中存在一个最基本的命题，它不能被违背或删除。——编者注

首先，从来没有哪个启蒙运动思想家说过人类是一贯理性的。超理性的康德曾写道："从人性这弯曲的木材中，根本打造不出任何真正笔直的东西。"超越其所处时代的认知和社会心理学家斯宾诺莎、休谟、史密斯以及百科全书派，也从未提出过人类始终保持理性的观点。[6]他们所提倡的观点是，我们应该通过学习如何压制那些随时会引诱我们犯错误的谬误和教条，来保持理性。同时，他们认为，可以通过设置体系，遵守对能力进行限定的规范来保持理性，这些规范包括自由言论、逻辑分析和实证检验等，如果个体无法做到这一点，那么集体也是可以的。你如果对此并不认同，那么为什么要接纳你提倡的"人类没有能力实现理性"的说法呢？

人们对理性的怀疑，常常能得到进化心理学的一个粗糙版本的支持。而这一版本，并没有得到进化心理学家的背书。该理论认为，人类用大脑中的杏仁核进行思考，对草丛中最细微的响动都会产生本能反应，因为这种响动有可能意味着草丛里藏着一只老虎。但是，真正的进化心理学则从不同的角度来看待人类：该学派并不将人视作两条腿的羚羊，而是一个比羚羊更聪明的物种。人类是一个依赖于对世界进行解释的认知物种。因为无论人类对世界怀着怎样的信念，世界都是如此，所以人类有一种强劲的选择压力，偏好那些能对世界进行真实解释的能力。[7]

由此可见，推理有着深刻的进化根源。公民科学家路易斯·利本伯格（Louis Liebenberg）曾研究过卡拉哈里沙漠中以采集、狩猎为生的桑人（"布须曼人"），他们拥有世界上最古老的文化之一。这些人以最古老的方式追逐猎物——持久捕猎。这个过程中，人类凭借其自身通过出汗来释放热量的独特能力，在正午的烈日下追逐一只浑身长满毛发的哺乳动物，直到这只动物因中暑而崩溃。由于绝大多数哺乳动物的速度要比人类快得多，一经发现，它们便瞬间逃离人类视野。坚持不懈的捕猎者通过动物足迹来进行跟踪，并据此推断出这只动物的物种、性别、年龄、疲劳程度，以及通过动物留下的蹄印、被碰弯的枝叶和挪动过位置的石子，来分析其逃跑的方向。

桑人并不仅仅通过推断的方式来分析出：敏捷的跳羚的蹄印很深、呈尖状，从而使其拥有良好的抓地力；而体形硕大的捻角羚的蹄印则呈扁平状，从而对自身体重形成支撑。同时，他们也会利用推理的方式，讲清楚推断背后的逻辑，以说服同伴或被同伴说服。利本伯格经过观察发现，卡拉哈里沙漠中的这些跟踪者，并不接受来自权威的观点。年轻人可以去挑战长辈以获得多数人支持的意见，如果他对证据的理解具有说服力，就会让同伴接受自己的观点，从而提高群体的准确程度。[8]

如果你还想用"人类本性"的说法去为现代教条和迷信找托词，那么就请看看利本伯格记录下来的桑人所使用的科学怀疑论：

卡拉哈里沙漠中部独树部落的三位猎手——内特、尤阿斯和伯若肖告诉我，雀歌百灵只会在雨天过后歌唱，因为"它很喜欢下雨天"。猎手伯若肖跟我说，鸟儿的歌唱，会令土壤变干，让植物根部变得更好吃。后来，内特和尤阿斯告诉我，伯若肖说得不对，并不是鸟儿令土壤变干，而是太阳将土壤晒干。鸟儿的歌唱只不过是个信号，让他们知道土壤将会在未来几个月的时间变干，而这段时间，就是植物根部最好吃的时候……

位于博茨瓦纳卡拉哈里沙漠中部拜雷部落的猎手那木卡给我讲了一则神话：太阳就像羚羊一样，越过天际，被生活在西方的人们杀死了。夕阳西下时天空中的红光，就是羚羊的血。西方的人们将羚羊吃掉后，再将羚羊的肩胛骨扔回到天上，让其回到东方。肩胛骨落入一个池塘，又长成一个新的太阳。据说有时你能听到肩胛骨在空中飞过的呼啸声。那木卡极其详细地给我讲完这则神话故事后，告诉我说，他认为那些"老人"在说谎，因为他从来没有亲眼看见过肩胛骨在空中飞过，也没有听到过传说中的呼啸声。[9]

当然，上述记录，并不与人类易受幻觉和谬误影响的发现相矛盾。我们的大脑处理信息的能力是有限的，也是在一个没有科学、学术和其他形式的事实核查行为的世界中进化而来的。但现实是一种强大的选择压力，因此这样一个以思想为主宰的物种，一定会进化出一种偏好正确选择的能力。如今所面临的挑战，是设计出一种信息环境，令偏好正确选择的能力可以战胜将我们引入歧途的能力。首先要做的，就是查明人类这个智慧物种如此容易被引入歧途的具体原因。

蓝色的谎言

21世纪这个时代，为人们提供了前所未有的接触知识的丰富途径，也出现了因为不理性而掀起的惊涛骇浪，包括对进化论的否认、对疫苗安全性的否认、对人为气候变化的否认，以及从"9·11"事件到特朗普的大量选票等现象中滋生出的阴谋论的大肆传播。理性阵营的拥护者，迫切地想要搞明白其中的悖论，但由于他们自身带有一点点非理性，很少去参考那些有可能对其进行解释的数据。

对群体疯狂的标准解释，是无知：乏善可陈的教育体系令大众成为科学文盲，任由自身被认知偏差所支配，因此在浅薄无知的名人、电视新闻主播和其他流行文化的腐蚀面前，大众毫无招架之力。标准化的解决方案，就是教育改革，以及让科学家通过电视、社交媒体和流行网站与大众有更加深入的接触。作为一名深入大众之中的科学家，我一直认为这样的理论很有吸引力，但我也开始意识到其错误之处，或者说，这至多只是问题的一小部分。

请看下面这几个关于进化的问题：

19世纪工业革命期间，英国乡村被煤烟所遮蔽，而平均来看，花斑蛾的颜色也变深了。这样的现象是怎样发生的？

A. 为了与周围环境相融，花斑蛾的颜色必须变深。

B. 颜色更深的花斑蛾被吃掉的可能性更小，繁殖出后代的可能性更大。

一年之后，一所私立高中的平均考试成绩增长了30分。关于这一变化的解释中，哪一个与达尔文物种适应的解释最相似？

A. 学校不再接收富有校友的孩子，除非这些孩子能达到与其他学生同样的标准。

B. 自从上一次考试以来，每一位学生都比以前更有学识了。

这两个问题的正确答案分别是 B 和 A。心理学家安德鲁·施图尔曼（Andrew Shtulman）为高中生和大学生设计了一套这种类型的问题，从中可以发现学生们对自然选择理论的理解是否足够深刻，尤其是其中的关键思想——进化是由群体中具有适应性特征的一部分发生的变化所构成的，而不是为了令其特征更具适应性而发生的群体变革。他发现，测试成绩和学生对自然选择是人类起源的解释这个信念之间，没有相关性。人们可以在不理解进化的情况下相信进化的存在，反之亦然。[10] 20 世纪 80 年代，几位生物学家接受邀请，与神创论者展开辩论。他们后来才发现，这些神创论者不是拿着《圣经》说事的乡巴佬，而是经过缜密准备的诉讼律师，在辩论过程中频频引述最前沿的研究报告，屡屡散布关于科学是否完整的不确定性理念。

公开表明自己对进化论的信仰，并非具备科学素养的体现，而是在表达对自由世俗亚文化的忠诚态度，对保守宗教文化的摒弃。2010 年，美国国家科学基金会将以下内容从其科学素养测试中删除了："如我们今天所知，人类是从早期动物物种发展而来的。"而原因并不是像科学家所指责的那样，是美国国家科学基金会屈服于造物论拥护者的压力，将进化论从科学准则中删掉了。真正的原因在于，有关这个问题的测试情况和有关其他每一个问题（例如"电子比原子小""抗生素能杀死细菌"）的测试情况之间的相关性特别低，以至于这一问题在试卷上白白占用一块地方，这个位置本可以留给更具诊断性的问题。换句话说，这段内容实际上是对宗教态度的测试，而不是对科学素养的测试。[11] 这段话以"根据进化理论"为开头，通过这样的方法，将科学理解与文化派别区分开来，使参加测试的宗教徒和没有宗教信仰的人给出的答案没什么两样。[12]

或者，也可以看看下面这些问题：

气候学家认为，如果人为原因导致的全球变暖令北极冰盖融化，那么全球海平面将会上升。对还是错？

科学家认为，哪种气体导致了大气温度上升？二氧化碳、氢、氦还是氡？

> 气候科学家认为，人为原因导致的全球变暖，将增加人类患皮肤癌的风险。
> 对还是错？

第一个问题的答案是"错"。如果是正确的，那么你手里的可乐就会在冰块化掉的时候溢出杯子，诸如格陵兰岛和南极洲等地的陆地冰盖融化，才会导致海平面上升。相信气候变化是由人类活动造成的人，在这道题上的表现，并不比对此持否定态度的人更好。举例来说，许多持相信态度的人都认为，全球变暖是由臭氧层空洞造成的，可以通过清除有毒废物的方式来实现缓解。[13] 能预见到某人对"全球变暖是人为原因造成"这一观点持否定态度的标志，不是科学素养的高低，而是政治意识形态。2015 年，10% 的保守派共和党人认为，地球变暖是由人类活动造成的（57% 的人否认地球变暖这件事的存在），而持同样观点的温和派共和党人有 36%，无党派人士有 53%，自由派民主党人有 78%。[14]

在公共领域对理性的革命性分析中，法律学者丹·卡汉（Dan Kahan）认为，某些信仰成为文化忠诚的象征。人们对这些信仰的肯定或否定态度，不是为了表达他们知道什么，而是为了表达他们是谁[15]。所有人都认同某个特定部落或亚文化，其中每一个特定部落和亚文化都坚持某种信条，那就是怎样才能过上美好的生活，社会应该如何运转。这些信条往往在两个维度上有所区别。一个维度是右翼对社会自然分层的遵从态度，与左翼的强迫平均主义，体现在对"需要大幅缩小贫富差距、白人与有色人种之间的差距、男性与女性的差距"这类论调的认同上。另一个维度是自由论者对个人主义的拥护，与社群主义者对团结一致的拥护。某个特定的信仰，取决于其呈现方式及背书者的身份，有可能成为一个检验标准、准入密码、格言、口令、神圣价值观，或对其中一个部落的效忠宣誓。正如卡汉和他的同事所言：

> 人们不认同气候变化科学的主要原因，不在于科学知识的传达方式是否会令人无法理解，而在于气候变化的立场，传达了一种因文化归属而有所不同的价值观——是以人类的共同关注点为生存基点，还是以个人的自力更生为生

存基点；是采取谨慎的自我克制态度，还是无畏的追求奖赏；是心怀谦卑，还是富有独创精神；是追求与自然的和谐，还是致力于对自然的掌控。[16]

将人们区分开来的价值观，也能从中选出为社会悲剧担罪的"恶魔"：贪婪无耻的公司、高不可攀的精英、多管闲事的官僚、满嘴谎言的政客、愚昧无知的乡巴佬，而最常见的替罪羊，就是少数种族。

卡汉指出，人们倾向于将自己的信仰视为对效忠的宣誓，而非公正无私的评价，从某种意义上说，这是理性的。除了极少数的影响者、动摇民心者和决策者之外，某人就气候变化或进化论所持的观点，能对整个世界产生影响的可能性微乎其微。但这些观点在此人所处社交圈子内部，则会造成很大的影响。针对某政治问题发表错误言论，轻则令某人看起来举止古怪，被扣上"想不明白"的帽子，重则会被视为叛徒。由于人们在工作、生活中，常常与和自己相似的人共处，也由于学术人士、商界人士或宗教派系常常给自身打上左翼或右翼的标签，从众的压力就变得更大。对于那些因拥护自身阵营而闻名的专家和政客来说，提出与阵营相左的意见，无异于职业自杀。

考虑到这些得失，为某个尚未得到科学和实证检验的信仰进行背书的行为，也不是那么不理性。至少从对信徒产生直接影响的角度来看，情况的确如此。对社会和整个地球的影响，则是另一回事。大气层不在乎人类有什么想法，如果真的出现4℃的暖化，那么几十亿人口就会受到影响，无论其中有多少人在各自的小圈子里因为秉承当地对气候变化的流行观点而备受尊敬。卡汉总结称，我们都是信仰公地悲剧之中的演员：每个个体以理性的方式选择的信仰（基于自尊），有可能对由所有人构成的整个社会来说是非理性的（基于现实）。[17]

"出于表演的理性"或"身份保护认知"背后违背常理的动机，能帮助解释21世纪的非理性悖论。2016年美国总统大选期间，许多政治观察家都对特朗普支持者（许多情况下是特朗普本人）所发表的言论表示难以置信，例如：希拉里·克林顿患有多发性硬化症，用替身来掩盖实情；奥巴马肯定在"9·11"事件中扮演了某个角色，因为那段时间他一直没有在总统办公室出现（这是必然，因为 2001 年奥巴马还不是总统）。正如阿曼达·马科特（Amanda Marcotte）所言："显然，这些人有足够的能力穿上衣服，认识足够的字，能知道集会地点在哪里，还能准时到场，但不知为何，他们总是接连不断地去相信那些疯疯癫癫、漏洞百出的谎言。如果某人不是陷入了癫狂状态，怎么可能会去相信这些东西。这究竟是怎么回事？"[18]

真实的情况就是，这些人在彼此分享"蓝色的谎言"。"白色的谎言"是从听者角度出发的，是为了照顾听者情绪和利益而说的谎言。"蓝色的谎言"，则是从一个核心团体的利益角度出发而说的谎言，最初起源于一群警察。[19]虽然有些阴谋论者可能真的是受人误导，但绝大多数人表达这些信仰，都以绩效为目的，而非为了追求真理。其真实用意就在于与自由党人针锋相对，以显示他们与血亲弟兄的团结。人类学家约翰·图比认为，荒谬的信仰比合理的信仰更能反映出对联盟的忠诚。[20]煤球是黑的，鸡蛋是白的，任何人都能脱口而出，但只有真正效忠于集体的人，才会有理由说出上帝是三个人，但同时也是一个人。

党派之争和球迷之战

政治集会上狂热群众所发表的阴谋论，是罔顾真理的自我表达的一种极端形式，但信仰公地悲剧则更加严重。另一个关于理性的悖论，就是专业知识、智力和神志清醒的推理本身，并不保证思考者能接近真理。相反，这些东西有可能成为越来越精妙的合理化思维过程的武器。正如本杰明·富兰克林所言："做一个理性生物是如此便利，因为理性令我们能为每一件想到的东西找一个理由。"

心理学家很早就知道，人脑会受到多种偏差的影响，例如：动机性推理，也就是将论证引向偏好的结论，而非随着论证的发展往前走；有偏见的评价，也就是以偏好的立场为基础，在不支持该立场的证据里挑毛病，让支持该立场的证据直接通过；我方偏差，也就是自我解释；等等。[21]1954 年的一次经典实验中，心理学家阿尔·哈斯托夫（Al Hastorf）和哈德利·坎特里尔（Hadley Cantril）对达特茅斯学院及普林斯顿大学的学生进行测试。测试内容是关于两所大学近期举办的一场赛况惨烈、判罚无数的橄榄球比赛的影片。测试发现，每所大学的学生，都看到对方球队的犯规数量更多。[22]

现在我们知道，政治党派之争和球迷之战如出一辙：选举之夜，人们睾酮素水平上下起伏的情况，与超级碗周日比赛当天的情况一模一样。[23]由此可见，这些党派支持者总是看到对方犯规的现象，也就不足为奇了。在另一项经典研究中，心理学家查尔斯·洛德（Charles Lord）、李·罗斯（Lee Ross）和马克·莱珀（Mark Lepper）对一场死刑判决的支持者及反对者进行了两项研究：一项研究认为死刑的设立能阻止谋杀事件的发生，该研究发现州政府颁布死刑政策的随后一年，谋杀率有所下降；另一项研究认为死刑的设立并不能阻止谋杀事件的发生，该研究发现与临近的没有死刑政策的州相比，有死刑政策的州的谋杀率更高。这两项研究并不存在，但能反映出现实情况。

研究人员将其中一半参与测试者看到的研究结果颠倒过来，以防其中有人认为以时间维度进行的对比会比以空间维度进行的对比更可信，或者相反。研究人员发现，每组人员都被刚刚了解的研究结果所动摇，但是只要有机会读到细节内容，他们就会在那份与自己最初立场相悖的研究中挑毛病，还会说"如果没有关于总体犯罪率在这些年上升情况的数据，那么这份证据就没有意义"，或"两个州之间，虽然有着同一条边界，但很可能有着完全不同的情况"。由于这样的选择性挑毛病，全部参与测试者看过同样的证据之后，他们的态度比之前出现了更加明显的两极化特征：反对死刑者更加反对，而支持死刑者则更加支持。[24]

从另一个角度来看，政治参与也和球迷的状态有异曲同工之处。人们之所以去寻找并消费新闻，是为了强化"粉丝体验"，并不是为了令自身的观点更加正确。[25]这就对卡汉的另一个发现进行了解释：关于气候变化，某人拥有的信息越多，他所持的观点就越偏激。[26]事实上，人们在事实的影响下形成偏激态度，根本不需要事前拥有任何观点。当卡汉向人们展示了一段关于纳米技术风险的中性、平衡的表述时，尽管此话题远非有线电视网络中的热门话题，人们立即根据自身关于核能和转基因食品所持的观点而分裂成不同阵营。[27]

如果这些研究还不够令人深省，请看下面这个被某杂志描述为"有史以来最令人郁闷的大脑发现"的案例。[28] 卡汉从各行各业招募到 1 000 名美国人，用标准化调查问卷对他们的政治态度和算术能力进行了评估，请他们看一些数据，并据此对针对某种疾病的新型治疗手段的有效性进行评价。研究人员告诉受访者，他们一定要密切关注数字，因为该治疗手段不会对每一个病人都奏效，甚至有可能令病情恶化，而有时，病情又会在无须任何治疗的情况下自行好转。研究人员对数字进行了操纵，令其中一个答案脱颖而出，也就是治疗方案是奏效的，因为经过治疗的患者中，有更多的人表现出病情好转的迹象。但另一个答案才是正确的，也就是治疗方案不奏效，因为经过治疗的患者中，只有较小比例的人表现出病情好转的迹象。下意识的回答，可能会被心算结果，也就是目测比率所推翻。在一个版本中，研究人员告诉受访者，该病是一种皮疹，治疗方案是一种护肤霜。表 21-1 展示了他们看到的数字：

表 21-1　检测护肤霜有效性实验的数据

	改善	恶化
治疗	223	75
不治疗	107	21

数据显示，护肤霜弊大于利：用过护肤霜的人，病情改善与恶化之比大约是 3∶1，而那些没有用过护肤霜的人，病情改善与恶化之比大约是 5∶1。其中一半受访者看到的是上下两行颠倒过来的数字，暗指护肤霜有效。数学能力不好的受访者会被改善那一列中绝对值更大的那个数字吸引（223 和 107），从而选错答案。而数学能力好的受访者，则会聚焦在两个比率的不同之处上（3∶1 和 5∶1），从而选对答案。当然，数学好的受访者对护肤霜没有支持或反对的偏见，不管数据偏向哪一方，他们都能找到其中的差别。与自由的民主党人和保守的共和党人对于彼此智商的最糟糕的怀疑相反，两派都没有比另一方做得更好。

但是，在实验的另一个版本中，所有情况都发生了变化。在这场实验中，治疗方案从无聊的护肤霜变成了具有煽动性的枪支管控，也就是颁布一项法律禁止公民在公共场合携带能藏在身上的手枪，而结果也从皮疹变成了犯罪率。现在，数学能力强的受访者，根据自身的政见分为两派。当数据显示枪支管控的措施降低犯罪率时，所有的自由派数学达人都一眼直击目标，而几乎所有的保守派数学达人都没看出来，他们比保守派数学菜鸟稍微强一点点，但犯错的还是比答对的多。当数据显示枪支管控会提高犯罪率时，这一回，绝大多数保守派数学达人都找到了关键点所在，但自由派数学达人则没看出来，而且其成绩并不比自由派数学菜鸟好。因此，不能将人类的非理性归咎于我们的蜥蜴脑 ①，而是思想复杂的受访者因自身的政见而选择性地无视某些内容。正如另外两家杂志对实验结果进行的总结一样，"科学证实：政治破坏了你的数学能力""政治是怎样让我们变得愚蠢的"。[29]

研究人员自身也未能幸免。他们经常在想要证实自己的政治对手存在偏见时，被自身秉承的偏见所羁绊。这一谬误，可以被称作"对偏见的偏见"。[30] 有三位社会科学家进行的一项研究，本来想要声称保守派更具敌意和攻击性，后来作者发现自己看错了其中的标签，不得不将研究结果撤回，实际上数据显示，其实是自由派更具敌意和攻击性。[31] 值得注意的是，社会科学是一种由自由派主宰的职业。许多研究想要证明保守派比自由派在气质上更有成见、更容易僵化，后来发现，这些研究都是在测试项目上采取了"掐尖"策略。[32]

如果认为针对偏见的偏见仅限于左派，那也是一种错误。这就成了针对偏见的偏见的偏见。2010 年，自由主义经济学家丹尼尔·克莱因（Daniel Klein）和泽尔卡·布图罗维奇（Zeljka Buturovic）共同发表了一项研究，目的在于显示左翼自由派在经济问题上毫无头脑。而其结论的基础，就是这些人答错了类似如下这些经济学的基础问题：[33]

> 房地产开发的限制政策，令房价更高。【正确】
>
> 职业服务的强制许可证制度，提高了服务的价格。【正确】
>
> 拥有最大市场份额的公司，就是垄断。【错误】
>
> 住房租金控制政策导致住房短缺。【正确】

---

① 蜥蜴脑，人脑中掌管与理性思考无关的部分。——编者注

还有一道题是"总体来看，如今的生活水平比 30 年前要高"，这道题的答案是正确的。而答题情况是，61% 的进步派和 52% 的自由派表示不同意。这样的结果证实了第 4 章中讲到的进步派人士厌恶进步。自由主义人士和保守派开始幸灾乐祸，《华尔街日报》对这项研究进行报道，标题是《你比五年级小学生聪明吗？》，暗指左翼人士的脑筋还不如小学生灵光。但是，批评人士指出，测试中选定的题目，隐含着对左派政见的挑战。于是，两位经济学家随后又进行了同样水平的基础经济学测试，这一次的目标直指保守派：[34]

> 当两人完成自发交易时，双方必然获益。【错误】
>
> 堕胎变成违法行为，会增加黑市上的堕胎数量。【正确】
>
> 毒品合法化，将为街头黑社会和犯罪团伙提供更多的财富。【错误】

现在轮到保守派出丑了。克莱因后来写了一篇文章，题为《我错了，你也不对》，撤销了针对左翼的攻击。文中，他这样写道：

> 举例来说，超过 30% 的自由主义同胞以及超过 40% 的保守派对"一美元对于穷人的意义大于对富人的意义"这样的说法表示不认同。大家这是怎么了！而针对这个说法，只有 4% 的进步派人士表示不认同。17 道题的回答结果显示，没有哪一群人明显比另一群人更蠢。当面对那些对自身立场提出挑战的问题时，他们都表现出同样的愚蠢。[35]

中庸之道

如果左翼与右翼在测试和实验中表现出同等水平的愚蠢，那么就可以认为，他们在理解周遭世界的意义时，会犯同样水平的错误。第 5 章到第 18 章给出的关于人类历史的数据，给了我们一个机会，去看清哪个主要的政治意识形态可以对人类进步的事实进行解释。我一直认为，最大的驱动力是理性、科学和人文主义等非政治理想，正是这些因素，引领人们去追求知识、应用知识，并由此促进人类的繁荣发展。右翼或左翼的意识形态，是否在此基础上有所补充？本书的 70 多幅图表是否可以让任意一方说出"去他的偏见：我们是对的，你是错的"？似乎，每一方都可以从中沾些光，但同时也遗漏了整个历程中的关键部分。

首当其冲的是针对进步理想本身的保守主义怀疑态度。自从第一位现代保守主义者艾德蒙·伯克（Edmund Burke）提出，人类存在太多缺陷，从而无法想出改善自身境况的方法，还不如坚守传统和制度，以免跌落深渊。这就产生了主流的保守主义思想，他们怀疑任何解决问题的最优计划终将出错。近期在特朗普主义者和欧洲极右势力（见第 23 章）的煽动下，保守主义的反动边缘分子认为，在平静时期过后，西方文明已经失控，放弃了传统的道德明确性，接纳了颓废的世俗观念，如果任其自行发展，就会很快因恐怖主义、犯罪和社会反常状态而内爆。

这样的观点是错误的。启蒙运动之前人们一直笼罩在饥饿、瘟疫和迷信的阴影中，母婴死亡率居高不下，军阀烧杀劫掠，酷刑、死刑过程残忍，另外还有奴隶制度、政治迫害、种族灭绝、征服与宗教战争等问题。[36] 终于解脱了。在"进步"这一部分的图表中的弧线，显示出随着独创性和同情心在人类生活中的不断深化，生命也变得更长久、更健康、更富有、更安全、更快乐、更自由、更聪明、更深入、更有趣。问题依然存在，但问题是不可避免的。

左派也因对市场经济的蔑视而错失良机。工业资本主义在 19 世纪开启了摆脱普遍贫困的大逃离行动。到了 21 世纪，依然通过大聚合行动来拯救那些尚未脱离贫困的人们。但是，在最近的一次调查中，资本家、自由市场等的说法，在绝大多数知识分子看来，依然如鲠在喉。[37] 一部分原因在于，这些人的脑子会将这些说法自动修正成为无拘无束、不受监管、肆意驰骋、天马行空的自由市场，从而延续了一种错误的二分法，但实际上，自由市场可以与安全法规、劳动力法规和环境法规共存，就像自由国家可以与刑法共存一样。同时，自由市场可以与高水平的医疗、教育和福利支出共存（见第 9 章）。事实上，某些社会支出数额最高的国家，也拥有最大的经济自由度。[38]

为了表示对左派的公平，自由主义右派也接纳了同样的错误二分法，而且貌似非常愿意将自身装扮成左派的假想对手。[39]在 21 世纪共和党版本之中，右派自由主义者已经将太多监管可能有害的观点（为官僚赋予过多权力，致使给社会带来的成本比受益要多，或为保护在位者免受竞争威胁而伤害到消费者的利益）转变成为监管越少越好的教条。他们也将太多社会支出可能有害的观点（通过创造出让人们不想工作的违背常情的激励机制，破坏民间社会的规范和机制）转变成无论怎样社会支出都太多的教条。同时，他们还将税率太高的观点，转变成为一种歇斯底里的"自由"言论，认为将收入超过 40 万美元的边际税率从 35% 提高到 39.6% 的行为，意味着将国家的控制权交给了一群企图搞军事压迫的残暴兵团。通常，拒绝寻求最优水平政府的理由，就是引用弗里德里希·哈耶克在《通往奴役之路》（*The Road to Serfdom*）中的言论，认为监管和福利给国家铺了一个向下的滑坡，国家会沿滑坡走向贫困和暴政。

在我看来，人类进步的事实，对右翼自由主义的不友好程度，丝毫不逊于对右翼保守主义和左翼的不友好程度。而将自由市场与比美国更高水平的税收、社会支出和监管融为一体的国家，例如加拿大、新西兰和西欧国家等，并不是残酷的反乌托邦，而是令人向往的宜居之地。无论从人类繁荣的哪个角度，比如犯罪率、预期寿命、婴儿死亡率、教育水平来看还是从人们的幸福程度来看，这些国家都完败美国。[40]正如所看到的一样，没有哪个发达国家是靠右翼自由主义原则而运转的，关于这样一个国家，从来都没有人提出过任何现实可行的构想。

人类进步的事实，是对各种主流主义的挫败，这一点不足为奇。这些意识形态已有 200 多年历史，其基础是建立在高高在上的愿景之上的：人类究竟是有着悲剧性的缺陷还是无限的可塑性，以及社会究竟是有机整体还是个体组合等。[41]一个真正的社会，由数以亿计的社会人所构成，每个人都长着拥有一万亿个突触的大脑，每个人都在追求自身幸福的同时，通过对复杂网络的高强度正向或负向外部效应去影响他人的幸福，而许多这些效应都史无前例。在既定的规则下，关于未来的任何简单叙述，都会遭遇挑衅。更加理性的政治路线，就是将社会视为一场不断进行中的实验，用开放的心态去学习各个领域的最佳实践。目前的实证经验显示，人们在带有公民规范、权利保障、市场自由、社会支出和明智监管的自由民主制度中，能享受到最充裕的繁荣发展机会。正如帕特·保尔森（Pat Paulsen）所言："如果右翼或左翼获得了对国家的控制，那么这个国家就会绕圈飞。"

并不是说，中庸总是最好的，真理永远存在于两个极端的中间。而是目前的社会已经将历史上最严重的错误清洗了出去，因此只要一个社会能以中庸的状态体面地维持下去，如果街头没有血流成河，如果肥胖问题比营养不良更严重，如果用脚投票的人都吵闹着要进去，而不是争先恐后地往外跑，那么当前的社会状态很可能就是一个还不错的起始点（其本身就是我们能从伯克式保守主义中吸取的教训）。理性告诉我们，如果社会治理能更贴近科学实验的风格，远离极端的体育竞赛风格，那么政治磋商将能取得最大的成果。

超级预测者的秘密武器：贝叶斯定理

从对自身思想进行评估的角度来看，虽然对历史和社会科学数据进行研究，是一种比单纯靠想象进行辩论更明智的方法，但对实证合理性的严酷考验还是预测。科学凭借对假设的预测进行测试来不断向前发展，而在日常生活中，每当社会事件验证或否决了出租车司机"政治家"说过的话，我们就对其进行赞美或嘲笑；每当说出那些让人们对自身的正确性负责任的俗话习语，比如"认怂""臭鸡蛋扔到脸上""话不值钱""空言不如力行"等，我们就都能认识到事情背后的逻辑。

我们应该赞许那些做出正确预测的人和思想，而避免去信任那些做不到正确预测的人。不幸的是，这一常识的认识论标准很少被应用于知识分子和评论家，而这些人常常对自己的意见不负责任。像保罗·埃利希这样一直说错话的预言家，仍然一直被媒体密切关注，而绝大多数读者都不知道他们最喜欢的专栏作家、大师级人物或电视里不停说话的评论专家的预测准确率，是否比摘香蕉的黑猩猩的预测准确率更高。由此引发的后果是非常可怕的：许多政治和军事冲突，就源于对预测专家的盲目信心，例如 2003 年指控萨达姆·侯赛因研发核武器的情报报告，而在金融市场的预测中，几个百分点的正确率差异，就能让人或是一夜暴富，或是倾家荡产。

对预测准确程度进行跟踪记录，也可以对包括政治意识形态在内的知识体系的评估有一个更好的把握。虽然某些意识形态上的差异源于价值观上的冲突，很可能是不可调和的，但许多方面都通过不同的方式向一致的结论进行折中，最终就能求解成功。什么样的政策能在事实上带来几乎所有人都想要的东西，比如持久的和平或经济发展？什么样的政策能减少贫困、暴力犯罪或文盲的比率？理性的社会，应通过与世界沟通的方法去寻找答案，而不是假定一群围绕在某个信条周围固执己见的意见领袖有着全知全能的力量。

不幸的是，卡汉在实验中记录下来的实验对象的表演性理性，也适用于社论作者和专家。决定这些人名誉的因素，并不与他们提出的预测的准确度保持一致，因为根本没有人会在事后去调查谁说得准，谁说得不准。他们声望的真正基础，在于娱乐、挑逗或惊吓大众的能力，在于他们让人充满信心或充满恐惧的能力（希望预言能够自我实现或自我毁灭），在于他们组织同盟力量、颂扬其美德的能力。

自 20 世纪 80 年代以来，心理学家菲利普·泰洛克（Philip Tetlock）就一直在研究将准确的预测者与那些"经常犯错但从不受到怀疑"的预测者区分开来的方法。[42] 他招募了数百名分析人士、专栏作家、学者和有兴趣的外行人士来参加预测锦标赛。比赛时，研究人员向参赛人员展示一些可能发生的事件，并请他们评估事件发生的可能性。专家们非常善于巧妙地利用语言艺术对其预测进行描述，以保护自身免于被人扣上弄虚作假的帽子。他们总是狡诈地使用情态助动词（可能、也许）、形容词（比较大的机会、比较大的可能性）以及时间修饰词（很快、在不远的将来）。由此，泰洛克通过规定事件的明确结果和截止期限，来规范这些专家的行为。举例来说："明年是否会有国家退出欧元区？""未来 8 个月内，还会有多少国家报告埃博拉病毒的病例？"然后请专家明确写下数字概率。

泰洛克也避免了单个事实发生后对其概率预测进行赞扬或嘲笑的常见谬误，就像 538 博客（FiveThirtyEight）的民意汇集者纳特·西尔弗因预测特朗普在 2016 年总统大选中会有 29% 的获胜可能性，而饱受攻击。[43] 由于无法将选举重复数千次，来统计特朗普获胜的次数，预测结果是确定的还是不确定的这个问题本身就没有意义。我们能做到的，以及泰洛克做过的事情，就是将每位预测者给出的概率和相应的结果进行比较。泰洛克使用了一个公式，不仅考虑了预测者的准确性，而且还考虑了预测者做出极端预测结果的准确性，因为保险的做法，就是做出一半一半的预测，这样很容易达到准确的要求。从数学上来看，这个公式和他们心口相一，与根据自身的胜算概率拿自己的预测结果来打赌获得的收益有一定的联系。

20 年过去了，28 000 次预测之后，这些专家们的成绩如何？平均来看，他们的水平和黑猩猩差不多，用泰洛克的话说，就是投飞镖，而不是摘香蕉。泰洛克和心理学家芭芭拉·梅勒斯（Barbara Mellers）在 2011—2015 年间又进行了一次比赛，招募了数千位选手来参加由"情报高级研究项目活动"组织举办的预测锦标赛。这一次展现出来的又是横冲直撞的飞镖。但是，在两次锦标赛中，两位心理学家都能找出一些"超级预测者"。他们的表现不仅比黑猩猩和权威人士强出许多，比那些能接触到机密信息的专业情报官员还要强，其准确率比预测行业人士更高，而且距离理论上的最高水平也不太远。如何解释这种异常的洞察力？（这种能力适用于未来一年的期限，准确率随着时间跨度的不断延长而下降，到了 5 年左右，准确率就下降到只靠猜的水平。）问题的答案是清晰而深刻的。

预测水平最低的人，是那些脑子里有着宏大思想的人，无论是左翼还是右翼、乐观的还是悲观的。对于这些宏大思想，他们都怀着一种能鼓舞人心但极具误导性的自信：

> 虽然他们的意识形态彼此迥异，但因自身思想中都有着如此强烈的意识形态而联合在一起。他们总是试图将复杂问题压缩进自己喜欢的因果模板之中，将压缩不进去的因素视为不相关的干扰。他们对泛泛而谈的答案非常敏感，总是将自身的分析逼到极限，之后再往前拱一拱，用上诸如"更进一步""而且"等词汇，不断累加关于自己为什么正确、别人为什么错误的理由。这样一来，他们就变得非同寻常地自信，更有可能去宣布那些"不可能"或"确定"的事情。他们对自己给出的结论确信无疑，就算他们的预测被证实是失败的，也不愿意改变想法。他们会说："等着瞧吧。"[44]

事实上，正是那些将专家们送进大众视野的特征，令他们在预测上总是败兴而归。他们的名气越大，事件与他们的专业领域关系越紧密，预测的准确率就越低。但是，著名思想家们给出的与黑猩猩无异的预测准确度，并不意味着"专家"无用，也不意味着不能对精英投以信任。我们应该做的，是修正对专家的概念。泰洛克所说的超级预测家是：

> 务实的专家，他们会针对所面临的特定问题，在众多分析工具中精心选择那些适用的工具。这些专家会从尽可能多的来源收集尽可能多的信息。当他们思考时，常常会在不同思维方式间转换，讲话过程中，总是时不时地说出"然而""但是""虽然""另一方面"等转折标志。他们会讲到可能性和概率，而非言之凿凿的确定性。虽然没人愿意说"我错了"，但这些专家更乐意承认自己的失误，也愿意为此改变自己的想法。[45]

成功的预测，是书呆子的报复手段。超级预测家智商都不低，但他们并不一定绝顶聪明，其智商水平基本属于所有人口中的前 1/5。他们的数学能力较强，不是说他们多么精于计算，而是说他们可以很自如地从推测和估计的角度去思考。他们都拥有心理学家所定义的几种个性特征，例如："开放体验"式的个性特征，也就是丰富的求知欲和五花八门的品位；"认知需要"的个性特征，也就是在智力互动中能获得愉悦感；以及"综合复杂性"的个性特征，也就是接纳并理解不确定性，能看到事物的多个方面。他们是反冲动的，总是不相信自己最初的直觉。他们既非左翼，也非右翼。他们对自身的能力，并不见得时刻保持谦恭，但在特定信念的面前非常谦卑，认为这些信念是"亟待测试的假设，而非需要守卫的宝藏"。他们总是不停地自问："这段推理是否存在漏洞？如果我是别人，是否能被说服？"他们能意识到诸如可得性和确认偏差等认知盲点，并自我约束，以避免这些情况发生在自己身上。心理学家乔纳森·巴伦（Jonathan Baron）称之为"积极的心态开放"，观点如下：[46]

> 人们应该将那些与自身信念相左的证据考虑在内。【同意】
> 给那些不认同你观点的人以更多关注，比给那些认同你观点的人以更多

关注，更加有用。【同意】

　　改变想法是软弱的标志。【不同意】

　　直觉是决策的最佳指导。【不同意】

　　就算有人提出与你信念不一致的证据，也要坚守自己的信念，这一点很重要。【不同意】

　　比性格更重要的，是他们的推理方式。超级预测者都遵循贝叶斯定理，心照不宣地利用由贝叶斯提出的同名法则，在新证据的基础之上，想出如何更新某一命题的可信度。他们从事件的基础概率开始着手：总揽全局，放眼长远，此事可能发生的概率有多少。随后，他们根据新的证据对事件发生或不发生概率的影响，对预估进行上下调整。他们求知若渴地去不断寻找新证据，既避免反应过激（"这个证据将一切都改变了！"），也要避免反应不足（"这个证据毫无意义！"）。

　　另外两个特征，将超级预测者与权威人士和黑猩猩区分开来。超级预测者相信群体智慧，将自身的假设放到桌面上，供他人批评、修正，并将自身的预测与其他人的思考结果融为一体。他们对人类历史上的偶然性和意外有着强烈的见解，对必然性和命运没有感觉。泰洛克和梅勒斯向不同的人群提出问题，问他们对下面这种类型的陈述是否认同：

　　每件事情的发生都有理由。

　　没有意外或巧合。

　　没有什么事情是不可避免的。

　　就连"二战"或"9·11"事件等重大事件，也有可能出现非常不同的结果。

　　随机性是个人生活中的常见因素。

　　两位研究人员通过将对前三句陈述选"同意"的比例，和对最后三句陈述选

"不同意"的比例加总在一起，得出了一个"命运分数"。普通美国人处于中间的位置。精英大学的本科生分数稍低一些，预测能力一般的人分数更低，而超级预测者的分数则是最低的。准确程度最高的超级预测者，表达出了对命运和上天安排等思维最强烈的抵触。

在我看来，泰洛克对预测这种终极基准的无懈可击的评估，应该彻底改变了对历史、政治、认识论和知识界的理解。像书呆子那样对概率不断调整，比起受到各种思想体系启发的上通天文、下知地理的圣贤和叙述，是对这个世界更加可靠的指导。这样的事实，有着怎样的意义？除了给所有人迎头一击，提醒要时刻保持更加谦逊和开放的心态以外，还让我们有机会用几年到几十年的时间尺度，去审视历史车轮的前移。

事件的发生，取决于无数小力量的影响，这些力量使事件发生的可能性和影响力或是增加，或是减少。事件的发生，并不是通过某些席卷一切的规则或宏大的辩证逻辑而来的。可惜的是，对于许多知识分子和所有政治理论家来说，这并非他们所习惯的思考方式，但最好还是要去适应这样的现实。泰洛克在一次公开演讲时，有人提问，请他对预测的本质进行预测。他这样说道："当 2515 年的观众回头来看待 2015 年的观众时，他们对我们判断政治辩论时的表现所持的蔑视态度，基本相当于我们看待 1692 年塞勒姆女巫审判的蔑视态度。"[47]

理性的主要敌人

泰洛克并没有给自己这个异想天开的预测指定一个概率，还为其设定了一个遥远而安全的期限。提出未来 5 年之内，政治辩论的质量会有所提升的预测，显然是不明智的，因为 5 年之内的变化是很明显的。如今在公共领域之中，理性的主要敌人，不是无知，不是数学，也不是认知偏差，而是政治化。而且，政治化还呈现出逐渐上升的势头。

在政治领域，美国人越来越向两极化发展。[48] 绝大多数人的意见都太过浅薄而无知，根本无法形成一种连贯的意识形态。但是，我们也看到了一种令人生疑的进步形式。在 1994—2014 年间，美国人中意见呈绝对自由派或绝对保守派的百分比，从 10% 增加到了 21%。这种两极化现象，与因政治导致的社会隔离的增加，形成了巧合。在上述 20 年间，理论家们称他们大多数朋友持有和自己相同政治观点的可能性，也在提高。

政党也变得更加党派化。皮尤研究中心的一份调查显示，1994 年，约 1/3 的民主党人比共和党人更加保守，反之亦然。2014 年，该数据接近 1/20。虽然持各类政见的美国人自从 2004 年以来都不断向左偏移，但除了在同性恋权利问题上之外，他们在每一个重大问题面前都呈现出更加分歧的态度，包括政府监管、社会支出、移民问题、环境保护以及军事力量。更加麻烦的是，每一方都对另一方的态度愈加鄙视。2014 年，38% 的民主党对共和党怀有"非常不喜欢"的态度，而 1994 年时该数据只是 16%，有超过 1/4 的人认为这是"对国家福祉的威胁"。共和党人对民主党人的态度则更加敌视，43% 的人对民主党持负面看法，超过 1/3 的人认为民主党构成威胁。各方的理论家们，也都对妥协的态度更加抵制。

所幸，大多数美国人在所有这些观点上都比较温和，自称温和派的人数比例在 40 年间没有发生变化。[49] 不幸的是，更有可能投票、捐款或给政党代表施压的人，正是那些极端分子。用温和点的语气来说，我们没有理由认为，自从 2014 年调查以来，情况会有任何好转。

大学本应是将政治偏见弃之一边，利用心态开放的调查来揭示世界运转方式的大舞台。但是，就在最需要这个不偏不倚的论坛时，学术界也变得比以往更加政治化。学术界并非变得更加偏激，而是更左。一直以来，美国大学都比美国公众持有更加自由的观点，但这种倾向还在持续增加。1990 年，42% 的美国大学教授是极左派或自由派，比美国公众多 11 个百分点，40% 是温和派，18% 是极右派或保守派，左右派之比为 2.3∶1。2014 年，比例变成了 60% 的美国大学教授是极左派或自由派，比美国公众多出 30 个百分点，28% 的人是温和派，12% 是保守派，左右派之比为 5∶1.52。[50] 上述比例因学术领域的不同而有所变化：工商管理系、计算机科学系、工程系，以及健康科学系是两边平分，而人文学科和社会科学领域则表现出明显的左派：保守派的百分比只有个位数，马克思主义者与保守派之比为2：1。[51]物理系和生物科学系的教授们，则处于中间状态，他们中几乎没有激进分子，也找不到马克思主义者，但自由派的人数远远超过保守派。

从某种程度上讲，学术界以及新闻界、评论界和知识界的自由派倾向是与生俱来的。[52]对知识的探索过程，必然会形成对现状的挑战，因为现状永远都不够完美。而口头表达的主张，也就是知识分子的惯用手段，更倾向于自由主义者所推崇的审慎政策，而远离保守派所青睐的诸如市场和传统模式等呈发散状的社会组织。[53]同时，自由主义倾向，在适度的情况下也是可取的。知识分子自由主义在多种形式的进步中都位于最前沿，几乎每一个人都接纳了这些进步，譬如民主、社会保障、宗教宽容、奴隶制和司法酷刑的废除、战争的减少，以及人权和公民权利的扩大。[54]从许多方面来看，我们现在几乎都是自由主义者。[55]

但我们已经看到，当某种信念依附于某个群体时，其成员的关键能力就会被削弱，而有理由认为，这种现象已经在学术界发生。[56]在《白板》一书中，我讲到，左派政治如何扭曲了对人性的研究，包括性、暴力、性别、儿童养育、人格和智力等等。在一份研究报告中，泰洛克和心理学家何塞·杜阿尔特（José Duarte）、杰瑞特·克劳福德（Jarret Crawford）、夏洛塔·斯特恩（Charlotta Stern）、乔纳森·海特（Jonathan Haidt）以及李·朱希姆（Lee Jussim）共同记录了社会心理学偏向左翼的摇摆，并展示出这种倾向对研究质量造成了怎样的影响。[57]引用约翰·斯图尔特·密尔（John Stuart Mill）的话："只了解事物朝向自己一面的人，对事物的了解很少。"他们呼吁，心理学领域应拥有更大的政治多样性，而这正是最重要的一种多样性类别，这与通常所尊崇的多样性类别不同，一般来看，多样性是指那些外貌不同但想法相近的人们。[58]

在心理学学术圈，杜阿尔特等人的评论意见得到了人们的接纳与尊重。[59]但对其意见的尊重，并非普遍现象。当《纽约时报》专栏作家尼古拉斯·克里斯托夫（Nicholas Kristof）在文章中引用了他们的观点，并以赞许的态度提出类似的观点时，读者的愤怒反应证实了他们对人群最恶劣的指责，最激烈的评论是"没办法将你和傻瓜多样化"。[60] 由强硬的左派教授、学生活动分子和一种自治的多元化官僚机构所构成的学术文化派系，已经变得咄咄逼人、狭隘而偏执，他们被人贬义地称为社会正义斗士。任何不认为种族主义是所有问题根源的人，就会被称作种族主义者。[61]

非左翼演讲人，经常在抗议活动之后被活动主办方拒绝邀请，或被满口嘲弄的暴徒所淹没。[62] 学生若在私人邮件中提出双方都存在争议的看法，很可能会被学院的院长拿出来公开点名进行羞辱。[63] 教授们饱受压力，不敢在课堂上就可能引发人们情绪的话题发表意见，还会因不正确的政治观点而遭受调查。[64]

通常，这种镇压总是以喜剧告终。[65] 学院院长桌面上都摆着一份指南，里面有一长串如何识别"微型侵犯"行为的列表，写着诸如"美国是充满机遇的国度""我认为最符合条件的人应该得到这份工作"的话。一位教授请学生针对自己妻子写的一封信进行讨论，信中建议学生们不要在万圣节服装上太过搞怪。这样的行为，引发学生对教授的一番嘲讽和谩骂。瑜伽课程也被取消了，因为瑜伽被认为是"文化挪用"。而真正的喜剧演员则并不觉得有什么好笑：杰瑞·宋飞（Jerry Seinfeld）、克里斯·洛克（Chris Rock）和比尔·马厄（Bill Maher）等人，都对到大学校园中进行表演持谨慎态度，因为总会有一些学生不可避免地因他们的笑话而感到愤怒。[66]

对于校园中发生的这些闹剧，我们不能让右翼辩论家们沉迷于偏见的偏见，不去理会那些源自大学的他们并不喜欢的思想。整个学术群岛之中包括大量的思想和观点，都遵从于同行评审、终身教职、公开辩论、对引用的要求以及为促进公允的真理探寻而收集的实证证据等规范，无论在现实之中执行得有多么不完美。大学孕育出了本书和其他著作所倡导的对异端邪说的批判，同时还为整个世界传递了大量宝贵的知识。[67] 而诸如博客圈、推特圈、有线新闻、访谈节目和国会等其他领域，也并不是客观和严谨的典范。

当下存在的对理性造成破坏的这两种政治化形式中，政治所带来的危险，远超学术。个中缘由显而易见。人们常说（没人知道最开始是谁先说的），学术辩论是最恶毒的，因为其利害影响是如此微不足道。[68] 但在政治辩论中，利害影响的潜力是无限大的，甚至能影响到整个世界的未来。政治家和学者不同，他们懂得如何撬动权力的杠杆。

在 21 世纪的美国，成为极右势力代名词的共和党对国会的控制祸害不浅，因为他们坚信，目标是正义的，竞争对手是邪恶的。他们为了获得想要的东西而破坏了民主制度。腐败行为包括：选区划分不公正、实施投票限制以剥夺民主党选民的投票权，鼓励金钱利益，进行不受监管的捐赠，在本党控制总统席位之前阻止最高法院提名，当他们的最大要求得不到满足时便关闭政府，而且还在特朗普明目张胆的反民主冲动行为面前，毫无条件地对他给予支持。[69] 无论在政策上或哲学上有什么分歧，民主审议的机制都应该是神圣不可侵犯的。但它们不成比例地受到右翼的侵蚀，导致许多人都认为民主政府本身就是功能失调的，也越来越对民主制度本身怀有一种愤世嫉俗的态度，其中也包括越来越多的美国年轻人。[70]

知识界和政治界的两极分化，会相互促进。当美国一路从罗纳德·里根到丹·奎尔（Dan Quayle），到乔治·W. 布什，到莎拉·佩林（Sarah Palin），再到唐纳德·特朗普，眼看着保守派政治稳步走向无知的深渊时，学术界人士也越来越难以成为保守派知识分子。[71] 另一方面，政治家和社会正义斗士，创造了一个开放的"胡言乱语"时代，鼓吹"实话实说"。我们这个时代所面临的挑战，就是如何培育出一种由理性所驱动的知识和政治文化，而非被部落主义和彼此反击所主宰。

让理性流行起来

令理性成为叙述中的通货，始于对理性本身中心性的明确。[72] 正如之前所讲，许多评论人士都对此感到困惑。认知和情感偏差的发现，并不意味着"人类是非理性的"，也不意味着以更加理性的方式进行决策毫无意义。人类如果不具备理性思考的能力，那么可能永远都不会发现非理性的表现方式，因为没有对人类判断进行评估的理性基准，也没有办法进行评估。人类在偏差和错误面前可能的确很脆弱，但显然不是所有人永远都如此，否则就没有人有资格说出人类在偏差和错误面前很脆弱这样的话。人类大脑拥有理性思考的能力，发挥这项能力的条件在于识别出适当的环境，并将理性思考的能力牢固地置于其中。

出于同样的原因，社论撰写者也应该摒弃新近出现的陈词滥调，认为我们处在"后事实时代"，除非他们能始终拿出尖刻的讽刺语气来。这个说法是有腐蚀性的，因为它暗示着我们应该听从宣传和谎言，并用更多的宣传和谎言予以反击。而我们并非处于一个后事实时代。虚伪的谎言、真相掩盖、阴谋论、异常流行的错觉，以及人群的疯狂，都与人类物种同样古老。[73] 而认为某些思想是正确的，另一些是错误的，这样的信念也是一样古老。见证了谎言成真的特朗普崛起的十年，同样也见证了事实核查的新伦理的兴起。始于 2007 年的事实核查项目"政治真相"的编辑安吉·霍兰（Angie Holan）曾指出：

> 如今的许多电视记者……已经高高举起事实核查的火炬，在现场访谈过程中，一遍又一遍地审问候选人就某些问题发表意见的准确性。大多数选民并不认为向人们提出"他们那些看似以事实为基础的论调是否准确"的问题是带有偏见的。美国新闻研究所于早些时候发表的研究显示，超过 80% 的美国人对政治事实核查持积极观点。
>
> 事实上，记者经常告诉我，他们所在的媒体机构已经开始在报道中对事实核查予以强调，因为现在有太多人会在看过辩论或重大新闻事件后到网上去进行事实核查。如今，许多读者也希望将事实核查作为传统新闻叙述的一部分，当他们看到新闻报道中出现不可信的描述时，会口头向监察员和读者代表进行举报。[74]

在过去那个年代，虚假的谣言经常引发暴乱、骚动、私刑和战争，包括 1898 年的美西战争、2003 年的入侵伊拉克等。[75] 这样的伦理道德若放在当时，会大有裨益。2016 年，事实核查的进程不够严谨，未能防止特朗普当选，但自此之后，他的谎言和其代言人的信口胡诌，始终被媒体和流行文化当作把柄，一点面子不给地对其大肆嘲讽。这就意味着，支持真理的力量就算并不总能获胜，但也已经到位。

长期来看,理性机制可以缓解信仰公地悲剧,让真理占上风。关于当下的种种不理性行为和意识——狼人、独角兽、女巫、炼金术、占星术、放血术、毒瘴、动物祭祀、国王的神权,或是彩虹和日食的超自然预兆,几乎没有什么富有影响力的人会相信。道德上的非理性同样可以被超越。就在我的童年时代,弗吉尼亚州的法官利昂·巴齐勒(Leon Bazile)对理查德·洛文(Richard Loving)和米尔德里德·洛文(Mildred Loving)之间的跨种族婚姻定罪予以支持,其论调就连如今最愚昧的保守派也说不出来:

> 当事人犯有最严重的罪行。这种行为违反了建立在公共政策动机之上的公法……而社会秩序、公共道德和两个种族的最大利益都有赖于此……万能的上帝创造了白人、黑人、黄种人、马来人和红色人种,将这些种族置于不同的大陆上。他将各个种族分开安置的事实,证明他不希望这些种族在彼此之间联姻。[76]

拥抱批判性思维

我们能做些什么来提升推理的标准呢?以事实和逻辑进行说服,这种最直接的策略,并不总是无效的。诚然,人们可以无视一切证据,坚守自己的信仰,就像漫画《花生》(Peanuts)里的露西一样,虽然她当时正在一场大雪中慢慢被埋住,但她坚持认为雪花是从地面上冒出来的,然后一点点累积到天空。但是,积雪的高度是有限的。当人们第一次面对与自身鲜明的立场相矛盾的信息时,他们就会愈加地坚定,就像身份保护认知、动机性推理和认知失调削减等理论所证明的一样。秉持某种信仰的人们,感觉到自己的身份受到威胁时,就会加倍努力,拿出更多的攻击弹药来抵御挑战。但是,由于人类思维之中的另一部分使人不脱离于现实,随着反面证据越积越高,认知失调也会越累越多,直到难以承受,观点被推翻。这种现象,被称为情感临界点。[77]

临界点取决于两方面之间的平衡,一是放弃意见会对意见坚持者的名誉造成多大的损害；二是反面证据是否足够引人注目、足够公开，以至于成为众人皆知的常识，就像是皇帝的新装或房间里的大象。[78] 正如在第 10 章了解到的一样，这种现象正发生在关于气候变化的公众意见领域。当富有说服力的影响者之中的关键核心改变想法，其他人都跟随他的步伐，或一代人被并不坚守同样信条的下一代人所取代时，整个人群的意见就会发生转移。

放眼整个社会，理性的车轮常常以非常缓慢的速度向前转动，若能加快速度就再好不过了。运用这一力矩最适宜的地方，就是教育和媒体。数十年来，理性的支持者一直在给各大中小学校施压，敦促其开展"批判性思维"课程。教师们建议学生要看到问题的两面，用证据去支持自身的观点，并找出诸如循环推理、稻草人谬误、诉诸权威、人身攻击谬误、将梯度问题简化为非黑即白等逻辑谬误。[79] 还有一类相关课程，名为"去偏"，旨在让学生去抵制诸如可得性启发式和确认偏差等认知谬误。[80]

这些课程刚刚开设之时，成果令人颇为失望，并导致一种悲观情绪的出现，认为老百姓永远无法拥有理智。但是，除非风险分析师和认知心理学家代表的是一种更加优秀的人种，否则他们所受的教育中，一定有一些东西对其进行了启发，让他们对认知谬误有所认识，并想出办法来予以避免。而且，没有理由认为这些启发不能应用到更加广泛的范围内。再次审视批判性思维和去偏课程，就能看出令其成功或失败的原因究竟在哪里。

教育研究人员对这些原因再熟悉不过。[81] 无论什么样的课程，只要是由一位老师站在黑板前面长篇大论，学生拿着标记笔在课本上标着重点，从教学法的角度来看，这样的课程就是无效的。人们只有被迫靠自己想通某个理论，与他人进行讨论，将理论应用于实践之中去解决问题，他们才能真的搞明白。学生们不会将他们从某个具体例子中学到的东西自发转移到同属一个抽象分类中的别处。数学课上学会利用最小公倍数原则将军乐队排成偶数列的学生，当来到菜地里给蔬菜排队时，便抓瞎了。

有了这些关于课程的经验教训，心理学家最近又开发出了能强化逻辑思维和批判性思维的"去偏"课程。他们鼓励学生在各种类型的环境之中，去发现、指认并修正谬误。[82] 有些利用电脑游戏让学生们进行练习，练习结果的反馈，还能让学生看到他们犯下的错误会导致怎样荒唐的后果。还有一些课程，将深奥难懂的数学公式转换成为实实在在、可以构想出来的场景。泰洛克将成功预测者的实践编纂为一套优质判断指南，例如：以基础频率开始；寻找证据，不要因证据而反应过度或反应不足；不要试图为自己的错误解释，而是要利用这些错误来进行校准。实践证明，这些课程非常有效：学生从自己身上挖掘出来的全新智慧的延续时间比培训课程要长，而且还能转移到其他科目上。

虽然有这些成功先例，虽然参与到不带偏见的批判性推理之中的能力是对其他任何事物展开思考的先决条件，但是很少有哪家教育机构为自身设定了提高理性思维能力的目标。这也包括我自己所在的大学。一次课程审议过程中，我建议所有学生应该针对认知偏差进行学习，而话一出口，便淹没在众人的无视之中。许多心理学家都呼吁自己所在的领域"将去偏进行到底"，并将其视为给人类福祉带来的最大潜在贡献之一。[83]

理性的本质

有效的批判性思维训练和认知去偏训练，可能不足以根治身份保护认知。在身份保护认知状态下，人们会依附于任何能提升部落荣耀和自身地位的观点。这是政治领域中发病率最高的一种问题，至今为止，科学家做出的判断都是误诊。他们认为，问题在于非理性和对科学的无知，而非信仰公地悲剧的短视理性。正如一位作家所指出的那样，科学家经常以英国人对待外国人的方式去对待公众，每到公开场合，他们就语速减缓，音量放大。[84]

由此可见，若想让世界变得更加理性，不能只训练人们令其拥有更好的理性思维能力，然后任其自由发展。同时，这还取决于工作场所、社交圈子，以及辩论和决策领域的话语规则。实验证明，正确的规则，可以避免信仰公地悲剧，迫使人们将自身的理性思考过程和其身份分离开来。[85]

其中一个技巧，是很早以前由犹太拉比所发现的。他们命令犹太学生在犹太教法典辩论中互换立场，站在对方角度进行辩论。另一个技巧，就是让人们尝试着在小规模讨论小组中达成一致意见。这就迫使人们在小组成员面前为自己的观点辩护，而最终结果，通常是真理获胜。[86] 科学家自己也发现了一种叫作"对抗协作"的新策略。在这种策略中，敌对双方为搞清问题的真相而达成合作，在检验之前构建起达成一致的实证检验标准。[87]

即使仅仅要求人们对某个观点进行说明，也能帮助人们摆脱过分自信的状态。大多数人都误以为自己对这个世界的了解很透彻，这是一种叫作"解释深度错觉"（Illusion of Explanatory Depth）的偏差。[88] 虽然我们以为自己知道拉链是怎么拉上的、气缸是如何锁定的、马桶是怎样冲水的，但只要有人让我们对这些事物进行解释，我们就会立刻哑口无言，被迫承认自己并不知道。同样的道理，也适用于热点政治问题。对奥巴马医改或北美自由贸易协定持死硬派观点的人，当被要求对这些政策进行讲解时，他们很快就会发现，根本不知道自己在讲些什么，从而对反对意见拿出更加开放的态度。

也许最重要的是，当人们与问题利益相关，不得不承担自身意见所带来的后果时，其偏见程度就会减轻。人类学家雨果·梅西耶（Hugo Mercier）和丹·斯佩贝尔（Dan Sperber）对关于理性的文学作品进行了回顾，并总结认为："人们普遍对人类的推理能力怀有悲观的态度，但事实上，人是很擅长以不偏不倚的方式进行推理的，至少是在他们对某个论证进行评估，而非自己提出论证时，以及当他们以追求真理为目标，而非以赢得辩论为目标时。"[89]

特定领域的规则令人们整体上变得愚蠢或聪明的方式，可以解决在本章内容中不断出现的一个悖论：为什么在这个拥有前所未有的知识量和无数分享知识的工具的年代，整个世界看起来却变得越来越不理性。结论就是，在绝大多数领域，世界并没有变得越来越不理性。医院中的患者死亡率并没有因为庸医的误诊而上升，飞机并没有频频从天上掉下来，食物也并没有因为没人知道怎么将其送往商店而在半路上腐烂。关于进步的章节已经表明，集体智慧在解决社会问题方面，正在取得越来越令人瞩目的成功。

事实上，在一个又一个领域之中，我们正见证着汹涌而来的理性不断征服着教条和本能。报刊媒体正在不断补充统计学专业人士和事实核查团队。[90] 国家情报的隐秘世界，正在利用超级预测者的贝叶斯推理，探往更加遥远的未来。[91] 医疗领域正在被循证医学彻底改造，而"循证"这个说法，本应在很早之前就是多余的。[92] 心理治疗已经从沙发对谈和笔记本记录发展到了反馈告知治疗法（Feedback-Informed Treatment）。[93] 在纽约等地，因应用了名为"Compstat"的实时数据处理系统，暴力犯罪率明显下降。[94] 为发展中世界提供帮助的行动，得到了一群名为"Randomistas"的经济学家的指导。他们从随机试验中获取数据，将天花乱坠的面子工程和真正能提升人们生活水平的项目区分开来。[95] 志愿行动和慈善捐赠，得到了"有效利他主义运动"的审查，这项行动将那些能提升受益人生活水平的利他主义行为，和那些旨在提升捐赠者自身名誉和光芒的利他主义行为区分开来。[96] 在体育赛事领域，魔球理论（Moneyball）逐渐盛行，人们通过统计学分析来评估赛事战术和球员水平，而并不仅凭借直觉和眼光来做判断，这就使得更加精明的球队能打败更加富有的球队，还能为球迷们提供取之不尽的交流话题。[97] 博客中也出现了"理性社区"，该社区敦促人们通过应用贝叶斯推理和修正认知偏差等方法，在发表意见时"减少错误"。[98] 在政府的日常运转过程中，行为洞察（有时被称作 Nudge）和以证据为基础的政策的应用，从更少的税收中提取到了更多的社会福利。[99] 在一个又一个领域之中，世界正在变得愈加理性。

当然，也存在一个灼人眼球的例外：竞选政治以及与之相关的一系列问题。在这个领域，游戏规则中充满了恶意设计，就是为了激发出人们最不理性的思想和行为。[100] 投票人对那些与他们个人没有任何关系和影响的问题拥有发言权，而从来不用为此专门收集信息或证明自身的立场。诸如贸易和能源等与现实结合得十分紧密的议程，与诸如进化论的教学等道德上有争议的问题捆绑在了一起，成了一个个大包袱。每一个大包袱，都被捆在了一个与地理位置和种族分布相关的选区上。媒体对竞选的报道与赛马无异，在尖声号叫的赛事中，用意识形态作为武器来彼此攻击。所有这些现象，都引导人们远离理性的分析，走向热烈的自我表达。

之所以出现这些现象，部分是因为人们误认为民主的优越性来源于竞选，而实际上，民主的优越性更取决于拥有一个对权力进行限制、对公民作出回应、对政策结果予以关注的政府（见第 14 章）。由此，那些旨在令治理更加"民主"的改革，譬如全民公投和直接初选，却在实际上令治理变得更加以身份为驱动、更加不理性。这一难题是民主制度与生俱来的，从柏拉图那个年代起，就一直争论不休。[101] 这些问题没有快速解决办法，但找出当下问题中最严重的一面，制定出减轻问题严重程度的目标，是着手解决问题的第一步。

当问题没有被政治化时，人们完全可以做到理性。卡汉指出："关于科学的公开激烈争论，其实只是例外，而非规则。"[102] 没有人会就抗生素是否有效，或醉酒驾车是不是明智之举这类话题展开讨论。一项配备了与之非常契合的控制组的自然实验，就证明了这一点。[103] 人乳头瘤病毒（HPV）主要通过性行为传播，是引起宫颈癌的主要原因，但是可以通过接种疫苗来进行预防。乙肝也可能通过性行为传播，也会导致癌症，同样也可以通过接种疫苗来进行预防。但是，HPV 疫苗酿就了一场政治风暴，家长们纷纷群起抗议，称政府不应该用这样的方式让青少年可以更轻易地发生性行为，而乙肝疫苗却毫无争议。卡汉认为，其区别就在于两种疫苗的引入方式。乙肝被视为常规的公共卫生问题，就像百日咳或黄热病一样。而 HPV 疫苗的制造商却去游说州立法机构，力图将疫苗接种变成强制性的，从女性青春期阶段就要开始。这就为疫苗赋予了性别化特征，惹恼了那些保护欲极强的父母。

为了令公共话语变得更加理性，问题应该尽可能地去政治化。实验显示，当人们听到某个新政策时，如福利改革政策，如果是由他们本身的政党所提出，就会予以支持，如果由另一个政党提出，就会予以反对。与此同时，人们还深信，自己是对该项政策的客观价值做出反应。[104] 这就意味着，应该谨慎地选择发言人。几位气候变化的活动人士都抱怨，阿尔·戈尔参与了纪录片《难以忽视的真相》（*An Inconvenient Truth*）的创作和拍摄，对气候变化运动造成的影响弊大于利，因为作为前任民主党副总统和总统候选人，他为气候变化的议题加盖了左翼的印记。如今的我们很难相信，环保主义曾经被谴责带有右翼目的，因为那些上流社会人士总是担心野鸭栖息地的破坏会影响他们打猎，还担心乡间别墅的景观会遭到破坏，而不去考虑种族主义、贫困和越南等严肃问题。招募一些对证据深信不疑，愿意分享自身顾虑的保守主义和自由主义评论人员，比招募更多语调缓慢、声音嘹亮的科学家，要更加有效。[105]

此外，事件的真实情况应该与带有政治象征意味的补救措施分开。卡汉发现，当人们得知人为气候变化可以在地球工程的努力下予以缓解时，对该问题的观点就不会那么极端。而当人们得知，若想人为控制气候变化，需要对气体排放进行严格控制时，态度就会呈现更为明显的两极化分布。[106] 当然，这种现象并不意味着要把地球工程本身提倡为最主要的解决方案。将问题进行去政治化处理，就有可能带来真正的行动。卡汉帮助一群多数都是共和党人的佛罗里达商人、政治家和当地居民组织并达成一项计划，以应对不断上升的海平面对沿海公路和淡水供应所带来的威胁。该计划包括减少碳排放的措施，而在其他情况下，这一措施会具有政治上的放射性。但是，只要计划将关注点集中在他们能亲眼看到的问题上，并淡化处理那些可能在政治上造成分歧的背景故事，他们就会表现出理性行为。[107]

对于媒体来说，应该检查一下自身将政治转变为娱乐赛事的做法。对于知识分子和权威人士来说，应该对竞争三思而后行。可否想象，有一天，那些最著名的专栏作家和电视上的评论人士，不再拿出可预见的政治倾向，而尝试着就事论事，得出值得为之进行辩护的结论？有一天，"你只不过是在重复左翼（或右翼）的立场"，就被认为是具有毁灭性的态度？在这样的情况下，人们，尤其是学者，会拿出"等等，让我看一眼最新的元分析"这样的话，去回答诸如"枪支控制能否减少犯罪率"或"最低工资是否会增加失业率"这样的问题，而不是从他们的政治立场出发，给出一个可以预见到膝跳反射似的回应。有一天，右翼和左翼的作家，都放弃了芝加哥式辩论方式，也就是说不再是"他们拿出一把刀，你就掏出一把枪。他把你们中的一员送往医院，你就将他们中的一员送到停尸房"，转而采纳武器控制者的"紧张局势缓和的循环回报"策略，也就是给出一个小小的单方面让步，邀请对方对此拿出互惠式措施。[108]

距离这一天，还有很长的一段路要走。但是，能将推理过程中的缺陷作为教育和批判的目标而单独列出来的理性的自我疗愈力，还需要时间去形成。弗朗西斯·培根的对坊间推理的洞察，以及相关性和因果关系的区分，是用了好几个世纪的时间，才成为拥有科学素养人士的第二天性的。特沃斯基和卡尼曼对可得性及其他认知偏差的展示，也用了 50 年的时间，才进入我们的常规智慧之中。政治部落主义是当今最阴险的非理性表现形式，这一发现是新近才出现的，绝大多数人都还没有听说过。事实上，饱经世故的思想家也可能像其他人一样，受到这种恶疾的感染。随着每一件事物的加速发展，也许针对这种现象的反措施会以更快的步伐迎头赶上。

无论还需要多长时间，都不能让认知和情绪偏差的存在，或政治领域非理性行为的阵痛，打击到一如既往追求理性和真理的步伐。如果能识别出人类表现出非理性思想与行为的方式，我们就必定知道，理性是什么。既然没有什么特别之处，我们的同伴至少也会拥有一些理性思考和行动的能力。而理性的本质，就是思考者总能退后一步，想一想自己的缺陷，并用推理的方法找出绕道而行的路径。

22
科学

　　无论是在星际空间的吹牛大赛中，还是在隆重场合的严肃发言中，如果让我们说出人类物种最值得骄傲的成就，应该说些什么？

　　我们可以吹嘘人权的历史性胜利，譬如奴隶制的废除和法西斯主义的溃败。但是，无论这些胜利给人带来多大的启迪，都是在清除我们在自己的道路上设置的障碍。这就好像是你在简历里写自己战胜了毒品一样。[1]

　　我们当然会将艺术、音乐和文学的杰作包含在内。但是，埃斯库罗斯、埃尔·格列柯（El Greco）或比莉·荷莉黛的作品，是否能被那些想法和经历与我们有着天壤之别的人士所欣赏？也许，关于美貌和意义，存在着超越文化的一致视角，能引起每一位智慧人士的共鸣。我总是这样认为。但是，很难真正了解到这一点。

　　然而，有一类成就，可以让我们大言不

惭地在任何思想的审判面前夸耀，那就是科学。很难想象哪个智慧实体会对其所存在的世界不感兴趣，而对于人类物种来说，这种好奇心得到了令人快乐的满足。我们可以对宇宙的历史进行解释，对促使宇宙运转的力量进行分析，对构成人类自身的物质进行研究，对生物的起源进行探索，对生命的机制进行解密，还能对精神生活进行剖析。

虽然我们的无知程度依然巨大到难以估量，而且永远会这样，但我们的知识是惊人的，并且每天都在发展。物理学家肖恩·卡罗尔（Sean Carroll）在《大图景》（*The Big Picture*）一书中指出，除了极端的能量和引力，譬如黑洞、暗物质和大爆炸外，日常生活中常见的物理定律已经完全为人所知。这是"人类思想史上最伟大的胜利之一"，[2] 对此我们很难予以否认。在生命界，科学家已经描述了超过 150 万个物种。21 世纪之内，在学界的共同努力下，我们可以很现实地期待，余下的 700 万个物种也将得到命名。[3] 此外，对世界的理解，不仅仅是将各种粒子、力和物种罗列出来，而且是对其中深藏的根本原则有所把握，例如引力是时空的曲率，生命依赖于携带信息、指导新陈代谢和能够实现自我复制的分子。

科学发现持续不断地带给人震撼、欣喜，持续不断地去回答之前无法回答的问题。当沃森和克里克发现 DNA 的结构时，他们连做梦都不敢想，有一天，研究人员能对拥有 38 000 年历史的尼安德特人化石的基因组进行测序，并发现一个与说话和语言有关的基因。更不敢想，美国著名主持人、企业家奥普拉·温弗瑞的 DNA 分析，会证明她是生活在利比里亚雨林中克佩勒人的后代。

科学向人类投射出了新的光芒。古代、理性时代和启蒙运动时期的伟大思想家都诞生过早，未能享受到那些对道德和意义有深远影响的思想，其中包括熵、进化论、信息论、博弈论，以及人工智能等。他们只能围着这些概念的早期形式或近似形式打转。古时思想家提出的问题，如今正在这些新思想的影响下逐渐丰富，在诸如脑活动三维成像、以追踪思想传播而进行的大数据挖掘等方法的辅助下，得到探索。

科学，也为世界提供了美到极致的图像：频闪的冻结运动，热带雨林和深海世界中五光十色的动物群，优雅的旋涡星系和缥缈的星云，荧光闪闪的神经回路，以及耀眼的地球以深不见底的暗色太空为背景，从月球的地平线上冉冉升起。和伟大的艺术作品一样，这些图像不仅仅是让人赏心悦目的画面，更蕴藏着引人凝视和沉思的哲理，能让我们更深刻地理解人之所以为人的意义，以及在大自然中所处的位置。

当然，正如有关进步的章节中所讲，科学赐予了我们有关生命、健康、财富、知识和自由的礼物。借用第 6 章中的一个例子，我们凭借科学知识根除了天花这种会令人痛苦不堪、毁容的疾病。仅在 20 世纪，天花就夺去了 3 亿人的生命。如果有人还没有意识到这一道德成就的壮举，那么请允许我再说一遍：我们凭借科学知识根除了天花这种会令人痛苦不堪、毁容的疾病，仅在 20 世纪，天花就夺去了 3 亿人的生命。

在这些令人惊叹的成就面前，关于我们生活在一个不抱幻想、毫无意义、衰落、肤浅、荒谬年代的说法，都成了无病呻吟的谎言。然而，在当下这个时代，科学的美好与力量，不仅没有得到人们的认可和欣赏，反而遭到了恶毒的憎恨。这种对科学的蔑视，存在于让人意想不到的领域：不仅仅是啥也不懂的政客，还包括许多最受人爱戴的知识分子和最受人敬畏的高等学府。

对科学的敌意来自哪里

记者克里斯·穆尼（Chris Mooney）在《共和党的科学之战》（*The Republican War on Science*）一书中记录下了美国右翼政客对科学的不尊重。甚至连坚定的支持者，例如路易斯安那州前任州长鲍比·金达尔（Bobby Jindal），都将自己所在的组织贬斥为"愚蠢的政党"。[4] 这个名声源自乔治·W. 布什政府推行的政策，包括他打着"智慧设计"的幌子对神创论教育的鼓励，以及一改长久以来向公允的科学家团队寻求意见的做法，转而招募了一帮与自身志趣相投的空想家，其中许多人都提倡稀奇古怪的观点，否认得到科学证实的观点：这些空想家认为堕胎会导致乳腺癌，而且否认避孕套能防止性传播疾病。[5] 共和党的政客们都热衷于搞出些愚蠢而浅薄的大场面，比如 2015 年时，俄克拉何马州参议员兼环境和公共事务委员会主席詹姆斯·英霍夫（James Inhofe）将一个雪球放在了参议院的地板上，以此来质疑全球变暖的事实。

政治话语中对科学的愚蠢化处理，大多围绕着堕胎、进化论和气候变化等热点问题展开。但是，对科学共识的蔑视，已经发展成为大范围的无知。得克萨斯州众议员，众议院科学、空间和技术委员会主席拉玛尔·史密斯（Lamar Smith）对美国国家科学基金会发起过挑衅，不仅仅针对气候科学研究，将气候科学斥为左翼阴谋，而且还将矛头指向对同行评审经费的研究，并脱离上下文地以此为笑柄，比如，"联邦政府如何证明将 22 万美元用在研究《国家地理》上的动物照片是合理的"。[6]他曾试图通过立法提案，要求美国国家科学基金会只支持那些倡导国防和经济等"国家利益"的研究，来打击联邦政府对基础研究的支持。[7]科学是超越国界的，正如契诃夫所言，"从来没有国家科学，正如从来没有国家乘法表一样"。[8]科学对任何人利益的倡导，来源于其对现实的基础理解。举例来说，全球定位系统利用的是相对论，癌症治疗仰仗于双螺旋的发现，人工智能采纳了脑科学和认知科学中的神经及语义网络。

但是，第 21 章让我们认识到一个事实，那就是，政治对科学的压迫同样也来源于左派。正是左派激起了大众对人口过剩、核能和转基因生物体的恐慌。关于智力、性、暴力、子女教养和偏见的研究，则被各类计谋手段所扭曲。这些手段包括问卷调查中的选项设置，对没有接纳政治正确正统观念的研究人员进行恐吓，等等。

本章随后的内容中，我将把重点放在那些影响更加深远的对科学的敌意上。许多知识分子，都因科学渗入诸如政治、历史和艺术等人文学科的传统领域而感到愤怒。同样，在那些曾经被宗教所统治的领域应用上科学推理，同样会遭到人们的斥责。许多根本不信神的作家都坚持认为，让科学在最重大的问题上发表意见，是不妥的。在主流意见期刊中，热议领域的科学家常被扣上决定论、还原论、本质主义、实证主义的帽子，最可怕的是，竟然还出现了一种被称作"科学主义"的罪行。

这种不满情绪，同时来自两个党派。左派控诉中的标准案例，可以从历史学家杰克逊·利尔斯（Jackson Lears）在美国《民族周刊》（*The Nation*）发表的评论文章中找到：

> 实证主义取决于还原论者的信念，他们认为，整个宇宙，包括所有人类行为在内，都可以参考可精确测量的、确定性的物理过程，并以此来作为解释。实证主义假设为社会达尔文主义和关于进步的流行进化论观点提供了认识论基础，也为科学种族主义和帝国主义提供了认识论基础。这些倾向与优生学相结合。优生学认为，人类的福祉可以通过针对"适者"的选择性繁殖和针对"不适者"的选择性绝育或清除，来得到提升，并最终臻于完美。就连小学生都知道接下来会发生什么：灾难性的 20 世纪，两次世界大战，以空前的规模对无辜者进行有计划的屠杀，具有不可想象破坏力的武器扩散，帝国外围的前卫战。所有这些事件，都在不同程度上包括了科学研究在先进技术领域的应用。[9]

而右翼的案例，可以参考这份 2007 年由乔治·W. 布什的生物伦理学顾问利昂·卡斯（Leon Kass）发表的演讲：

> 关于生物界与人的科学思想和发现，本身是很受欢迎而完全无害的。但它们现在正被人用来与传统宗教和道德教义进行对抗，甚至用来挑战我们作为拥有自由和尊严的人的自我理解。一种准宗教信仰正在我们中间兴起，请允许我姑且称之为"没有灵魂的科学主义"。这种思想认为，新近发展出来的生物学可以消除一切神秘因素，对人类生命进行完整的描述，对人类的思想、爱、创造力、道德评判，甚至信仰上帝的原因，给出纯科学的解释。如今，对人类构成威胁的最大因素，并不源自来世的灵魂轮回，而在于此生对灵魂的否定。
>
> 毫无疑问，这场角逐胜负有着极大的利害关系，其中包括：我们这个国家的道德和心灵健康，科学持续不断的活力，以及自身作为人、作为西方世界一员的自我理解……所有人类自由与尊严的朋友，甚至连我们之中的无神论者也包括在内，必须明白，他们自身的人性已经岌岌可危。[10]

这些控诉者，的确是激情四射。但我们会发现，他们的说辞都是捏造出来的。种族灭绝和战争的罪魁祸首并非科学，而科学也没有威胁到国家的道德和心灵健康。相反，科学在人类关注的所有领域都是不可或缺的，包括政治、艺术，以及对意义、目标和道德的探索。

第三种文化

这场针对科学的曲高和寡的战争，是 1959 年由 C. P. 斯诺掀起的论战的升级版。当时，他在演讲和著作《两种文化》(*The Two Cultures*) 中，对英国知识分子蔑视科学的行为表示谴责。从人类学家的角度来看，"文化"这个说法，解释了为什么科学不光从那些靠化石燃料资助的政客处受到抨击，还受到了知识分子群体中最博学的成员的谴责。

20 世纪，人类知识的疆域被划分成为一块块的专业化领地。科学的发展，尤其是关于人类天性科学的发展，常被人认为是对那些由人文学科所掩盖和封闭的领地的入侵。其实，这种零和心态并非源自人文学科的从业者本身。大多数艺术家都没有表现出这一点。我认识的小说家、画家、电影制作人和音乐家，都对科学有着强烈的兴趣，认为科学之光能为他们所专长的领域注入新的灵感，因为他们对所有事物都保持着开放的心态。而且，对历史时代、艺术流派、思想体系以及人文学科的其他主题进行研究的学者们，也没有表现出对科学的焦虑，因为真正的学者，对各类思想都保持接纳的心态，而不论其起源。

这种防御心极强的好斗特质，源于一种文化：斯诺定义下的属于文学知识分子、文化评论家和博学的散文家的"第二种文化"。[11] 作家戴蒙·林克尔（Damon Linker）引用社会学家丹尼尔·贝尔（Daniel Bell）的话，将这些人描述成"一般化概括的专家……从他们的个人经历、阅读习惯和判断能力角度出发，对世界发表看法。在这个'文字共和国'中，表现出各种稀奇古怪特征的主观性，就是这里的通行货币"。[12] 这种模式与科学方法有着天壤之别。正是第二种文化的知识分子对"科学主义"怀有最强烈的恐惧。在他们眼中，"科学主义"的立场就是"科学就是一切""我们应该仰仗科学家去解决一切问题"。

当然，斯诺从来没有疯狂到要将权力移交到科学家的文化中去。相反，他呼吁建立"第三种文化"，将源于科学、文化和历史的思想融为一体，并将这种思想应用起来，去增进全世界人类的福祉。[13] 第三种文化这个说法，于 1991 年由作家兼经纪人约翰·布罗克曼（John Brockman）再次提出。它还与生物学家爱德华·威尔逊（Edward Wilson）[①] 提出的知识大融通概念有关，而威尔逊也将这一概念的源起归功于启蒙运动的思想家。[14] 若想理解科学在人类事务中的应用价值，第一步就是要逃离第二种文化的地堡心态。这种心态，可以用文学名流莱昂·维塞蒂尔（Leon Wieseltier）2013 年一篇文章的主题句来概括："科学妄想入侵文学，决不能让这种事发生"。[15]

若要对科学思维给予认可，首当其冲需要做到的，就是与一种信念划清界限。这种信念认为，隶属于"科学"这类职业领域之中的成员，都特别聪明、特别高尚。科学文化是建立在与此恰恰相反的信念基础之上的。其标志性做法，包括公开辩论、同行评议和双盲法等，都旨在规避科学家作为人类而不可避免存在的弱点。就像物理学家理查德·费曼（Richard Feynman）所言，科学的首要原则就是"你不要自我愚弄，你自己就是最容易被愚弄的人"。

出于同样的原因，呼吁每一个人都以更加科学的方式进行思考，不等于呼吁将决策权移交给科学家。许多科学家在政策和法律问题面前，都很天真幼稚，提出的解决方案也都是异想天开，例如世界政府、强制性父母育儿许可、通过到其他星球上建立殖民地的方法来逃离这个被污染的地球等。其实这并不重要，因为我们并不是在讨论哪位神职人员应该被授予更多权力，而是在讨论怎样更加明智地做出集体决策。

可以确凿无疑地说，对科学思维的尊重，并不是认为目前所有的科学假设都是真理。大多数新近提出的假设都不是正确的。科学的命脉，在于推测和驳斥之间的

---

① 爱德华·威尔逊的著作《社会性征服地球》中文简体字版已由湛庐策划，浙江教育出版社出版。——编者注

不断循环：提出假设，看它是否能在证伪过程中存活下来。这一点就逃脱了许多科学批评者的指责，他们将一些不足为信的假设作为科学不可靠的证据，就好像我小时候遇到的一位犹太拉比曾用下面这段话来反驳进化论："科学家认为，世界有 40 亿年历史。他们以前曾经认为世界有 80 亿年历史。这么说来，再减去 40 亿年，也不是不可能。"姑且把杜撰的历史放到一边不谈，这段话中的谬误在于，他没有认识到科学的主张是随着证据的累积而对假设逐渐增强信心，而不是在首次提出假设时便宣称其绝无错误。

事实上，这种类型的论调，就是对自身的驳斥。因为论述者自身首先要接纳当下科学观点的真实性，才能对之前的科学观点提出疑问。同样的道理也适用于另一种普遍的观点。这种观点认为，因为早前的科学家受到当时的偏见和沙文主义的驱使，所以科学观点是不值得信赖的。当时的科学家在进行研究时，一些研究成果的品质确实受到了影响。到了后来，出现了更优质的科学，所以今天的我们得以发现他们当年的错误。

还有人利用另一种论调，企图在科学周围建起围墙，并让科学为之付出代价。这种论调称，科学只能应对有关实体物质的事实，因此科学家在谈论任何有关价值观、社会或文化的话题时，就犯下了一个逻辑错误。就像莱昂·维塞蒂尔说的一样："科学本身没有资格说科学属于道德、政治和艺术范畴。那些都是哲学问题，而科学不是哲学。"但正是这样的论调自身就犯下了逻辑错误，因为它将命题与学术学科混为一谈。诚然，经验命题和逻辑命题是不同的，而且两者都要和规范或道德主张区分开来。但是这并不意味着，科学家要因此而禁言，不得讨论概念和道德问题，正如哲学家亦可放心大胆地去讨论物质世界的问题一样。

科学并非一张经验事实的清单。科学家终日沉浸在由信息构成的缥缈媒介中，其中包括数学的真理、理论的逻辑，以及指引其向前发展的价值观。同样，哲学也没有将自身限定在脱离物质世界的幽灵般的纯思想境界之中。尤其是启蒙运动哲学家，他们更是将概念性论点与有关理解、认知、情感和社会性的假设交织为一体。举个例子，休谟对因果关系本质的分析，源于他对因果关系心理活动的洞察。而康德本人，也是一位有先见之明的认知心理学家。[16] 如今，至少从解析传统或盎格鲁－美国传统来看，大多数哲学家都赞成自然主义。这种立场认为："现实源于自然，不包含任何'超自然'事物。应运用科学方法去研究现实的所有领域，包括'人类的精神世界'。"[17] 在现代观念中，科学天生就带有哲学和理性的特质。

科学的两类理想

那么，是什么将科学和其他理性行为区分开来的呢？肯定不是"科学方法"。这个术语是小学生专用的，科学家从来不会这样说。科学家会利用各式各样的方法，来更好地理解这个世界：单调的数据、大胆的实验研究、放飞的理论构想、简洁的数学建模、拼凑而成的计算机模拟，以及洋洋洒洒的口头叙述等。[18] 所有这些方法，都可以放到两类理想之中。科学倡导者想要传达给知识界的，正是这两类理想。

第一类理想，认为世界是可以为人所理解的。我们所经历的各种现象，可以通过比现象本身更加深入的原则来进行解释。这就是为什么科学家会去嘲笑电视剧《巨蟒剧团之飞翔的马戏团》（*Monty Python's Flying Circus*）中恐龙专家提出的雷龙理论："所有雷龙的一头都很细，到了中间会变得非常粗大，然后到另一头又变得很细。"这一"理论"不过是对事物的描述，而非对它们为什么呈现出这副模样进行解释。构成解释的诸多原理，还可以得到更加深入原理的进一步解释，以此类推。正如戴维·多伊奇所言，"我们永远处在无限的开端"。为了搞明白我们所处的这个世界，在面对种种境况时，不能轻易让步，说出"它就是那个样""这是魔法使然""因为我觉得对"之类的话。对世界可理解性的认可，并不是不明就里的信仰，而是随着世界之中越来越多的部分可以用科学语言进行解释，而逐步实现的自我验证。举例来说，生命的进程，曾经被人们认为是神秘生命力使然，现在我们知道，生命是由复杂分子结构之中的化学和物理反应驱动的。

将科学主义进行妖魔化处理的人们，常常将世界的可理解性与一种叫作还原论的罪行相混淆。还原论是将复杂系统处理为简单元素的一种分析方法，或用批评者的话说，是处理为除了简单元素之外别无他物的方法。事实上，用深层原理去解释复杂事物，并不是要摒弃其丰富内涵。某一层面的分析过程中，可能会出现一些规律，而这些规律是无法简化还原到更低一层的元素上的。虽然第一次世界大战是由运动中的物体构成的，但不会有人想要用物理学、化学或生物学的语言对这次战争进行解释，而更愿意用 1914 年欧洲领导人的观念和目标等更加清晰明了的语言进行说明。与此同时，好奇心强烈的人，可能会提出一个合理的问题：为什么人类思想会倾向于产生这样的观念和目标，包括部落主义、过度自信、相互恐惧和荣誉文化等等，以及它们为什么在这个特定的历史时刻堕落成为某种致命的组合体。

第二类理想，就是要让世界告诉我们，这些关于世界的思想是否正确。信仰的传统原因，如信念、启示、教条、权威、感召力、传统智慧、对经文的阐释与剖析、主观确定性的膨胀等，都是犯错误的源头，不应被视作知识的源泉。对经验命题的信念，应该通过它们与世界的契合度而不断得到校准。当科学家被人问到如何做到这一点时，他们常常利用卡尔·波普尔的猜想与驳斥模型来解释。在其中，科学理论可以经由实证检验而被证伪，但永远不会被证实。

事实上，科学和飞碟射击并不一样，不是说一连串的假设像泥质鸽子一样被发射到空中，然后又被击成碎片。科学看起来更像是贝叶斯推理，也就是在上一章内容中讨论到的超级预测者所使用的逻辑思维方式。基于某理论与所知的其他事物之间的一致性，我们会为这个理论预先赋予一定的可信度。随后，假设该理论是真实或错误的，并以此为基础来推测实证观察的可能结果，对两种情况进行对比，并根据对比情况，对理论的可信度进行调整。[19] 无论波普尔或贝叶斯是否有更好的解释，科学家对某理论的信任程度都取决于它与实证证据之间的一致性。任何自称为"科学"的活动，只要不能为对其信仰的测试提供机会，都不是科学活动，更不必说那些将对其持否定态度的人谋杀或囚禁的行为了。

科学的道德观

许多人都赞同，科学为我们提供了快速治愈疾病的药物、各类电子产品，甚至还能对物质如何运转的问题进行解释。但他们没能认识到，什么才是对于人类真正重要的东西。那就是，关于我们是谁、来自哪里、如何定义人生的意义和目标等深层问题。那些都是宗教的传统领域，而其拥护者又都是针对科学主义的最激进的批评者。他们总是倾向于赞同古生物学家兼科学作家斯蒂芬·杰伊·古尔德（Stephen Jay Gould）在《时代的岩石》（*Rocks of Ages*）一书中提出的分割计划。据古尔德所言，看待科学和宗教的正确方式，是将它们看作"非重叠的权威领域"。科学拥有实证的世界，而宗教则要去应对诸如道德、意义和价值等问题。

但只要你仔细观察，这个协约就会顷刻间灰飞烟灭。任何有科学素养的人的道德世界观，都需要彻底摒弃关于意义和价值的宗教概念。

科学发现意味着世界上所有的传统宗教和文化之中的信仰体系，也就是它们关于世界、生命、人类和社会起源的理论，从事实的角度来讲都是错误的。我们知道，人类起源于非洲灵长类的一个单一物种，这个物种后来在历史上发展出了农业、政府和写作能力。但我们的祖先不知道。我们知道，人类不过是孕育出所有生命的宗谱树上的一根不起眼的小枝丫，而这棵宗谱树，则诞生于近 40 亿年前生命起源之前的化学物质，但我们的祖先不知道。我们知道，人类生活在一颗围绕着恒星不停旋转的行星上，而这个星系中，存在着 1 000 亿颗这样的恒星。这个星系，在拥有 138 亿年历史的宇宙中，不过是 1 000 亿个星系之中的一个。而宇宙，则很可能是无数宇宙之中的一个，但我们的祖先不知道。我们知道，我们对空间、时间、物质和因果关系的直觉，与用很大尺度和很小尺度来看的现实本质是不能比较的，但我们的祖先不知道。我们知道，物理世界的法则，包括事故、疾病和其他不幸事件等，不带有以人类祸福为参考的目标。这世上没有命运、上帝、业力、魔法、诅咒、占卜、天谴或应验的祈祷，尽管概率法则和认知原理之间的矛盾，或许可以解释为什么人们会相信这世上存在上述这些东西，但我们的祖先不知道。我们知道，我们不是与生俱来就知道这些道理的，而且每一个时代和每一种文化所专属的信念，都有可能被决定性地证伪。无疑，如今所秉承的许多观点，也难逃这场洗礼。但我们的祖先不知道。

换句话说，如今指导一位知识渊博人士道德和精神价值观的世界观，就是科学赋予我们的世界观。虽然科学事实本身不能支配价值观，但确定无疑地限制了价值观的种种可能性。通过剥夺教会权威在事实问题上的可信性，就令人对其在道德问题上的断言产生了怀疑。科学对复仇之神和神秘力量理论的驳斥，摧毁了诸如活人献祭、猎杀巫师、信仰疗法、神明审判以及对异教徒的迫害等现象。科学通过展现出宇宙中诸多定律的无目的性，迫使我们为自身、人类物种以及星球负起责任。

出于同样的原因，科学也削弱了那些以神秘力量、神力探寻、命运、斗争或弥赛亚时代为基础的道德或政治体系。所有人都重视自身的幸福，不断联合、不断冲撞的社会人，可以通过谈判来达成行为准则：科学事实与这些无懈可击的信念结合起来，就会帮助促成一种值得拥护的道德观。这种道德观，就是最大化人类与众生繁荣发展的原则。这种人文主义思想（见第 23 章）与对世界的科学理解不可分割，并且已经成为现代民主制度、国际组织和自由宗教实际上的道德标准。其尚未实现的承诺，决定着如今所面对的道德义务。

对达尔文的误解

尽管科学日益深入物质、道德和知识生活之中，也日益带来更多的好处，但许多文化机构从门外汉的角度培养出了一种对科学漠视，甚至带有些许鄙视的意味。表面上专注于思想的知识性杂志，将自己局限在政治和艺术领域，如气候变化等政治化问题以及时常对科学主义发起的攻击，很少会去关注科学界不断涌现的新思想。[20] 更有甚者，许多大学的文科课程都对科学问题避而不谈。学生毕业时，可能在科学上知之甚少，从学校学到的东西，也常常是"蓄意毒害"，令学生对科学怀有敌对思想。

现代大学中，除了一本流行生物学教科书之外，最常见的一本科学类书籍，就是托马斯·库恩（Thomas Kuhn）撰写的《科学革命的结构》（*The Structure of Scientific Revolution*）。[21] 这本 1962 年的经典著作，通常被人们理解为，科学并不会聚拢在真理周围，仅仅是自顾自地忙着解题，而不久就会根据某个新的范式翻盘，之前的理论不仅变得过时，而且不知所云。[22] 虽然库恩本人后来否认了这种虚无主义的解释，但这种思想已经成为第二种文化中的传统智慧。一位来自某著名知识杂志社的评论家曾向我解释说，艺术节不再考虑一幅艺术作品看起来是否"美观"，就像科学家不再考虑某个理论是否"正确"一样。当我纠正他的这个说法时，他似乎真的很吃惊。

科学史学家戴维·伍顿（David Wootton）对自身所在领域的习俗进行了诠释："自从 C. P. 斯诺发表演讲之后，两种文化的问题日益深化。科学史这门学问，远远未能成为艺术与科学之间的桥梁，而是给科学家提供了一幅连他们自己都认不出来的肖像画。"[23] 这是因为，许多科学史学家都认为，将科学视作不断追寻世界真实解释的事业，太过天真。结果他们的著作看起来就像是一位舞蹈评论家给篮球赛写的报告，而这位评论家还不能说出运动员要将球投入篮筐这样的话。

我曾经听过一场关于神经影像符号学的讲座。讲座中，一位科学史学家解构了一系列关于大脑的动态三维彩色图像，滔滔不绝地解释"表面看来中立而自然化的科学目光，是对特定类型自我的鼓励，而这些自我是服从于某种政治议程的，将立场从神经心理学目标转移到外部观察视角"，等等，千言万语不如一句显而易见的话——影像让我们能更轻松便捷地看到大脑里发生的事情。[24]

许多"科学研究"领域的学者，都将毕生事业奉献给艰深的分析，就为了证明为什么整个科学体系，归根到底就是政治压迫的托词。下面这段关于世界上最紧迫挑战的充满学者派头的文字，就是一个例子：

冰川、性别与科学：全球环境变化研究的女权主义冰川学框架

冰川是气候变化和全球环境变化的关键标志。但是，性别、科学和冰川之间的关系，尤其是关系到冰川学知识产出的认识论问题，依然很少有人问津。由此，本论文提出带有 4 点关键元素的女权主义冰川学框架：（1）知识生产者；（2）性别化科学与知识；（3）科学支配体系；（4）冰川的替代性展示。女权主义冰川学框架将女权主义后殖民时代科学研究与女权主义政治生态融为一体，

在动态的社会 – 生态系统中，给出关于性别、权力和认识论的强有力分析，从

而形成更公正、更公平的科学与人 – 冰互动。[25]

种族主义和性别歧视的表现形式越来越隐晦。而比搜查这些表现形式更阴险的，就是掀起一场妖魔化运动，控告科学以及理性和其他启蒙运动价值观犯下了与文明同样古老的罪行，包括种族主义、奴役制度、征服和种族灭绝。这是法兰克福学派极富影响力的批判理论之中的一个重要主题。法兰克福学派是由西奥多·阿多诺（Theodor Adorno）和马克斯·霍克海默（Max Horkheimer）共同发起的。该学派宣称："得到完全启蒙的地球，放射出灾难的胜利。"[26] 同时，这种思想也体现在诸如米歇尔·福柯等后现代主义理论家的作品之中。

这些人认为，随着科学和理性治理对人们的生活发挥出越来越大的影响力，"生物政治"就伴随启蒙运动而生了，纳粹大屠杀则是这场不可避免的"生物政治"的高潮。[27] 无独有偶，社会学家齐格蒙·鲍曼（Zygmunt Bauman）称大屠杀的原因在于"改造社会、迫使社会遵从一个科学总体构想"的启蒙运动理念。[28] 在这些扭曲的叙述中，纳粹分子没有受到谴责："这是现代性犯下的错误！"同样，纳粹分子狂暴偏激的反启蒙意识形态也没受到指责。这种意识形态鄙视堕落的自由主义资产阶级对理性和进步的崇拜，拥护驱动种族斗争的有机的异教生命力。虽然批判理论和后现代主义避免诸如量化和系统年代学等"科学主义"方法，但事实证明，它们造成了历史倒退。种族灭绝和独裁统治普遍存在于近代史中。第二次世界大战之后，由于科学和自由主义启蒙价值观日渐壮大的影响力，种族灭绝和独裁统治日渐衰落，而非增强。[29]

可以肯定的是，科学常常被迫去支持可悲的政治运动。当然，理解这段历史是至关重要的，而且对科学家在其中扮演的角色做出评判，也是天经地义的，就像对历史人物的评判一样。然而，我们所珍视的人文学者身上的品质——对大环境的把握、对细微之处的甄别、对历史深度的探索，常常在他们有机会针对学术发起一场告发运动时，消失得无影无踪。科学常被人指责为带有伪科学做派的知识运动背后的罪魁祸首，虽然这些运动有着极其深远的历史根源。

"科学种族主义"理论认为，种族归属于以精神复杂程度为依据的进化层级，而北欧人位于这一层级体系的最上端。这一理论就是一个典型的例子。19、20世纪之交前后的几十年间，这一理论非常流行，还得到了颅骨测量法和精神测试的支持。而到了20世纪中期，则因更加先进的科学和纳粹主义的恐怖而土崩瓦解。但是，将意识形态上的种族主义强加于科学之上，尤其是强加于进化论之上，是一段不堪回首的思想史。贯穿古今，在世界的任何一个地方，种族主义信念都是无处不在的。每一个文明都实行过奴隶制，而且"科学种族主义"理论还认为，在神的设计下，奴隶生来就适合被奴役，并用这样的方式将奴隶制合理化。[30] 古希腊关于非洲人是劣等生物的说法，会让人血脉凝结。西塞罗对英国人的看法，也毫不仁慈。[31]

更重要的是，19世纪对西方影响甚大的知识化种族主义，并非科学的产物，而源于人文学科：历史、文献学、古典文学和神话。1853年，一位名叫阿蒂尔·德·戈比诺（Arthur de Gobineau）的小说作家兼业余历史学家提出了一个荒诞可笑的理论，认为雅利安人这一富有男子气魄的白人种族，离开古时的故乡，逐渐将英勇战士文明扩散到亚欧大陆各地，分别成为后来的波斯人、希泰人、荷马时代的希腊人，以及吠陀印度人，后来又衍生出了维京人、哥特人和其他日耳曼部落。这段故事中唯一与现实沾边的，就是这些部落所说的语言，同属一个印欧语系。而当雅利安人开始与被征服的劣等人混血之后，一切都走上了下坡路。雅利安人的伟大特质被冲淡了，使得他们堕落到毫无活力、颓废衰败、没有灵魂、贪图享受的商业文化之中，而这正是浪漫主义者一直在抱怨的文化。

将这段"童话故事"与德国浪漫民族主义和反犹太主义融为一体，只需往前迈出一小步：日耳曼民族是雅利安人的后裔，犹太人是亚洲的混血种族。戈比诺的思想，被理查德·瓦格纳（Richard Wagner）和瓦格纳的女婿休斯顿·斯图尔特·张伯伦（Houston Stewart Chamberlain）完全吸收。瓦格纳的歌剧被认为是原始雅利安人神话的再创作，而张伯伦是一名哲学家，他曾提出，犹太人用资本主义、自由人文主义和枯燥贫瘠的科学污染了日耳曼文明。这些思想从他们那里传到了希特勒眼前。希特勒将张伯伦称作自己的"精神之父"。[32]

在这一系列的影响之中，科学没有发挥什么作用。显然，戈比诺、张伯伦和希特勒拒绝接受达尔文的进化论，尤其是进化论中关于所有人类都是逐渐从猿猴进化而来的思想，因为这一点与他们关于种族的浪漫主义理论不相容，也与酝酿出这种理论的古老民间和宗教观念不相契合。根据这些人们普遍接受的信念，不同的种族就是不同的物种。在文明之中，每一个种族根据其复杂程度，都有属于自己的不同位置，如果混血，就会退化。而达尔文认为，全体人类都是单一物种之中关系密切的成员，有着共同的祖先。所有人都有着"野蛮人"起源，所有种族的精神能力几乎都是相同的，而且种族之间相互混血，不会造成负面影响。[33] 历史学家罗伯特·理查兹（Robert Richards）缜密地追踪了希特勒的影响力，在一段题为"希特勒是达尔文主义者吗？"的章节中，做出了如下判断："关于这一问题，唯一合理的答案，就是一个非常响亮而明确的'不是'！"[34]

就像"科学种族主义"一样，这场名为"社会达尔文主义"的运动，经常被人蓄意跟科学扯上关系。当进化论的概念在 19 世纪末 20 世纪初逐渐名声远扬时，它就变成了一个墨迹测验①，各种各样的政治和学术运动都利用这一概念证明自身思想的正确性。每个人都想相信，他们关于奋斗、进步和美好人生的愿景，是自然的方式。[35]

其中一项运动被追溯性地称作社会达尔文主义，它是由赫伯特·斯宾塞（Herbert Spencer）而非达尔文提出的。斯宾塞于 1851 年提出这一思想，比《物种起源》的出版还早了 8 年。斯宾塞不相信随机突变和自然选择，他相信拉马克主义的发展过程，其中，生存的斗争促使有机体朝着更复杂和更适应的状态去努力，随后又将这种状态传递给后代。斯宾塞认为，最好不要阻碍这种进步力量。因此，他提出针对社会福利和政府管控的反对意见，认为这些做法只能延长弱势个体和弱势群体的生存时间。他的政治哲学是自由意志主义的一种早期形式，得到了强盗大亨、自由放任经济拥护者，以及社会支出反对者的拥护。

---

① 墨迹测验，由瑞士精神病学家罗夏创立。因利用墨渍图版而又被称为墨渍图测验，通过向被试呈现标准化的由墨渍偶然形成的刺激版图，让被试自由地观看并说出由此联想到的东西，并加以分析，是一种人格测验，也是少有的投射型人格测验。——编者注

由于这些思想有着右翼特色，左翼作家就将"社会达尔文主义"这个词误用到了其他带有右翼特色的思想，譬如帝国主义和优生学等上，然而斯宾塞对这类政府激进主义持坚决的反对态度。[36] 最近，这个说法又被当作武器，来攻击将进化论用于人类自我理解的应用。[37] 因此，除了它的词源之外，这一说法其实和达尔文或进化生物学没有任何关系，到了如今则几乎等同于毫无意义的滥用。

优生学是另一场被当作意识形态武器的运动。维多利亚时代的大学者弗朗西斯·高尔顿（Francis Galton）首次提出，人类的遗传繁殖群，可以通过鼓励天赋异禀的人实行联姻、生更多的孩子来得到改善。这种方法名为"积极优生学"。不过，当这一思想为人所采纳时，却被扩展成了不鼓励"不适应"人群的繁殖，也就是"消极优生学"。许多国家都曾对有不良行为记录者、弱智者、精神病患者和患有各种疾病、背负各种污名的人强制实行绝育。继斯堪的纳维亚和美国之后，纳粹德国也制定了强制绝育法。对犹太人、吉卜赛人和同性恋者展开的大规模屠杀，通常被认为是消极优生学的逻辑延伸。但实际上，纳粹对公共卫生领域的援引，远远超出了遗传学或进化论：犹太人被比作害虫、病原体、肿瘤、坏疽的器官和有毒的血液。[38]

优生学运动，因为与纳粹主义的关系而被永久性地打入地狱。但是，这个说法依然存在，用以污蔑一些科学领域的实践，例如允许父母怀上没有致命退行性疾病孩子的医学遗传学应用，以及专门分析个体差异的遗传和环境原因的行为遗传学的整个领域。[39] 在不顾历史记录的情况下，优生学常常被描述为右翼科学家掀起的一场运动。事实上，优生学的倡导者是进步派、自由派和社会主义者，包括西奥多·罗斯福（Theodore Roosevelt）、赫伯特·乔治·威尔斯（Herbert George Wells）、埃玛·戈尔德满（Emma Goldman）、萧伯纳、哈罗德·拉斯基（Harold Laski）、约翰·梅纳德·凯恩斯（John Maynard Keynes）、西德尼·韦伯（Sidney Webb）和比阿特丽斯·韦伯（Beatrice Webb）、伍德罗·威尔逊（Woodrow Wilson），以及玛格丽特·桑格（Margaret Sanger）。[40] 毕竟，优生学提倡改革而非维持现状，提倡社会责任而非自私自利，提倡中央规划而非自由放任。对优生学最彻底的否认，令人联想起古典自由主义和自由意志主义原则：政府并非高于人类存在的万能统治者，而是权力有限的机构。政府没有完善物种基因构成的权力。

之所以提到科学在这些运动中发挥的作用有限，不是为了洗清科学家的罪名（其中许多人确实是同谋），而是因为这些运动需要对其进行更深入的理解，要将其放在整个历史大背景之中来看待，而不是仅将其视作反科学宣传的工具。对达尔文的误解，推动了这些运动的发展，但这些运动源于其所处时代的宗教、艺术、知识和政治信念：浪漫主义、文化悲观主义、被视作辩证斗争或神秘演变的进步，以及威权主义的极端现代主义。如果认为这些思想不仅仅不合时宜，而且大错特错，那是因为我们今天所能享受到的更优质的历史和科学理解使然。

科学的污名化

对科学本质的攻击，绝不是 20 世纪 80 年代和 90 年代"科学战争"的遗物，而是在继续塑造科学在高等学府中扮演的角色。当哈佛大学在 2006—2007 学年对通识教育要求进行改革时，初步工作报告中对科学教学的介绍，没有提到科学在人类知识中的位置："科学和技术以诸多方式直接影响我们的学生，既有积极的方面，也有消极的方面。科技带来了能救命的药物、互联网、更高效的储能方法，以及数字化娱乐手段；同时，科技也造就了核武器、生化武器、电子窃听和环境破坏。"的确，还可以说，建筑成就了博物馆和毒气室，古典音乐既激发了经济活动，又启迪了纳粹主义，诸如此类，不一一列举。但是，这种介于功利主义和穷凶极恶之间怪异的含糊其词，在其他学科并不存在。而且，这样的说法也没有表明，我们有充分的理由更倾向于选择理解和知识，而非无知和迷信。

一次会议上，一位同事总结了自己的观点，她认为科学由以下两个方面的混合遗产组成：一方面是天花疫苗，另一方面是塔斯基吉梅毒研究。在惯常的叙述中，这项研究为科学套上了另一件血衣：从 1932 年开始，公共卫生研究人员对贫困的非洲裔美国人中未经治疗的潜伏梅毒患者的病情进展，进行了长达 40 年的跟踪研究。用今天的标准来看，这项研究显然是不道德的，但经常有人在对科学的控告中误用这项研究。研究人员中有许多人都是非洲裔美国人，或是提高非洲裔美国人健康水平的倡导者，他们并不像许多人认为的那样，是令研究对象感染上病毒的罪魁祸首。这种误解后来导致了一种广为流传的阴谋论，认为艾滋病是美国政府在实验室中发明出来的，目的是控制黑人人口。

研究开始之时，甚至还可以用今天的标准来辩护：当时的梅毒治疗手段砷是有毒而且无效的。后来，当抗生素出现时，它在梅毒治疗领域的安全性和有效性尚不为人所知。而且，潜伏梅毒通常不经治疗便能自行痊愈。[41] 但问题在于，天花疫苗和梅毒研究的整个等式在道德上是钝化的，这显示出第二种文化的力量仓促地去寻找证据来求得某种均衡感。我同事提出的科学两个方面遗产的对比假定塔斯基吉梅毒研究是科学实践中不可避免的一部分，而非一个遭到普遍谴责的违规行为，而且这个对比将不能阻止几十人受到伤害的一次性失败，等同于永远防止了每个世纪上亿人的死亡。

在高等教育的文科领域，对科学的妖魔化处理是否真的有影响？答案是肯定的。理由如下。虽然许多天资超群的学生从踏入校园的那一天开始，就将目标直指医学预科或工程学的发展方向，但也有其他许多学生并不知道自己将来究竟想从事什么样的职业，非常渴望从教授或发展顾问那里得到启发。如果在课堂上告诉这些学生，科学不过是像宗教和神话一样的另一种叙述方式，从一场革命辗转到另一场革命，却没有取得进步，只不过是为了对种族主义、性别歧视和种族灭绝进行合理化处理，那会发生什么？我已经看到了这个问题的答案。有的学生会想："如果科学是这样，那我还不如去赚钱！"4 年之后，他们将脑力全部投入思考与金融相关的算法上，因为这些算法能让对冲基金对于金融信息提高几毫秒反应速度。他们不会将自己的职业发展投入寻找阿尔茨海默病的新型治疗方法，或碳捕获和碳存储技术上。

科学的污名化，也在危害着科学本身的进步。如今，任何人如果想要对人类展开研究，哪怕只是采访政治观点，或问卷调查不规则动词问题，都要向委员会证明，自己不是纳粹凶手约瑟夫·门格尔（Josef Mengele）。虽然研究对象必须得到保护，不能被人利用或伤害，但机构审查的官僚政治早已远远超越了这一使命。批评人士指出，这种制度已经构成了对言论自由的威胁，狂热分子可以将其作为武器，让那些持他们不喜欢观点的人闭嘴。同时，这种制度造就了大量的繁文缛节，在拖研究后腿的同时，还没能达到保护的目的，有时甚至对患者和研究对象造成伤害。[42]

乔纳森·莫斯（Jonathan Moss）是一位医学研究人员，他开发出了一种新型药物，被任命为芝加哥大学研究审议委员会的主席。他在一次集会的讲话中曾这样说过："我恳请在座的各位想一想被认为是理所当然的三个医学奇迹：X 射线、心脏导管插入术、全身麻醉。我认为，如果是在 2005 年尝试将这些技术运用起来，那么这三项都会胎死腹中。"[43] 有人认为胰岛素、烧伤治疗和其他能救命的医学技术也会是这个结局。社会科学也面临着类似的阻碍。任何人若意图获得可归纳的知识而和某个人类谈话，则必须事先获得这些委员会的许可，虽然这样的要求明摆着是对美国宪法第一修正案的违背。人类学家被禁止和没有阅读能力、无法签署同意书的农民交流，也不能去采访有自杀式炸弹袭击倾向的人，因为这些人有可能会随口说出一些给自己添麻烦的话。[44]

科学研究的步履蹒跚，不仅仅是官僚主义蔓延的一个症状而已。实际上，许多学者在一个名为"生物伦理学"的领域，对这种现象进行了合理化处理。这些理论家在脑袋里想出各种理由，去解释为什么知情的、持同意态度的成年人，应该被禁止参与到能帮助自身和他人、同时不会伤害任何人的治疗之中，还拿出了诸如"尊严""神圣""社会正义"等含糊其词的评估指标。他们利用核武器和暴行、《美丽新世界》（Brave New World）和《千钧一发》（Gattaca）等科幻作品中的反乌托邦，以及由克隆希特勒组成的军队、在网上贩卖自己眼球的人、为人们提供备用器官的僵尸仓库等变态例子，试图在生物医学研究的进展中注入恐慌情绪。道德哲学家朱利安·萨乌莱斯库（Julian Savulescu）已经曝光了这些论调背后的低水平推理，并指出为什么"生物伦理学"的蓄意阻挠是不道德的行为："将可以治愈某一致命疾病治疗方法的开发过程向后推迟一年，就会造成 10 万人的死亡。这些推迟者要对这10 万人的死亡负责，就算你见不到他们也是一样。"[45]

用数据说话

在每一个人心中注入对科学的欣赏能力，这样做的最大回报，就是人们能以更加科学的方式进行思考。之前几章内容讨论到，人类很容易受到认知偏差和谬误的影响。虽然在政治化身份标志上，科学素养本身并非谬误推理的解药，但大多数问题并不是以这样的方式出现的。如果人们能够以更加科学的思路去审视问题，那么每一个人都能从中获益。以传播科学思维，譬如数据新闻、贝叶斯预测、循证医学和政策、实时暴力监控，以及有效的利他主义等为目标的运动，有着提高人类福祉的极大潜力。但是，对这些运动价值的欣赏与认可，却迟迟未能渗透到当下的文化之中。[46]

我问医生，他推荐的营养补充剂，是否真的能缓解我膝盖疼痛的毛病。他回答道："有几位病人说它管用。"一位商学院的同事，分享了对企业界的这一评价："我发现，许多聪明人都不知道如何用逻辑思维去想问题，他们会从相关性中推断出因果关系，用远远超出可预见性范围的轶事传闻作为证据。"还有一位对战争、和平和人类安全进行量化分析的同事，将联合国称为"无证据区域"：

> 联合国高层和那些反科学人文学科没什么两样。许多高层人士，都是律师或文科毕业生。秘书处中唯一能反映出一点研究文化的地方，也没有什么声望或影响力。在联合国的高层官员中，没有几个人能搞明白最基本的量化声明是什么意思，连"平均来看，在其他条件不变的情况下"都不懂。所以，如果我们在讨论冲突爆发的风险概率，那么可以肯定，阿奇博尔德·普伦德加斯特三世爵爷（Sir Archibald Prendergast III）或其他一些名人，会表示否定："你知道，这和布基纳法索的情况不一样。"

科学思维的抵抗者常常提出反对意见，认为有些事物是无法量化的。然而，除非他们愿意只谈论非黑即白的话题，放弃更多、更少、更好、更坏等任何比较级的说法，他们实际上就是在提出本质上定量的主张。如果他们不同意给这些主张放上数字，就是在说，"相信我的直觉"。但是，倘若对认知有一点点了解的话，就会知道，包括专家在内的所有人都对自己的直觉怀着狂妄自大的心态。1954年，保罗·米尔（Paul Meehl）向人们展示，在预测精神病学分类、自杀倾向、学习和工作表现、谎言、犯罪、医学诊断以及许多其他可以对准确率进行判断的结果上，简单精算公式比专家判断更有说服力，这令他的心理学家同僚们震撼不已。米尔的研究成果，给特沃斯基和卡尼曼带来了灵感，促成了他们在认知偏差领域的发现，也为泰洛克的预测研究带来了启迪。他的关于统计学优于直觉判断的结论，如今被公认为是心理学史上最强有力的发现之一。[47]

就像所有的好东西一样，数据不是万能药，不是指哪儿打哪儿的魔法棒，更不是适用于所有情况的万全之策。就算拿出全世界所有的钱，也买不到能解决发生在我们身上每一个问题的随机对照试验。人类将永远处于循环状态，去决定要收集哪些数据、如何分析数据、怎样理解数据。初次尝试对某一概念进行量化处理，结果总是粗糙的，就连最优质的结论也允许概率存在，而非完全的理解。尽管如此，定量社会科学家也已经为测量的评估和改进制定了标准，关键之处，并不在于测量是否完美，而在于它是否比专家、批评家、采访者、临床医生、法官或内行的判断更好。事实证明，这个门槛一点儿也不高。

因为政治界和新闻界文化在很大程度上是没有科学观念的，所以事关生死的有重大后果的问题，就会被人以那些我们知道会导致错误的方法来回答，譬如轶事传闻、标题、修辞，以及工程师们所谓的收入最高人士的意见。我们已经看到，这种统计学上的迟钝会导致一些危险的误解。虽然谋杀和战争死亡人数在不断下降而非上升，但人们还是认为犯罪和战争已经到了无法控制的地步。他们认为，恐怖主义对人身安全构成了重大威胁，而实际上，这样的危险比黄蜂和蜜蜂带来的危险还要小。他们认为，恐怖组织威胁着美国这个国家的生存，而实际上，恐怖主义运动基本上不可能达到他们的战略目标。

数据恐惧症心态（"这和布基纳法索的情况不一样"）会导致真正的悲剧。许多政治评论家都能回忆起某次维和部队的失败，例如 1995 年在波斯尼亚，并据此给出结论，认为维和行动纯属劳民伤财。但是，当维和部队取得成功时，没人会看到相关的镜头和报道，这根本不会出现在新闻视野之中。政治科学家弗吉尼亚·佩奇·佛特纳（Virginia Page Fortna）在其著作《维和有效吗？》（*Does Peacekeeping Work?*）中，对标题中的问题给出了解答。她利用了科学方法，而非大标题式的做法，无视"贝特里奇定律"，认为答案是"清晰响亮的肯定"。其他一些研究，也得出了同样的结论。[48] 了解这些分析的结果，可以让国际组织在帮助一个国家恢复和平的过程中取得成功。

对于那些怀有"古老仇恨"的多民族地区来说，只能通过把一整块地区分割成多块民族飞地，并把每一块飞地中的少数民族都清除干净，才能解决问题吗？每当不同种族的邻居之间出现矛盾时，我们都能在各大新闻报刊中读到这样的报道，但你可曾想过，还有许多生活在一片寂静祥和之中的多民族区域，从来没上过报纸。其中有多大比例的不同种族邻居地域能在无暴力的情况下和平共处？答案是，绝大多数。非洲有99%的多种族邻居地域是和平的。[49]

非暴力抵抗运动有效吗？许多人都认为，甘地、马丁·路德·金等人，不过是运气好而已。他们掀起的运动，在适当的时刻扣动了民主制度的心弦，但是在其他地方，被压迫的人民需要动用暴力才能逃离独裁者的践踏。政治科学家埃丽卡·切诺韦思（Erica Chenoweth）和玛丽亚·斯蒂芬（Maria Stephan）收集了1900—2006年遍及世界各地的政治抵抗运动的数据，发现3/4的非暴力抵抗运动获得了成功，而只有1/3的暴力反抗获得了成功。[50]甘地和马丁·路德·金是正确的，但如果没有数据，那么你永远也不会知道真相。

虽然加入暴力叛乱团伙或恐怖组织的冲动，更多地是因为男性之间的兄弟情义，而非战争理论，但大多数好战之人很可能都坚信，如果想要创造一个更加美好的世界，就别无选择。如果每个人都知道，暴力策略不仅仅不道德，而且是无效的，那么又会发生什么？并不是说，我认为我们应该将切诺韦思和斯蒂芬的著作成箱空投到冲突地区。我想说的是，激进组织的领导人通常受过高等教育，并从那些年接触的学术混混那里汲取到自身狂热思想的灵感，就连那些炮灰或许也上过大学，他们还会从传统智慧中寻找迫切需要暴乱的理由。[51]长期来看，如果标准大学课程不再那么关注弗朗茨·法农（Frantz Fanon）的作品，而将更多的权重放在政治暴乱的量化分析上，会有什么样的变化？

知识大融通

现代科学最大的潜在贡献之一，可能就是与其学术伙伴人文学科之间更加深入的融合。不管从哪个角度来看，人文学科都遇到了麻烦。大学院系在裁员，下一代学者要么失业，要么未实现充分就业，士气消沉，学生们成群结队地选择远离人文。[52]

任何有思想的人，都不应该眼睁睁地看着整个社会对人文的低投入而漠不关心。[53]一个没有历史学识的社会，就如同一个没有记忆的人：迷惘、困惑、容易被利用。哲学的诞生，是因为人们认识到清晰而富有逻辑的思路并不那么容易实现，而当我们的思想能够得到不断的精炼和深化时，人们就会从中受益。艺术，是让人觉得不枉来这世上走一遭的原因之一，因为艺术在人类体验中注入了美感和洞察力。评论本身就是一门艺术，能成倍地增进人们对伟大作品的欣赏和享受。这些领域的知识，来之不易，随着时代的变化需要不断丰富和更新。

对人文学科抱恙的诊断，正确地指出了文化中存在的反知识趋势和高等学府的商业化倾向。但是，若拿出坦诚的态度来看待这件事，就不得不承认，有些损害的确是由人文学科自身造成的。人文学科尚未从后现代主义的灾难中恢复过来，还带有目中无人的蒙昧主义、自我否定的相对主义，以及令人窒息的政治正确性。其中许多名人，包括尼采、海德格尔、福柯、拉康、德里达，以及诸多批判理论家，都是阴郁的文化悲观主义者。他们认为，现代性是面目可憎的，所有的说法都是矛盾的，艺术作品是压迫工具，西方文明已步入恶性循环。[54]

带着如此"愉悦"的世界观，人文学科在为自身制定进步议程时常常遇到麻烦，也就不足为奇了。和几所大学的校长和教务长攀谈时，总听到他们感叹，当科学家走进他们的办公室时，都会带来好消息，宣布一些令人振奋的全新研究机会，来请校方提供资源。而当人文学科的学者来访时，只会恳求校方对他们一如既往的做事方式予以尊重。那些做事方式的确值得尊重，而且什么也取代不了这些博闻强识之士为工作而付出的大量阅读、详细描述和深刻沉浸。但是，这难道是实现理解的唯一途径吗？

在人文和科学之间构建知识大融通，能为人文提供许多获得新见解的可能性。艺术、文化和社会，都是人类大脑的产物。它们来源于我们的感知、思想和情感，并通过人与人之间相互影响的流行动态得以不断累积和传播。难道不应该对其中的种种联结感到好奇吗？知识大融通会实现双赢的局面。人文会享受到更多的科学解释深度，以及一个更具前瞻性的议程，并由此吸引到雄心勃勃的青年人才，更不用提对院长和捐赠者的吸引了。科学可以用自然实验和能从实验结果推广到真实生活的现象对人文学者提出的理论进行挑战。

在某些领域，这样的知识大融通已是既成事实。考古学从艺术史的一个分支发展成为如今的高科技学科。心灵哲学已跨入数理逻辑、计算机科学、认知科学和神经科学的疆域。语言学将有关词汇历史、语法结构的哲学学术研究与有关语言的实验室研究、有关语法的数学模型，以及有关写作和会话的大规模语料库的计算机分析结合为一体。

政治理论也与科学思维有着天然的联系。詹姆斯·麦迪逊曾说过："政府难道不是对人性最宏大的反思吗？"社会、政治和认知科学家，都在重新审视政治与人性之间的联系。人们在麦迪逊的年代曾热烈地讨论过这个问题，但在后来的一段时间里，学界将人类视为白板或理性行为者，而这个问题也淡出了人们的视野。我们现在知道，人类是道德行为者，受到有关权威、部落和纯洁等直觉的指引，信奉能表达自身身份的神圣信仰，受复仇与和解之间相互矛盾的倾向所驱动。我们开始理解，这些冲动由何而来，在大脑中如何执行，在不同个体、文化和子文化中有何区别，什么样的条件会刺激这些冲动的开启或关闭。[55]

人文学科的其他领域，也存在类似的机会。视觉艺术可以从视觉科学的知识大爆炸中获益，包括对颜色、形状、质地和明暗的感知，有关人脸、风景和几何图形的进化美学等。[56]音乐学者和那些研究语言理解、语言结构和大脑对听觉世界如何分析的科学家，也有许多共同话题。[57]

至于文学领域，我们该从哪里开始讲起？[58]英国诗人、文学批评家约翰·德莱顿（John Dryden）曾写道，小说作品是"对人性公正而生动的描绘，代表了其热情和幽默，以及其所固有的命运变迁，从而为人们带来愉悦和指引"。认知心理学揭示了读者在阅读时会将自身意识与作者和书中人物的意识协调起来。行为遗传学有关基因、同伴和际遇的发现，更新了父母影响子女的民间理论，也对传记和回忆录的阐释产生了深远的影响。而对传记和回忆录的阐释，也需要从有关记忆的认知心理学和有关自我表征的社会心理学层面去学习。进化心理学家可以将普遍存在的执迷状态和那些被某一特定文化所夸大的执迷状态区分开来，还能揭示出家庭、伴侣、友谊和敌对关系中的固有冲突及共同利益，而上述关系，都是剧情的主要驱动元素。所有这些思想，都能为德莱顿关于小说和人性的观点增加新的深度。

虽然有关人文学科的许多问题最好从传统叙述评论的角度进行理解，但也有一些人提出了可以用数据进行解读的实证问题。可应用于书籍、期刊、书信和乐谱的数据科学，开创了一种全新的"数字人文"。[59] 在这里，理论和发现的可能性仅受想象力的限制，研究课题包括思想的起源和传播、由知识和艺术影响力构成的网络、历史记忆的轮廓、文学主题的阴晴圆缺、原型和剧情的普遍性或文化特异性，以及非官方审查和禁忌的模式。

只有当知识向各个方向充分流动时，关于知识统一的承诺才有可能实现。一些学者已经放弃了科学家们对艺术的初始解释，在他们看来，这样的解释浅薄而简陋。而这样的认识无疑是正确的。这样恰恰给了他们更多的理由去将自身关于单个作品和风格的博学与关于人类情感和审美反应的科学洞察结合起来。更好的是，这样一来，大学可以培养出精通两种文化的新一代学者。

尽管人文学者们自己倾向于接受科学的见解，但第二种文化的许多"警察"则宣称，他们不会纵容这种好奇心。《纽约客》对文学学者乔纳森·戈特沙尔（Jonathan Gottschall）一部关于叙述本能如何进化的著作发表了轻蔑十足的评论。亚当·戈普尼克（Adam Gopnik）写道："关于故事的有趣问题，不是什么才能让故事变得老少咸宜，而是什么才能令精彩故事与枯燥故事形成如此强烈的反差。这个例子，就像女人的时尚一样，微妙的'表层'差异实际上就是问题的全部。"[60] 但在文学鉴赏中，鉴赏力真的是问题的全部吗？一个富有探寻精神的人，也可能会因为不同文化和时代中，人们对人类存在这个永恒问题所产生的循环往复的各种想法而感到好奇。

维塞蒂尔也认为，人文学科的学术研究存在无法取得进展的严重问题。他提出："哲学的苦恼没有化解，错误没有得到纠正和抛弃。"[61] 事实上，今天大多数的道德哲学家会说，捍卫奴隶制、认为奴隶制是自然制度的旧观点是错误的，而且已经被纠正和抛弃了。认识论家也会补充说，他们所在的领域已经在笛卡儿时代的基础上取得了进步。笛卡儿认为，人类感知是真实不虚的，因为上帝不会欺骗我们。维塞蒂尔还提出，"对自然世界的研究和对人类世界的研究之间，存在巨大的区别"，任何在领域之间"侵犯边界"的行为，只能令人文科学"成为科学的侍女"，因为"科学的解释会暴露出潜在的一致性"，并且"将所有的领域吸收到一个领域之中，吸收到他们的领域之中"。这种偏执心态和领地心态会将人们带往哪里？在《纽约时报书评》的一篇重要文章中，维塞蒂尔呼吁建立一种"前达尔文主义"的世界观，也就是说"人类的独特个性不可化约为动物性的任何一面"，这实际上就是前哥白尼主义——"人类是宇宙的中心"。[62]

真心希望，艺术家和学者不要跟随他们自封的捍卫者身份，纵身于这悬崖之上。我们对有关人类困境的探索与追求，不应冻结在 20 世纪或再之前一个世纪，更不用说中世纪了。毫无疑问，我们的政治、文化和道德理论，可以从对宇宙和人类作为物种最前沿的理解中得到许多借鉴。

1782 年托马斯·潘恩（Thomas Paine）对科学的世界主义美德表示了赞扬：

> 科学是没有国家的党派，但却是所有人仁慈的守护神。科学怀着自由的精神，开启了一座所有人都可以在其中相遇的殿堂。她对思想的影响，就像照耀在冰冷地球上的太阳一样，一直在为更高的教化和更远的提升做准备。一个国家的哲学家，在另一个国家的哲学中看不到敌人：他坐在科学的殿堂中，而不问坐在他旁边的是谁。[63]

他所描述的景观，同样适用于知识的景观。从各个方面来讲，科学精神就是启蒙运动的精神。

23
人文主义

　　科学本身不足以带来进步。"只要有正确的知识，凡不被自然法则所禁止的任何事物，都可以实现。"但这就是问题所在。"任何事物"意味着一切：疫苗和生化武器、视频点播以及荧屏上的"老大哥"。科学之外的某些东西，确保了疫苗用于根除疾病，而生化武器则是非法的。这就是为什么我将斯宾诺莎的铭文放在戴维·多伊奇的铭文之前："凡受理性指导的人，即以理性作指针而寻求自己的利益的人，他们所追求的东西，即是他们为别人而追求的东西。"进步就是指，运用知识，让全人类以每一个人追寻蓬勃发展的同样方式实现蓬勃发展。

　　实现这些人类繁荣，即生命、健康、幸福、自由、知识、爱、丰富的体验最大化的目标，可以被称作人文主义。（虽然这个词带有特定词根，但人文主义并不排斥动物的繁荣，而本书关注的重点主要是人类的福祉。）正是人文主义确定了我们应该用自身的知识去努力实现的愿望。它为现状补充了愿景。它将真正的进步与单纯的精通区分开来。

现如今，有一场规模越来越大的运动，叫作人文主义运动。它提倡以非超自然为基础的意义和伦理——没有神，也能善良。[1] 从 1933 年开始的三部宣言已经阐明了它的目标。2003 年发布的《人文主义宣言 III》（*Humanist Manifesto III*）申明：

> **关于世界的知识，是通过观察、实验和理性分析而得来的。**人文主义者发现，科学，是确定这些知识的最好方法，也是解决问题和发展有利技术的最好方法。我们也认识到，思想、艺术以及内在体验的全新领域，每一样都受制于批判性智慧的分析。
>
> **人类是自然界不可分割的一部分，是无引导的进化改变的结果。**我们接纳，生命是全然而充裕的，能认识到事物的本来样貌和事物在我们希望或想象之中的样貌是不同的。我们欢迎未来的挑战，被尚不得知的事物所吸引，心中无畏。
>
> **伦理价值观，源于经实践检验的人类的需要和兴趣。**人文主义者将价值观落于人类福祉之上，这一福祉受人类境况、利益和关切点的影响而成形，并延伸到全球生态系统和其他领域……
>
> **人生的充盈与圆满，源于个人参与到为人文理想而奋斗的过程中。**我们建立起深刻的目标感，在人类存在的愉悦与美好中、在挑战与悲剧中，甚至在死亡的必然性和终结性中，寻找奇迹和敬畏，并由此为人生注入活力。
>
> **人类天生就是社会性的，善于在关系中发现意义。**人文主义者努力实现一个相互关爱照顾的世界，使它免于残忍暴行及其后果的影响。遇到问题，会在不诉诸暴力的情况下合作解决……
>
> **为社会造福的工作，也有助于实现个人幸福的最大化。**进步文化一直致力于使人类摆脱求生存的残酷，减少苦难，改善社会，发展全球社区……[2]

人文主义联盟的成员，会坚持认为人文主义的理想不属于任何宗派。就像莫里哀笔下的资产阶级绅士，在偶然的情况下才欣然得知，自己一生都在用诗句讲话一样，许多人都没有意识到自己是人文主义者。³ 人文主义的蛛丝马迹，存在于可以追溯到轴心时代的信仰体系之中。这些迹象在理性时代和启蒙运动时代站到了台前，并促生了英国、法国和美国的权利宣言，还在第二次世界大战后迎来了第二股热潮，促生了联合国、《世界人权宣言》和其他一些国际合作机构。⁴

虽然人文主义并没有将神、灵或灵魂作为意义和道德的基础，但它绝不是与宗教制度不相容的。一些东方宗教，包括儒教和佛教的各个分支，一直以人类的福祉而非神的旨意为基础。许多犹太教和基督教的教派，已经成为人文主义的成员，弱化超自然的信仰和教会权威的传统，强调理性和全人类的繁荣。这里的例子，包括贵格会、一位论派、自由圣公会、北欧路德教、改革派、重建派和犹太教的人文主义分支。

人文主义似乎既平淡无奇，又完美无瑕——谁会跟人类的繁荣唱反调呢？但事实上，这是一种独一无二的道德承诺，并非人类心灵的自然流露。正如将要了解到的一样，人文主义不仅仅遭到许多宗教和政治派别的强烈反对，而且令人惊讶的是，一些杰出的艺术家、学者和知识分子也怀有敌对态度。和其他启蒙运动的理想一样，如果人文主义想要保留住它在人们思想中的位置，那么就必须用当下时代的语言及思想来进行解释和捍卫。

人文主义的科学基础

斯宾诺莎和其他许多人都宣告，要从公正中寻求世俗的道德基础。他意识到，"我"这个代词没有什么神奇之处，不能借此将我的利益凌驾于你或其他任何人的利益之上。⁵ 如果我反对被强奸、致残、饿死或被杀害，那么我也不能强奸、残害、饿死或杀害你。公正性，存在于许多在理性基础上构建道德的尝试之中：斯宾诺莎关于永恒的观点，霍布斯的社会契约，康德的定言令式，罗尔斯的无知之幕，内格尔的本然观点，洛克和杰弗逊提出的"人人生来平等"的不证自明的真理，当然，还包括在数以百计的道德传统中得以重新发现的黄金法则① 及其以各种贵金属命名

---

① 黄金法则（the Golden Rule）是指以希望自己被对待的方式去对待别人，类似于儒家的"恕道"。——编者注

的变体。[6] 白银法则是"不要对别人做你不想别人在你身上做的事";铂金法则是"对别人做他们想让你为他们做的事"。它们的设计初衷是为了针对受虐狂、自杀式炸弹袭击者、品位上的差异以及其他对黄金法则不利的因素。

当然，源于公正性的论述是不完整的。如果有一个冷酷无情、以自我为中心、夸大狂式的反社会者，能够不受惩罚、肆无忌惮地去剥削、欺凌每一个人，那么没有任何论证可以说服他，让他认为自己犯了一个逻辑错误。此外，源于公正性的论述也没有什么实质内容。除了给出尊重人们意愿的一般性建议之外，这些论述很少提及这些意愿是什么，很少谈到确定人类繁荣程度的愿望、需求和体验是什么。我们迫切需要满足这些意愿，不应该仅仅用不偏不倚的态度去允许其存在，更应积极地为尽可能多的人去争取和扩展这些意愿。回忆一下，玛莎·努斯鲍姆填补了这一空缺，并列出了一份"基本能力"清单，声明人们有权去锻炼这些能力，包括长寿、健康、安全、识字能力、知识、自由表达、玩耍、自然，以及情感和社交联结等。但这仅仅是一个清单，反对者公然宣称，里面的内容不过是她列举出的她自己最喜欢的东西而已。我们能否将人文道德建立在更加深刻的基础之上，将那些理性的反社会者排除掉，并为有义务去尊重的人类需求去正名？我认为，答案是肯定的。

《独立宣言》认为，生命权、自由权和追求幸福的权利是"不证自明"的。这种说法让人不够满意，因为"不证自明"并不总是不证自明的。但是，它抓住了人们关键的直觉。在审视道德基础的过程中，去证明人生本身的合理性，确实是反常的。这就好像面对一个开放式问题，要么就结束一句话，要么就被枪毙一样。对任何事物进行审视这种行为本身，预设了会有人去完成审视这件事。如果内格尔关于理性不可协商性的先验论证有价值，也就是考虑理性有效性的行为预设了理性的有效性，那么它必然预设了推理者的存在。

这就用来自科学的两个关键思想熵和进化论，打开了深化人文主义道德辩护的大门。社会契约的传统分析，是设想在没有实体的灵魂之间展开一场对话。现在假设推理者存在于物质世界之中，让我们用最基本的前提来让这个理想化的概念变得丰满起来。

这些实体化的生命，必须在一片茫茫物质之中，在惊人的小概率情况下，通过成为自然选择的产物，将自身组织成为一个有思想的器官。而自然选择，是唯一能够产生复杂适应性设计的实体过程。[7]而且，他们一定是在足够长的时间中抵抗住了熵的破坏，才能前来参加讨论并坚持到底的。这就意味着，他们从环境中获取能量，驻留在能保持他们身体完整性的狭窄环境范围内，并成功抵御了来自有生命和无生命危险的攻击。作为自然选择和性选择的产物，他们必须是一棵深深植根的复制基因树的子孙。在这棵树上，每一个复制基因都赢得了配偶，并孕育出了可存活的后代。因为智慧并非某种神奇的算法，而是由知识不断补给的，所以他们在内驱力的作用下，去吸收关于这个世界的信息，留意其中的非随机模式。如果他们与其他理性实体交换想法，那么就一定是用说话的方式：他们一定是承担了时间和安全上的风险，以成为在彼此间产生互动的社会存在体。[8]

允许理性主体在物质世界中存在的物理要求，不是抽象的设计规范，而是在大脑中所实现的欲望、需求、情绪、痛苦和愉悦。平均来看，在人类这一物种形成的环境中，愉悦的经历让我们的祖先得以生存，并孕育出能存活下来的孩子，而痛苦的经历则会以死亡告终。这意味着，食物、舒适、好奇、美、刺激、爱、性和友情，都不是肤浅的放纵或享乐主义的干扰。它们是因果链中的链接，让心智得以产生。与禁欲主义和清教徒式的制度不同，人文伦理不会对寻求舒适、快乐和满足的人的内在价值进行怀疑和事后评判，如果人们不去寻求这些东西，就根本不会有人的存在。与此同时，进化保证了这些欲望彼此之间的分歧，以及人与人之间因欲望而产生的竞争与不和。[9]所谓的智慧，很大程度上在于平衡自我内在的相互矛盾的欲望，而所谓的道德和政治，主要在于平衡人与人之间相互矛盾的欲望。

正如第2章中紧随约翰·图比的观点之后我讲到的，熵定律令我们身处另一个永久性威胁之下。为了让一具躯体以及一个心灵正常工作，许多东西必须全部正常运作，只要其中一个部分出错，躯体和心灵就会永久性关停——流血、窒息、微观生物钟失效等。某一主体的侵略行为可以致使另一主体不复存在。我们都极容易受到暴力的伤害，但同时，如果我们都同意克制暴力，就能享受到巨大的好处。社会主体怎样才能放弃相互欺压的诱惑，以换取不被欺压的安全，这一种和平主义者困境就像达摩克利斯之剑一样，悬在人类头顶之上，令和平与安全成为人文主义道德的永恒追求。[10]历史上暴力事件的减少，证明这是个可以解决的问题。

任何一种有形实体，在暴力面前都不堪一击。这就告诉我们，为什么冷酷的、自私的、自大的反社会者不能一直脱离于道德话语，以及道德话语对公正和非暴力的需求之外。如果他拒绝加入道德这场游戏，那么在每一个人的眼中，他就变成了一个毫无顾忌的威胁，就像细菌、野火，或者是狂暴的狼獾一样，只能被蛮力所破解，除此以外别无他法。正如霍布斯所言："不与野兽签契约。"现在，只要他认为自己永远不会受到伤害，就会抓住机会行恶，但是熵定律排除了这个可能性。他可能会对每一个人施暴一段时间，但最终，施暴目标的集体力量会占上风。永远不受伤害是不可能的，这一事实创造出一种诱因，就连最无情的反社会者都会重新回到道德的圆桌会议。正如心理学家彼得·迪西奥利（Peter DeScioli）所言，当你独自面对对手时，最好的武器可能是一把斧头，但当你在一群旁观者在场时与敌方对峙，最好的武器可能是一段论述。[11]而参与论辩的人，可能会被更优秀的辩手打败。最终，道德世界会将每一个能思考的人包括进来。

进化论也帮助解释了世俗道德的另一个基础：我们付出同情的能力，或如启蒙运动的诸位作家所言，仁慈、怜惜、想象力或怜悯的能力。即使理性主体认为保持道德感符合每一个人的长远利益，也很难想象他会两肋插刀地去为了他人的利益做出牺牲，除非有什么东西能给他带来动力。这股动力，不需要来自他肩头上的天使；进化心理学告诉我们，这股动力来自令我们成为社会动物的情感。[12]基因构造让我们在生命大网中彼此相连，而亲属之间的同情则能从基因构造的重叠中显现出来。每个人都有的同情心，源自大自然的公正：每个人都可能在身陷困境时，因他人的一点点小恩惠而获得巨大的利益。由此可见，如果彼此之间相亲相爱，而不是每个人都只为自己考虑，只知索取不肯回报，那么所有人都会过得更好。进化就是这样对道德情操进行选择的：同情、信任、感激、愧疚、羞耻、原谅，以及正义的愤怒。由于同情是心理构造中的一部分，可以通过理性和体验得到扩展，去拥抱众生。[13]

人文主义就是功利主义吗

对人文主义另一种哲学上的反对意见，认为人文主义"不过是功利主义"，也就是说以最大化人类繁荣为基础的道德，和为最多的人寻求最大幸福的道德是相同的。[14]（哲学家常常将幸福称作"效用"。）任何一个上过"道德哲学导论"课的人，都能脱口而出其中的问题所在。[15] 如果存在一个效用怪兽，吃人带给它的快乐比被它吃掉的受害者活着时所体验到的快乐要多，那么是否应该放任其继续吃人？能否招募一些志愿者，对其实行安乐死，利用他们的器官去拯救更多人的生命？如果市民因一场谋杀悬案而愤怒，甚至酿成血腥暴乱，警方是否应该陷害城里的酒鬼，将他逮捕，以此来安抚市民？如果一种药物能让我们永远陷入熟睡状态，还一直做美梦，那我们是否应该服用这种药物？是否应该建起一些能以极其低廉的成本为数十亿只快乐的兔子遮风挡雨的仓库？这些思想实验，就是道义伦理学的写照。这一领域包括权利、义务和原则等内容，通过特定行为的本质，对其道德性进行评价。在某些版本的道义伦理学中，原则来自神的指示。

人文主义的确存在功利主义色彩，或者至少有一种结果主义色彩，行为和政策通过各自所引发的结果而受到道德评判。这里所说的结果，不应局限在看到某人脸上露出笑容这样狭窄的幸福感，而是包括了更加宽泛的繁荣与发展，包括生儿育女、自我表达、教育、丰富的体验，以及创造出拥有持续价值的作品（见第18章）。人文主义的结果主义色彩本身就是一个值得探讨的要点，具体有以下几个原因：

首先，每一位道德哲学课的学生，只要到课程表的第二周还能强打精神听下去，就能脱口而出道义伦理学所存在的问题。如果撒谎从本质上讲是错误的，那么是否必须在盖世太保想知道安妮·弗兰克行踪之时，说出实情？自慰真的像典型的道义论者康德所言，是不道德的吗，因为人是在把自己作为满足动物冲动的手段，而人应该永远被当作目标，而非手段？如果恐怖分子藏匿了一个会伤及数百万无辜生命的定时核弹，那对他施以水刑，逼他说出核弹的位置，是不是不道德的行为？谁又能无中生有地制订原则，指认某些行为从本质上讲就是不道德的，即使这些行为没有伤害到任何人也不例外？在不同的时代，道德主义者都用上了道义论思维，坚持认为疫苗、麻醉、输血、人寿保险、跨种族婚姻和同性恋从本质上讲都是错误的。

许多道德哲学家都认为，入门课程中的二分法引出得太过突然。[16] 道义论原则通常是将最大幸福感带给最大多数人的一种好办法。没人能预估到他的行为在无穷无尽的未来所能引发的每一个结果，而且人们总是能将自己的自私行为美化成为对他人有益的好事，因此提升整体幸福感的最佳方式之一，就是划出一条没人能逾越的明确界限。我们不允许政府欺诈或谋杀市民，因为真正的政治家和那些思想实验中无所不能、乐善好施的半神半人不同，可能会任性专断地滥用手中的权力。这就是陷害无辜人士，为其定下死罪的政府，无法为大多数人创造出最大幸福的原因之一。

或以平等待遇原则为例。歧视妇女儿童的法律，是否从本质上讲就是不公平的，还是因为被歧视对象受到伤害，所以值得谴责？我们不一定要回答这个问题。反之，任何一个带有危害后果的道义论原则，例如排斥输血的"维生血液的神圣性"，都可以被弃之不顾。人权促进人类的繁荣。这就是为什么人文主义和人权在实践上是坚定的盟友。

其次，人文主义无须因它与功利主义的重叠而感到尴尬的另一个原因，就是这种道德思路有着提升人类福祉的实践经验。切萨雷·贝卡里亚、杰里米·边沁和约翰·密尔等古典功利主义者，针对奴隶制、施虐惩罚、虐待动物、同性恋定罪以及女性的附属地位等在当年占主流地位的思想，展开攻击。[17] 就连诸如言论自由和宗教信仰自由等抽象的权利，也经由这些人从利益得失的角度得到了维护，就像托马斯·杰弗逊写的一样："政府的立法权，只延伸到那些对他人不公正的行为上。但是，如果我说有 20 位神灵，或世上并无神灵，并不会对我或我的邻居造成伤害。既不会让我花钱，也不会让我伤筋动骨。"[18] 全民教育、工人权利以及环境保护，也都是在功利主义的基础之上发展起来的。至少从目前来看，效用恶魔和养兔工厂并没有变成什么麻烦。

功利主义言论常常获胜，有一个很站得住脚的原因：每个人都能理解它们。诸如"无害不罚""如果没人受伤，就没有错"，以及"如果我有跳海的想法，就算跳了也和别人无关"等原则，可能并不深奥，也没什么特别之处，但只要说出来，人们就能立刻听明白，谁要是想表示反对，就要花费大量的心思去找证据。但这并不是说功利主义是源自直觉的。古典自由主义在人类历史上出现得比较晚，而传统文化认为，成年人私下里做的事情，他人无须过问。[19]

哲学家兼认知神经科学家约书亚·格林（Joshua Greene）认为，许多道义论信念根源于部落主义、纯洁、厌恶、社会规范等原始本能，而功利主义结论诞生于理性的思考。[20] 他甚至还展示出，两种类型的道德思想，分别动用了大脑的情绪和理性系统。格林还认为，当来自不同文化背景的人们必须针对某道德条律达成一致意见时，他们总是倾向于采用功利主义思路。这就解释了为什么某些改革运动，例如女性平等和同性恋婚姻，能以令人瞠目结舌的速度推翻长达几个世纪的先例。除了习俗和直觉之外，现状没有任何支柱，在功利主义论证面前毫无立足之地。

共有的人性

就算人文主义运动用有关权利的语言去强化其目标，让这些权利能站得住脚的哲学体系，也一定是"单薄"的。[21] 世界主义世界中切实可行的道德哲学，不能构建在层层错综复杂的论证基础之上，或盘踞在深奥的形而上学或宗教信仰之上，必须利用每个人都能理解、都能认同的简单透彻的原则。人类繁荣的理想，认为人们拥有漫长、健康、幸福、富足而充满激情的人生是一件好事，而这不过就是这样一个原则，因为其基础不多不少正好是我们共有的人性。

历史证实，当不同的文化走到一起，想要寻求共同点时，就会以人文主义为大本营聚合起来。美国宪法实行政教分离，这样的做法并不仅仅源于启蒙运动的哲学，还源于实际操作中的必要性。经济学家塞缪尔·哈蒙德（Samuel Hammond）发现，后来加入美国的 13 个英国殖民地中，有 8 个都有官方教堂，而这些教堂通过为政府官员支付工资、强制执行严格的宗教仪式、迫害其他教派的成员等方式，侵入公共领域。将这些殖民地统一到一部宪法之下的唯一方法，就是确保将宗教表达与实践作为天赋人权。[22]

一个半世纪之后，世界大战后百废待兴的几个国家，为了达成团结合作而制定了一套规则。这些国家不太可能认同"耶稣基督是救世主"或"美国是一座闪耀的山顶之城"。1947年，联合国教科文组织邀请了几十位来自世界各地的知识分子，共同商讨哪些权利应被包括到联合国《世界人权宣言》之中，这些人包括雅克·马里坦（Jacques Maritain）、甘地、奥尔德斯·赫胥黎（Aldous Huxley）、哈罗德·拉斯基、昆西·赖特（Quincy Wright）和德日进（Peirre Teilhard de Chardin）等，以及著名儒家学者。没想到，人们列出的权利列表非常相似。马里坦在介绍工作成果之时，这样说道：

> 联合国教科文组织国家委员会的一次会议上，在讨论人权问题时，有人因具有相反意识形态的人却对权利列表表示认同而感到惊诧。"没错，"他们说道，"我们认同这些权利，前提条件是不要有人来问我们为什么。"[23]

《世界人权宣言》是一部有着30项条款的人文主义宣言。由于起草委员会主席埃莉诺·罗斯福的决心，这部宣言在不到两年的时间内便完成起草，并一直向前发展，还避免了陷入意识形态的泥潭。[24]第一版的作者约翰·汉弗莱（John Humphrey）被问到这份宣言所依据的原则时，他机智而得体地答道："从来没有什么哲学。"[25]1948年12月，《世界人权宣言》在联合国大会上全票通过。与以往人权问题被指责为狭隘的西方信条的情况不同，这份宣言得到了印度、泰国、缅甸、埃塞俄比亚，以及7个伊斯兰国家的支持，罗斯福还用尽了浑身解数，才迫使美国和英国的官员对这份宣言表达支持：美国担心黑人问题，英国担心殖民地问题。苏联、沙特阿拉伯和南非弃权。[26]

《世界人权宣言》已经被翻译成了500多种语言，影响了在随后几十年起草的绝大多数国家宪法，以及许多国际法律、条约和组织。至今已年逾古稀的《世界人权宣言》，还丝毫未显出老态。

人文主义的两个敌人

虽然人文主义是人们在理性状态下，在存在文化差异、需要求同存异的情况下会去选择的道德准则，但这并不意味着人文主义是刻意迎合大多数人的权宜之计。道德的初衷是人类繁荣的最大化，这一观点与两个长期以来十分富有诱惑力的观点形成了冲突。第一个是有神论道德：道德在于服从神的命令，而神的命令则通过此生和来世的超自然奖励与惩罚来执行。第二个是浪漫英雄主义：道德由个人或国家的纯洁、真实与伟大组成。尽管浪漫英雄主义是在 19 世纪出现的，但还是可以在新近涌现出来的颇具影响力的运动中找到其身影，包括威权民粹主义、新法西斯主义、新反应主义（neo-reaction）和另类右翼。

许多不认同这些人文主义替代性观点的知识分子，依然认为他们捕捉到了人类心理中的一个至关重要的真理：人们需要有神论、心灵指引、英雄主义或部落信仰。他们会说，人文主义可能没有错，但与人性背道而驰。没有哪个以人文主义原则为基石的社会能长久存在于世，更不用说以人文主义为基础的全球秩序了。

从心理学的断言到历史判断，只有一步之遥：不可避免的崩盘已经开始，我们正在亲眼看着自由、世界性、启蒙、人文的世界观在眼前分崩离析。《纽约时报》专栏作家罗杰·科恩（Roger Cohen）曾于 2016 年宣称："自由主义已经消亡。""自由民主实验，以其源于启蒙运动思想的开明信念，相信个人拥有某些不可剥夺的权利，有能力通过他们的意志来自由决定他们的命运，但这只不过是一段短暂的插曲。"[27] 在《启蒙运动大发展》（*The Enlightenment Had a Good Run*）一文中，《波士顿环球报》社论作者斯蒂芬·金泽（Stephen Kinzer）表示赞同：

> 世界主义是启蒙思想的核心，它所产生的结果给许多社会中的人们带来了困扰。这就让他们回到了灵长类动物本能所喜爱的统治体系：强大的首领保护着部落，作为回报，部落成员服从首领的命令……理性并非道德的基础，它拒绝精神力量，否定情感、艺术和创造力的重要性。当理性达到冷酷而不人道的境地时，就会使人们脱离赋予生命以意义的根深蒂固的结构。[28]

科学让我们不再相信奇迹

撇开争论不谈，是否有必要相信对世俗人文主义的反对？信徒、信仰主义者和对科学与进步持不满意见的人，都在幸灾乐祸地看着世界各地不断出现的宗教回归热潮。但正如将要了解到的，这种反弹是一种幻觉：世界上发展最快的宗教，根本不是宗教。

对宗教信仰的历史进行评估并不容易。很少有调查能在不同的时间和地点向人们提出同样的问题，即使可以，受访者也会有不同的解读。许多人都不愿意给自己贴上"无神论者"的标签，他们把这个词和"不道德"画上等号，仿佛一旦沾染上这个标签，就会遭受敌意、歧视。[29] 此外，大多数人都是模棱两可的神学家，他们承认自己不是宗教人士或没有宗教信仰，认为宗教不重要，自身更注重灵性而非宗教，或者相信一些不是上帝的"神力"，而与此同时，并不会自称为无神论者。取决于不同宗教替代品的措辞，不同的调查可能会以对非宗教的不同评估而告终。

我们不能确定在过去的几十年和几个世纪中有多少不信教的人，但不可能有太多人，据估计，1900 年这一比例为 0.2%。[30] 根据盖洛普国际在 57 个国家中针对 5 万人进行调查而得出的全球宗教信仰与无神论指数，2012 年时 13% 的世界人口认为自己"相信无神论"，与 2005 年的 10% 相比，该比例有所提升。[31] 可以笃定地说，20 世纪末，无神论者的全球人口比例较 20 世纪初增加了 500 倍，而且到了 21 世纪迄今为止又翻了一番。另有 23% 的世界人口认为自己"不是宗教人士"，只剩下 59% 的人认为自己是"宗教人士"，而这个数字在一个世纪前甚至曾接近 100%。

根据社会科学中一个叫作世俗化的古老观点，不信教是富裕和教育的自然结果。[32] 最近的研究证实，较富裕和受教育程度较高的国家往往没什么虔诚的信徒。[33] 在西欧和东亚的发达国家或地区，这一比例下降最为明显。在澳大利亚、加拿大、法国、中国香港地区、爱尔兰、日本、荷兰、瑞典和其他几个国家或地区，宗教人士占少数，无神论者占总人口的 1/4 以上。[34] 但在拉丁美洲和撒哈拉以南的非洲地区情况却并非如此。

这些数据，没有显示出全球宗教复兴的迹象。在 2005 年和 2012 年都调查该指数的 39 个国家中，只有 11 个国家的宗教信仰有抬头的趋势，没有一个国家宗教发展超过 6 个百分点，还有 26 个国家的宗教信仰程度有所下降，许多下降程度都达到两位数。与新闻留给我们的印象相反，波兰、波斯尼亚、土耳其、印度、尼日利亚和肯尼亚这些国家，在这 7 年里信仰程度出现了下滑，美国亦然，后面会详细讲到这一点。总体而言，自称有宗教信仰的人的比例下降了 9 个百分点，这为许多国家"信仰无神论的人"的比例提高增加了空间。

另一项来自皮尤研究中心的全球调查，试图从数据推测出宗教人口的未来。[35] 调查发现，2010 年，世界上 1/6 的人在被问及宗教信仰时选择了"无"。世界上选择"无"宗教信仰的人，比印度教徒、佛教徒、犹太人或民间宗教的信徒还要多，这是大多数人都希望转入的"教派"。到 2050 年，将有额外的 6 150 万人放弃他们的宗教信仰。

所有这些数字都在表明，人们的宗教信仰正在减少，而宗教复兴的想法又从何而来？它来自魁北克人所称的"摇篮的复仇"（la revanche du berceau）。虔诚的信徒总是生育更多的孩子。皮尤研究中心的人口统计学家用数学模型进行了预测，发现世界人口中基督徒的比例将保持不变，而所有其他教派加上非宗教信仰者的百分比将下降。然而这个预测受制于目前的生育率估算，如果信教而且生育能力旺盛的非洲经历人口转型，那么这一预测可能就会不再适用。[36]

关于世俗化趋势的一个关键问题是，它是受到时代变化（时期效应）的驱动，还是受到老龄化人口（年龄效应）或世代更替（同辈效应）的驱动。[37] 只有几个英语系国家有我们需要的数十年数据，可以来回答这个问题。随着时间的推移，澳大利亚人、新西兰人和加拿大人的宗教信仰有所下滑，原因可能是时代的变迁，而不是人口的老龄化。人们在准备与他们的创造者见面时，一般都会变得更加虔诚。英国和美国的时代思潮中并没有发生这样的变化，但在这 5 个国家之中，每一代人的宗教信仰虔诚度都不如前一代。同辈效应是显著的。超过 80% 的"英国军人一代"，也就是生于 1905—1924 年的一代人，称他们属于某个宗教，但在同样的年龄段，只有不到 30% 的"千禧一代"这么认为。超过 70% 的"美国军人一代"称他们"知道上帝存在"，但"千禧一代"中只有 40% 的人这么说。

在整个盎格鲁文化圈发现的代际更替，解决了世俗化命题的一个大问题：美国这个国家很富有但信教。早在 1840 年，托克维尔曾说过，美国人比欧洲的表亲更虔诚，如今，这种区别依然存在：2012 年，60% 的美国人自称信教，相比之下，加拿大有 46% 的人，法国有 37% 的人，瑞典有 29% 的人自称信教。[38] 其他西方民主国家中，无神论者的比例是美国的 2 ～ 6 倍。[39]

尽管美国人从更高水平的信仰启程，但他们并没有逃脱一代又一代世俗化的进程。一份报告在标题中对这一趋势进行了总结：《出埃及记：为什么美国人离宗教而去，一去不返》。[40] 美国非宗教人士的比例从 1972 年的 5% 上升到今天的 25%，上升趋势非常明显，这使他们成为美国最大的"宗教"团体，超过了天主教徒的 21%、白人福音派教徒的 16% 和白人主流新教徒的 13.5%。代际的倾斜程度很陡峭：只有 13% 的"沉默的一代"和年龄较大的"婴儿潮一代"是非宗教人士，而在"千禧一代"中，这一比例高达 39%。[41] 此外，年青一代更有可能在年龄渐长、直面生死时保持不信教的状态。[42]

这些趋势在非宗教人士的小团体中同样引人注目，这些非宗教人士不仅不是"无教者"，而且还公开承认自己不信教。说自己是无神论者或不可知论者，或认为宗教对他们不重要的美国人的比例可能在 20 世纪 50 年代为 1% ～ 2%，于 2007 年上升到 10.3%，2014 年上升到 15.8%。这里面的代际结构大致如此："沉默的一代"有 7%，"婴儿潮一代"有 11%，"千禧一代"有 25%。[43] 为了让人们摆脱敏感，承认自身的无神论观点，需要有聪明的调查技巧，从中可以看出，真实的比例甚至更高。[44]

那么，为什么评论人士认为美国的宗教正在复苏呢？这是因为另一项关于美国人的"出埃及记"发现：非宗教人士不投票。2012 年，不依附于任何宗教派系的美国人占美国总人口的 20%，但只占了选民的 12%。按定义来讲，有组织的宗教，是有组织的，这个组织要持续工作，从而获得选票，并将选票引至其所希望的地方。

2012 年，白人福音派新教徒也占成年人口的 20%，但他们占选民总数的 26%，是不信教人口比例的两倍多。[45] 虽然非宗教人士对希拉里和特朗普的支持比例是 3 : 1，但他们在 2016 年 11 月 8 日那一天待在了家里，而福音派教徒则排着队投票。类似的现象，也出现在欧洲的民粹主义运动之中。专家们总是把选举中出现的现象误认为是宗教的回归，这种幻象，给了我们关于世俗化为何如此隐秘的另一种解释。

为什么整个世界正在失去信仰？有这样几个原因。[46] 20 世纪，一些国家曾宣布宗教非法或不鼓励信教，当这些国家实现宗教信仰自由时，其公民重建宗教信仰的过程进展缓慢。疏离的一部分原因，在于公民对所有结构组织信任感的下滑，而这种信任，曾于 20 世纪 60 年代到达峰值。[47] 另一个原因是全球潮流所倡导的解放价值观（见第 15 章），如妇女权利、生育自由。[48] 此外，由于富裕、医疗和社会保险，人们的生活变得更加安全，不再祈求上帝将他们从困境中拯救出来：在其他因素不变的情况下，拥有更强大安全网的国家的宗教信仰的比例更低。[49] 但最明显的原因可能是理性本身：当人们变得求知欲更强、更有科学素养时，他们就不再相信奇迹了。美国人放弃宗教最普遍的原因是"对宗教教义缺乏信仰"。[50] 我们已经看到，受教育程度较高的国家信教的比率较低。在世界各地，无神论掀起了弗林效应：国家智慧水平越高，国民放弃宗教信仰的比例就越高。[51]

无论原因是什么，世俗化的历史和地理都否决了这样一种恐惧：在没有宗教的情况下，社会注定会出现反常、虚无主义和"所有价值的日全食"。[52] 世俗化与第二部分所记载的所有历史进程都是同步进行的。许多不信教的社会，如加拿大、丹麦和新西兰，都是人类历史上宜居的地方，在那里，生活中每一样可以衡量的好东西的水平都很高。而许多世界上宗教信仰最虔诚的社会，有时却不那么好。[53]

美国例外论具有启发意义：美国比西方其他国家有着更强的宗教信仰，但在人民幸福与福祉方面表现不佳，谋杀、监禁、堕胎、性传播疾病、肥胖、教育水平低劣、过早死亡的发生率和儿童死亡率更高。[54] 这个道理适用于美国全部 50 个州：州内宗教信仰越虔诚，公民的生活水平就越失调。[55] 因果关系可能是多方面的。但在民主国家，世俗主义可能引来人文主义，让人们远离祈祷、教义和教会权威，转向令他们及其同胞过上更好生活的实际政策。这一点是值得赞扬的。

不可逆转的潮流

除非你已经忘却了思想史与时事之间的联系线索，否则请记住，特朗普在史蒂芬·班农（Stephen Bannon）的压力下，于 2017 年决定将美国从《巴黎协定》中撤出，班农说服特朗普，让他认为与其他国家合作，就是在全球大竞赛中投降。[56] 特朗普对移民和贸易的敌意也源于相同的根源。如此之大的利害关系，足以让我们提醒自己，为什么新 – 神学 – 反动 – 民粹民族主义在知识上已经破产。我已经讨论过在那些带来十字军东征、宗教裁判所、猎巫和欧洲宗教战争的机构中寻求道德基础的荒谬性。认为全球秩序应由种族同质和相互敌对的民族国家组成的观点，也同样荒唐可笑。

认为人类有一种与生俱来的需要去认同自身隶属于一个民族国家的说法，是低劣的进化心理学。这一说法还暗示着世界主义违背人类的本性。就像认为人们天生就有从属于某个宗教信仰的需求一样，这种思想将人们的脆弱与需求相混淆。毫无疑问，人们与部落相处，能感受到团结一致，但我们与生俱来的“部落”直觉，不可能是一个民族国家，因为民族国家是 1648 年《威斯特伐利亚和约》的历史产物。“部落”直觉也不可能是一个种族，因为我们的进化祖先很少遇到来自另一个种族的人。事实上，部落、团体或联盟的认知范畴是抽象的、多维的。[57] 人们认为自己属于许多相互重叠的部落：他们的宗族、家乡、祖国、移居国家、宗教、民族、母校、兄弟会或姐妹会、政党、雇主、服务组织、运动队，甚至是相机设备的品牌。如果你想看到部落主义最激进的状态，那就去看看“尼康 vs 佳能”的网络讨论组吧。

的确，政治推销员可以宣传某种神话和肖像，吸引人们将宗教、种族或民族作为他们的首要基本身份。有了适当的灌输和强迫，他们甚至还能将自身变成炮灰。[58] 这并不意味着民族主义是人类的动力。人性中没有什么能阻止人们同时作为自豪的法国人、欧洲人和世界公民。[59]

认为种族统一导致文化卓越的观点是错误的。之所以将不谙世事的事物称为乡土的、地方性的、与世隔绝的、狭隘的，而把饱经世故的事物称为文雅的、世界性的，是有原因的。没有人能仅凭自身的聪明才智去梦想获得有价值的事物。拥有天赋异禀的个人和文化，是聚集者、挪用者、收藏家。充满活力的文化分布在汇流地区，在这里，人和创新来自四面八方。这就解释了为什么欧亚大陆，而不是澳大利亚、非洲或美洲大陆，是第一个孕育了广阔文明的大陆。索维尔在他的"文化三部曲"中有所提及，贾里德·戴蒙德在《枪炮、病菌与钢铁》中也曾讲到过。[60] 这就解释了为什么文化涌现的地方总是在位于重要十字路口和水道上的贸易城市，[61] 也解释了为什么人类总是到处游荡，去他们能创造最好生活的地方。树挪死，人挪活。

最后，不要忘记国际机构和全球意识最开始出现的原因。在 1803 年至 1945 年之间，全世界尝试了一种建立在民族国家基础之上的国际秩序，这些国家英勇地为伟大的目标而奋斗。结果并不是很好。尤其错误的是，反动右派势力疯狂警告会发生一场针对西方的可能致使数百人死亡的"战争"，并将其作为理由，要将世界带回到一种国际秩序之中，而在这种秩序中，西方又不断发起针对自身的战争，造成数千万人死亡。1945 年后，世界领袖们说："好吧，到此为止。"于是开始淡化民族主义，支持国际法和跨国组织。正如在第 11 章所了解到的那样，欧洲由此实现了70 年的和平与繁荣，并渐渐将和平与繁荣推广到世界其他地方。

某些社论作家感叹，启蒙运动不过是一个"短暂的插曲"，这个说法更有可能成为新法西斯主义、新反动主义以及 21 世纪初相关退行性运动安息之地的墓志铭。在 2017 年举行的欧洲选举和特朗普政府的自我毁灭式破坏表明，世界可能已经达到了民粹主义的顶峰，正如在第 20 章所看到的，从人口统计学角度讲，这场运动走上了死胡同。虽然标题醒目，但数据显示，民主（见第 14 章）和自由价值观（见第 15 章）正走在一架长期自动扶梯之上，不太可能在一夜之间发生逆转。世界主义和国际合作的好处，在这个人与思想的流动势不可挡的当下，是不能被长期否认的。

全人类的英雄故事

尽管我认为，人文主义的道德和知识实力拥有压倒性优势，但有些人可能会质疑，人文主义是否能与宗教、民族主义和人们心中的浪漫英雄主义相提并论。启蒙运动会因无法诉诸原始的人类需求而最终失败吗？人文主义者是否应该举行复兴会议，让牧师们在讲坛上反复宣扬斯宾诺莎的伦理道德，让狂喜的教徒们眼珠乱转，用世界语喋喋不休？他们是否应该举行集会，让身穿彩色衬衫的年轻人向约翰·斯图亚特·密尔的巨幅海报致敬？我不这样认为。回想一下，弱点不同于需求。丹麦、新西兰和世界上其他幸福的地方的居民，不用这样也能过得很好。世界世俗民主制度的好处是人人都能看到的。

尽管如此，倒退思想的吸引力依然是永恒的，理性、科学、人文主义和进步的实力，总是需要被证明的。当我们无法证明来之不易的进步时，可能会认为，完美的秩序和普遍繁荣是自然而然的状态，而每一个问题都令人气愤，都要对作恶之人严加指责、对体制进行破坏、为领导者赋予权力，从而让这位领导者重建国家的正义与伟大。关于进步，我给出了自己最好的理由，也讲到了使其成为可能的理想，还为记者、知识分子和其他有思想的人（包括本书的读者）提供了一些线索，使他们尽可能避免普遍存在的掉以轻心，不要错过启蒙运动的馈赠。

记住你的数学：某桩轶事并不是一种趋势。记住你的历史：今天发生糟糕的事情并不意味着过去更好。记住你的哲学：人们不能推理出世上不存在理性，也不能推理出，因为上帝这样认为，某件事物就是真实的或好的。记住你的心理：我们所知的许多东西并非其本来样貌，特别是当我们的同伴也有同样的认知时。

保持清醒的头脑。并非每一个问题都是危机、瘟疫、流行病或生存威胁，也并非每一个变化都是此事的终结、彼事的死亡、后某某时代的曙光。不要将悲观和深奥混为一谈：问题是不可避免的，但是可以解决的，把每一次挫折都当作病态社会的一个症状来诊断，是对庄重的廉价攫取。最后，请放弃尼采。他的想法可能看起来很前卫、真实、略带坏意，而人文主义似乎很烂、不时髦、不酷。但是和平、爱和理解又有什么好笑的呢？

本书不仅仅是为了揭穿谬论或传播数据。这本书可以改头换面为更加激动人心的叙述，我希望那些拥有更多艺术天赋和修辞能力的人，能更好地将书中思想传播开来。人类进步的故事，是真的富有英雄色彩的，是光荣的，是令人振奋的。我甚至敢斗胆说，是灵性上的。正是如此。

我们出生在一个无情的宇宙中，以极低的概率对抗着令生命成为可能的秩序，还持续面临着一切土崩瓦解的危险。我们被一种残酷竞争的力量所塑造。我们这根曲木造出来的东西，容易受到幻觉和自我中心意识的伤害，有时甚至愚蠢到令人吃惊的地步。

然而，人类的天性也被赐予了许多资源，为某种救赎开辟了空间。我们拥有用递归方式进行思想结合的能力，可以对自身的思想进行思考。我们有语言的本能，让我们可以分享经验和创造力的成果。我们因拥有同情的能力而变得深沉，懂得珍视、想象、怜悯和惋惜。

这些天赋已经找到了扩大自身力量的方法。语言的范围，通过书面、印刷和电子的方式得以扩大。我们的同情范围，通过历史、新闻和叙事艺术得以扩大。我们微不足道的理性思考能力，也通过理性的规范和制度得以成倍增长：求知欲、公开辩论、对权威和教条的怀疑，以及通过将观点与现实进行比较来对其进行验证的方法。

随着递归螺旋上升势头渐猛，我们会战胜那些折磨我们的力量，尤其是自身的黑暗部分。我们探索宇宙、生命和心智的奥秘。我们会活得更久、受苦更少、学到更多、变得更聪明、享受更多的小乐趣和丰富的经历。很少有人会遭遇杀害、攻击、奴役、压迫或剥削。从少数几个绿洲开始，和平与繁荣的领土正在增长，有朝一日可能会遍及全球。我们仍然面临着许多痛苦和巨大的危险。但我们已经有了关于如何减少这些痛苦和危险的想法，而且人们还在不断思考着新的想法。

我们永远不会拥有一个完美的世界，而寻找一个完美的世界也是危险的举动。但是，**如果继续运用知识来促进人类的繁荣，即将取得的进步则是无限的。**

这个英雄故事并非另一个传说。传说是虚构的，但这一个是真实的——从我们所掌握的知识角度来说，是真实的。而知识是能拥有的唯一真理。我们相信其真实性，是因为有理由去相信。当拥有更多知识的时候，我们就能知道，故事的哪些部分仍然是真实的，哪些是错误的，因为任何一部分都有可能是错误的，也可能变成错误的。

这个故事不属于任何一个部落，而属于全人类——属于任何具有理性的力量和坚持存在的欲望的有情众生。因为它只要求我们坚信，活着好过死亡，健康好过疾病，富足好过匮乏，自由好过胁迫，幸福好过苦难，知识好过迷信和无知。

社会学家罗伯特·默顿（Robert Merton）将共有主义（Communalism）视为一个基本的科学道德，并将它和普遍主义（Universalism）、无私利性（Disinterestedness）以及有组织的怀疑主义（Organized Skepticism）并列，合称"CUDOS"（即"默顿规范"）。[1] 在此我由衷感谢许多科学家，他们秉持着公有精神，与我分享自己的研究数据。对于我的各种疑问，他们也总是及时回应，而且有问必答，毫无保留。首先是马克斯·罗泽，他创办的网站 Our World in Data 令人耳目一新，他的睿智和慷慨让本书第二部分关于"进步"的讨论成为可能。同时我也要感谢玛丽安·图皮的网站HumanProgress 以及奥拉·罗斯林与汉斯·罗斯林的网站 Gapminder，这两个网站也是我们了解人类状况的宝贵资源。汉斯具有鼓舞人心的力量，他于 2017 年不幸逝世，对那些致力于理性、科学、人文主义和进步的人来说，这不亚于一场悲剧。

我还要感谢时常被我骚扰的其他数据科学家，以及致力于收集、维护相关数据的组织机构：Karlyn Bowman、Daniel Cox（PRRI）、Tamar Epner（Social Progress Index）、Christopher Fariss、Chelsea Follett（HumanProgress）、Andrew Gelman、Yair Ghitza、April Ingram（Science Heroes）、Jill Janocha（Bureau of Labor Statistics）、Gayle Kelch（US Fire Administration/FEMA）、Alaina Kolosh（National Safety Council）、Kalev Leetaru（Global Database of Events、Language and Tone）、Monty Marshall（Polity Project）、Bruce Meyer、Branko Milanović（World Bank）、

Robert Muggah（Homicide Monitor）、Pippa Norris（World Values Survey）、Thomas Olshanski（US Fire Administration/FEMA）、Amy Pearce（Science Heroes）、Mark Perry、Therese Pettersson（Uppsala Conflict Data Program）、Leandro Prados de la Escosura、Steven Radelet、Auke Rijpma（OECD Clio Infra）、Hannah Ritchie（Our World in Data）、Seth Stephens-Davidowitz（Google Trends）、James X. Sullivan、Sam Taub（Uppsala Conflict Data Program）、Kyla Thomas、Jennifer Truman（Bureau of Justice Statistics）、Jean Twenge、Bas van Leeuwen（OECD Clio Infra）、Carlos Vilalta、Christian Welzel（World Values Survey）、Justin Wolfers、and Billy Woodward（Science Heroes）。

此外，David Deutsch、Rebecca Newberger Goldstein、Kevin Kelly、John Mueller、Roslyn Pinker、Max Roser 和 Bruce Schneier 通读了全部书稿，并提出了宝贵建议。Scott Aaronson、Leda Cosmides、Jeremy England、Paul Ewald、Joshua Goldstein、A. C. Grayling、Joshua Greene、Cesar Hidalgo、Jodie Jackson、Lawrence Krauss、Branko Milanović、Robert Muggah、Jason Nemirow、Matthew Nock、Ted Nordhaus、Anthony Pagden、Robert Pinker、Susan Pinker、Steven Radelet、Peter Scoblic、Martin Seligman、Michael Shellenberger 和 Christian Welzel 也阅读了部分章节和内容，他们的意见也惠我不浅。

还有其他一些朋友和同行，他们或是为我释疑解惑，或是为我出谋划策，如 Charleen Adams、Rosalind Arden、Andrew Balmford、Nicolas Baumard、Brian Boutwell、Stewart Brand、David Byrne、Richard Dawkins、Daniel Dennett、Gregg Easterbrook、Emily-Rose Eastop、Nils Petter Gleditsch、Jennifer Jacquet、Barry Latzer、Mark Lilla、Karen Long、Andrew Mack、Michael McCullough、Heiner Rindermann、Jim Rossi、Scott Sagan、Sally Satel、and Michael Shermer。特别感谢我哈佛大学的同事 Mahzarin Banaji、Mercè Crosas、James Engell、Daniel Gilbert、Richard McNally、Kathryn Sikkink 和 Lawrence Summers。

我还要感谢 Rhea Howard 和 Luz Lopez 不辞辛劳地收集和分析数据，并为之绘制图表，也感谢 Keehup Yong 所做的还原分析，以及 Ilavenil Subbiah 所设计的优美图表，以及对本书的形式和内容所提的建议。

此外，我真挚地感谢我的编辑 Wendy Wolf 和 Thomas Penn，以及我的经纪人 John Brockman，他们自始至终都在给予我指导与鼓励。还有 Katya Rice，目前为止她已经审校了我的八部书稿，每一次我都从她的校改中收获良多。

最后特别要感谢我的家人 Roslyn、Susan、Martin、Eva、Carl、Eric、Robert、Kris、Jack、David、Yael、Solomon、Danielle，尤其是 Rebecca，在探究启蒙主义理念的道路上，她一直都是我的良师益友。

前言

1. "母亲和孩子……"引自特朗普的就职演说,发表于 2017 年 1 月 20 日。"全面战争"和 "基督教内在的精神基础和道德基础"引自特朗普的首席战略官史蒂芬·班农在 2014 年夏天的梵蒂冈会议上发表的言论,摘自 J. L. Feder, "This Is How Steve Bannon Sees the Entire World," *BuzzFeed*, Nov.16, 2016。"全球权力结构"这一名词引自 特朗普的最后一轮总统大选电视竞选广告, "Donald Trump's Argument for America," Nov. 2016。人们一般认为,班农起草或参与起草了这三份文件。

Part I   启蒙运动

1. Hayek 1960/2011, p. 47; Wilkinson 2016a.

01   勇于运用自己的理智

1. *What Is Enlightenment?* Kant 1784/1991.

2. 这句话是根据 H. B. Nisbet 和 Mary C. Smith 对 Kant 1784/1991 年两个版本的翻译 提炼而来的。

3.《无穷的开始》: Deutsch 2011, pp. 221 - 222。

4. 启蒙运动: Goldstein 2006 ; Gottlieb 2016 ; Grayling 2007 ; Hunt 2007 ; Israel 2001 ; Makari 2015 ; Montgomery & Chirot 2015 ; Pagden 2013 ; Porter 2000。

5. 理性是不容商榷的：Nagel 1997；另见本书第 21 章。

6. 大多数启蒙运动思想家都是无神论者：Pagden 2013, p. 98。

7. Wootton 2015, pp. 6－7.

8. Scott 2010, pp. 20－21.

9. 启蒙运动思想家是研究人性的科学家：Kitcher 1990；Macnamara 1999；Makari 2015；Montgomery & Chirot 2015；Pagden 2013；Stevenson & Haberman 1998。

10. 同情之环：Nagel 1970；Pinker 2011；Shermer 2015；Singer 1981/2010。

11. 世界主义：Appiah 2006；Pagden 2013；Pinker 2011。

12. 人道主义革命：Hunt 2007；Pinker 2011。

13. 将进步视为神秘力量：Berlin 1979；Nisbet 1980/2009。

14. 极端现代主义的独裁主义：Scott 1998。

15. 极端现代主义的独裁主义与心理学的"白板说"：Pinker 2002/2016, pp. 170－171, 409－411。

16. 这句话是勒·柯布西耶（Le Corbusier）所说，引自 Scott 1998, pp.114－115。

17. 对惩罚的重新思考：Hunt 2007。

18. 财富的创造：Montgomery & Chirot 2015；Ridley 2010；Smith 1776/2009。

19. 温和的商业：Mueller 1999, 2010b；Pagden 2013；Pinker 2011；Schneider & Gleditsch 2010。

20.《论永久和平》：Kant 1795/1983。有关永久和平的现代诠释：Russett & Oneal 2001。

02　熵、进化与信息

1. 热力学第二定律：Atkins 2007；Carroll 2016；Hidalgo 2015；Lane 2015。

2. Eddington 1928/2015.

3. 两种文化与热力学第二定律：Snow 1959/1998, pp. 4－15。

4.《热力学第二定律是心理学第一定律》：Tooby, Cosmides, & Barrett 2003。

5. 自组织：England 2015；Gell-Mann 1994；Hidalgo 2015；Lane 2015。

6. 进化与熵的对抗：Dawkins 1983, 1986；Lane 2015；Tooby, Cosmides, & Barrett 2003。

7. 斯宾诺莎：Goldstein 2006。

8. 信息：Adriaans 2013；Dretske 1981；Gleick 2011；Hidalgo 2015。

9. 信息是熵的减少，而非熵本身：参见 Thomas D. Schneider 的个人网站。

10. 信号传递了知识：Adriaans 2013 ; Dretske 1981 ; Fodor 1987, 1994。

11. 宇宙由物质、能量和信息构成：Hidalgo 2015, p. ix ; 另见 Lloyd 2006。

12. 神经计算：Anderson 2007 ; Pinker 1997/2009, chap. 2。

13. 知识、信息与推论作用：Block 1986 ; Fodor 1987, 1994。

14. 认知生态位：Marlowe 2010 ; Pinker 1997/2009 ; Tooby & DeVore 1987 ; Wrangham 2009。

15. 语言：Pinker 1994/2007。

16. 哈扎部落菜单：Marlowe 2010。

17. 轴心时代：Goldstein 2013。

18. 对轴心时代的解释：Baumard et al. 2015。

19.《三分钱歌剧》(*The Threepenny Opera*)，第二幕，第一场。

20. 机械宇宙：Carroll 2016 ; Wootton 2015。

21. 天生的文字盲和数学盲：Carey 2009 ; Wolf 2007。

22. 奇幻思维、超自然本体和文字魔法：Oesterdiekhoff 2015 ; Pinker 1997/2009, chaps. 5、6 ; Pinker 2007a, chap. 7。

23. 统计推论的漏洞：Ariely 2010 ; Gigerenzer 2015 ; Kahneman 2011 ; Pinker 1997/2009, chap. 5 ; Sutherland 1992。

24. 依赖直觉的律师和政治家：Kahan, Jenkins-Smith, & Braman 2011 ; Kahan, Peters, et al. 2013 ; Kahan, Wittlin, et al. 2011 ; Mercier & Sperber 2011 ; Tetlock 2002。

25. 过于自信：Johnson 2004。对理解能力的过于自信：Sloman & Fernbach 2017。

26. 道德感的漏洞：Greene 2013 ; Haidt 2012 ; Pinker 2008a。

27. 将道德作为定罪工具：DeScioli & Kurzban 2009 ; DeScioli 2016。

28. 通过抽象思维和组合能力超越认知局限：Pinker 2007a, 2010。

29. Letter to Isaac McPherson, *Writings* 13: 333 - 335，引自 Ridley 2010, p. 247。

30. 集体理性：Haidt 2012 ; Mercier & Sperber 2011。

31. 合作与观点的可交换性：Nagel 1970 ; Pinker 2011 ; Singer 1981/2010。

03 反启蒙

1. 对现代机构的信任土崩瓦解：Twenge, Campbell, & Carter 2014。Mueller 1999, pp.167 - 168 指出对现代机构的信任度在 20 世纪 60 年代达到最高水平，之前和之后都未能超越。保守派对科学的信任度逐渐降低：Gauchat 2012。民粹主义：

Inglehart & Norris 2016；J. Müller 2016；Norris & Inglehart 2016；另见本书第20章与23章。

2. 非西方文明中的启蒙运动：Conrad 2012；Kurlansky 2006；Pelham 2016；Sen 2005；Sikkink 2017。

3. 反启蒙运动：Berlin 1979；Garrard 2006；Herman 1997；Howard 2001；McMahon 2001；Sternhell 2010；Wolin 2004；另见本书第23章。

4. 为宗教辩护的非宗教人士：Coyne 2015；另见本书第23章。

5. 生态现代主义：Asafu-Adjaye et al. 2015；Ausubel 1996, 2015；Brand 2009；DeFries 2014；Nordhaus & Shellenberger 2007；另见本书第10章。

6. 意识形态问题：Duarte et al. 2015；Haidt 2012；Kahan, Jenkins-Smith, & Braman 2011；Mercier & Sperber 2011；Tetlock & Gardner 2015；另见本书第21章。

7. 《文明衰落论》封底引言，另见 Nisbet 1980/2009。

8. 生态悲观主义：Bailey 2015；Brand 2009；Herman 1997；Ridley 2010；另见本书第10章。

9. Nisbet 1980/2009, p. 328.

10. 斯诺并未给他所说的两种文化排序，但后来者都以此方式排序，例如 Brockman 2003。

11. Snow 1959/1998, p.14.

12. 利维斯的盛怒：Leavis 1962/2013；见 Collini 1998, 2013。

13. Leavis 1962/2013, p. 71.

Part II　进步

04　进步恐惧症

1. Herman 1997, p. 7. 另有 Joseph Campbell, Noam Chomsky, Joan Didion, E. L. Doctorow, Paul Goodman, Michael Harrington, Robert Heilbroner, Jonathan Kozol, Christopher Lasch, Norman Mailer, Thomas Pynchon, Kirkpatrick Sale, Jonathan Schell, Richard Sennett, Susan Sontag, Gore Vidal, Garry Wills。

2. Nisbet 1980/2009, p. 317.

3. 乐观的豁裂：McNaughton-Cassill & Smith 2002；Nagdy & Roser 2016b；Veenhoven 2010；Whitman 1998。

4. "欧盟晴雨表"调查结果，发表于 Nagdy & Roser 2016b。

5. 调查结果引自 Ipsos 2016, "Perils of Perception (Topline Results)", 图见 Nagdy & Roser 2016b。

6. Dunlap, Gallup, & Gallup 1993，图见 Nagdy & Roser 2016b。

7. J. McCarthy, "More Americans Say Crime Is Rising in U.S.," *Gallup.com*, Oct. 22, 2015.

8. 世界正变得越来越糟：认为世界变得越来越糟的人占多数的国家和地区有澳大利亚、丹麦、芬兰、法国、德国、英国、美国、挪威、新加坡、瑞典、中国香港地区，以及马来西亚、泰国和阿拉伯联合酋长国。见 YouGov poll, Jan. 5, 2016。美国走错了方向：Dean Obeidallah, "We've Been on the Wrong Track Since 1972," *Daily Beast*, Nov. 7, 2014。

9. 引自 B. Popik, "First Draft of History (Journalism)," *BarryPopik.com*。

10. 新闻的周期与本质：Galtung & Ruge 1965。

11. 可得性启发式：Kahneman 2011；Slovic 1987；Slovic, Fischhoff, & Lichtenstein 1982；Tversky & Kahneman 1973。

12. 错觉的风险：Ropeik & Gray 2002；Slovic 1987。看过电影《大白鲨》之后害怕游泳：Sutherland 1992, p.11。

13. "无流血，不头条"（反之亦然）：Bohle 1986；Combs & Slovic 1979；Galtung & Ruge 1965；Miller & Albert 2015。

14. 阅读新闻的影响：Jackson 2016。另见 Johnston & Davey 1997；McNaughton-Cassill 2001；Otieno, Spada, & Renkl 2013；Ridout, Grosse, & Appleton 2008；Unz, Schwab, & Winterhoff-Spurk 2008。

15. 引自 J. Singal, "What All This Bad News Is Doing to Us", *New York*, Aug. 8, 2014。

16. 暴力的减少：Eisner 2003；Goldstein 2011；Gurr 1981；Human Security Centre 2005；Human Security Report Project 2009；Mueller 1989, 2004a；Payne 2004。

17. 解决问题的方案往往会带来新的问题：Deutsch 2011, pp. 64, 76, 350；Berlin 1988/2013, p. 15。

18. Deutsch 2011, p. 193.

19. 厚尾分布：见第 19 章，又详见 Pinker 2011, pp. 210–222。

20. 消极偏差：Baumeister, Bratslavsky, et al. 2001；Rozin & Royzman 2001。

21. 个人通信，1982 年。

22. 更多的负面词汇：Baumeister, Bratslavsky, et al. 2001；Schrauf & Sanchez 2004。

23. 美化记忆：Baumeister, Bratslavsky, et al. 2001。

24. 对过去美好时光的幻想：Eibach & Libby 2009。

25. Connor 2014；另见 Connor 2016。

26. 挑剔的书评家显得更有水平：Amabile 1983。

27. M. Housel, "Why Does Pessimism Sound So Smart?" *Motley Fool*, Jan. 21, 2016.

28. 同样的观点另见经济学家 Albert Hirschman（1991）与新闻记者 Gregg Easterbrook（2003）。

29. D. Bornstein & T. Rosenberg, "When Reportage Turns to Cynicism," *New York Times*, Nov. 14, 2016. 关于"建设性的新闻"运动，另见 Gyldensted 2015, Jackson 2016，以及杂志 *Positive News*。

30. 联合国千年发展目标：（1）消除极端贫困与饥荒；（2）全球普及初等教育；（3）促进男女平等，赋予女性权利；（4）降低儿童死亡率；（5）改善产妇健康；（6）解决艾滋病、疟疾和其他疾病；（7）确保环境资源的可持续性；（8）开展全球合作，以加速经济发展。

31. 有关进步的书籍：Norberg 2016；Easterbrook 2003；Reese 2013；Naam 2013；Ridley 2010；Robinson 2009；Bregman 2017；Phelps 2013；Diamandis & Kotler 2012；Goklany 2007；Kenny 2011；Bailey 2015；Shermer 2015；DeFries 2014；Deaton 2013；Radelet 2015；Mahbubani 2013。

05 寿命

1. World Health Organization 2016a.

2. Hans and Ola Rosling, "The Ignorance Project," https://www.gapminder.org / ignorance/.

3. Roser 2016n；对英国 1543 年的估算数据引自 R. Zijdeman, OECD Clio Infra。

4. 狩猎采集时代：Marlowe 2010, p. 160。关于哈扎部落的预期寿命，它的婴儿和青少年死亡率与 Marlowe 对 478 个狩猎采集部落调查结果的中位数相同（p. 261）。第一代农民到铁器时代：Galor & Moav 2007。千年以来没有增长：Deaton 2013, p. 80。

5. Norberg 2016, pp. 46 and 40.

6. 大流感：Roser 2016n。美国白人死亡率：Case & Deaton 2015。

7. Marlowe 2010, p. 261.

8. Deaton 2013, p. 56.

9. 减少卫生经费：N. Kristof, "Birth Control for Others," *New York Times*, March 23, 2008。

10. M. Housel, "50 Reasons We're Living Through the Greatest Period in World History," *Motley Fool*, Jan. 29, 2014.

11. World Health Organization 2015c.

12. Marlowe 2010, p. 160.

13. Radelet 2015, p. 75.

14. 1990 年全球预期健康寿命：Mathers et al. 2001。2010 年发达国家健康预期寿命：Murray et al. 2012；另见 Chernew et al. 2016，数据显示近来美国的预期健康寿命（而不仅仅是预期寿命）在持续增加。

15. G.Kolata, "U.S. Dementia Rates Are Dropping Even as Population Ages," *New York Times*, Nov. 21, 2016.

16. 生物伦理委员会：Pinker 2008b。

17. L. R. Kass, "L'Chaim and Its Limits: Why Not Immortality?" *First Things*, May 2001.

18. 预测寿命被定期打破：Oeppen & Vaupel 2002。

19. 针对死亡的反向工程：M. Shermer, "Radical Life-Extension Is Not Around the Corner," *Scientific American*, Oct. 1, 2016；Shermer 2018。

20. Siegel, Naishadham, & Jemal 2012.

21. 对永生不死的质疑：Hayflick 2000；Shermer 2018。

22. 熵终将让我们死亡：P. Hoffmann, "Physics Makes Aging Inevitable, Not Biology," *Nautilus*, May 12, 2016。

06 健康

1. Deaton 2013, p. 149.

2. Bettmann 1974, p. 136；省略内部引号。

3. Bettmann 1974; Norberg 2016.

4. Carter 1966, p. 3.

5. Woodward, Shurkin, & Gordon 2009，另见 *ScienceHeroes* 网站。该小组的统计学家为 April Ingram 与 Amy R. Pearce。

6. 研究过去时态的书：Pinker 1999/2011。

7. Kenny 2011, pp. 124‐125.

8. D. G. McNeil Jr., "A Milestone in Africa: No Polio Cases in a Year," *New York Times*, Aug. 11, 2015; "Polio This Week," *Global Polio Eradication Initiative*.

9. "Guinea Worm Case Totals," *The Carter Center*, April 18, 2017.

10. Bill & Melinda Gates Foundation, *Our Big Bet for the Future: 2015 Gates Annual Letter*.

11. World Health Organization 2015b.

12. Bill & Melinda Gates Foundation, "Malaria: Strategy Overview".

13. 数据源于世界卫生组织与儿童健康流行病学参比群组，引自 Bill & Melinda Gates Foundation, *Our Big Bet for the Future: 2015 Gates Annual Letter*, p.7。

14. N. Kristof, "Why 2017 May Be the Best Year Ever," *New York Times*, Jan. 21, 2017.

15. Jamison et al. 2015.

16. Deaton 2013, p. 41.

17. Deaton 2013, pp. 122 – 123.

07　食物

1. Norberg 2016, pp. 7 – 8.

2. Braudel 2002.

3. Fogel 2004，转引自 Roser 2016d。

4. Braudel 2002, pp. 76 – 77，转引自 Norberg 2016。

5. "Dietary Guidelines for Americans 2015 – 2020, Estimated Calorie Needs per Day, by Age, Sex, and Physical Activity Level"，资料来源于互联网数据。

6. 卡路里的数据引用自 Roser 2016d；亦可参见图 7–1。

7. 联合国粮食及农业组织，*The State of Food and Agriculture 1947*，转引自 Norberg 2016。

8. 由经济学家 Cormac Ó Gráda 给出的定义，转引自 Hasell & Roser 2017。

9. Devereux 2000, p. 3.

10. W. Greene, "Triage: Who Shall Be Fed? Who Shall Starve?" *New York Times Magazine,* Jan. 5, 1975. 在《纽约时报杂志》的这篇文章前一年，"救生艇伦理"这个命题就已经由经济学家 Garrett Hardin 在期刊 *Psychology Today*（Sept. 1974）中提出，那篇文章的题目为 "Lifeboat Ethics: The Case Against Helping the Poor"。

11. "Service Groups in Dispute on World Food Problems," *New York Times,* July 15, 1976; G. Hardin, "Lifeboat Ethics," *Psychology Today,* Sept. 1974.

12. 麦克纳玛拉、医疗健康、人口控制：N. Kristof, "Birth Control for Others," *New York Times,* March 23, 2008。

13. 饥荒不会削弱人口增长：Devereux 2000。

14. "Making Data Dance," *The Economist*, Dec. 9, 2010.

15. 工业革命与饥荒的消除：Deaton 2013；Norberg 2016；Ridley 2010。

16. 农业革命：DeFries 2014。

17. Norberg 2016.

18. Woodward, Shurkin, & Gordon 2009；资料发表于互联网。哈伯是发明化学武器的主要人物之一。

19. Morton 2015, p. 204.

20. Roser 2016e, 2016u.

21. 博洛格：Brand 2009；Norberg 2016；Ridley 2010；Woodward, Shurkin, & Gordon 2009；DeFries 2014。

22. 绿色革命运动继续推行：Radelet 2015。

23. Roser 2016m.

24. Norberg 2016.

25. Norberg 2016. 根据联合国粮食及农业组织发布的 *Global Forest Resources Assessment 2015*，"超过 60 个国家和地区的净森林面积已经上升了，它们大多数位于温带和北方带"。

26. Norberg 2016.

27. Ausubel, Wernick, & Waggoner 2012.

28. Alferov, Altman, & 108 other Nobel Laureates 2016; Brand 2009; Radelet 2015; Ridley 2010, pp. 170–173; J. Achenbach, "107 Nobel Laureates Sign Letter Blasting Greenpeace over GMOs," *Washington Post,* June 30, 2016; W. Saletan, "Unhealthy Fixation," *Slate,* July 15, 2015.

29. W. Saletan, "Unhealthy Fixation," *Slate,* July 15, 2015.

30. 对转基因食物的无知见解：Sloman & Fernbach 2017。

31. Brand 2009, p. 117.

32. Sowell 2015.

33. 导致饥荒的原因不只是食物短缺：Devereux 2000；Sen 1984, 1999。

34. Devereux 2000; White 2011.

35. 在 Devereux 2000 的第 13 页中写道，在殖民地时期，"导致饥荒的宏观经济和政治原因逐渐销声匿迹"，原因在于基础设施建设的完善以及"殖民地政府因为意识到能够通过解决食物短缺巩固政治地位而实行的早期预警与介入调停机制"。

08 财富

1. Rosenberg & Birdzell 1986, p. 3.

2. Norberg 2016，总结自 Braudel 2002, pp. 75, 285 以及其他资料。

3. Cipolla 1994.

4. 物理谬误：Sowell 1980。

5. 财富创造观点的提出：Montgomery & Chirot 2015；Ridley 2010。

6. 对增长的低估：Feldstein 2017。

7. 消费者盈余与奥斯卡·王尔德引用的出处：T. Kane, "Piketty's Crumbs," *Commentary*, April 14, 2016。

8. "大逃离"的概念引自：Deaton 2013。启蒙经济引自：Mokyr 2012。

9. 后院工匠：Ridley 2010。

10. 科学技术是"大逃离"发生的主要原因：Mokyr 2012, 2014。

11. 自然政治与开放经济：North, Wallis, & Weingast 2009。相关论证：Acemoglu & Robinson 2012。

12. McCloskey 1994, 1998。

13. 引自 *Letters Concerning the English Nation*，参见 Porter 2000, p. 21。

14. Porter 2000, pp. 21 - 22.

15. 人均 GDP 的数据引用自 Maddison Project 2014，该项目的结果发布于网站 *HumanProgress*。

16. 大会合：Mahbubani 2013。Mahbubani 将这个概念的提出归功于专栏作家 Martin Wolf. Radelet（2015），后者把它称作大浪潮；Deaton（2013）在提出"大逃离"时参照了这种命名法。

17. 经济快速增长的国家：Radelet 2015, pp. 47 - 51。

18. 根据联合国的 *Millennium Development Goals Report 2015*，"中产阶级的人数——日均支付超过 4 美元的人——在 1991 年到 2015 年间几乎增长到了原先的三倍。在发展中国家，中产阶级几乎占到了劳动力市场的一半，而这个比例在 1988 年的时候为 18%"（United Nations 2015a, p. 4）。当然，联合国定义的"中产阶级"中的绝大多数人在发达国家只能算贫穷人口，但是即便抬高一些定义中产的门槛，这个世界的中产化程度也比许多人预期的要高。布鲁金斯研究所 2013 年的估计称，当时中产阶级的人数为 18 亿，并会在 2020 年达到 32 亿（L. Yueh, "The Rise of the Global Middle Class," *BBC News* online, June 19, 2013）。

19. 双峰驼与单峰驼曲线：Roser 2016g。

20. 更准确地说，双峰驼和单峰驼都属于"骆驼"的范畴。

21. 从双峰到单峰驼的变迁：要从另一个角度来展现同样的历史变迁，请参见本书图 9-1 和图 9-2，两者均基于 Milanović 2016。

22. 这相当于人们经常引述的 1.25 国际元贫困线，这种说法起于 2005 年：Ferreira, Jolliffe, & Prydz 2015。

23. M. Roser, "No Matter What Extreme Poverty Line You Choose, the Share of People Below That Poverty Line Has Declined Globally," *Our World in Data* blog, 2017.

24. 一无所知：Rawls 1976。

25. 千年发展目标：United Nations 2015a。

26. Deaton 2013, p. 37.

27. Lucas 1988, p. 5.

28. 这里的目标指日均 1.25 国际元的可支配收入，该数值为世界银行在 2005 年划定的贫困线；参见 Ferreira, Jolliffe, & Prydz 2015。

29. 完全消除贫困所面对的问题：Radelet 2015, p. 243; Roser & Ortiz-Ospina 2017, section IV.2。

30. 呼喊"危机"的危害：Kenny 2011, p. 203。

31. 促进发展的原因：Collier & Rohner 2008；Deaton 2013；Kenny 2011；Mahbubani 2013；Milanović 2016；Radelet 2015。亦可参见 M. Roser, "The Global Decline of Extreme Poverty—Was It Only China?" *Our World in Data* blog, March 7, 2017。

32. 区域领导人：Radelet 2015, p. 184。

33. 战争是"反向发展"：Collier 2007。

34. Deaton 2017.

35. 浪漫主义者和知识分子对工业革命的敌意：Collini 1998, 2013。

36. Snow 1959/1998, pp. 25 - 26. 这招致了愤怒的回应：Leavis 1962/2013, pp. 69 - 72。

37. Radelet 2015, pp. 58 - 59.

38. "Factory Girls," by A Factory Girl, *The Lowell Offering,* no. 2, Dec. 1840. C. Follett, "The Feminist Side of Sweatshops," *The Hill,* April 18, 2017.

39. Brand 2009, p. 26. 他在该书的第 2、3 章详尽叙述了城镇化过程释放的巨大力量。

40. Brand 2009, chaps. 2 and 3, and Radelet 2015, p. 59. Chang 2009 中提出了类似的观点，用于解释中国今天所取得的发展成就。

41. 贫民窟变为郊区：Brand 2009；Perlman 1976。

42. 工作条件的改善：Radelet 2015。

43. 科学技术的益处：Brand 2009；Deaton 2013；Kenny 2011；Radelet 2015；Ridley 2010。

44. 移动手机与贸易：Radelet 2015。

45. Jensen 2007.

46. 国际电信联盟给出的估计，转引自 Pentland 2007。

47. 反对对外援助：Deaton 2013；Easterly 2006。

48. 支持（某些形式的）对外援助：Collier 2007；Kenny 2011；Radelet 2015；Singer 2010；S. Radelet, "Angus Deaton, His Nobel Prize, and Foreign Aid," *Future Development* blog, Brookings Institution, Oct. 20, 2015。

49. 上扬的普雷斯顿曲线：Roser 2016n。

50. 预期寿命数据引自 www.gapminder.org。

51. GDP 作为衡量生活安康程度的依据：van Zanden et al. 2014, p. 252；Kenny 2011, pp. 96 - 97；Land, Michalos, & Sirgy 2012；Prados de la Escosura 2015；另见本书第 11 章、第 12 章和第 14～18 章。

52. GDP 与和平、社会稳定和自由主义价值观的关系：Brunnschweiler & Lujala 2015；Hegre et al. 2011；Prados de la Escosura 2015；van Zanden et al. 2014；Welzel 2013；另见本书第 12 章和第 14～18 章。

53. GDP 与幸福程度的联系：Helliwell, Layard, & Sachs 2016；Stevenson & Wolfers 2008a；Veenhoven 2010；另见本书第 18 章。GDP 与智商增长的关系：Pietschnig & Voracek 2015；另见本书第 16 章。

54. 国家社会康乐程度的衡量指标：Land, Michalos, & Sirgy 2012；Prados de la Escosura 2015；van Zanden et al. 2014；Veenhoven 2010；Porter, Stern, & Green 2016；另见本书第 16 章。

55. GDP 促进和平、社会稳定和自由主义的价值观：Brunnschweiler & Lujala 2015；Hegre et al. 2011；Prados de la Escosura 2015；van Zanden et al. 2014；Welzel 2013；另见本书第 11 章、第 14 章和第 15 章。

09　贫富差距

1. 通过《纽约时报》的编年史工具计算获得，该工具的在线资源目前已失效，数据引用日期为 2016 年 9 月 19 日。

2. "Bernie Quotes for a Better World"，资料来源于互联网。

3. 盎格鲁文化圈与非盎格鲁文化圈的贫富差距比较：Roser 2016k。

4. 基尼系数，引用自 Roser 2016k，原始数据来自 OECD 2016；注意具体的数值因数据来源不同而有出入。以世界银行的 Povcal 为例，它的统计数据反映的变化相对保守，从 1986 年的 0.38 上升到 2013 年的 0.41（World Bank 2016d）。收入分配数据引自 World Wealth and Income Database。综合数据库可以参见 *The Chartbook of Economic Inequality,* Atkinson et al. 2017。

5. 财富不平等带来的麻烦：Frankfurt 2015。其他关于不平等的怀疑论还包括：Mankiw 2013；McCloskey 2014；Parfit 1997；Sowell 2015；Starmans, Sheskin, & Bloom 2017；Watson 2015；Winship 2013；S. Winship, "Inequality Is a Distraction. The Real Issue Is Growth," *Washington Post,* Aug. 16, 2016。

6. Frankfurt 2015, p. 7.

7. 根据 World Bank 2016c 中披露的数据，全球人均 GDP 除 2009 年之外，自 1961 到 2015 年的每一年都保持着增长的趋势。

8. Piketty 2013, p. 261. 皮凯蒂存在的问题：Kane 2016；McCloskey 2014；Summers 2014a。

9. 诺齐克评分配制度：Nozick 1974。他举的例子是篮球巨星威尔特·张伯伦。

10. J. B. Stewart, "In the Chamber of Secrets: J. K. Rowling's Net Worth," *New York Times,* Nov. 24, 2017.

11. 社会比较理论的提出者是 Leon Festinger；参照群体理论的提出者是 Robert Merton 和 Samuel Stouffer。相关评论和引述参见 Kelley & Evans 2017。

12. 1987 年，阿马蒂亚·森提出过类似的观点。

13. 财富与幸福：Stevenson & Wolfers 2008a；Veenhoven 2010；另见本书第 18 章。

14. Wilkinson & Pickett 2009.

15. 驳斥《不平等的痛苦》：Saunders 2010；Snowdon 2010, 2016；Winship 2013。

16. 贫富差距与主观幸福感：Kelley & Evans 2017。幸福感的测量方式可以参见第 18 章。

17. Starmans, Sheskin, & Bloom 2017.

18. 对少数族裔是投机取巧者的感受：Sowell 1980, 1994, 1996, 2015。

19. 对贫富差距造成社会经济和政治异常运作的质疑：Mankiw 2013；McCloskey 2014；Winship 2013；S. Winship, "Inequality Is a Distraction. The Real Issue Is Growth," *Washington Post,* Aug. 16, 2016。

20. 权钱交易与贫富差距：Watson 2015。

21. 分享肉食，不分享素食：Cosmides & Tooby 1992。

22. 普遍的贫富差距与对贫富差距的认知感受：Brown 1991。

23. 狩猎采集社会的贫富差距：Smith et al. 2010。统计的平均结果中剔除了定义不够明确的"财富"，比如生殖成功率、握力、体重和共享的伴侣数量。

24. Kuznets 1955.

25. Deaton 2013, p. 89.

26. 从 1820 年到 1970 年，国家之间贫富差距拉大的部分原因可以归咎于国家数量的增长；引自 Branko Milanović 的个人研究，2017 年 4 月 16 日。

27. 战争抹消阶级差异：Graham 2016；Piketty 2013；Scheidel 2017。

28. Scheidel 2017, p. 444.

29. 社会福利性支出的历史沿革：Lindert 2004；van Bavel & Rijpma 2016。

30. 平等主义革命：Moatsos et al. 2014, p. 207。

31. 社会福利性支出在 GDP 中所占的比例：OECD 2014。

32. 政府职能的变迁（尤其是欧洲）：Sheehan 2008。

33. 尤其是在环境保护（第 10 章）、获取安全感（第 12 章）、解放主义价值观的崛起（第 15 章）和人类整体的发展方面（第 16 章）。

34. 雇主承担的社会福利性支出：OECD 2014。

35. Rep. Robert Inglis (R-S.C.), P. Rucker, "Sen. DeMint of S.C. Is Voice of Opposition to Health-Care Reform," *Washington Post,* July 28, 2009.

36. 瓦格纳定律：Wilkinson 2016b。

37. 发展中国家的社会福利性支出：OECD 2014。

38. Prados de la Escosura 2015.

39. 不存在自由主义者的天堂：M. Lind, "The Question Libertarians Just Can't Answer," *Salon,* June 4, 2013；Friedman 1997。另见第 21 章第 39 条注释。

40. 对建立社会福利制度的意愿：Alesina, Glaeser, & Sacerdote 2001；Peterson 2015。

41. 对 20 世纪 80 年代后贫富差距拉大的解释：Autor 2014；Deaton 2013；Goldin & Katz 2010；Graham 2016；Milanović 2016；Moatsos et al. 2014；Piketty 2013；Scheidel 2017。

42. 大象曲线躯干部分的提高与鼻尖的降低：Milanović 2016, fig. 1.3。有关大象曲线的更多分析：Corlett 2016。

43. 匿名与非匿名数据：Corlett 2016；Lakner & Milanović 2015。

44. 非匿名的大象形曲线：Lakner & Milanović 2015。

45. Coontz 1992/2016, pp. 30 – 31.

46. Rose 2016 和 Horwitz 2015 中提出了类似的结果。

47. 进入财富排名前 1% 到 10% 的个人：Hirschl & Rank 2015。Horwitz 2015 中提出了类似的结果。另见 Sowell 2015；Watson 2015。

48. 乐观壁垒：Whitman 1998。经济乐观壁垒：Bernanke 2016；Meyer & Sullivan

2011。

49. Roser 2016k.

50. 为什么美国没有欧洲式的福利制度：Alesina, Glaeser, & Sacerdote 2001；Peterson 2015。

51. 末尾百分之二十居民可支配收入的提高：Burtless 2014。

52. 2014—2015 年的收入增长：Proctor, Semega, & Kollar 2016。2016 年收入增长的持续：E. Levitz, "The Working Poor Got Richer in 2016," *New York,* March 9, 2017。

53. C. Jencks, "The War on Poverty: Was It Lost?" *New York Review of Books,* April 2, 2015. 结论类似的统计分析：Furman 2014；Meyer & Sullivan 2011, 2012, 2017a, 2017b；Sacerdote 2017。

54. 贫困率在 2015 年和 2016 年的下降：Proctor, Semega, & Kollar 2016；Semega, Fontenot, & Kollar 2017。

55. Henry et al. 2015.

56. 对经济增长的低估：Feldstein 2017。

57. Furman 2005.

58. 水电在贫穷人群中的普及：Greenwood, Seshadri, & Yorukoglu 2005。日用家电在贫穷人群中的普及：US Census Bureau, "Extended Measures of Well-Being: Living Conditions in the United States, 2011," table 1。

59. 消费差距：Hassett & Mathur 2012；Horwitz 2015；Meyer & Sullivan 2012。

60. 幸福感差距的缩小：Stevenson & Wolfers 2008b。

61. 生活质量基尼系数的下降：Deaton 2013；Rijpma 2014, p. 264；Roser 2016a, 2016n；Roser & Ortiz-Ospina 2016a；Veenhoven 2010。

62. 贫富差距和经济的长期停滞：Summers 2016。

63. 根据经济学家 Douglas Irwin (2016) 的记述，有 4500 万美国人生活在贫困线之下，135 000 美国人受雇于服装行业，正常的人事变动导致每个月有 170 万人次被解雇。

64. 自动化、职位和贫富差距：Brynjolfsson & McAfee 2016。

65. 经济学面临的挑战与对策：Dobbs et al. 2016；Summers & Balls 2015。

66. S. Winship, "Inequality Is a Distraction. The Real Issue Is Growth," *Washington Post,* Aug. 16, 2016.

67. 作为社会服务提供者，政府与民间资本的博弈：M. Lind, "Can You Have a Good Life If You Don't Have a Good Job?" *New York Times,* Sept. 16, 2016。

68. 全民基本收入：Bregman 2016；S. Hammond, "When the Welfare State Met the

Flat Tax," *Foreign Policy,* June 16, 2016；R. Skidelsky, "Basic Income Revisited," *Project Syndicate,* June 23, 2016；C. Murray, "A Guaranteed Income for Every American," *Wall Street Journal,* June 3, 2016。

69. 有关全民基本收入效益的研究：Bregman 2016。高科技志愿活动：Diamandis & Kotler 2012。有效的利他主义活动：MacAskill 2015。

10 环境

1. 参见戈尔 1992 年出版的 *Earth in the Balance*；Ted Kaczynski (the Unabomber), "Industrial Society and Its Future"；Francis 2015。卡辛斯基读过戈尔的书，Ken Crossman 在一份发布时间不详的在线问卷中指出了两个主张之间的相似之处。

2. M. Ridley, "Apocalypse Not: Here's Why You Shouldn't Worry About End Times," *Wired,* Aug. 17, 2012. 在《人口爆炸》一书中，保罗·艾里奇还把人类同癌症相类比；参见 Bailey 2015, p. 5。至于对地球人口削减的畅想，参见 Alan Weisman 在 2007 年出版的畅销书 *The World Without Us*。

3. 现代生态主义：Asafu-Adjaye et al. 2015；Ausubel 1996, 2007, 2015；Ausubel, Wernick, & Waggoner 2012；Brand 2009；DeFries 2014；Nordhaus & Shellenberger 2007。地球乐观主义：Balmford & Knowlton 2017。

4. 由原住民造成的生物灭绝和森林衰退：Asafu-Adjaye et al. 2015；Brand 2009；Burney & Flannery 2005；White 2011。

5. 原住民的衰退与自然资源保护：Cronon 1995。

6. *Plows, Plagues, and Petroleum* (2005)，转引自 Brand 2009, p. 19；另见 Ruddiman et al. 2016。

7. Brand 2009, p. 133.

8. 工业化带来的礼物：参见本书第 5～8 章；A. Epstein 2014；Norberg 2016；Radelet 2015；Ridley 2010。

9. 环境的库兹涅茨曲线：Ausubel 2015；Dinda 2004；Levinson 2008；Stern 2014。注意该曲线不适用于所有的污染物或所有的国家，并且当曲线中的趋势在现实中发生时，变化的主要推动力为政策而非自然发生。

10. Inglehart & Welzel 2005; Welzel 2013, chap. 12.

11. 人口转型：Ortiz-Ospina & Roser 2016d。

12. Eberstadt & Shah 2011。

13. M. Tupy, "Humans Innovate Their Way Out of Scarcity," *Reason,* Jan. 12, 2016；

另见 Stuermer & Schwerhoff 2016。

14. 铕储量危机：Deutsch 2011。

15. "China's Rare-Earths Bust," *Wall Street Journal,* July 18, 2016.

16. 为什么我们不会耗尽资源：Nordhaus 1974；Romer & Nelson 1996；Simon 1981；Stuermer & Schwerhoff 2016。

17. 人们不需要资源：Deutsch 2011；Pinker 2002/2016, pp. 236‐39；Ridley 2010；Romer & Nelson 1996。

18. 人类需求的多种解决对策：Deutsch 2011。

19. 通常认为这个嘲弄人类的石器时代笑话是由沙特阿拉伯石油部长 Zaki Yamani 在 1973 年提出的；参见 "The End of the Oil Age," *The Economist,* Oct. 23, 2003。能源转型：Ausubel 2007, p. 235。

20. 农业转轴：DeFries 2014。

21. 未来的农业：Brand 2009；Bryce 2014；Diamandis & Kotler 2012。

22. 未来水资源：Brand 2009；Diamandis & Kotler 2012。

23. 环境的恢复：Ausubel 1996, 2015；Ausubel, Wernick, & Waggoner 2012；Bailey 2015；Balmford 2012；Balmford & Knowlton 2017；Brand 2009；Ridley 2010。

24. Roser 2016f，基于联合国粮农组织的数据。

25. Roser 2016f，基于巴西科学技术管理局国家空间研究所的数据。

26. 环境绩效指数（Environmental Performance Index），资料来源于互联网。

27. 饮用水污染和室内烹饪烟雾：United Nations Development Programme 2011。

28. 根据《联合国千年发展目标报告》，暴露于污染水源的人口比例已经从 1990 年的 24% 下降为 2015 年的 9%（United Nations 2015a, p. 52）。根据 Roser 2016 年的数据，1980 年，世界上 62% 的人口都依靠固体燃料烹饪；而到 2010 年，这一比例已经下降到 41%。

29. Norberg 2016.

30. 史上第三严重的油井泄漏事故：Roser 2016r；US Department of the Interior, "Interior Department Releases Final Well Control Regulations to Ensure Safe and Responsible Offshore Oil and Gas Development," April 14, 2016。

31. 虎、秃鹫、犀牛和熊猫数量的增长：数据来源于世界自然基金会和世界老虎论坛，转引自 "Nature's Comebacks", *Time,* April 17, 2016。保护区取得的成就：Balmford 2012；Hoffmann et al. 2010；Suckling et al. 2016；United Nations 2015a, p. 57；R. McKie, "Saved: The Endangered Species Back from the Brink of Extinction," *The Guardian,* April 8, 2017。皮姆评论人类保护促使鸟类灭绝率下降：D. T. Max,

"Green Is Good," *New Yorker,* May 12, 2014。

32. 古生物学家 Douglas Erwin（2015）指出，无处不在却不引人注目的软体动物、节肢动物以及其他无脊椎动物才是物种大灭绝的主要受害者，大规模消失的是这些动物而非惹记者们眼球、高高在上的鸟类和哺乳动物。生物地理学家 John Briggs（2015, 2016）注意到"绝大多数灭绝事件发生在海岛或者自我封闭的淡水生态系统里，这些系统经不起人类带入的外来物种的冲击"，因为当地的原生物种没有地方可以逃跑；几乎没有以大洋或大洲为舞台的灭绝事件，此外，在过去 50 年中没有发生过任何海洋物种的灭绝事件。布兰德指出，灾变式的预测往往假定所有濒危物种都会灭绝，并且以这种灭绝的速度衡量所有物种在未来数百年甚至数千年的变化；S. Brand, "Rethinking Extinction," *Aeon,* April 21, 2015。另见 Bailey 2015；Costello, May, & Stork 2013；Stork 2010；Thomas 2017；M. Ridley, "A History of Failed Predictions of Doom"。

33. 国际环境共识：资料来源于互联网。

34. 修补臭氧空洞：United Nations 2015a, p. 7。

35. 注意环境的库兹涅茨曲线可能受到激进主义和立法因素的影响；参见本章的第 9 条和第 40 条注释。

36. 密集的好处：Asafu-Adjaye et al. 2015；Brand 2009；Bryce 2013。

37. 消费去物质化：Sutherland 2016。

38. 垂死的汽车文化：M. Fisher, "Cruising Toward Oblivion," *Washington Post,* Sept. 2, 2015。

39. 物品峰值：Ausubel 2015；Office for National Statistics 2016。美国在这两年的数据分别为 16.6 吨和 11.4 吨。

40. J. Salzman, "Why Rivers No Longer Burn," *Slate,* Dec. 10, 2012; S. Cardoni, "Top 5 Pieces of Environmental Legislation," *ABC News,* July 2, 2010; Young 2011. 另见上面的第 35 条注释。

41. 对气候变化的最新总结：Intergovernmental Panel on Climate Change 2014；King et al. 2015；W. Nordhaus 2013；Plumer 2015；World Bank 2012a。另见 J. Gillis, "Short Answers to Hard Questions About Climate Change," *New York Times,* Nov. 28, 2015；"The State of the Climate in 2016," *The Economist,* Nov. 17, 2016。

42. 避免 4℃临界点：World Bank 2012a。

43. 不同限排策略的效果：Intergovernmental Panel on Climate Change 2014；King et al. 2015；W. Nordhaus 2013；Plumer 2015；World Bank 2012a。全球气温上升

2℃是根据 RCP2.6 排放情景模拟出来的，见 Intergovernmental Panel on Climate Change 2014, fig. 6–7。

44. 化石燃料能源：这个数字是我对于 2015 年的估算，数据来源于 British Petroleum 2016, "Primary Energy: Consumption by Fuel," p. 41, "Total World"。

45. 人类造成气候变迁的科学共识：NASA, "Scientific Consensus: Earth's Climate Is Warming"，资料来源于互联网；*Skeptical Science*，资料来源于互联网；Intergovernmental Panel on Climate Change 2014；Plumer 2015；W. Nordhaus 2013；W. Nordhaus, "Why the Global Warming Skeptics Are Wrong," *New York Review of Books,* March 22, 2012。起初不相信人类活动导致气候变迁，随后转变观念的人包括自由科学撰稿人 Michael Shermer，Matt Ridley，以及 Ronald Bailey。

46. 气候学家达成的共识：Powell 2015；G. Stern, "Fifty Years After U.S. Climate Warning, Scientists Confront Communication Barriers," *Science,* Nov. 27, 2015；另见上一个注释。

47. 气候变迁主义：Morton 2015；Oreskes & Conway 2010；Powell 2015。

48. 对政治正确的监督：我是下面这些机构的咨询委员会成员：the Foundation for Individual Rights on Education，the Heterodox Academy，以及 the Academic Engagement Network；另见 Pinker 2002/2016, 2006。气候变化的证据：参见上面第 41 条、第 45 条、第 46 条注释。

49. 温热：M. Ridley, "A History of Failed Predictions of Doom"；J. Curry, "Lukewarming," *Climate Etc.,* Nov. 5, 2015。

50. 气候赌场：W. Nordhaus 2013；W. Nordhaus, "Why the Global Warming Skeptics Are Wrong," *New York Review of Books,* March 22, 2012；R. W. Cohen et al., "In the Climate Casino: An Exchange," *New York Review of Books,* April 26, 2012。

51. 气候正义：Foreman 2013。

52. 克莱因与碳排放税：C. Komanoff, "Naomi Klein Is Wrong on the Policy That Could Change Everything," *Carbon Tax Center* blog。科赫兄弟与碳排放税：C. Komanoff, "To the Left-Green Opponents of I-732: How Does It Feel?" *Carbon Tax Center* blog。经济学家对气候变化的声明：Arrow et al. 1997。最近对于碳排放税的论证："FAQs," *Carbon Tax Center* blog。

53. "Naomi Klein on Why Low Oil Prices Could Be a Great Thing," *Grist,* Feb. 9, 2015.

54. "气候正义"和"改变一切"的问题：Foreman 2013；Shellenberger & Nordhaus

2013。

55. 危言耸听没有实用方案有效：Braman et al. 2007；Feinberg & Willer 2011；Kahan, Jenkins-Smith, et al. 2012；O'Neill & Nicholson-Cole 2009；L. Sorantino, "Annenberg Study: Pope Francis' Climate Change Encyclical Backfired Among Conservative Catholics," *Daily Pennsylvanian,* Nov. 1, 2016；T. Nordhaus & M. Shellenberger, "Global Warming Scare Tactics," *New York Times,* April 8, 2014。Boyer 1986 和 Sandman & Valenti 1986 中对核武器提出了类似的观点。

56. "World Greenhouse Gas Emissions Flow Chart 2010," *Ecofys.*

57. 对于规模的不敏感：Desvousges et al. 1992。

58. 将肆意挥霍和禁欲主义道德化：Haidt 2012；Pinker 2008。

59. 道德认同的标准：Nemirow 2016。

60. 参见 http://scholar.harvard.edu/files/pinker/files/ten_ways_to_green_your_scence_2.jpg 和 http://scholar.harvard.edu/files/pinker/files/ten_ways_to_green_your_scence_1.jpg。

61. Shellenberger & Nordhaus 2013.

62. M. Tupy, "Earth Day's Anti-Humanism in One Graph and Two Tables," *Cato at Liberty,* April 22, 2015.

63. Shellenberger & Nordhaus 2013.

64. 贸易经济发展与气候变迁的矛盾：W. Nordhaus 2013。

65. L. Sorantino, "Annenberg Study: Pope Francis' Climate Change Encyclical Backfired Among Conservative Catholics," *Daily Pennsylvanian,* Nov. 1, 2016.

66. 木头的主要成分纤维素和木质素的碳氢比实际上并没有那么高，但是由于大多数氢原子已经与氧结合，所以在燃烧中并不会氧化放热；参见 Ausubel & Marchetti 1998。

67. 烟煤的主要成分为 $C_{137}H_{97}O_9NS$，其碳氢比为 1.4:1；无烟煤的主要成分为 $C_{240}H_{90}O_4NS$，其碳氢比为 2.67:1。

68. 碳氢比：Ausubel 2007。

69. 去碳化：Ausubel 2007。

70. "Global Carbon Budget," *Global Carbon Project,* Nov. 14, 2016.

71. Ausubel 2007, p. 230.

72. 碳停滞与 GDP 增长：Le Quéré et al. 2016。

73. 深度去碳化：Deep Decarbonization Pathways Project 2015；Pacala & Socolow 2004；Williams et al. 2014。

74. 碳税共识：Arrow et al. 1997；另见 "FAQs," *Carbon Tax Center* blog。

75. 如何落实碳税制度："FAQs," *Carbon Tax Center* blog；Romer 2016。

76. 将核能作为新的绿色能源：Asafu-Adjaye et al. 2015；Ausubel 2007；Brand 2009；Bryce 2014；Cravens 2007；Freed 2014；K. Caldeira et al., "Top Climate Change Scientists' Letter to Policy Influencers," *CNN*, Nov. 3, 2013；M. Shellenberger, "How the Environmental Movement Changed Its Mind on Nuclear Power," *Public Utilities Fortnightly,* May 2016；Nordhaus & Shellenberger 2011；Breakthrough Institute, "Energy and Climate FAQs"。尽管如今许多环境气候的活动家都支持扩大核能的应用（包括 Stewart Brand，Jared Diamond，Paul Ehrlich，Tim Flannery，John Holdren，James Kunstler，James Lovelock，Bill McKibben，Hugh Montefiore 和 Patrick Moore），目前对此依旧持反对态度的组织和个人包括 Greenpeace, the World Wildlife Fund, the Sierra Club, the Natural Resources Defense Council, Friends of the Earth，以及（态度暧昧的）阿尔·戈尔。参见 Brand 2009, pp. 86–89。

77. 太阳能和风能构成了 1.5% 的世界能源：British Petroleum 2016。

78. 风力发电厂对土地的要求：Bryce 2014。

79. 风力和太阳能发电厂对土地的要求：Lovering et al. 2015，数据基于 Jacobson & Delucchi 2011。

80. M. Shellenberger, "How the Environmental Movement Changed Its Mind on Nuclear Power," *Public Utilities Fortnightly,* March 2016; R. Bryce, "Solar's Great and So Is Wind, but We Still Need Nuclear Power," *Los Angeles Times,* June 16, 2016.

81. 切尔诺贝利事故导致的癌症死亡数：Ridley 2010, pp. 308, 416。

82. 核能与化石能源导致的死亡数之比：Kharecha & Hansen 2013；Lovering et al. 2015。煤炭每年导致 100 万人死亡：Morton 2015, p. 16。

83. Nordhaus & Shellenberger 2011. 另见上面的第 76 条注释。

84. Deep Decarbonization Pathways Project 2015. 美国的深度去碳化：Williams et al. 2014。另见 B. Plumer, "Here's What It Would Really Take to Avoid 2℃ of Global Warming," *Vox*, July 9, 2014。

85. 世界的深度去碳化：Deep Decarbonization Pathways Project 2015；另见上一条注释。

86. 核能源与心理恐慌：Gardner 2008；Gigerenzer 2016；Ropeik & Gray 2002；. Slovic 1987；Slovic, Fischhoff, & Lichtenstein 1982。

87. 引用自歌曲 "Power"，作者 John Hall 和 Johanna Hall。

88. 这一说法有多种来源；此处引自 Brand 2009, p. 75。

89. 标准化的必要性：Shellenberger 2017。塞林的话引自：*Washington Post,* May 29, 1995。

90. 第四代核能技术：Bailey 2015；Blees 2008；Freed 2014；Hargraves 2012；Naam 2013。

91. 核聚变能源：E. Roston, "Peter Thiel's Other Hobby Is Nuclear Fusion," *Bloomberg News,* Nov. 22, 2016；L. Grossman, "Inside the Quest for Fusion, Clean Energy's Holy Grail," *Time,* Oct. 22, 2015。

92. 用技术手段解决气候变化的优越性：Bailey 2015；Koningstein & Fork 2014；Nordhaus 2016；另见下面第 103 条注释。

93. 风险评估的必要性：Koningstein & Fork 2014。

94. Brand 2009, p. 84.

95. 美国的烦琐程序与技术恐慌：Freed 2014。

96. 碳捕获技术：Brand 2009；B. Plumer, "Can We Build Power Plants That Actually Take Carbon Dioxide Out of the Air?" *Vox,* March 11, 2015；B. Plumer, "It's Time to Look Seriously at Sucking CO_2 Out of the Atmosphere," *Vox,* July 13, 2015。另见 CarbonBrief 2016。

97. 地质工程学：Keith 2013, 2015；Morton 2015。人工碳捕获技术：参见上一条注释。

98. 低碳液体燃料：Schrag 2009。

99. BECCS：King et al. 2015；Sanchez et al. 2015；Schrag 2009；另见上面的第 96 条注释。

100. 《时代周刊》标题：分别出现在 9 月 25 日、10 月 19 日和 10 月 14 日。《纽约时报》报道：2015 年 11 月 5 日，基于 Pew Research Center 的民意调查。美国人对气候缓和措施的其他民意调查可以参见互联网。

101. 《巴黎协定》：资料公布于互联网。

102. 《巴黎协定》达成下，全球气温上升的可能性：Fawcett et al. 2015。

103. 技术和经济发展驱动去碳化：Nordhaus & Lovering 2016。美国各州、城市和世界在气候变迁问题上与特朗普的博弈：Bloomberg & Pope 2017；"States and Cities Compensate for Mr. Trump's Climate Stupidity," *New York Times,* June 7, 2017；"Trump Is Dropping Out of the Paris Agreement, but the Rest of Us Don't Have To," *Los Angeles Times,* June 16, 2017；W. Hamaidan, "How Should World Leaders Punish Trump for Pulling Out of Paris Accord?" *The Guardian,* June 15,

2017；"Apple Issues \$1 Billion Green Bond After Trump's Paris Climate Exit," *Reuters,* June 13, 2017；H. Tabuchi & H. Fountain, "Bill Gates Leads New Fund as Fears of U.S. Retreat on Climate Grow," *New York Times,* Dec. 12, 2016。

104. 以减少太阳辐射的方式降低大气温度：Brand 2009；Keith 2013, 2015；Morton 2015。

105. 方解石（石灰石）作为平流层遮阳板和解酸剂：Keith et al. 2016。

106. "温和、灵敏、暂时性"：Keith 2015。到 2075 年移除 50 亿吨二氧化碳：Q&A from Keith 2015。

107. 气候工程学加剧了对气候变迁的担忧：Kahan, Jenkins-Smith, et al. 2012。

108. 自满的乐观与有条件的乐观：Romer 2016。

11 和平

1. 《人性中的善良天使》以及本书中的图表都包含了写作时最新的数据。不过，绝大多数的数据库都不是实时更新的，数据需要经过精确性和完整性的二次检查，由此，当数据发布的时候它们往往滞后于当前的时间（滞后至少有一年，现在这种延迟正在逐渐缩小）。还有一些数据库甚至完全不更新，或者会修改自己的标准，让不同年份间的数据无法进行横向比较。出于这些原因，再加上发布的迟滞，《人性中的善良天使》中最新的数据截至 2011 年，本书中的图表将这个时间延伸至 2016 年。

2. 战争即常态：参见 Pinker 2011, pp. 228–249。

3. 在这里探讨时，我借用了 Levy 对大国和大国战争的分类定义；亦可参见 Goldstein 2011；Pinker 2011, pp. 222–228。

4. 大国战争的相反趋势：Pinker 2011, pp. 225–228，数据基于 Levy 1983。

5. 国家间战争的陈旧定义：Goertz, Diehl, & Balas 2016；Goldstein 2011；Hathaway & Shapiro 2017；Mueller 1989, 2009；另见 Pinker 2011, chap. 5。

6. 政治家对"战争"的标准定义为，由主权国家挑起的武装冲突，并造成至少年均 1000 人的战斗伤亡。数据引自 UCDP/PRIO Armed Conflict Dataset：Gleditsch et al. 2002；Human Security Report Project 2011；Pettersson & Wallensteen 2015。

7. S. Pinker & J. M. Santos, "Colombia's Milestone in World Peace," *New York Times,* Aug. 26, 2016. 我要向 Joshua Goldstein 致谢，是他让我注意到了那篇文章中的许多事实，我把那些事实放在本书的这段文字中。

8. Center for Systemic Peace, Marshall 2016. 1945 年以来，美国共计发生过 32 起政治性暴力事件，其中包括"9·11"事件和墨西哥毒品战争。

9. 由 UCDP/PRIO Armed Conflict Dataset 计算获得：Pettersson & Wallensteen 2015，由 Therese Pettersson 和 Sam Taub 的个人通信进行修订和更新。

10. 叙利亚内战的战争伤亡统计：Uppsala Conflict Data Program 的数据为 256 624 人（2016 年）；Center for Systemic Peace 的数据为 250 000 人（2015 年），最后更新于 2016 年 5 月 25 日。

11. 自 2009 年起，世界上没有发生过内战（技术上来说，内战的定义为"全国性的武装冲突"，年均伤亡人数 25 人以上，但是不多于 1000 人）：数据引用自与 Therese Pettersson 的个人通信，2016 年 3 月 17 日，基于 Uppsala Conflict Data Program Armed Conflict dataset，Pettersson & Wallensteen 2015。在此之前造成大量人员伤亡的战争：Center for Systemic Peace, Marshall 2016。

12. Goldstein 2015. 数字代表跨越边境的"难民"的数量；"国内流离失所者"的数据统计只追溯到 1989 年，所以无法将叙利亚战争与更早期的战争造成的流亡人数进行比较。

13. 自古就有的种族大屠杀：Chalk & Jonassohn 1990, p. xvii。

14. 种族大屠杀中的峰值死亡率：引用自 Rummel 1997，在此采纳了他对"大屠杀"的定义，该定义中包含了 UCDP 对"单方面暴力"的定义、人祸导致的饥荒、集中营导致的伤亡，以及战争中针对居民区的轰炸。哪怕按照更严格的"大屠杀"定义，发生于 20 世纪 40 年代期间的屠杀事件也造成了数千万人死亡。参见 White 2011；Pinker 2011, pp. 336 - 342。

15. 计算方式参见 Pinker 2011, p. 716, note 65。

16. 这里的数据分别是 2014 年和 2015 年的，这是能够体现和平情势逆转的最新数据。尽管 UCDP One-Sided Violence Dataset 在 2015 年的 1.4 版中对单方面暴力的受害人数进行了"尽量多"的估计，但是这个估计数据勉强与已被证实的死亡人数吻合，换句话说，它至多是实际死亡人数的下限。

17. 风险评估中的问题：Pinker 2011, pp. 210 - 222；Spagat 2015, 2017；M. Spagat, "World War III— What Are the Chances," *Significance,* Dec. 2015；M. Spagat & S. Pinker, "Warfare" (letter), *Significance,* June 2016, and "World War III: The Final Exchange," *Significance,* Dec. 2016。

18. Nagdy & Roser 2016a. 除了美国之外，冷战后所有国家的军费开支都在达到峰值后有所下降（经过通胀因素的调整），即便是在美国，军费开支在 GDP 中所占的比例也低于冷战时期。征兵制度：Pinker 2011, pp. 255 - 257；M. Tupy, "Fewer People Exposed to Horrors of War," *HumanProgress,* May 30, 2017。

19. 启蒙时代对战争的指责：Pinker 2011, pp. 164 - 168。

20. 战争的减少与中断：Pinker 2011, pp. 237 - 238。

21. 贸易往来的效益：Pinker 2011, pp. 284 - 288；Russett & Oneal 2001。

22. 民主与和平：Pinker 2011, pp. 278 - 294；Russett & Oneal 2001。

23. 核战争未爆发的原因：Mueller 1989, 2004；Pinker 2011, pp. 268 - 278。新的数据参见 Sechser & Fuhrmann 2017。

24. 规范和禁忌促进长期和平实现：Goertz, Diehl, & Balas 2016；Goldstein 2011；Hathaway & Shapiro 2017；Mueller 1989；Nadelmann 1990。

25. 内战导致的伤亡比国家间战争导致的少：Pinker 2011, pp. 303 - 305。

26. 促进和平的维和力量：Fortna 2008；Goldstein 2011；Hultman, Kathman, & Shannon 2013。

27. 相对富裕的国家发生内战的可能性相对较小：Fearon & Laitin 2003；Hegre et al. 2011；Human Security Centre 2005；Human Security Report Project 2011。军阀、黑手党和游击队：Mueller 2004。

28. 战争的传染性：Human Security Report Project 2011。

29. 美化军国主义：Howard 2001；Mueller 1989, 2004；Pinker 2011, pp. 242 - 244；Sheehan 2008。

30. 引用自 Mueller 1989, pp. 38 - 51。

31. 美化种族主义：Howard 2001；Luard 1986；Mueller 1989；Pinker 2011, pp. 238 - 242。

32. 黑格尔辩证法式暴力抗争：Luard 1986, p. 355；Nisbet 1980/2009。引用自 Mueller 1989。

33. 衰退主义与文化批判主义：Herman 1997；Wolin 2004。

34. Herman 1997, p. 231.

12 安全

1. 在 2005 年，有 421 000 到 1 800 000 人被毒蛇咬伤，其中有 20 000 到 94 000 人因此去世（Kasturiratne et al. 2008）。

2. 受伤致死人数在总数中所占的比例：World Health Organization 2014。

3. 事故导致的死亡人数：Kochanek et al. 2016。事故与全球疾病和残疾负担：Murray et al. 2012。

4. 谋杀事件导致的死亡人数多于战争导致的：Pinker 2011, p. 221, p. 177, table 13 - 1。数据更新与谋杀犯罪率可视化，参见 Igarapé Institute 的 *Homicide Monitor* 网站。

5. 中世纪的暴力犯罪：Pinker 2011, pp. 17 - 18, 60 - 75；Eisner 2001, 2003。

6. 文明进程：Eisner 2001, 2003；Elias 1939/2000；Fletcher 1997。

7. 艾斯纳与埃利亚斯：Eisner 2001, 2014a。

8. 20 世纪 60 年代的犯罪率飙升：Latzer 2016；Pinker 2011, pp. 106 – 116。

9. 根本原因：Sowell 1995。

10. 20 世纪 60 年代种族主义的退潮：Pinker 2011, pp. 382 – 394。

11. 美国犯罪率大衰退：Latzer 2016；Pinker 2011, pp. 116 – 127；Zimring 2007。犯罪率在 2015 年出现的小幅上扬，部分原因可能是 2014 年全国对警察枪击事件的声讨导致 2015 年执法力量的减弱；参见 L. Beckett, "Is the 'Ferguson Effect' Real? Researcher Has Second Thoughts," *The Guardian,* May 13, 2016；H. Macdonald, "Police Shootings and Race," *Washington Post,* July 18, 2016。2015 年的小幅上扬不太可能逆转历年积累的和平进程，原因参见 B. Latzer, "Will the Crime Spike Become a Crime Boom?" *City Journal,* Aug. 31, 2016。

12. 从 2000 年到 2013 年间，委内瑞拉的基尼系数从 0.47 降到了 0.41（联合国的 *World Income Inequality Database*），与此同时，谋杀犯罪率从每 100 000 人中 32.9 人上升到了每 100 000 人中 53.0 人（Igarapé Institute 的 *Homicide Monitor* 网站）。

13. 联合国的预测参见图 12-2 的图注。借助非常不同的计算手段，Global Burden of Disease project（Murray et al. 2012）估计谋杀率从 1995 年每 100 000 人中 7.4 人下降到了 2015 年每 100 000 人中 6.1 人。

14. 国际凶杀犯罪率：United Nations Office on Drugs and Crime 2014。

15. 30 年内让全球凶杀犯罪率下降一半：Eisner 2014b, 2015；Krisch et al. 2015。联合国在 2015 年的可持续发展目标中表达了模糊的预期："显著降低全球各地区由所有形式的暴力犯罪所导致的死亡率。"（目标 16.1.1）。

16. 国际凶杀犯罪率：United Nations Office on Drugs and Crime 2014，另见 *Homicide Monitor*。

17. 凶杀犯罪率在不同水平的不均等分布：Eisner 2015；Muggah & Szabo de Carvalho 2016。

18. 波士顿的凶杀犯罪：Abt & Winship 2016。

19. 纽约犯罪率的下降：Zimring 2007。

20. 哥伦比亚、南非和其他国家谋杀犯罪的减少：Eisner 2014b, p. 23。俄罗斯：United Nations Office on Drugs and Crime 2014, p. 28。

21. 大多数国家的凶杀率都在下降：United Nations Office on Drugs and Crime 2013, 2014。

22. 拉丁美洲对犯罪行为的成功打击：Guerrero Velasco 2015；Muggah & Szabo de

Carvalho 2016。

23. 2007—2011 年，墨西哥的凶杀犯罪率上升应当被归咎于有组织的犯罪：Botello 2016。华瑞兹市凶杀率的下降：P. Corcoran, "Declining Violence in Juárez a Major Win for Calderon: Report," *Insight Crime,* March 26, 2013。

24. 谋杀犯罪行为的减少：Bogotá and Medellín: T. Rosenberg, "Colombia's Data-Driven Fight Against Crime," *New York Times,* Nov. 20, 2014。圣保罗：Risso 2014。里约热内卢：R. Muggah & I. Szabó de Carvalho, "Fear and Backsliding in Rio," *New York Times,* April 15, 2014。

25. 圣佩德罗苏拉谋杀犯罪行为的减少：S. Nazario, "How the Most Dangerous Place on Earth Got a Little Bit Safer," *New York Times,* Aug. 11, 2016。

26. 在未来 10 年内让拉丁美洲谋杀的犯罪率降低一半的努力，请参见 Muggah & Szabo de Carvalho 2016。

27. 如何快速降低谋杀的犯罪率：Eisner 2014b, 2015；Krisch et al. 2015；Muggah & Szabo de Carvalho 2016。另见 Abt & Winship 2016；Gash 2016；Kennedy 2011；Latzer 2016。

28. 霍布斯，暴力与无政府主义：Pinker 2011, pp. 31‑36, 680‑682。

29. 警察罢工：Gash 2016, pp. 184‑186。

30. 罪犯逍遥法外会提高犯罪率：Latzer 2016；Eisner 2015, p. 14。

31. 引起美国犯罪率大衰退的原因：Kennedy 2011；Latzer 2016；Levitt 2004；Pinker 2011, pp. 116‑127；Zimring 2007。

32. 一句话梗概：Eisner 2015。

33. 国家正当性与犯罪率：Eisner 2003, 2015；Roth 2009。

34. 防范犯罪发生的主要因素：Abt & Winship 2016。另见 Eisner 2014b, 2015；Gash 2016；Kennedy 2011；Krisch et al. 2015；Latzer 2016；Muggah 2015, 2016。

35. 犯罪与自我控制：Pinker 2011, pp. 72‑73, 105, 110‑111, 126‑127, 501‑506, 592‑611。

36. 犯罪、自恋和反社会（或者心理变态）：Pinker 2011, pp. 510‑511, 519‑521。

37. 目标强化与犯罪减少：Gash 2016。

38. 毒品法庭与治疗的有效性：Abt & Winship 2016, p. 26。

39. 枪械立法对控制犯罪模棱两可的效果：Abt & Winship 2016, p. 26；Hahn et al. 2005；N. Kristof, "Some Inconvenient Gun Facts for Liberals," *New York Times,* Jan. 16, 2016。

40. 交通意外死亡统计图：K. Barry, "Safety in Numbers," *Car and Driver,* May 2011, p. 17。

41. 该数据基于人数死亡率，而非车辆行驶单位英里的交通死亡率。

42. Bruce Springsteen, "Pink Cadillac."

43. Insurance Institute for Highway Safety 2016. 2015 年事故死亡率略有提升，达到了每 100 000 人中 10.9 人。

44. 根据世界卫生组织 2015 年的报告，每年车祸引起的死亡率约为富裕国家每 100 000 人中 9.2 人，贫穷国家每 100 000 人中 24.1 人。

45. Bettmann 1974, pp. 22 – 23.

46. Scott 2010, pp. 18 – 19.

47. Rawcliffe 1998, p. 4，转引自 Scott 2010, pp. 18 – 19。

48. Tebeau 2016.

49. 都铎 – 达尔文奖：http://tudoraccidents.history.ox.ac.uk/。

50. 图 12-6 完整的数据显示，自 1992 年以来，跌倒意外保持着令人费解的上扬趋势，但是这种趋势与急诊室和医院收容跌倒伤者的实际数量相悖（Hu & Baker 2012）。尽管跌倒意外更容易让老年人致死，但是这种上扬的趋势无法单纯用美国人口的老龄化来解释，因为它在排除了年龄因素的统计中依旧存在（Sheu, Chen, & Hedegaard 2015）。最后，这种上扬趋势被证实是由数据报告方式的改变所致，而与实际数量无关（Hu & Mamady 2014；Kharrazi, Nash, & Mielenz 2015；Stevens & Rudd 2014）。许多老年人会不慎跌倒，导致髋骨、肋骨或者颅骨骨折，并在数周或者数月后死于肺炎或者其他并发症。验尸官和法医过去倾向于把这些死亡案例划归到直接引起他们死亡的并发症上。直到最近，他们才开始把这些死者的死因划归为猛烈的摔伤。所以，过去和现在跌伤的人数其实没有变化，变化的只是死因的归结。

51. 总统委员会的报告："National Conference on Fire Prevention" (press release), Jan. 3, 1947；*America Burning* (report of the National Commission on Fire Prevention and Control), 1973；*American Burning Revisited,* U.S. Fire Administration/FEMA, 1987。

52. 消防员作为救护技术员：P. Keisling, "Why We Need to Take the 'Fire' out of 'Fire Department,' " *Governing,* July 1, 2015。

53. 绝大多数的中毒事件由药物和酒精引起：National Safety Council 2016, pp. 160 – 161。

54. 阿片类药物滥用：National Safety Council, "Prescription Drug Abuse Epidemic；Painkillers Driving Addiction," 2016。

55. 阿片药物滥用及其治疗：Satel 2017。

56. 阿片药物过量服用的现象可能已到达顶峰：Hedegaard, Chen, & Warner 2015。

57. 药物过量中的年龄和世代效应：National Safety Council 2016；图表参见 Kolosh

2014。

58. 青少年吸毒情况的减少：National Institute on Drug Abuse 2016。青少年吸毒现象在 2016 年的下半年保持减少的趋势：National Institute on Drug Abuse, "Teen Substance Use Shows Promising Decline," Dec. 13, 2016。

59. Bettmann 1974, pp. 69 – 71.

60. Bettmann 1974, p. 71.

61. 工作场所安全的历史：Aldrich 2001。

62. 进步主义运动与劳动者安全：Aldrich 2001。

63. 在图 12–7 中，1970—1980 年间，趋势线斜率的陡然增大很可能是因为参考资料不同而导致的伪趋势；这种趋势在国家安全委员会 2016 年公布的连续统计数据中不可见（National Safety Council 2016, pp. 46 – 47）。国家安全委员会数据的总体趋势接近本图的趋势。我没有选择展示那张图的原因是，它以人口比例而非具体劳工数目的形式进行计算，另外，1992 年因为引入 Census of Fatal Occupational Injuries 的数据，图中出现了一处与事实不相符的下降趋势。

64. United Nations Development Programme 2011, table 2.3, p. 37.

65. 这个例子引用自 "War, Death, and the Automobile"，是 Mueller 1989 的附录，最初发表在 1984 年的《华尔街日报》上。

13　恐怖主义

1. 对恐怖主义的恐惧：Jones et al. 2016a；另见本书第 4 章第 14 条注释。

2. 把西欧描述为战场：J. Gray, "Steven Pinker Is Wrong About Violence and War," *The Guardian,* March 13, 2015；另见 S. Pinker, "Guess What? More People Are Living in Peace Now. Just Look at the Numbers," *The Guardian,* March 20, 2015。

3. 比恐怖主义危险得多：National Safety Council 2011。

4. 西欧与美国的凶杀率比较：United Nations Office on Drugs and Crime 2013。全球恐怖主义数据库中，包含 24 个国家的西欧地区的平均凶杀犯罪率为每年每 10 万人中 1.1 人；2014 年，美国的该数据为 4.5 人。陆路交通意外死亡率：2013 年，西欧地区平均陆路交通意外死亡率为每年每 10 万人中 4.8 人；美国的该数据为 10.7 人。

5. 由叛军和游击队造成的伤亡现在被算作"恐怖主义"造成的伤亡：Human Security Report Project 2007；Mueller & Stewart 2016b；Muggah 2016。

6. John Mueller，个人通信，2016 年。

7. 大规模杀戮的蔓延：B. Cary, "Mass Killings May Have Created Contagion, Feeding on Itself," *New York Times,* July 27, 2016 ; Lankford & Madfis 2018。

8. 枪击事件：Blair & Schweit 2014 ; Combs 1979。大规模谋杀：根据 James Alan Fox 对 1976—2011 年联邦调查局统一犯罪报告数据的分析，图表发表于 Latzer 2016, p. 263。

9. 如果要观察更大范围内的趋势，则选用对数关系图，参见 Pinker 2011, fig. 6–9, p. 350。

10. K. Eichenwald, "Right-Wing Extremists Are a Bigger Threat to America Than ISIS," *Newsweek,* Feb. 4, 2016. 根据追踪极端右翼暴力行为的 the United States Extremist Crime Database（Freilich et al. 2014），安全分析师 Robert Muggah 估计，从 1990 年到 2017 年 5 月，排除 "9·11" 事件和俄克拉何马城爆炸案以外，右翼极端主义分子造成了 272 人死亡。

11. 恐怖主义是国际媒体的副产物：Payne 2004。

12. 谋杀犯罪更严重的影响：Slovic 1987 ; Slovic, Fischhoff, & Lichtenstein 1982。

13. 对杀人犯的理性恐惧：Duntley & Buss 2011。

14. 自杀性恐怖分子与狂暴杀手的动机：Lankford 2013。

15. J. Mueller & M. Stewart, "ISIS Isn't an Existential Threat to America," *Reason,* May 27, 2016。

16. Y. N. Harari, "The Theatre of Terror," *The Guardian,* Jan. 31, 2015.

17. 恐怖主义失灵：Abrahms 2006 ; Branwen 2016 ; Cronin 2009 ; Fortna 2015。

18. Jervis 2011.

19. Y. N. Harari, "The Theatre of Terror," *The Guardian,* Jan. 31, 2015.

20. "不提姓名，不给曝光"：Lankford & Madfis 2018 ; 亦可参见另外两个项目，分别名为 "禁止用恶名博出位" 和 "不要对他们指名道姓"。

21. 恐怖主义的下场：Abrahms 2006 ; Cronin 2009 ; Fortna 2015。

14　民主

1. 非国家政体社会的高暴力犯罪率：Pinker 2011, chap. 2。证实该因素对暴力事件发生率影响的最新证据，可以参见 Gat 2015 ; Gómez et al. 2016 ; Wrangham & Glowacki 2012。

2. 专政的早期政府：Betzig 1986 ; Otterbein 2004。

3. White 2011, p. xvii.

4. 民主社会的经济发展速度更快：Radelet 2015, pp. 125 – 129。注意这一点可能被另一个事实所掩盖，那就是相对贫穷的国家可能比富裕国家拥有更快的经济增长率，但是贫穷国家的民主水平往往更低。民主社会发动战争的可能性更小：Hegre 2014；Russett 2010；Russett & Oneal 2001。民主社会内战造成的损失更小（虽然并不是内战的数量更少）：Gleditsch 2008；Lacina 2006。民主社会发生大屠杀的数量更少：Rummel 1994, pp. 2, 15；Rummel 1997, pp. 6 – 10, 367；Harff 2003, 2005。民主社会从来没有发生过饥荒：Sen 1984；Devereux 2000 也有一定的参考价值。民主社会的居民更健康：Besley 2006。民主社会的居民接受的教育水平更高：Roser 2016b。

5. 三次民主化进程的浪潮：Huntington 1991。

6. 民主化的倒退：Mueller 1999, p. 214。

7. 民主已经过时：Mueller 1999, p. 214。

8. "历史的终结"：Fukuyama 1989。

9. 出处请参见 Levitsky & Way 2015。

10. 对民主的误解：Welzel 2013, p. 66, n. 11。

11. 这是民主进程跟进组织 Freedom House 年度盘点中的一个问题；参见 Levitsky & Way 2015；Munck & Verkuilen 2002；Roser 2016b。

12. 这是 Freedom House 数据中的另一个问题。

13. Polity IV Project：Center for Systemic Peace 2015；Marshall & Gurr 2014；Marshall, Gurr, & Jaggers 2016。

14. 对福山论文最新的辩护可以参见 Mueller 2014。反驳"民主衰退"的论调：Levitsky & Way 2015。

15. 繁荣与民主：Norberg 2016；Roser 2016b；Porter, Stern, & Green 2016, p. 19。繁荣与人权：Fariss 2014；Land, Michalos, & Sirgy 2012。教育与民主：Rindermann 2008；另见 Roser 2016i。

16. 民主的多样性：Mueller 1999；Norberg 2016；Radelet 2015；相关数据参见 *Polity IV Annual Time-Series*；Center for Systemic Peace 2015；Marshall, Gurr, & Jaggers 2016。

17. 民主蠢蛋：Achen & Bartels 2016；Caplan 2007；Somin 2016。

18. 独裁的最新嘴脸：Bunce 2017。

19. Popper 1945/2013.

20. 民主 = 抱怨的权利：Mueller 1999, 2014。引用自 Mueller 1999, p. 247。

21. Mueller 1999, p. 140.

22. Mueller 1999, p. 171.

23. Levitsky & Way 2015, p. 50.

24. 民主与教育：Rindermann 2008；Roser 2016b；Thyne 2006。民主、西方社会影响与暴力革命：Levitsky & Way 2015, p. 54。

25. 民主与人权：Mulligan, Gil, & Sala-i-Martin 2004；Roser 2016b, section II.3。

26. 引用自 Sikkink 2017。

27. 人权信息悖论：Clark & Sikkink 2013；Sikkink 2017。

28. 死刑的历史：Hunt 2007；Payne 2004；Pinker 2011, pp. 149–153。

29. 被判死刑的死刑：C. Ireland, "Death Penalty in Decline," *Harvard Gazette,* June 28, 2012；C. Walsh, "Death Penalty, in Retreat," *Harvard Gazette,* Feb. 3, 2015。这方面最新的内容可以参见 "International Death Penalty," *Amnesty International*，以及维基百科词条 "Capital Punishment by Country"。

30. C. Ireland, "Death Penalty in Decline," *Harvard Gazette,* June 28, 2012.

31. 废止死刑的历史：Hammel 2010。

32. 启蒙思想反对死刑：Hammel 2010；Hunt 2007；Pinker 2011, pp. 146–153。

33. 南方的荣誉文化：Pinker 2011, pp. 99–102。 死刑判决集中在少数几个南方县镇：Interview with the legal scholar Carol Steiker, C. Walsh, "Death Penalty, in Retreat," *Harvard Gazette,* Feb. 3, 2015。

34. 针对死刑的盖洛普民意调查：Gallup 2016。最近的数据参见 the *Death Penalty Information Center*。

35. 皮尤研究中心民意调查，报道于 M. Berman, "For the First Time in Almost 50 Years, Less Than Half of Americans Support the Death Penalty," *Washington Post,* Sept. 30, 2016。

36. 美国国内死刑制度的死亡：D. Von Drehle, "The Death of the Death Penalty," *Time,* June 8, 2015；*Death Penalty Information Center*。

15 平权

1. 种族主义和性别主义的进化基础：Pinker 2011；Pratto, Sidanius, & Levin 2006；Wilson & Daly 1992。

2. 恐同情绪的进化基础：Pinker 2011, chap. 7, pp. 448–449。

3. 平权运动的历史：Pinker 2011, chap. 7；Shermer 2015。塞尼卡瀑布与女性的平权史：Stansell 2010。塞尔玛游行与非裔美国人的平权史：Branch 1988。石墙事件与同性恋的平权史：Faderman 2015。

4. 该排名由 *US News and World Report* 在 2016 年给出。这三个国家亦为最富裕的三个国家。

5. Amos 5:24.

6. 警察枪击事件没有增加的趋势：尽管直接相关的数据凤毛麟角，警察枪击事件与社会犯罪率成正相关（Fyfe 1988），我们在第 12 章中看到，后者已经出现了暴跌。警察枪击事件的对象没有种族倾向：Fryer 2016；Miller et al. 2016；S. Mullainathan, "Police Killings of Blacks: Here Is What the Data Say," *New York Times,* Oct. 16, 2015。

7. Pew Research Center 2012b, p. 17.

8. 针对美国价值观的其他调查：Pew Research Center 2010；Teixeira et al. 2013。相关综述参见 Pinker 2011, chap. 7；Roser 2016s。另一个例子：The General Social Survey 每年都会向美国白人询问他们对于美国黑人的态度。从 1996 年到 2016 年，"感觉关系亲密"的比例从 35% 上升到了 51%；"感觉关系疏离"的比例从 18% 下降到了 12%。

9. 更包容的新生代：Gallup 2002, 2010；Pew Research Center 2012b；Teixeira et al. 2013。全球状况：Welzel 2013。

10. 每个世代都有自己独特的终身价值观：Teixeira et al. 2013；Welzel 2013。

11. 谷歌与其他的数字吐真剂：Stephens-Davidowitz 2017。

12. 以搜索"黑鬼"作为衡量种族主义的指标：Stephens-Davidowitz 2014。

13. 总体而言，搜索笑话的数量没有呈现系统性的下降趋势，例如搜索字符串"好笑的笑话"。斯蒂芬斯 - 大卫德威茨指出，用户在搜索说唱音乐歌词或者其他与"黑鬼（nigger）"有关的条目时，几乎总是会拼写成"nigga"。

14. 非裔美国人的贫困境况：Deaton 2013, p. 180。

15. 非裔美国人的预期寿命：Cunningham et al. 2017；Deaton 2013, p. 61。

16. 美国人口普查局最后一次公布文盲率是在 1979 年，当时黑人的文盲率为 1.6%；引用自 Snyder 1993, chap. 1，转载于 National Assessment of Adult Literacy（未注明日期）。

17. 参见本书第 16 章第 24 条注释，以及第 18 章第 35 条注释。

18. 针对非裔美国人滥用私刑的销声匿迹：Pinker 2011, chap. 7，基于美国人口普查局的数据，发表于 Payne 2004，图 7-2 中。针对非裔美国人出于仇恨犯罪的谋杀，见 Payne 2004，图 7-3，从 1996 年的每年 5 起下降到 2006—2008 年的每年一起。从那时起，年均受害者一直维持 1 人直到 2014 年，随后在 2015 年突跃至 10 人，这 10 人中有 9 人丧生于同一场事故，他们均为南卡罗来纳州查尔斯顿一处教堂枪击案的受害者（Federal Bureau of Investigation 2016b）。

19. 仅考虑 1996—2015 年的时间区间，FBI 记录的仇恨犯罪数量与美国杀人案的相关系数就高达 0.90（取值范围为 –1～1）。

20. 仇恨犯罪双曲线：E. N. Brown, "Hate Crimes, Hoaxes, and Hyperbole," *Reason,* Nov. 18, 2016；Alexander 2016。

21. 以前的情况：S. Coontz, "The Not-So-Good Old Days," *New York Times,* June 15, 2013。

22. 劳动力市场中的女性：United States Department of Labor 2016。

23. 关于在更早的 1979 年就有下降趋势出现的端倪，相关的证据请参见 Pinker 2011, fig. 7–10, p. 402，数据基于 the National Crime Victimization Survey。由于定义和录入标准不同，那些数据与此处图 15–4 中标注的数据没有可比性。

24. 合作孕育同情：Pinker 2011, chaps. 4, 7, 9, 10。

25. 伸张正义对道德进步的推动：Pinker 2011, chap. 4；Appiah 2010；Hunt 2007；Mueller 2010b；Nadelmann 1990；Payne 2004；Shermer 2015。

26. 歧视现象的减少，反歧视运动的崛起：Asal & Pate 2005。

27. 世界舆论调查：调查的结果公布在 Council on Foreign Relations 2011。

28. Council on Foreign Relations 2011.

29. Council on Foreign Relations 2011.

30. 全球羞耻运动的效应：Pinker 2011, pp. 272–276, 414；Appiah 2010；Mueller 1989, 2004a, 2010b；Nadelmann 1990；Payne 2004；Ray 1989。

31. United Nations Children's Fund 2014；另见 M. Tupy, "Attitudes on FGM Are Shifting," *HumanProgress*。

32. D. Latham, "Pan African Parliament Endorses Ban on FGM," *Inter Press Service,* Aug. 6, 2016.

33. 世界价值观调查：资料公布于互联网。解放主义价值观：Welzel 2013。

34. 年龄、时代精神与世代效应的区分：Costa & McCrae 1982；Smith 2008。

35. 另见 F. Newport, "Americans Continue to Shift Left on Key Moral Issues," *Gallup,* May 26, 2015。

36. Ipsos 2016.

37. 固定的价值观与世代而非个人的年龄有关：Ghitza & Gelman 2014；Inglehart 1997；Welzel 2013。

38. 解放主义价值观与中东地区的自由化进程：Inglehart 2017。

39. 与解放主义价值观相关的因素：Welzel 2013, especially table 2.7, p. 83, and table 3.2, p. 122。

40. 近亲婚姻和部落主义：S. Pinker, "Strangled by Roots," *New Republic,* Aug. 6, 2007。

41. 全球知识指数：Chen & Dahlman 2006, table 2。

42. 全球知识指数作为衡量解放主义价值观的指标：Welzel 2013, p. 122，在那本书中，知识指数被称为"科技进步"。韦尔策尔通过个人研究证实在人均 GDP（或是其对数）一定的前提下，知识指数与解放主义价值观高度偏相关（0.62），反之则低相关（0.20）。

43. Finkelhor et al. 2014.

44. 体罚现象的减少：Pinker 2011, pp. 428–439。

45. 童工的历史：Cunningham 1996；Norberg 2016；Ortiz-Ospina & Roser 2016a。

46. M. Wirth, "When Dogs Were Used as Kitchen Gadgets," *HumanProgress,* Jan. 25, 2017.

47. 对儿童态度的历史变迁：Pinker 2011, chap. 7。

48. 经济上毫无价值，而情感上无可替代：Zelizer 1985。

49. 拖拉机广告：http://www–formal.stanford.edu/jmc/progress/tractor.gif。

50. 贫穷与童工之间的联系：Ortiz-Ospina & Roser 2016a。

51. 无奈，而非贪心：Norberg 2016；Ortiz-Ospina & Roser 2016a。

16 知识

1. 智人：Pinker 1997/2009, 2010；Tooby & DeVore 1987。

2. 对文盲者的具体定位：Everett 2008；Flynn 2007；Luria 1976；Oesterdiekhoff 2015；另见我对 Everett 观点的评论，https://www.edge.org/conversation/daniel_l_everett-recursion-and-human-thought#22005。

3. *Encyclopedia of the Social Sciences,* 1931, vol. 5, p. 410，转引自 Easterlin 1981。

4. United Nations Office of the High Commissioner for Human Rights 1966.

5. 教育促进经济增长：Easterlin 1981；Glaeser et al. 2004；Hafer 2017；Rindermann 2012；Roser & Ortiz-Ospina 2016a；van Leeuwen & van Leeuwen-Li 2014；van Zanden et al. 2014。

6. I. N. Thut and D. Adams, *Educational Patterns in Contemporary Societies* (New York: McGraw-Hill, 1964), p. 62，转引自 Easterlin 1981, p. 10。

7. Lewis 2002；United Nations Development Programme 2003.

8. 教育促进和平：Hegre et al. 2011；Thyne 2006。教育促进民主：Glaeser, Ponzetto, & Shleifer 2007；Hafer 2017；Lutz, Cuaresma, & Abbasi-Shavazi 2010；

Rindermann 2008。

9. 年轻群体的激增与暴力行为：Potts & Hayden 2008。

10. 教育减少种族主义、性别主义与恐同情绪：Rindermann 2008；Teixeira et al. 2013；Welzel 2013。

11. 教育加强对言论自由和个人幻想的尊重：Welzel 2013。

12. 教育与公民参政：Hafer 2017；OECD 2015a；Ortiz-Ospina & Roser 2016c；World Bank 2012b。

13. 教育与社会信任：Ortiz-Ospina & Roser 2016c。

14. Roser & Ortiz-Ospina 2016b，基于联合国教科文组织统计部门的数据，可视化处理参见 World Bank 2016a。

15. 基于联合国教科文组织统计部门的数据，可视化处理参见 World Bank 2016i。

16. 基于联合国教科文组织统计部门的数据。

17. 有关识字率与基础教育的关系，参见 van Leeuwen & van Leeuwen-Li 2014, pp. 88–93。

18. Lutz, Butz, & Samir 2014，基于 the International Institute for Applied Systems Analysis 的模型，总结于 Nagdy & Roser 2016c。

19. Ecclesiastes 12:12.

20. 教育支出的疯涨：Autor 2014。

21. 1920—1930 年美国高中入学率：Leon 2016。2011 年毕业率：A. Duncan, "Why I Wear 80," *Huffington Post,* Feb. 14, 2014。2016 年高中毕业生大学入学率：Bureau of Labor Statistics 2017。

22. United States Census Bureau 2016.

23. Nagdy & Roser 2016c，基于 the International Institute for Applied Systems Analysis 的模型；Lutz, Butz, & Samir 2014。

24. S. F. Reardon, J. Waldfogel, & D. Bassok, "The Good News About Educational Inequality," *New York Times,* Aug. 26, 2016.

25. 让女孩接受教育的效应：Deaton 2013；Nagdy & Roser 2016c；Radelet 2015。

26. United Nations 2015b.

27. 由于阿富汗的第一个数据统计时间点在塔利班主政的 15 年前，而第二个时间点则在其主政的 10 年之后，所以阿富汗识字人数的增长不能单纯归功于 2001 年北约国家的入侵与其对当地政权的打击。

28. 弗林效应：Deary 2001；Flynn 2007, 2012。另见 Pinker 2011, pp. 650–660。

29. 智力的遗传性：Pinker 2002/2016, chap. 19 and afterword；Deary 2001；Plomin

& Deary 2015；Ritchie 2015。

30. 混血优势不能解释弗林效应：Flynn 2007；Pietschnig & Voracek 2015。

31. 对弗林效应的元分析：Pietschnig & Voracek 2015。

32. 弗林效应的停止：Pietschnig & Voracek 2015。

33. 评估对象导致了弗林效应：Flynn 2007；Pietschnig & Voracek 2015。

34. 营养和健康只能部分解释弗林效应：Flynn 2007, 2012；Pietschnig & Voracek 2015。

35. 脑容量理论与脑容量的遗传性：Deary 2001；Plomin & Deary 2015；Ritchie 2015。

36. 分析性思维增长中的弗林效应：Flynn 2007, 2012；Ritchie 2015；Pinker 2011, pp. 650–660。

37. 教育影响智力中的弗林效应部分（尽管不是通过脑容量）：Ritchie, Bates, & Deary 2015。

38. 智商作为人生腾飞的信风：Gottfredson 1997；Makel et al. 2016；Pinker 2002/2016；Ritchie 2015。

39. 弗林效应与道德感：Flynn 2007；Pinker 2011, pp. 656–670。

40. 弗林效应与真正的天才：反对的文献有 Woodley, te Nijenhuis, & Murphy 2013；支持的文献有 Pietschnig & Voracek 2015, p. 283。

41. 发展中国家的高新技术：Diamandis & Kotler 2012；Kenny 2011；Radelet 2015。

42. 智商增长的益处：Hafer 2017。

43. 作为隐藏变量的进步：Land, Michalos, & Sirgy 2012；Prados de la Escosura 2015；van Zanden et al. 2014；Veenhoven 2010。

44. 人类发展指数：United Nations Development Programme 2016。灵感来源：Sen 1999；ul Haq 1996。

45. 差距缩小：Prados de la Escosura 2015, p. 222。作者将 1994 年前的经合组织成员国均列为"西方社会"，其中包括西欧诸国、美国、加拿大、澳大利亚、新西兰和日本。他还提出 2007 年撒哈拉以南非洲的人类发展指数为 0.22，相当于 20 世纪 50 年代的世界，或是 19 世纪 90 年代经合组织成员国的水平。无独有偶，2000 年撒哈拉以南非洲的完满度综合指数大约为 –0.3（这些国家如今的得分要比这个高），接近 1910 年的世界水平，或 1875 年的西欧社会水平。

46. 数据细节和可信度参见 Rijpma 2014 和 Prados de la Escosura 2015。

17 生活质量

1. 知识分子与劳苦大众：Carey 1993。

2. 基本能力：Nussbaum 2000。

3. 加工食物的时间：Laudan 2016。

4. 工作时间的缩短：Roser 2016t，数据来源于 Huberman & Minns 2007；另见 Tupy 2016，以及 "Hours Worked Per Worker," *HumanProgress*，其中的数据显示全世界平均每周的工作时间缩短了 7.2 小时。

5. Housel 2013.

6. 引用自 Weaver 1987, p. 505。

7. 生产力与更短的工时：Roser 2016t。贫困老人数量的减少：Deaton 2013, p. 180。注意贫困人口百分比的大小取决于对"贫困"的定义；作为比较，可以参见本书的图 9-6。

8. 有关美国带薪假日的数据总结于 Housel 2013，基于美国劳工统计局的统计。

9. 英国的数据，由 Jesse Ausubel 计算。

10. 某些发展中国家的工时变化趋势：Roser 2016t。

11. 赚取购置家电所需费用的工时的下降：M. Tupy, "Cost of Living and Wage Stagnation in the United States, 1979–2015," *HumanProgress*；Greenwood, Seshadri, & Yorukoglu 2005。

12. 最不受欢迎的消遣方式：Kahneman et al. 2004。花费在家务上的时间：Greenwood, Seshadri, & Yorukoglu 2005；Roser 2016t。

13. "Time Spent on Laundry," *HumanProgress*，数据基于 S. Skwire, "How Capitalism Has Killed Laundry Day," *CapX,* April 11, 2016，数据来自美国劳工统计局。

14. 请不要错过：H. Rosling, "The Magic Washing Machine," TED talk, Dec. 2010。

15. *Good Housekeeping,* vol. 55, no. 4, Oct. 1912, p. 436, 转引自 Greenwood, Seshadri, & Yorukoglu 2005。

16. 摘自《国富论》。

17. 照明成本的下降：Nordhaus 1996。

18. Kelly 2016, p. 189.

19. "雅皮士的牢骚"：Daniel Hamermesh and Jungmin Lee，转引自 E. Kolbert, "No Time," *New Yorker,* May 26, 2014。休闲时间的变化趋势，1965—2003 年：Aguiar & Hurst 2007。2015 年休闲时间：Bureau of Labor Statistics 2016c。更多细节参见图 17-6 的图注。

20. 挪威人有了更多的休闲时光：Aguiar & Hurst 2007, p. 1001, note 24。英国人有了更多的休闲时光：Ausubel & Grübler 1995。

21. 总是太忙？：Robinson 2013；J. Robinson, "Happiness Means Being Just Rushed

Enough," *Scientific American,* Feb. 19, 2013。

22. 家庭晚餐，1969 年与 1999 年：K. Bowman, "The Family Dinner, Alive and Well," *New York Times,* Aug. 25, 1999。家庭晚餐，2014 年：J. Hook, "WSJ/NBC Poll Suggests Social Media Aren't Replacing Direct Interactions," *Wall Street Journal,* May 2, 2014。盖洛普民意调查：L. Saad, "Most U.S. Families Still Routinely Dine Together at Home," *Gallup,* Dec. 26, 2013。Fischer 2011 中提出了与之类似的结论。

23. 父母陪伴孩子的时间比从前要多：Sayer, Bianchi, & Robinson 2004；亦可参见下面的第 24～26 条注释。

24. 父母与孩子：Caplow, Hicks, & Wattenberg 2001, pp. 88 - 89。

25. 母亲与孩子：Coontz 1992/2016, p. 24。

26. 照料孩子的时间支出增加，休闲的时间减少：Aguiar & Hurst 2007, pp. 980 - 982。

27. 电子社交与面对面社交的比较：Susan Pinker 2014。

28. 猪肉和淀粉：N. Irwin, "What Was the Greatest Era for Innovation? A Brief Guided Tour," *New York Times,* May 13, 2016。另见 D. Thompson, "America in 1915: Long Hours, Crowded Houses, Death by Trolley," *The Atlantic,* Feb. 11, 2016。

29. 食品杂货铺商品目录，20 世纪 20 年代到 80 年代：N. Irwin, "What Was the Greatest Era for Innovation? A Brief Guided Tour," *New York Times,* May 13, 2016。2015 年目录：Food Marketing Institute 2017。

30. 枯燥和难熬：Bettmann 1974, pp. 62 - 63。

31. 报纸与小酒馆：N. Irwin, "What Was the Greatest Era for Innovation? A Brief Guided Tour," *New York Times,* May 13, 2016。

32. 维基百科的准确性：Giles 2005；Greenstein & Zhu 2014；Kräenbring et al. 2014。

18 幸福

1. 这段文字是网络视频资源的转译。

2. Mueller 1999, p. 14.

3. Easterlin 1973.

4. 快乐水车理论：Brickman & Campbell 1971。

5. 社会比较理论：参见本书第 9 章第 11 条注释；Kelley & Evans 2017。

6. G. Monbiot, "Neoliberalism Is Creating Loneliness. That's What's Wrenching Society Apart," *The Guardian,* Oct. 12, 2016.

7. 起于轴心时代的深刻问题：Goldstein 2013。哲学与幸福研究史：Haidt 2006；

Haybron 2013；McMahon 2006。幸福学：Gilbert 2006；Haidt 2006；Helliwell, Layard, & Sachs 2016；Layard 2005；Ortiz-Ospina & Roser 2017。

8. 人类基本能力：Nussbaum 2000, 2008；Sen 1987, 1999。

9. 让自己不幸福的选择：Gilbert 2006。

10. 自由使人幸福：Helliwell, Layard, & Sachs 2016；Inglehart et al. 2008。

11. 自由赋予生活意义：Baumeister, Vohs, et al. 2013。

12. 有关幸福的调查的正确性：Gilbert 2006；Helliwell, Layard, & Sachs 2016；Layard 2005。

13. 幸福的体验和评价：Baumeister, Vohs, et al. 2013；Helliwell, Layard, & Sachs 2016；Kahneman 2011；Veenhoven 2010。

14. 语境式的幸福感评分、主观满足感与美好生活三者的权重：Deaton 2011；Helliwell, Layard, & Sachs 2016；Veenhoven 2010。单纯对三者进行平均：Helliwell, Layard, & Sachs 2016；Kelley & Evans 2017；Stevenson & Wolfers 2009。

15. Helliwell, Layard, & Sachs 2016, p. 4, table 2.1, pp. 16, 18.

16. 幸福至上还是意义至上：Baumeister, Vohs, et al. 2013；Haybron 2013；McMahon 2006；R. Baumeister, "The Meanings of Life," *Aeon,* Sept. 16, 2013。

17. 幸福的适应性功能：Pinker 1997/2009, chap. 6。幸福与人生意义不同的适应性功能：R. Baumeister, "The Meanings of Life," *Aeon,* Sept. 16, 2013。

18. 幸福百分比：Ipsos 2016；另见 Veenhoven 2010。平均的打分值：在 1～10 分的取值范围中为 5.4 分，Helliwell, Layard, & Sachs 2016, p. 3。

19. 幸福感壁垒：Ipsos 2016。

20. 金钱可以买到幸福感：Deaton 2013；Helliwell, Layard, & Sachs 2016；Inglehart et al. 2008；Stevenson & Wolfers 2008a；Ortiz-Ospina & Roser 2017。

21. 幸福感与贫富差距无关：Kelley & Evans 2017。

22. Helliwell, Layard, & Sachs 2016, pp. 12–13.

23. 中大奖：Stephens-Davidowitz 2017, p. 229。

24. 国民幸福感随着时间的推移而上升：Sacks, Stevenson, & Wolfers 2012；Stevenson & Wolfers 2008a；Stokes 2007；Veenhoven 2010；Ortiz-Ospina & Roser 2017。

25. 世界价值观调查显示全球的幸福感在提升：Inglehart et al. 2008。

26. 幸福、健康和自由：Helliwell, Layard, & Sachs 2016；Inglehart et al. 2008；Veenhoven 2010。

27. 文化与幸福感：Inglehart et al. 2008。

28. 提升幸福感的非金钱因素：Helliwell, Layard, & Sachs 2016。

29. 美国居民的幸福感：Deaton 2011；Helliwell, Layard, & Sachs 2016；Inglehart et al. 2008；Sacks, Stevenson, & Wolfers 2012；Smith, Son, & Schapiro 2015。

30. 《2016 年世界幸福指数报告》中的国家排名：1. 丹麦（7.5 分）；2. 瑞士；3. 冰岛；4. 挪威；5. 芬兰；6. 加拿大；7. 荷兰；8. 新西兰；9. 澳大利亚；10. 瑞典；11. 爱尔兰；12. 奥地利；13. 美国；14. 哥斯达黎加；15. 波多黎各。最不幸福的国家包括贝宁、阿富汗、多哥、叙利亚和布隆迪（排在第 157 位，得分仅 2.9 分）。

31. 美国居民的幸福感：在 World Database 的幸福感数据库中，可见美国幸福感的下降（作者 Veenhoven，发表日期不明），部分数据来源于世界价值观调查；参见 Inglehart et al. 2008 的在线附录。在 the General Social Survey 中也可以看到轻微的下降；参见 Smith, Son, & Schapiro 2015 以及本章中的图 18-4，其中画出了"非常幸福"的变化趋势。

32. 美国居民有限的幸福感波动：Deaton 2011。

33. 贫富差距部分解释了美国居民的幸福感停滞：Sacks, Stevenson, & Wolfers 2012。

34. 美国作为幸福感变化趋势中的例外：Inglehart et al. 2008；Sacks, Stevenson, & Wolfers 2012。

35. 非裔美国人的幸福感提升：Stevenson & Wolfers 2009；Twenge, Sherman, & Lyubomirsky 2016。

36. 下降的女性幸福感：Stevenson & Wolfers 2009。

37. 年龄、时代和世代效应的区分：Costa & McCrae 1982；Smith 2008。

38. 总体而言，年龄越大的人越幸福：Deaton 2011；Smith, Son, & Schapiro 2015；Sutin et al. 2013。

39. 中年和晚年的困境：Bardo, Lynch, & Land 2017；Fukuda 2013。

40. 次贷危机的经济低谷：Bardo, Lynch, & Land 2017。

41. "婴儿潮一代"后的每一代人都比从前的人更幸福：Sutin et al. 2013。

42. "被遗忘的一代"和"千禧一代"都比"婴儿潮一代"要幸福：Bardo, Lynch, & Land 2017；Fukuda 2013；Stevenson & Wolfers 2009；Twenge, Sherman, & Lyubomirsky 2016。

43. 孤独、寿命和健康：Susan Pinker 2014。

44. 两者均引用自 Fischer 2011, p. 110。

45. Fischer 2011, p. 114. 亦可参见 Susan Pinker 2014 对变量和常量的睿智分析。

46. Fischer 2011, p. 114. 费舍尔在其中引述称，在读过 2006 年一篇广为流传的报告的前提下，他仍然认为现代人"有不少社会支持"，当年的报告称从 1985 到 2004 年，美国居民自认为能够与他们探讨重要事务的人减少了 1/3，其中有 1/4 的受访者称他们完全没有可以商讨要事的对象。费舍尔得出的结论认为，这篇报告由于调查方式的问题而得出了与事实相悖的结论：Fischer 2009。

47. Fischer 2011, p. 112.

48. Hampton, Rainie, et al. 2015.

49. 社交媒体用户间的羁绊：Hampton, Goulet, et al. 2011。

50. 社交媒体用户的焦虑感：Hampton, Rainie, et al. 2015。

51. 社交互动中的改变和不变：Fischer 2005, 2011；Susan Pinker 2014。

52. 自杀率取决于自杀手段的可行性：Miller, Azrael, & Barber 2012；Thomas & Gunnell 2010。

53. 导致自杀的危险因素：Ortiz-Ospina, Lee, & Roser 2016；World Health Organization 2016d。

54. 幸福者自杀悖论：Daly et al. 2010。

55. 2014 年美国自杀统计（确切地说为 42 773 人）：数据来源于 National Vital Statistics, Kochanek et al. 2016, table B。2012 年世界自杀人口统计：数据来源于世界卫生组织，Värnik 2012 和 World Health Organization 2016d。

56. 女性自杀率的下降："20 graphs to celebrate women's progress around the world," *HumanProgress*。

57. 年龄和时代效应对英国自杀的影响：Thomas & Gunnell 2010。年龄、时代和世代效应对瑞士自杀率的影响：Ajdacic-Gross et al. 2006。美国的数据：Phillips 2014。

58. 下降中的青少年自杀率：Costello, Erkanli, & Angold 2006；Twenge 2015。

59. 自杀率曲线中的负面消息：M. Nock, "Five Myths About Suicide," *Washington Post,* May 6, 2016。

60. 艾森豪威尔与瑞典自杀率：资料来源于互联网。

61. 1960 年的自杀率数据来源于 Ortiz-Ospina, Lee, & Roser 2016。2012 年的自杀率数据（经过年龄标准化）来源于 World Health Organization 2017b。

62. 西欧国家中等的自杀率：Värnik 2012, p. 768。瑞典自杀率的下降：Ohlander 2010。

63. 抑郁症世代性增加：Lewinsohn et al. 1993。

64. 创伤后应激障碍的触发因素：McNally 2016。

65. 扩展病理心理学版图：Haslam 2016；Horwitz & Wakefield 2007；McNally 2016；PLOS Medicine Editors 2013。

66. R. Rosenberg, "Abnormal Is the New Normal," *Slate,* April 12, 2013，基于 Kessler et al. 2005。

67. 以扩展伤害定义范围的方式完成的道德进步：Haslam 2016。

68. 基于实证的心理学治疗：Barlow et al. 2013。

69. 抑郁的全球负担：Murray et al. 2012。成人的风险：Kessler et al. 2003。

70. 精神健康的悖论：PLOS Medicine Editors 2013。

71. 金标准的缺失：Twenge 2015。

72. 抑郁症在过去一个世纪中没有增加：Mattisson et al. 2005；Murphy et al. 2000。

73. Twenge et al. 2010.

74. Twenge & Nolen-Hoeksema 2002：在 1980—1998 年期间，"被遗忘的一代"和"千禧一代"中 8～16 岁的男孩抑郁症发病率持续减少，与此同时，女孩的没有明显的变化。Twenge 2015：从 20 世纪 80 年代到 2010 年，青少年自杀的念头变得更少，大学生以及成年人自述罹患抑郁症的概率变得更小。Olfson, Druss, & Marcus 2015：儿童及青少年罹患精神疾病的可能性变小。

75. Costello, Erkanli, & Angold 2006.

76. Baxter et al. 2014.

77. Jacobs 2011.

78. Baxter et al. 2014; Twenge 2015; Twenge et al. 2010.

79. 斯坦定律与焦虑：Sage 2010。

80. Terracciano 2010; Trzesniewski & Donnellan 2010.

81. Baxter et al. 2014.

82. 类似的文章比如，"Depression as a Disease of Modernity: Explanations for Increasing Prevalence," Hidaka 2012。

83. Stevenson & Wolfers 2009.

84. 摘自本剧的书面版本：Allen 1987, pp. 131‑133。

85. Johnston & Davey 1997; Jackson 2016; Otieno, Spada, & Renkl 2013; Unz, Schwab, & Winterhoff-Spurk 2008.

86. 宣言：Cornwall Alliance for the Stewardship of Creation 2000。"所谓的气候危机"：Cornwall Alliance, "Sin, Deception, and the Corruption of Science: A Look at the So-Called Climate Crisis," 2016。另见 Bean & Teles 2016；L. Vox, "Why Don't Christian Conservatives Worry About Climate Change? God," *Washington Post,* June 2, 2017。

87. 垃圾驳船新闻：M. Winerip, "Retro Report: Voyage of the Mobro 4000," *New York Times,* May 6, 2013。

88. 环境友好的垃圾填埋地：J. Tierney, "The Reign of Recycling," *New York Times,* Oct. 3, 2015。《纽约时报》对"事件回顾"的系列报道，包括前面注释中标注的那

些新闻故事，是鲜有的、对耸人听闻事件本身进行跟进报道的例子。

89. 厌倦感危机：Nisbet 1980/2009, pp. 349–351。危言耸听的两个主要当事人均为科学家：Dennis Gabor 与 Harlow Shapley。

90. 参见上面的第 15～16 条注释。

91. 人一生中的焦虑：Baxter et al. 2014。

19 对人类生存的威胁

1. 神秘的"导弹差距"：Berry et al. 2010；Preble 2004。

2. 对于网络攻击的核报复：Sagan 2009c, p. 164。另见 Keith Payne 的评论，该评论出现在 P. Sonne, G. Lubold, & C. E. Lee, "'No First Use' Nuclear Policy Proposal Assailed by U.S. Cabinet Officials, Allies," *Wall Street Journal*, Aug. 12, 2016。

3. K. Bird, "How to Keep an Atomic Bomb from Being Smuggled into New York City? Open Every Suitcase with a Screwdriver," *New York Times*, Aug. 5, 2016.

4. Randle & Eckersley 2015.

5. 引自 Ocean Optimism 网站首页。

6. 2012 年益普索民意调查：C. Michaud, "One in Seven Thinks End of World Is Coming: Poll," *Reuters*, May 1, 2012。美国有这样的想法的人的比例为 22%，2015 年 YouGov 民意调查得出的数据为 31%。

7. 幂律分布：Johnson et al. 2006；Newman 2005；请见 Pinker 2011, pp. 210–222。请见第 11 章的第 17 条注释，可了解关于根据数据预估风险的复杂性。

8. 夸大了极端风险的可能性：Pinker 2011, pp. 368–373。

9. 关于世界末日的预测："Doomsday Forecasts," *The Economist*, Oct. 7, 2015。

10. 关于世界末日的电影："List of Apocalyptic Films" 维基百科，检索日期为 2016 年 12 月 15 日。

11. 转引自 Ronald Bailey, "Everybody Loves a Good Apocalypse," *Reason*, Nov. 2015。

12. 千年虫：M. Winerip, "Revisiting Y2K: Much Ado About Nothing？" *New York Times*, May 27, 2013。

13. G. Easterbrook, "We're All Gonna Die!" *Wired*, July 1, 2003.

14. P. Ball, "Gamma-Ray Burst Linked to Mass Extinction," *Nature*, Sept. 24, 2003.

15. Denkenberger & Pearce 2015.

16. Rosen 2016.

17. D. Cox, "NASA's Ambitious Plan to Save Earth from a Supervolcano," *BBC*

Future, Aug. 17, 2017.

18. Deutsch 2011, p. 207.

19. "危险性胜过核武器"：推特发布于 2014 年 8 月，转引自 A. Elkus, "Don't Fear Artificial Intelligence," *Slate*, Oct. 31, 2014。"预告着人类的终结"：转引自 R. Cellan-Jones, "Stephen Hawking Warns Artificial Intelligence Could End Mankind," *BBC News*, Dec. 2, 2014。

20. 在 2014 年一次针对引用数量最多的人工智能研究者的调查中，仅有 8% 的人担心高级人工智能会带来"生存灾难"：Müller & Bostrom 2014。公开表示质疑的人工智能专家包括：Paul Allen（2011），Rodney Brooks（2015），Kevin Kelly（2017），Jaron Lanier（2014），Nathan Myhrvold（2014），Ramez Naam（2010），Peter Norvig（2015），Stuart Russell（2015）及 Roger Schank（2015）。提出疑问的心理学家和生物学家包括：Roy Baumeister（2015），Dylan Evans（2015），Gary Marcus（2015），Mark Pagel（2015）及 John Tooby（2015）。另见 A. Elkus, "Don't Fear Artificial Intelligence," *Slate*, Oct. 31, 2014；M. Chorost, "Let Artificial Intelligence Evolve," *Slate*, April 18, 2016。

21. 对于智能的现代科学理解：Pinker 1997/2009, chap. 2；Kelly 2017。

22. "嘭"：Hanson & Yudkowsky 2008。

23. 技术专家凯文·凯利（2017）表达了同样的观点。

24. 智能是一种奇巧的装置：Brooks 2015；Kelly 2017；Pinker 1997/2009, 2007a；Tooby 2015。

25. 人工智能并不按照摩尔定律进步：Allen 2011；Brooks 2015；Deutsch 2011；Kelly 2017；Lanier 2014；Naam 2010。许多评论员 Lanier 2014，Brockman 2015 也提到了这点。

26. 人工智能研究者 vs 人工智能炒作：Brooks 2015；Davis & Marcus 2015；Kelly 2017；Lake et al. 2017；Lanier 2014；Marcus 2016；Naam 2010；Schank 2015。另见本章第 25 条注释。

27. 目前人工智能的愚笨和脆弱：Brooks 2015；Davis & Marcus 2015；Lanier 2014；Marcus 2016；Schank 2015。

28. Naam 2010.

29. 机器人将我们变成回形针和其他价值对齐问题：Bostrom 2016；Hanson & Yudkowsky 2008；Omohundro 2008；Yudkowsky 2008；P. Torres, "Fear Our New Robot Over-lords: This Is Why You Need to Take Artificial Intelligence Seriously," *Salon*, May 14, 2016。

30. 为何我们不会被变成回形针：B. Hibbard, "Reply to AI Risk"；R. Loosemore, "The Maverick Nanny with a Dopamine Drip: Debunking Fallacies in the Theory of AI Motivation," *Institute for Ethics and Emerging Technologies*, July 24, 2014；A. Elkus, "Don't Fear Artificial Intelligence," *Slate*, Oct. 31, 2014；R. Hanson, "I Still Don't Get Foom," *Humanity+*, July 29, 2014；Hanson & Yudkowsky 2008。另见 Kelly 2017 以及本章第 26～27 条注释。

31. 转引自 J. Bohannon, "Fears of an AI Pioneer," *Science*, July 17, 2016。

32. 转引自 Brynjolfsson & McAfee 2015。

33. 自动驾驶汽车的时机尚未成熟：Brooks 2016。

34. 机器人与工作岗位：Brynjolfsson & McAfee 2016；另见第 9 章第 9 条，第 67～68 条注释。

35. 赌注登记于 "Long Bets" 网站。

36. 提高计算机安全性：Schneier 2008；B. Schneier, "Lessons from the Dyn DDoS Attack," *Schneier on Security*, Nov. 1, 2016。

37. 加强生物武器安全：布拉德福项目加强生物武器和毒素武器的公约。

38. 传染病防护措施预防生物恐怖活动：Carlson 2010。预防流行病的措施：Bill & Melinda Gates Foundation, "Preparing for Pandemics," World Health Organization 2016b。

39. 标准反恐措施：Mueller 2006, 2010a；Mueller & Stewart 2016a；Schneier 2008。

40. Kelly 2010, 2013.

41. 个人通信，2017 年 5 月 21 日；另见 Kelly 2013, 2016。

42. 易导致谋杀和混乱：Branwen 2016。

43. Branwen 2016 列举了一些产品破坏的真实例子，损坏范围从 1.5 亿美元到 15 亿美元不等。

44. B. Schneier, "Where Are All the Terrorist Attacks?" *Schneier on Security*. 另见：Mueller 2004b；M. Abrahms, "A Few Bad Men: Why America Doesn't Really Have a Terrorism Problem," *Foreign Policy*, April 17, 2013。

45. 大多数恐怖分子都是笨手笨脚的呆子：Mueller 2006；Mueller & Stewart 2016a, chap. 4；Branwen 2016；M. Abrahms, "Does Terrorism Work as a Political Strategy? The Evidence Says No," *Los Angeles Times*, April 1, 2016；J. Mueller & M. Stewart, "Hapless, Disorganized, and Irrational: What the Boston Bombers Had in Common with Most Would-Be Terrorists," *Slate*, April 22, 2013；D. Kenner, "Mr. Bean to Jihadi John," *Foreign Policy*, Sept. 12, 2014。

46. D. Adnan & T. Arango, "Suicide Bomb Trainer in Iraq Accidentally Blows Up His Class," *New York Times*, Feb. 10, 2014.

47. "Saudi Suicide Bomber Hid IED in His Anal Cavity," *Homeland Security News Wire*, Sept. 9, 2009.

48. 恐怖主义是无效的策略：Abrahms 2006, 2012；Branwen 2016；Cronin 2009；Fortna 2015；Mueller 2006；Mueller & Stewart 2010；参见本章第45条注释。智商与犯罪和精神病呈负相关：Beaver, Schwartz, et al. 2013；Beaver, Vaughn, et al. 2012；de Ribera, Kavish, & Boutwell 2017。

49. 大型恐怖阴谋的危害：Mueller 2006。

50. 严重的网络犯罪需要国家：B. Schneier, "Someone Is Learning How to Take Down the Internet," *Lawfare*, Sept. 13, 2016。

51. 网络战争的怀疑论：Lawson 2013；Mueller & Friedman 2014；Rid 2012；B. Schneier, "Threat of 'Cyberwar' Has Been Hugely Hyped," *CNN.com*, July 7, 2010；E. Morozov, "Cyber-Scare: The Exaggerated Fears over Digital Warfare," *Boston Review*, July/Aug. 2009；E. Morozov, "Battling the Cyber Warmongers," *Wall Street Journal*, May 8, 2010；R. Singel, "Cyberwar Hype Intended to Destroy the Open Internet," *Wired*, March 1, 2010；R. Singel, "Richard Clarke's Cyberwar: File Under Fiction," *Wired*, April 22, 2010；P. W. Singer, "The Cyber Terror Bogeyman," *Brookings*, Nov. 1, 2012。

52. 参见前面引用施奈尔文章的注释。

53. 适应力：Lawson 2013；Quarantelli 2008。

54. Quarantelli 2008, p. 899.

55. 社会不会在灾难中瓦解：Lawson 2013；Quarantelli 2008。

56. 现代社会是可复原的：Lawson 2013。

57. 生物战与恐怖主义：Ewald 2000；Mueller 2006。

58. 作为戏剧的恐怖主义：Abrahms 2006；Branwen 2016；Cronin 2009；Ewald 2000；Y. N. Harari, "The Theatre of Terror," *The Guardian*, Jan. 31, 2015。

59. 毒性和传染病的演化：Ewald 2000；Walther & Ewald 2004。

60. 罕见的生物恐怖主义：Mueller 2006；Parachini 2003。

61. 基因编辑的病原体设计难点：Paul Ewald, personal communication, Dec. 27, 2016。

62. Kelly 2013 的评论，以及 Carlson 2010 的总结性论点。

63. 新抗生素：Meeske et al. 2016；Murphy, Zeng, & Herzon 2017；Seiple et al. 2016。识别潜在危险病原体：Walther & Ewald 2004。

64. 埃博拉疫苗：Henao-Restrepo et al. 2017。有关灾难性流行病的错误预测：Norberg 2016；Ridley 2010；M. Ridley, "Apocalypse Not: Here's Why You Shouldn't Worry About End Times," *Wired*, Aug. 17, 2012；D. Bornstein & T. Rosenberg, "When Reportage Turns to Cynicism," *New York Times*, Nov. 14, 2016。

65. 与马丁·里斯的生物恐怖赌注。

66. 今日核武器述评：Evans, Ogilvie-White, & Thakur 2015；美国科学家联合会（未注明日期）；Rhodes 2010；Scoblic 2010。

67. 世界核储备：Kristensen & Norris 2016a；请参见本章第 113 条注释。

68. 末日时钟：*Bulletin of the Atomic Scientists* 2017。

69. 引自 Mueller 2010a, p. 26。

70. "末日时钟"：*Bulletin of the Atomic Scientists*, "A Timeline of Conflict, Culture, and Change," Nov. 13, 2013。

71. 引自 Mueller 1989, p. 98。

72. 引自 Mueller 1989, p. 271, note 2。

73. Snow1961, p. 259.

74. 向哈佛大学文理学院入学研究生的致辞，1976 年 9 月。

75. 引自 Mueller 1989, p. 271, note 2。

76. 废核请愿：Future of Life Institute 2017；Schlosser 2013；Union of Concerned Scientists 2015a。

77. Union of Concerned Scientists, "To Russia with Love"。

78. 对于废核请愿的怀疑：Mueller 2010a；J. Mueller, "Fire, Fire (Review of E. Schlosser's 'Command and Control')," *Times Literary Supplement*, March 7, 2014。

79. 谷歌 Ngram Viewer 显示，2008 年（显示的最近的年份），出版书籍中提到种族主义、恐怖主义和不平等的次数是提到核战争次数的 10 倍到 20 倍。当代美国英语的语料库表明，在 2015 年的美国报纸中，在每百万字的文本中核战争出现 0.65 次，不平等出现 13.13 次，种族主义出现 19.5 次，恐怖主义出现 30.93 次。

80. 转引自 Morton 2015, p. 324。

81. 2003 年 4 月 17 日给联合国安理会的信，由当时的美国驻联合国代表所写，引自 Mueller 2012。

82. 恐怖预言合集：Mueller 2012。

83. Warren B. Rudman, Stephen E. Flynn, Leslie H. Gelb, and Gary Hart, Dec. 16, 2004，转引自 Mueller 2012。

84. 引自 Boyer 1985/2005, p. 72。

85. 恐吓战术的不良后果：Boyer 1986。

86. 引自《原子能科学家公报》1951 年的社论，转引自 Boyer 1986。

87. 是什么推动了行动主义：Sandman & Valenti 1986。参见第 10 章的第 55 条注释，获取有关气候变化的类似信息。

88. Mueller 2016。

89. 引自 Mueller 2016。"核形而上学"一词来自政治学家罗伯特·约翰逊。

90. 无条件解除武装：Kristensen & Norris 2016a；Mueller 2010a。

91. 概率几乎为零：Welch & Blight 1987 - 88, p. 27；另见 Blight, Nye, & Welch 1987, p. 184；Frankel 2004；Mueller 2010a, pp. 38 - 40, p. 248, note 31 - 33。

92. 核安全特征预防事故：Mueller 2010a, pp. 100 - 102；Evans, Ogilvie-White, & Thakur 2015, p. 56；J. Mueller, "Fire, Fire (Review of E. Schlosser's 'Command and Control')," *Times Literary Supplement*, March 7, 2014。

93. Union of Concerned Scientists 2015a.

94. 第一次世界大战后禁止化学武器，这一历史表明，偶然和一次性使用化学武器不会自动导致战争升级；参见 Pinker 2011, pp. 273 - 274。

95. 有关核扩散的预言：Mueller 2010a, p. 90；T. Graham, "Avoiding the Tipping Point," Arms Control Today, 2004。增殖不足：Bluth 2011；Sagan 2009b, 2010。

96. 放弃核武器的国家：Sagan 2009b, 2010, and personal communication, Dec. 30, 2016；参见 Pinker 2011, pp. 272 - 273。

97. G. Evans 2015.

98. 引自 Pinker 2013a。

99. 飞机毒气：Mueller 1989。地球物理战：Morton 2015, p. 136。

100. 苏联，而不是广岛，迫使日本投降：Berry et al. 2010；Hasegawa 2006；Mueller 2010a；Wilson 2007。

101. 把诺贝尔奖授予核武器：Elspeth Rostow 提出，引自 Pinker 2011, p. 268。核武器的威慑力很低：Pinker 2011, p. 269；Berry et al. 2010；Mueller 2010a；Ray 1989。

102. 核禁忌：Mueller 1989；Sechser & Fuhrmann 2017；Tannenwald 2005；Ray 1989, pp. 429 - 431；Pinker 2011, chap. 5, "Is the Long Peace a Nuclear Peace?" pp. 268 - 278。

103. 常规威慑的有效性：Mueller 1989, 2010a。

104. 核国家和武装窃贼：Schelling 1960。

105. Berry et al. 2010, pp. 7 - 8.

106. George Shultz, William Perry, Henry Kissinger, & Sam Nunn, "A World Free of

Nuclear Weapons," *Wall Street Journal*, Jan. 4, 2007; William Perry, George Shultz, Henry Kissinger, & Sam Nunn, "Toward a Nuclear-Free World," *Wall Street Journal*, Jan. 15, 2008.

107. "Remarks by President Barack Obama in Prague as Delivered," White House, April 5, 2009。

108. 联合国裁军事务厅（未注明日期）。

109. 有关全球零核的舆论：Council on Foreign Relations 2009。

110. 走向全球零核：Global Zero Commission 2010。

111. 对全球零核的怀疑：H. Brown & J. Deutch, "The Nuclear Disarmament Fantasy," *Wall Street Journal*, Nov. 19, 2007；Schelling 2009。

112. 五角大楼报道，2015 年美国核武器储备中有 4 571 枚弹头（美国国防部 2016）。美国科学家联合会（Kristensen & Norris 2016b，更新于 Kristensen 2016）估计，大约有 1 700 枚弹头部署在弹道导弹和轰炸机基地中，180 枚部署在欧盟的战术炸弹中，其余的 2 700 枚被储存起来。（储存这一术语通常包括部署和存储的导弹，尽管有时仅指存储的导弹。）此外，大约 2 340 枚弹头不再使用并等待拆除。

113. A. E. Kramer, "Power for U.S. from Russia's Old Nuclear Weapons," *New York Times*, Nov. 9, 2009.

114. 美国科学家联合会估计俄罗斯 2015 年储备了 4 500 枚核弹头（Kristensen & Norris 2016b）。新的开始：Woolf 2017。

115. 减少库存将继续与现代化接轨：Kristensen 2016。

116. 核武器库：根据 Kristensen 2016 估计；它们包括部署或保存在仓库中的弹头和可部署的弹头，排除了不再使用的弹头和无法由国家交付平台部署的炸弹。

117. 没有即将出现的新的核国家：Sagan 2009b, 2010, and personal communication, Dec. 30, 2016；也见 Pinker 2011, pp. 272 - 273。更少的国家拥有裂变材料："Sam Nunn Discusses Today's Nuclear Risks," Foreign Policy Association blogs。

118. 无条件解除武装：Kristensen & Norris 2016a；Mueller 2010a。

119. GRIT：Osgood 1962。

120. 小核武器库，没有核冬季：A. Robock & O. B. Toon, "Let's End the Peril of a Nuclear Winter," *New York Times*, Feb. 11, 2016。作者建议美国将其武器库减少到 1 000 枚弹头，但他们没有说是否有排除核冬季的可能性。200 这一数字来自麻省理工学院的 Robock 于 2016 年 4 月 2 日的演讲，"Climatic Consequences of Nuclear War"。

121. 不会出现"一触即发"：Evans, Ogilvie-White, & Thakur 2015, p. 56。

122. 反对发射警告：Evans, Ogilvie-White, & Thakur 2015；J. E. Cartwright & V. Dvorkin, "How to Avert a Nuclear War," *New York Times*, April 19, 2015；B. Blair, "How Obama Could Revolutionize Nuclear Weapons Strategy Before He Goes," *Politico*, June 22, 2016。长导火线：Brown & Lewis 2013。

123. 去除核武器的"一触即发"：Union of Concerned Scientists 2015b。

124. 不首先动用核武器：Sagan 2009a；J. E. Cartwright & B. G. Blair, "End the First-Use Policy for Nuclear Weapons," *New York Times*, Aug. 14, 2016。对反对"不首先动用核武器"的论据的反驳：Global Zero Commission 2016；B. Blair, "The Flimsy Case Against No-First-Use of Nuclear Weapons," *Politico*, Sept. 28, 2016。

125. 更多的承诺：J. G. Lewis & S. D. Sagan, "The Common-Sense Fix That American Nuclear Policy Needs," *Washington Post*, Aug. 24, 2016。

126. D. Sanger & W. J. Broad, "Obama Unlikely to Vow No First Use of Nuclear Weapons," *New York Times*, Sept. 5, 2016.

20 进步的未来

1. 这些段落中的数据来自第 5 章至第 19 章。

2. 所有的下降率都是和 20 世纪的峰值相比较得出的。

3. 有证据显示特定的战争并不是周期性的，参见 Pinker 2011, p. 207。

4. 出自 *Review of Southey's Colloquies on Society*，引自 Ridley 2010，第 1 章。

5. 参见第 8 章和第 16 章末尾的参考文献，第 10 章，第 15 章，以及第 18 章讨论的伊斯特林悖论。

6. 1961—1973 年间的平均数；World Bank 2016c。

7. 1974—2015 年间的平均数；World Bank 2016c。美国在这两个时期的利率分别为 3.3% 和 1.7%。

8. 对全要素效率的估计，出自 Gordon 2014, fig. 1。

9. 长期停滞：Summers 2014b, 2016。分析与评论请参见 Teulings & Baldwin 2014。

10. 没有人真正知道：M. Levinson, "Every US President Promises to Boost Economic Growth. The Catch: No One Knows How," *Vox*, Dec. 22, 2016；G. Ip, "The Economy's Hidden Problem: We're Out of Big Ideas," *Wall Street Journal*, Dec. 20, 2016；Teulings & Baldwin 2014。

11. Gordon 2014, 2016.

12. 美国的自满：Cowen 2017；Glaeser 2014；F. Erixon & B. Weigel, "Risk, Regulation,

and the Innovation Slowdown," *Cato Policy Report*, Sept./Oct. 2016；G. Ip, "The Economy's Hidden Problem：We're Out of Big Ideas," *Wall Street Journal*, Dec. 20, 2016。

13. World Bank 2016c. 在过去 55 年中，除去其中的 8 年，美国人均 GDP 总体上涨。

14. 技术发展中的事后效应：G. Ip, "The Economy's Hidden Problem: We're Out of Big Ideas," *Wall Street Journal*, Dec. 20, 2016；Eichengreen 2014。

15. 技术驱动的富足时代：Brand 2009；Bryce 2014；Brynjolfsson & McAfee 2016；Diamandis & Kotler 2012；Eichengreen 2014；Mokyr 2014；Naam 2013；Reese 2013。

16. Ezra Klein, "Bill Gates: The Energy Breakthrough That Will 'Save Our Planet' Is Less Than 15 Years Away," *Vox*, Feb. 24, 2016。盖茨随随便便提到，"那本战争销声匿迹的书写于 1940 年"。我猜他指的是诺曼·安吉尔（Norman Angell）的《大幻想》（*The Great Illusion*），这本书通常被误认为在第一次世界大战前夕预言不可能发生战争。事实上，这本小册子在 1909 年首次出版，它认为战争是无利可图的，而不是销声匿迹。

17. Diamandis & Kotler 2012, p. 11.

18. 化石能源是无罪的：Service 2017。

19. Jane Langdale, "Radical Ag:C4 Rice and Beyond," Seminars About Long-Term Thinking, Long Now Foundation, March 14, 2016.

20. 第二个机器时代：Brynjolfsson & McAfee 2016。另见 Diamandis & Kotler 2012。

21. Mokyr 2014, p. 88；另见 Feldstein 2017；T. Aeppel, "Silicon Valley Doesn't Believe U.S. Productivity Is Down," *Wall Street Journal*, July 16, 2015；K. Kelly, "The Post-Productive Economy," *The Technium*, Jan. 1, 2013。

22. 货币废止通用：Diamandis & Kotler 2012。

23. G. Ip, "The Economy's Hidden Problem: We're Out of Big Ideas," *Wall Street Journal*, Dec. 20, 2016.

24. 独裁民粹主义：Inglehart & Norris 2016；Norris & Inglehart 2016；另见本书第 23 章。

25. Norris & Inglehart 2016.

26. 特朗普选举史：J. Fallows, "The Daily Trump: Filling a Time Capsule," *The Atlantic*, Nov. 20, 2016。特朗普担任总统的前半年历史：E. Levitz, "All the Terrifying Things That Donald Trump Did Lately," *New York*, June 9, 2017。

27. "Donald Trump's File," *PolitiFact*. 也见 D. Dale, "Donald Trump: The Unauthorized Database of False Things," *The Star*, Nov. 4, 2016，文章列出了他在两个月中说的

560 个谎言，平均每天 20 个；M. Yglesias, "The Bullshitter-in-Chief," *Vox*, May 30, 2017；and D. Leonhardt & S. A. Thompson, "Trump's Lies," *New York Times*, June 23, 2017。

28. 改编自科幻小说作家菲利普·迪克（Philip K. Dick）的话："现实就是即使你不再相信它，也不会消失的东西。"

29. S. Kinzer, "The Enlightenment Had a Good Run," *Boston Globe*, Dec. 23, 2016.

30. 奥巴马的支持率：J. McCarthy, "President Obama Leaves White House with 58% Favorable Rating," *Gallup,* Jan. 16, 2017。告别演讲：奥巴马提到"指导美国开国元勋的是创新和实际解决问题的基本精神"，这种精神是"启蒙运动产生的"，他把这种精神定义为"理性、进取心和权利高于权力的信念"。"President Obama's Farewell Address, Jan. 10, 2017," *The White House.*

31. 特朗普的支持率：J. McCarthy, "Trump's Pre-Inauguration Favorables RemainHistorically Low," *Gallup*, Jan. 16, 2017；"How Unpopular Is Donald Trump?" *FiveThirtyEight*；"Presidential Approval Ratings—Donald Trump," *Gallup*, Aug. 25, 2017。

32. G. Aisch, A. Pearce, & B. Rousseau, "How Far Is Europe Swinging to the Right?" *New York Times*, Dec. 5, 2016. 在跟踪议会选举的 20 个国家中，自上次选举以来，有 9 个国家右翼政党的代表权有所增加，9 个国家有所减少，2 个国家（西班牙和葡萄牙）没有代表权。

33. A.Chrisafis, "Emmanuel Macron Vows Unity After Winning French Presidential Election," *The Guardian*, May 8, 2017.

34. 美国选举出口民意调查数据，*New York Times* 2016。N. Carnes & N. Lupu, "It's Time to Bust the Myth: Most Trump Voters Were Not Working Class," *Washington Post*, June 5, 2017. 请参阅下面第 35～36 条注释中的参考资料。

35. N. Silver, "Education, Not Income, Predicted Who Would Vote for Trump," *FiveThirtyEight*, Nov. 22, 2016; N.Silver, "The Mythology of Trump's 'Working Class' Support: His Voters Are Better Off Economically Compared with Most Americans," *FiveThirtyEight,* May 3, 2016. 盖洛普民意测验提供了证据：J. Rothwell, "Economic Hardship and Favorable Views of Trump," *Gallup*, July 22, 2016。

36. N. Silver, "Strongest correlate I've found for Trump support is Google searches for the n-word. Others have reported this too," *Twitter*；N. Cohn, "Donald Trump's Strongest Supporters: A Certain Kind of Democrat," *New York Times*, Dec. 31, 2015; Stephens-Davidowitz 2017. 另见 G. Lopez, "Polls Show Many—Even Most—Trump Supporters Really Are Deeply Hostile to Muslims and Nonwhites,"

Vox, Sept. 12, 2016。

37. 投票出口民调数据：*New York Times* 2016。

38. 欧洲的民粹主义：Inglehart & Norris 2016。

39. Inglehart & Norris 2016；基于他们的模型 C，作者赞成一个具有最佳拟合和最少预测因素的组合。

40. A. B. Guardia, "How Brexit Vote Broke Down," *Politico,* June 24, 2016.

41. Inglehart & Norris 2016, p. 4.

42. 引自 I. Lapowsky, "Don't Let Trump's Win Fool You—America's Getting More Liberal," *Wired*, Dec. 19, 2016。

43. 不同国家的民粹政党代表：Inglehart & Norris 2016；G. Aisch, A. Pearce, & B. Rousseau, "How Far Is Europe Swinging to the Right?" *New York Times*, Dec. 5, 2016。

44. 另类右翼运动的微小性：Alexander 2016。斯蒂芬斯 – 大卫德威茨注意到 "Stormfront" 这一最著名的白人种族主义互联网论坛自 2008 年以来的谷歌搜索量一直在稳步下降（除了一些与新闻相关的小插曲）。

45. "年轻自由主义，老来保守主义" 模因：G. O'Toole, "If You Are Not a Liberal at 25, You Have No Heart. If You Are Not a Conservative at 35, You Have No Brain," *Quote Investigator*, Feb. 24, 2014。

46. Ghitza & Gelman 2014；另见 Kohut et al. 2011；Taylor 2016a, 2016b。

47. 不准确地引用物理学家普朗克的话。

48. 投票者出席人数：H. Enten, "Registered Voters Who Stayed Home Probably Cost Clinton the Election," *FiveThirtyEight*, Jan. 5, 2017；A. Payne, "Brits Who Didn't Vote in the EU Referendum Now Wish They Voted Against Brexit," *Business Insider*, Sept. 23, 2016；A. Rhodes, "Young People—If You're So Upset by the Outcome of the EU Referendum, Then Why Didn't You Get Out and Vote?" *The Independent*, June 27, 2016。

49. Publius Decius Mus 2016. 2017 年，这篇匿名文章的作者 Michael Anton 作为国家安全官员加入了特朗普政府。

50. C. R. Ketcham, "Anarchists for Donald Trump—Let the Empire Burn," *Daily Beast*, June 9, 2016.

51. 相似的观点见 D. Bornstein & T. Rosenberg, "When Reportage Turns to Cynicism," *New York Times*, Nov. 15, 2016。

52. Berlin 1988/2013, p. 15.

53. 来自个人通信的一段对话；改编自 Kelly 2016, pp. 13 – 14。

54. "悲观的希望"来自记者 Yuval Levin（2017）。"激进的渐进主义"源于政治学家 Aaron Wildavsky，最近由 Halpern & Mason 2015 重新使用。

55. "可能主义"一词以前是经济学家 Albert Hirschman（1971）提出的。罗斯林的话引自 "Making Data Dance," *The Economist*, Dec. 9, 2010。

Part III 理性、科学和人文主义

21 理性

1. 近期案例（不源于心理学家）：J. Gray, "The Child-Like Faith in Reason," BBC News Magazine, July 18, 2014；C. Bradatan, "Our Delight in Destruction," *New York Times*, March 27, 2017。

2. Nagel 1997, pp. 14 – 15. "人不可能毫无理由地对某事物进行批判"：p. 20。

3. 先验论证：Bardon (undated)。

4. Nagel 1997, p. 35. 内格尔将"想得太多了"的说法归功于哲学家伯纳德·威廉斯（Bernard Williams）。威廉斯用这个说法来证明另一个不同的观点。读者若想了解为什么"信仰理性"是"想得太多了"，以及为什么显式演绎必定会停在某处，见 Pinker 1997/2009, pp. 98 – 99。

5. 见第 2 章第 22～25 条注释。

6. 见第 1 章第 4 条和第 9 条注释。康德的隐喻指的是人类"反社会的社会性"，人类不同于森林中的树木。树木笔直生长，以远离彼此的影子。有人理解为，人类应用理性的原因在于很难看到合作的优势。感谢安东尼·帕格登（Anthony Pagden）为我指明这一点。

7. 对理性的选择：Pinker 1997/2009, chaps. 2 and 5；Pinker 2010；Tooby & DeVore 1987；Norman 2016。

8. Personal communication, Jan. 5, 2017；支持性内容细节，见 Liebenberg 1990, 2014。

9. Liebenberg 2014, pp. 191 – 192.

10. Shtulman 2006；另见 Rice, Olson, & Colbert 2011。

11. 进化论是对宗教态度的测试：Roos 2014。

12. Kahan 2015.

13. 气候素养：Kahan 2015；Kahan, Wittlin, et al. 2011。臭氧层空洞、有毒废物和气候变化：Bostrom et al. 1994。

14. Pew Research Center 2015b ；类似数据请参见 Jones, Cox, & Navarro-Rivera 2014。

15. 卡汉：Braman et al. 2007 ；Eastop 2015 ；Kahan 2015 ；Kahan, Jenkins-Smith, & Braman 2011 ；Kahan, Jenkins-Smith, et al. 2012 ；Kahan, Wittlin, et al. 2011。

16. Kahan, Wittlin, et al. 2011, p. 15.

17. 信仰公地悲剧：Kahan 2012 ；Kahan, Wittlin, et al. 2011。卡汉称之为风险感知公地悲剧。

18. A. Marcotte, "It's Science, Stupid: Why Do Trump Supporters Believe So Many Things That Are Crazy and Wrong?" *Salon*, Sept. 30, 2016.

19. 蓝色的谎言：J. A. Smith, "How the Science of 'Blue Lies' May Explain Trump's Support," *Scientific American*, March 24, 2017。

20. Tooby 2017.

21. 动机性推理：Kunda 1990。我方偏差：Baron 1993。有偏见的评价：Lord, Ross, & Lepper 1979 ；Taber & Lodge 2006。另见 Mercier & Sperber 2011。

22. Hastorf & Cantril 1954.

23. 睾酮素和选举：Stanton et al. 2009。

24. 证据的两极化效应：Lord, Ross, & Lepper 1979。更新内容请见 Taber & Lodge 2006 和 Mercier & Sperber 2011。

25. 政治参与和球迷：Somin 2016。

26. Kahan, Peters, et al. 2012; Kahan, Wittlin, et al. 2011.

27. Kahan, Braman, et al. 2009.

28. M. Kaplan, "The Most Depressing Discovery About the Brain, Ever," *Alternet*, Sept. 16, 2013. 研究自身：Kahan, Peters, et al. 2013。

29. E. Klein, "How Politics Makes Us Stupid," *Vox*, April 6, 2014; C. Mooney, "Science Confirms: Politics Wrecks Your Ability to Do Math," *Grist*, Sept. 8, 2013.

30. 对偏见的偏见（实际上被称作"偏见盲点"）：Pronin, Lin, & Ross 2002。

31. Verhulst, Eaves, & Hatemi 2016.

32. 有关偏见的偏颇研究：Duarte et al. 2015。

33. 左翼人员的经济学素养：Buturovic & Klein 2010 ；另见 Caplan 2007。

34. 随后的经济学素养调查：Klein & Buturovic 2011。

35. D. Klein, "I Was Wrong, and So Are You," *The Atlantic*, Dec. 2011.

36. Pinker 2011, chaps. 3 – 5.

37. Gross & Simmons 2014。

38. 根据《华尔街日报》和 the Heritage Foundation 编制的 2016 年经济自由度指数，新西兰、加拿大、爱尔兰、英国和丹麦的经济自由程度与美国持平或超过美国。上述所有国家中，除了加拿大以外，GDP 中社会支出的比例均超越美国（OECD 2014）。

39. 自由主义右派的问题：Friedman 1997；J. Taylor, "Is There a Future for Libertarianism?" *RealClearPolicy*, Feb. 22, 2016；M. Lind, "The Question Libertarians Just Can't Answer," *Salon*, June 4, 2013；B. Lindsey, "Liberaltarians," *New Republic*, Dec. 4, 2006；W. Wilkinson, "Libertarian Principles, Niskanen, and Welfare Policy," Niskanen blog, March 29, 2016。

40. 虽然美国拥有全世界最高的 GDP，国民的幸福程度却排名第 13 位（Helliwell, Layard, & Sachs 2016），联合国人类发展指数排名第 8 位（Roser 2016h），社会进步指数排名第 19 位（Porter, Stern, & Green 2016）。在此提醒，社会转型将人类发展指数提升到 GDP 的 25% 到 30%（Prados de la Escosura 2015），美国分配约 19%。

41. 左翼和右翼的视角：Pinker 2002/2016；Sowell 1987, chap. 16。

42. 有关预测的问题：Gardner 2010；Mellers et al. 2014；Silver 2015；Tetlock & Gardner 2015；Tetlock, Mellers, & Scoblic 2017。

43. N. Silver, "Why FiveThirtyEight Gave Trump a Better Chance Than Almost Anyone Else," *FiveThirtyEight*, Nov. 11, 2016.

44. Tetlock & Gardner 2015, p. 68.

45. Tetlock & Gardner 2015, p. 69.

46. 积极的开放心态：Baron 1993。

47. Tetlock 2015.

48. 政治领域的两极化发展：Pew Research Center 2014。

49. 数据来自 General Social Survey，见 Abrams 2016。

50. Abrams 2016.

51. 学术领域的政治倾向：Eagan et al. 2014；Gross & Simmons 2014；E. Schwitzgebel, "Political Affiliations of American Philosophers, Political Scientists, and Other Academics," *Splintered Mind*。另见 N. Kristof, "A Confession of Liberal Intolerance," *New York Times*, May 7, 2016。

52. 新闻行业的自由主义倾向：2013 年，美国记者中民主党与共和党的比例为 4∶1，然而多数记者为独立派（50.2%）或其他（14.6%）；Willnat & Weaver 2014, p. 11。最近的一份内容分析显示，报刊有些许左倾趋势，且报刊读者也存在同样的左倾倾向；Gentzkow & Shapiro 2010。

53. 各种社会力量的自由主义和保守主义倾向：Sowell 1987。

54. 知识分子自由主义位于最前沿：Grayling 2007；Hunt 2007。

55. 我们都是自由主义者：Courtwright 2010；Nash 2009；Welzel 2013。

56. 科学界的政治倾向：Jussim et al. 2017。医学界的政治倾向：Satel 2000。

57. Duarte et al. 2015.

58. "外貌不同但想法相近"：该说法源自民权律师哈维·西尔弗格雷特（Harvey Silverglate）。

59. Duarte et al. 2015 中包括 33 条评论和作者的回复，许多都是批评意见，但全部表达了尊重的态度。《白板》获得了美国心理学会两个部门颁发的奖项。

60. N. Kristof, "A Confession of Liberal Intolerance," *New York Times*, May 7, 2016; N. Kristof, "The Liberal Blind Spot," *New York Times*, May 28, 2016.

61. J. McWhorter, "Antiracism, Our Flawed New Religion," *Daily Beast*, July 27, 2015.

62. 校园内的非自由主义者和社会正义战士：Lukianoff 2012, 2014；G. Lukianoff & J. Haidt, "The Coddling of the American Mind," *The Atlantic*, Sept. 2015；L. Jussim, "Mostly Leftist Threats to Mostly Campus Speech," *Psychology Today* blog, Nov. 23, 2015。

63. 公开羞辱：D. Lat, "The Harvard Email Controversy: How It All Began," *Above the Law*, May 3, 2010。

64. 遭受调查：Dreger 2015；A. Reese & C. Maltby, "In Her Own Words: L. Kipnis' 'Title IX Inquisition' at Northwestern"；另见上面的第 63 条注释。

65. 喜剧：G. Lukianoff & J. Haidt, "The Coddling of the American Mind," *The Atlantic*, Sept. 2015；C. Friedersdorf, "The New Intolerance of Student Activism," *The Atlantic*, Nov. 9, 2015；J. W. Moyer, "University Yoga Class Canceled Because of 'Oppression, Cultural Genocide,'" *Washington Post*, Nov. 23, 2015。

66. 喜剧演员不觉得好笑：G. Lukianoff & J. Haidt, "The Coddling of the American Mind," *The Atlantic*, Sept. 2015；T. Kingkade, "Chris Rock Stopped Playing Colleges Because They're 'Too Conservative,'" *Huffington Post*, Dec. 2, 2014。另见 2015 年的纪录片 *Can We Take a Joke?*

67. 大学内部的多种观点：Shields & Dunn 2016。

68. 最早的版本源自塞缪尔·约翰逊；请见 G. O'Toole, "Academic Politics Are So Vicious Because the Stakes Are So Small," *Quote Investigator*, Aug. 18, 2013。

69. 极端主义者，反民主的共和党：Mann & Ornstein 2012/2016。

70. 对民主愤世嫉俗：Foa & Mounk 2016；Inglehart 2016。

71. 右翼反智主义由保守派自己通过 Charlie Sykes 的 *How the Right Lost Its Mind* (2017) 和 Matt Lewis 的 *Too Dumb to Fail* (2016) 等著作进行了分析和探讨。

72. 理性的中心性：Nagel 1997；Norman 2016。

73. 异常流行的错觉：Mackay 1841/1995；另见 K. Malik, "All the Fake News That Was Fit to Print," *New York Times*, Dec. 4, 2016。

74. A. D. Holan, "All Politicians Lie. Some Lie More Than Others," *New York Times*, Dec. 11, 2015.

75. 在分析历史上杀伤力最大的冲突时，马修·怀特评论道："冲突的直接导火索是错误、毫无理由的怀疑或流言，对此我感到很震惊。"除了书中列出的前两个案例以外，他还提到了第一次世界大战、七年战争、第二次法国宗教战争；White 2011, p. 537。

76. Opinion of Judge Leon M. Bazile, Jan. 22, 1965, *Encyclopedia Virginia*.

77. 情感临界点：Redlawsk, Civettini, & Emmerson 2010。

78. 皇帝的新装和常识：Pinker 2007a；Thomas et al. 2014；Thomas, DeScioli, & Pinker 2018。

79. 关于常见谬误的总结，请见海报 "Thou shalt not commit logical fallacies"。批判性思维课程：Willingham 2007。

80. 去偏：Bond 2009；Gigerenzer 1991；Gigerenzer & Hoffrage 1995；Lilienfeld, Ammirati, & Landfield 2009；Mellers et al. 2014；Morewedge et al. 2015。

81. 批判性思维课程的问题：Willingham 2007。

82. 有效的去偏：Bond 2009；Gigerenzer 1991；Gigerenzer & Hoffrage 1995；Lilienfeld, Ammirati, & Landfield 2009；Mellers et al. 2014；Mercier & Sperber 2011；Morewedge et al. 2015；Tetlock & Gardner 2015；Willingham 2007。

83. 将去偏进行到底：Lilienfeld, Ammirati, & Landfield 2009。

84. Anonymous, quoted in P. Voosen, "Striving for a Climate Change," *Chronicle Review of Higher Education*, Nov. 3, 2014.

85. 改进辩论规则：Kuhn 1991；Mercier & Sperber 2011, 2017；Sloman & Fernbach 2017。

86. 真理获胜：Mercier & Sperber 2011。

87. 对抗协作：Mellers, Hertwig, & Kahneman 2001。

88. 解释深度错觉：Rozenblit & Keil 2002。利用解释深度错觉去偏：Sloman & Fernbach 2017。

89. Mercier & Sperber 2011, p. 72; Mercier & Sperber 2017.

90. 更有理性的媒体：Silver 2015；A. D. Holan, "All Politicians Lie. Some Lie More Than Others," *New York Times*, Dec. 11, 2015。

91. 更有理性的情报机关：Tetlock & Gardner 2015；Tetlock, Mellers, & Scoblic 2017。

92. 更有理性的医疗领域：Topol 2012。

93. 更有理性的心理疗法：T. Rousmaniere, "What Your Therapist Doesn't Know," *The Atlantic*, April 2017。

94. 更有理性地对抗犯罪：Abt & Winship 2016；Latzer 2016。

95. 更有理性的国际化发展：Banerjee & Duflo 2011。

96. 更有理性的利他主义：MacAskill 2015。

97. 更有理性的体育运动：Lewis 2016。

98. "What Exactly Is the 'Rationality Community'?" *LessWrong*.

99. 更有理性的政府治理：Behavioral Insights Team 2015；Haskins & Margolis 2014；Schuck 2015；Sunstein 2013；D. Leonhardt, "The Quiet Movement to Make Government Fail Less Often," *New York Times*, July 15, 2014。

100. 民主与理性：Achen & Bartels 2016；Brennan 2016；Caplan 2007；Mueller 1999；Somin 2016。

101. 柏拉图与民主：Goldstein 2013。

102. Kahan, Wittlin, et al. 2011, p. 16.

103. 人乳头瘤病毒和乙肝：E. Klein, "How Politics Makes Us Stupid," *Vox*, April 6, 2014。

104. 政党第一，政策第二：Cohen 2003。

105. 评论人员比科学家更有效：Nyhan 2013。

106. Kahan, Jenkins-Smith, et al. 2012.

107. 去政治化的佛罗里达组织：Kahan 2015。

108. 芝加哥式辩论方式：Sean Connery's Jim Malone in *The Untouchables* (1987)。紧张局势缓和的循环回报：Osgood 1962。

22 科学

1. 举例源自 Murray 2003。

2. Carroll 2016, p. 426.

3. 命名物种：Costello, May, & Stork 2013。估计指的是真核细胞物种（那些拥有细胞核的物种，不包括病毒和细菌）。

4. 愚蠢的政党：见第 21 章第 70 条和第 72 条注释。

5. Mooney 2005; Pinker 2008b.

6. 拉玛尔·史密斯和白宫科学委员会：J. D. Trout, "The House Science Committee Hates Science and Should Be Disbanded," *Salon*, May 17, 2016。

7. J. Mervis, "Updated: U.S. House Passes Controversial Bill on NSF Research," *Science*, Feb. 11, 2016.

8. 引自 *Note-book of Anton Chekhov*。文中引言后边紧接着是："凡是国家的就不再是科学的。"

9. J. Lears, "Same Old New Atheism: On Sam Harris," *The Nation*, April 27, 2011.

10. L. Kass, "Keeping Life Human: Science, Religion, and the Soul," Wriston Lecture, Manhattan Institute, Oct. 18, 2007. 另见 L. Kass, "Science, Religion, and the Human Future," *Commentary*, April 2007, pp. 36 – 48。

11. 关于两种文化的排序方式，请见第 3 章第 11 条注释。

12. D. Linker, "Review of Christopher Hitchens's 'And Yet . . .' and Roger Scruton's 'Fools, Frauds and Firebrands,' " *New York Times Book Review*, Jan. 8, 2016.

13. 斯诺"第三种文化"的说法，出现在《两种文化》的一篇题为 "A Second Look" 的附言中。他对自己的思想表达得颇为模糊，将这些人物称为"社会历史学家"，但他似乎想说的是社会科学家；Snow 1959/1998, pp. 70, 80。

14. "第三种文化"的复兴：Brockman 1991。知识大融通：Wilson 1998。

15. L. Wieseltier, "Crimes Against Humanities," *New Republic*, Sept. 3, 2013.

16. 休谟是认知心理学家：Pinker 2007a, chap. 4。 康德是认知心理学家：Kitcher 1990。

17. 这一定义源自 the *Stanford Encyclopedia of Philosophy*, Papineau 2015，其中补充道："绝大多数当代哲学家都会接纳自然主义的这一定义"。在一项针对 931 名哲学教授进行的调查中（主要是分析派、英裔美国人），50% 为"自然主义"背书，26% 为"非自然主义"背书，24% 选择"其他"，包括"这一问题太过模糊，无法回答"（10%），"对该问题不够熟悉"（7%），以及"不可知 / 未决"（3%）；Bourget & Chalmers 2014。

18. 不是"科学方法"：Popper 1983。

19. 证伪主义还是贝叶斯推断：Howson & Urbach 1989/2006；Popper 1983。

20. 2012—2013 年，the *New Republic* 发表了 4 篇谴责科学主义的文章，其他一些文章出现在 *Bookforum*、the *Claremont Review*、the *Huffington Post*、*The Nation*、*National Review Online*、the *New Atlantis*、the *New York Times* 和 *Standpoint* 之中。

21. Open Syllabus Project 针对 100 多万份大学教学大纲进行了分析，结果显示，《科学革命的结构》是所有规定学生阅读书籍中的第 20 位，排名远远超过《物种起源》。卡尔·波普的《科学发现的逻辑》(*The Logic of Scientific Discovery*) 这部经典著作从现实角度对科学如何运转进行了阐释，没有进规定学生阅读书籍的前 200 位。

22. 有关库恩的争议：Bird 2011。

23. Wootton 2015, p. 16, note ii.

24. 该引述源自于 J. De Vos, "The Iconographic Brain. A Critical Philosophical Inquiry into (the Resistance of) the Image," *Frontiers in Human Neuroscience*, May 15, 2014。那段引文并非来自那场讲座（找不到他这段演讲的文稿），但内容基本一致。

25. Carey et al. 2016.

26. 引自 Horkheimer & Adorno 1947/2007 第 1 页。

27. Foucault 1999; Menschenfreund 2010; Merquior 1985.

28. Bauman 1989, p. 91. 为便于分析，请见 Menschenfreund 2010。

29. 1945 年后，种族灭绝和独裁统治日渐衰落：请参考第 11 章和第 14 章，以及 Pinker 2011, chaps. 4 - 6。关于福柯对启蒙运动的集权主义的忽视，请见 Merquior 1985。

30. 普遍的奴隶制：Patterson 1985；Payne 2004；Pinker 2011, chap. 4。宗教将奴隶制合理化：Price 2006。

31. 古希腊人和古阿拉伯人对非洲人的看法：Lewis 1990/1992。西塞罗对英国人的看法：B. Delong, "Cicero: The Britons Are Too Stupid to Make Good Slaves"。

32. Gobineau, Wagner, Chamberlain, and Hitler: Herman 1997, chap. 2; Hellier 2011; Richards 2013. 许多关于"种族科学"和达尔文主义之间联系的误解，都是由生物学家斯蒂芬·杰伊·古尔德通过其 1981 年出版的畅销书《人类的误测》(*The Mismeasure of Man*) 传播开来的。请见 Blinkhorn 1982；Davis 1983；Lewis et al. 2011。

33. 达尔文主义和传统的、宗教的、浪漫主义的种族观：Hellier 2011；Johnson 2009；Price 2006.

34. 希特勒不是达尔文主义者：Richards 2013；Hellier 2011；Price 2006。

35. 进化论成为墨迹测验：Montgomery & Chirot 2015。社会达尔文主义：Degler 1991；Leonard 2009；Richards 2013。

36. 将社会达尔文主义这个说法错误地运用在各类右翼运动之中的情况，始于历史学家理查德·霍夫史塔特（Richard Hofstadter）1944 年出版的著作 *Social Darwinism in American Thought*。见 Johnson 2010；Leonard 2009；Price 2006。

37. 一个例子，是《科学美国人》(*Scientific American*) 中一篇关于进化心理学的文章，作者约翰·霍根（John Horgan），题为"The New Social Darwinists"（October 1995）。

38. Glover 1998, 1999; Proctor 1988.

39. 正如另一篇由约翰·霍根撰写的《科学美国人》文章题目一样："Eugenics Revisited: Trends in Behavioral Genetics"（June 1993）。

40. Degler 1991; Kevles 1985; Montgomery & Chirot 2015; Ridley 2000.

41. 塔斯基吉再考察：Benedek & Erlen 1999；Reverby 2000；Shweder 2004；Lancet Infectious Diseases Editors 2005。

42. 审查机构删节自由言论：American Association of University Professors 2006；Schneider 2015；C. Shea, "Don't Talk to the Humans: The Crackdown on Social Science Research," *Lingua Franca*, Sept. 2000。审查机构成为意识形态武器：Dreger 2008。审查机构没能达到保护的目的，反而造成了伤害：Atran 2007；Gunsalus et al. 2006；Hyman 2007；Klitzman 2015；Schneider 2015；Schrag 2010。

43. Moss 2005.

44. 保护自杀式炸弹袭击者：Atran 2007。

45. 哲学家批评生物伦理学：Glover 1998；Savulescu 2015。其他针对当代生物伦理学的批评，请见 Pinker 2008b；Satel 2010；S. Pinker, "The Case Against Bioethocrats and CRISPR Germline Ban," *The Niche*, Aug. 10, 2015；S. Pinker, "The Moral Imperative for Bioethics," *Boston Globe*, Aug. 1, 2015；H. Miller, "When 'Bioethics' Harms Those It Is Meant to Protect," *Forbes*, Nov. 9, 2016。亦请见上面第 42 条注释的参考内容。

46. 请见第 21 章第 91～100 条注释。

47. Dawes, Faust, & Meehl 1989; Meehl 1954/2013. 最近的实验复现：有关精神健康，Ægisdóttir et al. 2006；Lilienfeld et al. 2013。有关选举和录取决策，Kuncel et al. 2013。有关暴力：Singh, Grann, & Fazel 2011。

48. 维和部队有效：Fortna 2008, p. 173。另见 Hultman, Kathman, & Shannon 2013 和 Goldstein 2011，他们将 1945 年后战争的减少主要归功于维和行动。

49. 多种族邻居地域很少起冲突：Fearon & Laitin 1996, 2003；Mueller 2004a。

50. Chenoweth 2016; Chenoweth & Stephan 2011.

51. 激进组织领导人受过良好教育：Chirot 1996。自杀式恐怖袭击分子受过良好教育：Atran 2003。

52. 人文学科的麻烦：American Academy of Arts and Sciences 2015；Armitage et al. 2013。关于这一话题更早期的感叹，请见 Pinker 2002/2016, opening to chap. 20。

53. 民主为何需要人文学科：Nussbaum 2016。

54. 人文学科中的文化悲观主义：Herman 1997；Lilla 2001, 2016；Nisbet 1980/2009；Wolin 2004。

55. 政策制定者和人性：McGinnis 1996, 1997。政治学和人性：Pinker 2002/2016, chap. 16；Pinker 2011, chaps. 8 and 9；Haidt 2012；Sowell 1987。

56. 艺术和科学：Dutton 2009；Livingstone 2014。

57. 音乐和科学：Bregman 1990；Lerdahl & Jackendoff 1983；Patel 2008；另见 Pinker 1997/2009, chap. 8。

58. 文学和科学：Boyd, Carroll, & Gottschall 2010；Connor 2016；Gottschall 2012；Gottschall & Wilson 2005；Lodge 2002；Pinker 2007b；Slingerland 2008；另见 Pinker 1997/2009, chap. 8，以及 William Benzon 的博客 *New Savanna*。

59. 数字人文：Michel et al. 2010；请见电子杂志 *Digital Humanities Now*，the Stanford Humanities Center，以及杂志 *Digital Humanities Quarterly*。

60. Gottschall 2012; A. Gopnik, "Can Science Explain Why We Tell Stories?" *New Yorker*, May 18, 2012.

61. Wieseltier 2013, "Crimes Against Humanities," 是对我的文章 "Science Is Not Your Enemy" (Pinker 2013b) 做出的回复；亦请见 "Science vs. the Humanities, Round Ⅲ" (Pinker & Wieseltier 2013)。

62. 前达尔文主义，前哥白尼主义：L. Wieseltier, "Among the Disrupted," *New York Times*, Jan. 7, 2015。

63. "A Letter Addressed to the Abbe Raynal," Paine 1782/2016，转引自 Shermer 2015。

23 人文主义

1. 没有神，也能善良：始于 19 世纪，复兴自哈佛人文牧师 Greg Epstein（Epstein 2009）。其他近期关于人文主义的解释主要有：Grayling 2013；Law 2011。美国人文主义的历史：Jacoby 2005。主要的人文主义组织，包括 the American Humanist Association 以及 the Secular Coalition of America 的其他成员，the British Humanist Association，the International Humanist and Ethical Union 以及 the Freedom from Religion Foundation。

2. 《人文主义宣言 Ⅲ》：American Humanist Association 2003。先前版本：《人文主义宣言 I》(mainly by Raymond B. Bragg, 1933), American Humanist Association 1933/1973。《人文主义宣言 Ⅱ》(Paul Kurtz and Edwin H. Wilson, 1973), American Humanist

Association 1973。其他人文主义宣言包括 Paul Kurtz 的 *Secular Humanist Declaration*, Council for Secular Humanism 1980，以及 *Humanist Manifesto 2000*, Council for Secular Humanism 2000，以及 the Amsterdam Declarations of 1952 and 2002, International Humanist and Ethical Union 2002。

3. R. Goldstein, "Speaking Prose All Our Lives," *The Humanist*, Dec. 21, 2012.

4. 1688 年、1776 年、1789 年和 1948 年的权利声明：Hunt 2007。

5. 道德作为公正：de Lazari-Radek & Singer 2012；Goldstein 2006；Greene 2013；Nagel 1970；Railton 1986；Singer 1981/2010；Smart & Williams 1973。"公正"的概念，由哲学家 Henry Sidgwick(1838—1900) 进行了更加明确的阐述。

6. 关于跨文化和历史详尽而古怪的黄金、白银和白金准则，请见 Terry 2008。

7. 进化解释了意识的存在：Tooby, Cosmides, & Barrett 2003。自然选择非随机设计的唯一解释：Dawkins 1983。

8. 好奇心和社会性是智能进化的共同产物：Pinker 2010；Tooby & DeVore 1987。

9. 人类内部的利益冲突：Pinker 1997/2009, chaps. 6 and 7；Pinker 2002/2016, chap. 14；Pinker 2011, chaps. 8 and 9。这些思想中，许多都源自生物学家 Robert Trivers (2002)。

10. 和平主义者的困境和历史上暴力事件的下降：Pinker 2011, chap. 10.

11. DeScioli 2016.

12. 同情的进化：Dawkins 1976/1989；McCullough 2008；Pinker 1997/2009；Trivers 2002；Pinker 2011, chap. 9。

13. 扩大同情：Pinker 2011；Singer 1981/2010。

14. T. Nagel, "The Facts Fetish (Review of Sam Harris's The Moral Landscape)," *New Republic*, Oct. 20, 2010.

15. 功利主义，赞成和反对：Rachels & Rachels 2010；Smart & Williams 1973。

16. 道德和元伦理的兼容性：Parfit 2011。

17. 功利主义的轨迹：Pinker 2011, chaps. 4 and 6；Greene 2013。

18. *Notes on the State of Virginia*, Jefferson 1785/1955, p. 159.

19. 古典自由主义的非直观性：Fiske & Rai 2015；Haidt 2012；Pinker 2011, chap. 9。

20. Greene 2013.

21. 哲学的重要性：Berlin 1988/2013；Gregg 2003；Hammond 2017。

22. Hammond 2017.

23. Maritain 1949. 最初文稿可在 UNESCO 网站上找到。

24.《世界人权宣言》：United Nations 1948。《独立宣言》的历史：Glendon 1999,

2001；Hunt 2007。

25. 引述自 Glendon 1999。

26. 人权不只是西方的：Glendon 1998；Hunt 2007；Sikkink 2017。

27. R. Cohen, "The Death of Liberalism," *New York Times*, April 14, 2016.

28. S. Kinzer, "The Enlightenment Had a Good Run," *Boston Globe*, Dec. 23, 2016.

29. 对无神论者的敌意：G. Paul & P. Zuckerman, "Don't Dump On Us Atheists," *Washington Post*, April 30, 2011；Gervais & Najle 2018。

30. 摘自 *World Christian Encyclopedia* (2001)，引用自 Paul & Zuckerman 2007。

31. 全球宗教信仰和无神论指数：WIN-Gallup International 2012。2005 年国家样本的数量更少（39 个国家），更具宗教倾向（68% 在 2005 年依然自称宗教国家，而 2012 年全部样本之中，只有 59% 自称宗教国家）。纵向子集中，无神论者的比例从 2005 年的 4% 增长至 2012 年的 7%，在 7 年间增长了 45%。将这一比例推及更多样本的做法并不可靠，由于低端百分比呈非线性特征，在估计同时期 57 个样本国家无神论增长情况时，我假设了更加保守的 30% 的增长。

32. 世俗化：Inglehart & Welzel 2005；Voas & Chaves 2016。

33. 无宗教信仰与收入和教育的关系：Barber 2011；Lynn, Harvey, & Nyborg 2009；WIN-Gallup International 2012。

34. WIN-Gallup International 2012. 样本中其他少数宗教国家包括奥地利和捷克共和国，百分比刚刚超过 50% 的国家包括芬兰、德国、西班牙和瑞典。其他有神论西方国家，包括丹麦、新西兰、挪威和英国，不在调查范围内。根据 2004 年左右的另一项调查 (Zuckerman 2007，在 Lynn, Harvey, & Nyborg 2009 中进行了重现)，在 15 个发达国家中，超过 1/4 的参与者称，他们不相信神，捷克、日本和瑞典人中，有超过半数给出了同样的答复。

35. Pew Research Center 2012a.

36. The Methodology Appendix to Pew Research Center 2012a，特别是其中的第 85 条注释，指出其生育估计是当前的情况，并未就预期变化进行调整。

37. 英语圈的宗教变化：Voas & Chaves 2016。

38. 美国宗教例外论：Paul 2014；Voas & Chaves 2016。这些数字源自 WIN-Gallup International 2012。

39. Lynn, Harvey, & Nyborg 2009; Zuckerman 2007.

40. 美国的世俗化：Hout & Fischer 2014；Jones et al. 2016b；Pew Research Center 2015a；Voas & Chaves 2016。

41. 之前的数字源自 Jones et al. 2016b。关于未经报道的美国民众信教趋势下降的另一个标志，就是白人福音派教徒比例从 2012 年的 20% 下降到了 2016 年的 16%。

42. 不信教的年青一代更可能保持不信教：Hout & Fischer 2014；Jones et al. 2016b；Voas & Chaves 2016。

43. 公开承认不信教：D. Leonhardt, "The Rise of Young Americans Who Don't Believe in God," *New York Times*, May 12, 2015，以 Pew Research Center 2015a 数据为基础。20 世纪 50 年代没有人不相信：Voas & Chaves 2016，以 the General Social Survey 数据为基础。

44. Gervais & Najle 2017.

45. Jones et al. 2016b, p. 18.

46. 解释世俗化：Hout & Fischer 2014；Inglehart & Welzel 2005；Jones et al. 2016b；Paul & Zuckerman 2007；Voas & Chaves 2016。

47. 世俗化和对制度的信任度下降：Twenge, Campbell, & Carter 2014。对组织的信任感在 20 世纪 60 年代达到高峰：Mueller 1999, pp. 167–168。

48. 世俗化和解放价值：Hout & Fischer 2014；Inglehart & Welzel 2005；Welzel 2013。

49. 世俗化和存在安全：Inglehart & Welzel 2005；Welzel 2013。世俗化和社会安全网：Barber 2011；Paul 2014；Paul & Zuckerman 2007。

50. 美国人信仰宗教的主要原因：Jones et al. 2016b。也请注意，本章第 53 条注释中提到的，Gallup 调查显示，相信《圣经》字面真实性的参与调查者，随着时间的推移而减少，从 1981 年的 40% 到 2014 年的 28%，而相信这本书是"由凡人记录下来的寓言、传奇、历史和道德戒律"的人数，从 1981 年的 10% 增长到了 2014 年的 21%。

51. 世俗化和提高智商：Kanazawa 2010；Lynn, Harvey, & Nyborg 2009。

52. "日全食"：源自尼采的语录。

53. 幸福：见本书第 18 章以及 Helliwell, Layard, & Sachs 2016。社会幸福感指数：Porter, Stern, & Green 2016；第 21 章第 41 条注释；本章第 90 条注释。在针对 116 个国家的回归分析中，Keehup Yong 和我发现，在人均 GDP 保持不变的情况下，社会进步指数和人口中不信仰上帝的比例之间的相关性为 0.63 (Lynn, Harvey, & Nyborg 2009)，从统计学角度来看，这一相关性十分显著 ($p < 0.0001$)。

54. 不幸的美国例外论：第 21 章第 41 条注释；Paul 2009, 2014。

55. 宗教兴盛的州功能失调：Delamontagne 2010。

56. A. Restuccia & J. Dawsey, "How Bannon and Pruitt Boxed In Trump on Climate Pact," *Politico*, May 31, 2017.

57. "部落"直觉：Kurzban, Tooby, & Cosmides 2001；Sidanius & Pratto 1999；Center for Evolutionary Psychology, UCSB, Erasing Race FAQ。

58. 操纵群体直觉：Pinker 2012。

59. 部落主义和世界主义：Appiah 2006。

60. Diamond 1997; Sowell 1994, 1996, 1998.

61. Glaeser 2011; Sowell 1996.

致谢

1. 默顿规范：默顿在 Merton 1942/1973 中将第一个科学道德命名为 communism，但为了与共产主义相区分，人们一般将其称为 communalism（共有主义）。

Abrahms, M. 2006. Why terrorism does not work. *International Security, 31,* 42–78.

Abrahms, M. 2012. The political effectiveness of terrorism revisited. *Comparative Political Studies, 45,* 366–393.

Abrams, S. 2016. Professors moved left since 1990s, rest of country did not. *Heterodox Academy.*

Abt, T., & Winship, C. 2016. What works in reducing community violence: A meta-review and field study for the Northern Triangle. Washington: US Agency for International Development.

Acemoglu, D., & Robinson, J. A. 2012. *Why nations fail: The origins of power, prosperity, and poverty.* New York: Crown.

Achen, C. H., & Bartels, L. M. 2016. *Democracy for realists: Why elections do not produce responsive governments.* Princeton, NJ: Princeton University Press.

Adriaans, P. 2013. Information. In E. N. Zalta, ed., *Stanford Encyclopedia of Philosophy.* http://plato.stanford.edu/archives/fall2013/entries/information/.

FEgisdóttir, S., White, M. J., Spengler, P. M., Maugherman, A. S., Anderson, L. A., et al. 2006. The Meta-Analysis of Clinical Judgment Project: Fifty-six years of accumulated research on clinical versus statistical prediction. *The Counseling Psychologist, 34,* 341–382.

Aguiar, M., & Hurst, E. 2007. Measuring trends in leisure: The allocation of time over five decades. *Quarterly Journal of Economics, 122,* 969–1006.

Ajdacic-Gross, V., Bopp, M., Gostynski, M., Lauber, C., Gutzwiller, F., & Rössler, W. 2006. Age-period-cohort analysis of Swiss suicide data, 1881–2000. *European Archives of Psychiatry and Clinical Neuroscience, 256,* 207–214.

Al-Khalili, J. 2010. *Pathfinders: The golden age of Arabic science.* New York: Penguin.

Alesina, A., Glaeser, E. L., & Sacerdote, B. 2001. Why doesn't the United States have a European-style welfare state? *Brookings Papers on Economic Activity, 2,* 187–277.

Alexander, A. C., & Welzel, C. 2011. Islam and patriarchy: How robust is Muslim support for patriarchal values? *International Review of Sociology, 21,* 249–275.

Alexander, S. 2016. You are still crying wolf. *Slate Star Codex,* Nov. 16.

Alferov, Z. I., Altman, S., & 108 other Nobel Laureates. 2016. Laureates letter supporting precision agriculture (GMOs).

Allen, P. G. 2011. The singularity isn't near. *Technology Review,* Oct. 12.

Allen, W. 1987. *Hannah and her sisters*. New York: Random House.

Alrich, M. 2001. History of workplace safety in the United States, 1880–1970. In R. Whaples, ed., *EH.net Encyclopedia*.

Amabile, T. M. 1983. Brilliant but cruel: Perceptions of negative evaluators. *Journal of Experimental Social Psychology, 19*, 146–156.

American Academy of Arts and Sciences. 2015. *The heart of the matter: The humanities and social sciences for a vibrant, competitive, and secure nation*. Cambridge, MA: American Academy of Arts and Sciences.

American Association of University Professors. 2006. *Research on human subjects: Academic freedom and the institutional review board*.

American Humanist Association. 1933/1973. *Humanist Manifesto I* .

American Humanist Association. 1973. *Humanist Manifesto II* .

American Humanist Association. 2003. *Humanism and its aspirations: Humanist Manifesto III* .

Anderson, J. R. 2007. *How can the human mind occur in the physical universe?* New York: Oxford University Press.

Anderson, R. L. 2017. Friedrich Nietzsche. In E. N. Zalta, ed., *Stanford Encyclopedia of Philosophy*.

Appiah, K. A. 2006. *Cosmopolitanism: Ethics in a world of strangers*. New York: Norton.

Appiah, K. A. 2010. *The honor code: How moral revolutions happen*. New York: Norton.

Ariely, D. 2010. *Predictably irrational: The hidden forces that shape our decisions* (rev. ed.). New York: HarperCollins.

Armitage, D., Bhabha, H., Dench, E., Hamburger, J., Hamilton, J., et al. 2013. *The teaching of the arts and humanities at Harvard College: Mapping the future*.

Arrow, K., Jorgenson, D., Krugman, P., Nordhaus, W., & Solow, R. 1997. The economists' statement on climate change. *Redefining Progress*.

Asafu-Adjaye, J., Blomqvist, L., Brand, S., DeFries, R., Ellis, E., et al. 2015. *An Ecomodernist Manifesto*.

Asal, V., & Pate, A. 2005. The decline of ethnic political discrimination, 1950–2003. In M. G. Marshall & T. R. Gurr, eds., *Peace and conflict 2005: A global survey of armed conflicts, self-determination movements, and democracy*. College Park: Center for International Development and Conflict Management, University of Maryland.

Atkins, P. 2007. *Four laws that drive the universe*. New York: Oxford University Press.

Atkinson, A. B., Hasell, J., Morelli, S., & Roser, M. 2017. *The chartbook of economic inequality*.

Atran, S. 2002. *In gods we trust: The evolutionary landscape of religion*. New York: Oxford University Press.

Atran, S. 2003. Genesis of suicide terrorism. *Science, 299*, 1534–1539.

Atran, S. 2007. Research police—how a university IRB thwarts understanding of terrorism. Ausubel, J. H. 1996. The liberation of the environment. *Daedalus, 125*, 1–18.

Ausubel, J. H. 2007. Renewable and nuclear heresies. *International Journal of Nuclear Governance, Economy, and Ecology, 1*, 229–243.

Ausubel, J. H. 2015. *Nature rebounds*. San Francisco: Long Now Foundation.

Ausubel, J. H., & Grübler, A. 1995. Working less and living longer: Long-term trends in working time and time budgets. *Technological Forecasting and Social Change, 50*, 195–213.

Ausubel, J. H., & Marchetti, C. 1998. Wood's H:C ratio.

Ausubel, J. H., Wernick, I. K., & Waggoner, P. E. 2012. Peak farmland and the prospect for land sparing. *Population and Development Review, 38*, 221–242.

Autor, D. H. 2014. Skills, education, and the rise of earnings inequality among the "other 99 percent." *Science, 344*, 843–851.

Aviation Safety Network. 2017. Fatal airliner (14+ passengers) hull-loss accidents.

Bailey, R. 2015. *The end of doom: Environmental renewal in the 21st century.* New York: St. Martin's Press.

Balmford, A. 2012. *Wild hope: On the front lines of conservation success.* Chicago: University of Chicago Press.

Balmford, A., & Knowlton, N. 2017. Why Earth Optimism? *Science, 356,* 225.

Banerjee, A. V., & Duflo, E. 2011. *Poor economics: A radical rethinking of the way to fight global poverty.* New York: PublicAffairs.

Barber, N. 2011. A cross-national test of the uncertainty hypothesis of religious belief. *Cross-Cultural Research, 45,* 318–333.

Bardo, A. R., Lynch, S. M., & Land, K. C. 2017. The importance of the Baby Boom cohort and the Great Recession in understanding age, period, and cohort patterns in happiness. *Social Psychological and Personality Science, 8,* 341–350.

Bardon, A. (Undated.) Transcendental arguments. *Internet Encyclopedia of Philosophy.*

Barlow, D. H., Bullis, J. R., Comer, J. S., & Ametaj, A. A. 2013. Evidence-based psychological treatments: An update and a way forward. *Annual Review of Clinical Psychology, 9,* 1–27.

Baron, J. 1993. Why teach thinking? *Applied Psychology, 42,* 191–237.

Basu, K. 1999. Child labor: Cause, consequence, and cure, with remarks on international labor standards. *Journal of Economic Literature, 37,* 1083–1119.

Bauman, Z. 1989. *Modernity and the Holocaust.* Cambridge, UK: Polity.

Baumard, N., Hyafil, A., Morris, I., & Boyer, P. 2015. Increased affluence explains the emergence of ascetic wisdoms and moralizing religions. *Current Biology, 25,* 10–15.

Baumeister, R. 2015. Machines think but don't want, and hence aren't dangerous.

Baumeister, R., Bratslavsky, E., Finkenauer, C., & Vohs, K. D. 2001. Bad is stronger than good. *Review of General Psychology, 5,* 323–370.

Baumeister, R., Vohs, K. D., Aaker, J. L., & Garbinsky, E. N. 2013. Some key differences between a happy life and a meaningful life. *Journal of Positive Psychology, 8,* 505–516.

Baxter, A. J., Scott, K. M., Ferrari, A. J., Norman, R. E., Vos, T., et al. 2014. Challenging the myth of an "epidemic" of common mental disorders: Trends in the global prevalence of anxiety and depression between 1990 and 2010. *Depression and Anxiety, 31,* 506–516.

Bean, L., & Teles, S. 2016. God and climate. *Democracy: A Journal of Ideas, 40.*

Beaver, K. M., Schwartz, J. A., Nedelec, J. L., Connolly, E. J., Boutwell, B. B., et al. 2013. Intelligence is associated with criminal justice processing: Arrest through incarceration. *Intelligence, 41,* 277–288.

Beaver, K. M., Vaughn, M. G., DeLisi, M., Barnes, J. C., & Boutwell, B. B. 2012. The neuropsychological underpinnings to psychopathic personality traits in a nationally representative and longitudinal sample. *Psychiatric Quarterly, 83,* 145–159.

Behavioral Insights Team. 2015. *EAST: Four simple ways to apply behavioral insights.* London: Behavioral Insights.

Benda, J. 1927/2006. *The treason of the intellectuals.* New Brunswick, NJ: Transaction.

Benedek, T. G., & Erlen, J. 1999. The scientific environment of the Tuskegee Study of Syphilis, 1920–1960. *Perspectives in Biology and Medicine, 43,* 1–30.

Berlin, I. 1979. The Counter-Enlightenment. In I. Berlin, ed., *Against the current: Essays in the history of ideas.* Princeton, NJ: Princeton University Press.

Berlin, I. 1988/2013. The pursuit of the ideal. In I. Berlin, ed., *The crooked timber of humanity.* Princeton, NJ: Princeton University Press.

Berman, P. 2010. *The flight of the intellectuals.* New York: Melville House.

Bernanke, B. S. 2016. How do people really feel about the economy?Berry, K., Lewis, P., Pelopidas, B., Sokov, N., & Wilson, W. 2010. *Delegitimizing nuclear weapons: Examining the validity of nuclear deterrence*. Monterey, CA: Monterey Institute of International Studies.

Besley, T. & Kudamatsu, M. 2006. Health and democracy. *American Economic Review, 96,* 313–318.

Bettmann, O. L. 1974. *The good old days—they were terrible!* New York: Random House.

Betzig, L. 1986. *Despotism and differential reproduction*. Hawthorne, NY: Aldine de Gruyter.

Bird, A. 2011. Thomas Kuhn. In E. N. Zalta, ed., *Stanford Encyclopedia of Philosophy*.

Blackmore, S. 1991. Near-death experiences: In or out of the body? *Skeptical Inquirer, 16,* 34–45.

Blair, J. P., & Schweit, K. W. 2014. *A study of active shooter incidents, 2000–2013*. Washington: Federal Bureau of Investigation.

Blees, T. 2008. *Prescription for the planet: The painless remedy for our energy and environmental crises*. North Charleston, SC: Booksurge.

Blight, J. G., Nye, J. S., & Welch, D. A. 1987. The Cuban Missile Crisis revisited. *Foreign Affairs, 66,* 170–88.

Blinkhorn, S. 1982. Review of S. J. Gould's "The mismeasure of man." *Nature, 296,* 506.

Block, N. 1986. Advertisement for a semantics for psychology. In P. A. French, T. E. Uehling, & H. K. Wettstein, eds., *Midwest studies in philosophy: Studies in the philosophy of mind* (vol.10). Minneapolis: University of Minnesota Press.

Block, N. 1995. On a confusion about a function of consciousness. *Behavioral and Brain Sciences, 18,* 227–287.

Bloom, P. 2012. Religion, morality, evolution. *Annual Review of Psychology, 63,* 179–199.

Bloomberg, M., & Pope, C. 2017. *Climate of hope: How cities, businesses, and citizens can save the planet*. New York: St. Martin's Press.

Bluth, C. 2011. *The myth of nuclear proliferation*. School of Politics and International Studies, University of Leeds.

Bohle, R. H. 1986. Negativism as news selection predictor. *Journalism Quarterly, 63,* 789–796.

Bond, M. 2009. Risk school. *Nature, 461,* 1189–1192.

Bostrom, A., Morgan, M. G., Fischhoff, B., & Read, D. 1994. What do people know about global climate change? 1. Mental models. *Risk Analysis, 14,* 959–971.

Bostrom, N. 2016. *Superintelligence: Paths, dangers, strategies*. New York: Oxford University Press.

Botello, M. A. 2016. Mexico, tasa de homicidios por 100 mil habitantes desde 1931 a 2015. *MexicoMaxico*.

Bourget, D., & Chalmers, D. J. 2014. What do philosophers believe? *Philosophical Studies, 170,* 465–500.

Bourguignon, F., & Morrisson, C. 2002. Inequality among world citizens, 1820–1992. *American Economic Review, 92,* 727–744.

Bowering, G. 2015. *Islamic political thought: An introduction*. Princeton, NJ: Princeton University Press.

Boyd, B., Carroll, J., & Gottschall, J., eds. 2010. *Evolution, literature, and film: A reader*. New York: Columbia University Press.

Boyd, R. 1988. How to be a moral realist. In G. Sayre-McCord, ed., *Essays on moral realism*. Ithaca, NY: Cornell University Press.

Boyer, Pascal. 2001. *Religion explained: The evolutionary origins of religious thought*. New York: Basic Books.

Boyer, Paul. 1985/2005. *By the bomb's early light: American thought and culture at the dawn of the Atomic Age*. Chapel Hill: University of North Carolina Press.

Boyer, Paul. 1986. A historical view of scare tactics. *Bulletin of the Atomic Scientists,* 17–19.

Braithwaite, J. 2008. Near death experiences: The dying brain. *Skeptic, 21* (2).

Braman, D., Kahan, D. M., Slovic, P., Gastil, J., & Cohen, G. L. 2007. The Second National Risk and Culture Study: Making sense of—and making progress in—the American culture war of fact. *GW Law Faculty Publications* and Other Works, 211.

Branch, T. 1988. *Parting the waters: America in the King years, 1954–63.* New York: Simon & Schuster.

Brand, S. 2009. *Whole Earth discipline: Why dense cities, nuclear power, transgenic crops, restored wildlands, and geoengineering are necessary.* New York: Penguin.

Branwen, G. 2016. Terrorism is not effective. *Gwern.net.* https://www.gwern.net/Terrorism-is-not-Effective.

Braudel, F. 2002. *Civilization and capitalism, 15th–18th century* (vol. 1: *The structures of everyday life*). London: Phoenix Press.

Bregman, A. S. 1990. *Auditory scene analysis: The perceptual organization of sound.* Cambridge, MA: MIT Press.

Bregman, R. 2016. *Utopia for realists: The case for a universal basic income, open borders, and a 15-hour workweek.* Boston: Little, Brown.

Brennan, J. 2016. Against democracy. *National Interest,* Sept. 7.

Brickman, P., & Campbell, D. T. 1971. Hedonic relativism and planning the good society. In M. H. Appley, ed., *Adaptation-level theory: A symposium.* New York: Academic Press.

Briggs, J. C. 2015. Re: Accelerated modern human-induced species losses: Entering the sixth mass extinction. *Science.*

Briggs, J. C. 2016. Global biodiversity loss: Exaggerated versus realistic estimates. *Environmental Skeptics and Critics, 5,* 20–27.

Brink, D. O. 1989. *Moral realism and the foundations of ethics.* New York: Cambridge University Press.

British Petroleum. 2016. *BP Statistical Review of World Energy 2016,* June.

Brockman, J. 1991. The third culture.

Brockman, J., ed. 2003. *The new humanists: Science at the edge.* New York: Sterling.

Brockman, J., ed. 2015. *What to think about machines that think? Today's leading thinkers on the age of machine intelligence.* New York: HarperPerennial.

Brooks, R. 2015. Mistaking performance for competence misleads estimates of AI's 21st century promise and danger.

Brooks, R. 2016. Artificial intelligence.

Brown, A., & Lewis, J. 2013. Reframing the nuclear de-alerting debate: Towards maximizing presidential decision time. *Nuclear Threat Initiative.*

Brown, D. E. 1991. *Human universals.* New York: McGraw-Hill.

Brown, D. E. 2000. Human universals and their implications. In N. Roughley, ed., *Being humans: Anthropological universality and particularity in transdisciplinary perspectives.* New York: Walter de Gruyter.

Brunnschweiler, C. N., & Lujala, P. 2015. Economic backwardness and social tension. University of East Anglia.

Bryce, R. 2014. *Smaller faster lighter denser cheaper: How innovation keeps proving the catastrophists wrong.* New York: Perseus.

Brynjolfsson, E., & McAfee, A. 2015. Will humans go the way of horses? *Foreign Affairs,* July/Aug.

Brynjolfsson, E., & McAfee, A. 2016. *The Second Machine Age: Work, progress, and prosperity in a time of brilliant technologies.* New York: Norton.

Bulletin of the Atomic Scientists. 2017. Doomsday Clock timeline.

Bunce, V. 2017. The prospects for a color revolution in Russia. *Daedalus, 146,* 19–29.

Bureau of Labor Statistics. 2016a. Census of fatal occupational injuries.

Bureau of Labor Statistics. 2016b. Charts from the American Time Use Survey.

Bureau of Labor Statistics. 2016c. Time spent in primary activities and percent of the civilian population engaging in each activity, averages per day by sex, 2015.

Bureau of Labor Statistics. 2017. College enrollment and work activity of 2016 high school graduates.

Buringh, E., & van Zanden, J. 2009. Charting the "rise of the West": Manuscripts and printed books in Europe, a long-term perspective from the sixth through eighteenth centuries. *Journal of Economic History, 69,* 409–445.

Burney, D. A., & Flannery, T. F. 2005. Fifty millennia of catastrophic extinctions after human contact. *Trends in Ecology and Evolution, 20,* 395–401.

Burns, J. 2009. *Goddess of the market: Ayn Rand and the American right.* New York: Oxford University Press.

Burtless, G. 2014. Income growth and income inequality: The facts may surprise you.

Buturovic, Z., & Klein, D. B. 2010. Economic enlightenment in relation to college-going, ideology, and other variables: A Zogby survey of Americans. *Economic Journal Watch, 7,* 174–196.

Calic, R., ed. 1971. *Secret conversations with Hitler: The two newly-discovered 1931 interviews.* New York: John Day.

Caplan, B. 2007. *The myth of the rational voter: Why democracies choose bad policies.* Princeton, NJ: Princeton University Press.

Caplow, T., Hicks, L., & Wattenberg, B. 2001. *The first measured century: An illustrated guide to trends in America, 1900–2000.* Washington: AEI Press.

CarbonBrief. 2016. Explainer: 10 ways "negative emissions" could slow climate change.

Carey, J. 1993. *The intellectuals and the masses: Pride and prejudice among the literary intelligentsia, 1880–1939.* New York: St. Martin's Press.

Carey, M., Jackson, M., Antonello, A., & Rushing, J. 2016. Glaciers, gender, and science. *Progress in Human Geography, 40,* 770–793.

Carey, S. 2009. The origin of concepts. Cambridge, MA: MIT Press.

Carlson, R. H. 2010. *Biology is technology: The promise, peril, and new business of engineering life.* Cambridge, MA: Harvard University Press.

Carroll, S. M. 2016. *The big picture: On the origins of life, meaning, and the universe itself.* New York: Dutton.

Carter, R. 1966. *Breakthrough: The saga of Jonas Salk.* Trident Press.

Carter, S. B., Gartner, S. S., Haines, M. R., Olmstead, A. L., Sutch, R., et al., eds. 2000. *Historical statistics of the United States: Earliest times to the present* (vol. 1, part A: Population). New York: Cambridge University Press.

Case, A., & Deaton, A. 2015. Rising morbidity and mortality in midlife among white non-Hispanic Americans in the 21st century. *Proceedings of the National Academy of Sciences, 112,* 15078–15083.

Center for Systemic Peace. 2015. Integrated network for societal conflict research data page.

Centers for Disease Control. 1999. Improvements in workplace safety—United States, 1900–1999. *CDC Morbidity and Mortality Weekly Report, 48,* 461–469.

Centers for Disease Control. 2015. Injury prevention and control: Data and statistics (WISQARS).

Central Intelligence Agency. 2016. The world factbook.

Chalk, F., & Jonassohn, K. 1990. *The history and sociology of genocide: Analyses and case studies.* New Haven: Yale University Press.

Chalmers, D. J. 1996. *The conscious mind: In search of a fundamental theory.* New York: Oxford University Press.

Chang, L. T. 2009. *Factory girls: From village to city in a changing China.* New York: Spiegel & Grau.

Chen, D. H. C., & Dahlman, C. J. 2006. *The knowledge economy, the KAM methodology and World Bank operations.* Washington: World Bank.

Chenoweth, E. 2016. Why is nonviolent resistance on the rise? *Diplomatic Courier.*

Chenoweth, E., & Stephan, M. J. 2011. *Why civil resistance works: The strategic logic of nonviolent conflict.* New York: Columbia University Press.

Chernew, M., Cutler, D. M., Ghosh, K., & Landrum, M. B. 2016. *Understanding the improvement in disability free life expectancy in the U.S. elderly population.* Cambridge, MA: National Bureau of Economic Research.

Chirot, D. 1994. *Modern tyrants.* Princeton, NJ: Princeton University Press.

Cipolla, C. 1994. *Before the Industrial Revolution: European society and economy, 1000–1700* (3rd ed.). New York: Norton.

Clark, A. M., & Sikkink, K. 2013. Information effects and human rights data: Is the good news about increased human rights information bad news for human rights measures? *Human Rights Quarterly, 35,* 539–568.

Clark, D. M. T., Loxton, N. J., & Tobin, S. J. 2015. Declining loneliness over time: Evidence from American colleges and high schools. *Personality and Social Psychology Bulletin, 41,* 78–89.

Clark, G. 2007. *A farewell to alms: A brief economic history of the world.* Princeton, NJ: Princeton University Press.

Cohen, G. L. 2003. Party over policy: The dominating impact of group influence on political beliefs. *Journal of Personality and Social Psychology, 85,* 808–822.

Collier, P. 2007. *The bottom billion: Why the poorest countries are failing and what can be done about it.* New York: Oxford University Press.

Collier, P., & Rohner, D. 2008. Democracy, development and conflict. *Journal of the European Economic Association, 6,* 531–540.

Collini, S. 1998. Introduction. In C. P. Snow, *The two cultures.* New York: Cambridge University Press.

Collini, S. 2013. Introduction. In F. R. Leavis, *Two cultures? The significance of C. P. Snow.* New York: Cambridge University Press.

Combs, B., & Slovic, P. 1979. Newspaper coverage of causes of death. *Journalism & Mass Communication Quarterly, 56,* 837–843.

Connor, S. 2014. *The horror of number: Can humans learn to count?* Paper presented at the Alexander Lecture. http://stevenconnor.com/horror.html.

Connor, S. 2016. *Living by numbers: In defence of quantity.* London: Reaktion Books.

Conrad, S. 2012. Enlightenment in global history: A historiographical critique. *American Historical Review, 117,* 999–1027.

Cook, M. 2014. *Ancient religions, modern politics: The Islamic case in comparative perspective.* Princeton, NJ: Princeton University Press.

Coontz, S. 1992/2016. *The way we never were: American families and the nostalgia trap* (rev. ed.). New York: Basic Books.

Corlett, A. 2016. *Examining an elephant: Globalisation and the lower middle class of the rich world.* London: Resolution Foundation.

Cornwall Alliance for the Stewardship of Creation. 2000. The Cornwall Declaration on Environmental Stewardship.

Cosmides, L., & Tooby, J. 1992. Cognitive adaptations for social exchange. In J. H. Barkow, L. Cosmides, & J. Tooby, eds., *The adapted mind: Evolutionary psychology and the generation of culture.* New York: Oxford University Press.

Costa, D. L. 1998. *The evolution of retirement: An American economic history, 1880–1990.* Chicago: University of Chicago Press.

Costa, P. T., & McCrae, R. R. 1982. An approach to the attribution of aging, period, and cohort effects. *Psychological Bulletin, 92,* 238–250.

Costello, E. J., Erkanli, A., & Angold, A. 2006. Is there an epidemic of child or adolescent depression? *Journal of Child Psychology and Psychiatry, 47,* 1263–1271.

Costello, M. J., May, R. M., & Stork, N. E. 2013. Can we name Earth's species before they go extinct? *Science, 339,* 413–416.

Council for Secular Humanism. 1980. *A Secular Humanist Declaration.*

Council for Secular Humanism. 2000. *Humanist Manifesto 2000.*

Council on Foreign Relations. 2011. World opinion on human rights. *Public Opinion on Global Issues.*

Council on Foreign Relations. 2009. World opinion on proliferation of weapons of mass destruction.

Courtois, S., Werth, N., Panné, J.-L., Paczkowski, A., Bartosek, K., et al. 1999. *The Black Book of Communism: Crimes, terror, repression.* Cambridge, MA: Harvard University Press.

Courtwright, D. 2010. *No right turn: Conservative politics in a liberal America.* Cambridge, MA: Harvard University Press.

Cowen, T. 2017. *The complacent class: The self-defeating quest for the American dream.* New York: St. Martin's Press.

Coyne, J. A. 2015. *Faith versus fact: Why science and religion are incompatible.* New York: Penguin.

Cravens, G. 2007. *Power to save the world: The truth about nuclear energy.* New York: Knopf.

Cronin, A. K. 2009. *How terrorism ends: Understanding the decline and demise of terrorist campaigns.* Princeton, NJ: Princeton University Press.

Cronon, W. 1995. The trouble with wilderness; or, getting back to the wrong nature. In W. Cronon, ed., *Uncommon ground: Rethinking the human place in nature.* New York: Norton.

Cunningham, H. 1996. Combating child labour: The British experience. In H. Cunningham & P. P. Viazzo, eds., *Child labour in historical perspective, 1800–1985: Case studies from Europe, Japan and Colombia.* Florence: UNICEF.

Cunningham, T. J., Croft, J. B., Liu, Y., Lu, H., Eke, P. I., et al. 2017. Vital signs: Racial disparities in age-specific mortality among Blacks or African Americans—United States, 1999–2015. *Morbidity and Mortality Weekly Report, 66,* 444–456.

Daly, M. C., Oswald, A. J., Wilson, D., & Wu, S. 2010. The happiness-suicide paradox. *Federal Reserve Bank of San Francisco Working Papers, 2010.*

Davis, B. D. 1983. Neo-Lysenkoism, IQ, and the press. *Public Interest, 73,* 41–59.

Davis, E., & Marcus, G. F. 2015. Commonsense reasoning and commonsense knowledge in artificial intelligence. *Communications of the ACM, 58,* 92–103.

Dawes, R. M., Faust, D., & Meehl, P. E. 1989. Clinical versus actuarial judgment. *Science, 243,* 1668–1674.

Dawkins, R. 1976/1989. *The selfish gene* (new ed.). New York: Oxford University Press.

Dawkins, R. 1983. Universal Darwinism. In D. S. Bendall, ed., *Evolution from molecules to men.* New York: Cambridge University Press.

Dawkins, R. 1986. *The blind watchmaker: Why the evidence of evolution reveals a universe without design.* New York: Norton.

Dawkins, R. 2006. *The God delusion.* New York: Houghton Mifflin.

de Lazari-Radek, K., & Singer, P. 2012. The objectivity of ethics and the unity of practical reason. *Ethics, 123,* 9–31.

de Ribera, O. S., Kavish, N., & Boutwell, B. B. 2017. On the relationship between psychopathy and general intelligence: A meta-analytic review.

Deary, I. J. 2001. *Intelligence: A very short introduction.* New York: Oxford University Press.

Death Penalty Information Center. 2017. Facts about the death penalty.

Deaton, A. 2011. The financial crisis and the well-being of Americans. *Oxford Economic Papers,* 1–26.

Deaton, A. 2013. *The Great Escape: Health, wealth, and the origins of inequality.* Princeton, NJ: Princeton University Press.

Deaton, A. 2017. Thinking about inequality. *Cato's Letter, 15,* 1–5.

Deep Decarbonization Pathways Project 2015. *Pathways to deep decarbonization.* Paris: Institute for Sustainable Development and International Relations.

DeFries, R. 2014. *The big ratchet: How humanity thrives in the face of natural crisis.* New York: Basic Books.

Degler, C. N. 1991. *In search of human nature: The decline and revival of Darwinism in American social thought.* New York: Oxford University Press.

Dehaene, S. 2009. Signatures of consciousness.

Dehaene, S., & Changeux, J.-P. 2011. Experimental and theoretical approaches to conscious processing. *Neuron, 70,* 200–227.

Delamontagne, R. G. 2010. High religiosity and societal dysfunction in the United States during the first decade of the twenty-first century. *Evolutionary Psychology, 8,* 617–657.

Denkenberger, D., & Pearce, J. 2015. *Feeding everyone no matter what: Managing food security after global catastrophe.* New York: Academic Press.

Dennett, D. C. 2006. *Breaking the spell: Religion as a natural phenomenon.* New York: Penguin Books.

DeScioli, P. 2016. The side-taking hypothesis for moral judgment. *Current Opinion in Psychology, 7,* 23–27.

DeScioli, P., & Kurzban, R. 2009. Mysteries of morality. *Cognition, 112,* 281–299.

Desvousges, W. H., Johnson, F. R., Dunford, R. W., Boyle, K. J., Hudson, S. P., et al. 1992. *Measuring nonuse damages using contingent valuation: An experimental evaluation of accuracy.* Research Triangle Park, NC: RTI International.

Deutsch, D. 2011. *The beginning of infinity: Explanations that transform the world.* New York: Viking.

Devereux, S. 2000. *Famine in the twentieth century.* Sussex, UK: Institute of Development Studies.

Diamandis, P., & Kotler, S. 2012. *Abundance: The future is better than you think.* New York: Free Press.

Diamond, J. M. 1997. *Guns, germs, and steel: The fates of human societies.* New York: Norton.

Dinda, S. 2004. Environmental Kuznets curve hypothesis: A survey. *Ecological Economics, 49,* 431–455.

Dobbs, R., Madgavkar, A., Manyika, J., Woetzel, J., Bughin, J., et al. 2016. *Poorer than their parents? Flat or falling incomes in advanced economies.* McKinsey Global Institute.

Dreger, A. 2007. The controversy surrounding "The man who would be queen": A case history of the politics of science, identity, and sex in the Internet age. *Archives of Sexual Behavior, 37,* 366–421.

Dreger, A. 2015. *Galileo's middle finger: Heretics, activists, and the search for justice in science.* New York: Penguin.

Dretske, F. I. 1981. *Knowledge and the flow of information.* Cambridge, MA: MIT Press.

Duarte, J. L., Crawford, J. T., Stern, C., Haidt, J., Jussim, L., & Tetlock, P. E. 2015. Political diversity will improve social psychological science. *Behavioral and Brain Sciences, 38,* 1–13.

Dunlap, R. E., Gallup, G. H., & Gallup, A. M. 1993. Of global concern. *Environment: Science and Policy for Sustainable Development, 35,* 7–39.

Duntley, J. D., & Buss, D. M. 2011. Homicide adaptations. *Aggression and Violent Behavior, 16,* 399–410.

Dutton, D. 2009. *The art instinct: Beauty, pleasure, and human evolution.* New York: Bloomsbury Press.

Eagen, K., Stolzenberg, E. B., Lozano, J. B., Aragon, M. C., Suchard, M. R., et al. 2014. *Undergraduate teaching faculty: The 2013–2014 HERI faculty survey.* Los Angeles: Higher Education Research Institute at UCLA.

Easterbrook, G. 2003. *The progress paradox: How life gets better while people feel worse.* New York: Random House.

Easterlin, R. A. 1973. Does money buy happiness? *Public Interest, 30,* 3–10.

Easterlin, R. A. 1981. Why isn't the whole world developed? *Journal of Economic History, 41,* 1–19.

Easterly, W. 2006. *The white man's burden: Why the West's efforts to aid the rest have done so much ill and* so little good. New York: Penguin.

Eastop, E.-R. 2015. *Subcultural cognition: Armchair oncology in the age of misinformation.* Master's thesis, University of Oxford.

Eberstadt, N., & Shah, A. 2011. *Fertility decline in the Muslim world: A veritable sea-change, still curiously unnoticed.* Washington: American Enterprise Institute.

Eddington, A. S. 1928/2015. *The nature of the physical world.* Andesite Press.

Eibach, R. P., & Libby, L. K. 2009. Ideology of the good old days: Exaggerated perceptions of moral decline and conservative politics. In J. T. Jost, A. Kay, & H. Thorisdottir, eds., *Social and psychological bases of ideology and system justification.* New York: Oxford University Press.

Eichengreen, B. 2014. Secular stagnation: A review of the issues. In C. Teulings & R. Baldwin, eds., *Secular stagnation: Facts, causes and cures.* London: Centre for Economic Policy Research.

Eisner, M. 2001. Modernization, self-control and lethal violence: The long-term dynamics of European homicide rates in theoretical perspective. *British Journal of Criminology, 41,* 618–638.

Eisner, M. 2003. Long-term historical trends in violent crime. *Crime and Justice, 30,* 83–142.

Eisner, M. 2014a. From swords to words: Does macro-level change in self-control predict long-term variation in levels of homicide? *Crime and Justice, 43,* 65–134.

Eisner, M. 2014b. *Reducing homicide by 50% in 30 years: Universal mechanisms and evidence-based public policy.* In M. Krisch, M. Eisner, C. Mikton, & A. Butchart, eds., *Global strategies to reduce violence by 50% in 30 years: Findings from the WHO and University of Cambridge Global Violence Reduction Conference 2014.* Cambridge, UK: Institute of Criminology, University of Cambridge.

Eisner, M. 2015. *How to reduce homicide by 50% in the next 30 years.* Rio de Janeiro: Igarapé Institute.

Elias, N. 1939/2000. *The Civilizing Process: Sociogenetic and psychogenetic investigations* (rev. ed.). Cambridge, MA: Blackwell.

England, J. L. 2015. Dissipative adaptation in driven self-assembly. *Nature Nanotechnology, 10,* 919–923.

Epstein, A. 2014. *The moral case for fossil fuels.* New York: Penguin.

Epstein, G. 2009. *Good without God: What a billion nonreligious people do believe.* New York: William Morrow.

Ericksen, R. P., & Heschel, S. 1999. *Betrayal: German churches and the Holocaust.* Minneapolis: Fortress Press.

Erwin, D. 2015. *Extinction: How life on Earth nearly ended 250 million years ago* (updated ed.). Princeton, NJ: Princeton University Press.

Esposito, J. L., & Mogahed, D. 2007. *Who speaks for Islam? What a billion Muslims really think.* New York: Gallup Press.

Evans, D. 2015. The great AI swindle.

Evans, G. 2015. Challenges for the *Bulletin of the Atomic Scientists* at 70: Restoring reason to the nuclear debate. Paper presented at the Annual Clock Symposium, *Bulletin of the Atomic Scientists.*

Evans, G., Ogilvie-White, T., & Thakur, R. 2015. *Nuclear weapons: The state of play 2015.* Canberra: Centre for Nuclear Non-Proliferation and Disarmament, Australian National University.

Everett, D. 2008. *Don't sleep, there are snakes: Life and language in the Amazonian jungle.* New York: Vintage.

Ewald, P. 2000. *Plague time: The new germ theory of disease.* New York: Anchor.

Faderman, L. 2015. *The Gay Revolution: The story of the struggle.* New York: Simon & Schuster.

Fariss, C. J. 2014. Respect for human rights has improved over time: Modeling the changing standard of accountability. *American Political Science Review, 108,* 297–318.

Fawcett, A. A., Iyer, G. C., Clarke, L. E., Edmonds, J. A., Hultman, N. E., et al. 2015. Can Paris pledges avert severe climate change? *Science, 350,* 1168–1169.

Fearon, J. D., & Laitin, D. D. 1996. Explaining interethnic cooperation. *American Political Science Review, 90,* 715–735.

Fearon, J. D., & Laitin, D. D. 2003. Ethnicity, insurgency, and civil war. *American Political Science Review, 97,* 75–90.

Federal Bureau of Investigation. 2016a. Crime in the United States by volume and rate, 1996–2015.

Federal Bureau of Investigation. 2016b. Hate crime. *FBI Uniform Crime Reports.*

Federal Highway Administration. 2003. *A review of pedestrian safety research in the United States and abroad: Final report.* Washington: US Department of Transportation.

Federation of American Scientists. (Undated.) Nuclear weapons.

Feinberg, M., & Willer, R. 2011. Apocalypse soon? Dire messages reduce belief in global warming by contradicting just-world beliefs. *Psychological Science, 22,* 34–38.

Feldstein, M. 2017. Underestimating the real growth of GDP, personal income, and productivity. *Journal of Economic Perspectives, 31,* 145–164.

Ferreira, F., Jolliffe, D. M., & Prydz, E. B. 2015. The international poverty line has just been raised to $1.90 a day, but global poverty is basically unchanged. How is that even possible?

Finkelhor, D. 2014. Trends in child welfare. Paper presented at the Carsey Institute Policy Series, Department of Sociology, University of New Hampshire.

Finkelhor, D., Shattuck, A., Turner, H. A., & Hamby, S. L. 2014. Trends in children's exposure to violence, 2003–2011. *JAMA Pediatrics, 168,* 540–546.

Fischer, C. S. 2005. Bowling alone: What's the score? *Social Networks, 27,* 155–167.

Fischer, C. S. 2009. The 2004 GSS finding of shrunken social networks: An artifact? *American Sociological Review, 74,* 657–669.

Fischer, C. S. 2011. *Still connected: Family and friends in America since 1970.* New York: Russell Sage Foundation.

Fiske, A. P., & Rai, T. 2015. *Virtuous violence: Hurting and killing to create, sustain, end, and honor social relationships.* New York: Cambridge University Press.

Fletcher, J. 1997. *Violence and civilization: An introduction to the work of Norbert Elias.* Cambridge, UK: Polity.

Flynn, J. R. 2007. *What is intelligence?* New York: Cambridge University Press.

Flynn, J. R. 2012. *Are we getting smarter? Rising IQ in the twenty-first century.* New York: Cambridge University Press.

Foa, R. S., & Mounk, Y. 2016. The danger of deconsolidation: The democratic disconnect. *Journal of Democracy, 27,* 5–17.

Fodor, J. A. 1987. *Psychosemantics: The problem of meaning in the philosophy of mind.* Cambridge, MA: MIT Press.

Fodor, J. A. 1994. *The elm and the expert: Mentalese and its semantics.* Cambridge, MA: MIT Press.

Fogel, R. W. 2004. *The escape from hunger and premature death, 1700–2100.* New York: Cambridge University Press.

Food Marketing Institute. 2017. Supermarket facts.

Foreman, C. 2013. On justice movements: Why they fail the environment and the poor.

Fortna, V. P. 2008. *Does peacekeeping work? Shaping belligerents' choices after civil war.* Princeton, NJ: Princeton University Press.

Fortna, V. P. 2015. Do terrorists win? Rebels' use of terrorism and civil war outcomes. *International*

Organization, 69, 519–556.

Foucault, M. 1999. *The history of sexuality.* New York: Vintage.

Fouquet, R., & Pearson, P. J. G. 2012. The long run demand for lighting: Elasticities and rebound effects in different phases of economic development. *Economics of Energy and Environmental Policy, 1,* 83–100.

Francis. 2015. *Laudato Si': Encyclical letter of the Holy Father Francis on care for our common home.* Vatican City: The Vatican.

Frankel, M. 2004. *High noon in the Cold War: Kennedy, Khrushchev, and the Cuban Missile Crisis.* New York: Ballantine Books.

Frankfurt, H. G. 2015. *On inequality.* Princeton, NJ: Princeton University Press.

Freed, J. 2014. *Back to the future: Advanced nuclear energy and the battle against climate change.* Washington: Brookings Institution.

Freilich, J. D., Chermak, S. M., Belli, R., Gruenewald, J., & Parkin, W. S. 2014. Introducing the United States Extremist Crime Database (ECDB). *Terrorism and Political Violence, 26,* 372–384.

Friedman, J. 1997. What's wrong with libertarianism. *Critical Review, 11,* 407–467.

Fryer, R. G. 2016. An empirical analysis of racial differences in police use of force. *National Bureau of Economic Research Working Papers,* 1–63.

Fukuda, K. 2013. A happiness study using age-period-cohort framework. *Journal of Happiness Studies, 14,* 135–153.

Fukuyama, F. 1989. The end of history? *National Interest,* Summer.

Furman, J. 2005. Wal-Mart: A progressive success story.

Furman, J. 2014. Poverty and the tax code. *Democracy: A Journal of Ideas, 32,* 8–22.

Future of Life Institute. 2017. Accidental nuclear war: A timeline of close calls.

Fyfe, J. J. 1988. Police use of deadly force: Research and reform. *Justice Quarterly, 5,* 165–205.

Gaillard, R., Dehaene, S., Adam, C., Clémenceau, S., Hasboun, D., et al. 2009. Converging intracranial markers of conscious access. *PLOS Biology, 7,* 472–492.

Gallup. 2002. Acceptance of homosexuality: A youth movement.

Gallup. 2010. Americans' acceptance of gay relations crosses 50% threshold.

Gallup. 2016. Death penalty.

Galor, O., & Moav, O. 2007. The neolithic origins of contemporary variations in life expectancy.

Galtung, J., & Ruge, M. H. 1965. The structure of foreign news. *Journal of Peace Research, 2,* 64–91.

Gardner, D. 2008. *Risk: The science and politics of fear.* London: Virgin Books.

Gardner, D. 2010. *Future babble: Why expert predictions fail—and why we believe them anyway.* New York: Dutton.

Garrard, G. 2006. *Counter-enlightenments: From the eighteenth century to the present.* New York: Routledge.

Gash, T. 2016. *Criminal: The truth about why people do bad things.* London: Allen Lane.

Gat, A. 2015. Proving communal warfare among hunter-gatherers: The quasi-Rousseauan error. *Evolutionary Anthropology, 24,* 111–126.

Gauchat, G. 2012. Politicization of science in the public sphere: A study of public trust in the United States, 1974 to 2010. *American Sociological Review, 77,* 167–187.

Gell-Mann, M. 1994. *The quark and the jaguar: Adventures in the simple and the complex.* New York: W. H. Freeman.

Gentzkow, M., & Shapiro, J. M. 2010. What drives media slant? Evidence from U.S. daily newspapers. *Econometrica, 78,* 35–71.

Gervais, W. M. & Najle, M. B. 2018. How many atheists are there? *Social Psychological and Personality*

Science, 9, 3-10.

Ghitza, Y., & Gelman, A. 2014. The Great Society, Reagan's revolution, and generations of presidential voting.

Gigerenzer, G. 1991. How to make cognitive illusions disappear: Beyond "heuristics and biases". *European Review of Social Psychology, 2,* 83–115.

Gigerenzer, G. 2015. *Simply rational: Decision making in the real world.* New York: Oxford University Press.

Gigerenzer, G. 2016. Fear of dread risks.

Gigerenzer, G., & Hoffrage, U. 1995. How to improve Bayesian reasoning without instruction: Frequency formats. *Psychological Review, 102,* 684–704.

Gilbert, D. T. 2006. *Stumbling on happiness.* New York: Knopf.

Giles, J. 2005. Internet encyclopaedias go head to head. *Nature, 438,* 900–901.

Glaeser, E. L. 2011. *Triumph of the city: How our greatest invention makes us richer, smarter, greener, healthier, and happier.* New York: Penguin.

Glaeser, E. L. 2014. *Secular joblessness.* London: Centre for Economic Policy Research.

Glaeser, E. L., Ponzetto, G. A. M., & Shleifer, A. 2007. Why does democracy need education? *Journal of Economic Growth, 12,* 77–99.

Glaeser, E. L., La Porta, R., Lopez-de-Silanes, F., & Shleifer, A. 2004. Do institutions cause growth? *Journal of Economic Growth, 9,* 271–303.

Gleditsch, N. P. 2008. The liberal moment fifteen years on. *International Studies Quarterly, 52,* 691–712.

Gleditsch, N. P., & Rudolfsen, I. 2016. Are Muslim countries more prone to violence? Paper presented at the 57th Annual Convention of the International Studies Association, Atlanta.

Gleditsch, N. P., Wallensteen, P., Eriksson, M., Sollenberg, M., & Strand, H. 2002. Armed conflict, 1946–2001: A new dataset. *Journal of Peace Research, 39,* 615–637.

Gleick, J. 2011. *The information: A history, a theory, a flood.* New York: Pantheon.

Glendon, M. A. 1998. Knowing the Universal Declaration of Human Rights. *Notre Dame Law Review, 73,* 1153–1190.

Glendon, M. A. 1999. Foundations of human rights: The unfinished business. *American Journal of Jurisprudence, 44,* 1–14.

Glendon, M. A. 2001. *A world made new: Eleanor Roosevelt and the Universal Declaration of Human Rights.* New York: Random House.

Global Zero Commission. 2010. Global Zero action plan.

Global Zero Commission. 2016. US adoption of no-first-use and its effects on nuclear proliferation by allies.

Glover, J. 1998. Eugenics: Some lessons from the Nazi experience. In J. R. Harris & S. Holm, eds., *The future of human reproduction: Ethics, choice, and regulation.* New York: Oxford University Press.

Glover, J. 1999. *Humanity: A moral history of the twentieth century.* London: Jonathan Cape.

Goertz, G., Diehl, P. F., & Balas, A. 2016. *The puzzle of peace: The evolution of peace in the international system.* New York: Oxford University Press.

Goklany, I. M. 2007. *The improving state of the world: Why we're living longer, healthier, more comfortable lives on a cleaner planet.* Washington: Cato Institute.

Goldin, C., & Katz, L. F. 2010. *The race between education and technology.* Cambridge, MA: Harvard University Press.

Goldstein, J. S. 2011. *Winning the war on war: The decline of armed conflict worldwide.* New York: Penguin.

Goldstein, J. S. 2015. Is the current refugee crisis the worst since World War II? (Unpublished manuscript.)

Goldstein, R. N. 1976. *Reduction, realism, and the mind.* Ph.D. dissertation, Princeton University.

Goldstein, R. N. 2006. *Betraying Spinoza: The renegade Jew who gave us modernity.* New York: Nextbook/

Schocken.

Goldstein, R. N. 2010. *Thirty-six arguments for the existence of God: A work of fiction*. New York: Pantheon.

Goldstein, R. N. 2013. *Plato at the Googleplex: Why philosophy won't go away*. New York: Pantheon.

Gómez, J. M., Verdú, M., González-Megías, A., & Méndez, M. 2016. The phylogenetic roots of human lethal violence. *Nature, 538*, 233–237.

Gordon, R. J. 2014. The turtle's progress: Secular stagnation meets the headwinds. In C. Teulings & R. Baldwin, eds., *Secular stagnation: Facts, causes and cures*. London: Centre for Economic Policy Research.

Gordon, R. J. 2016. *The rise and fall of American growth*. Princeton, NJ: Princeton University Press.

Gottfredson, L. S. 1997. Why *g* matters: The complexity of everyday life. *Intelligence, 24*, 79–132.

Gottlieb, A. 2016. *The dream of enlightenment: The rise of modern philosophy*. New York: Norton.

Gottschall, J. 2012. *The storytelling animal: How stories make us human*. Boston: Houghton Mifflin Harcourt.

Gottschall, J., & Wilson, D. S., eds. 2005. *The literary animal: Evolution and the nature of narrative*. Evanston, IL: Northwestern University Press.

Graham, P. 2016. The refragmentation. *Paul Graham Blog*.

Grayling, A. C. 2007. *Toward the light of liberty: The struggles for freedom and rights that made the modern Western world*. New York: Walker.

Grayling, A. C. 2013. *The God argument: The case against religion and for humanism*. London: Bloomsbury.

Greene, J. 2013. *Moral tribes: Emotion, reason, and the gap between us and them*. New York: Penguin.

Greenstein, S., & Zhu, F. 2014. Do experts or collective intelligence write with more bias? Evidence from *Encyclopædia Britannica* and Wikipedia. *Harvard Business School Working Paper, 15-23*.

Greenwood, J., Seshadri, A., & Yorukoglu, M. 2005. Engines of liberation. *Review of Economic Studies, 72*, 109–133.

Gregg, B. 2003. *Thick moralities, thin politics: Social integration across communities of belief*. Durham, NC: Duke University Press.

Gross, N., & Simmons, S. 2014. The social and political views of American college and university professors. In N. Gross & S. Simmons, eds., *Professors and their politics*. Baltimore: Johns Hopkins University Press.

Guerrero Velasco, R. 2015. An antidote to murder. *Scientific American, 313*, 46–50.

Gunsalus, C. K., Bruner, E. M., Burbules, N., Dash, L. D., Finkin, M., et al. 2006. *Improving the system for protecting human subjects: Counteracting IRB mission creep* (No. LE06-016). University of Illinois, Urbana.

Gurr, T. R. 1981. *Historical trends in violent crime: A critical review of the evidence. In N. Morris & M. Tonry, eds., Crime and Justice.*. Chicago: University of Chicago Press.

Gyldensted, C. 2015. *From mirrors to movers: Five elements of positive psychology in constructive journalism*. GGroup Publishers.

Hafer, R. W. 2017. New estimates on the relationship between IQ, economic growth and welfare. *Intelligence, 61*, 92–101.

Hahn, R., Bilukha, O., Crosby, A., Fullilove, M. T., Liberman, A., et al. 2005. Firearms laws and the reduction of violence: A systematic review. *American Journal of Preventive Medicine, 28*, 40–71.

Haidt, J. 2006. *The happiness hypothesis: Finding modern truth in ancient wisdom*. New York: Basic Books.

Haidt, J. 2012. *The righteous mind: Why good people are divided by politics and religion*. New York: Pantheon.

Halpern, D., & Mason, D. 2015. Radical incrementalism. *Evaluation, 21*, 143–149.

Hammel, A. 2010. *Ending the death penalty: The European experience in global perspective*. Basingstoke: Palgrave Macmillan.

Hammond, S. 2017. The future of liberalism and the politicization of everything. *Niskanen Center Blog*.

Hampton, K., Goulet, L. S., Rainie, L., & Purcell, K. 2011. *Social networking sites and our lives*. Washington:

Pew Research Center.

Hampton, K., Rainie, L., Lu, W., Shin, I., & Purcell, K. 2015. *Social media and the cost of caring*. Washington: Pew Research Center.

Hanson, R., & Yudkowsky, E. 2008. *The Hanson-Yudkowsky AI-foom debate ebook*. Machine Intelligence Research Institute, Berkeley.

Harff, B. 2003. No lessons learned from the Holocaust? Assessing risks of genocide and political mass murder since 1955. *American Political Science Review, 97,* 57–73.

Harff, B. 2005. Assessing risks of genocide and politicide. In M. G. Marshall & T. R. Gurr, eds., *Peace and conflict 2005: A global survey of armed conflicts, self-determination movements, and democracy*. College Park, MD: Center for International Development and Conflict Management, University of Maryland.

Hargraves, R. 2012. *Thorium: Energy cheaper than coal*. North Charleston, SC: CreateSpace.

Hasegawa, T. 2006. *Racing the enemy: Stalin, Truman, and the surrender of Japan*. Cambridge, MA: Harvard University Press.

Hasell, J., & Roser, M. 2017. Famines. *Our World in Data*.

Haskins, R., & Margolis, G. 2014. *Show me the evidence: Obama's fight for rigor and results in social policy*. Washington: Brookings Institution.

Haslam, N. 2016. Concept creep: Psychology's expanding concepts of harm and pathology. *Psychological Inquiry, 27,* 1–17.

Hassett, K. A., & Mathur, A. 2012. *A new measure of consumption inequality*. Washington: American Enterprise Institute.

Hastorf, A. H., & Cantril, H. 1954. They saw a game; a case study. *Journal of Abnormal and Social Psychology, 49,* 129–134.

Hathaway, O., & Shapiro, S. 2017. *The internationalists: How a radical plan to outlaw war remade the world*. New York: Simon & Schuster.

Haybron, D. M. 2013. *Happiness: A very short introduction*. New York: Oxford University Press.

Hayek, F. A. 1945. The use of knowledge in society. *American Economic Review, 35,* 519–530.

Hayek, F. A. 1960/2011. *The constitution of liberty: The definitive edition*. Chicago: University of Chicago Press.

Hayflick, L. 2000. The future of aging. *Nature, 408,* 267–269.

Hedegaard, H., Chen, L.-H., & Warner, M. 2015. Drug-poisoning deaths involving heroin: United States, 2000–2013. *NCHS Data Brief, 190*.

Hegre, H. 2014. Democracy and armed conflict. *Journal of Peace Research, 51,* 159–172.

Hegre, H., Karlsen, J., Nygård, H. M., Strand, H., & Urdal, H. 2013. Predicting armed conflict, 2010–2050. *International Studies Quarterly, 57,* 250–270.

Hellier, C. 2011. Nazi racial ideology was religious, creationist and opposed to Darwinism. *Coelsblog: Defending scientism*.

Helliwell, J. F., Layard, R., & Sachs, J., eds. 2016. *World Happiness Report 2016*. New York: Sustainable Development Solutions Network.

Henao-Restrepo, A. M., Camacho, A., Longini, I. M., Watson, C. H., Edmunds, W. J., et al. 2017. Efficacy and effectiveness of an rVSV-vectored vaccine in preventing Ebola virus disease: Final results from the Guinea ring vaccination, open-label, cluster-randomised trial. *The Lancet, 389,* 505–518.

Henry, M., Shivji, A., de Sousa, T., & Cohen, R. 2015. *The 2015 annual homeless assessment report to Congress*. Washington: US Department of Housing and Urban Development.

Herman, A. 1997. *The idea of decline in Western history*. New York: Free Press.

Heschel, S. 2008. *The Aryan Jesus: Christian theologians and the Bible in Nazi Germany*. Princeton, NJ: Princeton University Press.

Hidaka, B. H. 2012. Depression as a disease of modernity: Explanations for increasing prevalence. *Journal of Affective Disorders, 140,* 205–214.

Hidalgo, C. A. 2015. *Why information grows: The evolution of order, from atoms to economies*. New York: Basic Books.

Hirschl, T. A., & Rank, M. R. 2015. The life course dynamics of affluence. *PLOS ONE, 10 (1):* e0116370/.

Hirschman, A. O. 1971. *A bias for hope: Essays on development and Latin America*. New Haven: Yale University Press.

Hirschman, A. O. 1991. *The rhetoric of reaction: Perversity, futility, jeopardy*. Cambridge, MA: Harvard University Press.

Hirsi Ali, A. 2015a. *Heretic: Why Islam needs a reformation now*. New York: HarperCollins.

Hirsi Ali, A. 2015b. Islam is a religion of violence. *Foreign Policy,* Nov. 9.

Hoffmann, M., Hilton-Taylor, C., Angulo, A., Böhm, M., Brooks, T. M., et al. 2010. The impact of conservation on the status of the world's vertebrates. *Science, 330,* 1503–1509.

Hollander, P. 1981/2014. *Political pilgrims: Western intellectuals in search of the good society*. New Brunswick, NJ: Transaction.

Horkheimer, M., & Adorno, T. W. 1947/2007. *Dialectic of Enlightenment*. Stanford: Stanford University Press.

Horwitz, A. V., & Wakefield, J. C. 2007. *The loss of sadness: How psychiatry transformed normal sorrow into depressive disorder*. New York: Oxford University Press.

Horwitz, S. 2015. Inequality, mobility, and being poor in America. *Social Philosophy and Policy, 31,* 70–91.

Housel, M. 2013. Everything is amazing and nobody is happy. *The Motley Fool*.

Hout, M., & Fischer, C. S. 2014. Explaining why more Americans have no religious preference: Political backlash and generational succession, 1987–2012. *Sociological Science, 1,* 423–447.

Howard, M. 2001. *The invention of peace and the reinvention of war*. London: Profile Books.

Howson, C., & Urbach, P. 1989/2006. *Scientific reasoning: The Bayesian approach* (3rd ed.). Chicago: Open Court Publishing.

Hu, G., & Baker, S. P. 2012. An explanation for the recent increase in the fall death rate among older Americans: A subgroup analysis. *Public Health Reports, 127,* 275–281.

Hu, G., & Mamady, K. 2014. Impact of changes in specificity of data recording on cause-specific injury mortality in the United States, 1999–2010. *BMC Public Health, 14,* 1010.

Huberman, M., & Minns, C. 2007. The times they are not changin': Days and hours of work in old and new worlds, 1870–2000. *Explorations in Economic History, 44,* 538–567.

Huff, T. E. 1993. *The rise of early modern science: Islam, China, and the West*. New York: Cambridge University Press.

Hultman, L., Kathman, J., & Shannon, M. 2013. United Nations peacekeeping and civilian protection in civil war. *American Journal of Political Science, 57,* 875–891.

Human Security Centre. 2005. *Human Security Report 2005: War and peace in the 21st century*. New York: Oxford University Press.

Human Security Report Project. 2007. *Human Security Brief 2007*. Vancouver, BC: Human Security Report Project.

Human Security Report Project. 2009. *Human Security Report 2009: The shrinking costs of war*. New York: Oxford University Press.

Human Security Report Project. 2011. *Human Security Report 2009/2010: The causes of peace and the shrinking costs of war.* New York: Oxford University Press.

Humphrys, M. (Undated.) The left's historical support for tyranny and terrorism.

Hunt, L. 2007. *Inventing human rights: A history.* New York: Norton.

Huntington, S. P. 1991. *The third wave: Democratization in the late twentieth century.* Norman: University of Oklahoma Press.

Hyman, D. A. 2007. The pathologies of institutional review boards. *Regulation, 30,* 42–49.

Inglehart, R. 1997. *Modernization and postmodernization: Cultural, economic, and political change in 43 societies.* Princeton, NJ: Princeton University Press.

Inglehart, R. 2016. How much should we worry? *Journal of Democracy, 27,* 18–23.

Inglehart, R. 2017. Changing values in the Islamic world and the West. In M. Moaddel & M. J. Gelfand, eds., *Values, political action, and change in the Middle East and the Arab Spring.* New York: Oxford University Press.

Inglehart, R., Foa, R., Peterson, C., & Welzel, C. 2008. Development, freedom, and rising happiness: A global perspective (1981–2007). *Perspectives on Psychological Science, 3,* 264–285.

Inglehart, R., & Norris, P. 2016. *Trump, Brexit, and the rise of populism: Economic have-nots and cultural backlash.* Paper presented at the Annual Meeting of the American Political Science Association, Philadelphia.

Inglehart, R., & Welzel, C. 2005. *Modernization, cultural change, and democracy.* New York: Cambridge University Press.

Institute for Economics and Peace. 2016. *Global Terrorism Index 2016.* New York: Institute for Economics and Peace.

Instituto Nacional de Estadística y Geografía. 2016. Registros administrativos: Mortalidad.

Insurance Institute for Highway Safety. 2016. General statistics.

Intergovernmental Panel on Climate Change. 2014. *Climate change 2014: Synthesis report. Contribution of working groups Ⅰ, Ⅱ and Ⅲ to the fifth assessment report of the Intergovernmental Panel on Climate Change.* Geneva: IPCC.

International Humanist and Ethical Union. 2002. The Amsterdam Declaration.

International Labour Organization. 2013. *Marking progress against child labour: Global estimates and trends 2000–2012.* Geneva: International Labour Organization.

Ipsos. 2016. The perils of perception 2016.

Irwin, D. A. 2016. The truth about trade. *Foreign Affairs,* June 13.

Israel, J. I. 2001. *Radical enlightenment: Philosophy and the making of modernity 1650–1750.* New York: Oxford University Press.

Jackson, J. 2016. Publishing the positive: Exploring the motivations for and the consequences of reading solutions-focused journalism.

Jacobs, A. 2011. Introduction. In W. H. Auden, *The age of anxiety: A Baroque eclogue.* Princeton, NJ: Princeton University Press.

Jacobson, M. Z., & Delucchi, M. A. 2011. Providing all global energy with wind, water, and solar power. *Energy Policy, 39,* 1154–1169.

Jacoby, S. 2005. *Freethinkers: A history of American secularism.* New York: Henry Holt.

Jamison, D. T., Summers, L. H., Alleyne, G., Arrow, K. J., Berkley, S., et al. 2013. Global health 2035: A world converging within a generation. *The Lancet, 382,* 1898–1955.

Jefferson, T. 1785/1955. *Notes on the state of Virginia.* Chapel Hill: University of North Carolina Press.

Jensen, R. 2007. The digital provide: Information (technology), market performance, and welfare in the South Indian fisheries sector. *Quarterly Journal of Economics, 122,* 879–924.

Jervis, R. 2011. Force in our times. *International Relations, 25,* 403–425.

Johnson, D. D. P. 2004. *Overconfidence and war: The havoc and glory of positive illusions*. Cambridge, MA: Harvard University Press.

Johnson, E. M. 2010. Deconstructing social Darwinism: Parts Ⅰ–Ⅳ. *The Primate Diaries*.

Johnson, E. M. 2009. Darwin's connection to Nazi eugenics exposed. The Primate Diaries.

Johnson, N. F., Spagat, M., Restrepo, J. A., Becerra, O., Bohorquez, J. C., et al. 2006. Universal patterns underlying ongoing wars and terrorism. *arXiv.org*.

Johnston, W. M., & Davey, G. C. L. 1997. The psychological impact of negative TV news bulletins: The catastrophizing of personal worries. *British Journal of Psychology, 88,* 85–91.

Jones, R. P., Cox, D., Cooper, B., & Lienesch, R. 2016a. *The divide over America's future: 1950 or 2050? Findings from the 2016 American Values Survey.* Washington: Public Religion Research Institute.

Jones, R. P., Cox, D., Cooper, B., & Lienesch, R. 2016b. *Exodus: Why Americans are leaving religion—and why they're unlikely to come back.* Washington: Public Religion Research Institute.

Jones, R. P., Cox, D., & Navarro-Rivera, J. 2014. *Believers, sympathizers, and skeptics: Why Americans are conflicted about climate change, environmental policy, and science.* Washington: Public Religion Research Institute.

Jussim, L., Krosnick, J., Vazire, S., Stevens, S., Anglin, S., et al. 2017. Political bias. *Best Practices in Science.*

Kahan, D. M. 2012. Cognitive bias and the constitution of the liberal republic of science. Yale Law School, Public Law Working Paper 270.

Kahan, D. M. 2015. Climate-science communication and the measurement problem. *Political Psychology, 36,* 1–43.

Kahan, D. M., Braman, D., Slovic, P., Gastil, J., & Cohen, G. 2009. Cultural cognition of the risks and benefits of nanotechnology. *Nature Nanotechnology, 4,* 87–90.

Kahan, D. M., Jenkins-Smith, H., & Braman, D. 2011. Cultural cognition of scientific consensus. *Journal of Risk Research, 14,* 147–174.

Kahan, D. M., Jenkins-Smith, H., Tarantola, T., Silva, C. L., & Braman, D. 2012. Geoengineering and climate change polarization: Testing a two-channel model of science communication. *Annals of the American Academy of Political and Social Science, 658,* 193–222.

Kahan, D. M., Peters, E., Dawson, E. C., & Slovic, P. 2013. Motivated numeracy and enlightened self-government.

Kahan, D. M., Peters, E., Wittlin, M., Slovic, P., Ouellette, L. L., et al. 2012. The polarizing impact of science literacy and numeracy on perceived climate change risks. *Nature Climate Change, 2,* 732–735.

Kahan, D. M., Wittlin, M., Peters, E., Slovic, P., Ouellette, L. L., et al. 2011. The tragedy of the risk-perception commons: Culture conflict, rationality conflict, and climate change. Cultural Cognition Project Working Paper 89.

Kahneman, D. 2011. *Thinking, fast and slow.* New York: Farrar, Straus & Giroux.

Kahneman, D., Krueger, A., Schkade, D., Schwarz, N., & Stone, A. 2004. A survey method for characterizing daily life experience: The day reconstruction method. *Science, 3,* 1776–1780.

Kanazawa, S. 2010. Why liberals and atheists are more intelligent. *Social Psychology Quarterly, 73,* 33–57.

Kane, T. 2016. Piketty's crumbs. *Commentary,* April 14.

Kant, I. 1784/1991. *An answer to the question: What is enlightenment?* London: Penguin.

Kant, I. 1795/1983. Perpetual peace: A philosophical sketch. In I. Kant, *Perpetual peace and other essays.* Indianapolis: Hackett.

Kasturiratne, A., Wickremasinghe, A. R., de Silva, N., Gunawardena, N. K., Pathmeswaran, A., et al. 2008. The global burden of snakebite: A literature analysis and modelling based on regional estimates of envenoming and deaths. *PLOS Medicine, 5,* e218.

Keith, D. 2013. *A case for climate engineering.* Cambridge, MA: MIT Press.

Keith, D. 2015. Patient geoengineering. Paper presented at the Seminars About Long-Term Thinking, San Francisco.

Keith, D., Weisenstein, D., Dykema, J., & Keutsch, F. 2016. Stratospheric solar geoengineering without ozone loss. *Proceedings of the National Academy of Sciences, 113,* 14910–14914.

Kelley, J., & Evans, M. D. R. 2017. Societal inequality and individual subjective well-being: Results from 68 societies and over 200,000 individuals, 1981–2008. *Social Science Research, 62,* 1–23.

Kelly, K. 2010. *What technology wants.* New York: Penguin.

Kelly, K. 2013. Myth of the lone villain. *The Technium.*

Kelly, K. 2016. *The inevitable: Understanding the 12 technological forces that will shape our future.* New York: Viking.

Kelly, K. 2017. The AI cargo cult: The myth of a superhuman AI. *Wired.*

Kennedy, D. 2011. *Don't shoot: One man, a street fellowship, and the end of violence in inner-city America.* New York: Bloomsbury.

Kenny, C. 2011. *Getting better: Why global development is succeeding—and how we can improve the world even more.* New York: Basic Books.

Kessler, R. C., Berglund, P., Demler, O., Jin, R., Koretz, D., et al. 2003. The epidemiology of major depressive disorder: Results from the National Comorbidity Survey Replication (NCS-R). *Journal of the American Medical Association, 289,* 3095–3105.

Kessler, R. C., Berglund, P., Demler, O., Jin, R., Merikangas, K. R., et al. 2005. Lifetime prevalence and age-of-onset distributions of DSM-IV disorders in the National Comorbidity Survey Replication. *Archives of General Psychiatry, 62,* 593–602.

Kevles, D. J. 1985. *In the name of eugenics: Genetics and the uses of human heredity.* Cambridge, MA: Harvard University Press.

Kharecha, P. A., & Hansen, J. E. 2013. Prevented mortality and greenhouse gas emissions from historical and projected nuclear power. *Environmental Science & Technology, 47,* 4889–4895.

Kharrazi, R. J., Nash, D., & Mielenz, T. J. 2015. Increasing trend of fatal falls in older adults in the United States, 1992 to 2005: Coding practice or reporting quality? *Journal of the American Geriatrics Society, 63,* 1913–1917.

Kim, J., Smith, T. W., & Kang, J.-H. 2015. Religious affiliation, religious service attendance, and mortality. *Journal of Religion and Health, 54,* 2052–2072.

King, D., Schrag, D., Dadi, Z., Ye, Q., & Ghosh, A. 2015. *Climate change: A risk assessment.* Cambridge, UK: University of Cambridge Centre for Science and Policy.

Kitcher, P. 1990. *Kant's transcendental psychology.* New York: Oxford University Press.

Klein, D. B., & Buturovic, Z. 2011. Economic enlightenment revisited: New results again find little relationship between education and economic enlightenment but vitiate prior evidence of the left being worse. *Economic Journal Watch, 8,* 157–173.

Klitzman, R. L. 2015. *The ethics police? The struggle to make human research safe.* New York: Oxford University Press.

Kochanek, K. D., Murphy, S. L., Xu, J., & Tejada-Vera, B. 2016. Deaths: Final data for 2014. *National Vital Statistics Reports, 65* (4).

Kohut, A., Taylor, P. J., Keeter, S., Doherty, C., Dimock, M., et al. 2011. *The generation gap and the 2012 election.* Washington: Pew Research Center.

Kolosh, K. 2014. Injury facts statistical highlights.

Koningstein, R., & Fork, D. 2014. What it would really take to reverse climate change. *IEEE Spectrum.*

Kräenbring, J., Monzon Penza, T., Gutmann, J., Muehlich, S., Zolk, O., et al. 2014. Accuracy and completeness of drug information in Wikipedia: A comparison with standard textbooks of pharmacology. *PLOS ONE, 9,* e106930.

Krauss, L. M. 2012. *A universe from nothing: Why there is something rather than nothing.* New York: Free Press.

Krisch, M., Eisner, M., Mikton, C., & Butchart, A., eds. 2015. *Global strategies to reduce violence by 50% in 30 years: Findings from the WHO and University of Cambridge Global Violence Reduction Conference 2014.* Cambridge, UK: Institute of Criminology, University of Cambridge.

Kristensen, H. M. 2016. U.S. nuclear stockpile numbers published enroute to Hiroshima. *Federation of American Scientists Strategic Security Blog.*

Kristensen, H. M., & Norris, R. S. 2016a. Status of world nuclear forces. *Federation of American Scientists.*

Kristensen, H. M., & Norris, R. S. 2016b. United States nuclear forces, 2016. *Bulletin of the Atomic Scientists, 72,* 63–73.

Krug, E. G., Dahlberg, L. L., Mercy, J. A., Zwi, A. B., & Lozano, R., eds. 2002. *World report on violence and health.* Geneva: World Health Organization.

Kuhn, D. 1991. *The skills of argument.* New York: Cambridge University Press.

Kuncel, N. R., Klieger, D. M., Connelly, B. S., & Ones, D. S. 2013. Mechanical versus clinical data combination in selection and admissions decisions: A meta-analysis. *Journal of Applied Psychology, 98,* 1060–1072.

Kunda, Z. 1990. The case for motivated reasoning. *Psychological Bulletin, 108,* 480–98.

Kuran, T. 2014. Why the Middle East is economically underdeveloped: Historical mechanisms of institutional stagnation. *Journal of Economic Perspectives, 18,* 71–90.

Kurlansky, M. 2006. *Nonviolence: Twenty-five lessons from the history of a dangerous idea.* New York: Modern Library.

Kurzban, R., Tooby, J., & Cosmides, L. 2001. Can race be erased? Coalitional computation and social categorization. *Proceedings of the National Academy of Sciences, 98,* 15387–15392.

Kuznets, S. 1955. Economic growth and income inequality. *American Economic Review, 45,* 1–28.

Lacina, B. 2006. Explaining the severity of civil wars. *Journal of Conflict Resolution, 50,* 276–289.

Lacina, B., & Gleditsch, N. P. 2005. Monitoring trends in global combat: A new dataset in battle deaths. *European Journal of Population, 21,* 145–166.

Lake, B. M., Ullman, T. D., Tenenbaum, J. B., & Gershman, S. J. 2017. Building machines that learn and think like people. *Behavioral and Brain Sciences, 39,* 1–101.

Lakner, C., & Milanović, B. 2016. Global income distribution: From the fall of the Berlin Wall to the Great Recession. *World Bank Economic Review,* 30, 203–232.

Lampert, L. 1996. *Leo Strauss and Nietzsche.* Chicago: University of Chicago Press.

Lancet Infectious Diseases Editors. 2005. Clearing the myths of time: Tuskegee revisited. *The Lancet Infectious Diseases, 5,* 127.

Land, K. C., Michalos, A. C., & Sirgy, J., eds. 2012. *Handbook of social indicators and quality of life research.* New York: Springer.

Lane, N. 2015. *The vital question: Energy, evolution, and the origins of complex life.* New York: Norton.

Lanier, J. 2014. The myth of AI.

Lankford, A. 2013. *The myth of martyrdom.* New York: Palgrave Macmillan.

Lankford, A., & Madfis, E. 2018. Don't name them, don't show them, but report everything else: A pragmatic proposal for denying mass killers the attention they seek and deterring future offenders. *American Behavioral Scientist, 62, 260–279.*

Latzer, B. 2016. *The rise and fall of violent crime in America.* New York: Encounter Books.

Laudan, R. 2016. Was the agricultural revolution a terrible mistake? Not if you take food processing into account.

Law, S. 2011. *Humanism: A very short introduction.* New York: Oxford University Press.

Lawson, S. 2013. Beyond cyber-doom: Assessing the limits of hypothetical scenarios in the framing of cyber-threats. *Journal of Information Technology & Politics, 10,* 86–103.

Layard, R. 2005. *Happiness: Lessons from a new science.* New York: Penguin.

Le Quéré, C., Andrew, R. M., Canadell, J. G., Sitch, S., Korsbakken, J. I., et al. 2016. Global carbon budget 2016. *Earth System Science Data, 8,* 605–649.

Leavis, F. R. 1962/2013. *Two cultures? The significance of C. P. Snow.* New York: Cambridge University Press.

Lee, J.-W., & Lee, H. 2016. Human capital in the long run. *Journal of Development Economics, 122,* 147–169.

Leetaru, K. 2011. Culturomics 2.0: Forecasting large-scale human behavior using global news media tone in time and space. *First Monday, 16* (9).

Leon, C. B. 2016. The life of American workers in 1915. *Monthly Labor Review.*

Leonard, T. C. 2009. Origins of the myth of social Darwinism: The ambiguous legacy of Richard Hofstadter's "Social Darwinism in American thought." *Journal of Economic Behavior & Organization, 71,* 37–51.

Lerdahl, F., & Jackendoff, R. 1983. *A generative theory of tonal music.* Cambridge, MA: MIT Press.

Levin, Y. 2017. Conservatism in an age of alienation. *Modern Age,* Spring.

Levinson, A. 2008. Environmental Kuznets curve. In S. N. Durlauf & L. E. Blume, eds., *The New Palgrave Dictionary of Economics* (2nd ed.). New York: Palgrave Macmillan.

Levitsky, S., & Way, L. 2015. The myth of democratic recession. *Journal of Democracy, 26,* 45–58.

Levitt, S. D. 2004. Understanding why crime fell in the 1990s: Four factors that explain the decline and six that do not. *Journal of Economic Perspectives, 18,* 163–190.

Levy, J. S. 1983. *War in the modern great power system 1495–1975.* Lexington: University Press of Kentucky.

Levy, J. S., & Thompson, W. R. 2011. *The arc of war: Origins, escalation, and transformation.* Chicago: University of Chicago Press.

Lewinsohn, P. M., Rohde, P., Seeley, J. R., & Fischer, S. A. 1993. Age-cohort changes in the lifetime occurrence of depression and other mental disorders. *Journal of Abnormal Psychology, 102,* 110–120.

Lewis, B. 1990/1992. *Race and slavery in the Middle East: An historical enquiry.* New York: Oxford University Press.

Lewis, B. 2002. *What went wrong? The clash between Islam and modernity in the Middle East.* New York: HarperPerennial.

Lewis, J. E., DeGusta, D., Meyer, M. R., Monge, J. M., Mann, A. E., et al. 2011. The mismeasure of science: Stephen Jay Gould versus Samuel George Morton on skulls and bias. *PLOS Biology, 9, e1001071.*

Lewis, M. 2016. *The undoing project: A friendship that changed our minds.* New York: Norton.

Liebenberg, L. 1990. *The art of tracking: The origin of science.* Cape Town: David Philip.

Liebenberg, L. 2014. *The origin of science: On the evolutionary roots of science and its implications for self-education and citizen science.* Cape Town: CyberTracker.

Lilienfeld, S. O., Ammirati, R., & Landfield, K. 2009. Giving debiasing away. *Perspectives on Psychological Science, 4,* 390–398.

Lilienfeld, S. O., Ritschel, L. A., Lynn, S. J., Cautin, R. L., & Latzman, R. D. 2013. Why many clinical psychologists are resistant to evidence-based practice: Root causes and constructive remedies. *Clinical Psychology Review, 33,* 883–900.

Lilla, M. 2001. *The reckless mind: Intellectuals in politics.* New York: New York Review of Books.

Lilla, M. 2016. *The shipwrecked mind: On political reaction*. New York: New York Review of Books.

Lindert, P. 2004. *Growing public: Social spending and economic growth since the eighteenth century* (vol. 1: *The story*). New York: Cambridge University Press.

Linker, D. 2007. *The theocons: Secular America under siege*. New York: Random House.

Liu, L., Oza, S., Hogan, D., Perin, J., Rudan, I., et al. 2014. Global, regional, and national causes of child mortality in 2000–13, with projections to inform post-2015 priorities: An updated systematic analysis. *The Lancet, 385,* 430–440.

Livingstone, M. S. 2014. *Vision and art: The biology of seeing* (updated ed.). New York: Harry Abrams.

Lloyd, S. 2006. *Programming the universe: A quantum computer scientist takes on the cosmos*. New York: Vintage.

Lodge, D. 2002. *Consciousness and the novel*. Cambridge, MA: Harvard University Press.

López, R. E., & Holle, R. L. 1998. Changes in the number of lightning deaths in the United States during the twentieth century. *Journal of Climate, 11,* 2070–2077.

Lord, C. G., Ross, L., & Lepper, M. R. 1979. Biased assimilation and attitude polarization: The effects of prior theories on subsequently considered evidence. *Journal of Personality and Social Psychology, 37,* 2098–2109.

Lovering, J., Trembath, A., Swain, M., & Lavin, L. 2015. Renewables and nuclear at a glance. The Breakthrough.

Luard, E. 1986. *War in international society*. New Haven: Yale University Press.

Lucas, R. E. 1988. On the mechanics of economic development. *Journal of Monetary Economics, 22,* 3–42.

Lukianoff, G. 2012. *Unlearning liberty: Campus censorship and the end of American debate*. New York: Encounter Books.

Lukianoff, G. 2014. *Freedom from speech*. New York: Encounter Books.

Luria, A. R. 1976. *Cognitive development: Its cultural and social foundations*. Cambridge, MA: Harvard University Press.

Lutz, W., Butz, W. P., & Samir, K. C., eds. 2014. *World population and human capital in the twenty-first century*. New York: Oxford University Press.

Lutz, W., Cuaresma, J. C., & Abbasi-Shavazi, M. J. 2010. Demography, education, and democracy: Global trends and the case of Iran. *Population and Development Review, 36,* 253–281.

Lynn, R., Harvey, J., & Nyborg, H. 2009. Average intelligence predicts atheism rates across 137 nations. *Intelligence, 37,* 11–15.

MacAskill, W. 2015. *Doing good better: How effective altruism can help you make a difference*. New York: Penguin.

Macnamara, J. 1999. *Through the rearview mirror: Historical reflections on psychology*. Cambridge, MA: MIT Press.

Maddison Project. 2014. Maddison Project.

Mahbubani, K. 2013. *The great convergence: Asia, the West, and the logic of one world*. New York: PublicAffairs.

Mahbubani, K., & Summers, L. H. 2016. The fusion of civilizations. *Foreign Affairs,* May/June.

Makari, G. 2015. *Soul machine: The invention of the modern mind*. New York: Norton.

Makel, M. C., Kell, H. J., Lubinski, D., Putallaz, M., & Benbow, C. P. 2016. When lightning strikes twice: Profoundly gifted, profoundly accomplished. *Psychological Science, 27,* 1004–1018.

Mankiw, G. 2013. Defending the one percent. *Journal of Economic Perspectives, 27,* 21–34.

Mann, T. E., & Ornstein, N. J. 2012/2016. *It's even worse than it looks: How the American constitutional system collided with the new politics of extremism* (new ed.). New York: Basic Books.

Marcus, G. 2015. Machines won't be thinking anytime soon.

Marcus, G. 2016. Is big data taking us closer to the deeper questions in artificial intelligence?

Maritain, J. 1949. Introduction. In UNESCO, *Human rights: Comments and interpretations*. New York: Columbia University Press.

Marlowe, F. 2010. *The Hadza: Hunter-gatherers of Tanzania*. Berkeley: University of California Press.

Marshall, M. G. 2016. Major episodes of political violence, 1946–2015. Vienna, VA: Center for Systemic Peace.

Marshall, M. G., & Gurr, T. R. 2014. Polity Ⅳ individual country regime trends, 1946–2013. Vienna, VA: Center for Systemic Peace.

Marshall, M. G., Gurr, T. R., & Harff, B. 2009. *PITF State Failure Problem Set: Internal wars and failures of governance, 1955–2008. Dataset and coding guidelines*. Vienna, VA: Center for Systemic Peace.

Marshall, M. G., Gurr, T. R., & Jaggers, K. 2016. *Polity Ⅳ project: Political regime characteristics and transitions, 1800–2015, dataset users' manual*. Vienna, VA: Center for Systemic Peace.

Mathers, C. D., Sadana, R., Salomon, J. A., Murray, C. J. L., & Lopez, A. D. 2001. Healthy life expectancy in 191 countries, 1999. *The Lancet, 357,* 1685–1691.

Mattisson, C., Bogren, M., Nettelbladt, P., Munk-Jörgensen, P., & Bhugra, D. 2005. First incidence depression in the Lundby study: A comparison of the two time periods 1947–1972 and 1972–1997. *Journal of Affective Disorders, 87,* 151–160.

McCloskey, D. N. 1994. Bourgeois virtue. *American Scholar, 63,* 177–191.

McCloskey, D. N. 1998. Bourgeois virtue and the history of P and S. *Journal of Economic History, 58,* 297–317.

McCloskey, D. N. 2014. Measured, unmeasured, mismeasured, and unjustified pessimism: A review essay of Thomas Piketty's "Capital in the twenty-first century." *Erasmus Journal for Philosophy and Economics, 7,* 73–115.

McCullough, M. E. 2008. *Beyond revenge: The evolution of the forgiveness instinct*. San Francisco: Jossey-Bass.

McEvedy, C., & Jones, R. 1978. *Atlas of world population history*. London: Allen Lane.

McGinn, C. 1993. *Problems in philosophy: The limits of inquiry*. Cambridge, MA: Blackwell.

McGinnis, J. O. 1996. The original constitution and our origins. *Harvard Journal of Law and Public Policy, 19,* 251–261.

McGinnis, J. O. 1997. The human constitution and constitutive law: A prolegomenon. *Journal of Contemporary Legal Issues, 8,* 211–239.

McKay, C. 1841/1995. *Extraordinary popular delusions and the madness of crowds*. New York: Wiley.

McMahon, D. M. 2001. *Enemies of the Enlightenment: The French counter-Enlightenment and the making of modernity*. New York: Oxford University Press.

McMahon, D. M. 2006. *Happiness: A history*. New York: Grove/Atlantic.

McNally, R. J. 2016. The expanding empire of psychopathology: The case of PTSD. *Psychological Inquiry, 27,* 46–49.

McNaughton-Cassill, M. E. 2001. The news media and psychological distress. *Anxiety, Stress, and Coping, 14,* 193–211.

McNaughton-Cassill, M. E., & Smith, T. 2002. My world is OK, but yours is not: Television news, the optimism gap, and stress. *Stress and Health, 18,* 27–33.

Meehl, P. E. 1954/2013. *Clinical versus statistical prediction: A theoretical analysis and a review of the evidence*. Brattleboro, VT: Echo Point Books.

Meeske, A. J., Riley, E. P., Robins, W. P., Uehara, T., Mekalanos, J. J., et al. 2016. SEDS proteins are a widespread family of bacterial cell wall polymerases. *Nature, 537,* 634–638.

Melander, E., Pettersson, T., & Themnér, L. 2016. Organized violence, 1989–2015. *Journal of Peace Research, 53,* 727–742.

Mellers, B. A., Hertwig, R., & Kahneman, D. 2001. Do frequency representations eliminate conjunction effects? An exercise in adversarial collaboration. *Psychological Science, 12,* 269–275.

Mellers, B. A., Ungar, L., Baron, J., Ramos, J., Gurcay, B., et al. 2014. Psychological strategies for winning a geopolitical forecasting tournament. *Psychological Science, 25,* 1106–1115.

Menschenfreund, Y. 2010. The Holocaust and the trial of modernity. *Azure, 39,* 58–83.

Mercier, H., & Sperber, D. 2011. Why do humans reason? Arguments for an argumentative theory. *Behavioral and Brain Sciences, 34,* 57–111.

Mercier, H., & Sperber, D. 2017. *The enigma of reason.* Cambridge, MA: Harvard University Press.

Merquior, J. G. 1985. *Foucault.* Berkeley: University of California Press.

Merton, R. K. 1942/1973. The normative structure of science. In R. K. Merton, ed., *The sociology of science: Theoretical and empirical investigations.* Chicago: University of Chicago Press.

Meyer, B. D., & Sullivan, J. X. 2011. The material well-being of the poor and middle class since 1980. Washington: American Enterprise Institute.

Meyer, B. D., & Sullivan, J. X. 2012. Winning the war: Poverty from the Great Society to the Great Recession. *Brookings Papers on Economic Activity,* 133–200.

Meyer, B. D., & Sullivan, J. X. 2017a. Consumption and income inequality in the U.S. since the 1960s. NBER Working Paper 23655.

Meyer, B. D., & Sullivan, J. X. 2017b. Annual report on U.S. consumption poverty: 2016.

Michel, J.-B., Shen, Y. K., Aiden, A. P., Veres, A., Gray, M. K., The Google Books Team, Pickett, J. P., Hoiberg, D., Clancy, D., Norvig, P., Orwant, J., Pinker, S., Nowak, M., & Lieberman-Aiden, E. 2011. Quantitative analysis of culture using millions of digitized books. *Science, 331,* 176–182.

Milanović, B. 2012. *Global income inequality by the numbers: In history and now—an overview.* Washington: World Bank Development Research Group.

Milanović, B. 2016. *Global inequality: A new approach for the age of globalization.* Cambridge, MA: Harvard University Press.

Miller, M., Azrael, D., & Barber, C. 2012. Suicide mortality in the United States: The importance of attending to method in understanding population-level disparities in the burden of suicide. *Annual Review of Public Health, 33,* 393–408.

Miller, R. A., & Albert, K. 2015. If it leads, it bleeds (and if it bleeds, it leads): Media coverage and fatalities in militarized interstate disputes. *Political Communication, 32,* 61–82.

Miller, T. R., Lawrence, B. A., Carlson, N. N., Hendrie, D., Randall, S., et al. 2016. Perils of police action: A cautionary tale from US data sets. *Injury Prevention.*

Moatsos, M., Baten, J., Foldvari, P., van Leeuwen, B., & van Zanden, J. L. 2014. Income inequality since 1820. In J. van Zanden, J. Baten, M. M. d'Ercole, A. Rijpma, C. Smith, & M. Timmer, eds., *How was life? Global well-being since 1820.* Paris: OECD Publishing.

Mokyr, J. 2012. *The enlightened economy: An economic history of Britain, 1700–1850.* New Haven: Yale University Press.

Mokyr, J. 2014. Secular stagnation? Not in your life. In C. Teulings & R. Baldwin, eds., *Secular stagnation: Facts, causes and cures.* London: Centre for Economic Policy Research.

Montgomery, S. L., & Chirot, D. 2015. *The shape of the new: Four big ideas and how they made the modern world.* Princeton, NJ: Princeton University Press.

Mooney, C. 2005. *The Republican war on science*. New York: Basic Books.

Morewedge, C. K., Yoon, H., Scopelliti, I., Symborski, C. W., Korris, J. H., et al. 2015. Debiasing decisions: Improved decision making with a single training intervention. *Policy Insights from the Behavioral and Brain Sciences, 2,* 129–140.

Morton, O. 2015. *The planet remade: How geoengineering could change the world*. Princeton, NJ: Princeton University Press.

Moss, J. 2005. Could Morton do it today? *University of Chicago Record, 40,* 27–28.

Mozgovoi, A. 2002. Recollections of Vadim Orlov (USSR submarine B-59). *The Cuban Samba of the Quartet of Foxtrots: Soviet submarines in the Caribbean crisis of 1962*.

Mueller, J. 1989. *Retreat from doomsday: The obsolescence of major war*. New York: Basic Books.

Mueller, J. 1999. *Capitalism, democracy, and Ralph's Pretty Good Grocery*. Princeton, NJ: Princeton University Press.

Mueller, J. 2004a. *The remnants of war*. Ithaca, NY: Cornell University Press.

Mueller, J. 2004b. Why isn't there more violence? *Security Studies, 13,* 191–203.

Mueller, J. 2006. *Overblown: How politicians and the terrorism industry inflate national security threats, and why we believe them*. New York: Free Press.

Mueller, J. 2009. War has almost ceased to exist: An assessment. *Political Science Quarterly, 124,* 297–321.

Mueller, J. 2010a. *Atomic obsession: Nuclear alarmism from Hiroshima to Al-Qaeda*. New York: Oxford University Press.

Mueller, J. 2010b. Capitalism, peace, and the historical movement of ideas. *International Interactions, 36,* 169–184.

Mueller, J. 2012. Terror predictions.

Mueller, J. 2014. Did history end? Assessing the Fukuyama thesis. *Political Science Quarterly, 129,* 35–54.

Mueller, J. 2016. Embracing threatlessness: US military spending, Newt Gingrich, and the Costa Rica option.

Mueller, J., & Friedman, B. 2014. The cyberskeptics.

Mueller, J., & Stewart, M. G. 2010. Hardly existential: Thinking rationally about terrorism. *Foreign Affairs,* April 2.

Mueller, J., & Stewart, M. G. 2016a. *Chasing ghosts: The policing of terrorism*. New York: Oxford University Press.

Mueller, J., & Stewart, M. G. 2016b. Conflating terrorism and insurgency. *Lawfare.* https://www.lawfareblog.com/conflating-terrorism-and-insurgency.

Muggah, R. 2015. Fixing fragile cities. *Foreign Affairs,* Jan. 15.

Muggah, R. 2016. Terrorism is on the rise—but there's a bigger threat we're not talking about. *World Economic Forum Global Agenda*.

Muggah, R., & Szabo de Carvalho, I. 2016. The end of homicide. *Foreign Affairs,* Sept. 7.

Müller, J.-W. 2016. *What is populism?* Philadelphia: University of Pennsylvania Press.

Müller, V. C., & Bostrom, N. 2014. Future progress in artificial intelligence: A survey of expert opinion. In V. C. Müller, ed., *Fundamental issues of artificial intelligence*. New York: Springer.

Mulligan, C. B., Gil, R., & Sala-i-Martin, X. 2004. Do democracies have different public policies than nondemocracies? *Journal of Economic Perspectives, 18,* 51–74.

Munck, G. L., & Verkuilen, J. 2002. Conceptualizing and measuring democracy: Evaluating alternative indices. *Comparative Political Studies, 35,* 5–34.

Murphy, J. M., Laird, N. M., Monson, R. R., Sobol, A. M., & Leighton, A. H. 2000. A 40-year perspective on the prevalence of depression: The Stirling County study. *Archives of General Psychiatry, 57, 209–215*.

Murphy, J. P. M. 1999. Hitler was *not* an atheist. *Free Inquiry,* 19 (2).

Murphy, S. K., Zeng, M., & Herzon, S. B. 2017. A modular and enantioselective synthesis of the pleuromutilin antibiotics. *Science, 356,* 956–959.

Murray, C. 2003. *Human accomplishment: The pursuit of excellence in the arts and sciences, 800 B.C. to 1950.* New York: HarperPerennial.

Murray, C. J. L., et al. (487 coauthors). 2012. Disability-adjusted life years (DALYs) for 291 diseases and injuries in 21 regions, 1990–2010: A systematic analysis for the Global Burden of Disease study 2010. *The Lancet, 380,* 2197–2223.

Musolino, J. 2015. *The soul fallacy: What science shows we gain from letting go of our soul beliefs.* Amherst, NY: Prometheus Books.

Myhrvold, N. 2014. Commentary on Jaron Lanier's "The myth of AI."

Naam, R. 2010. Top five reasons "the singularity" is a misnomer. *Humanity+.*

Naam, R. 2013. *The infinite resource: The power of ideas on a finite planet.* Lebanon, NH: University Press of New England.

Nadelmann, E. A. 1990. Global prohibition regimes: The evolution of norms in international society. *International Organization, 44,* 479–526.

Nagdy, M., & Roser, M. 2016a. Military spending. *Our World in Data.*

Nagdy, M., & Roser, M. 2016b. Optimism and pessimism. *Our World in Data.*

Nagdy, M., & Roser, M. 2016c. Projections of future education. *Our World in Data.*

Nagel, T. 1970. *The possibility of altruism.* Princeton, NJ: Princeton University Press.

Nagel, T. 1974. What is it like to be a bat? *Philosophical Review, 83,* 435–450.

Nagel, T. 1997. *The last word.* New York: Oxford University Press.

Nagel, T. 2012. *Mind and cosmos: Why the materialist neo-Darwinian conception of nature is almost certainly false.* New York: Oxford University Press.

Nash, G. H. 2009. *Reappraising the right: The past and future of American conservatism.* Wilmington, DE: Intercollegiate Studies Institute.

National Assessment of Adult Literacy. (Undated.) Literacy from 1870 to 1979.

National Center for Health Statistics. 2014. *Health, United States, 2013.* Hyattsville, MD: National Center for Health Statistics.

National Center for Statistics and Analysis. 1995. *Traffic safety facts 1995—pedestrians.* Washington: National Highway Traffic Safety Administration.

National Center for Statistics and Analysis. 2006. *Pedestrians: 2005 data.* Washington: National Highway Traffic Safety Administration.

National Center for Statistics and Analysis. 2016. *Pedestrians: 2014 data.* Washington: National Highway Traffic Safety Administration.

National Center for Statistics and Analysis. 2017. *Pedestrians: 2015 data.* Washington: National Highway Traffic Safety Administration.

National Consortium for the Study of Terrorism and Responses to Terrorism. 2016. *Global Terrorism Database.*

National Institute on Drug Abuse. 2016. DrugFacts: High school and youth trends.

National Safety Council. 2011. *Injury facts, 2011 edition.* Itasca, IL: National Safety Council.

National Safety Council. 2016. *Injury facts, 2016 edition.* Itasca, IL: National Safety Council.

Nemirow, J., Krasnow, M., Howard, R., & Pinker, S. 2016. Ineffective charitable altruism suggests adaptations for partner choice. Presented at the Annual Meeting of the Human Behavior and Evolution Society, Vancouver.

New York Times. 2016. Election 2016: Exit polls.

Newman, M. E. J. 2005. Power laws, Pareto distributions and Zipf's law. *Contemporary Physics, 46,* 323–351.

Nietzsche, F. 1887/2014. *On the genealogy of morals.* New York: Penguin.

Nisbet, R. 1980/2009. *History of the idea of progress.* New Brunswick, NJ: Transaction.

Norberg, J. 2016. *Progress: Ten reasons to look forward to the future.* London: Oneworld.

Nordhaus, T. 2016. Back from the energy future: What decades of failed forecasts say about clean energy and climate change. *Foreign Affairs,* Oct. 18.

Nordhaus, T., & Lovering, J. 2016. Does climate policy matter? Evaluating the efficacy of emissions caps and targets around the world. *The Breakthrough.*

Nordhaus, T., & Shellenberger, M. 2007. *Break through: From the death of environmentalism to the politics of possibility.* Boston: Houghton Mifflin.

Nordhaus, T., & Shellenberger, M. 2011. The long death of environmentalism. *The Breakthrough.*

Nordhaus, T., & Shellenberger, M. 2013. How the left came to reject cheap energy for the poor: The great progressive reversal, part two. *The Breakthrough.*

Nordhaus, W. 1974. Resources as a constraint on growth. *American Economic Review, 64,* 22–26.

Nordhaus, W. 1996. Do real-output and real-wage measures capture reality? The history of lighting suggests not. In T. F. Bresnahan & R. J. Gordon, eds., *The economics of new goods.* Chicago: University of Chicago Press.

Nordhaus, W. 2013. *The climate casino: Risk, uncertainty, and economics for a warming world.* New Haven: Yale University Press.

Norenzayan, A. 2015. *Big gods: How religion transformed cooperation and conflict.* Princeton, NJ: Princeton University Press.

Norman, A. 2016. Why we reason: Intention-alignment and the genesis of human rationality. *Biology and Philosophy, 31,* 685–704.

Norris, P., & Inglehart, R. 2016. Populist-authoritarianism.

North, D. C., Wallis, J. J., & Weingast, B. R. 2009. *Violence and social orders: A conceptual framework for interpreting recorded human history.* New York: Cambridge University Press.

Norvig, P. 2015. Ask not can machines think, ask how machines fit into the mechanisms we design.

Nozick, R. 1974. *Anarchy, state, and utopia.* New York: Basic Books.

Nussbaum, M. 2000. *Women and human development: The capabilities approach.* New York: Cambridge University Press.

Nussbaum, M. 2008. Who is the happy warrior? Philosophy poses questions to psychology. *Journal of Legal Studies, 37,* 81–113.

Nussbaum, M. 2016. *Not for profit: Why democracy needs the humanities* (updated ed.). Princeton, NJ: Princeton University Press.

Nyhan, B. 2013. Building a better correction. *Columbia Journalism Review.*

Ó Gráda, C. 2009. *Famine: A short history.* Princeton, NJ: Princeton University Press.

O'Neill, S., & Nicholson-Cole, S. 2009. "Fear won't do it": Promoting positive engagement with climate change through visual and iconic representations. *Science Communication, 30,* 355–379.

O'Neill, W. L. 1989. *American high: The years of confidence, 1945–1960.* New York: Simon & Schuster.

OECD. 1985. *Social expenditure 1960–1990: Problems of growth and control.* Paris: OECD Publishing.

OECD. 2014. Social expenditure update—social spending is falling in some countries, but in many others it remains at historically high levels.

OECD. 2015a. *Education at a glance 2015: OECD indicators.* Paris: OECD Publishing.

OECD. 2015b. Suicide rates. https://data.oecd.org/healthstat/suicide-rates.htm.

OECD. 2016. Income distribution and poverty.

OECD. 2017. Social expenditure: Aggregated data.

Oeppen, J., & Vaupel, J. W. 2002. Broken limits to life expectancy. *Science, 296,* 1029–1031.

Oesterdiekhoff, G. W. 2015. The nature of "premodern" mind: Tylor, Frazer, Lévy-Bruhl, Evans-Pritchard, Piaget, and beyond. *Anthropos, 110,* 15–25.

Office for National Statistics. 2016. UK environmental accounts: How much material is the UK consuming?

Office for National Statistics. 2017. Homicide.

Ohlander, J. 2010. *The decline of suicide in Sweden, 1950–2000.* Ph.D. dissertation, Pennsylvania State University.

Olfson, M., Druss, B. G., & Marcus, S. C. 2015. Trends in mental health care among children and adolescents. *New England Journal of Medicine, 372,* 2029–2038.

Omohundro, S. M. 2008. The basic AI drives. In P. Wang, B. Goertzel, & S. Franklin, eds., *Artificial general intelligence 2008: Proceedings of the first AGI conference.* Amsterdam: IOS Press.

Oreskes, N., & Conway, E. 2010. *Merchants of doubt: How a handful of scientists obscured the truth on issues from tobacco smoke to global warming.* New York: Bloomsbury Press.

Ortiz-Ospina, E., Lee, L., & Roser, M. 2016. Suicide. *Our World in Data.*

Ortiz-Ospina, E., & Roser, M. 2016a. Child labor. *Our World in Data.*

Ortiz-Ospina, E., & Roser, M. 2016b. Public spending. *Our World in Data.*

Ortiz-Ospina, E., & Roser, M. 2016c. Trust. *Our World in Data.*

Ortiz-Ospina, E., & Roser, M. 2016d. World population growth. *Our World in Data.*

Ortiz-Ospina, E., & Roser, M. 2017. Happiness and life satisfaction. Our World in Data.

Osgood, C. E. 1962. *An alternative to war or surrender.* Urbana: University of Illinois Press.

Otieno, C., Spada, H., & Renkl, A. 2013. Effects of news frames on perceived risk, emotions, and learning. *PLOS ONE, 8,* 1–12.

Otterbein, K. F. 2004. *How war began.* College Station: Texas A&M University Press.

Ottosson, D. 2006. *LGBT world legal wrap up survey.* Brussels: International Lesbian and Gay Association.

Ottosson, D. 2009. *State-sponsored homophobia.* Brussels: International Lesbian, Gay, Bisexual, Trans, and Intersex Association.

Pacala, S., & Socolow, R. 2004. Stabilization wedges: Solving the climate problem for the next 50 years with current technologies. *Science, 305,* 968–972.

Pagden, A. 2013. *The Enlightenment: And why it still matters.* New York: Random House.

Pagel, M. 2015. Machines that can think will do more good than harm.

Paine, T. 1782/2016. *Thomas Paine ultimate collection: Political works, philosophical writings, speeches, letters and biography.* Prague: e-artnow.

Papineau, D. 2015. Naturalism. In E. N. Zalta, ed., *Stanford Encyclopedia of Philosophy.*

Parachini, J. 2003. Putting WMD terrorism into perspective. *Washington Quarterly, 26,* 37–50.

Parfit, D. 1997. Equality and priority. *Ratio, 10,* 202–221.

Parfit, D. 2011. *On what matters.* New York: Oxford University Press.

Patel, A. 2008. *Music, language, and the brain.* New York: Oxford University Press.

Patterson, O. 1985. *Slavery and social death.* Cambridge, MA: Harvard University Press.

Paul, G. S. 2009. The chronic dependence of popular religiosity upon dysfunctional psychosociological conditions. *Evolutionary Psychology, 7,* 398–441.

Paul, G. S. 2014. The health of nations. *Skeptic, 19,* 10–16.

Paul, G. S., & Zuckerman, P. 2007. Why the gods are not winning.

Payne, J. L. 2004. *A history of force: Exploring the worldwide movement against habits of coercion, bloodshed, and mayhem.* Sandpoint, ID: Lytton Publishing.

Payne, J. L. 2005. The prospects for democracy in high-violence societies. *Independent Review, 9,* 563–72.

PBL Netherlands Environmental Assessment Agency. (Undated.) *History database of the global environment: Population.*

Pegula, S., & Janocha, J. 2013. Death on the job: Fatal work injuries in 2011. *Beyond the Numbers, 2* (22).

Pelham, N. 2016. *Holy lands: Reviving pluralism in the Middle East.* New York: Columbia Global Reports.

Pentland, A. 2007. The human nervous system has come alive.

Perlman, J. E. 1976. *The myth of marginality: Urban poverty and politics in Rio de Janeiro.* Berkeley: University of California Press.

Peterson, M. B. 2015. Evolutionary political psychology: On the origin and structure of heuristics and biases in politics. *Advances in Political Psychology, 36,* 45–78.

Pettersson, T., & Wallensteen, P. 2015. Armed conflicts, 1946–2014. *Journal of Peace Research, 52,* 536–550.

Pew Research Center. 2010. *Gender equality universally embraced, but inequalities acknowledged.* Washington: Pew Research Center.

Pew Research Center. 2012a. *The global religious landscape.* Washington: Pew Research Center.

Pew Research Center. 2012b. *Trends in American values, 1987–2012.* Washington: Pew Research Center.

Pew Research Center. 2012c. *The world's Muslims: Unity and diversity.* Washington: Pew Research Center.

Pew Research Center. 2013. *The world's Muslims: Religion, politics, and society.* Washington: Pew Research Center.

Pew Research Center. 2014. *Political polarization in the American public.* Washington: Pew Research Center.

Pew Research Center. 2015a. *America's changing religious landscape.* Washington: Pew Research Center.

Pew Research Center. 2015b. *Views about climate change, by education and science knowledge.* Washington: Pew Research Center.

Phelps, E. S. 2013. *Mass flourishing: How grassroots innovation created jobs, challenge, and change.* Princeton, NJ: Princeton University Press.

Phillips, J. A. 2014. A changing epidemiology of suicide? The influence of birth cohorts on suicide rates in the United States. *Social Science and Medicine, 114,* 151–160.

Pietschnig, J., & Voracek, M. 2015. One century of global IQ gains: A formal meta-analysis of the Flynn effect (1909–2013).*Perspectives on Psychological Science, 10,* 282–306.

Piketty, T. 2013. *Capital in the twenty-first century.* Cambridge, MA: Harvard University Press.

Pinker, S. 1994/2007. *The language instinct.* New York: HarperCollins.

Pinker, S. 1997/2009. *How the mind works.* New York: Norton.

Pinker, S. 1999/2011. *Words and rules: The ingredients of language.* New York: HarperCollins.

Pinker, S. 2002/2016. *The blank slate: The modern denial of human nature.* New York: Penguin.

Pinker, S. 2005. The evolutionary psychology of religion. *Freethought Today.*

Pinker, S. 2006. Preface to "Dangerous ideas"

Pinker, S. 2007a. *The stuff of thought: Language as a window into human nature.* New York: Penguin.

Pinker, S. 2007b. Toward a consilient study of literature: Review of J. Gottschall & D. S. Wilson's "The literary animal: Evolution and the nature of narrative." *Philosophy and Literature, 31,* 162–178.

Pinker, S. 2008a. The moral instinct. *New York Times Magazine,* January 13.

Pinker, S. 2008b. The stupidity of dignity. *New Republic,* May 28.

Pinker, S. 2010. The cognitive niche: Coevolution of intelligence, sociality, and language. *Proceedings of the National Academy of Sciences, 107,* 8993–8999.

Pinker, S. 2011. *The better angels of our nature: Why violence has declined.* New York: Penguin.

Pinker, S. 2012. The false allure of group selection.

Pinker, S. 2013a. George A. Miller (1920–2012). *American Psychologist, 68,* 467–468.

Pinker, S. 2013b. Science is not your enemy. *New Republic,* Aug. 6.

Pinker, S., & Wieseltier, L. 2013. Science vs. the humanities, round Ⅲ. *New Republic,* Sept. 26.

Pinker, Susan. 2014. *The village effect: How face-to-face contact can make us healthier, happier, and smarter.* New York: Spiegel & Grau.

Plomin, R., & Deary, I. J. 2015. Genetics and intelligence differences: Five special findings. *Molecular Psychiatry, 20,* 98–108.

PLOS Medicine Editors. 2013. The paradox of mental health: Over-treatment and under-recognition. *PLOS Medicine, 10,* e1001456.

Plumer, B. 2015. Global warming, explained. *Vox.*

Popper, K. 1945/2013. *The open society and its enemies.* Princeton, NJ: Princeton University Press.

Popper, K. 1983. *Realism and the aim of science.* London: Routledge.

Porter, M. E., Stern, S., & Green, M. 2016. *Social Progress Index 2016.* Washington: Social Progress Imperative.

Porter, R. 2000. *The creation of the modern world: The untold story of the British Enlightenment.* New York: Norton.

Potts, M., & Hayden, T. 2008. *Sex and war: How biology explains warfare and terrorism and offers a path to a safer world.* Dallas, TX: Benbella Books.

Powell, J. L. 2015. Climate scientists virtually unanimous: Anthropogenic global warming is true. *Bulletin of Science, Technology & Society, 35,* 121–124.

Prados de la Escosura, L. 2015. World human development, 1870–2007. *Review of Income and Wealth, 61,* 220–247.

Pratto, F., Sidanius, J., & Levin, S. 2006. Social dominance theory and the dynamics of intergroup relations: Taking stock and looking forward. *European Review of Social Psychology, 17,* 271–320.

Preble, C. 2004. *John F. Kennedy and the missile gap.* DeKalb: Northern Illinois University Press.

Price, R. G. 2006. The mis-portrayal of Darwin as a racist. *RationalRevolution.net.*

Proctor, B. D., Semega, J. L., & Kollar, M. A. 2016. *Income and poverty in the United States: 2015.* Washington: United States Census Bureau.

Proctor, R. N. 1988. *Racial hygiene: Medicine under the Nazis.* Cambridge, MA: Harvard University Press.

Pronin, E., Lin, D. Y., & Ross, L. 2002. The bias blind spot: Perceptions of bias in self versus others. *Personality and Social Psychology Bulletin, 28,* 369–381.

Pryor, F. L. 2007. Are Muslim countries less democratic? *Middle East Quarterly, 14,* 53–58.

Publius Decius Mus (Michael Anton). 2016. The flight 93 election. *Claremont Review of Books Digital.*

Putnam, R. D., & Campbell, D. E. 2010. *American grace: How religion divides and unites us.* New York: Simon & Schuster.

Quarantelli, E. L. 2008. Conventional beliefs and counterintuitive realities. *Social Research, 75,* 873–904.

Rachels, J., & Rachels, S. 2010. *The elements of moral philosophy.* Columbus, OH: McGraw-Hill.

Radelet, S. 2015. *The great surge: The ascent of the developing world.* New York: Simon & Schuster.

Railton, P. 1986. Moral realism. *Philosophical Review, 95,* 163–207.

Randle, M., & Eckersley, R. 2015. Public perceptions of future threats to humanity and different societal responses: A cross-national study. *Futures, 72,* 4–16.

Rawcliffe, C. 1998. *Medicine and society in later medieval England.* Stroud, UK: Sutton.

Rawls, J. 1976. *A theory of justice.* Cambridge, MA: Harvard University Press.

Ray, J. L. 1989. The abolition of slavery and the end of international war. *International Organization, 43,* 405–439.

Redlawsk, D. P., Civettini, A. J. W., & Emmerson, K. M. 2010. The affective tipping point: Do motivated reasoners ever "get it"? *Political Psychology, 31,* 563–593.

Reese, B. 2013. *Infinite progress: How the internet and technology will end ignorance, disease, poverty, hunger, and war.* Austin, TX: Greenleaf Book Group Press.

Reverby, S. M., ed. 2000. *Tuskegee's truths: Rethinking the Tuskegee syphilis study.* Chapel Hill: University of North Carolina Press.

Rhodes, R. 2010. *The twilight of the bombs.* New York: Knopf.

Rice, J. W., Olson, J. K., & Colbert, J. T. 2011. University evolution education: The effect of evolution instruction on biology majors' content knowledge, attitude toward evolution, and theistic position. *Evolution: Education and Outreach, 4,* 137–144.

Richards, R. J. 2013. *Was Hitler a Darwinian? Disputed questions in the history of evolutionary theory.* Chicago: University of Chicago Press.

Rid, T. 2012. Cyber war will not take place. *Journal of Strategic Studies, 35,* 5–32.

Ridley, M. 2000. *Genome: The autobiography of a species in 23 chapters.* New York: HarperCollins.

Ridley, M. 2010. *The rational optimist: How prosperity evolves.* New York: HarperCollins.

Ridout, T. N., Grosse, A. C., & Appleton, A. M. 2008. News media use and Americans' perceptions of global threat. *British Journal of Political Science, 38,* 575–593.

Rijpma, A. 2014. A composite view of well-being since 1820. In J. van Zanden, J. Baten, M. M. d'Ercole, A. Rijpma, C. Smith, & M. Timmer, eds., *How was life? Global well-being since 1820.* Paris: OECD Publishing.

Riley, J. C. 2005. Estimates of regional and global life expectancy, 1800–2001. *Population and Development Review, 31,* 537–543.

Rindermann, H. 2008. Relevance of education and intelligence for the political development of nations: Democracy, rule of law and political liberty. *Intelligence, 36,* 306–322.

Rindermann, H. 2012. Intellectual classes, technological progress and economic development: The rise of cognitive capitalism. *Personality and Individual Differences, 53,* 108–113.

Risso, M. I. 2014. Intentional homicides in São Paulo city: A new perspective. *Stability: International Journal of Security & Development, 3,* art. 19.

Ritchie, H., & Roser, M. 2017. CO2 and other greenhouse gas emissions. *Our World in Data.*

Ritchie, S. 2015. *Intelligence: All that matters.* London: Hodder & Stoughton.

Ritchie, S., Bates, T. C., & Deary, I. J. 2015. Is education associated with improvements in general cognitive ability, or in specific skills? *Developmental Psychology, 51,* 573–582.

Rizvi, A. A. 2016. *The atheist Muslim: A journey from religion to reason.* New York: St. Martin's Press.

Robinson, F. S. 2009. *The case for rational optimism.* New Brunswick, NJ: Transaction.

Robinson, J. 2013. Americans less rushed but no happier: 1965–2010 trends in subjective time and happiness. *Social Indicators Research, 113,* 1091–1104.

Robock, A., & Toon, O. B. 2012. Self-assured destruction: The climate impacts of nuclear war. *Bulletin of the Atomic Scientists, 68,* 66–74.

Romer, P. 2016. Conditional optimism about progress and climate. *Paul Romer.net.*

Romer, P., & Nelson, R. R. 1996. Science, economic growth, and public policy. In B. L. R. Smith & C. E. Barfield, eds., *Technology, R&D, and the economy.* Washington: Brookings Institution.

Roos, J. M. 2014. Measuring science or religion? A measurement analysis of the National Science Foundation sponsored Science Literacy Scale, 2006–2010. *Public Understanding of Science, 23,* 797–813.

Ropeik, D., & Gray, G. 2002. *Risk: A practical guide for deciding what's really safe and what's really dangerous in the world around you*. Boston: Houghton Mifflin.

Rose, S. J. 2016. *The growing size and incomes of the upper middle class*. Washington: Urban Institute.

Rosen, J. 2016. Here's how the world could end—and what we can do about it. *Science*.

Rosenberg, N., & Birdzell, L. E., Jr. 1986. *How the West grew rich: The economic transformation of the industrial world*. New York: Basic Books.

Rosenthal, B. G. 2002. *New myth, new world: From Nietzsche to Stalinism*. University Park: Penn State University Press.

Roser, M. 2016a. Child mortality. *Our World in Data*.

Roser, M. 2016b. Democracy. *Our World in Data*.

Roser, M. 2016c. Economic growth. *Our World in Data*.

Roser, M. 2016d. Food per person. *Our World in Data*.

Roser, M. 2016e. Food prices. *Our World in Data*.

Roser, M. 2016f. Forest. *Our World in Data*.

Roser, M. 2016g. Global economic inequality. *Our World In Data*.

Roser, M. 2016h. Human Development Index (HDI). *Our World in Data*.

Roser, M. 2016i. Human rights. *Our World in Data*.

Roser, M. 2016j. Hunger and undernourishment. *Our World in Data*.

Roser, M. 2016k. Income inequality. *Our World in Data*.

Roser, M. 2016l. Indoor air pollution. *Our World in Data*.

Roser, M. 2016m. Land use in agriculture. *Our World in Data*.

Roser, M. 2016n. Life expectancy. *Our World in Data*.

Roser, M. 2016o. Light. *Our World in Data*.

Roser, M. 2016p. Maternal mortality. *Our World in Data*.

Roser, M. 2016q. Natural catastrophes. *Our World in Data*.

Roser, M. 2016r. Oil spills. *Our World in Data*.

Roser, M. 2016s. Treatment of minorities. *Our World in Data*.

Roser, M. 2016t. Working hours. *Our World in Data*.

Roser, M. 2016u. Yields. *Our World in Data*.

Roser, M., & Ortiz-Ospina, E. 2016a. Global rise of education. *Our World in Data*.

Roser, M., & Ortiz-Ospina, E. 2016b. Literacy. *Our World in Data*.

Roser, M., & Ortiz-Ospina, E. 2017. Global extreme poverty. *Our World in Data*.

Roser, M. & Ortiz-Ospina, E. 2018. Primary and secondary education. Our World in Data.

Roth, R. 2009. *American homicide*. Cambridge, MA: Harvard University Press.

Rozenblit, L., & Keil, F. C. 2002. The misunderstood limits of folk science: An illusion of explanatory depth. *Cognitive Science, 26,* 521–562.

Rozin, P., & Royzman, E. B. 2001. Negativity bias, negativity dominance, and contagion. *Personality and Social Psychology Review, 5,* 296–320.

Ruddiman, W. F., Fuller, D. Q., Kutzbach, J. E., Tzedakis, P. C., Kaplan, J. O., et al. 2016. Late Holocene climate: Natural or anthropogenic? *Reviews of Geophysics, 54,* 93–118.

Rummel, R. J. 1994. *Death by government*. New Brunswick, NJ: Transaction.

Rummel, R. J. 1997. *Statistics of democide*. New Brunswick, NJ: Transaction.

Russell, B. 1945/1972. *A history of Western philosophy*. New York: Simon & Schuster.

Russell, S. 2015. Will they make us better people?

Russett, B. 2010. Capitalism *or* democracy? Not so fast. *International Interactions, 36,* 198–205.

Russett, B., & Oneal, J. 2001. *Triangulating peace: Democracy, interdependence, and international organizations.* New York: Norton.

Sacerdote, B. 2017. *Fifty years of growth in American consumption, income, and wages.* Cambridge, MA: National Bureau of Economic Research.

Sacks, D. W., Stevenson, B., & Wolfers, J. 2012. *The new stylized facts about income and subjective well-being.* Bonn: IZA Institute for the Study of Labor.

Sagan, S. D. 2009a. The case for No First Use. *Survival, 51,* 163–182.

Sagan, S. D. 2009b. The global nuclear future. *Bulletin of the American Academy of Arts and Sciences, 62,* 21–23.

Sagan, S. D. 2009c. Shared responsibilities for nuclear disarmament. *Daedalus, 138,* 157–168.

Sagan, S. D. 2010. Nuclear programs with sources. Center for International Security and Cooperation, Stanford University.

Sage, J. C. 2010. *Birth cohort changes in anxiety from 1993–2006: A cross-temporal meta-analysis.* Master's thesis, San Diego State University, San Diego.

Sanchez, D. L., Nelson, J. H., Johnston, J. C., Mileva, A., & Kammen, D. M. 2015. Biomass enables the transition to a carbon-negative power system across western North America. *Nature Climate Change, 5,* 230–234.

Sandman, P. M., & Valenti, J. M. 1986. Scared stiff—or scared into action. *Bulletin of the Atomic Scientists,* 42, 12–16.

Satel, S. L. 2000. *PC, M.D.: How political correctness is corrupting medicine.* New York: Basic Books.

Satel, S. L. 2010. The limits of bioethics. *Policy Review,* Feb. & March.

Satel, S. L. 2017. Taking on the scourge of opioids. *National Affairs,* Summer, 1–19.

Saunders, P. 2010. *Beware false prophets: Equality, the good society and the spirit level.* London: Policy Exchange.

Savulescu, J. 2015. Bioethics: Why philosophy is essential for progress. *Journal of Medical Ethics, 41,* 28–33.

Sayer, L. C., Bianchi, S. M., & Robinson, J. P. 2004. Are parents investing less in children? Trends in mothers' and fathers' time with children. *American Journal of Sociology, 110,* 1–43.

Sayre-McCord, G. 1988. *Essays on moral realism.* Ithaca, NY: Cornell University Press.

Sayre-McCord, G. 2015. Moral realism. In E. N. Zalta, ed., *Stanford Encyclopedia of Philosophy.* https://plato.stanford.edu/entries/moral-realism/.

Schank, R. C. 2015. Machines that think are in the movies.

Scheidel, W. 2017. *The great leveler: Violence and the history of inequality from the Stone Age to the twenty-first century.* Princeton, NJ: Princeton University Press.

Schelling, T. C. 1960. *The strategy of conflict.* Cambridge, MA: Harvard University Press.

Schelling, T. C. 2009. A world without nuclear weapons? *Daedalus, 138,* 124–129.

Schlosser, E. 2013. *Command and control: Nuclear weapons, the Damascus accident, and the illusion of safety.* New York: Penguin.

Schneider, C. E. 2015. *The censor's hand: The misregulation of human-subject research.* Cambridge, MA: MIT Press.

Schneider, G., & Gleditsch, N. P. 2010. The capitalist peace: The origins and prospects of a liberal idea. *International Interactions, 36,* 107–114.

Schneier, B. 2008. *Schneier on security.* New York: Wiley.

Schrag, D. 2009. Coal as a low-carbon fuel? *Nature Geoscience, 2,* 818–820.

Schrag, Z. M. 2010. *Ethical imperialism: Institutional review boards and the social sciences, 1965–2009.* Baltimore: Johns Hopkins University Press.

Schrauf, R. W., & Sanchez, J. 2004. The preponderance of negative emotion words in the emotion lexicon: A cross-generational and cross-linguistic study. *Journal of Multilingual and Multicultural Development, 25,* 266–284.

Schuck, P. H. 2015. *Why government fails so often: And how it can do better.* Princeton, NJ: Princeton University Press.

Scoblic, J. P. 2010. What are nukes good for? *New Republic,* April 7.

Scott, J. C. 1998. *Seeing like a state: How certain schemes to improve the human condition failed.* New Haven: Yale University Press.

Scott, R. A. 2010. *Miracle cures: Saints, pilgrimage, and the healing powers of belief.* Berkeley: University of California Press.

Sechser, T. S., & Fuhrmann, M. 2017. *Nuclear weapons and coercive diplomacy.* New York: Cambridge University Press.

Sehu, Y., Chen, L.-H., & Hedegaard, H. 2015. Death rates from unintentional falls among adults aged ≥ 65 years, by sex—United States, 2000–2013. *CDC Morbidity and Mortality Weekly Report, 64,* 450.

Seiple, I. B., Zhang, Z., Jakubec, P., Langlois-Mercier, A., Wright, P. M., et al. 2016. A platform for the discovery of new macrolide antibiotics. *Nature, 533,* 338–345.

Semega, J. L., Fontenot, K. R., & Kollar, M. A. 2017. Income and poverty in the United States: 2016. Washington: United States Census Bureau.

Sen, A. 1984. *Poverty and famines: An essay on entitlement and deprivation.* New York: Oxford University Press.

Sen, A. 1987. *On ethics and economics.* Oxford: Blackwell.

Sen, A. 1999. *Development as freedom.* New York: Knopf.

Sen, A. 2000. East and West: The reach of reason. *New York Review of Books,* July 20.

Sen, A. 2005. *The argumentative Indian: Writings on Indian history, culture and identity.* New York: Farrar, Straus & Giroux.

Sen, A. 2009. *The idea of justice.* Cambridge, MA: Harvard University Press.

Service, R. F. 2017. Fossil power, guilt free. *Science, 356,* 796–799.

Sesardić, N. 2016. *When reason goes on holiday: Philosophers in politics.* New York: Encounter.

Sheehan, J. J. 2008. *Where have all the soldiers gone? The transformation of modern Europe.* Boston: Houghton Mifflin.

Shellenberger, M. 2017. Nuclear technology, innovation and economics. *Environmental Progress.*

Shellenberger, M., & Nordhaus, T. 2013. Has there been a great progressive reversal? How the left abandoned cheap electricity. AlterNet.

Shermer, M., ed. 2002. *The Skeptic Encyclopedia of Pseudoscience* (vols. 1 and 2). Denver: ABC-CLIO.

Shermer, M. 2015. *The moral arc: How science and reason lead humanity toward truth, justice, and freedom.* New York: Henry Holt.

Shermer, M. 2018. *Heavens on earth: The scientific search for the afterlife, immortality, and utopia.* New York: Henry Holt.

Shields, J. A., & Dunn, J. M. 2016. *Passing on the right: Conservative professors in the progressive university.* New York: Oxford University Press.

Shtulman, A. 2006. Qualitative differences between naive and scientific theories of evolution. *Cognitive Psychology, 52,* 170–194.

Shweder, R. A. 2004. Tuskegee re-examined. *Spiked.*

Sidanius, J., & Pratto, F. 1999. *Social dominance.* New York: Cambridge University Press.

Siebens, J. 2013. *Extended measures of well-being: Living conditions in the United States, 2011.* Washington:

US Census Bureau.

Siegel, R., Naishadham, D., & Jemal, A. 2012. Cancer statistics, 2012. *CA: A Cancer Journal for Clinicians, 62,* 10–29.

Sikkink, K. 2017. *Evidence for hope: Making human rights work in the 21st century.* Princeton, NJ: Princeton University Press.

Silver, N. 2015. *The signal and the noise: Why so many predictions fail—but some don't.* New York: Penguin.

Simon, J. 1981. *The ultimate resource.* Princeton, NJ: Princeton University Press.

Singer, P. 1981/2011. *The expanding circle: Ethics and sociobiology.* Princeton, NJ: Princeton University Press.

Singer, P. 2010. *The life you can save: How to do your part to end world poverty.* New York: Random House.

Singh, J. P., Grann, M., & Fazel, S. 2011. A comparative study of violence risk assessment tools: A systematic review and metaregression analysis of 68 studies involving 25,980 participants. *Clinical Psychology Review, 31,* 499–513.

Slingerland, E. 2008. *What science offers the humanities: Integrating body and culture.* New York: Cambridge University Press.

Sloman, S., & Fernbach, P. 2017. *The knowledge illusion: Why we never think alone.* New York: Penguin.

Slovic, P. 1987. Perception of risk. *Science, 236,* 280–285.

Slovic, P., Fischhoff, B., & Lichtenstein, S. 1982. Facts versus fears: Understanding perceived risk. In D. Kahneman, P. Slovic, & A. Tversky, eds., *Judgment under uncertainty: Heuristics and biases.* New York: Cambridge University Press.

Smart, J. J. C., & Williams, B. 1973. *Utilitarianism: For and against.* New York: Cambridge University Press.

Smith, A. 1776/2009. *The wealth of nations.* New York: Classic House Books.

Smith, E. A., Hill, K., Marlowe, F., Nolin, D., Wiessner, P., et al. 2010. Wealth transmission and inequality among hunter-gatherers. *Current Anthropology, 51,* 19–34.

Smith, H. L. 2008. Advances in age-period-cohort analysis. *Sociological Methods and Research, 36,* 287–96.

Smith, T. W., Son, J., & Schapiro, B. 2015. *General Social Survey final report: Trends in psychological well-being, 1972–2014.* Chicago: National Opinion Research Center at the University of Chicago.

Snow, C. P. 1959/1998. *The two cultures.* New York: Cambridge University Press.

Snow, C. P. 1961. The moral un-neutrality of science. *Science, 133,* 256–259.

Snowdon, C. 2010. *The spirit level delusion: Fact-checking the left's new theory of everything.* Ripon, UK: Little Dice.

Snowdon, C. 2016. *The Spirit Level Delusion* (blog).

Snyder, T. D., ed. 1993. *120 years of American education: A statistical portrait.* Washington: National Center for Education Statistics.

Somin, I. 2016. *Democracy and political ignorance: Why smaller government is smarter* (2nd ed.). Stanford, CA: Stanford University Press.

Sowell, T. 1980. *Knowledge and decisions.* New York: Basic Books.

Sowell, T. 1987. *A conflict of visions: Ideological origins of political struggles.* New York: Quill.

Sowell, T. 1994. *Race and culture: A world view.* New York: Basic Books.

Sowell, T. 1995. *The vision of the anointed: Self-congratulation as a basis for social policy.* New York: Basic Books.

Sowell, T. 1996. *Migrations and cultures: A world view.* New York: Basic Books.

Sowell, T. 1998. *Conquests and cultures: An international history.* New York: Basic Books.

Sowell, T. 2010. *Intellectuals and society.* New York: Basic Books.

Sowell, T. 2015. *Wealth, poverty, and politics: An international perspective.* New York: Basic Books.

Spagat, M. 2015. Is the risk of war declining? *Sense About Science USA.*

Spagat, M. 2017. Pinker versus Taleb: A non-deadly quarrel over the decline of violence.

Stansell, C. 2010. *The feminist promise: 1792 to the present.* New York: Modern Library.

Stanton, S. J., Beehner, J. C., Saini, E. K., Kuhn, C. M., & LaBar, K. S. 2009. Dominance, politics, and physiology: Voters' testosterone changes on the night of the 2008 United States presidential election. *PLOS ONE, 4,* e7543.

Starmans, C., Sheskin, M., & Bloom, P. 2017. Why people prefer unequal societies. *Nature Human Behavior, 1,* 1–7.

Statistics Times. 2015. List of European countries by population (2015).

Steigmann-Gall, R. 2003. *The Holy Reich: Nazi conceptions of Christianity, 1919–1945.* New York: Cambridge University Press.

Stein, G., ed. 1996. *The Encyclopedia of the Paranormal.* Amherst, NY: Prometheus Books.

Stenger, V. J. 2011. *The fallacy of fine-tuning: Why the universe is not designed for us.* Amherst, NY: Prometheus Books.

Stephens-Davidowitz, S. 2014. The cost of racial animus on a black candidate: Evidence using Google search data. *Journal of Public Economics, 118,* 26–40.

Stephens-Davidowitz, S. 2017. *Everybody lies: Big data, new data, and what the internet reveals about who we really are.* New York: HarperCollins.

Stern, D. 2014. The environmental Kuznets curve: A primer. Centre for Climate Economics and Policy, Crawford School of Public Policy, Australian National University.

Sternhell, Z. 2010. *The anti-Enlightenment tradition.* New Haven: Yale University Press.

Stevens, J. A., & Rudd, R. A. 2014. Circumstances and contributing causes of fall deaths among persons aged 65 and older: United States, 2010. *Journal of the American Geriatrics Society, 62,* 470–475.

Stevenson, B., & Wolfers, J. 2008a. Economic growth and subjective well-being: Reassessing the Easterlin paradox. *Brookings Papers on Economic Activity,* Spring, 1–87.

Stevenson, B., & Wolfers, J. 2008b. Happiness inequality in the United States. *Journal of Legal Studies, 37,* S33–S79.

Stevenson, B., & Wolfers, J. 2009. The paradox of declining female happiness. *American Economic Journal: Economic Policy, 1,* 190–225.

Stevenson, L., & Haberman, D. L. 1998. *Ten theories of human nature.* New York: Oxford University Press.

Stokes, B. 2007. *Happiness is increasing in many countries—but why?* Washington: Pew Reseach Center.

Stork, N. E. 2010. Re-assessing current extinction rates. *Biodiversity and Conservation, 19,* 357–371.

Stuermer, M., & Schwerhoff, G. 2016. Non-renewable resources, extraction technology, and endogenous growth. National Bureau of Economic Research.

Suckling, K., Mehrhof, L. A., Beam, R., & Hartl, B. 2016. *A wild success: A systematic review of bird recovery under the Endangered Species Act.* Tucson, AZ: Center for Biological Diversity.

Summers, L. H. 2014a. The inequality puzzle. *Democracy: A Journal of Ideas, 33.*

Summers, L. H. 2014b. Reflections on the "new secular stagnation hypothesis." In C. Teulings & R. Baldwin, eds., *Secular stagnation: Facts, causes and cures.* London: Centre for Economic Policy Research.

Summers, L. H. 2016. The age of secular stagnation. *Foreign Affairs,* Feb. 15.

Summers, L. H., & Balls, E. 2015. *Report of the Commission on Inclusive Prosperity.* Washington: Center for American Progress.

Sunstein, C. R. 2013. *Simpler: The future of government.* New York: Simon & Schuster.

Sutherland, R. 2016. The dematerialization of consumption.

Sutherland, S. 1992. *Irrationality: The enemy within.* London: Penguin.

Sutin, A. R., Terracciano, A., Milaneschi, Y., An, Y., Ferrucci, L., et al. 2013. The effect of birth cohort on well-being: The legacy of economic hard times. *Psychological Science, 24,* 379–385.

Taber, C. S., & Lodge, M. 2006. Motivated skepticism in the evaluation of political beliefs. *American Journal of Political Science, 50,* 755–769.

Tannenwald, N. 2005. Stigmatizing the bomb: Origins of the nuclear taboo. *International Security, 29,* 5–49.

Taylor, P. 2016a. *The next America: Boomers, millennials, and the looming generational showdown.* Washington: PublicAffairs.

Taylor, P. 2016b. *The demographic trends shaping American politics in 2016 and beyond.* Washington: Pew Research Center.

Tebeau, M. 2016. Accidents. *Encyclopedia of Children and Childhood in History and Society.*

Tegmark, M. 2003. Parallel universes. *Scientific American, 288,* 41–51.

Teixeira, R., Halpin, J., Barreto, M., & Pantoja, A. 2013. *Building an all-in nation: A view from the American public.* Washington: Center for American Progress.

Terracciano, A. 2010. Secular trends and personality: Perspectives from longitudinal and cross-cultural studies—commentary on Trzesniewski & Donnellan (2010). *Perspectives on Psychological Science, 5,* 93–96.

Terry, Q. C. 2008. *Golden Rules and Silver Rules of humanity: Universal wisdom of civilization.* Berkeley: AuthorHouse.

Tetlock, P. E. 2002. Social functionalist frameworks for judgment and choice: Intuitive politicians, theologians, and prosecutors. *Psychological Review, 109,* 451–471.

Tetlock, P. E. 2015. All it takes to improve forecasting is keep score. Paper presented at the Seminars About Long-Term Thinking, San Francisco.

Tetlock, P. E., & Gardner, D. 2015. *Superforecasting: The art and science of prediction.* New York: Crown.

Tetlock, P. E., Mellers, B. A., & Scoblic, J. P. 2017. Bringing probability judgments into policy debates via forecasting tournaments. *Science, 355,* 481–483.

Teulings, C., & Baldwin, R., eds. 2014. *Secular stagnation: Facts, causes and cures.* London: Centre for Economic Policy Research.

Thomas, C. D.2017. *Inheritors of the Earth: How nature is thriving in an age of extinction.* New York: PublicAffairs.

Thomas, K. A., DeScioli, P., Haque, O. S., & Pinker, S. 2014. The psychology of coordination and common knowledge. *Journal of Personality and Social Psychology, 107,* 657–676.

Thomas, K. A., DeScioli, P., & Pinker, S. 2018. Common knowledge, coordination, and the logic of self-conscious emotions. Department of Psychology, Harvard University.

Thomas, K. H., & Gunnell, D. 2010. Suicide in England and Wales 1861–2007: A time trends analysis. *International Journal of Epidemiology, 39,* 1464–1475.

Thompson, D. 2013. How airline ticket prices fell 50% in 30 years (and why nobody noticed). *The Atlantic,* Feb. 28.

Thyne, C. L. 2006. ABC's, 123's, and the Golden Rule: The pacifying effect of education on civil war, 1980–1999. *International Studies Quarterly, 50,* 733–754.

Toniolo, G., & Vecchi, G. 2007. Italian children at work, 1881–1961. *Giornale degli Economisti e Annali di Economia, 66,* 401–427.

Tooby, J. 2015. The iron law of intelligence.

Tooby, J. 2017. Coalitional instincts.

Tooby, J., Cosmides, L., & Barrett, H. C. 2003. The second law of thermodynamics is the first law of psychology: Evolutionary developmental psychology and the theory of tandem, coordinated inheritances. *Psychological Bulletin, 129,* 858–865.

Tooby, J., & DeVore, I. 1987. The reconstruction of hominid behavioral evolution through strategic modeling. In W. G. Kinzey, ed., *The evolution of human behavior: Primate models.* Albany, NY: SUNY Press.

Topol, E. 2012. *The creative destruction of medicine: How the digital revolution will create better health care.* New York: Basic Books.

Trivers, R. L. 2002. *Natural selection and social theory: Selected papers of Robert Trivers.* New York: Oxford University Press.

Trzesniewski, K. H., & Donnellan, M. B. 2010. Rethinking "generation me": A study of cohort effects from 1976–2006. *Perspectives on Psychological Science, 5,* 58–75.

Tupy, M. L. 2016. We work less, have more leisure time and earn more money. *HumanProgress.*

Tversky, A., & Kahneman, D. 1973. Availability: A heuristic for judging frequency and probability. *Cognitive Psychology, 4,* 207–232.

Twenge, J. M. 2000. The age of anxiety? The birth cohort change in anxiety and neuroticism, 1952–1993. *Journal of Personality and Social Psychology* 79, 1007–1021.

Twenge, J. M. 2015. Time period and birth cohort differences in depressive symptoms in the U.S., 1982–2013. *Social Indicators Research, 121,* 437–454.

Twenge, J. M., Campbell, W. K., & Carter, N. T. 2014. Declines in trust in others and confidence in institutions among American adults and late adolescents, 1972–2012. *Psychological Science, 25,* 1914–1923.

Twenge, J. M., Gentile, B., DeWall, C. N., Ma, D., Lacefield, K., et al. 2010. Birth cohort increases in psychopathology among young Americans, 1938–2007: A cross-temporal meta-analysis of the MMPI. *Clinical Psychology Review, 30,* 145–154.

Twenge, J. M., & Nolen-Hoeksema, S. 2002. Age, gender, race, socioeconomic status, and birth cohort differences on the children's depression inventory: A meta-analysis. *Journal of Abnormal Psychology, 111,* 578–588.

Twenge, J. M., Sherman, R. A., & Lyubomirsky, S. 2016. More happiness for young people and less for mature adults: Time period differences in subjective well-being in the United States, 1972–2014. *Social Psychological and Personality Science, 7,* 131–141.

ul Haq, M. 1996. *Reflections on human development.* New York: Oxford University Press.

UNAIDS: Joint United Nations Program on HIV/AIDS. 2016. *Fast-track: Ending the AIDS epidemic by 2030.* Geneva: UNAIDS.

Union of Concerned Scientists. 2015a. Close calls with nuclear weapons.

Union of Concerned Scientists. 2015b. Leaders urge taking weapons off hair-trigger alert.

United Nations. 1948. Universal Declaration of Human Rights.

United Nations. 2015a. *The Millennium Development Goals Report 2015.* New York: United Nations.

United Nations. 2015b. Millennium Development Goals, goal 3: Promote gender equality and empower women.

United Nations Children's Fund. 2014. *Female genital mutilation/cutting: What might the future hold?* New York: UNICEF.

United Nations Development Programme. 2003. *Arab Human Development Report 2002: Creating opportunities for future generations.* New York: Oxford University Press.

United Nations Development Programme. 2011. *Human Development Report 2011.* New York: United Nations.

United Nations Development Programme. 2016. Human Development Index (HDI). http://hdr.undp.org/en/content/human-development-index-hdi.

United Nations Economic and Social Council. 2014. World crime trends and emerging issues and responses in the field of crime prevention and criminal justice.

United Nations Food and Agriculture Organization. 2012. *State of the world's forests 2012*. Rome: FAO.

United Nations Food and Agriculture Organization. 2014. *The state of food insecurity in the world*. Rome: FAO.

United Nations Office for Disarmament Affairs. (Undated.) Treaty on the non-proliferation of nuclear weapons (NPT).

United Nations Office of the High Commissioner for Human Rights. 1966. International covenant on economic, social and cultural rights.

United Nations Office on Drugs and Crime. 2013. Global study on homicide.

United Nations Office on Drugs and Crime. 2014. *Global study on homicide 2013*. Vienna: United Nations.

United States Census Bureau. 2016. Educational attainment in the United States, 2015.

United States Census Bureau. 2017. Population and housing unit estimates.

United States Department of Defense. 2016. Stockpile numbers, end of fiscal years 1962–2015.

United States Department of Labor. 2016. Women in the labor force.

United States Environmental Protection Agency. 2016. Air quality—national summary.

Unz, D., Schwab, F., & Winterhoff-Spurk, P. 2008. TV news—the daily horror? Emotional effects of violent television news. *Journal of Media Psychology, 20*, 141–155.

Uppsala Conflict Data Program. 2017. UCDP datasets.

van Bavel, B., & Rijpma, A. 2016. How important were formalized charity and social spending before the rise of the welfare state? A long-run analysis of selected Western European cases, 1400–1850. *Economic History Review, 69*, 159–187.

van Leeuwen, B., & van Leeuwen-Li, J. 2014. Education since 1820. In J. van Zanden, J. Baten, M. M. d'Ercole, A. Rijpma, C. Smith, & M. Timmer, eds., *How was life? Global well-being since 1820*. Paris: OECD Publishing.

van Zanden, J., Baten, J., d'Ercole, M. M., Rijpma, A., Smith, C., & Timmer, M., eds. 2014. *How was life? Global well-being since 1820*. Paris: OECD Publishing.

Värnik, P. 2012. Suicide in the world. *International Journal of Environmental Research and Public Health, 9*, 760–771.

Veenhoven, R. 2010. Life is getting better: Societal evolution and fit with human nature. *Social Indicators Research 97*, 105–122.

Veenhoven, R. (Undated.) World Database of Happiness.

Verhulst, B., Eaves, L., & Hatemi, P. K. 2016. Erratum to "Correlation not causation: The relationship between personality traits and political ideologies." *American Journal of Political Science, 60*, E3–E4.

Voas, D., & Chaves, M. 2016. Is the United States a counterexample to the secularization thesis? *American Journal of Sociology, 121*, 1517–1556.

Walther, B. A., & Ewald, P. W. 2004. Pathogen survival in the external environment and the evolution of virulence. *Biological Review, 79*, 849–869.

Watson, W. 2015. *The inequality trap: Fighting capitalism instead of poverty*. Toronto: University of Toronto Press.

Weaver, C. L. 1987. Support of the elderly before the Depression: Individual and collective arrangements. *Cato Journal, 7*, 503–525.

Welch, D. A., & Blight, J. G. 1987–88. The eleventh hour of the Cuban Missile Crisis: An introduction to the ExComm transcripts. *International Security, 12*, 5–29.

Welzel, C. 2013. *Freedom rising: Human empowerment and the quest for emancipation*. New York:

Cambridge University Press.

Whaples, R. 2005. Child labor in the United States. In R. Whaples, ed., *EH.net Encyclopedia*.

White, M. 2011. *Atrocities: The 100 deadliest episodes in human history*. New York: Norton.

Whitman, D. 1998. *The optimism gap: The I'm OK—They're Not syndrome and the myth of American decline*. New York: Bloomsbury USA.

Wieseltier, L. 2013. Crimes against humanities. *New Republic,* Sept. 3.

Wilkinson, R., & Pickett, K. 2009. *The spirit level: Why more equal societies almost always do better*. London: Allen Lane.

Wilkinson, W. 2016a. Revitalizing liberalism in the age of Brexit and Trump. *Niskanen Center Blog*.

Wilkinson, W. 2016b. What if we can't make government smaller? *Niskanen Center Blog*.

Williams, J. H., Haley, B., Kahrl, F., Moore, J., Jones, A. D., et al. 2014. *Pathways to deep decarbonization in the United States* (rev. ed.). San Francisco: Institute for Sustainable Development and International Relations.

Willingham, D. T. 2007. Critical thinking: Why is it so hard to teach? *American Educator,* Summer, 8–19.

Willnat, L., & Weaver, D. H. 2014. *The American journalist in the digital age*. Bloomington: Indiana University School of Journalism.

Wilson, E. O. 1998. *Consilience: The unity of knowledge*. New York: Knopf.

Wilson, M., & Daly, M. 1992. The man who mistook his wife for a chattel. In J. H. Barkow, L. Cosmides, & J. Tooby, eds., *The adapted mind: Evolutionary psychology and the generation of culture*. New York: Oxford University Press.

Wilson, W. 2007. The winning weapon? Rethinking nuclear weapons in light of Hiroshima. *International Security, 31,* 162–179.

WIN-Gallup International. 2012. Global Index of Religiosity and Atheism.

Winship, S. 2013. Overstating the costs of inequality. *National Affairs,* Spring.

Wolf, M. 2007. *Proust and the squid: The story and science of the reading brain*. New York: HarperCollins.

Wolin, R. 2004. *The seduction of unreason: The intellectual romance with fascism from Nietzsche to postmodernism*. Princeton, NJ: Princeton University Press.

Wood, G. 2017. *The way of the strangers: Encounters with the Islamic State*. New York: Random House.

Woodley, M. A., te Nijenhuis, J., & Murphy, R. 2013. Were the Victorians cleverer than us? The decline in general intelligence estimated from a meta-analysis of the slowing of simple reaction time. *Intelligence, 41,* 843–850.

Woodward, B., Shurkin, J., & Gordon, D. 2009. *Scientists greater than Einstein: The biggest lifesavers of the twentieth century*. Fresno, CA: Quill Driver.

Woolf, A. F. 2017. *The New START treaty: Central limits and key provisions*. Washington: Congressional Research Service.

Wootton, D. 2015. *The invention of science: A new history of the Scientific Revolution*. New York: HarperCollins.

World Bank. 2012a. *Turn down the heat: Why a 4°C warmer world must be avoided*. Washington: World Bank.

World Bank. 2012b. *World Development Report 2013: Jobs*. Washington: World Bank.

World Bank. 2016a. Adult literacy rate, population 15+ years, both sexes (%).

World Bank. 2016b. Air transport, passengers carried.

World Bank. 2016c. GDP per capita growth (annual %).

World Bank. 2016d. Gini index (World Bank estimate).

World Bank. 2016e. International tourism, number of arrivals.

World Bank. 2016f. Literacy rate, youth (ages 15–24), gender parity index (GPI).

World Bank. 2016g. PovcalNet: An online analysis tool for global poverty monitoring.

World Bank. 2016h. Terrestrial protected areas (% of total land area).

World Bank. 2016i. Youth literacy rate, population 15–24 years, both sexes (%).

World Bank. 2017. World development indicators: Deforestation and biodiversity.

World Health Organization. 2014. *Injuries and violence: The facts 2014*. Geneva: World Health Organization.

World Health Organization. 2015a. European Health for All database (HFA-DB).

World Health Organization. 2015b. *Global technical strategy for malaria, 2016–2030*. Geneva: World Health Organization.

World Health Organization. 2015c. *Trends in maternal mortality, 1990 to 2015*. Geneva: World Health Organization.

World Health Organization. 2016a. Global Health Observatory (GHO) data.

World Health Organization. 2016b. A research and development blueprint for action to prevent epidemics.

World Health Organization. 2016c. Road safety: Estimated number of road traffic deaths, 2013.

World Health Organization. 2016d. Suicide.

World Health Organization. 2017a. European health information gateway: Deaths (#), all causes.

World Health Organization. 2017b. Suicide rates, crude: Data by country.

World Health Organization. 2017c. The top 10 causes of death.

Wrangham, R. W. 2009. *Catching fire: How cooking made us human*. New York: Basic Books.

Wrangham, R. W., & Glowacki, L. 2012. Intergroup aggression in chimpanzees and war in nomadic hunter-gatherers. *Human Nature, 23,* 5–29.

Young, O. R. 2011. Effectiveness of international environmental regimes: Existing knowledge, cutting-edge themes, and research strategies. *Proceedings of the National Academy of Sciences, 108,* 19853–19860.

Yudkowsky, E. 2008. Artificial intelligence as a positive and negative factor in global risk. In N. Bostrom & M. Ćirković, eds., *Global catastrophic risks*. New York: Oxford University Press.

Zelizer, V. A. 1985. *Pricing the priceless child: The changing social value of children*. New York: Basic Books.

Zimring, F. E. 2007. *The Great American Crime Decline*. New York: Oxford University Press.

Zuckerman, P. 2007. Atheism: Contemporary numbers and patterns. In M. Martin, ed., *The Cambridge Companion to Atheism*. New York: Cambridge University Press.

本书翻译能够顺利完稿，实为多位译者通力合作之结果，在此必须做出说明。出于某些考量，封面译者署名为侯新智、欧阳明亮、魏薇三人，但祝锦杰、俸绪娴两位译者亦承担了部分翻译工作，在此需要特别提出致谢——五位译者的具体分工为：前言及第1～6章，译者为欧阳明亮；第7～18章，译者为侯新智和祝锦杰；第19～20章，译者为俸绪娴；第21～23章，译者为魏薇。此外，我们必须感谢湛庐的简学老师。为了将平克教授的新作第一时间介绍给中国读者，同时保证译稿质量，简老师调兵遣将、统筹各位译者分工合作，才使本书得以如期出版，辛苦自不必说。

作为盖茨力荐的重磅作品，本书讨论了"理性"、"科学"、"人文主义"和"进步"等宏大命题，并通过翔实的数据统计和分析、图书馆式的旁征博引回顾了启蒙运动以来，在"理性"与"科学"的指引下，人类取得的巨大进步——更多的人摆脱了贫困，过上了丰衣足食的生活，更多的人变得寿命更长、更健康、更自由、也更幸福。平克教授的书让我想起了梁漱溟先生和他父亲的对话。父亲曾问梁漱溟："这个世界会好吗？"彼时的梁先生给出了肯定的回答："我相信世界是一天一天往好里去的。"阅读本书时，我的心中充满感恩，与漱溟、平克两位先生一样，我深信"世界是一天一天往好里去的"。可究竟什么是"好"，什么是"进步"，却又常常让我疑惑。在平克教授展现的宏观统计叙事以外，平凡个体的直观感受是否也在越变越好？理性本身是充满争议的复杂概念，科学也有其自身的局限性，人类的未来押注于此，是否真是"理性"的最优解？箪食瓢饮看云卷云舒的生活正在远离时代主流，对"浴乎沂，风乎舞雩"的向往又将在何处安放？遐思之余，不免感慨，就这样吧，要相信更明亮的光在前方。

在译作付梓之际，我还想借此机会感谢我的新婚妻子王粤雪。我能在繁忙的工作之余，完成本书的部分翻译，离不开她对我的支持、鼓励和关爱。当我开始动笔时，我们还是恋人，当译作成书时，我们两个年轻人已结为夫妻——本书的翻译见证了我们这个小家庭的诞生，我们也希望自己能像本书所描绘的人类图景一样，把日子越过越好。

最后，我想对读者朋友们说，译书不易，字字辛苦，错漏之处，在所难免，还望大家能够体谅和指正。不管您来自哪个领域或行业，译者们都希望本书能带给您一些新的知识或感悟。您能有所收获，是我们最大的快乐。

侯新智

2018 年 9 月 13 日

未来，属于终身学习者

我们正在亲历前所未有的变革——互联网改变了信息传递的方式，指数级技术快速发展并颠覆商业世界，人工智能正在侵占越来越多的人类领地。

面对这些变化，我们需要问自己：未来需要什么样的人才？

答案是，成为终身学习者。终身学习意味着具备全面的知识结构、强大的逻辑思考能力和敏锐的感知力。这是一套能够在不断变化中随时重建、更新认知体系的能力。阅读，无疑是帮助我们整合这些能力的最佳途径。

在充满不确定性的时代，答案并不总是简单地出现在书本之中。"读万卷书"不仅要亲自阅读、广泛阅读，也需要我们深入探索好书的内部世界，让知识不再局限于书本之中。

湛庐阅读 App: 与最聪明的人共同进化

我们现在推出全新的湛庐阅读 App，它将成为您在书本之外，践行终身学习的场所。

- 不用考虑"读什么"。这里汇集了湛庐所有纸质书、电子书、有声书和各种阅读服务。
- 可以学习"怎么读"。我们提供包括课程、精读班和讲书在内的全方位阅读解决方案。
- 谁来领读？您能最先了解到作者、译者、专家等大咖的前沿洞见，他们是高质量思想的源泉。
- 与谁共读？您将加入到优秀的读者和终身学习者的行列，他们对阅读和学习具有持久的热情和源源不断的动力。

在湛庐阅读 App 首页，编辑为您精选了经典书目和优质音视频内容，每天早、中、晚更新，满足您不间断的阅读需求。

【特别专题】【主题书单】【人物特写】等原创专栏，提供专业、深度的解读和选书参考，回应社会议题，是您了解湛庐近千位重要作者思想的独家渠道。

在每本图书的详情页，您将通过深度导读栏目【专家视点】【深度访谈】和【书评】读懂、读透一本好书。

通过这个不设限的学习平台，您在任何时间、任何地点都能获得有价值的思想，并通过阅读实现终身学习。我们邀您共建一个与最聪明的人共同进化的社区，使其成为先进思想交汇的聚集地，这正是我们的使命和价值所在。

CHEERS

湛庐阅读 App
使用指南

读什么

· 纸质书
· 电子书
· 有声书

怎么读

· 课程
· 精读班
· 讲书
· 测一测
· 参考文献
· 图片资料

与谁共读

· 主题书单
· 特别专题
· 人物特写
· 日更专栏
· 编辑推荐

谁来领读

· 专家视点
· 深度访谈
· 书评
· 精彩视频

HERE COMES EVERYBODY

下载湛庐阅读 App
一站获取阅读服务

Enlightenment Now: The Case for Reason, Science, Humanism, and Progress by
Steven Pinker

Copyright © 2018 by Steven Pinker

All rights reserved.

浙江省版权局图字：11-2023-135

图书在版编目（CIP）数据

当下的启蒙：为理性、科学、人文主义和进步辩护 /
（美）史蒂芬·平克著；侯新智，欧阳明亮，魏薇译. —
杭州：浙江科学技术出版社，2023.6（2023.10重印）
　ISBN 978-7-5739-0592-5

　Ⅰ.①当…　Ⅱ.①史…②侯…③欧…④魏…　Ⅲ.
①社会学　Ⅳ.① C91

中国国家版本馆 CIP 数据核字（2023）第 067715 号

书　　名	当下的启蒙：为理性、科学、人文主义和进步辩护	
著　　者	[美]史蒂芬·平克	
译　　者	侯新智　欧阳明亮　魏薇	
出版发行	浙江科学技术出版社	
	地址：杭州市体育场路 347 号　邮政编码：310006	
	办公室电话：0571-85176593	
	销售部电话：0571-85062597	
	网址：www.zkpress.com	
	E-mail:zkpress@zkpress.com	
印　　刷	唐山富达印务有限公司	

开　本	710mm×965mm　1/16	印　张	37.25
字　数	601 千字		
版　次	2023 年 6 月第 1 版	印　次	2023 年 10 月第 2 次印刷
书　号	ISBN 978-7-5739-0592-5	定　价	169.90 元

责任编辑　陈淑阳		**责任美编**　金　晖	
责任校对　张　宁		**责任印务**　田　文